看遍中国博物馆

有趣的千年文物知识

杨学涛 ◎ 编著

一本书文化 ◎ 绘

清华大学出版社
北京

内容简介

本书通过系统梳理各类文物，为读者构建了一个包含历史、文化和美学内涵的知识框架。全书共分为10章，系统讲解了博物馆概况，以及青铜器、玉器、瓷器、金银器、漆器、车马、建筑、服饰、家具等相关文物。每个章节皆从大众普遍关注且具有代表性的角度出发，以通俗易懂的语言阐释文物知识，同时搭配写实风格的文物图片，使读者更加真切地领略文物的魅力，仿佛置身于文物世界之中，深切感受中国历史文化的千年辉煌。

本书适合对中华传统文化感兴趣的读者阅读，同时可作为从事文创设计、游戏原画设计、插画设计、影视编剧，以及文学创作等工作的人员学习参考。

本书封面贴有清华大学出版社防伪标签，无标签者不得销售。
版权所有，侵权必究。举报：010-62782989，beiqinquan@tup.tsinghua.edu.cn。

图书在版编目（CIP）数据

看遍中国博物馆：有趣的千年文物知识 / 杨学涛编著；
一本书文化绘. -- 北京：清华大学出版社，2025.5（2025.10重印）
ISBN 978-7-302-68582-1

Ⅰ. K87
中国国家版本馆 CIP 数据核字第 2025L9R495 号

责任编辑：李　磊
封面设计：杨　曦
版式设计：恒复文化
责任校对：成凤进
责任印制：丛怀宇

出版发行：清华大学出版社
　　　网　　　址：https://www.tup.com.cn，https://www.wqxuetang.com
　　　地　　　址：北京清华大学学研大厦A座　　邮　　编：100084
　　　社　总　机：010-83470000　　　　　　　　邮　　购：010-62786544
　　　投稿与读者服务：010-62776969，c-service@tup.tsinghua.edu.cn
　　　质　量　反　馈：010-62772015，zhiliang@tup.tsinghua.edu.cn
印 装 者：涿州汇美亿浓印刷有限公司
经　　销：全国新华书店
开　　本：185mm×260mm　　印　张：27.5　　字　数：845千字
版　　次：2025年6月第1版　　印　次：2025年10月第4次印刷
定　　价：298.00元

产品编号：108446-01

推荐

葛承雍 | 国家文物局文物出版社原总编辑，
现为西北大学特聘教授、博士生导师

全中国有六千多座博物馆，如何能迅速看遍博物馆并了解重要文物，这需要一本通俗简洁的、具有导览性质的图书，这本书梳理了博物馆常见的藏品，读者能够从中找到与人类历史相处共存的文物，润泽当代生活。作者杨学涛将从不同博物馆提炼出的特色艺术品展现在书中，主题生动有趣，角度独树一帜，文字趣味盎然，图画跃然纸上，展开了一篇篇切合时下语境的乐章，激发了读者关注祖国文化遗产的热情。

胡平生 | 中国文化遗产研究院（原中国文物研究所）出土文献与文物中心研究馆员，
曾获"国家有突出贡献的专家"荣誉称号

陶铸尧舜，折冲儒道墨法，高屋建瓴，鲲鹏扶摇九万里。
光华日月，把玩钟鼎石玉，历数家珍，博物细说五千年。

向　熹 | 暨南大学讲座教授、博导，时间网络董事长，
博物馆数字化领军人才，国家文化大数据研究中心主任

博物馆是人类打造的教育系统，但如何依托博物馆进行教育却是个大学问。杨学涛的视频节目"北大老杨说文博"我每期都看，他以哲学三问为经，文物知识为纬，讲解体系初看平常，细思精当；在知识点的选择上，他用心于深入，着力在浅出，从而使得他的讲解生动、亲切。这本书是他多年从事文博科普工作的积累与汇总，既适合渴望了解文物知识的青少年，也适合对博物馆有兴趣的成年人阅读。

耿　朔 | 北京大学考古学博士、中央美术学院艺术史博士后，现任中央美术学院人文学院副教授、美术考古研究中心副主任，央视《国家宝藏》节目顾问

经常有人问我有没有逛博物馆的"秘籍"，这个问题中隐含着一种担忧：没有知识储备、看不懂怎么办？于是乎，伴随着近年来兴起的博物馆热，各种形式的导览手册纷纷涌现，但似乎很少有一本书能够把各类文物囊括其中。杨学涛先生的这本书，单从书名《看遍中国博物馆》就可以感到与众不同，而且书中精心设计体系框架，分门别类择要介绍，还每每以提问的方式打开通往某件文物的历史通道，以贴近公众的生活经验，建立古今之间的有机链接。这些创新的写作方式都表明，本书是一次富有勇气的有益尝试。

吴 洋 | 北京大学文学博士，中国人民大学国学院副院长

《考工记》云："知者创物，巧者述之，守之世，谓之工。百工之事，皆圣人之作也。"在古人心目中，制作是带有神圣意味的。任何一件美好器物的制成，都蕴含着无中生有的高超智慧和见微知著的远见卓识，还须具备四个要素，即天时、地气、美材、巧工。

今天我们看到的文物，绝非已经死去的陈迹，而是大音希声的时间胶囊。杨学涛的这本书，如同一把解锁时间胶囊的钥匙，它吸纳了最新的研究成果，把深厚的学识化约为通俗的语言，将文物背后三才交融的神思及波澜起伏的历史娓娓道来。这不仅是一部关于博物馆和文物的故事集，还是中国古代文明向当代读者的一次倾诉。

刘文涛 | 复旦大学博物馆专业学位行业导师，上海世博会博物馆馆长，曾任南京博物院副院长、故宫博物院院长助理和上海博物馆副馆长

海伦·凯勒在《假如给我三天光明》一书中，将宝贵的一天给了博物馆。而我与博物馆，亦是"邂逅际会，适我愿兮"的天赐缘分。在南北迁转中，我偶然进入博物馆，浸润其中，知之深爱之切。此后20年能在南京博物院、故宫博物院、上海博物馆这些优秀的博物馆深耕并学习成长，我何其幸运。我会不自觉地将对博物馆的热爱传导，周围人也会因我爱上博物馆。但这种影响范围毕竟有限，于是我愈发感到向大众推介博物馆、普及博物馆知识的可贵。在本书中，杨学涛老师深入浅出、条分缕析地娓娓道来，让我明白了抵达博物馆的初衷与根本，也就是教育的目的。即便我本身就从事博物相关工作，也依然怀揣着走遍中国博物馆、探访世界优秀博物馆的宏愿。所以，让我们跟着怀有同样心愿的杨老师，一同《看遍中国博物馆》！

施 珏 | 中国非物质文化遗产保护基金会会长，台北故宫博物院文化交流中心主任

每座城市都有其独有的文化特质，想要了解一座城市的文化底色，去看一看这座城市的博物馆，多半可以窥探到城市的历史痕迹和文化基因。我如今研究一些"名物"的起源和发展，并集结成书，也是被本书作者杨学涛启发并付诸行动的。老杨是我的合作伙伴，也是一位有趣的工作搭档，我们经常会探讨博物馆与"城市"以及"人"的关系，老杨看待事物的独特视角，常常会打破我的思维边界。我以前经常和老杨说，如果去一座城市旅游，有两个地方必去，一是博物馆，二是菜市场。所谓一方水土养一方人，"水"就是文化，"土"就是物产，这两个地方去过，一座城市的精神气质就大抵不陌生了。我想，走读天下城市是读书人一生的梦想，而老杨这本书就叫作《看遍中国博物馆》，那就让我们带上这本书去旅行，让博物馆成为旅途中最具乐趣与亮点的必选项目吧。

胡宝芳 | 上海市历史博物馆/上海革命历史博物馆副研究馆员、展教部副主任

博物馆是文明与高雅的殿堂，博物馆中的文物承载着灿烂的文明，传承历史文化，维系民族

感情，是老祖宗留给我们的宝贵遗产，是加强社会主义精神文明建设的深厚底蕴。深入挖掘蕴藏在文物背后的多重价值，让文物活起来，让博物馆成为古今之间的桥梁和纽带，需要社会各界共同努力。杨学涛先生的这本《看遍中国博物馆》无疑是让博物馆文物活起来、促进中华文化传承的一种大胆尝试。

刘云峰 | 嘉兴博物馆副研究馆员，保管利用部主任

中国的历史悠久且相对连续完整，文化遗存比其他国家更为丰富多彩，故而给全方位系统介绍中国文物增加了难度。杨学涛先生的《看遍中国博物馆》，不仅介绍了中国的博物馆和文物，而且将国家宝藏置于各个博物馆中，做出了一张全国博物馆的游览地图，可谓博物馆界的百科全书。更难能可贵的是，本书文字通俗易懂，适合不同年龄、不同学识的读者阅读。

董　进 | 撷芳主人

中国的博物馆收藏着极为丰富的珍贵文物，它们是中华文明悠久历史的见证者。然而走进博物馆易，读懂文物则难。这本《看遍中国博物馆》犹如"导览手册"，将博物馆中最有代表性的文物按材质、工艺、功能等分类叙述，涵盖了诸多领域的知识，内容广博，文字精炼，图像清晰直观，是文博爱好者可常备于案头的优秀工具书。

你的马队 | 文旅博主

终于等到北大老杨出书了，在这个博眼球的快餐时代，他严谨认真地做着科普节目，他掰开揉碎地把文博知识讲给观众，让冰冷的文物活了起来。他不只是在通过文物讲述历史与文明，更是在"为往圣继绝学"，不忘来路，始知归处。让我们跟着有情怀的老杨，走进博物馆，破译尘封千年的历史密码！

唐门飞甲 | 文旅博主

这几年博物馆的热度越来越高，国内的博物馆可以说是百家争鸣、百花齐放。但数量众多的博物馆、浩若星辰的文物很容易让人走马观花。其实解决这问题的办法很简单，只要为博物馆建设一个"系统"，而这本《看遍中国博物馆》就是一个很不错的系统。书中从国内博物馆的历史讲起，告诉读者看青铜器该去哪个博物馆，看漆器该去哪个博物馆。它讲青铜器的狞厉之美，讲玉器蕴含的君子五德，讲如何快速分辨瓷器的年份，还为博物馆的门类划分构建了完整的体系和框架。我最喜欢作者这种总结性的思路，把每一个知识点都串到一条线上，让读者可以在最短的时间内轻松掌握某一门类的观展要点。

因为有问题，所以才有答案

序言

博物馆为什么"看不懂"？

近年来，博物馆的参观热潮持续升温，很多热门博物馆甚至出现一票难求的盛况。然而，好不容易预约到了，也终于看过了，很多参观者却表示：看不懂。

关于这个"看不懂"的问题，我和多位朋友做过交流。总结下来，原因大致如下：从参观者自身而言，可能存在知识储备不够、功课没做足、参观时间有限等原因；从博物馆方面来看，可能存在策展内容过于学术、展板文字不够清晰、表现手法缺乏吸引力等。

由于以上原因，极有可能出现这样的参观情形：博物馆全力策划的大型展览，虽吸引了超量的观众前来，可是观众在一个展品前能停留的时间很有限，语音导览给到的也是碎片化的信息，一场参观下来，观众只是粗略了解一些重量级展品的信息，以及拍了一堆还需事后查找资料才能搞懂的文物美照。

导致如此低质量的参观效果，最根本的原因是什么呢？一言以蔽之：参观方和策展方都没有提出足够好的问题。

先说参观者。我们知道，兴趣是推动人们学习知识的源泉与动力。如果参观的人没有带着问题去博物馆，那么即便展览的内容再精彩，参观者能够获取的信息也极为有限。

再说说策展方。目前我们看到的很多展览，其实都是博物馆在展示家藏，在给参观者提供答案。而策展方更应该做的，是通过展览提出问题，从而引发观众的好奇心。

所以，我认为最好的双向奔赴，是观众带着问题，策展方启发思考，就像是在课堂上，师生通过讨论，点燃彼此对于思考的热情。至于答案是什么，真的重要吗？

该如何学习文博知识？

基于上述认知，在 2022 年底，我开始在 B 站、小红书等知识型平台开展文博知识科普。在这个过程中，我遵循了如下几个原则。

第一，所有的话题，都以提问的方式引出来。所以，我的视频标题里使用最多的三个字就是"为什么"？其中还有很多话题，是粉丝提出来的"为什么"。

第二，在提出一个问题之后，随着对问题的梳理，会产生更多的问题，我会尽量把这个问题回答到无法再问出问题为止。所以，每一个话题的准备，对我来说都是海量信息抽丝剥茧和打破砂锅问到底的过程，工作量非常大，但探索的过程很有意思。

第三，我始终认为，仅讲解几个"镇馆之宝"意义不大，成体系的知识才有价值。所谓的"体系"，我的理解是必须包括几个要素：首先，需要了解一"类"器物，而不是一"个"器物，比如说，单单知道某一件金缕玉衣是不够的，而是要从宏观上了解玉器及丧葬文化，所谓"不谋全局者，不足以谋一域"；其次，需要按照时间轴了解器物的起源和发展之路，从而为某一件文物找到其在历史坐标轴上的准确位置；再次，需要了解器物的原料、工艺、造型、纹样等，进而把文物还原到特定的生活场景里，让器物成为"活物"；最后，坚持"第一性原理"，不管是从什么人、什么渠道获取的知识，一定要保持独立思考的态度和提问的权利，即便是核心期刊上发表的学术论文，如果我们对其中的某种说法表示怀疑，也应通过更多的渠道来验证自己的想法，直到自己满意或自洽为止。

说到这里，可能有人会问了，不就是看一看文物，需要这么费劲吗？不就是做个科普，需要像搞科研一样认真吗？就这个问题，一位做了多年科普工作的朋友给出了答案："很多人做事都喜欢研究技巧和方法，但要把一件事情长长久久地做下去，更需要的是持续的热情，以及源源不断的好奇心。"

诚哉斯言。

致谢

在做文博科普这一年多的时间里，我得到了众多朋友的大力支持。首先是 B 站、小红书等平台的粉丝，和他们的互动交流，是我做科普最主要的乐趣和成就感的来源；其次要感谢我的事业伙伴施珏女士，她在服饰、瓷器、玉器、古建、茶叶、香道等器物方面的专业能力让人惊叹，她也是国内首屈一指的《红楼梦》名物研究专家；还要感谢孔令昊和朱奇缘两位小伙伴，我的所有视频内容的生产，都是在两位的协助下才得以完成。

此外，特别感谢本书的策划和出版人佘战文，他独特的选题能力和对出版物品质的高要求，不仅让他成为多本畅销书的"捕手"和"推手"，也让本书得以呈现出令我满意的样子。

由于本人水平有限，书中错误、不妥的地方一定很多，诚恳期待各位读者朋友批评指正。

文博知识体系庞大，内容广博，这本小书，如果能够激起读者一点点的好奇心，我理应心满意足。谨祝各位朋友在文博的大时代看到、听到、感受到更多的文博之美，并充分享受思考与探索带来的无限乐趣。

杨学涛

2024 年 6 月 23 日

目

壹 博物馆概要：何以中国

第一节　博物馆因何存在？为人服务　　002

第二节　如何区分"中国""华夏"与"中华"　　004
　　一、我们国家为什么叫"中国"　　004
　　二、"华夏"由何而来　　004
　　三、"中华"由何而来　　005

第三节　中国国家一级博物馆分布情况　　006

第四节　中国"博物馆之最"不完全手册　　012
　　一、中国人独立创办的第一座公共博物馆：南通博物苑　　012
　　二、国内藏品最多的博物馆：故宫博物院　　012
　　三、中国面积最大的博物馆：中国国家博物馆　　012
　　四、中国最小的博物馆：青岛台柳路博物馆　　013
　　五、第一座史前聚落遗址博物馆：西安半坡博物馆　　013
　　六、第一座由国家投资兴建的大型综合类博物馆：
　　　　南京博物院　　013
　　七、中国最北端的博物馆：鄂伦春民族博物馆　　014
　　八、中国最南端的博物馆：三亚自然博物馆　　014
　　九、中国最东端的博物馆：饶河博物馆　　014
　　十、中国最西端的博物馆：塔什库尔干县博物馆　　015

第五节　各时代的典型器物　　015
　　一、夏商周的青铜器　　015
　　二、秦砖汉瓦　　016
　　三、汉玉　　016
　　四、唐三彩　　017
　　五、宋瓷　　017
　　六、元青花　　018

第六节　九大博物馆里的镇馆之宝　　018
　　一、北京故宫博物院　　019
　　二、湖北省博物馆　　020
　　三、河南博物院　　021
　　四、上海博物馆　　022
　　五、浙江省博物馆　　024

录

　　　　六、湖南博物院　　　　　　　　　　　　025
　　　　七、南京博物院　　　　　　　　　　　　027
　　　　八、辽宁省博物馆　　　　　　　　　　　029
　　　　九、陕西历史博物馆　　　　　　　　　　030

第七节　如何按主题打卡博物馆　　　　　　　032
　　　　一、青铜器首推宝鸡　　　　　　　　　　032
　　　　二、玉器要看徐州　　　　　　　　　　　033
　　　　三、陶瓷当数景德镇　　　　　　　　　　033
　　　　四、石刻渊薮西安碑林　　　　　　　　　033
　　　　五、漆器尽在湖北和湖南　　　　　　　　034
　　　　六、丝绸之韵尽在杭州　　　　　　　　　035
　　　　七、四川"天下金银第一窖"　　　　　　036
　　　　八、部分主题博物馆　　　　　　　　　　036

第八节　文物"禁止出国（境）展览"的规定　　038

第九节　至今流亡海外的重要文物　　　　　　039
　　　　一、唐摹本顾恺之《女史箴图》（大英博物馆）　　039
　　　　二、昭陵六骏的飒露紫、拳毛䯄（宾夕法尼亚大学博物馆）　040
　　　　三、《照夜白图》（美国纽约大都会艺术博物馆）　　041
　　　　四、《历代帝王图》（美国波士顿美术馆）　　041
　　　　五、虎食人卣（日本京都泉屋博物馆／法国巴黎赛努奇亚洲
　　　　　　艺术博物馆）　　　　　　　　　　　042

贰　青铜器：狞厉之美

第一节　辉煌的青铜时代　　　　　　　　　　044
　　　　一、青胜于蓝　　　　　　　　　　　　　044
　　　　二、好酒之风与酒器的发展　　　　　　　044

第二节　器型之辨：撞脸青铜器大盘点　　　　045
　　　　一、第一组：爵、角、斝　　　　　　　　045
　　　　二、第二组：鼎、鬲、甗　　　　　　　　047
　　　　三、第三组：簋、盨、敦　　　　　　　　048

　　　　四、第四组：觯、觚　　　　　　　　　　　　049

　　　　五、第五组：觥、尊　　　　　　　　　　　　050

　　　　六、第六组：罍、彝　　　　　　　　　　　　052

　　　　七、第七组：卣、盉　　　　　　　　　　　　053

第三节　鼎：一口吃肉的锅何以升级为权力重器　　054

　　　　一、可爱的起源　　　　　　　　　　　　　　054

　　　　二、肉锅的逆袭　　　　　　　　　　　　　　055

　　　　三、鼎的附加意义　　　　　　　　　　　　　056

第四节　爵："爵位"都是喝出来的　　　　　　　　056

　　　　一、爵的哪边用于喝酒　　　　　　　　　　　057

　　　　二、神秘的蘑菇柱　　　　　　　　　　　　　057

　　　　三、"爵位"和"爵"的关联　　　　　　　　059

第五节　钺：王的象征　　　　　　　　　　　　　　059

　　　　一、钺和斧的区别　　　　　　　　　　　　　060

　　　　二、钺的主要功能　　　　　　　　　　　　　060

第六节　青铜器上的纹样变化　　　　　　　　　　　062

　　　　一、饕餮纹　　　　　　　　　　　　　　　　062

　　　　二、蟠螭纹和蟠虺纹　　　　　　　　　　　　064

　　　　三、当狞厉变为呆萌　　　　　　　　　　　　065

第七节　青铜之冠：看懂秦皇陵铜车马　　　　　　　065

　　　　一、铜车马与实用战车的关系　　　　　　　　066

　　　　二、铜车马中看秦代御用马品种　　　　　　　067

　　　　三、驾马人的身份　　　　　　　　　　　　　067

　　　　四、四匹马的六根缰绳　　　　　　　　　　　067

　　　　五、车的减震系统　　　　　　　　　　　　　068

　　　　六、如何确定此为秦始皇的车队　　　　　　　068

第八节　青铜器是如何制作的　　　　　　　　　　　069

　　　　一、青铜器的铸造方法　　　　　　　　　　　069

　　　　二、如何判断青铜器所用工艺　　　　　　　　073

　　　　三、青铜器的没落　　　　　　　　　　　　　073

叁 玉器：君子之德

第一节　玉文化是中国最独特的文化　　076
　　一、玉是什么　　076
　　二、玉的时代　　076
　　三、独一无二的玉文化　　077

第二节　"玉"和"王"的纠缠　　078

第三节　如何判断一块古玉的价值　　079
　　一、什么是"古玉"　　079
　　二、"出土古"和"传世古"的区别　　079
　　三、玉器价值的判断　　080

第四节　玉器的器型　　082
　　一、璧、瑗、环、玦　　082
　　二、玦和珏　　084
　　三、礼仪六器——圭、璧、琮、璜、璋、琥　　084
　　四、璜和珩　　085
　　五、圭和璋　　085

第五节　"五福临门"及吉祥纹样　　085
　　一、关于"五福"的三种定义　　085
　　二、谐音、象征与吉祥纹样　　086
　　三、"五福"的纹样世界　　087
　　四、"双喜"的诞生　　088
　　五、最朴素的愿望与最朴实的象征　　089

第六节　关于"传国玉玺"的传奇　　089
　　一、秦始皇制定的玉玺制度　　089
　　二、"玺"字的意思　　090
　　三、为什么用玉来做玺　　090
　　四、玉玺都是传国玺吗　　090
　　五、秦以后的玉玺制度变化　　091
　　六、光怪陆离的玉玺"传国史"　　091

第七节　有了玉，才有"宝剑"　　093
　　一、玉剑璏　　094
　　二、玉剑首　　095
　　三、玉剑格　　095
　　四、玉剑珌　　095

第八节　用来祭天的六种玉器　　096
一、为什么会有"六器"　　096
二、"六器"的造型　　096
三、"六器"的颜色　　098
四、地位最高的玉璧　　098
五、如何用玉琮来祭地　　099
六、玉圭为何象征权力　　099
七、如何用玉璋来祭山川　　100
八、"琥"究竟是不是后世用的虎符　　101
九、"璜"为什么是半璧形状　　101

第九节　组玉佩的豪华世界　　102
一、什么是组玉佩　　102
二、组玉佩为何出现　　102
三、组玉佩的核心成员　　103
四、组玉佩的主流款式　　104
五、迄今所见最大的一件组玉佩　　105
六、组玉佩的其他作用　　106

第十节　金缕玉衣使灵魂不灭的传说　　106
一、玉衣　　107
二、玉琀　　109
三、玉握　　109
四、玉窍塞　　109
五、玉枕　　110
六、玉覆面　　111

第十一节　精美玉器如何做成　　112
一、琢玉工具　　112
二、工艺和流程　　114

肆　瓷器：闪耀东方

第一节　陶和瓷的区别　　120
一、起源时间差别很大　　120
二、材质和颜色不同　　121
三、烧制温度不同　　121
四、穿的"外衣"不同　　121
五、硬度不同　　121

六、透明度不同　　121
　　七、总气孔率不同　　122
　　八、吸水率不同　　122

第二节　瓷器之"釉"的魅力　　122
　　一、"釉"的起源　　123
　　二、"釉"的作用　　123

第三节　如何快速读懂瓷器的年份　　124
　　一、款识解读　　124
　　二、纹饰分析　　125
　　三、器型审视　　126
　　四、胎质探究　　126
　　五、看底足　　126

第四节　绵绵不绝、富贵不断的回纹　　127
　　一、回纹的"回"是什么意思　　128
　　二、回纹的主要样式　　128
　　三、回纹为什么又称为云雷纹　　129
　　四、回纹的兴衰与时代的风尚　　130
　　五、回纹的美学魅力　　130

第五节　瓷器的"南青北白"如何形成　　131
　　一、"南青"：陆羽心目中的"天下第一"　　132
　　二、"北白"：中原审美的突破　　132
　　三、"南青北白"是否意味青瓷与白瓷割裂　　134

第六节　宛若流星的"唐三彩"　　135
　　一、唐三彩的发现　　135
　　二、唐三彩是陶器还是瓷器　　136
　　三、唐三彩的工艺特色　　136
　　四、唐三彩为谁而做　　137
　　五、唐三彩的没落　　138

第七节　宋代瓷器的"高级美"　　139
　　一、三大审美风格　　139
　　二、什么是"高级美"　　141
　　三、五大名窑瓷器的高级美　　141

第八节　"元青花"其实并非元朝人的最爱　　144
　　一、元青花为何如此昂贵　　144
　　二、元青花如何取得重大成就　　146

第九节　明代斗彩鸡缸杯价值探秘　146
一、杯子上为何以鸡为造型　147
二、鸡缸杯背后的历史故事　147
三、斗彩名称的由来　148
四、斗彩鸡缸杯的价值变迁与市场考量　148

第十节　"清三代"为何成为中国瓷器衰落的起点　149
一、"清三代"的保值属性　149
二、"清三代"瓷器的卓越品质　149
三、"清三代"瓷器的缤纷世界　150
四、三代审美大不同　151
五、不可避免的衰落　152

伍　金银器：光辉璀璨

第一节　早期中国人对黄金的态度　154
一、古人是否喜爱黄金　154
二、"金"与"黄金"的差异　154
三、中国金器的起步虽晚但发展绵延不绝　155
四、不同区域的金器大不同　156

第二节　汉代黄金文化探秘　158
一、神奇的黄金大墓　158
二、汉代的金银器生活用品　159
三、汉代以金银作为修仙之物　160
四、汉代真的多金吗　161

第三节　"崇洋不媚外"的金银大唐　162
一、思想观念的延续　162
二、金银器产业的进步　163
三、中西金银器的交流与碰撞　164

第四节　迥异于中原的三星堆金器　167
一、无可媲美的金器成就　167
二、三权集于一身的权杖　167
三、象征等级制度的黄金面具　168

第五节　金器为何是草原民族的最爱　170
一、游牧文化：丰富却模糊的认知尴尬　170
二、金银器如何成为游牧民族的标志　170

第六节　璀璨的金银器如何制成　175
　　一、古人的淘金方法　175
　　二、金银器为何与青铜器关系密切　176

陆　漆器：不朽传奇

第一节　漆器为什么不常见　180
　　一、认识漆器　180
　　二、揭秘漆器之"漆"　180
　　三、中国最早的漆器　181
　　四、文字记录的漆器史　181
　　五、漆器在近现代的没落　182

第二节　中日漆器的关联与差异　183
　　一、中日漆器的历史比较　183
　　二、日本漆器的勃兴之路　184

第三节　漆器以什么材料为胎体　187
　　一、胎体首选：木胎　188
　　二、胎体革新者：夹纻胎　189
　　三、胎体中的奢侈品：金属胎　190

第四节　漆器的"红与黑"之谜　191
　　一、八千年漆器风云　191
　　二、漆器为何以"红与黑"为主色调　197

第五节　《髹饰录》里的漆器工艺之美　198
　　一、《髹饰录》的主要内容　198
　　二、《髹饰录》的珍贵价值　199
　　三、常见漆器工艺　200

柒　车马：征伐天下

第一节　从"南辕北辙"看懂古代车结构　204
　　一、车的起源之争　204
　　二、探究中国车的发明人　205
　　三、中国古代车辆的外貌特征　206
　　四、古代独辀车的结构　206

第二节　不同身份的人该乘什么样的车　210
　　一、第一大类：乘车　210
　　二、第二大类：兵车　214
　　三、第三大类：栈车　214

第三节　骑马和驾车哪个更高级　　215
　　一、人类驯化马的历史　　215
　　二、人类何时开始骑马　　216
　　三、马先为骑行还是拉车之用　　216
　　四、唐代前贵族鲜少骑马的社会现象　　217

第四节　"马靠鞍"典故的由来　　219
　　一、鞍具：掌控马匹的关键　　220
　　二、鞍具：人类骑行的革新　　221

第五节　战车的核心武器：戈　　225
　　一、戈的悠久历史　　225
　　二、如何识别戈　　225
　　三、戈是如何杀敌的　　227
　　四、戈的消亡　　228

第六节　流传至今的神奇武器：弓箭　　229
　　一、弓：蒙昧时代的利器　　229
　　二、箭：武器与艺术的结合　　231
　　三、弩：冷兵器时代的王者　　234

捌　建筑：诗意栖息

第一节　中国古建筑屋顶的样式　　238
　　一、屋顶就是一座房子的脸面　　238
　　二、屋顶样式的等级及成因　　238
　　三、屋顶上的怪兽　　242

第二节　藻井：中国古建中最绚烂的天空　　244
　　一、藻井的奥秘　　245
　　二、藻井的起源和历史　　246
　　三、藻井的使用阶层　　246
　　四、藻井的类型　　247
　　五、敦煌的藻井艺术　　247
　　六、藻井的其他功能　　247

第三节　琉璃：构筑宛若天堂的美景　　248
　　一、流光溢彩的琉璃从何而来　　248
　　二、琉璃瓦的诞生　　248
　　三、琉璃瓦颜色的寓意　　249

第四节　秦汉时期盛极一时的瓦当纹　　250
一、屋檐下的瓦当　　250
二、瓦当的起源　　250
三、瓦当发展的鼎盛时期　　250
四、秦砖汉瓦的文化象征　　252

第五节　古代尊称与建筑的文化渊源　　252
一、"陛下"实则呼唤的是台阶下的侍者　　253
二、"殿下"并非太子专属名称　　254
三、"阁下"同样源自以卑达尊　　254

第六节　建筑中的"门当户对"　　254
一、门当：彰显文武之风　　254
二、户对：门簪体现尊贵身份　　256
三、大门：身份等级的显眼标志　　256

第七节　徽派建筑的密码　　260
一、徽派建筑是否等于安徽的建筑　　260
二、徽派建筑的黑白灰　　260
三、徽派建筑格局与四合院的关联　　261
四、徽派建筑的奢华美学　　262

第八节　碉堡格局的福建土楼　　264
一、福建土楼在汉族传统住宅中的地位　　264
二、福建土楼的形状设计　　265
三、土楼作为碉堡的威力　　265
四、土楼的开放性格局　　266

第九节　中国古代帝王陵墓中的"黄肠题凑"　　267
一、"黄肠题凑"的解读　　267
二、"黄肠题凑"的结构　　268
三、"黄肠题凑"的兴起与衰亡　　269

第十节　"贞节牌坊"的真实面貌　　270
一、牌楼与牌坊的渊源　　270
二、牌坊的起源与背景　　271
三、"贞节"和"贞洁"的差异　　272
四、贞节观念如何与女性挂钩　　273
五、贞节牌坊的兴起时间较晚　　273
六、"南多北少"的贞节牌坊　　274

　　　　七、贞节牌坊的等级　　　　　　　　　　　　　275
　　　　八、贞节牌坊是否应被全盘否定　　　　　　　276

第十一节　神秘的中国石窟艺术　　　　　　　277
　　　　一、极简中国石窟发展史　　　　　　　　　277
　　　　二、飞天艺术的独特魅力　　　　　　　　　281

第十二节　探寻园林之美　　　　　　　　　　　283
　　　　一、天堂般的园林　　　　　　　　　　　　284
　　　　二、皇家园林和私人园林的区别　　　　　　286
　　　　三、如何欣赏江南私人园林　　　　　　　　289

第十三节　寺、庙、庵、观、祠的文化解码　　　293
　　　　一、"寺"和"白马寺"的渊源　　　　　　293
　　　　二、"庙"和"朝廷"的关系　　　　　　　294
　　　　三、"庵"的核心是"关门"　　　　　　　295
　　　　四、"道观"就是"观道"的意思　　　　　296
　　　　五、"祠"为"庙"的延伸　　　　　　　　297

第十四节　如何看懂一座孔庙　　　　　　　　　297
　　　　一、嘉定孔庙：吴中之冠　　　　　　　　　298
　　　　二、入口处的牌坊：仰之弥高　　　　　　　298
　　　　三、棂星门：祭孔如同尊天　　　　　　　　299
　　　　四、泮池：登堂入室　　　　　　　　　　　299
　　　　五、大成殿：孔庙的核心　　　　　　　　　300

第十五节　如何参观一座寺庙　　　　　　　　　301
　　　　一、玉佛寺的起源：源于慧根法师西行求法　302
　　　　二、山门：僧与俗世界的分界线　　　　　　302
　　　　三、天王殿：寺庙的门卫室　　　　　　　　303
　　　　四、伽蓝殿：忠义与信仰的交融　　　　　　305
　　　　五、三圣殿：西方三圣　　　　　　　　　　306
　　　　六、观音殿：千处祈求千处应　　　　　　　306
　　　　七、大雄宝殿：具足圆觉智慧　　　　　　　307
　　　　八、生活和交流区　　　　　　　　　　　　307

第十六节　如何看懂一座佛塔　　　　　　　　　308
　　　　一、佛教建塔的意义　　　　　　　　　　　308
　　　　二、佛塔的普及之路　　　　　　　　　　　309
　　　　三、塔刹：佛塔之巅的显著标志　　　　　　309
　　　　四、中国佛塔的特色　　　　　　　　　　　310

第十七节　如何参观一座道观　311
一、钦赐仰殿的渊源　311
二、道教场所称为"观"或"宫"的原因　312
三、道观的基本格局　312
四、道教建筑如何体现道家文化　318

玖　服饰：有礼在身

第一节　帽子是服饰中的关键元素　322
一、帽子起源于"臭美"　322
二、冠：竟然比人命还重要　323
三、弁：珍贵的冠饰　324
四、冕：最尊贵的礼冠　326

第二节　自下而上兴起的头巾时尚热潮　328
一、巾的起源：平民时尚　328
二、巾的发展：经典迭出　329
三、巾的种类：琳琅满目　330

第三节　飞入寻常百姓家的凤冠霞帔　331
一、凤冠的尊贵与庄重　331
二、霞帔的飘逸与华丽　333

第四节　蕴藏神秘玄机的"十二章纹"　335
一、十二章纹的起源：天赐神力　336
二、十二章纹的吉祥寓意　336
三、皇帝龙袍上的十二章纹　337
四、为何是"十二"而非"九"　338

第五节　从"祥禽瑞兽"的荣誉到"衣冠禽兽"的骂名　339
一、衣冠上的禽兽图案　339
二、入选官服图案的禽兽　340
三、祥禽瑞兽如何沦为骂名　343

第六节　羞羞的中国内衣简史　344
一、中国内衣的起源　344
二、内衣样式的发展与变迁　345

第七节　漩涡中的马面裙　　　　　　　　　　　349
一、"马面"与建筑和战争相关　　　　　　349
二、关于马面裙起源的推测　　　　　　　350
三、马面裙真实的样子　　　　　　　　　351
四、马面裙的式微与复兴　　　　　　　　353

第八节　"纨绔子弟"与裤子的演进史　　　　　353
一、"纨绔"一词的由来　　　　　　　　353
二、从"开裆裤"到"合裆裤"的演进　　354
三、裤子与礼仪的紧密关系　　　　　　　356

第九节　木屐可不是日本的发明　　　　　　　356
一、追溯世界上最早的木屐　　　　　　　357
二、文献记载的最早穿木屐的人　　　　　357
三、木屐的升级与演变　　　　　　　　　358
四、木屐在中国的鼎盛时期　　　　　　　358
五、木屐的变迁与创新　　　　　　　　　359
六、被缠足习俗淘汰的木屐　　　　　　　360

第十节　虽被踩在脚下，但可让鸡犬升天　　　360
一、中国袜子发展史　　　　　　　　　　361
二、袜子中蕴含的礼仪文化　　　　　　　363
三、袜子与仕途的奇妙关联　　　　　　　364

拾　家具：人文天地

第一节　席子所蕴藏的中国传统文化　　　　　366
一、席子是历史悠久的家具　　　　　　　366
二、席子可用来区分等级　　　　　　　　367
三、"席"对于中国文化的深远影响　　　369

第二节　椅子如何影响中国人的生活　　　　　370
一、为什么中国人没有发明椅子　　　　　370
二、胡床与椅子的渊源　　　　　　　　　370
三、椅子的演变历程与形态变迁　　　　　371

第三节　古典家具的常用木质材料　　　　　　376
一、硬木与软木的区别　　　　　　　　　376
二、硬木家具在中国的发展史　　　　　　376

三、制作家具的三大名木　　　　　　　　　377
　　　四、判断名贵木材的"五德"标准　　　　　　379

第四节　榻不仅是家具还曾是炫耀利器　　380
　　　一、榻的兴起　　　　　　　　　　　　　　381
　　　二、榻和床的区别　　　　　　　　　　　　381
　　　三、榻的种类和作用　　　　　　　　　　　382
　　　四、榻的坐具功能的削弱　　　　　　　　　383

第五节　探究龙椅的秘密　　384
　　　一、龙椅不是椅　　　　　　　　　　　　　384
　　　二、龙椅的正式名称　　　　　　　　　　　385
　　　三、龙椅的独特地位　　　　　　　　　　　385
　　　四、龙椅的华丽外观　　　　　　　　　　　385
　　　五、龙椅的舒适度与承载的威仪　　　　　　386

第六节　价值千金的拔步床　　386
　　　一、拔步床名字的由来　　　　　　　　　　387
　　　二、拔步床的出现及进化　　　　　　　　　387
　　　三、奢华的拔步床　　　　　　　　　　　　389
　　　四、拔步床产生与发展的社会背景　　　　　390

第七节　"桌"和"案"有何不同　　391
　　　一、案的起源　　　　　　　　　　　　　　391
　　　二、案的类型　　　　　　　　　　　　　　392
　　　三、案与桌的差异及文化属性　　　　　　　393

第八节　挡风只是它1%的功能　　395
　　　一、屏风的起源竟与"斧钺"相关　　　　　395
　　　二、屏风的主要类型　　　　　　　　　　　396
　　　三、屏风的主要功能　　　　　　　　　　　398

第九节　从"压箱底"看中国衣柜发展史　　400
　　　一、古代的收纳用具　　　　　　　　　　　401
　　　二、箱子为何如此重要　　　　　　　　　　401
　　　三、柜子为什么会出现　　　　　　　　　　403
　　　四、"橱"和"柜"的纠缠　　　　　　　404

第十节　照见时代的铜镜　　405
　　　一、谁造出了第一面镜子　　　　　　　　　405
　　　二、铜镜为何长期占据镜子主流地位　　　　406
　　　三、铜镜如何制作　　　　　　　　　　　　407

四、如何欣赏千变万化的铜镜　407

第十一节　红袖添香"炉"添暖　408

　　一、熏炉的起源　409
　　二、熏炉的知名造型　409
　　三、熏炉的发展与衍生品　411
　　四、手炉的传奇起源与艺术蜕变　411

博物馆概要:

壹

何以中国

HEYI
ZHONG
GUO

第一节
博物馆因何存在？为人服务

什么是博物馆？它的功能是什么？未来的发展趋势又如何？

国际博物馆协会（International Council of Museums，简称 ICOM）自 1946 年 11 月成立以来，在不到一百年的时间里，一共推出了 9 个版本的博物馆定义文本。最新的定义是 2022 年 8 月 24 日，在布拉格举行的第 26 届国际博协大会上提出的："博物馆是为社会服务的非营利性常设机构，它研究、收藏、保护、阐释和展示物质与非物质遗产。博物馆向公众开放，具有可及性和包容性，能够促进多样性和可持续性。博物馆以符合道德且专业的方式进行运营和交流，并在社区的参与下，为教育、欣赏、深思和知识共享提供多种体验。"

法国卢浮宫

法国卢浮宫建于 1204 年，时值哥特式艺术在法国兴起，1793 年由皇家宫殿转为公共博物馆。卢浮宫是世界上第一座对公众开放的博物馆，以收藏丰富的古典绘画和雕刻闻名于世，是世界上规模最大、最著名的艺术殿堂之一，蒙娜丽莎、断臂的维纳斯、胜利女神等都藏于此处。

洛阳博物馆副馆长、副研究馆员曹岳森对 9 个版本的定义进行了长时段的对比观察，在《最大公约数语境下博物馆定义的中国化表达探讨》一文中，他把 9 个版本的定义大致分为三个阶段。

第一阶段为 1946、1956 和 1961 年版的定义。在这个阶段，博物馆的收藏、研究、展示、教育、欣赏等基本职能，以及其永久属性、其收藏对象为藏品/标本等，在定义里逐步完整呈现。

第二阶段为 1974、1989、1995、2001 和 2007 年版的定义。与前一阶段相比，此阶段的定义主要有 4 个特点。

第一点，在机构属性方面，增加了"非营利""为社会及其发展服务"的表述，强化了博物馆的公益属性。

第二点，关于博物馆藏品，提出并经历了由"人类及其环境物证"到"人类及人类环境的物质及非物质遗产"的转变。

第三点，在藏品方面，做到了"无所不包"的极致程度。

第四点，在具体职能上，增加了"传播"这一关键因素词。

总体而言，这个阶段的定义体现出了更加关注社会的态势。

俄罗斯艾尔米塔什博物馆（冬宫）

大型艺术与文化历史博物馆，位于俄罗斯圣彼得堡涅瓦河畔，占地面积 9 万平方米。该馆由俄国女皇叶卡捷琳娜二世于 1764 年创建，1852 年开放。建筑物包括冬宫、小艾尔米塔什、旧艾尔米塔什、新艾尔米塔什、冬宫储备库，以及可容纳 500 多名观众的艾尔米塔什剧院，是圣彼得堡的重要名胜之一。

第三阶段为 2022 年版的定义。新版定义在表述形式、涵盖内容方面，较前几版有了不少新变化。

首先，在文本上，新版定义表述了"博物馆是什么""博物馆做什么"，在"做什么"当中，取消了"征集"和"传播"，增加了"阐释"职能。

其次，对博物馆的价值做了新的阐述，新增了"可及性、包容性、多样性、可持续性"等关键性术语，这个可视为对"新的时空环境"的呼应性表达。

最后，表述了"博物馆如何做"，既有对以往定义内容的继承，如教育、欣赏的目的等，又提出了新的要求和愿景。

美国大都会博物馆

成立于 1870 年，由一群美国公民发起，旨在促进艺术和文化的教育。1872 年博物馆正式对公众开放。大都会博物馆收藏了许多世界著名的艺术品，包括亚洲艺术的珍品、古希腊罗马雕塑，以及大量的文化和历史文物。

总结一下

在新定义中，最重要的是增加了行动准则，把社会各界作为实现博物馆功能的纽带和中间环节，使博物馆能够提供更大梯度的服务。另外，关于博物馆的目标，新定义明确了社会层面的目标是"促进多样性和可持续发展"，博物馆层面的目标则是把"教育、研究和欣赏"丰富为"教育、欣赏、反思和知识分享"，两个层面都强调对"人"的服务，这让博物馆的存在回归到一个宏大的哲学命题，也就是康德伦理学的基本原则"人是目的"。

第二节

如何区分"中国""华夏"与"中华"

2022年,故宫博物院推出了一场以"何以中国"为主题的展览,在方寸之间探寻"中华乾坤之大、华夏意蕴之远"。自此,掀起了国内博物馆"何以"系列的热潮。

那么"何以中国",中国为什么叫中国?中国人为什么称自己是中华民族?中国的历史长河为何又称为华夏文明?其中都有什么典故?

一、我们国家为什么叫"中国"

"中国"一词的概念和内涵并非古来有之和一成不变的,而是历经不断地演变、发展和扩充。大致过程是:由单指位于洛邑的"国中",扩大为主要指"中原王朝",也就是华夏民族所居住的黄淮、江汉的共同地域;最后才衍化为以中原为核心的历代封建王朝;近代以来,已完全演变成为一个统一的多民族国家的称谓。

"中国"一词最早出现在西周初年青铜器"何尊"上的铭文"余其宅兹中国,自之乂民",意思是周武王推翻商朝后,要建都于"中国",以便于统治人民。

在当时的时代背景下,由于受天文地理知识的限制,人们就把自己的居域视为"天下之中",即"中国",而称其他族群的居域为东(夷)、南(蛮)、西(戎)、北(狄)四方。这个时候,"中国"只是一个方位区划上的概念,即中央之城或中央之邦。

何尊

藏于宝鸡青铜器博物院。

所以,在一些金文和早期文献中最初出现的"中国"这一概念,指的是以洛邑为都城的中央之地,也称"作大邑于土中"。所谓的"土中",指的是四土之中,就是"国之中"。因为是四土之中,是国之中,所以何尊上的铭文称之为"中国"。

而中国被认为是个"中原王朝"的概念,应该起源于汉代,东汉许慎的《说文解字》里是这么描述的:"夏,中国之人也。"《汉书·地理志》颜师古注中也是这样描述:"夏,中国。"这些记载都说明,至少在汉代,"夏"为中国的意思。这里的"中国"指的是中原王朝,而中原的王朝国家,当然要从夏朝开始算起。

到了近代,辛亥革命推翻了封建统治,建立了"中华民国",简称"中国"。1949年,"中华人民共和国"成立,简称也为"中国"。所以,"中国"这两个字作为真正意义上的我们国家的名称,其实也仅有百年历史。

二、"华夏"由何而来

我们也总是将"华夏"两个字作为中华民族的象征,那中华、华夏,又是怎么来的呢?

（一）"华"源自"华胥"、"夏"取意"大"

我们先来看看"华""夏"单字的意思。

"华"源自"华胥"。华胥是中国上古时期华胥国的女首领，是伏羲和女娲的母亲、炎帝和黄帝的直系远祖，被称为"人祖"，系中华文明的本源。所以"华夏"和"中华"中的"华"字都是源于华胥。

"华夏"之"华"，原本指"花"，引申为华彩、华美、光华、彩画等。《春秋左传正义》有言："中国有礼仪之大，故称夏；有服章之美，谓之华。"

金文"华"，象形字，上像蓓蕾，下像茎叶。

在古文里"华"意为"花"，后来"华"借为"光华"之意。六朝人又另造形声字"花"，并广为运用，华、花遂分成两个字。

小篆"华"加了草字头形符，变为形声字。

"华夏"之"夏"，有"大"的意思。《尔雅·释诂》说："夏，大也。"《方言》说："秦晋之间，凡物壮大谓之夏。"

（二）"华夏"与"诸戎"之分

把"华夏"与"诸戎"两个词作为整体民族的代称，则要追溯到先秦时期。《左传》中记载姜戎子驹支说："我诸戎饮食衣服，不与华同，贽币不通，言语不达，何恶之能为？"驹支称中原的华夏民族为"华"，称自己为"戎"。这说明"华""华夏"等称呼，既是华夏民族的自称，也是他称；同理，"戎""诸戎"等称谓，既是戎人的自称，也是他称。

春秋战国时期，人们用"华夏""诸夏""夏""诸华""华"等称谓，来强调华夏族与其他族的区别。明显可以看出，当时的华夏民族已经具有了民族意识，展现出了同族之间强烈的文化一体性。比如，《左传》里有言："裔不谋夏，夷不乱华。"

新石器时代后期红山文化出土的玉龙，有"中华第一龙"的美誉，藏于中国国家博物馆。

华夏银行的 Logo，用象征中国的"龙"来表征"华夏"。

三、"中华"由何而来

魏晋南北朝至隋唐时期是中国历史上的民族大融合时期之一。正是这一时期，产生了一个浓缩中国文化特质且对后世影响深远的词语——"中华"。

"中华"一词始见于西晋末期，是中原士人为把中原的政治与文化同"胡人"相区分而产生的自我称谓。所以，"中华"是胡汉互动的产物。比如，《关中诗》有云："百蛮率服，中华乂安。"

入唐以后，"中华"一词被广泛使用，不仅成为唐朝的别称，也成为中国名号。这意味着当初为与"胡人"相区分而产生的"中华"称谓及概念已发生根本变化，它成为胡汉融合体的统称。比如，《华严大疏钞》有云："谓葱岭之东，地方数千里，曰赤县神州，即有唐中华之国也。"

广义上来说，"中华"并非族别称谓，也并不是"华夏"的意思，而是较宽泛的文化概念，"中华"之"华"具有以"衣冠礼乐"喻指文化的象征意义。

"中华"这个统称，具有极大的包容度和开放性，正是这种包容度和开放性，成为"中华"一词在后来的历史中得以包容"华夷"的关键，也是后来"中华"所指称的共同体得以不断扩大的原因。

第三节
中国国家一级博物馆分布情况

2024年5月18日，国家文物局公布最新全国备案博物馆数量，一共有6833家。同时，新增第五批国家一级博物馆123家，据2024年最新公布数据，国家一级博物馆达到327家。其中，山东省以32家的拥有量位居全国第一名。

关于博物馆的级别评估，依据的标准为国家文物局颁发的《博物馆定级评估标准》与《评分细则计分表》。两份评估标准对博物馆定级评估的对象范围、组织架构、方式方法和监督管理等进行了详细规定，共设有3个一级评估指标，即综合管理与基础设施、藏品管理与科学研究、影响力与社会服务，其下分设13个二级指标、78个三级指标及15个加分项，累计评定分数1000分。在进行评估时，一级博物馆需达到800分，二级博物馆需达到600分，三级博物馆需达到400分。

"国家一级博物馆"是定级评估授予的最高等级，能拿到这一称号的博物馆可以说代表了我国博物馆行业发展的最高水准。

可能很多朋友会以为，只有省市级别的博物馆才能获得一级博物馆的评估称号。其实，有很多县或县级市也拥有国家一级博物馆。比如，山东就有好几座，其中两家在滕州（县级市，由枣庄市代管），分别是滕州市博物馆和滕州汉画像石馆。滕州市博物馆展示了从新石器时代早期的北辛文化到解放战争时期绵延上万年的地域发展历史，据官网介绍，其有藏品52 038件（套），实际包含藏品数量为82 072件，其中国家一级文物56件，二级文物74件，三级文物33件。滕州汉画像石馆，馆藏汉画石471块，集收藏、保护、陈列于一体，是全国县级最大的汉画石像艺术陈列馆。

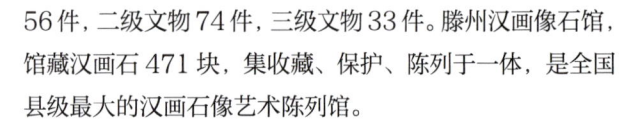

滕侯鼎

滕州市博物馆的镇馆之宝。它是滕国国君祭祀用的礼器，通高27厘米，子母口加盖，盖上置4个卷龙状小钮，盖及口沿下饰夔龙纹、鸟形纹各一周，腹饰饕餮兽面纹4组，足饰蝉纹及卷云纹。盖、器内底部分别铸铭文2行6字——"滕侯作宝尊彝"。此鼎铜质精良、纹饰华丽、铭文清晰，代表了西周早期滕国青铜铸造的最高水平。

滕州汉画像石馆。

还有一家是位于青州市（县级市，由潍坊市代管）的青州博物馆，馆藏各类文物6万余件，国家珍贵文物3000余件。其中，最著名的藏品是1996年龙兴寺遗址窖藏出土的400余尊佛教造像，时间跨越北魏至北宋，长达500年。这批造像数量多、品种全、雕刻精美、贴金彩绘保存完好、跨越时间长，引起海内外的高度关注，先后被评为"1996年全国十大考古新发现"和"中国20世纪100项考古大发现"，被称为改写东方艺术史的杰作。

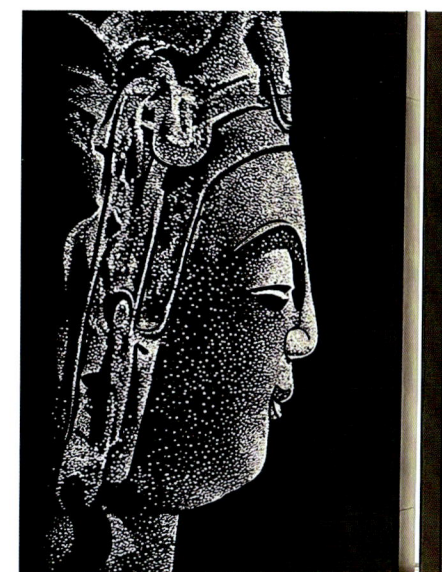

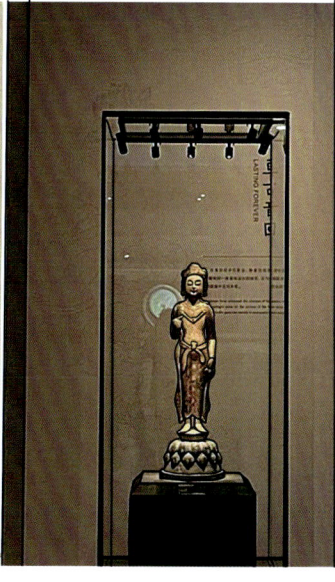

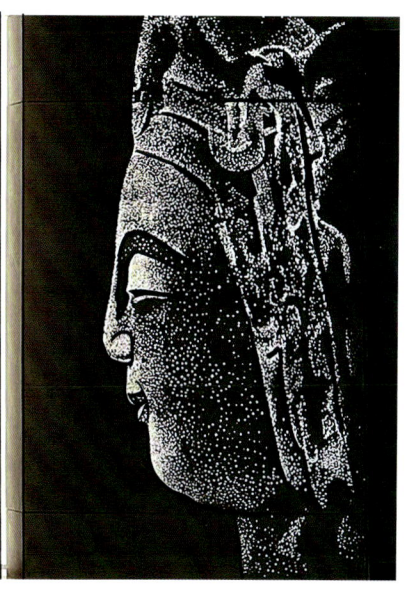

两汉之际，佛教自古印度传入中国，历经数百年，至南北朝获得长足发展，在全国出现了多个佛教文化中心，形成了不同风格的佛教造像艺术，"青州风格"佛教造像便是其中之一。以青州龙兴寺遗址出土造像为代表的青州风格佛教造像，被誉为"改写东方艺术史的杰作"。

2024年5月18日公布的第五批国家一级博物馆名单里，又出现了几个新的县级博物馆，比如邹城（县级市，由济宁市代管）博物馆、临朐县博物馆和巨野县博物馆。

以下是全国327家一级博物馆的名单，供大家打卡参考。

省（自治区、直辖市）	博物馆		
北京 （28家）	故宫博物院 中国人民革命军事博物馆 首都博物馆 周口店北京人遗址博物馆 北京天文馆 中国电影博物馆 中国华侨历史博物馆 民族文化宫 中国铁道博物馆 中华人民共和国名誉主席宋庆龄同志故居	中国科学技术馆 中国航空博物馆 国家自然博物馆 中国国家博物馆 文化和旅游部恭王府博物馆 北京汽车博物馆 中国妇女儿童博物馆 民航博物馆 园林博物馆	中国地质博物馆 北京鲁迅博物馆（北京新文化运动纪念馆） 中国人民抗日战争纪念馆 中国农业博物馆 中国印刷博物馆 清华大学艺术博物馆 中国海关博物馆 中国现代文学馆 香山革命纪念馆
天津 （4家）	天津博物馆 平津战役纪念馆	天津自然博物馆	周恩来邓颖超纪念馆
河北 （8家）	河北博物院 乐亭县李大钊纪念馆 定州博物馆	西柏坡纪念馆 唐山博物馆 承德避暑山庄博物院	邯郸市博物馆 山海关中国长城博物馆
内蒙古 （9家）	内蒙古博物院 呼和浩特博物馆（内蒙古自治区将军衙署博物院、呼和浩特市文物保护与考古研究中心） 伊利草原乳文化博物馆 呼伦贝尔博物院	鄂尔多斯市博物馆 内蒙古自然博物馆 阿拉善博物馆	赤峰博物馆 包头博物馆（包头市文物保护中心）
山西 （9家）	山西博物院 大同市博物馆 太原市博物馆	中国煤炭博物馆 山西地质博物馆 太原市晋祠博物馆	八路军太行纪念馆 临汾市博物馆 运城博物馆
辽宁 （9家）	辽宁省博物馆 沈阳故宫博物院 鞍钢博物馆 辽沈战役纪念馆	旅顺博物馆 大连现代博物馆 抗美援朝纪念馆（丹东市抗美援朝研究中心）	沈阳"九一八"历史博物馆 大连自然博物馆
吉林 （5家）	吉林省自然博物馆 四平战役纪念馆	吉林省博物院 吉林市博物馆（吉林市陨石博物馆）	伪满皇宫博物院
黑龙江 （7家）	黑龙江省博物馆 黑龙江省民族博物馆 哈尔滨市侵华日军第七三一部队罪证陈列馆	大庆市博物馆 大庆铁人王进喜纪念馆	东北烈士纪念馆 黑河市瑷珲历史陈列馆

省（自治区、直辖市）	博物馆		
陕西 （15家）	陕西历史博物馆 汉景帝阳陵博物院 西安博物院 陕西自然博物馆 咸阳博物院	延安革命纪念馆 西安碑林博物馆 宝鸡青铜器博物院 法门寺博物馆 汉中市博物馆	秦始皇帝陵博物院（秦始皇兵马俑博物馆） 西安半坡博物馆 西安大唐西市博物馆 乾陵博物馆 陕甘边革命根据地照金纪念馆
河南 （14家）	河南博物院 南阳汉画馆 中国文字博物馆 安阳博物馆 鄂豫皖革命纪念馆	郑州博物馆 开封市博物馆 平顶山博物馆 河南自然博物馆 洛阳古墓博物馆（河南古代壁画馆）	洛阳博物馆 鄂豫皖苏区首府革命博物馆 二里头夏都遗址博物馆 南阳市博物院
山东 （32家）	山东博物馆 青岛市博物馆 孔子博物馆 山东大学博物馆 淄博陶瓷玻璃博物馆 滕州汉画像石馆 淄博市博物馆 张裕酒文化博物馆 日照市博物馆 滨州市博物馆 巨野县博物馆 中国人民解放军海军博物馆	青州市博物馆 潍坊市博物馆 济南市博物馆 青岛啤酒博物馆 齐文化博物院 临沂市博物馆 蒲松龄纪念馆 临朐县博物馆 德州市博物馆 青岛海洋科技馆（青岛海产博物馆、青岛水族馆） 青岛德国总督楼旧址博物馆（青岛市城市文化遗产保护中心）	中国甲午战争博物院 烟台市博物馆 济南市章丘区博物馆 青岛山炮台遗址展览馆 山东省滕州市博物馆 济宁市博物馆（朱复戡艺术馆） 枣庄市博物馆 邹城博物馆 聊城中国运河文化博物馆
江苏 （26家）	南京博物院 扬州博物馆 南京中国科举博物馆 徐州博物院 南京大报恩寺遗址博物馆 江阴市博物馆 连云港市博物馆 新四军纪念馆 苏州市吴中区博物馆（苏州吴文化博物馆）	南通博物苑 常州博物馆 雨花台烈士纪念馆 常熟博物馆 南京城墙博物馆 淮海战役博物馆 周恩来纪念馆 扬州中国大运河博物馆	苏州博物馆 南京市博物总馆 无锡博物院 镇江博物馆 宜兴市博物馆 苏州丝绸博物馆 淮安市博物馆 盐城中国海盐博物馆（盐城市博物馆） 侵华日军南京大屠杀遇难同胞纪念馆
上海 （12家）	上海博物馆 上海科技馆 钱学森图书馆 嘉定博物馆	上海鲁迅纪念馆 上海中国航海博物馆 上海大学博物馆 上海市奉贤区博物馆	中共一大纪念馆 上海市龙华烈士纪念馆 陈云纪念馆（青浦革命历史纪念馆） 上海市历史博物馆（上海革命历史博物馆）

省（自治区、直辖市）	博物馆		
浙江 （21家）	浙江自然博物院 温州博物馆 中国茶叶博物馆 南湖革命纪念馆 杭州市临平博物馆 绍兴博物馆 宁波市天一阁博物院（宁波市保国寺古建筑博物馆） 浙江省博物馆（浙江革命历史纪念馆）	中国丝绸博物馆 杭州博物馆 杭州工艺美术博物馆 舟山博物馆 良渚博物院 丽水市博物馆	宁波博物院（宁波博物馆、宁波帮博物馆） 杭州西湖博物馆总馆 宁波中国港口博物馆 浙江大学艺术与考古博物馆 嘉兴博物馆（嘉兴马家浜文化博物馆） 中国水利博物馆 杭州市萧山跨湖桥遗址博物馆
福建 （7家）	福建博物院 中国闽台缘博物馆 中央苏区（闽西）历史博物馆	古田会议纪念馆 华侨博物院	福建省泉州海外交通史博物馆 厦门市博物馆
安徽 （9家）	安徽博物院 淮北市博物馆 安庆博物馆	安徽中国徽州文化博物馆 宿州市博物馆 阜阳市博物馆	安徽省地质博物馆 蚌埠市博物馆 安徽楚文化博物馆（寿县博物馆）
江西 （17家）	江西省博物馆 八大山人纪念馆 九江市博物馆 赣州市博物馆 景德镇御窑博物院 上饶市博物馆	井冈山革命博物馆 南昌八一起义纪念馆 江西省庐山博物馆 景德镇中国陶瓷博物馆 吉安市博物馆 南昌汉代海昏侯国遗址博物馆	瑞金中央革命根据地纪念馆 安源路矿工人运动纪念馆 萍乡博物馆 江西省革命烈士纪念堂 于都中央红军长征集结出发历史博物馆
湖北 （12家）	湖北省博物馆 武汉市中山舰博物馆 宜昌博物馆 鄂州市博物馆 襄阳市博物馆（襄阳市文物考古研究所、襄阳市文物修复中心）	荆州博物馆 武汉革命博物馆 随州市博物馆 恩施土家族苗族自治州博物馆	武汉博物馆 长江文明馆（武汉自然博物馆） 辛亥革命博物院（辛亥革命武昌起义纪念馆）
湖南 （10家）	湖南博物院 长沙简牍博物馆 湖南省地质博物馆 秋收起义文家市会师纪念馆	韶山毛泽东同志纪念馆 长沙市博物馆 株洲博物馆（株洲市考古研究和文物保护中心） 醴陵市博物馆（毛泽东考察湖南农民运动纪念馆）	刘少奇同志纪念馆 胡耀邦同志纪念馆
广西 （5家）	广西壮族自治区博物馆 南宁市博物馆	广西民族博物馆 柳州工业博物馆	桂林博物馆
海南 （2家）	海南省博物馆	中国（海南）南海博物馆	

省（自治区、直辖市）	博物馆		
广东 （15家）	南越王博物院 广州博物馆 广东中国客家博物馆 孙中山大元帅府纪念馆 江门市博物馆	孙中山故居纪念馆 广东民间工艺博物馆 鸦片战争博物馆 辛亥革命纪念馆 深圳博物馆	广东省博物馆（广州鲁迅纪念馆） 广州艺术博物院 广东海上丝绸之路博物馆 佛山市祖庙博物馆 广东革命历史博物馆（广州近代史博物馆）
重庆 （7家）	重庆红岩革命历史博物馆 大足石刻博物馆 重庆三峡移民纪念馆	重庆自然博物馆 聂荣臻元帅陈列馆	重庆中国三峡博物馆（重庆博物馆） 杨闇公杨尚昆旧居陈列馆
四川 （16家）	四川博物院 广汉三星堆博物馆 成都杜甫草堂博物馆 四川省建川博物馆 四川大学博物馆 宜宾市博物院	成都金沙遗址博物馆 成都武侯祠博物馆 自贡市盐业历史博物馆 5·12汶川特大地震纪念馆 泸州市博物馆	自贡恐龙博物馆 邓小平故居陈列馆 成都博物馆（成都中国皮影博物馆） 朱德同志故居纪念馆 眉山三苏祠博物馆
贵州 （5家）	贵州省博物馆 遵义会议纪念馆	贵州省民族博物馆 贵州省地质博物馆	四渡赤水纪念馆
云南 （4家）	云南省博物馆 澄江化石地世界自然遗产博物馆（云南省自然博物馆）	云南民族博物馆	昆明市博物馆
青海 （2家）	青海省博物馆	青海藏医药文化博物馆	
甘肃 （10家）	甘肃省博物馆 平凉市博物馆 甘肃简牍博物馆 和政古动物化石博物馆	敦煌研究院 兰州市博物馆 武威市博物馆	天水市博物馆（天水市伏羲文化博物馆） 中国工农红军西路军纪念馆 临夏回族自治州博物馆
宁夏 （3家）	宁夏回族自治区博物馆	固原博物馆	西夏博物馆
新疆 （3家）	新疆维吾尔自治区博物馆	吐鲁番博物馆	哈密市博物馆
西藏 （1家）	西藏博物馆		

第四节
中国"博物馆之最"不完全手册

中国的博物馆有六千余所,大大小小分布于全国各地,本节我们就来简单细数一下中国博物馆之最。

一、中国人独立创办的第一座公共博物馆:南通博物苑

江苏南通博物苑由著名爱国实业家、晚清状元张謇于1905年创办,是中国最早的一座公共博物馆,也是一座中国古代苑囿与西方博物馆理念融合的"园馆一体"的综合性博物馆。初建时,藏品分天产(即自然)、历史、美术、教育四部分,1933年统计藏品总数为3605号。

南通博物苑现有藏品约5万件,分为历史文物、民俗品物和自然标本几类,其中以反映地方历史的文物最具特色。苑史文物是博物苑的特色收藏之一,张謇建苑时的部分藏品、文献史料,亦是中国博物馆史的珍贵资料。1973年出土的晚唐至五代时期南方越窑烧制的青瓷皮囊式壶,为珍贵的秘色瓷,被视为镇馆之宝。1976年前后,位于南通地区北边的海安青墩发现了一处新石器时期遗址,将南通的历史前推至五千多年。著名刺绣艺术家沈寿开创的"仿真绣"刺绣作品、反映南通地区近现代历史的革命文物史料也是博物苑的特色藏品。近年来,博物苑大力开展征集反映南通地方风土民情的民俗品物、百工器物活动。

越窑青瓷皮囊式壶

南通博物苑的镇苑之宝,属于国家一级文物,被列为江苏省24件国宝之一。越窑青瓷皮囊式壶是罕见的"秘色瓷",因其釉色之美、制作工艺之高,至今无法被仿制,代表了当时中国制瓷的最高水准。

二、国内藏品最多的博物馆:故宫博物院

故宫博物院是一座特殊的博物馆,成立于1925年,它既是明清故宫(紫禁城)建筑群与宫廷史迹的保护管理机构,又是以明清皇室旧藏文物为基础的中国古代文化艺术品的收藏、研究和展示机构。故宫博物院的现有藏品总量已达180余万件(套),以明清宫廷文物类藏品、古建类藏品、图书类藏品为主,文物体系完备、涵盖古今、品质精良、品类丰富。藏品总分25种大类别,其中一级藏品8000余件(套),堪称艺术的宝库。

三、中国面积最大的博物馆:中国国家博物馆

中国国家博物馆的前身可追溯至1912年,以蔡元培、鲁迅先生为代表的有识之士奔走推动成立的国立历

史博物馆筹备处，迈出了典守文物、增进教育的第一步。

中国国家博物馆是世界上单体建筑面积最大的现代化综合性博物馆，总建筑面积近20万平方米。现有藏品数量143万余件，涵盖古代文物、近现当代文物、艺术品等多种门类，藏品系统完整，历史跨度巨大，材质形态多样，涉及甲骨、青铜器、瓷器、玉器、金银器、钱币、佛造像、古籍善本、碑帖拓本、墓志、玺印、书画、雕塑、漆木家具、砖瓦石刻、珐琅器、玻璃器、丝织品、工艺品、老照片、民族文物、民俗文物、革命文物等。

四、中国最小的博物馆：青岛台柳路博物馆

青岛台柳路博物馆（台柳路展览馆）位于青岛市台柳路与宁乡支路路口，博物馆主体由一座高约9米的水塔改建而成，此水塔之前名为"双山水塔"，建成于1921年，最初是由一位来青岛做葡萄酒生意的白俄罗斯妇女及其女儿投资建成。

博物馆占地面积仅约23平方米，共有三层，每一层都通过手绘壁画的形式阐述了不同的主题。博物馆内还收藏了台柳路全程的石碑拓片、台柳路的路石、老式相机、收音机、钟表等共35件，以及老车票、老票据文件、老照片装裱等物品。

五、第一座史前聚落遗址博物馆：西安半坡博物馆

半坡遗址于1953年春被发现，遗址面积约5万平方米。该遗址揭示了约6000年前的一处典型的新石器时代仰韶文化母系氏族聚落的社会组织、生产生活、经济形态、婚姻状况、风俗习惯、文化艺术等丰富的文化内涵。

西安半坡博物馆

位于西安东郊浐河东岸，占地面积71 600平方米。馆藏各类文物18 000余件，其中三级以上文物4000多件，化石标本300余件，新石器时代的人类和动物骨骼标本若干。人面鱼纹盆是半坡遗址出土文物中最为宝贵的文物，属国家一级文物，现藏于中国国家博物馆。2008年，北京奥运会吉祥物福娃的创意灵感就来源于它。

六、第一座由国家投资兴建的大型综合类博物馆：南京博物院

南京博物院藏品上至旧石器时代，下迄当代；既有全国性的，又有江苏地域性的；既有宫廷传世品，又有考古发掘品，还有一部分来源于社会征集及捐赠，均为历朝历代的珍品佳作，可以说是一座巨大的中华民族文

化艺术宝库。青铜、玉石、陶瓷、金银器皿、竹木牙角、漆器、丝织刺绣、书画、印玺、碑刻造像等文物品类一应俱有，每一品种又自成历史系列，成为数千年中华文明历史发展最为直接的见证。

金蝉玉叶饰件

藏于南京博物院。出土时它放置在墓主人的头部，同时出土的还有银笄二件、金银嵌宝玉插花四件，证明这件物品是贵族女子头上的发簪。蝉又称"知了"，"知"的谐音为"枝"，"金蝉玉叶"也意为"金枝玉叶"，是中国古代对女子的最高赞美。金蝉采用了压模铸范、薄叶延展、錾刻、焊接等工艺，玉叶则汲取传统的阳线、阴线、平凸等多种琢玉工艺，可谓是明代中期的杰出之作，也是目前国内出土的唯一一件。

七、中国最北端的博物馆：鄂伦春民族博物馆

坐落在黑龙江省漠河市北极村的鄂伦春民族博物馆，建筑面积2280平方米，由7个依次排列的"仙人柱"展厅组成，主题分别为兴安猎神、猎民人家、游猎兴安、神秘萨满、质朴民风、文体活动和崭新生活，充分展示了鄂伦春民族历史的变迁和发展过程。

目前，展馆内有图片120余幅、实物展品420余件、高科技展示项目13项，突出展现了鄂伦春族在长期的狩猎生活中所创造的民族文化和神秘悠远的宗教信仰。

八、中国最南端的博物馆：三亚自然博物馆

三亚自然博物馆坐落于国家5A级旅游区——三亚南山大小洞天旅游区内，2007年9月9日正式对外开放。该馆建筑面积2400平方米，是海南省唯一的自然博物馆，馆藏品包括被联合国教科文组织称为"20世纪最惊人的发现"——辽西热河古生物化石，亦有被誉为"东方神木"的海南阴沉木、石中精品——五指山黄蜡石等，共2000余件展品，门类齐全、标本珍贵、保存完好，其中国宝级精品达800余件。

九、中国最东端的博物馆：饶河博物馆

黑龙江省饶河博物馆于2007年竣工，建筑面积1500平方米。馆中设有古代历史展厅、红色革命展厅、少数民族展厅、乌苏里船歌专题展厅及临时展厅。古代历史展厅面积280平方米，陈列从旧石器、新石器时期

至汉魏、辽金、明清、民国等各时期历史文物 350 余件；少数民族展厅面积 150 平方米，陈列赫哲族发展史料及民族工艺品、桦树皮、鱼皮画、生活生产用具等；红色革命展厅面积 100 平方米，陈列饶河建党史、抗联七军战斗史、日军侵华罪证史和珍宝岛保卫战史的文物、资料、图片等；乌苏里船歌专题展厅面积 100 平方米，主要讲述《乌苏里船歌》的创作历程。

饶河博物馆

饶河是《乌苏里船歌》的诞生地，饶河博物馆里有一个专门的展厅，讲述《乌苏里船歌》的创作历程。

十、中国最西端的博物馆：塔什库尔干县博物馆

新疆塔什库尔干塔吉克自治县是全国文物大县之一，1990 年至今在该县境内已先后发现并公布了 461 处不可移动文物点。据 2020 年 9 月国家文物局信息显示，塔什库尔干县博物馆现有藏品 159 件（套）、珍贵文物 16 件（套）。

第五节
各时代的典型器物

夏商与西周，东周分两段，春秋和战国，一统秦两汉，三分魏蜀吴，两晋前后延，南北朝并立，隋唐五代传，宋元明清后，王朝至此完。

这样一段顺口溜，几乎囊括了中国五千年的王朝历史。就文物而言，每个朝代，由于社会制度、经济发展、文化观念、工艺水平等的不同，会形成一些相应的"强势"门类，甚至出现一些足以用来象征朝代风貌的品类。本节就分析一下几个主要朝代的主要器物，从中窥见时代的印记。

一、夏商周的青铜器

冶金术和金属器的出现，是人类生产力发展进入一个新阶段的重要标志。但是，中国出土的夏商周时期的青铜器制品，却很少是生产工具，而主要是作为礼器。

出现这个局面的原因，可用《左传·成公十三年》中的一句话来理解："敬在养神，笃在守业。国之大事，在祀与戎。"礼器是用于"养神"的"祀"，兵器则是用于"守业"的"戎"，这是保障国家统治和政权稳定最重要的事情。

尽管春秋战国时期出现了礼崩乐坏的局面，但通过青铜礼器所体现的天命与德行仍然居于中国人政治伦理的中心，它不仅为秦汉时期恢复秩序、最终建立大一统王朝奠定了基础，还成为整个中国古代社会伦理道德的核心。所以，青铜礼器在礼制文化中的重要地位非其他礼器可以企及，由此也造就了中国古代青铜文明在世界文明史上独一无二的地位。

毛公鼎

西周晚期青铜器，因作器者毛公而得名，现藏于台北故宫博物院。鼎内壁铸有铭文32行，近500字，是现存青铜器铭文中最长的一篇，堪称西周青铜器中铭文之最。其内容叙事完整，记载翔实，被誉为"抵得一篇《尚书》"，是研究西周晚期政治史的重要史料。

二、秦砖汉瓦

秦砖汉瓦是秦代的砖、汉代的瓦吗？不，"秦砖汉瓦"泛指秦汉时期的青砖与古瓦。那为什么"秦砖汉瓦"会成为脍炙人口的文化符号呢？

砖产生于西周，发展于秦汉，起初只是用于铺地的薄砖，汉代以后主要用于修建墓室，分为空心砖和实心砖。秦代的砖素有"铅砖"的美誉，以形制多样而著称于世，有"敲之有声，断之无孔"的评价。由于当时国力强盛加上秦法严苛，制砖的用料和做工等标准都相当高。后因项羽入咸阳后火烧秦宫殿，加上历史久远，存世的秦砖尤为稀少，就更显珍贵。

瓦当俗称瓦头，是覆盖建筑檐头筒瓦前端的遮挡，它是中国古建筑的重要构件，可以抵挡风吹、日晒、雨淋，起到保护木制飞檐免受侵蚀、延长建筑寿命和装饰房屋的作用。瓦当上通常会刻有文字或各种图案等，其字体优美，图案极富变化，有云头纹、几何形纹、饕餮纹、文字纹、动物纹等，是中国特有的文化艺术遗产。

汉承秦制，国力更加强盛，又建长乐、未央、建章等40余座宫殿，使关中豪华建筑达到巅峰。汉代瓦当工艺发展到了鼎盛时期，其图案的艺术性也抵达了前所未有的高度，有"汉代瓦当冠天下"之称。

"天人合一"瓦当

西安秦砖汉瓦博物馆的镇馆之宝为"天人合一"瓦当，由"金乌神鸟""玉兔蟾蜍"和"益延寿"三枚瓦当组成，出土于西安市北郊汉长安城汉武帝延寿宫遗址，寓意"日月同辉、天人合一、多福长寿益延年"。此"金乌神鸟"瓦当，当面直径22厘米，为汉瓦中罕见巨制，瓦当面中金乌雄昂展翅、一飞冲天，融威猛与精微于一身，兼写实与造意于一体，得雄浑大气之美，一望而夺人心魄。

三、汉玉

汉代是中国玉文化史上一个大的转折点，也是目前发现玉器最多、最为精美的时代，考古出土品及传世精品都极为丰富。目前考古出土的汉代玉器，主要分布于陕西、河南、河北、山东、江苏、江西、安徽、湖南、广东、北京等省市，精品多集中于诸侯王墓中。

在大大小小上百座汉诸侯王墓和列侯墓中，出土玉器数量约有数千件，可分为礼仪、丧葬、装饰、陈设用玉及玉质容器几个大类。可以说，两汉400余年的玉器艺术是中国玉器史上最美、最为辉煌灿烂的艺术典范，有着前无古人、后无来者的大气磅礴之态。

卷云纹龙形玉佩

西汉，出土于江苏省徐州市云龙区狮子山楚王墓，藏于徐州博物馆。玉佩以浅浮雕、透雕技法整体雕出盘曲的S形龙，龙身S形中部拱曲方正。龙体丰腴，张口露齿，身饰勾连涡纹，龙身出廓饰卷云纹，龙爪简化变形，龙尾呈凤尾形，龙身上下饰透雕云纹。

四、唐三彩

唐三彩，全名唐代三彩釉陶器，是盛行于唐代的一种低温釉陶器，也是中国古代陶瓷烧制工艺的珍品。唐三彩虽然叫三彩，但实际上它并不只有三种颜色，而是有黄、绿、白、褐、蓝、黑等多种色彩，因为"三"在古代语境里面有"多"的意思，"三彩"即多彩的意思。现代陶瓷史认为，唐三彩在陶瓷史上是一个划时代的里程碑：唐代以前，大多数陶瓷器只有单色釉，最多是两色釉并用；而到了唐代，则是多色釉并用。三彩器物五彩流光、栩栩如生，充分展示了唐代文化的辉煌灿烂。

唐三彩代表了唐代陶瓷艺术的最高成就，这些艺术珍品从多方面反映了当时人们的生活状况和精神追求，是研究唐代历史和中国陶瓷史的重要实物资料。

唐三彩梳妆女俑

现藏于陕西历史博物馆。女俑发髻高梳，身穿小袖腰襦，外罩绣花半臂，裙褶处遍绣柿蒂花。她左手半握举于胸前，正持镜照面；右手伸指似要妆点额头。简单的动作、简洁的造型，将一位举止优雅、衣着华丽的唐代女子刻画得淋漓尽致。

五、宋瓷

古董鉴赏家、收藏家马未都曾言："宋瓷，是中国美学的顶峰。"两宋宫廷用瓷器，被公认为代表了我国瓷器烧造的最高水准，也代表了器物审美的最高境界。

定窑孩儿枕

藏于台北故宫博物院。高18.8厘米、底长31厘米，造型与北京故宫所藏孩儿枕类似。釉色如象牙般均匀滋润，底露胎无釉，镌刻有乾隆癸巳年（1773年）春的御制诗一首："北定出精陶，曲肱代枕高。锦绷围处妥，绣榻卧还牢。彼此同一梦，蝶庄且自豪。警眠常送响，底用掷籤劳。"该诗在乾隆《御制诗集》中题为"咏定窑睡孩儿枕"，可见这件定窑艺术珍品深得皇帝喜爱，也证明流传有序，自然被列为台北故宫博物院的镇馆之宝。

说起宋代的瓷器，大家都会提起汝、官、哥、钧、定五大名窑。人们对它的第一印象就是存世极少、价格极高，如"家财万贯，不如钧瓷一件"之说，就道出了传世宋瓷之珍贵。

无论是雨过天青的釉色，还是蚯蚓走泥的自然纹路，或者是"入窑一色、出窑万彩"的造化，宋瓷，真正把工艺、美术、自然、造化融冶在一炉，造就了无与伦比的高级艺术境界。

六、元青花

元青花瓷是景德镇创烧的一种釉下彩绘瓷，以端庄的造型、莹润的釉质、典雅的蓝彩、丰富的题材而闻名天下。

元代的建立，是中华传统文化的一个重要转折点，也是陶瓷史上的过渡期。由于蒙古人采取独特的社会治理架构，使汉族文化逐渐被边缘化，从南北朝开始形成的门阀贵族到了这一时期也消失殆尽，中国社会迎来了一次大洗牌，从前主导社会主流风尚的儒士阶层被蒙古人和色目人代替。从这一时期开始，民间文化地位上升，平民审美成为影响工艺美术风格的重要力量，瓷器也由最初如冰似玉的风格变为"大众化"和"世俗化"，而彩瓷也开始代替单色釉瓷成为主流产品，正是这个契机，让蓝与白的青花瓷在元朝迎来了发展期。

景德镇窑青花缠枝牡丹纹瓶

元代，藏于上海博物馆。瓶外壁自上而下以青花绘制纹饰五层，依次为杂宝纹、缠枝莲纹、缠枝牡丹纹、卷草纹、变形莲瓣纹。主次分明，繁而不乱。青花呈色青翠浓艳，可见铁锈斑痕，胎体细密坚致，造型丰满。土耳其托布卡比宫藏有与此瓶造型、纹饰都极为相似的梅瓶。国内江苏句容房家坝元代窖藏，江西高安元代窖藏，江苏南京沐英墓、沐晟夫妇合葬墓，湖北钟祥郢靖王墓曾出土过数只元青花梅瓶，纹饰有龙纹、花卉纹、人物纹等。

受元朝广阔疆域的影响，元青花得以流传至西亚乃至东欧市场，并获得极高的认可。彼时，波斯商人将苏麻离青钴蓝颜料引入中国，这些商人不仅是中国瓷器的消费者和中国文化的传播者，而且直接参与了青花瓷的设计与监制，景德镇的窑工们，在下单的波斯商人的监制下，把波斯的"蓝"（钴料）和中国的"白"（白瓷工艺）融合在了一起，烧制出了带有双重文化特色的青花瓷器。

第六节

九大博物馆里的镇馆之宝

在中国博物馆领域，有一个名词叫作"中央地方共建国家级博物馆"。也就是说，中华人民共和国财政部有专项经费支持这些博物馆的业务工作。

截至 2024 年 5 月，中央地方共建国家级重点博物馆共有十五家，分别是首都博物馆、河北博物院、山西博物院、辽宁省博物馆、上海博物馆、南京博物院、浙江省博物馆、山东博物馆、河南博物院、湖北省博物馆、湖南博物院、广东省博物馆、重庆中国三峡博物馆、四川博物院、陕西历史博物馆。

2017年12月，央视综艺频道播出了一档文博探索节目"国家宝藏"，这档节目正是由北京故宫博物院联合其中八家国家级重点博物馆以"国家宝藏"为题举办的一次特展。

本节就以这九座博物馆为例，一起来看看这些博物馆本馆及节目中选出的镇馆之宝。

一、北京故宫博物院

（一）《千里江山图》

《千里江山图》是北宋天才传奇画家王希孟传世的唯一作品。该作品在设色和用笔方面继承了传统的"青绿法"，即以石青、石绿等矿物质为主要颜料，敷色夸张，具有一定的装饰性，被称为"青绿山水"。

青绿山水是我国山水画技法中发展较早的一种，纵观宋代画坛，虽然也有一些画家用此法创作，但从目前存世的作品看，尚无一件可以超越《千里江山图》卷。元代著名书法家溥光在卷后题跋中赞道："在古今丹青小景中，自可独步千载，殆众星之孤月耳。"此论可谓公允之见。

《千里江山图》（局部）

北宋，王希孟作，绢本，设色，纵51.5厘米，横1191.5厘米。

（二）各种釉彩大瓶

清代乾隆时期历时六十年，由于乾隆皇帝嗜古成癖，对瓷器情有所钟，再加之督陶官唐英对景德镇御窑厂的苦心经营，一大批身怀绝技的名工巧匠汇集于景德镇，使得御窑厂的瓷器生产无论在数量还是质量上都达到前所未有的境界，特别是各种奇技淫巧的制品层出不穷，其工艺技术之高可谓鬼斧神工。

这件各种釉彩大瓶，集高温釉、低温釉、彩于一身，素有"瓷母"之美称，集中体现了当时高超的制瓷技艺，传世仅此一件，弥足珍贵。

各种釉彩大瓶

清乾隆时期，高86.4厘米，口径27.4厘米，足径33厘米。

（三）秦石鼓

石鼓文，因文字篆刻在鼓形石上而得名。该石鼓的年代曾有多种说法，包括西周、春秋战国、秦代、汉代、晋代、北魏、西魏、北周等。后来，经金石学家们从内容、字体和书法风格等多方面的考证研究，最终认定为秦国遗物。

石上刻大篆书，记叙游猎的十首诗，故也称《猎碣》。诗皆四言，同《诗经·小雅》中的《车攻》一首有相似处。它是我国现存最早的一组石刻文字，自唐代韦应物、韩愈作《石鼓歌》以表彰之，而后大显于世。

秦石鼓

石鼓共有十块，为花岗岩质，高约90厘米，直径约60厘米。

二、湖北省博物馆

湖北省博物馆现有藏品46万余件（套），其中国家一级文物1095件（套）。湖北省博物馆形成了"四馆三中心两基地"的布局，总建筑面积达12.5万平方米、展览面积达3.8万平方米，位居全国博物馆前列。

湖北省博物馆官方选定了十大镇馆之宝，即曾侯乙编钟、越王勾践剑、曾侯乙尊盘、虎座鸟架鼓、元青花四爱图梅瓶、云梦睡虎地秦简、郧（yún）县人头骨化石、石家河玉人像、崇阳铜鼓和彩绘人物车马出行图。

在"国家宝藏"节目中，湖北省博物馆展示了曾侯乙编钟、越王勾践剑和云梦睡虎地秦简。

（一）曾侯乙编钟

曾侯乙编钟，年代为战国早期，1978年出土于曾侯乙墓。全套编钟共六十五件，分三层八组悬挂在呈曲尺形的铜木结构钟架上，钟架长7.48米、高2.65米。钟及架、钩上共有铭文3755字，内容为编号、记事、标音及乐律理论。每件钟均能奏出呈三度音程的双音，整套编钟音域可跨五个半八度，中心音区十二个半音齐备，能演奏五声、六声或七声音阶的乐曲。

曾侯乙编钟的出土，说明早在战国时期中国的音乐文化和铸造技术已经发展到相当高的水平。它比欧洲十二平均律的键盘乐器的出现要早将近2000年，同时填补了中国早期音乐史的空白，对于研究中国的奴隶社会、早期封建社会，以及东周王朝音乐文化和湖北地区音乐史的发展有着极其重要的意义。

（二）越王勾践剑

越王勾践剑，1965年12月出土于望山一号楚墓。剑长55.6厘米，宽5厘米，剑首向外翻卷呈圆盘形，内铸11道精细的同心圆，剑身满饰神秘的黑色菱形花纹，剑格的正面和反面分别用蓝色琉璃和绿松石镶嵌成美丽的纹饰，整个造型显得高贵、典雅。这把剑在出土时插在漆木剑鞘里，出鞘时仍然寒光闪闪，耀人眼目，被誉为"天下第一剑"。

在剑身正面靠近剑格处写有两行鸟篆铭文，分别为"越王鸠浅自作用剑"。经专家考证，"鸠浅"就是"勾践"。这八字铭文向我们表明了这把剑的使用者的身份和地位。

（三）云梦睡虎地秦简

云梦睡虎地秦简，1975年出土于湖北省云梦县睡虎地11号墓，其中包括大量公元前221年秦统一中国前后的法律文献，是首次发现的系统性秦律。

秦律涉及农业生产、市场交易、徭役征发、官吏职掌、少数民族关系等各个方面，从中可以看出秦法已经达到十分细密、详备的程度。秦律对汉代及其后的中国传统法律产生了深远的影响。

三、河南博物院

河南博物院创建于1927年，是我国成立较早的博物馆之一。河南博物院现有馆藏文物17万余件（套），尤以史前文物、商周青铜器、历代陶瓷器、玉器及石刻最具特色。精品文物数量多、种类全、品位高、价值大，是见证中华文明发展轨迹，展示中国历史发展脉络的文化艺术宝库。

河南博物院官方选出的九大镇馆之宝，分别为莲鹤方壶、妇好鸮（xiāo）尊、云纹铜禁、汝窑天蓝釉刻花鹅颈瓶、四神云气图壁画、武则天金简、玉柄铁剑、杜岭方鼎和贾湖骨笛。

节目中河南博物院展出了妇好鸮尊、云纹铜禁和贾湖骨笛。

（一）妇好鸮尊

妇好鸮尊，1976年出土于安阳殷墟妇好墓。商妇好青铜鸮尊由器盖与器身两部分组成，通高46.3厘米，口长16.4厘米，足高13.2厘米，盖高13.4厘米，重16千克。器身铭文"妇好"——华夏第一女将。

在古代，猫头鹰是妇好乃至国王、将军们的爱物，它昼伏夜出的天性、击而必中的本领，自然让其成为"战神"的象征。尊，是一种盛酒礼器。妇好鸮尊不但是最早的鸮形酒器，而且雄浑厚重、造型完美，鸮头高昂，宽喙，双翅并拢垂地与粗壮的双足形成三点一面，两眼圆瞪，神态庄严。

（二）云纹铜禁

云纹铜禁，1978年出土于河南省淅川县下寺春秋楚墓。禁，是承置酒器的案具，起于西周初年，灭于战国时代。之所以称为"禁"，盖因周人总结夏、商两代灭亡之因，均在嗜酒无度。周鉴于此，发布了中国最早的禁酒令《酒诰》，其中规定：王公诸侯不准非礼饮酒，只有祭祀时方能饮酒；民众聚饮，押解都城处以死刑；不照禁令行事执法者，同样治以死罪……在这种情况下，承置酒器的案具便烙下了中国第一个"禁酒"时代的印痕，名曰"酒禁"。

"云纹铜禁"整体看上去剔透玲珑，厚重庄严。粗细不一的铜梗共有5层，美轮美奂。禁身四周，攀附的12只龙形怪兽有序排列，它们曲腰卷尾，探首吐舌，把嘴巴伸向禁体中心，不但形成群龙拱卫的艺术造型，还似垂涎酒的醇香、贪恋酒的美味。禁体之下，有序蹲伏着12只虎形异兽，张口吐舌，似不堪重负，似气喘吁吁，托起禁身，更构筑起铜禁的庄严和神圣，摄人心魄。

（三）贾湖骨笛

贾湖骨笛，1987年出土于河南省舞阳县贾湖遗址，距今8000多年，长23.6厘米，7孔。骨笛由鹤类尺骨制成，是中国考古发现的最早的乐器。在第六孔与第七孔之间有一小孔，经测音可以发出两变音，应为调整第七孔发音而钻的调音孔。值得注意的是，该墓出土有两件形制相似的骨笛，据测音研究，它们为一雌一雄，印证了中国古代雌雄笛的传统。

河南博物院收藏的这支贾湖骨笛，器形完整，且因石化而晶莹亮洁，几乎可与美玉争辉。在目前发现的三十多支贾湖骨笛中，这一遗世精品可遇难求，堪为"中华第一笛"。贾湖骨笛的横空出世，无疑为我们研究中国音乐与乐器发展史提供了弥足珍贵的实物资料。

四、上海博物馆

上海博物馆是一座大型的中国古代艺术博物馆，其以收藏、展览和研究中国古代的艺术品为重点，馆藏文物102万件（套），包括青铜、陶瓷、书画、雕塑、甲骨、符印、货币、玉器、家具、织绣、漆器、竹木牙角、少数民族文物等31个门类，尤以青铜、陶瓷、书画最为突出。

上海博物馆藏有珍贵文物14万余件（套），关于"十大镇馆之宝"，比较流行的一个版本是：大克鼎、晋侯稣钟、孙位《高逸图》卷、怀素《苦笋帖》卷、王献之《鸭头丸帖》卷、子仲姜盘、雍正景德镇窑粉彩蝠桃纹橄榄瓶、朱克柔缂（kè）丝《莲塘乳鸭图》、商鞅方升、越窑青釉海棠式碗。《国家宝藏》栏目从中选取以下三件展出。

（一）大克鼎

大克鼎铸造于公元前10世纪末的西周时期，光绪中期于陕西省扶风县法门镇任村出土，高93.1厘米，口径75.6厘米，重201.5千克。整器威严厚重，口沿下装饰变形兽面纹，腹部宽大的纹饰波澜起伏而富有节奏感，蹄足上部饰有浮雕兽面。每组变形兽面纹间、足部的兽面纹鼻梁皆设宽厚的扉棱。纹饰线条质朴简洁，有别于商代晚期以来华丽繁缛的青铜器装饰风格，反映了当时社会政治、经济和文化的变革。

鼎腹内壁铸铭文290字，铭文记载了作器者为"克"，他是管理周王饮食的官员，周王授予克的职责是下达王的命令。铭文内容分为两段：一是克对其祖师华父的称颂；二是详细记载了周王册命克的仪式，以及赏赐的内容。这篇铭文是研究西周社会政治、经济的重要资料，也是西周书法艺术的皇皇巨篇。

（二）商鞅方升

商鞅方升，通长18.7厘米，内口长12.5厘米，宽7厘米，高2.3厘米，容积202.15毫升。升呈长方形，一侧有中空柄，其余三侧及底面皆刻有铭文。方升是商鞅为秦变法统一度量衡时所监制的标准量器。

量，是计量物体容积的器具，古代量器多用于计算农作物的多少，是商品交换和农业赋税的重要参照物；升，是较为通行的容量单位，最早见于战国后期刻有铭文的量器和记容器物上。商鞅方升因其翔实的铭文、精密的制作和明确记录的容积，而被认为是不可多得的国家级标准量器。

（三）缂丝《莲塘乳鸭图》

缂丝《莲塘乳鸭图》，画心尺寸为纵107.5厘米，横108.8厘米。画面中青色湖石上缂织"江东朱刚制莲塘乳鸭图"的款识，并附有"克柔"朱文印。朱刚，字克柔，云间（今上海松江地区）人士，其生卒年不详，但在南宋高宗（1127—1162年）时期以精湛的技艺广为人知，尤善缂丝绘画，其所缂作品令人缂绘难分。本幅缂丝画尺幅极大，受院体画派影响，以春夏间生趣盎然的莲塘实景绘成缂丝底稿。

画作全幅以彩线缂织而成，色彩丰富，层次分明，花卉虫鸟惟妙惟肖。缂丝技法主要有"合花线"配合长短戗缂、掺和戗缂和平缂等。纬线密度极高，一般在80~120根/厘米，局部可达140根/厘米。整幅画面所缂丝缕细密适宜，技法高超，因其于宋缂丝技法中独树一帜，被后世赞为"朱缂法"。

五、浙江省博物馆

浙江省博物馆（浙江革命历史纪念馆）馆藏文物及标本10万余件，文物品类丰富，年代序列完整。其中，河姆渡文化遗物、良渚文化玉器、越文化遗存、越窑、龙泉窑青瓷、五代吴越国及宋代佛教文物、汉代会稽镜、宋代湖州镜、南宋金银货币、历代书画和金石拓本、历代漆器、革命文物等，都是极具地域特色及学术价值的珍贵历史文物。

官方及民间投票选出的十大镇馆之宝是：唐落霞式"彩凤鸣岐"七弦琴、新石器时代良渚文化玉琮、元龙泉窑青瓷舟形砚滴、五代十国吴越国鎏金纯银阿育王塔、元黄公望富春山居图卷、新石器时代河姆渡文化"双鸟朝阳"牙雕、清金箔贴花花轿（万工轿）、战国伎乐铜房屋模型、北宋泥塑彩绘观音立像、战国越王者旨於睗（zhū jī yú shì）剑。

节目中展示了三款：唐落霞式"彩凤鸣岐"七弦琴、清金箔贴花花轿（万工轿），以及新石器时代良渚文化玉琮。

（一）唐落霞式"彩凤鸣岐"七弦琴

唐"彩凤鸣岐"琴，造型古朴、凝重，有钟磬金石之声。琴身采用落霞式造型，面为朱红色漆，背为褐色漆下露出朱色漆。琴上镶嵌贝壳制成的徽位。长方形龙池凤沼。琴面上冰裂断纹和小流水断纹隐约可见，琴背也布满冰裂断纹和小流水断纹。腹内刻正楷文字"大唐开元二年雷威制"。

此琴曾由民国琴学泰斗、著名古琴学家九疑山人杨宗稷收藏和使用，是杨氏最珍爱的三张琴之一。杨宗稷去世后，他所珍藏的古琴一部分转给徐桴收藏，1953年徐桴后人经由镇海文管会将收藏的杨氏藏琴捐赠给了浙江省博物馆，共14张，"彩凤鸣岐"琴是其中一张。

（二）清金箔贴花花轿（万工轿）

"万工轿"作为朱金木雕的杰出代表，堪称世界上最豪华的花轿。这顶木雕彩轿，以朱漆为底，泥金装饰，犹如一座黄金造就的宝龛，剔透玲珑。轿身上圆雕或浮雕数百个人物和花鸟虫兽，组成天官赐福、魁星点状、八仙过海、和合神仙、渔樵耕读、金龙彩凤、榴开百子、喜上眉梢等戏曲故事和吉祥主题，前后左右的舞台还"上演"着《荆钗记》《拾玉镯》《西游记》等戏文。

花轿由八人抬着行进，一路上随着轿身的摇曳，舞台上的戏曲人物仿佛被赋予了生命，开始转动演戏；轿上的玻璃风铃发出悦耳的撞击声；而太阳光的照射，更是让花轿光艳无比。花轿的制作采用了传统的榫卯技术，不使用一颗钉子，展现了精湛的工艺水平。

（三）新石器时代良渚文化玉琮

玉琮是一种筒形玉器，内圈为圆形，外圈四角见方。关于琮的功能有很多说法，例如通天地、祭祀神灵等，但由于缺少文字记录，很难确切说明。从现有的资料看，琮最初是佩戴在手臂上的，随着时代的变迁，逐渐呈现向瘦高方柱体发展的趋势，也因此失去了实用性而发展成完全的礼器。

这件玉琮形体宽阔硕大，纹饰独特繁缛，乃良渚文化玉琮之首，堪称"琮王"。整器重约 6500 克，外方内圆，上大下小，中间对钻圆孔。琮体四面直槽内上下各琢刻一个具象的神人兽面图像，神人头戴羽冠，骑跨在一头神兽上，图案采用浅浮雕和线刻技法雕琢而成。在角尺形的长方形凸面上，每两节琢刻一组抽象的神人兽面图案，以转角为中轴线向两侧展开，兽面的两侧还各饰以浅浮雕的变形夸张鸟纹，为器物整体增添了神秘之感。

六、湖南博物院

湖南博物院现有院藏文物 57 万余件（套），其中马王堆汉墓出土文物、商周青铜器、楚文物、历代陶瓷、书画和近现代文物等最具特色。

官方选定的十一件镇馆之宝是：黄纱地印花敷彩直裾式丝绵袍、大禾人面纹方鼎、商代象纹铜铙、T 形帛画、朱地彩绘棺、人物御龙帛画、黑地彩绘棺、商代豕形铜尊、人物龙凤帛画、素纱襌衣、唐摹《兰亭序》黄绢本。

在《国家宝藏》节目中，展示了 T 形帛画、皿方罍、青釉褐彩"春水春池满"诗文壶。

（一）T 形帛画

T 形帛画是丧葬仪式的重要组成部分，绘有死者画像，出殡时用竹竿悬挂，起引导作用，入葬时覆盖在内棺上，其作用与《仪礼·既夕礼》记载的"铭旌"有相似之处，是引导墓主灵魂升天的媒介。

帛画的整个画面呈"T"形，上宽下窄，用三块单层的棕色细绢拼成。帛画的顶端横裹着一根竹竿，上部和下部的两个下角，都挂着用青色细麻线织成的筒状穗带。

画面内容从下到上可以分为地下、人间和天上三个部分。地下部分有一个双臂擎举着"大地"、被赤蛇缠绕的巨人，他是水神禺疆（yú jiāng），其脚下交缠着两条鲸鲵，两旁还有象征阴府的"羊角怪兽"。

帛画中部绘有"双龙穿壁"图案，将人间分为上、下两部分，同时寓意引导灵魂升天。下层是对墓主人的祭祀场景，上层描绘的是墓主人的升天图像，中心位置绘有一位衣着华丽、手拄拐杖的妇人，在三个侍女的簇拥下面向西方，与迎接她的天界使者相会，她就是墓主辛追夫人。

天上部分画在上端最宽阔的地方，下面有神豹守护的天门和天界守门神帝阍（hūn）。顶端正中端坐着人身蛇尾的烛龙，其左侧是一轮弯月，上绘有口衔灵芝的蟾蜍、玉兔，下有一托月女神；右侧描绘了扶桑树间栖息着9个太阳，最大的太阳中间有一只被称为"金乌"的神鸟，实际上是古代天文学家观察到的日斑，也就是太阳黑子现象。

整幅帛画布局完美、图像生动、色彩鲜艳，将神话、想象和现实生活完美统一，表现了古人对天国的想象和追求永生的幻想。

（二）皿方罍

皿方罍（léi）出土于湖南省桃源县，出土后器盖分离，器身流散海外，历经美国、日本、欧洲，器盖则在中华人民共和国成立后交于当时的湖南省博物馆保存。经过多方努力，2014年3月15日，皿方罍的器身最终被湖南博物院回购。

皿方罍为商代晚期青铜器，器身高63.6厘米，器盖高28.9厘米，器身铸有"皿作父己尊彝"六字铭文，器盖铸有"皿而全作父己尊彝"八字铭文。全器以云雷纹为地，上饰兽面纹、夔龙纹、凤鸟纹，肩部两侧装饰双耳衔环，正面腹部下方置一兽首鋬，是目前所见商周方罍中最大的一件，堪称"方罍之王"，是难得的文物珍品。

皿方罍作为商代的大型盛酒器，可用于重要的祭祀、宴飨等礼仪场合，彰显着当时贵族阶层的身份与地位。

（三）青釉褐彩"春水春池满"诗文壶

长沙窑瓷器以彩瓷和诗文题记装饰为特色，始烧于中唐，盛于晚唐，衰于五代。长沙窑是世界釉下彩瓷的发源地，打破了当时只有青瓷和白瓷的格局，被称为"汉文化向外扩张的里程碑"，在世界陶瓷发展史上具有划时代的意义。

长沙窑在瓷器上书写诗文题记是中国陶瓷史上的首创之举，目前已发现的长沙窑器物题写各种诗句110首。著名的"黑石号"沉船，就装载了作为"海上丝绸之路"重要商品的5万多件长沙窑外销瓷器。

唐长沙窑青釉褐彩"春水春池满"诗文壶，高19厘米，口径9.2厘米，底径10厘米。此壶是用于饮酒的酒壶，壶为瓜棱形腹，粗颈短流，背部装有

一执手，壶身刻有诗文："春水春池满，春时春草生。春人饮春酒，春鸟啭春声。"该壶也因此得名。诗人从写景到写人，以八个春字顺次描绘出春天带来的无限生机，句意简明，朗朗上口，诗趣盎然。

七、南京博物院

南京博物院现存国宝级文物有：新石器时代的玉串饰，战国时期的错金银重烙铜壶、郢爰（yǐng yuán），西汉的金兽，东汉的广陵王玺、错银铜牛灯、鎏金镶嵌神兽铜砚盒，西晋的青瓷神兽尊，南朝竹林七贤与荣启期砖画，明代釉里红岁寒三友纹梅瓶等。此外，扬州八怪、吴门画派、金陵画派、傅抱石、陈之佛等大家的书画藏品成组成系，别具特色。

在《国家宝藏》节目中展示了三件文物：大报恩寺琉璃塔拱门、竹林七贤与荣启期砖画，以及坤舆万国全图。

（一）大报恩寺琉璃塔拱门

明成祖朱棣为纪念其生母，历时十九年建成了大报恩寺及九层琉璃宝塔。在明代初年至清代前期，大报恩寺琉璃宝塔作为南京的标志性建筑，被誉为"天下第一塔"，并享有"中国之大古董，永乐之大窑器"的美称。

大报恩寺琉璃塔拱门是南京大报恩寺的重要建筑构件。这座拱门门券上的形象为法相装饰六拏（ná）具，门顶端高举着神态威武的金翅大鹏鸟，两侧对称设置龙女、摩羯鱼、狮羊立兽、白象王等神像和神兽。据史料记载，当年建造大报恩寺塔时，共烧制了三套完整的塔身构件，一套用于施工，两套埋于地下，用于以后的维修，而这座拱门便是当时所埋的两套备用构件中的一套。

南京大报恩寺琉璃塔拱门（局部）

藏于南京博物院。大报恩寺是明代皇家寺庙建筑的代表，寺中的琉璃塔，被誉为中世纪七大奇观之一。由这座拱门可以想见当时琉璃塔的金碧辉煌，雄伟壮观，也可以看出琉璃在佛教中的重要地位。

（二）竹林七贤与荣启期砖画

"竹林七贤"为魏晋时期的七位名士，荣启期则为春秋时期的一位高士。在这组大型砖画中，嵇康头梳双髻，目送秋鸿，手弹五弦；阮籍身着长袍，一手支皮褥，一手置膝上，口作长啸状；山涛头裹巾帻，一手挽袖，一手执杯而饮；王戎斜身靠几，手弄玉如意；向秀头戴帻帽，一肩袒露，闭目沉思；刘伶双目凝视手中酒杯，另一手蘸酒品尝；阮咸垂带飘于脑后，弹一四弦乐器；荣启期则披发长须，腰系绳索，凝思弹奏五弦琴。以上八人皆席地而坐，各具神态，每个人物身旁均标明姓名。他们之间以银杏、松树、槐树、垂柳等树木相隔，形成了一幅既各自独立又和谐统一的大型画像砖组画。

该砖画原分布在墓室内部的南北两壁，各由近三百枚砖块拼嵌而成，规格统一。高士的图案集中出现在墓室中，显然是墓室建造决策者意愿的体现，同时也显示出使用者较高的社会身份。

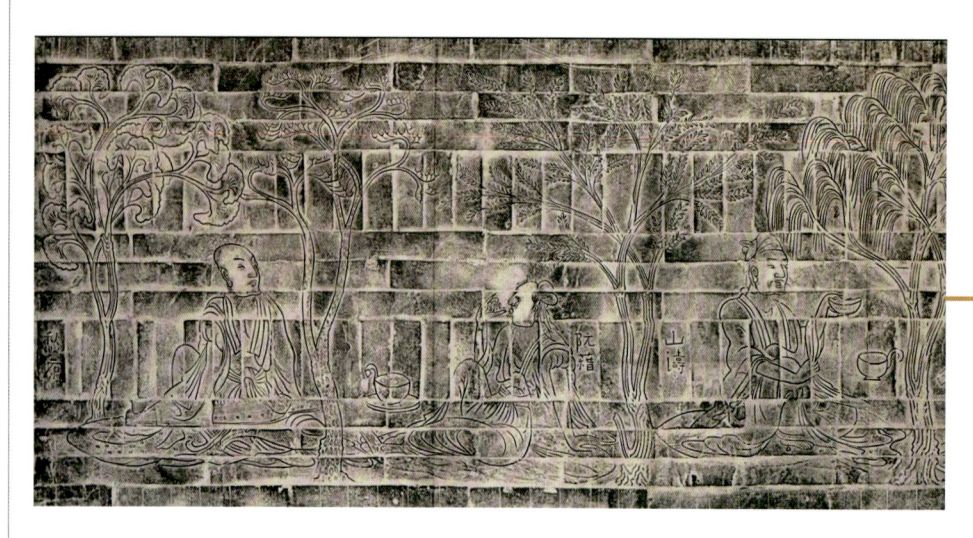

竹林七贤与荣启期砖画（局部）

出土于江苏省南京市西善桥宫山大墓，一组高 78 厘米，长 242.5 厘米，二组高 78 厘米，长 241.5 厘米。

（三）坤舆万国全图

《坤舆万国全图》是中国最早的彩绘世界地图，由意大利传教士利玛窦刊刻于明万历三十年（1602年），刻本已失传，现仅存万历三十六年（1608年）宫廷彩色描摹版本。

"坤"指的是"地"，"舆"指的是车子的底座，坤舆意为"承载万物"。古人把地图称为"舆图"，"坤舆万国全图"的意思就是世界地图。

该地图由主图、附图和说明文字组成。主图为椭圆形世界地圈，涵盖五大洲、四大洋，以及赤道、昼长线、昼短线、极圈、南北极等地理信息，9 艘船只和鲸、海狮、犀牛等 23 头动物散布其中；附图在主图四周，包括九重天图、天地仪图、日食图等 8 幅天文地理图；说明文字是对地名、主图、附图的解释，以及利玛窦本人和其他人所作的序文题跋。

《坤舆万国全图》体现了明朝时期中国人对于世界的认知，开创了中国绘制世界地图的模式。《国家宝藏》节目评价：《坤舆万国全图》是当时世界上内容最全，也是最科学的世界地图。它首创性地将中国放在了世界地图的最中央，而我们现在国内所看到的世界地图的构图就受到它的影响。别小瞧这幅世界地图，它不仅是海上丝绸之路的见证，更是中西方文化交流的产物，具有重要的史料价值。

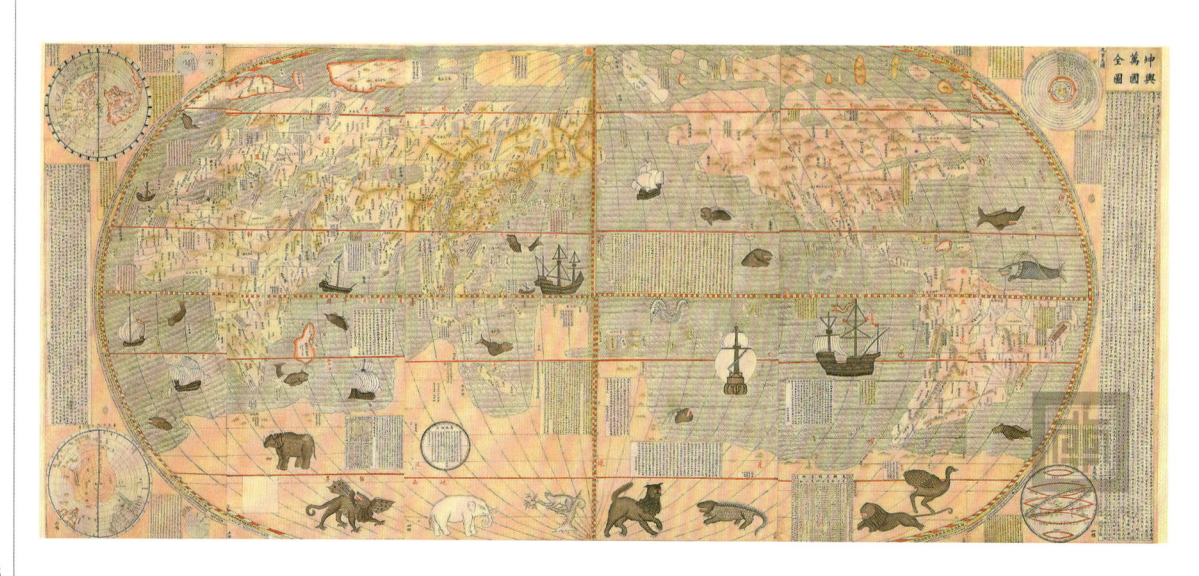

八、辽宁省博物馆

辽宁省博物馆是新中国的第一座博物馆，成立于 1949 年 7 月 7 日，建馆之初名为东北博物馆，1959 年改称辽宁省博物馆，2008 年被评为国家一级博物馆，2009 年被列为中央与地方共建国家级博物馆。辽博现有馆藏文物近十二万件，其中珍贵文物数万件，以辽宁地区考古出土文物和历史艺术类文物为主体，分为书法、绘画、丝绣、青铜、陶瓷等二十个门类，尤以晋唐宋元书画、宋元明清缂丝刺绣、红山文化玉器、商周时期窖藏青铜器、辽代瓷器、历代碑志、明清版画、古地图、历代货币等最具特色。

辽博未明确标识镇馆之宝，《国家宝藏》节目展示了宋人摹顾恺之《洛神赋图》，以及《万岁通天帖》和铜鎏金木芯马镫。

（一）宋人摹顾恺之《洛神赋图》

顾恺之所绘的《洛神赋图》，是以三国曹植的抒情名篇《洛神赋》为依托而创作的连环画，是传世中国画中以文学为题材的最早作品之一。据目前所知，顾恺之所绘的《洛神赋图》共有六件，其中，台北故宫博物院收藏的是一件册页形式的作品，而其余五件（故宫博物院藏三卷、美国弗利尔美术馆藏一卷及本卷）的构图、内容与造型基本一致，均为宋人摹本，唯技法工拙不一。辽博收藏的这件是现存宋摹本中最完整、最古朴的一件，"人大于山，水不容泛"，与唐人所记的魏晋画风极为吻合。目前，学术界倾向此画出自宋代李公麟一派的画家之手。

宋人摹顾恺之《洛神赋图》（局部）

此图是顾恺之绘画的重要传世摹本，系北宋佚名作品，绢本，设色，纵 26.3 厘米，横 641.6 厘米。

（二）《万岁通天帖》

《万岁通天帖》，又称唐摹《王羲之一门书翰》《王氏宝章集》，是唐代流传下来的王羲之、王荟、王徽之、王献之、王僧虔、王慈、王志七人十幅书法摹本，因署有"万岁通天"年款，所以称为《万岁通天帖》。其中，王羲之《姨母帖》《初月帖》、王徽之《新月帖》、王献之《廿九日帖》、王僧虔《太子舍人帖》，被公认最为精湛。

王羲之《姨母帖》

原文为：十一月十三日，羲之顿首、顿首。顷遘（gòu）姨母哀，哀痛摧剥，情不自胜。奈何、奈何！因反惨塞，不次。王羲之顿首、顿首。

（三）铜鎏金木芯马镫

铜鎏金木芯马镫，出土于辽宁省朝阳市北票市西官营子村冯素弗墓，该墓属于东晋十六国时期。这一发现标志了迄今为止有明确年代可考的最早的双马镫实物，也是中国乃至世界上较早的骑乘用的马镫实物。马镫的发明，使骑兵的双脚有了强劲的支撑点，骑在马背上的人解放了双手，可在飞驰的战马上且骑且射，还可以在马背上左右大幅度摆动，完成左劈右砍的军事动作。

由古代中国鲜卑人发明、由崛起于辽西的慕容鲜卑改进的马镫，助推了中世纪的欧洲迈入"骑士时代"，触发了千年前翻天覆地的世界变革。

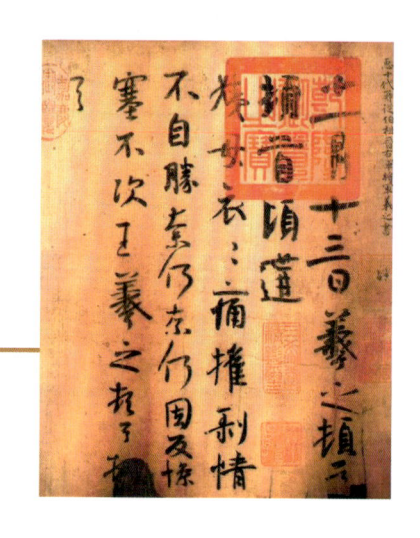

九、陕西历史博物馆

陕西历史博物馆是中国第一座大型现代化国家级博物馆，它的建成标志着中国博物馆事业迈入了新的发展里程。这座馆舍为"中央殿堂、四隅崇楼"的唐风建筑群，馆区占地65000平方米，建筑面积55600平方米，藏品库区面积8000平方米，展厅面积11000平方米。馆中收藏了170余万件（组）藏品，上起远古人类使用的简单石器，下至当代社会生活的各类见证物，时间跨度长达一百多万年，不仅数量多、种类全，而且品位高、价值广。在这些琳琅满目的藏品中，最富特色的是典雅庄重、见证礼乐文明的商周青铜器，千姿百态、展现多彩生活的历代陶俑，精美绝伦、重现盛世气象的汉唐金银器，以及举世无双、独步天下的唐墓壁画。重要单品有错金杜虎符、皇后玉玺、阙楼仪仗图、三彩载乐骆驼俑、青瓷提梁倒灌壶、鎏金鎏银铜竹节熏炉、鎏金舞马衔杯纹银壶等。

在《国家宝藏》节目中，展示了错金杜虎符、唐代葡萄花鸟纹银香囊，以及阙楼仪仗图。

（一）错金杜虎符

错金杜虎符为左半符，虎作行走状，昂首，尾巴蜷曲。虎符背面有槽，颈上有一小孔。虎符上有错金铭文9行，共40字，字体为小篆，内容大意是：右半符掌握在国君手中，左半符在杜地军事长官手中，凡要调动50人以上的带甲兵士，杜地的左符就要与君王的右符相合，才能行动。但遇上烽火报警的紧急情况，不必会合君王的右符。

杜虎符是目前所知时代最早、铭文字数最多的一件秦国虎符，其造型生动，错金浑厚，工艺精湛，铭文谨严遒劲，书体转角周正，符合小篆体书法的演变发展规律，是一件不可多得的文物瑰宝。

（二）葡萄花鸟纹银香囊

唐代葡萄花鸟纹银香囊，通体为纯银材质制作，镂空，呈圆球形，并以葡萄花鸟纹样作为装饰。

银香囊是古人利用机械原理制作的，等大的球盖和球身之间用环扣相互扣合，可开启。球身内部设有内外两个等大同心环和一个半球形焚香盂。当半球合拢后，由于内外持平环和焚香盂自身重量的作用，香盂重心向下，外部球体无论怎样转动，焚香盂都能始终保持水平状态。银香囊的精巧设计体现了唐代工匠高超的技艺和聪慧的头脑。

葡萄是从西域引进中国的，因此唐代的葡萄花鸟纹银香囊可以被视为外来文化影响的一个例证，它是丝绸之路与西域文化交流交融的结果。

（三）阙楼仪仗图

阙楼仪仗图绘制于懿德太子墓。懿德太子李重润是唐中宗长子，也是中宗李显与韦皇后所生的唯一的儿子。大足元年（701年），李重润被武则天处死，705年中宗重新继帝位后，追赠其为懿德太子，将其灵柩从洛阳迁回乾陵陪葬，并给予"号墓为陵"的最高礼遇。

懿德太子墓于1971年被发掘，出土各类文物1000余件，壁画近400平方米。这些壁画堪称初唐至盛唐具有代表性的绘画流派杰作，在唐代绘画作品中极为罕见。其中，墓道东西两侧的两幅阙楼图由高到低共分三层，表明此阙楼为三出阙。画面颜色以赭色（艳红色）为主，绿色为辅，红、黄、青色点缀其间，体现了盛唐时期绘画技艺的高超水平。

画面中，仪仗队伍排列整齐，有手持各种兵器的卫士，他们身姿挺拔、神情肃穆，彰显着皇家的威严与庄重；还有骑着骏马的骑士，马匹矫健有力，骑士英姿飒爽，进一步烘托出仪仗的宏大与壮观。这些仪仗人物的形象刻画细腻，服饰、装备等细节都描绘得十分逼真，不仅反映了当时的军事装备和服饰文化，更让我们能直观感受到那个时代的礼仪规范和宫廷气象。阙楼仪仗图共同构成了懿德太子墓壁画中极具历史价值和艺术价值的部分。

第七节
如何按主题打卡博物馆

中国作为博物馆数量众多的国家，拥有众多分门别类的博物馆。如果觉得综合性博物馆参观得太多，希望专注于某个文物门类，那么我们可以了解一下主题博物馆，以及在某些品类上具有优势的博物馆。以下列举部分相关博物馆的名单。

一、青铜器首推宝鸡

如果想参观青铜器主题的博物馆，那么可以选择陕西宝鸡青铜器博物院。它是以集中收藏、研究和展示周秦时期青铜器物为主的国家一级博物馆，也是我国第一座以青铜器命名的青铜文化专题博物馆，收藏的青铜器约为7500件（组）。

从宝鸡出土的青铜器，其数量之巨、精品之多、铭刻内容之重要，均居全国之首。因此，宝鸡也有"青铜器之乡"的美称，被称为晚清四大国宝的大盂鼎、虢季子白盘、毛公鼎、散氏盘都出土于宝鸡。不过，目前这四件珍贵的青铜器分散藏于中国国家博物馆和台北故宫博物院。

但宝鸡所藏的国宝级珍品也不在少数，比如大名鼎鼎的何尊、秦公镈（bó）、西周各年的逨（lái）鼎、夨（cè）伯鬲（lì）、折觥等。这些珍贵的青铜器绝对值得青铜爱好者前来观赏。

折觥

现藏于宝鸡青铜器博物院。折觥又名旜（zhān）觥，是西周一位姓折的贵族制作的盛酒器皿。其造型稳重，铸造精美，纹样繁复，装饰富丽，且方形兕（sì）觥在青铜器中较为罕见。因此，折觥不仅是青铜器断代的重要标准器，更具有极高的历史价值和艺术价值。

秦公镈（三件）

春秋时期，1978年陕西省宝鸡市陈仓区太公庙出土，藏于宝鸡青铜器博物院。打击乐器，共出土三件，形制、纹饰相同，大小相次。每件镈鼓部各有单篇铭文135字，记载了秦国先祖、文公、静公、宪公、秦公五代世系，史料价值极高。秦公镈与秦公钟配套，共同作为秦公室宗庙祭祀时使用的乐器。

除宝鸡青铜器博物院，四川广汉的三星堆博物馆和上海博物馆、台北故宫博物院等也是青铜器打卡胜地。三星堆的青铜器与我们熟知的青铜器文化不同，堪称独树一帜，这里展出的青铜神树、青铜面具、青铜立人像、青铜太阳形器、青铜爬龙器盖等。它们完全颠覆了传统认知，不仅工艺精湛，而且充满神秘与奇幻的色彩。

二、玉器要看徐州

汉代是我国古代玉器发展的巅峰时期，汉玉以其巧夺天工、精美绝伦而饮誉于世。在汉代，楚（彭城）国的治玉业尤为发达。徐州汉墓出土的大量汉玉，从鸿篇巨制的玉衣、玉棺，至长仅盈寸的佩蝉，均代表了我国汉代玉材选用与治玉工艺的最高水平。

"天工汉玉——徐州汉代玉器精品陈列"是徐州博物馆推出的重点展览项目，展厅面积 800 平方米，展线 320 米。展览分为四个单元：遵礼仪俗——礼仪用玉；幻灭不朽——丧葬用玉；温其如玉——装饰用玉；莹润华贵——生活用玉。该展览展出了徐州出土的汉代玉器珍品 318 件（套），不仅数量上位居全国前列，种类也最为齐全，且工艺水平代表了汉代最高成就。

"天工汉玉"也是我国唯一以汉玉为主题的常设展厅，展出的金缕玉衣、银缕玉衣、铜缕玉衣、S 型龙形玉佩、涡纹玉卮（zhī）等均为稀世国宝，非常值得观摩欣赏。

玉配饰

西汉，出土于徐州北洞山楚王墓，现藏于徐州博物馆。玉配饰整体造型生动，刻镂精细，形状近似心形的玉佩，透闪石制，黄白色。透雕蟠螭，正面雕三螭，左上部螭首张口瞠目，伸出体外。上部正中雕一双面螭首，螭口即为佩挂时穿系之孔，孔径 0.2 厘米。

三、陶瓷当数景德镇

景德镇中国陶瓷博物馆是国家一级博物馆、国内首家陶瓷专题博物馆。该博物馆藏品总数超过 5 万件，既有新石器时代的陶器，又有汉唐以来的陶器，还有宋元明清时期的珍品重器，以及民国到现代的民瓷佳作。这些历朝历代珍贵的代表性瓷种，全面展现了景德镇 2000 多年的陶瓷发展史。

在长达 2000 多米的展线上，基本陈列展厅精心布置了从新石器时代到现当代的 2000 余件陶瓷精品。这些展品从种类上涵盖了青花、青花玲珑、青花釉里红、粉彩、斗彩、五彩、古彩、新彩、浅绛彩、珐琅彩、颜色釉、雕塑等，器型上包括了瓶、盘、碗、壶、洗、豆、尊、罐、缸、杯、瓷板等。

青花牡丹纹梅瓶

元代，现藏于景德镇中国陶瓷博物馆。梅瓶为小口、丰肩、收腹，器身自上而下绘五层纹饰。肩上覆莲瓣纹，内绘八宝纹，腹部绘缠枝牡丹，下腹绘仰莲瓣纹。整件器物层次多、纹饰满，釉色青白，青花发色浓郁。

四、石刻渊薮西安碑林

西安碑林博物馆是在具有 900 多年历史的"西安碑林"的基础上，利用西安孔庙古建筑群扩建而成的一座以收藏、研究和陈列历代碑石、墓志及石刻造像为主的专题性艺术博物馆，1961年被国务院列为全国第一批重点文物保护单位。西安碑林博物馆藏品浩瀚，书法艺术卓越，文化内涵丰富，被誉为"东方文化的宝库""书法艺术的渊薮""汉唐石刻精品的殿堂""世界最古老的石刻书库"，是国家一级博物馆、国家5A级旅游景点。

著名的《大秦景教流行中国碑》、东汉时期的《曹全碑》，还有颜真卿的《多宝塔感应碑》和《颜勤礼碑》、柳公权的《玄秘塔碑》和《迴元观钟楼铭》、唐玄宗的《石台孝经》等，均在此展出。另外展出的还有昭陵六骏、大夏石马等国宝级文物等。

玄秘塔碑

此碑记述长安安国寺上座大达法师端甫在唐德宗、顺宗、宪宗、穆宗、敬宗、文宗六朝受到礼遇，以及弟子为其建造玄秘灵骨塔的事迹。

五、漆器尽在湖北和湖南

中国漆器工艺的两个鼎盛时期是战国和西汉，战国时期的楚漆最为精品，湖北省博物馆珍藏的便是楚漆。地处荆楚大地、尽收鄂地宝藏的湖北省博物馆现有藏品46万余件（套），国家一级文物1095件（套）。在这里，游客可以欣赏到各种国宝级的战国时期漆器，如战国漆木虎座鸟架鼓、战国彩绘二十八宿图衣箱、战国彩绘出行图夹纻胎漆奁、战国彩漆木雕小座屏、战国凤鸟形双联漆杯、战国曾侯乙墓外棺等，一览战国漆器的辉煌风采。

彩漆木雕小座屏

战国，1965年出土于湖北省荆州市江陵望山1号墓，收藏于湖北省博物馆。彩漆木雕小座屏以黑漆为底，上施各色漆加以彩绘，并于方寸之间雕刻51只鸟兽形象，是战国时期楚国漆器工艺的代表作。

另一个实力雄厚的博物馆是湖南博物院，其馆藏文物超过57万件（套），尤以马王堆汉墓出土的文物最具特色。其中的500多件漆器，是迄今各地考古发掘中，数量最大、保存最好的一批汉代漆器。

在这些珍贵的漆器中，西汉彩绘漆屏风，是目前所见保存完整的汉初彩绘漆屏风实物之一。此外，西汉云龙纹大漆盘、云纹漆钫（fāng）、云纹漆鼎、朱地彩绘棺、黑底彩绘棺等，这些漆器杰作都在湖南博物院展出，值得大家前去观赏。

云龙纹大漆盘

西汉，1973年湖南省长沙市马王堆汉墓三号墓出土，现藏于湖南省博物馆。漆盘高13厘米，口径72.5厘米。整个器物光亮如新，纹饰清秀华美，色彩惊艳富丽，是罕见的保存完好、体量较大的汉代漆器生活用具。

六、丝绸之韵尽在杭州

位于杭州的中国丝绸博物馆是国家一级博物馆、中国最大的纺织服装类专业博物馆,也是全世界最大的丝绸专业博物馆。截至2019年末,中国丝绸博物馆的馆藏文物共计67 866件(套),珍贵文物4642件(套)。

中国丝绸博物馆藏有自新石器时代起各朝代与丝绸有关的历史文物,特别是出土于丝绸之路沿途的汉唐织物、北方草原的辽金实物、江南地区的宋代服饰、明清时期官营织造局的精品,以及近代的旗袍和像景织物等。此外,还有众多的民族文物和现代文物。

馆中的重要藏品有战国对龙对凤纹锦、汉晋长葆子孙锦、北朝绞缬(jiǎo xié)绢衣、唐代锦袖花卉纹绫袍、唐代花鸟纹刺绣夹缬罗、辽代盘金绣团窠卷草对雁罗、宋代杂宝花罗裙裤、元代印金罗短袖衫、清代黑缎地彩绣花卉女褂等。

锦袖花卉纹绫袍(局部放大及图样复原)

该袍以花卉为图案,采用陵阳公样,具有中国特色的新型团窠图案。

七、四川"天下金银第一窖"

唐宋时期是中国金银器发展的辉煌阶段,其中,陕西历史博物馆所藏的何家村唐代窖藏金银器物尤为引人关注,共计265件,是唐代金银器的一次空前大发现。而宋代金银器的典型代表,当属四川彭州博物馆收藏的350件,这些器物出土于西大街金银器窖藏,展现了宋代金银器物的高超工艺。

陕西历史博物馆被誉为"古都明珠,华夏宝库",是中国第一座大型现代化国家级博物馆。博物馆内收藏了170余万件(组)藏品,时间跨度长达一百多万年,不仅数量多、种类全,而且品位高、价值广。在这些琳琅满目的藏品中,精美绝伦、重现盛世气象的汉唐金银器极具特色。特别是馆内的专题展览——大唐遗宝·何家村窖藏出土文物展,展陈中的鎏金鹦鹉纹提梁银罐、鎏金舞马衔杯纹银壶、鸳鸯莲瓣纹金碗、狩猎纹高足银杯等不容错过。

彭州博物馆珍藏有迄今为止全国范围内发现的最大规模金银器窖藏,被誉为"天下金银第一窖"。其中,绝大多数金银器物出土于彭州市西大街的南宋金银器窖藏。这些珍贵的文物,如菊花金碗、瓜形金盏、象钮莲盖溜肩银注子、双耳银温碗等,都代表了宋代金银器制作的最高艺术成就。

鎏金鹦鹉纹提梁银罐

唐代,1970年出土于陕西省西安市何家村窖藏,收藏于陕西历史博物馆。鎏金鹦鹉纹提梁银罐是已知唐代银罐中最大气、最精美的一件,整体造型浑圆丰腴,装饰题材又以鹦鹉为主体,恰好与圆浑的外形、饱满的团花相协调。它不仅在艺术上给人以超凡的审美享受,还蕴含了和合团圆、喜庆吉祥的美好寓意,彰显华丽富贵的气质。

瓜形金盏

南宋,1993年出土于四川省彭州市西大街,一盏高3.6厘米,重101克,另一盏高3.5厘米,重100克,现均藏于彭州博物馆。自古以来,金器都是作为一种贵重而奢华的装饰材料,被工艺家应用。这两件模仿植物造型的瓜形金盏非常华美。

八、部分主题博物馆

中国的主题博物馆数量庞大,下面选取一小部分加以说明。

(一)红楼梦主题:江宁织造博物馆

江宁织造博物馆是南京市博物总馆的分支机构,是在清朝江宁织造遗址上建造的一座现代博物馆。江宁织造博物馆常设江宁织造展厅、云锦天衣展厅、红楼梦曲展厅、中国旗袍展厅,还设有红楼影院、时尚发布中心、红楼剧场、曹府戏苑等展演和服务设施,融文化学习、娱乐休闲于一体,是展示江宁织造、南京云锦及《红楼梦》

历史和文化的新型博物馆。

江宁织造府虽比《红楼梦》的历史悠久，但真正使其名扬天下的则是文学巨匠曹雪芹所著的《红楼梦》。清康熙五十年（1711年），曹雪芹诞生于江宁织造府，《红楼梦》中的大观园就是以此为原型。据此，江宁织造博物馆中的红楼梦馆还推出红楼梦全景投影。

（二）京杭大运河主题：扬州中国大运河博物馆

扬州中国大运河博物馆馆藏丰富，拥有自春秋至当代的各类文物展品1万多件（套）。这些展品围绕运河主题，涵盖了古籍文献、书画、碑刻、陶瓷器、金属器、杂项等多个类别。博物馆运用传统与现代展示手段，通过多样化的展示形式，全流域、全时段、全方位地展现了中国大运河的历史、文化、生态和科技面貌，被誉为中国大运河的"百科全书"。

州桥明月·汴河沧桑，唐宋至明清时期汴河河道的堆积剖面。

（三）科举制度主题：南京中国科举博物馆

中国科举博物馆是一座系统反映中国古代科举制度与科举文化的专题性博物馆，其前身为江南贡院历史陈列馆。馆内藏品主要是文书档案、雕版古籍、书画、家具楹联、陶瓷器、丝织品等。

江南贡院始建于南宋孝宗乾道四年（1168年），明清鼎盛时期，是中国历史上最大的科举考场，可同时容纳20 644名考生参加考试。江南贡院为中国历史社会的发展提供了大量的优秀人才，从江南贡院走出的名人包括陈独秀、方苞、唐伯虎等，林则徐、曾国藩等清代重臣也曾在江南贡院担任过主考官。中国的科举制度对世界人才管理制度影响深远，如今西方国家所采用的文官制度便是成功借鉴中国科举制度的典范。

此外，著名的主题博物馆还有中国铁道博物馆、中国园林博物馆、中国电影博物馆、中国文字博物馆、四川宋瓷博物馆、中国证券博物馆、中国紫檀博物馆等。这些博物馆各具特色，琳琅满目，异彩纷呈，每一处都蕴藏着丰富的知识与文化，等待大家去打卡解码。

第八节
文物"禁止出国（境）展览"的规定

文物是历史的见证，是文明的介质，我们应当给予其最基本的尊重。随着中国对外文化交流的扩大，文物出国（境）展览呈现出日益繁荣的局面，也由此加大了文物遭受损害的可能性，对文物的安全构成了潜在威胁。

比如，1983年，秦陵兵马俑博物馆将一个保存完好、表情丰富，肢体动作有特色的军吏陶俑借给日本大阪某展览馆展出。在展出过程中，一名日本男子翻越隔离栏，将重达300公斤的陶俑一把推倒，兵马俑瞬间变成了一地碎片。

2017年12月，美国费城富兰克林科学博物馆举办中国兵马俑展览，一名醉酒男子和两位朋友在夜间偷偷进入已经闭馆的博物馆展厅，抱着兵马俑自拍，然后，掰断并盗走了一个骑兵俑的手指。

1994 年，越王勾践剑在新加坡展览时，由于工作人员的失误，剑刃卡在了有机玻璃上，剑身被划出一道 0.7 厘米的口子。

事件发生在 1994 年 8 月 24 日，当越王勾践剑被送到新加坡参加"战国楚文物展"时，工作人员想把宝剑从玻璃制成的展览柜里取出来，发现剑身卡在了玻璃柜的某处，随后，他强行将剑拽了出来，导致剑刃部位被有机玻璃划出一条长 0.7 厘米、宽 0.1 厘米的伤痕。

为了避免这种文物损害事件的发生，加强我国珍贵文物出境展览的管理，切实保证文物安全，国家文物局根据地方文物部门和有关方面专家的意见，做出了国宝级文物应禁止出国（境）展览的决定，并明确禁止出境展览的相关文物类目、文物级别及件数等。

迄今，国家公布的禁止出国（境）展览的文物有三批。其中，首批禁止出国（境）展览文物共有 64 件（组），第二批共有 37 件（组），第三批共有 94 件（组），合计 195 件（组）文物。

第九节
至今流亡海外的重要文物

中国近代历史充满了屈辱，无能的清政府割地赔款、签署了多项丧权辱国的条约，使国家陷入任人宰割的境地，这期间无数奇珍异宝和珍贵文物被侵略者和文物贩子粗暴地劫掠并变卖出国，有的至今仍然流失海外。每一件流失在海外的文物背后，都有一段辛酸的历史。

根据中国文物学会的统计，鸦片战争以来流失海外的中国文物超过 1000 万件，其中一、二级文物多达 100 万件。而据联合国教科文组织的统计，47 个国家的 218 家博物馆中收藏了中国文物 167 万件，而海外民间收藏的数量或许近 1000 万件。

本节就从这些流失海外的文物中选取精华的 5 件进行介绍，一起看看那些还漂泊在外的中国珍贵文物。

一、唐摹本顾恺之《女史箴图》（大英博物馆）

大英博物馆是收藏中国文物最多的外国博物馆，收藏的中国文物多达 2.3 万件，长期陈列的约有 2000 件。这些文物跨越了整个中国历史，囊括了中国整个艺术类别，其数量之庞大、种类之齐全、品类之珍稀，令人嘘嘘不已。

关于《女史箴图》的流转，大英博物馆网站是这样介绍的："乾隆时期，《女史箴图》成为清宫收藏，被存放在紫禁城建福宫静怡轩中。1900 年，义和团起义，八国联军进京期间，作品流散宫外。1903 年，大英博物馆从克拉伦斯·约翰逊上尉手上购得此画。约翰逊上尉于 1870 年出生于印度，后来加入英国印度骑兵团，1900 年被派到中国参与八国联军之役。他于 1900 年的 8 月份抵达北京，并逗留了两个月，他所属的兵团曾驻扎颐和园。根据约翰逊上尉家人的说法，《女史箴图》是一位他曾相助的贵妇赠送给他的礼物。"

按大英博物馆的说法，约翰逊上尉是受赠此图。不过，真相是什么？值得怀疑。而不识珍宝的克拉伦斯·约翰逊将此图卖给大英博物馆的价格是多少呢？25英镑！

真正令人遗憾的是，大英博物馆并不懂得如何处理和保护《女史箴图》，在对绢画进行修复的时候，博物馆竟然把画拦腰截成了三段，导致大量的题跋都被裁掉，留下了难以复原的遗憾。

《女史箴图》（局部）

东晋，顾恺之作，唐人摹本。图为绢本、设色，高24.8厘米，长348.2厘米。

二、昭陵六骏的飒露紫、拳毛䯄（宾夕法尼亚大学博物馆）

如果现在大家去参观西安碑林博物馆，会看到著名的昭陵六骏石刻。但其中仅有"特勒骠""青骓""什伐赤""白蹄乌"为真品，而"飒露紫""拳毛䯄（guā）"为复制品。

唐贞观十年（636年），为了纪念开国战争中曾骑过的六匹战马，唐太宗李世民令画家阎立本先画出六骏的图形，再由雕刻工艺家阎立德复制刻于石上，最后由当时的大书法家欧阳询将唐太宗亲自撰写的赞美诗书于原石上角，刻成后放置在昭陵北麓的祭坛之内。

昭陵六骏每块高2.5米，宽3米，用高浮雕的形式将六匹骏马生动地再现在石板上，其中三匹做立状，三匹为奔驰状，姿态英俊，神韵飒爽，造型生动，眉目传神，真可谓"秦王铁骑取天下，六骏功高画亦优"。鲁迅先生将六骏誉为"前无古人"的杰作。

遗憾的是，"飒露紫""拳毛䯄"二骏在民国军阀混战的过程中被盗走并私藏，后经不断易手，被文物贩子卢芹斋倒运出国，最终被美国费城宾夕法尼西亚大学博物馆于1914年购买收藏。

曾经，二骏有机会回归祖国。1972年，中美关系缓和，为了表达诚意，尼克松总统访华时想送给中国一件礼物，事前他征求社会名流意见，诺贝尔奖得主、美籍华人杨振宁博士建议白宫送回飒露紫和拳毛䯄，但是这个建议未被采纳。20世纪80年代，时任陕西省考古研究所所长的石兴邦先生通过哈佛大学人类学系主任张光直教授的牵线，认识了时任宾夕法尼亚大学博物馆馆长的戴逊，为飒露紫、拳毛䯄的回归做了大量的工作。可惜的是，由于双方对飒露紫和拳毛䯄是怎样到达美国的等一系列问题未能达成一致意见，二骏的回归再次落空。

如今，又过了半个世纪，期待六骏团聚的声音一直没有停止，我们希望早日看到六骏团聚，能够合并展出。

飒露紫

拳毛䯄

三、《照夜白图》（美国纽约大都会艺术博物馆）

图中所画的"照夜白"是唐玄宗所喜爱的御马。传说，唐玄宗有两匹心爱的"胡种马"，分别叫作"玉花骢"（cōng）和"照夜白"。唐代大画家曹霸曾绘制这两匹马，可惜真迹已失，只有韩干画的《照夜白图》流传至今。

20世纪30年代，这幅国宝级传世之作流出故宫，藏于画家溥心畬（yú）家中。英国收藏家戴维德知道后，便托人向溥陈说，请求转让，最终溥心畬以一万银圆的价格将画作转让给了戴维德。后来，此画又从英国人手中转到了日本人手中，后又转到美国人手中，最后收藏于美国纽约大都会艺术博物馆。

《照夜白图》卷

现藏于美国大都会博物馆。图为纸本、设色，纵30.8厘米，横33.5厘米。

四、《历代帝王图》（美国波士顿美术馆）

《历代帝王图》作于唐朝初年，是表现古代帝王生活的人物画作。画中一共包含了13位帝王和他们的侍卫，帝王的头上写有他们的庙号、姓名和在位年数。

该图的艺术成就代表了初唐人物画的最高水平，在古代绘画史上有着重要地位。唐代是中国画的繁荣、鼎盛时期，在绘画题材方面倾向写实风格。这一时期不仅绘制人物画的大家辈出，描绘人物的技法也得到了全面发展。阎立本在继承顾恺之画风的基础上，融进恢宏博大的气度，他在《历代帝王图》中，以刚劲而厚实的线条恰当而真实地刻画出古代帝王的个性特征。

《历代帝王图》虽是后人摹本，但基本保留了初唐人物画的特征。每个帝王独立成一组，一般都画有两位侍者，最少的只有一位，最多的画有十位。侍者人数的变化，以及帝王立像及坐像的穿插，打破了全卷构图的呆板。另外，侍者的身材与帝王相比明显矮小，体现了中国早期人物画以尺寸大小来象征人物尊卑的特点。

《历代帝王图》的人物刻画不落俗套，个性分明，在历朝历代的帝王像中，该作品无疑最为著名。

《历代帝王图》（局部）

唐代，阎立本（传）作，美国波士顿美术馆藏。图为绢本、设色，纵 51.3 厘米，横 531 厘米。

五、虎食人卣（日本京都泉屋博物馆/法国巴黎赛努奇亚洲艺术博物馆）

虎食人卣最典型的两件铜器分别被日本京都泉屋博物馆和法国巴黎赛努奇亚洲艺术博物馆收藏。

卣是一种盛酒的器皿，其最大特点是有提梁，是商周时期重要的青铜礼器。在甲骨文和《左传》中都有"鬯一卣"的记载。鬯（chàng）是一种用郁金草和黑黍酿造的高级香酒。商周时期，人们认为神是不吃东西的，但喜欢闻香味，"芬芳香气，动于神灵"，所以酿造香酒以祭祀降神，而卣就是专门用来盛香酒的盛酒器。

虎食人卣相传出土于湖南省安化、宁乡交界处。其造型独特，展现了蹲虎与人相抱的姿态。关于这一造型所表达的含义众说纷纭，主要有避邪说、图腾说、警示说、虎乳人说等，甚至还有巫觋（xí）通灵说。然而该造型究竟代表了什么，也许是一个没有标准答案的历史之谜。

日本京都泉屋博物馆馆藏

法国巴黎赛努奇亚洲艺术博物馆馆藏

青铜器：狞厉之美

贰

NINGLI ZHI MEI

第一节
辉煌的青铜时代

一、青胜于蓝

世界上最早的青铜冶炼技术并非出现在中国，但中国的青铜器却凭借卓越的制作水平、多元的造型，以及非凡的艺术成就，在世界青铜器领域中赢得了极高的声誉。相较于其他文明古国的青铜器，中国青铜器的成就更胜一筹。

这一辉煌成就与青铜器在先秦时期，尤其是商周时期的广泛应用密切相关。这些青铜器不仅被用于日常的餐饮活动，如喝酒、吃肉，还承载着祭祀、显示军威、王权等重要功能。由于青铜器在当时极为稀有且珍贵，能够满足平民百姓、官员、军人乃至神仙的多种要求，自然成为备受推崇的重器，进而成就了一个辉煌的青铜时代。

四羊方尊

四羊方尊是中国青铜工艺的杰出代表，被史学界称为"臻于极致的青铜典范"，位列十大传世国宝之一。它与众多青铜器交相辉映，共同照耀了青铜器时代的天空。现藏于中国国家博物馆。

二、好酒之风与酒器的发展

在青铜器这片灿若星河的领域中，酒器无疑是其中最耀眼的明珠。据统计，殷墟妇好墓中共出土了468件青铜器，其中礼器约有210件，约占44.8%，不知道这位女将军生前是否也是豪饮之人，但这一数据无疑表明了商代社会中，酒器数量成为象征主人身份和地位的重要标志。

商人嗜酒之风，被认为是商代衰亡的祸端之一。以致周朝建立之后，主政的周公写了一篇《酒诰》，命令被封为卫君的幼弟康叔在卫国禁酒。在《酒诰》中，周公说："越小大邦用丧，亦罔非酒惟辜。"意思是说，你看那些大大小小的诸侯国的灭亡，哪一个不是因为过度饮酒！

喝酒误国的事情咱们暂且不表，但能生产出那么多的酒，说明了商代农业生产力已较为发达，以至于有大量的余粮可以用来酿酒。随着酒的增多，酒器自然也越加丰富多样。那么，这些精巧的酒器是怎么被发明出来的呢？有人做了以下大胆的推演：

最初，酒徒们有了爵、角、斝（jiǎ），能够方便地端起来饮酒，但酒器不稳固，容易倾酒。于是更重的觥（gōng）出现了，确保饮酒时的稳定。

随后，酒徒发现，觥虽稳定，但储酒量不大，喝酒不够尽兴。于是，体积更大的尊、罍（léi）被创造出来，满足大量储酒的要求，且配有盖子以防挥发，确保酒的质量。然而，尊、罍虽大，但它们过于沉重，不便搬动。

于是就有了带有提梁的卣（yǒu）。

但酒徒们很快又发现，卣虽便于提携，却容易让人过量饮酒，于是用来调和酒味浓淡的盉（hé）出现了。有了盉，酒徒们的饮酒体验再次升级，仿佛可以无休止地享受美酒。从此，酒徒沉浸在无酒不欢的生活中。

由此可见，为了满足各种饮酒的需求，商人挖空心思研发了各种功能的酒器，并用独特的造型、纹样及铭文彰显着所谓的"礼制"。

第二节

器型之辨：撞脸青铜器大盘点

商朝人饮酒作乐，享受生活，但他们使用的繁复多样的酒器、食器却给后人留下了不小的困惑。尤其是在今天，很多人在参观博物馆时，面对这些古老的器物，甚至无法叫出它们的名字。

本节内容就带大家来认识一下这些器物，并重点厘清那些容易让人混淆的"撞脸"器物。

一、第一组：爵、角、斝

爵是一种盛放与加热酒的容器。"爵"是一个象形字，其甲骨文生动概括了爵的主要结构：下面底部设有三个"足"；中间是装酒或者盛酒的"腹"；小方块像手提的把手称为"鋬（pàn）"；上面的箭头表示"柱"；左边的开口表示用嘴饮酒的"流"。

许慎在《说文解字》中这样解释："爵，礼器也。象爵之形，中有鬯（chàng）酒，又持之也。所以饮。器象爵者，取其鸣节节足足也。"段玉裁注："古文全像爵形，即象雀形也。"也就是说，爵的样子像"雀"，发音也像"雀"。

角起源和发展于先秦时代，用来盛酒和倒酒，形制与爵相似，但没有流和柱。

斝（jiǎ）用于温酒，也被用作礼器，行裸（guàn）礼时所用。它通常以青铜铸造，源于同形陶器。其造型为三足，一鋬（耳），两柱，圆口呈喇叭形。商汤王打败夏桀后，将其定为御用的酒杯。

《诗经·大雅·行苇》曰："或献或酢，洗爵奠斝。"《说文·斗部》曰："斝，玉爵也。夏曰盏，殷曰斝，周曰爵。"

爵　甲骨文。

斝　甲骨文。

● 器物举例

角

商代青铜角，藏于中国国家博物馆。

爵

商晚期，马承源 1955 年捐赠，藏于上海博物馆。

斝

商王武丁时期"妇好"青铜方斝，藏于中国国家博物馆。口上有对称的方形立柱，屋顶形柱帽，腹侧有兽首半圆形錾。

● 辨别方法

如果以常见的两柱爵为标准，则角无柱且两端皆为尖尾，而斝有柱但没有尖尾和流。

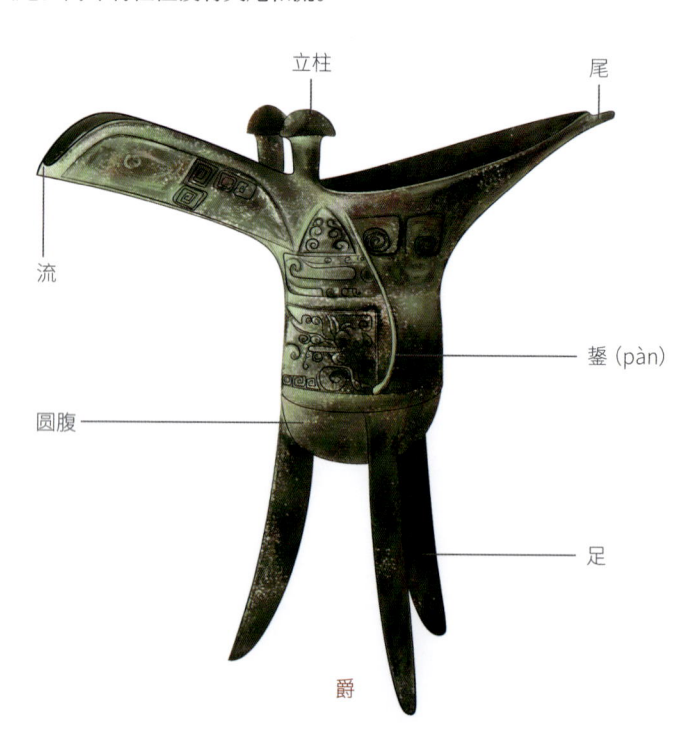

爵（立柱、尾、流、鋬(pàn)、圆腹、足）

二、第二组：鼎、鬲、甗

鼎，作为烹煮肉和盛贮肉类的器具，是古代最重要的青铜器种类之一，同时也是所有青铜器中最能象征至高无上权力的器物。

鬲（lì），起初为古陶器，用于蒸煮食物。鬲的样子与鼎相似，样式为圆口，有中空的三足。

甗（yǎn），蒸食用具。甗可分为两部分，下半部分是鬲（lì），用来煮水；上半部分是甑（zèng），也就是笼屉，甑的底部是网眼，用来放置食物，可通蒸气。

鬲　甲骨文，基本特征是三个肥大形似布袋的足。

● 器物举例

秦公鼎

春秋早期，现藏于上海博物馆。《史记·秦本纪》记载，秦襄公因护送周平王东迁有功，而被封为诸侯，此鼎铭文中的秦公为秦襄公或秦文公。

鲁白愈鬲（鲁伯愈鬲）

春秋早期，现藏于上海博物馆。

青铜三联甗

商代，1976 年河南省安阳市殷墟妇好墓出土，现收藏于中国国家博物馆。该甗由并列的三个大圆甑和一长方形承甑器组成，故名"三联甗"。

● 辨别方法

　　鼎和鬲最根本的区别，是鼎的三足是实心的，而鬲的三足是空心的。另外，鼎可以明显地分为腹与足两部分，而鬲的腹部与足部不易分开，足壁与器壁相连，足壁也就是器底。

　　甗则是一种组合炊具，功能上相当于今天的蒸锅。甗分为上下两部分，上部为甑，用以盛物，下部为鬲，用以盛水，中间有箅（bì）以通蒸气。

鼎　　　　　　　　鬲　　　　　　　　甗

三、第三组：簠、盨、敦

　　簠（fǔ），是中国古代祭祀和宴飨时盛放黍、稷、粱、稻等饭食的方形器具，经常和圆形的簋（guǐ）一起使用。《周礼·舍人》曰："凡祭祀，共簠簋，实之、陈之。"

　　盨（xǔ），椭圆口，有盖，两耳，圈足或四足，也是用来盛放黍、稷的礼器，亦从簋变化而来。

　　敦（duì）也是在祭祀和宴会时盛放黍、稷、稻、粱等作物的器皿，由鼎、簋的形制结合发展而成，常为三足，有时盖也能反过来使用。

● 器物举例

史尸簠

春秋中期，藏于上海博物馆。铭文记载："曾孙史尸作飤（sì，同"饲"）簠，其眉寿万年无疆，子子孙孙永保用之。"这件器物是曾国的青铜器，铭文用刻凿的方法制作实不多见，表明当时已有坚利的铁质工具。

翏（liù）生盨

西周晚期，藏于上海博物馆。铜盨是一种椭方形食器，作为簋的一种变体，其用途也相似。有的盨也会自铭为簋，其盛行于西周中、晚期。此铜盨通体装饰着瓦纹，盖上设有四个矩形钮，可倒置使用，其口部呈长方形，四角略带圆角。

镶嵌几何纹敦

战国晚期，藏于上海博物馆。这件敦由两个上下完全对称的半球组合而成，是战国时期敦的标准形式。器身与器盖通过子母口紧密相连，确保结合稳固。其上下部分均设计两耳三足，器盖若翻转朝下，也可作为独立的器物使用。敦是盛放饭食的器具，从器形分析，它是由鼎和簋的形制融合演变而来，在春秋晚期和战国时期颇为流行，随后逐渐消失。

● **辨别方法**

在春秋时期，簋逐渐演变成盨和簠两种形式。它们共同的特点在于上部都设有盖子，且整体形状都为长方形。不过，盨为圆角，簠是方角。它们的功能和作用与簋一样，都是用于盛放饭粥的食器。此外，敦的外形如一只圆球，总体看上去像一个西瓜，故而被称为"西瓜敦"，同样也用于装盛饭粥。

簠　　　盨　　　敦

四、第四组：觯、觚

觯（zhì）的形状类似尊，但体型较小，部分器物配有盖子，主要用于盛放酒。从字形特点上分析，这类器物大多源自上古时期使用兽角制作的水器。

觚（gū），盛酒的器物，其特点为喇叭形口、细腰、高圈足，并有八个棱角，因此"觚"字也有"棱角"的意思。

● **器物举例**

父庚觯

西周，藏于上海博物馆。此觯腹内底铭"作父庚"三字，因此而命名。

戈觚

商晚期，藏于上海博物馆。

● **辨别方法**

觯与觚的差别，在于觯为"圆腹、侈口、圈足，形似小瓶，大多数有盖"；觚为"长身、侈口、口和底均呈喇叭状"。

觯　　　　　　觚

五、第五组：觥、尊

觥（gōng）初见于殷商时期，其原始形状模拟牛角横置，底部配以长方形圈足，前端设计成龙头状，并配有盖子。由此可以推测，牛角曾是最早的饮酒器皿之一。随着时间的推移，觥演化成像一个带有"流"的瓢，上部依旧有盖，覆盖在"流"上的部分被雕刻成昂首的兽头形状，后面设有便于手持的鋬，下面留有圈足。再后来，觥的设计更加多样化，有的完全模仿动物形态，或者将前后两种不同的动物形象复合在一起，如前端为羊体，后端为牛头等独特造型。

"尊"是酒器的通用名称，凡是酒器都可以叫作"尊"，也可以写作"樽"或"鐏"。在青铜器领域，专名的"尊"特指一种侈口、高颈、形似觚但体积更大的容酒器。不过，还存在一类特殊的尊，叫作鸟兽形尊，即用象、牛、马、羊、鸟等各种动物的造型作为设计元素，比如"牺尊""驹尊""象尊""鸟尊""鸮尊"等。其中，兽形尊和觥在外观上容易混淆，两者最大的区别是觥的盖子通常由兽头和兽脊相连，酒液从兽的颈部流出；而兽形尊的酒液则是从背部或头部流出。

● 器物举例

凤纹牺觥

商代晚期，藏于上海博物馆。整器为一头牛的造型，牛在商周时期被视为最高规格的祭祀用牺牲。该器以牛首为前段，牛背巧妙设计成盖子，牛背上立有一虎作为盖钮。牛的颈部被设计成短流口，腹部浑圆，尾部垂有尖短尾，四个壮实的蹄足后部有突起并列的小趾。这些生动的细节，展现了古代工匠对自然形态的观察力和卓越的艺术表现力。

牺尊

春秋晚期，藏于上海博物馆。尊为水牛形，牛腹中空，牛颈和背脊上有三孔，中间一孔套有一个锅形器，可以取出。从牺尊结构功能来看，这是一件温酒器具，牛背上的锅形器可以盛酒液，空穴注水装于尊腹用来温酒。将动物形态融入酒器尊的设计之中，是中国青铜器的一大特点。

● 辨识方法

　　觥是一种盛酒器，其造型大多模仿动物或神兽的形象，与兽形尊颇为相似，但两者的盖子设计有所不同。觥的盖子融合了兽头和兽脊，在倾倒酒液时，酒会从兽的颈部顺畅流出。

左为觥，右为兽形尊。

六、第六组：罍、彝

罍（léi）是大型的盛酒器，其形态为大口或小敞口、短颈、广肩、体宽大。罍的造型通常分为圆体和方体两种。

那么，"罍"字是什么意思呢？《说文解字》说"罍"通"櫑"（léi）："櫑，龟目酒尊，刻木作云雷象，象施不穷也。从木畾（léi）声。"意指一种雕刻有云雷纹样的酒器。段玉裁注说"畾"就是"靁"（léi）字，说明"罍"的字形与甲骨文中的"雷"有关。后来，如果酒尊是由木雕制成，就加上"木"写作"櫑"，如果是由陶土烧制，就加上"缶"作为偏旁，便成为"罍"。

也就是说，"罍"最初是木制的，并且因其雕刻有云雷纹而得名。这一观点也得到"中国考古学之父"李济先生的支持，他认为由于木头更易于塑造方形，泥土不容易制成方形，所以存世的陶罍都是圆形，青铜罍则有方罍和圆罍。

彝为会意字，含义源于古代的一种仪式：进献被砍掉头颅且反绑双手的俘馘（guó）（俘，生俘的敌人；馘，被杀敌人的左耳，用作计算军功的标志）。本义是指屠杀俘虏作为牺牲而献祭祖宗。后来"彝"与"尊"一样，成为古代青铜祭器的泛称。

所谓"方彝"，是指一种具有特定形制的方形酒器。其形体特征鲜明，呈四方直壁状，底部连接着方形的圈足，而上部则覆盖着一个形似屋顶的盖子。

● 器物举例

嵌绿松石饕餮纹罍

商代，藏于中国国家博物馆。整器工艺精湛，色彩瑰丽，在商代青铜器中实属罕见。

方彝

商代武丁时期，1976年河南省安阳市殷墟妇好墓出土，藏于中国国家博物馆。

● 辨识方法

罍的特点在于其器盖与器身之间设有颈，该颈部长宽都小于器身，却能完美地与器盖相契合；器身的肩部装饰有半环形耳，这些耳上常穿套着铜制圆环。

而彝的器盖则直接套合在器身之上，器盖与器身的长宽相同，它们之间没有收缩的器颈，也没有半环形的耳。

罍　　彝

七、第七组：卣、盉

卣（yǒu），作为一个象形字，指的是一种用于盛酒的器具，其形状如椭圆体的大扁壶。《尔雅》中将其定义为"中尊"，意味着它在尊类酒器中属于中等大小。卣通常配有盖子和提梁，底部连接圈足。对于那些采用兽形或鸟形的酒器，有提梁的也称为卣，如枭卣、豕卣、虎食人卣等。

盉（hé），这一器具通常拥有圆口和较大的腹部，底部配有三足或四足，用于温酒或调和酒水的浓淡。

从字形上看，盉字由"皿"和"禾"两部分构成。其中，"禾"指"五谷"或"粮食"，"皿"指"容器"或"盛器"。"禾"与"皿"联合起来，表示"把五谷所酿之酒放到容器里进行配比品尝"，后通作"和"。

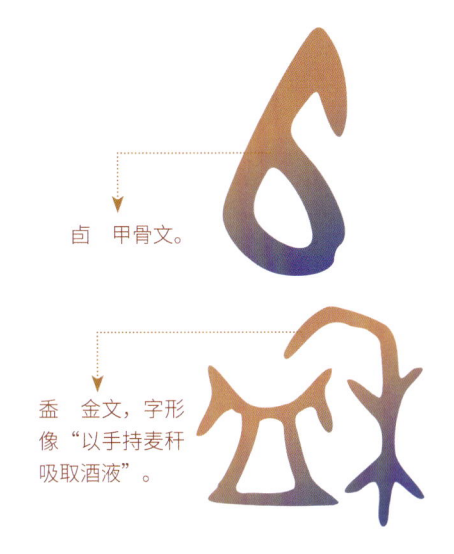

卣 甲骨文。

盉 金文，字形像"以手持麦秆吸取酒液"。

● **器物举例**

晋伯卣
西周中期，藏于上海博物馆。

吴王夫差盉
春秋晚期，藏于上海博物馆。夫差在位仅二十三年，目前所见存世遗物多为兵器（剑、矛）和鉴等，以往此盉未见流传，弥足珍贵。

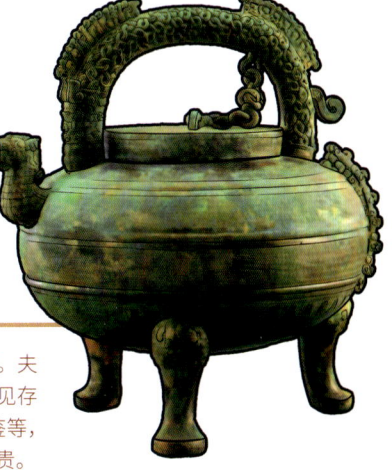

● **辨识方法**

卣的特点在于其口小腹大，配有盖和提梁。而盉的特点是拥有圆口和深腹，同样配有盖子，前有流，后有鋬，底部装有三足或四足，且盖和鋬之间通过链条相连接。

卣　　　　盉

第三节
鼎：一口吃肉的锅何以升级为权力重器

"鼎"作为青铜器中最具代表性的器物，起初仅是一口用来煮肉的锅。然而，它后来为何会被置于祭坛之上，并最终进入了庙堂？本节我们从鼎的基本功能、资源稀缺性、物理属性、附加意义等方面加以分析。

后母戊鼎

商后期铸品，1939年出土于河南省安阳市武官村，现藏于中国国家博物馆。该鼎重832.84千克，是已知中国古代最重的青铜器，称其为国之"重"器恰如其分。

一、可爱的起源

甲骨文："鼎"是西周时期用以煮肉或盛肉的主要饮食器具，有方鼎和圆鼎两种。

甲骨文　甲骨文

金文1：这里指的是圆鼎。其轮廓通过单线白描的手法勾勒出来，形象生动且逼真，可惜写起来很不容易。

金文2："鼎"逐渐朝线条化、抽象化方向发展，鼎体简化为贝形。

金文1　金文2

小篆：鼎的字形已发生较大变异。鼎体变为"目"字，并和鼎足、鼎耳分离。

隶书：鼎字承袭了小篆结构，看起来更加敦实、厚重。

小篆　隶书

不知道大家看完这些字有何感觉，威风凛凛的"鼎"，从字形上看却非常可爱！相信在古人的眼里，最初的鼎也是这般可爱的，因为有了它就意味着有肉吃。

二、肉锅的逆袭

后来，鼎何以成为权力的象征呢？

第一个原因依然和鼎作为烹肉器具的本质相关。在夏商周时代，生产力还不发达，能够吃肉，而且是用大锅煮肉，这本身就是权贵的象征。而且鼎通常体积庞大，用来煮肉往往是众人一起吃，拥有一个大鼎，无形中传递出一种信息：追随我，必有丰饶之食。

其次，鼎能成为权力的象征，和青铜的稀缺性高度相关。黄河流域并非铜矿产区，所以从夏商以来，青铜器一直被视为珍贵之物。那时候拥有鼎，就彰显了财富与地位。

此外，铸鼎这个行为和当今的民俗颇为相似：一个地方特产什么、盛产什么，就会塑一个特别巨大的雕塑，并赋予其丰富的意义。在夏商周时期，相对于世界其他地区来说，青铜器算是我们的优势产品，铸鼎当然要追求宏大。况且，夏商周时代生产力还很低，国家间争夺话语权、展示实力，主要依赖于物质层面的比拼，鼎这种大型烹煮器具自然成为展示国力与地位的标志。

大克鼎

上海博物馆镇馆之宝。鼎腹内壁铸铭文290字，记载了作器者为"克"。"克"是管理周王饮食的官员，周王授予克的职责是上传下达王的命令。

鼎中铭文的内容分为两段，一是克对其祖师华父的称颂，二是详细记载了周王册命克的仪式及赏赐的内容。这篇铭文是研究西周社会政治、经济的重要资料，也是西周书法艺术中的皇皇巨篇。

鼎成为权力的象征，还和青铜器的物理属性相关：青铜器作为金属器，可以长期保存，而统治者最希望的就是权力长长久久地握在手中。而且，鼎足够重、足够大，放在任何地方都十分显眼、有极强的震撼力，让他人不敢觊觎。

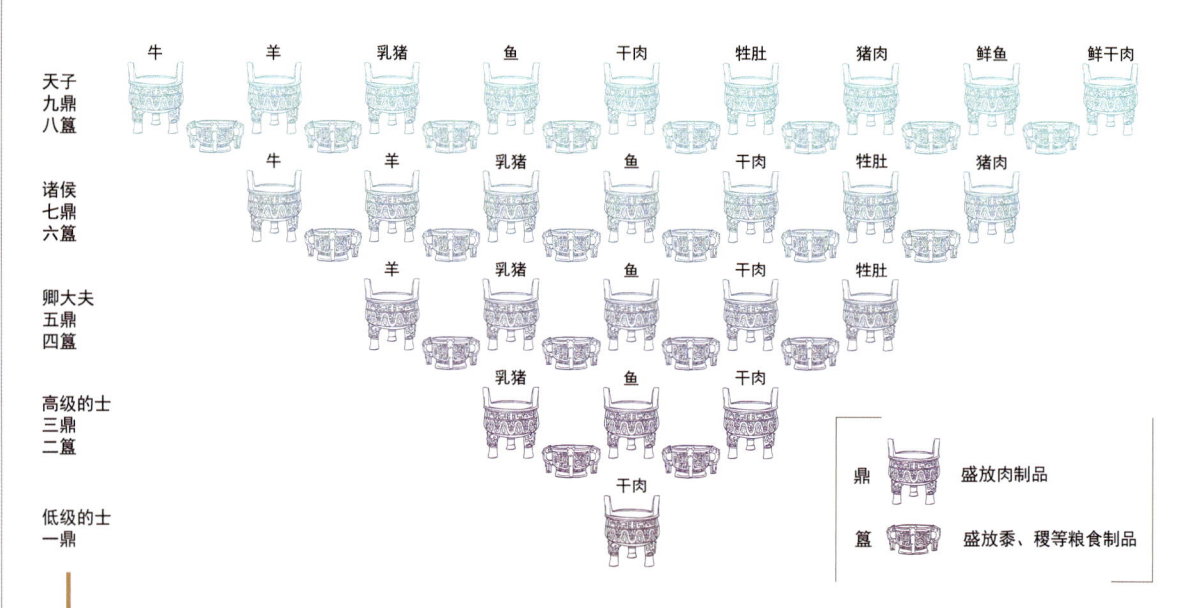

周代的"列鼎制度"规定：天子用九鼎，诸侯用七鼎，卿大夫用五鼎，士用三鼎或一鼎。到了东周，则是天子、诸侯用九鼎，卿用七鼎，大夫用五鼎，士用三鼎或一鼎。可见，作为重器，"鼎"具有"明尊卑"的重要作用。

三、鼎的附加意义

鼎成为权力的象征，还与鼎的附加意义相关：

首先，鼎上可以雕刻神兽和刻字，这些图案和文字被视为与天地沟通的媒介，从而证明青铜器的拥有者才是能够与神进行沟通的代表。

其次，在鼎上绘制权威地图的权力，历来为当权者所独有。例如，大禹铸造的九鼎之上，便精细地描绘了九州的地理分布图，这一举动便是彰显其权利范围的有力证明。

最后，青铜鼎还有一个最重要的特点，就是无论是三脚圆鼎，还是四脚方鼎，都具备出色的稳定性。这恰好是权力最需要的因素——稳定，象征着长治久安、天下太平。

> **总结一下**
>
> 鼎最初是作为烹煮肉食的器具，拥有鼎意味着有肉可食，证明拥有者的实力与富足。后来，鼎被赋予祭祀神灵的神圣使命，而参与祭祀的人也因此获得了权力的合法性。慢慢地，鼎逐渐演化为权力的象征，其形制愈发庞大，地位也日益尊贵。

第四节

爵："爵位"都是喝出来的

关于"爵"这种器皿，人们经常讨论的问题是：应该使用哪一侧来饮酒？口沿边上装饰的那两根小柱子具体有何功能和用途？

乳钉纹铜爵

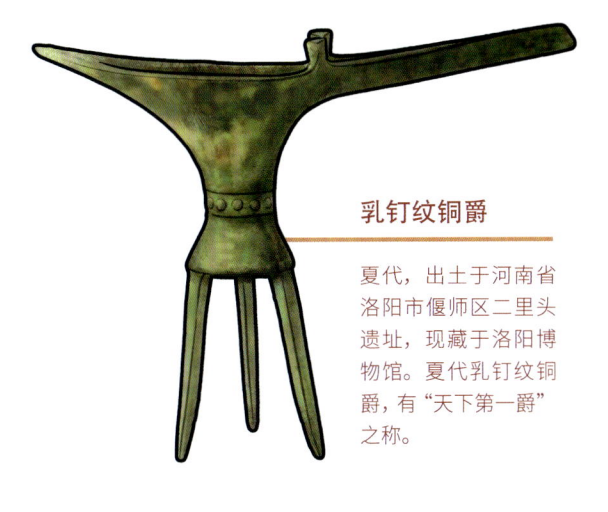

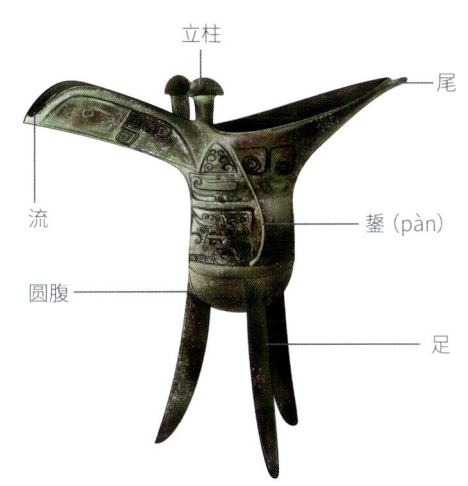

夏代，出土于河南省洛阳市偃师区二里头遗址，现藏于洛阳博物馆。夏代乳钉纹铜爵，有"天下第一爵"之称。

一、爵的哪边用于喝酒

到底应该使用爵的哪一侧来饮酒？这个问题，细化下来其实可以分为三个小问题。

（1）如果使用"流"一侧饮酒，若"流"的设计过宽，酒液是否会从嘴边漏出？

（2）如果使用"尾"一侧饮酒，鉴于很多爵的"尾"设计得太长、太尖，会不会存在戳伤人的风险？

（3）大概有十分之一的爵底部有灼烧的痕迹（炱，tái），有人据此推测爵是用来温酒的器具，用于在祭祀时加热酒水，使之产生香味沟通鬼神，剩余的酒通过"流"倒在地上供鬼神享用。

针对这些问题，本书给出的答案如下：

（1）爵可能兼具饮酒器和温酒器的双重功能。

（2）如果爵被用作饮酒器，那么一定是通过"流"来饮用。这主要基于两点理由：一是鋬的位置通常在流的右端，符合大多数人使用右手的习惯；二是经过实验测试，使用流来饮酒，不会导致酒液泄漏。

二、神秘的蘑菇柱

关于爵口沿上两根蘑菇柱的用途，目前存在下面几种主流的说法。

（一）"节制"说

有人认为，在爵"流"处放置两根铜柱，是为了举杯过高时，铜柱会碰到面部，以此提醒人们饮酒不要过量。因此，蘑菇柱可用来象征"节制"。

但是，关于"节制"的说法，应该出现在商代以后。我们先来看看"商"字的意思，右侧两个"商"字分别为甲骨文和金文，甲骨文的"商"，像双柱三足的"觞"，后金文增加"口"为借音符号，表示借酒具之"商"为"商朝"之"商"。一个政权的名字用酒器来表达，可见"酒"是商代的重要特征，史实也证明"酒"是商代亡国的原因之一。所以，"节制"一词实在与商代无关。

商 甲骨文　　商 金文

此外，后世的很多朝代也推行过禁酒或限酒的政策，但这些措施主要针对"酒"本身而非酒具。试图通过限制酒具来达到限酒的目的，似乎有些舍本逐末，显得过于迂回了。

（二）"提移"说

有人认为，爵作为温酒器使用的时候，在酒温好后，用"箸"（"筷子"的早称）或木夹进行提移，而爵口上的蘑菇柱可便于提移。

显然，这个说法也是靠不住的，因为很多"柱"根本没有设置在爵的重心，无法用于提移；其次，很多爵的"柱"做得很小，甚至根本没有"柱"，那么在这些情况下，如何进行提移操作呢？

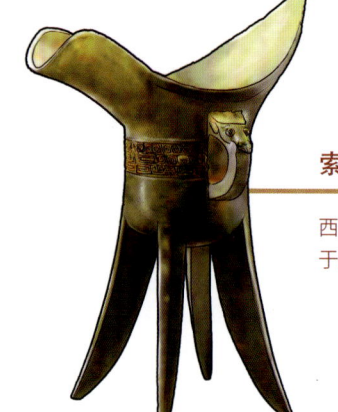

索諆（qī）爵

西周早期，现藏于上海博物馆。

（三）"过滤"说

还有人认为，夏商周时期，由于工艺水平的局限，人们喝的都为鬯（chàng）酒，此酒浑浊，喝前需要过滤，所以两根立柱是用于悬挂过滤网的，类似于今天的袋泡茶。

这个说法显然无法立足。首先王公贵族喝酒吃饭，服侍者肯定要将酒液过滤好再呈上，贵族们定然不会自己过滤，以免有失身份且影响宴饮的雅兴和氛围。

（四）"装饰"说

那么，这个立柱最有可能的功能是什么呢？根据古代文献的记载：它们实际上可能并无太多的实用性，最主要的作用或许仅仅是作为装饰。

《礼记·礼器》中，对于酒器和使用者身份的关系有如下说法："有以大为贵者：宫室之量，器皿之度，棺椁之厚，丘封之大。此以大为贵也。有以小为贵者：宗庙之祭，贵者献以爵，贱者献以散，尊者举觯（zhì），卑者举角。"意思是人的身份尊卑，可以通过礼器大小区分，有以大为尊的，包括宫殿规模、器皿形制、棺椁厚度、坟包的高度，越大的身份越尊贵；也有以小为尊的，也就是宗庙祭祀中，尊贵的人用爵献祭，卑贱者要用散；尊者举觯饮酒，卑者举角饮酒。容量越小越显尊贵。

器型大小对比示意图。

爵　　觚　　觯　　角　　散（斝）

这四种容器有多大呢？春秋礼制的"五爵"之说有记载：一升曰爵，二升曰觚（gū），三升曰觯（zhì），四升曰角，五升曰散（据王国维考证，"散"就是斝）。

想象一下，众人聚会饮酒，端起酒杯时，其他人的酒具都未带柱子，唯独某个地位高的人其酒具上装饰有独特的立柱，这无疑是尊贵身份的象征。

三、"爵位"和"爵"的关联

从前文中，我们可能发现爵的"功能"经历了三个阶段：第一，酒器；第二，在祭祀中或者其他仪式中的礼器；第三，政治中划分等级的"名器"。问题又来了，青铜酒器那么多，为什么单单选中"爵"作为政治等级的象征呢？原因可能有如下几个。

首先，爵的使用范围很广，作为常用的器物，普通贵族都可以使用。对比之下，其他酒器则有许多限制。因此，爵既能在最高层的礼仪场合中起到主导作用，也能在最基层的礼仪活动中作为基础用具，展现了其独特的普遍性和重要性。

其次，在多种饮酒器皿中，如爵、觚、觯、角、斝等，"爵"的地位最高，适合用于表示贵族身份。

最后，爵作为一种器具，既具有明确的观念内容，又具备精致的感性形态，无论应用于何种场合都可彰显尊贵气质，实在是既适合高雅场合，又实用多能的利器。

第五节
钺：王的象征

钺（yuè）的本字为戉（yuè），它是一种斧头。

钺最早可追溯到新石器时代的石斧，起初它是一种生产工具，后来逐步演化为劈砍类武器。商周时期，随着青铜业的发展，铜钺出现。据《尚书·周书·牧誓》记载"王左杖黄钺，右秉白旄以麾"，即周武王伐商，在牧野誓师时，手持一把金黄色的钺，这说明钺已经成为那时征伐和军权的象征。《国语·鲁语上》记载："大刑用甲兵，其次用斧钺"，说明钺也能作为刑具。

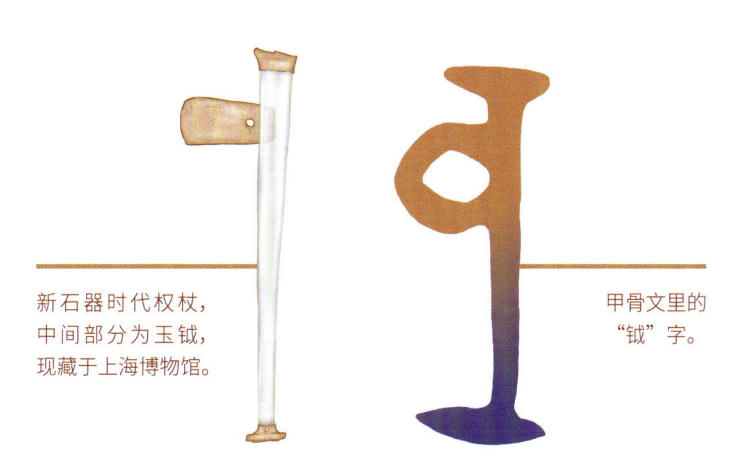

亚醜（chǒu）钺
国家一级文物、山东博物馆镇馆之宝。

新石器时代权杖，中间部分为玉钺，现藏于上海博物馆。

甲骨文里的"钺"字。

一、钺和斧的区别

在中国古代，长江流域以南的少数民族通常被称为越人，由于民族众多且部落交杂，因此也称为"百越"。有学者指出，"越人"的"越"，其含义可能由"戉"演化而来，意指他们是一帮拿着斧头的人。此外，"戊（wù）"的本意和"戉"一样，也是指斧头。

在广州西汉南越王墓出土的一件铜提筒上，刻有4组船纹，其中有2名越人，一手持钺，一手倒提人头。可见，那时钺已经成为他们常用的兵器之一。

铜提筒船纹中的持钺越人。

铜提筒
现藏于南越王博物院。

钺的外形与斧相似度极高，出现的时间也近乎一致，所以人们提起时一般会连称为"斧钺"。关于二者的区别，东汉文字学家许慎在《说文解字》中这样解释："钺，大斧也。一名天戉。斧，斫也。从斤，父声。"就是斧头是缩小版的钺、钺是扩大版的斧头。

从造型上看，钺的锋刃比斧头的锋刃更宽大，呈弧形，宛若天上一弯新月。

二、钺的主要功能

（一）作战兵器

钺原本为斧类兵器，所以除了生产，它的首要的功能是实用作战武器。《史记·鲁周公世家》记载："周公把大钺，召公把小钺，以夹武王"，意思是武王即位的时候，周公手持大钺，召公手持小钺，以辅佐武王，就是以铜钺作为守护的武器。

（二）砍头的刑具

牧野之战后，商纣军队被击败，纣王自焚，周武王用手中所持的代表王权的铜钺斩下了纣王的头，悬于白旗之上；又用玄钺斩下纣王爱妃妲己的头，悬于较小的白旗之上。《史记·周本纪》："纣走，反入登于鹿台之上，蒙衣其殊玉，自燔（fán，焚烧）于火而死……武王自射之，三发而后下车，以轻剑击之，以黄钺斩纣头，县（同"悬"，吊挂）大白之旗。已而至纣之嬖（bì，宠幸）妾二女，二女皆经自杀。武王又射三发，击以剑，斩以玄钺，县其头小白之旗。"这段描述虽具有浓厚的传奇色彩，但表明了钺在古代被用作刑具的事实。

（三）军事指挥权

据考古发现，夏商周时期一般采用战车和步兵配合的方式作战，指挥作战的君主或统帅位于指挥战车上，站在左侧位置，手持黄钺（青铜钺）指挥作战。此时，巨大且厚重的铜钺充满了肃杀之威，也只有天子和较大的奴隶主贵族才有使用的特权。

（四）权力的象征

汉代以后，钺成为专门象征权力的重要礼器，只有贵族和官员才能使用。汉代官员出行时，仪仗队里需要配备钺车；汉到唐时期，皇帝出行的仪仗队里都有钺车，使用黄钺；唐到清时期，钺依然代表皇权，由皇帝的仪仗队手持斧钺，是专用的仪仗用具。

说到"权力的象征"，就不得不提及一个词语：假黄钺。皇帝不能事事躬亲，所以必须委派人代行，然而空口无信，于是以"节"为凭，这个"假节"之"假"意思是借给、短期代理，是一种临时行为。

方絜竹雕苏武持节图臂搁

清代，上海博物馆馆藏。臂搁面上以陷地浅浮雕法刻苏武持节坐像，造型以金古良《无双谱》中"典属国苏子卿"一图为粉本。坐上方阴刻行书题识"朔雪满天山，飞鸿入汉阙。麒麟高阁在，何幸得生还。庚寅仲春作奉大卿仁兄清玩，冶庵弟方絜"。公元前 100 年，汉武帝派中郎将苏武为正史、副中郎将张胜为副史，手持代表汉朝的旌节出使匈奴。后因匈奴内乱，苏武被迫扣留匈奴长达 19 年，但他不忘使命，不管是牧羊还是睡觉，手里一直拿着旌节。

汉朝时，各类使节的地位是平等的，但到了晋朝，使节开始区分层级。尽管假节、持节、使持节在功能上没有什么差异，但"假节钺"（或称"假黄钺"）逐渐崭露头角，成为一种独特的、地位显赫的使节称号。"黄钺"以黄金为饰，帝王专用。当帝王将黄钺授予大臣时，即代表皇帝行使征伐之权，不但可以"按需"斩杀触犯军令的士卒，还可以代替君主出征，并拥有斩杀节将的权力。在魏、晋、南北朝时期，地位最高的大臣在出征时，常常会被授予此称号。

唐初沿袭北周及隋朝旧制，在重要地区置总管统兵（即节制调度的军事长官）。到了天宝年间后，这些总管又兼所在道的采访使，集军、民、财三政于一身，其权力超过魏晋时期的持节都督，时称"节镇"，"节度使"这一历史上重要的官职就此出现。

此外，钺还与一个汉字的出现直接相关，这个汉字就是"王"。

王 甲骨文　　王 金文1　　王 金文2

20世纪60年代，经吉林大学林沄教授论证，甲骨文中"王"字的写法就是斧钺形状的象形。这一结论已成为古文字学家的共识。

为了与"钺"区分，"王"字被特意旋转了90度。由于"钺"成为王权的象征，因此"王"字也逐渐被赋予"王权"的含义，它象征着王者的权威如同斧钺一般，拥有生杀大权。

第六节
青铜器上的纹样变化

一、饕餮纹

据《左传》记载："缙云氏有不才子，贪于饮食，冒于货贿。侵欲崇侈，不可盈厌；聚敛积实，不知纪极；不分孤寡，不恤穷匮。天下之民以比三凶，谓之饕餮。"即贪财为饕，贪食为餮。

（一）何为饕餮

饕餮乃是传说中上古时期的四大凶兽之一，这"四大凶兽"分别指的是混沌（hùn dùn）、梼杌（táo wù）、穷奇和饕餮。

混沌：有目而不见，代表破坏与灾难的力量。

梼杌：顽固不化，代表了残暴和凶猛。

穷奇：喜欢听信坏话，是不忠不信的象征。

饕餮：贪食好利，是贪欲的象征。

大家看看，这哪里是在描述四大凶兽，这分明是以一种含蓄而深刻的方式，来讽刺那些行为恶劣，品质低下的人。

其中，饕餮是四凶兽中知名度和流传度最高的。《山海经》中描述它是："羊身人面，其目在腋下，虎齿人爪，其音如婴儿"。其最大特点是贪吃，甚至把自己吃得只剩下脑袋。

因此，如果我们发现某个被称为凶兽的形象除了脑袋还保有身子，那么它就不应被称作"饕餮纹"，而应归类为"兽面纹"。实际上，在过往被称为"饕餮纹"的绝大多数纹样中，都是包含身体部分的。为了保持行文的流畅性，本节继续沿用"饕餮纹"这一旧称，但请读者朋友们明白这一点。

（二）饕餮纹的兴衰

在夏商周时期，由于物质匮乏，人们的生存难以得到保障。所以，那一时期的主题，文雅一点叫作"祀与戎"；通俗一点叫作"活下去"。而生存之道的核心，简而言之便是"你死我活"的残酷法则。

威胁人们活下去的因素有哪些呢？

总体来说，有以下三个：第一，环境恶劣；第二，动物凶猛；第三，强敌环伺。

为了应付外在恶劣的环境，人们喜欢把自己假想为凶悍的猛兽，幻想自己拥有猛禽猛兽的能力，如健壮的身体、特殊的才能，以及超级的智慧。

这种思想表现在青铜器上，便具象化为狞厉的眼神、锋利的爪子、善飞的翅膀和深邃的表情。由此，凶恶的饕餮形象成为青铜器上刻画的主流纹样。明朝杨慎在《升庵外集》中记载："龙生九子不成龙，各有所好……五曰饕餮，好饮食，故立于鼎盖"。青铜器是食器兼礼器，把爱吃的饕餮放在上面也很合适。

大盂鼎

铸造于公元前11世纪中叶的西周时期，是迄今所见西周最大的青铜器之一，现藏于中国国家博物馆。鼎口沿下饰有一圈饕餮纹带，足上铸兽面并有扉棱及弦纹，是西周早期大型铜鼎的典型式样。

这些可怕的纹饰，一是表达对猛兽的崇拜，二是人们希望自己能像它们一样威猛，三是向他人传递"别来惹我"的信息。

不过，也有持不同观点的人认为，这些兽面纹并不一定是饕餮。比如，著名作家阿城就在其著作《洛书河图：文明的造型探源》里提到，青铜器中的"饕餮纹"实际上蕴含了天极神的形象，并包含了标志性的菱形符号以象征天极。他还进一步举例阐释，著名的"虎食人卣"表现的可能并不是老虎吞噬奴隶，而是在护佑，虎口中的更不是奴隶，而是至高无上的天极神。

虎食人卣

商代晚期的青铜器珍品，共有两件，皆流落国外，一件藏于巴黎赛努奇亚洲艺术博物馆，另一件藏于日本泉屋博物馆。由于对该器物表现的思想内容有不同的理解和认识，所以对其命名至今存在争议，中国学者称其为"虎食人卣"，原因是人与虎不能共存。

（三）饕餮纹的创作

古代的工匠们在绘制纹饰时，通常采用的方法是把动物从正中分割成相等的两半，并将这两半拼合成一个平面图案。接着，将该图案复制并连接。

具体来说，饕餮纹有两种画法，一种是以鼻梁为中心，形成一个完全对称的图案，图上有五官和角等；另一种是左右各有一个夔纹，然后左右对称形成饕餮纹，它最大的特征是有一对大眼睛。哲学家李泽厚在《美的历程》中称饕餮纹为"狞厉的美"。

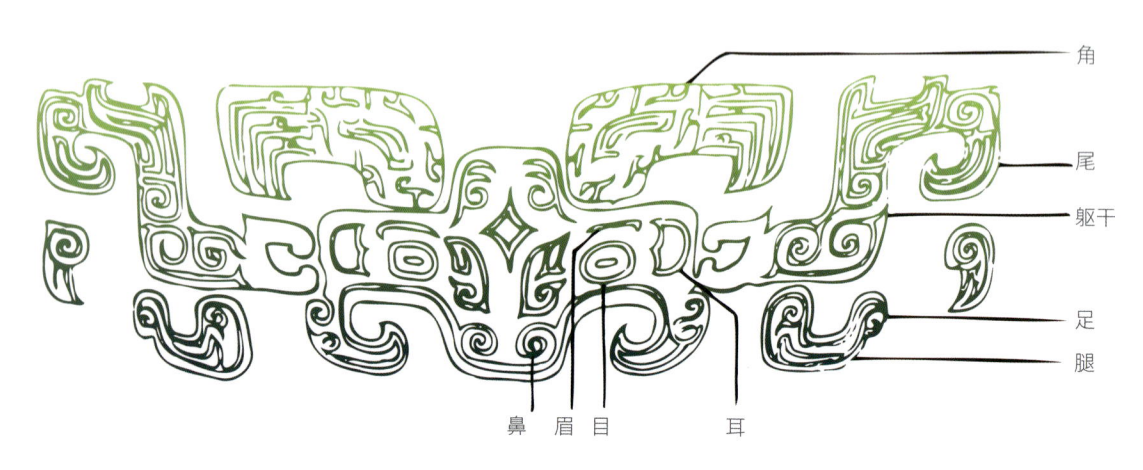

饕餮纹构成示意图

二、蟠螭纹和蟠虺纹

在青铜器物上，蟠（pán）螭（chī）纹和蟠虺（huǐ）纹这两种纹饰也极为常见。所谓"蟠"，是屈曲、环绕的意思，螭则为无角且腿有残疾的龙的形象，"蟠螭"，即指一条屈曲环绕的残缺的龙；"蟠虺"的"虺"，是传说中的一种毒蛇，其特点是头尾难以分解，两端皆具嘴形。

蟠螭纹鼓座

春秋时期，藏于保利艺术博物馆。这件青铜器造型奇特，就像是扣着的一个大锅，但上面还接有一根圆管，上下贯通。经查验，其上所铸蟠螭纹与山西侯马晋国铸铜遗址出土的陶范范模上的花纹相同，由此可证这是春秋晚期晋国宫廷中使用的鼓座。

蟠虺纹豆

河南省辉县市出土，藏于故宫博物院。大腹，双附耳，圈足，有盖，盖与腹饰蟠虺纹。

三、当狞厉变为呆萌

到了春秋战国时期，铁器时代来临，人类逐渐攀升至食物链的顶端，不再对猛兽心存恐惧。因此，这一时期的兽纹设计变得自由奔放、清新飘逸。

颇为有趣的是，今天我们再次审视青铜器时，已不会感到丝毫恐惧。相反，许多以动物为造型的青铜器给人一种憨态可掬的印象，与家中饲养的宠物无异，比如右边这只妇好鸮尊。

鸮尊

藏于中国国家博物馆。鸮（xiāo）鸟两足与下垂尾部构成三个稳定支撑点，构思奇巧，装饰绮丽，花纹多样，憨态可掬，是中国青铜文化中的精品。

第七节

青铜之冠：看懂秦皇陵铜车马

秦皇陵铜车马是目前发现的年代最早、形体最大、保存最完整的铜铸车马。其中，一号车是立车，又名高车，用于在皇帝车队中开道、警卫和征伐；二号车车辔绳末端有朱书"安车第一"四字，由此可认定其为古代安车。这一组铜车马对于研究中国古代的车马制度、雕刻艺术和冶炼技术等，具有极其重要的价值与意义。本节就通过六个问题，深入剖析这两乘车马的核心机密。

秦陵一号铜车马

陕西省西安市临潼区秦陵封土西侧出土,现收藏于秦始皇帝陵博物院。

一、铜车马与实用战车的关系

在古代,车马不仅是代步的工具,更是权贵的象征。铜车马与实用的战车之间存在着显著的差异。铜车马以其精湛的工艺和独特的造型,成为艺术史上的瑰宝,而非战场上冲锋陷阵的利器。

首先,这两辆铜车马并非真实的战车,而是由青铜铸造而成,与真实的木头战车有着本质的区别。青铜材质的使用,不仅使得铜车马在质感和色彩上更为独特,更展现了古代工匠们对于金属的精湛加工技艺。

其次,这两辆铜车马是按照真实战车的1:2比例精心打造的。这一比例不仅确保了铜车马在视觉上的震撼效果,也便于工匠们进行精细的雕刻和组装,使得铜车马在整体上呈现出一种无与伦比的艺术美感。

最后,这两辆铜车马工艺复杂,是当时青铜工艺的集大成者,尤其是一号车上的伞,其伞柄堪称"神器":通过推拉,可以灵活控制伞柄在十字底座上的滑动,这样伞盖可以随着太阳的方向进行倾斜,跟向日葵一样;铜伞打开机括后可以取出来,把尖端插到土里,可以为在路边歇息的主人遮阳避雨;如果碰到刺客袭击,伞盖可以作为盾牌,伞柄和藏在里面的利刃都可用于自卫反击。

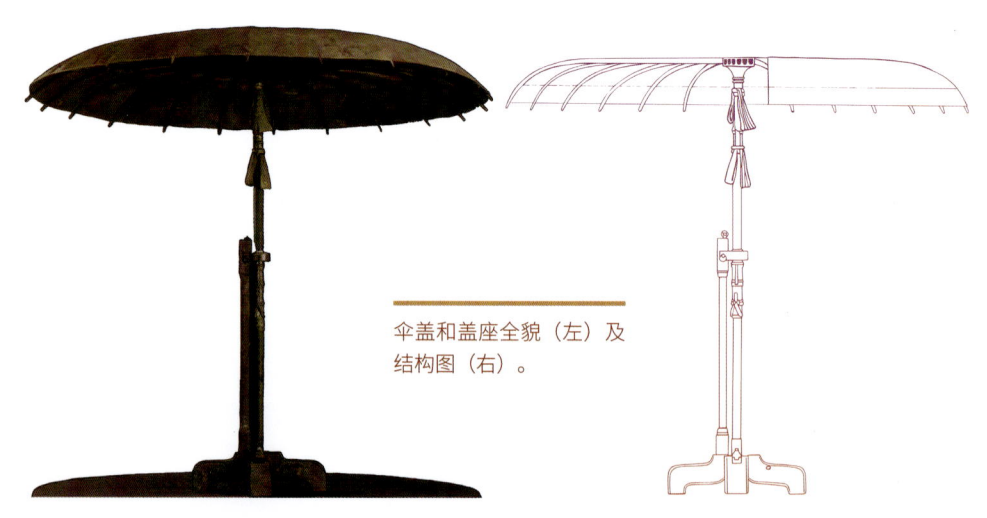

伞盖和盖座全貌(左)及结构图(右)。

二、铜车马中看秦代御用马品种

秦始皇陵出土的这些铜铸马匹，经文物专家研究，其品种主要为河曲马。河曲马产于甘肃、青海、四川相毗邻的黄河的弯曲处，其特点是体型好（虽然不高但是很壮）、毛色亮、耐力强、记性好、能拉善驮。所以，它既可以作为优秀的战马，又是很好的劳动工具。河曲马的品种很古老，历史上也称为"吐谷浑马"，其与内蒙古的三河马、新疆的伊犁马并称为我国三大名马。

三、驾马人的身份

一号车的驭手，身高 91 厘米，按照 1:2 的比例换算，其实际身高约为 1.82 米，相当高大威猛。该俑头绾梯形扁髻反贴脑后，头戴鹖（hé）冠，身穿双层长襦，白领，下穿白色长裤，足登方口齐头翘尖履，腰间佩长剑和玉环，佩剑长 60.8 厘米，剑带缚在绦带上。从装束上看，其地位较高，是目前秦兵马俑坑中发现的级别最高的将领。

四、四匹马的六根缰绳

大多数人会觉得，如果要驾驭四匹马，一匹马需用两根缰绳，那么合起来应该需要八根缰绳。也因此，"四马六辔"的历史记载困扰了史学界很久。直至秦始皇陵铜车马的出土，才为这个问题找到了答案。

在铜车马上，御者手中的六根缰绳，外面的两匹马（也就是骖马）上各有两根，中间的两匹马（也就是服马），只有外侧的缰绳才在驭手手上，内侧的两根缰绳则直接系在了车舆的"轼"，也就是扶手上。

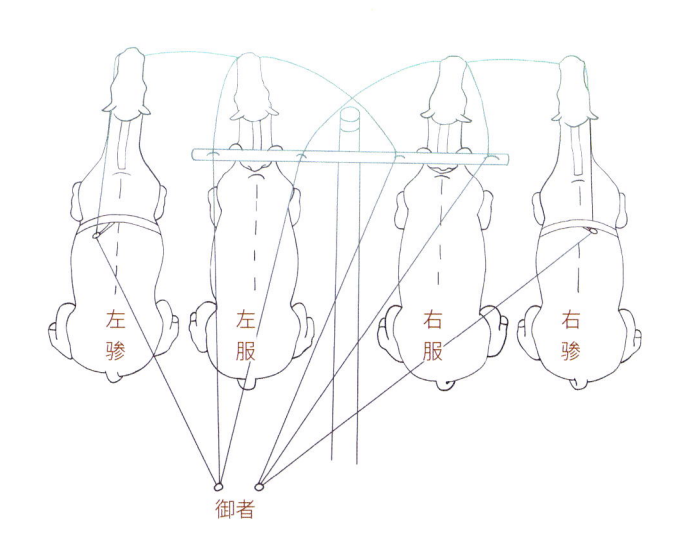

为什么要这样设计缰绳呢？因为中间的两匹马，通过架在脖子上的车轭（è）已经紧紧绑在了一起，行动、步调高度一致，所以不再需要人的控制。

五、车的减震系统

从车的结构来说，在车轴和车辕交界处，设置了一个叫作"伏兔"的部件，它因很像趴着的兔子而得名。这个部件减震装置，让车厢产生的压力有所缓冲，相当于如今的悬挂系统。

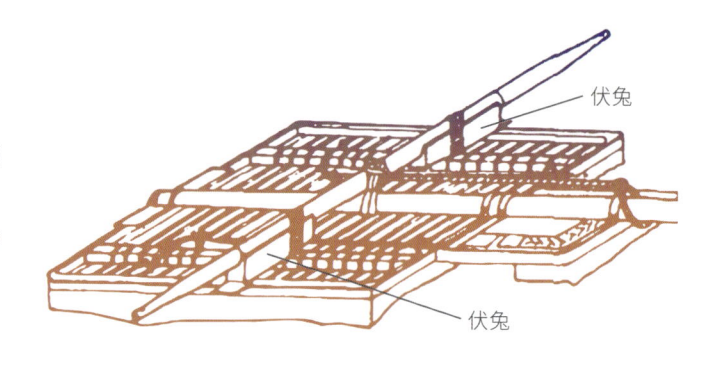

六、如何确定此为秦始皇的车队

首要提及的是，这两辆铜车马是在秦始皇陵西侧 20 米的一个陪葬坑里被发掘出土的。

根据春秋时期的车马制度，有文献《逸礼·王度记》记载："天子驾六，诸侯驾五，卿驾四"，意为天子出行时车驾配备六匹马，诸侯五匹，而卿则四匹。据此，有人推测这两乘车马因均仅配备四匹马，故不应是秦始皇本人所乘之车。这一推测似乎颇有道理，然而若深入考量天子出行的排场与仪仗，其车队往往由多辆车组成，前有开道之车，后有殿后之车，此乃古代帝王出行的常态。因此，现今学术界普遍认为，这两辆车实则隶属于秦始皇的车队之中。具体而言，一号车为立车，即站着驾驶的开道车与警卫车，而二号车则为安车，其特点在于采用坐着驾驶的方式。

此外，这两辆车上装饰之豪华，令人叹为观止，且大量使用了金银作为装饰元素，诸如马络头、节约、当卢等部件，其金银总重量竟达 14 公斤之巨。若非皇帝之车，何人敢于如此奢华地使用金银装饰呢？这一细节无疑进一步印证了这两辆车与秦始皇车队的紧密联系。

当卢，亦作"当颅"，因饰于马额中央，故名。当卢的作用一是装饰和保护马的额头，二是用来连接马首各个部件。

在四匹马中，最右侧的一匹马头上插了一束 22 厘米的类似旗子的装饰，叫作"纛"（dào），这是皇帝或王的马车的重要标志。纛的位置在不同时代意义也不一样，秦国以"右"为尊，所以纛在右，刘邦是楚人，所以刘邦的纛在左（《汉书》记载，汉王刘邦的马车"黄屋左纛"）。因此，这右侧的纛说明了乘坐者的尊贵身份。

第八节
青铜器是如何制作的

中国著名历史学家、考古学家李学勤曾经说过："中国古代的青铜器工艺产生了许多杰作，可称举世无双，并形成了独特的传统。"本节我们讨论几个问题：青铜器的铸造方法主要有哪些，不同的铸造方法各有什么特点？如何判断一个青铜器的铸造方法？以及，为什么曾经辉煌无比的青铜器到了秦汉时期却走向没落？

一、青铜器的铸造方法

青铜器的铸造方法主要分为两大类：一个是制作复杂造型的青铜器常用的失蜡法；另一个是运用最广泛的范铸法。

（一）范铸法的制作步骤

范铸法中的"范"指的是用于铸造青铜器的泥质外壳。铸造青铜器之前，先用陶土制作出青铜器的原型，这被称为"模"。然后用陶土从模上翻制出一个外壳，这个外壳就是"范"。所谓"范铸法"，就是用泥范来铸造青铜器的技术。

那么，具体的铸造方法是怎样的呢？

第一步：选料

因为模和范的要求和功能不同，所以用料也有所差异。

（1）内模泥料的要求：较低的收缩性和变形性。

用于制作内模的泥料，要求有较低的收缩性和变形性，目的是保持器物的形状和尺寸，同时方便脱模和清理。所以，做内模的泥料要经过反复地揉搓、摔打，以及较长时间的浸润、醒土，这样泥料才具有韧性。

（2）外范泥料的要求：耐火、抗收缩、透气。

用于制作外范的泥料，要求有比较高的强度、硬度、耐火性和透气性，这样才能承受住金属溶液的压力和温度，同时能排出气体和杂质，防止铸件出现缺陷。通常，泥料是由土、砂、植物纤维、草木灰、熟料等物质按照一定的比例混合形成。其中，砂的作用是提高耐火度，熟料的作用是降低收缩量，植物纤维和草木灰可以提高透气性。

选择陶土制作模范，是因为陶土的软硬度比较适中，方便造型和雕刻，而且耐火性更好，完全可以承受住合金溶液的高温；透气性也更高，方便排出气体和杂质，从而避免青铜器出现缺陷；它还很容易砸碎，随用随弃，堪称完美。

第二步：塑模

塑模就是用泥土把青铜器的基本形状塑造出来，如果上面需要纹饰或者铭文，还要先把样式的轮廓雕出来。器物上需要凸出来的部分，需另外做纹饰造型贴在泥模上；需要凹下去的部分，就直接将它刻出来。

第三步：翻范

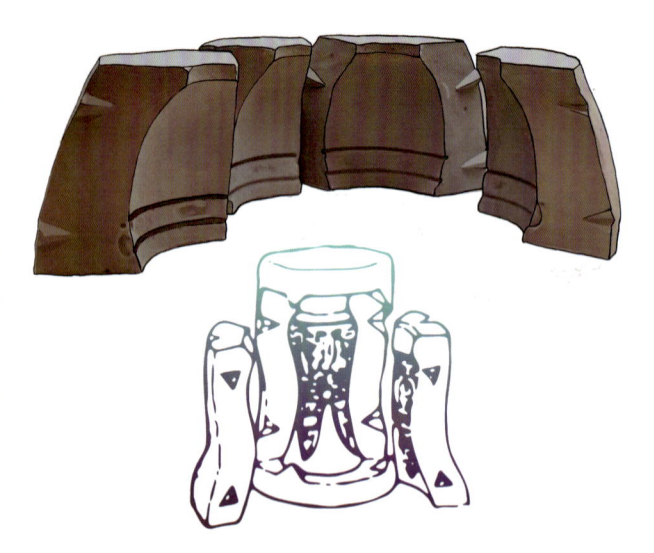

翻范是铸造技术的基础，也是青铜器铸造过程中非常重要的环节。前面讲述的"模范"一词就是由它而来。

做这一步需要准备好一些细致的泥土，把它们紧紧地按贴在泥模的表面，其目的是让雕塑出来的泥模外形样式能够反印在泥片上面。

青铜器上的纹饰是怎么制作出来的呢？其中一种方法是先在泥模上把要装饰的纹样雕刻出来，再通过翻范把纹样翻印在外范上，等外范半干的时候，再对外范进行修整并雕出纹样的细节。当然也可以在外范上直接雕刻纹样。在东周时期，为了提高制作青铜器的效率，甚至发明了花纹印版，可直接将花纹印在泥模上。

第四步：合范

这一步要把翻好的范分块取下，阴干，然后烧成陶范，再把这些陶范拼成要做的青铜器外腔的形状，这就叫作"外范"。

如果只有外范，那浇筑出来的青铜器是实心的。所以，还要增加"内范"，也就是青铜器的内芯。芯跟模的样子一致，只是略小一些，这样跟外范组装的时候，芯在里、范在外，外范和内范之间就形成了空腔，这个空腔用来浇筑金属溶液，其厚度就等于是青铜器的厚度。

制作浇口和冒口后的剖视泥范。

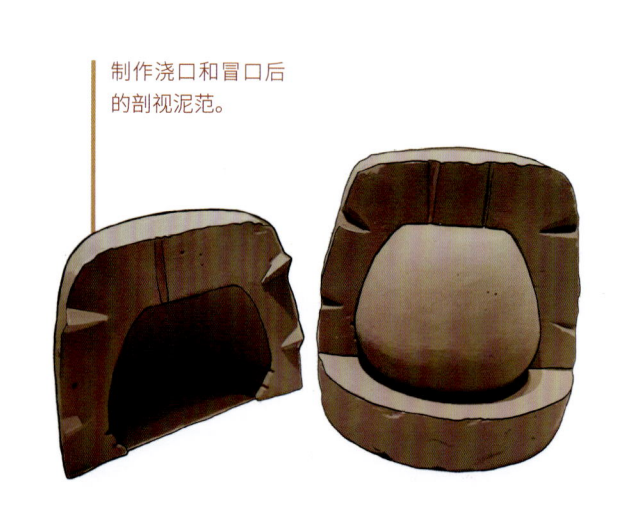

制作"内范"的方式比较简单，在已经做好的外范的内面贴一层泥片，贴好之后，再把外范整体合好，往里面填充芯料。这样就翻制出了内芯。

接着，把"内范"倒过来，再把内外范合在一起，这样内外范之间就有了空隙。合好以后，上面加一个封闭的范盖，在范盖上留下浇筑孔，就可以浇注青铜溶液了。

将"内范"倒过来的目的，是让排气孔和铜液中的杂质集中在器物底部，这样能够确保器物的表面光泽无暇、花纹清晰。

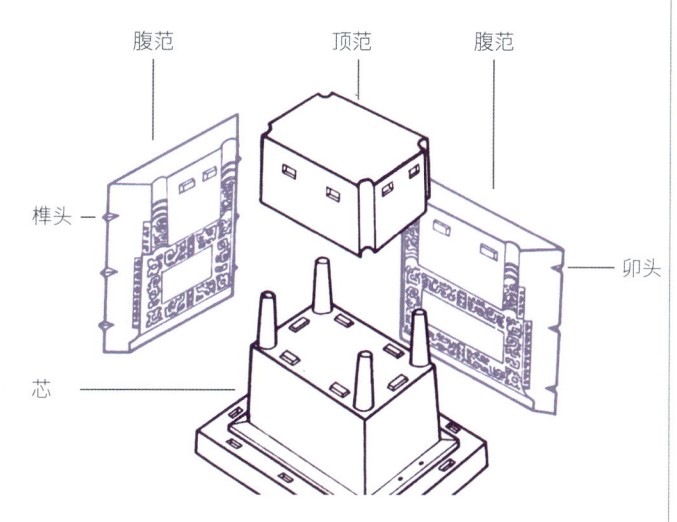

第五步：浇注

浇注时，先把铜锡铅的合金融化成液体，再通过事先留好的空隙将液体浇注到陶范里，等待降温凝固。待溶液凝固后，打碎陶范，就得到了要铸造的青铜器。

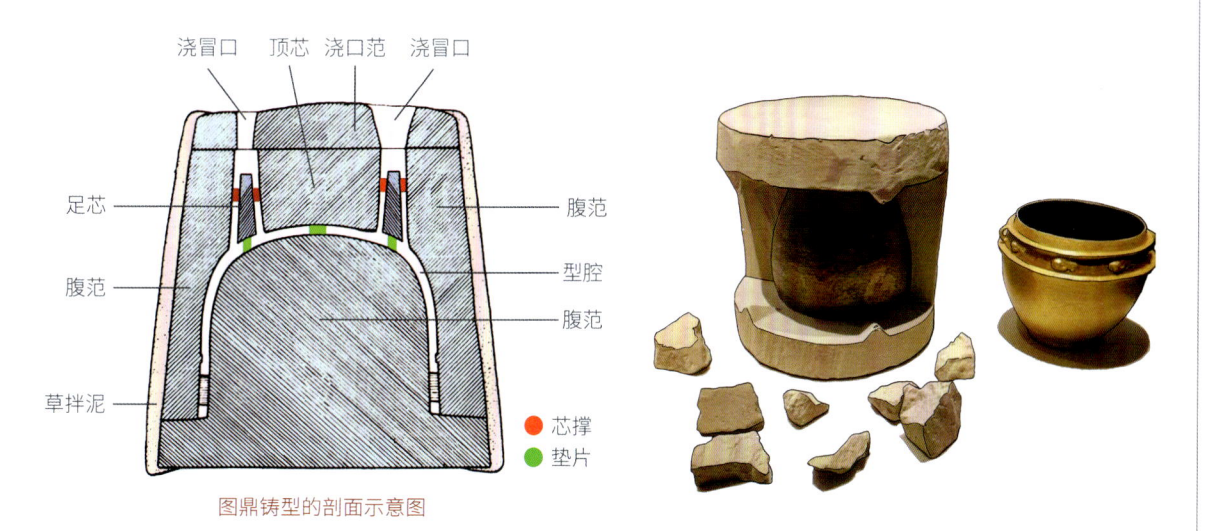

图鼎铸型的剖面示意图

第六步：修整

刚成型的青铜器比较粗糙，还需要进一步打磨。打磨后，一件真正意义的青铜器就大功告成了。

再补充一个小细节，青铜器铸成后，有些芯是可以掏掉的，比如鼎、簋、尊的腹部芯。掏掉之后，这些青铜器就成为真正意义上的容器；也有一些是掏不掉的，比如很多青铜器的耳朵和足，外面是一层铜，里面则为泥芯。

范铸法的技术难点

首先是内模要精准，否则后面的工作都将是徒劳无功的。其次是合范和浇注环节，范片的对接必须严丝合缝，不能有丝毫的变形和漏液。另外，如果浇注系统不能顺畅地排出气体和杂质，那么青铜器将可能成为残次品。

（二）失蜡法的制作步骤

失蜡法，顾名思义是使用蜡作为模具。中国的传统蜡料的成分包括蜂蜡，或者是虫白蜡、石蜡，也包括松香，还包括动物油或植物油，按照不同的配比制成。做蜡的时候，先把容器加热，然后依次放入蜡、松香和油料，边融化边搅拌成糊状；稍冷却后取出，经过反复拉拔，最终制成合用的蜡料。

那么，失蜡法是怎么操作的呢？

第一步：制模

针对想要铸造的器物，使用蜡料制作一个形状一模一样的原型。这个原型的称呼与范铸法一样，也叫作"模"。

制作腹部泥芯　　贴蜡片　　刻纹饰　　制作底座和浇冒口

做模

第二步：制作整体泥范

运用陶泥一类的耐热材料，把这个做好的模严丝合缝地包起来，除了留几个便于流动的孔洞，不要有一丝空隙。然后对陶泥进行加热，使其干燥硬化。

第三步：加热与失模

进一步加热，把蜡熔化掉，让蜡从留好的孔洞里流出来。这样，这一团泥中间就留出了一个与蜡模形状、大小完全一致的空腔，这个空心泥壳也叫作"范"。

制作整体泥范　　加热、失模

第四步：浇注

将金属熔化后注入范中，凝固以后，把外范内芯敲掉，得到的金属铸件与蜡模的形态一样。这就是最简单的失蜡法。

浇注

（三）铸造方法的优缺点

范铸法的优点是模具做好之后可以多次使用，所以可以批量生产很多相同形状的器物，节省了材料和时间。它的缺点是有范线和垫片的痕迹，不利于表现精细的纹饰和镂空的效果。因此，它适合制作大型、简单、规整、重复性高的器物，比如鼎、钟、簋等。

相比之下，失蜡法没有范线和垫片的痕迹，可以表现精细的纹饰和镂空的效果，丰富了器形的视觉效果。它的缺点是每个器物都要用掉一个蜡模和一个范，不能批量生产，成本较高。因此，它更适合制作小型、复杂、精致、独特性高的器物，如尊、盘、禁一类。

二、如何判断青铜器所用工艺

那么，博物馆里的青铜器那么多，如何能看出青铜器使用的是哪一种铸造方法呢？

比较简单的一个方法，是观察"范线"。失蜡法是整体包裹，而范铸法都是拼接而成，拼接的两个模块之间存在缝隙，可用于区分制作工艺。

万家坝型雷纹旋纹铜鼓

战国时期，国家一级文物，藏于云南楚雄彝族自治州博物馆。鼓身有两道合模范线，范缝明显。依据形制和纹饰特点，中国古代铜鼓划分为八大类型：万家坝型、西盟型、遵义型、灵山型、冷水冲型、石寨山型、麻江型和北流型。其中，万家坝型以云南楚雄市万家坝古墓群出土铜鼓为代表，流行时间是春秋至战国时期。

当然，失蜡法也会留下痕迹。通常在蜡模烧完以后会有一条或者多条黑色的印迹，这是烧制时产生的烟灰造成的。

需要特别强调的是，以上关于铸造和鉴别的方法说明，仅是最为普通、概括性的内容。而在实际的生产、收藏和鉴别过程中，情况要复杂得多，需要具体器物具体分析，不可一概而论。

三、青铜器的没落

在先秦时期，中国的青铜器一度达到极高的成就，可是到了秦汉时期，它逐渐走向了衰落。

导致青铜器衰落的原因有很多，包括政治斗争、国家分裂、外族侵扰、青铜器功能的变化等。下面就从技术的角度，讲解铁器对于青铜器的冲击。

相比青铜器，铁器的优点很多：质量更轻，更适合在实际使用中携带和操作；易于铸造成型，适合大规模生产和流通；可以制作更锋利的刀刃和更坚硬的斧头等工具，使农业生产和作战效率得到提高；铁矿石资源更为广泛，采集和加工成本更低，价格也更实惠。

相反，青铜器的生产需要经过很多步骤，包括冶炼、浇铸、装饰等，每个步骤都需要专门的技术，尤其是那些造型烦琐、复杂的青铜器，更需耗费心力。此外，周代后期，青铜器的生产技艺基本稳定下来，缺乏技术创新，这对青铜器的生产和流通造成了极大的限制。

总结一下

在中国古代，青铜器占据举足轻重的地位，以范铸法和失蜡法为代表的工艺也催生了大量的杰作，并形成了中国青铜器独有的特色。但是，在多种因素的共同作用下，青铜器还是不可避免地走向了衰亡，逐渐被更好看、更好用、更易制造、更便宜的材料与产品所取代。

玉器：
君子之德

JUNZI
ZHI
DE

叁

第一节

玉文化是中国最独特的文化

在中国历史上,有几种物品因其丰富的数量、卓越的质量,以及广泛的影响力而享誉全球,如瓷器、玉器、茶叶、丝绸等,这些堪称中国的"大品""名品"。不过,其中有一样物品,虽然被中国人视若珍宝,直至今天依然占据举足轻重的地位,但似乎并未广泛引起西方人的兴趣,这使得它成为中国相对独有的一种文化,这就是玉。

一、玉是什么

从矿物学的角度看,玉就是一种天然的石头,只不过是比较美的石头。许慎在《说文解字》中说:"玉,石之美者。"

虽然玉只是石头,但由于它晶莹剔透,仿佛吸收了天地日月的精华,被赋予了非凡的意义。在许多传说故事中,玉都扮演着重要角色,比如女娲补天的故事中,用来补天的材料就是一种名为"五彩石"的玉石。

弦纹玉琮

商武丁时期,1976年河南省安阳市殷墟妇好墓出土,藏于中国国家博物馆。妇好是商王武丁的配偶,拥有较高军权,主持祭祀活动。此玉琮显示了当时对玉料的选择、开料和琢磨技术已具相当水平,并进一步掌握了钻孔、细磨和抛光等工艺,是商代玉雕的代表作。

二、玉的时代

(一)神玉时代

从新石器时期到商朝结束这一阶段,玉器主要作为人类和神灵沟通的媒介,这个阶段称为神玉时代。

在神玉时代,通常由部落的大祭师负责祭祀这些被视为具有通灵能力的宝玉。祭祀宝玉的方法多种多样,一般包括用食物、牲畜祭祀,甚至在一些古老民族中,曾经存在过用活人祭祀玉器的习俗。

(二)王玉时代

从夏朝开始至唐末的近三千年时间里,玉器逐渐演变为王权、贵族的专属象征,成为权力、地位和尊严的标志,这一阶段称为王玉时代。

玉璧

玉璧是良渚文化中出现的新生事物,为良渚文化玉器乃至中国玉器的典型代表之一,藏于良渚博物院。玉璧由扁圆形玉瑗或玉环沿着边宽变大、孔径变小的趋势演变而来,一般呈扁圆形,孔径绝大多数不到直径的一半。多素面,少数有鸟立柱、鸟形刻符等纹饰,是最为盛行的良渚重器,出土时一般位于墓主人胸腹以下直至脚端的部位。玉璧一般被认为是祭天用的礼器,也有学者认为是财富的象征。

在王玉时代,统治者们为了自己统治地位的稳固,极力彰显王权由神权授予的理念。于是统治者精心利用玉器作为神与人的桥梁,他们把玉制成各种礼器,比如玉璧祭天、玉琮祭地等,祈祷天下太平,风调雨顺,借此宣告其统治权力乃天命所归。

"礼仪"的繁体字写作"禮儀"。其中,"禮"字最早出现在甲骨文和金文中,是以"豊"（lǐ）的形式。"豊"的上面是两个"丰收"的"丰",下面是"豆",这个像"丰"字的东西就是玉,合起来表示把两串玉（珏,jué）放在豆中敬奉神祖。可见,"玉"和"礼"的关系源远流长。

玉 甲骨文,其本义为用丝绳串起来的珍玩宝石。

礼 甲骨文

礼 金文

在王玉时代,玉的另一个显著作用就是区分阶层,玉只有王公贵族可以佩戴,普通百姓持有玉器是要杀头的。后来,玉又发展出了玉玺、兵符等,这些都是权力的象征。

（三）民玉时代

到了宋代,玉器制作技术得到了新的发展,玉也不再被特权阶层独占,逐渐走入寻常百姓家,这个时期即为民玉时代。

民玉时代的开启对中国玉器文化产生了深远的影响。一方面,它推动了玉器制作技术的不断创新和发展,使得玉器的造型和纹饰更加丰富多彩；另一方面,它也促进了玉器文化的传承和弘扬,使得玉器成为中华民族的重要文化符号。此外,民玉时代的玉器还承载了人们对美好生活的向往和追求,成为连接过去与现在的桥梁,见证着中华文明的延续与辉煌。

三、独一无二的玉文化

玉的五种品德具体是指什么呢？仁,说的是玉温润柔和；义,说的是玉表里如一,不会骗人；智,说的是敲击玉石的声音动听,而且能传到很远的地方,像是智慧的传播；勇,说的是玉不折不挠；洁,说的是玉即使有断口也不会伤害人,说明玉洁身自好。

玉实在是太独特了,它几乎涵盖了儒家文化中所有美好的品质。

中国人为什么爱玉呢？那是因为玉在传统文化中与"有德"存在关联。比如,刘向说玉有六德；荀子说玉有七德；管仲说玉有九德；孔子说玉有十一德,即仁、知、义、礼、乐、忠、信、天、地、德、道。到了东汉,归纳和总结能力一流的许慎可能是觉得"德"太多,显得啰嗦,而且也很难记,于是精简成了"五德",也就是仁、义、智、勇、洁。从此,上到王公贵族,下到平民百姓都以戴玉为乐,所谓"君子无故,玉不去身"（《礼记·玉藻》）。

那中国人只喜欢玉,却不喜欢宝石吗？这倒未必,大家可以看看定陵出土的四顶明代皇后凤冠,除了传统的珍珠、点翠、金银外,还点缀了大量来自海外的极高品质的有色宝石,如红宝石、蓝宝石、祖母绿、猫眼等,其华丽程度丝毫不逊色于欧美王室冠冕。珠宝、钻石未在中国发展,现实的原因是中华文明的核心区域从古至今几乎不出产任何有开采价值的名贵宝石,这就导致了宝石文化在中国缺乏根基。

明孝端皇后凤冠

1957年北京定陵出土，现藏于中国国家博物馆。凤冠用漆竹扎成帽胎，面料以丝帛制成，前部饰有九条金龙，口衔珠滴，下有八只点翠金凤，后部也有一金凤，共九龙九凤。金凤凤首朝下，口衔珠滴，在走动时，珠滴会像步摇那样随步摇晃。翠凤下有3排以红蓝宝石为中心的珠宝钿，其间点缀着翠兰花叶，冠檐底部有翠口圈，上嵌宝石珠花，后侧下部左右各饰点翠地嵌金龙珠滴三博鬓，博鬓上嵌镂空金龙、珠花璎珞，似金龙奔腾在翠云之上，翠凤展翅翱翔于珠宝花丛之中，金翠交辉，富丽堂皇。此冠共嵌未经加工的天然红宝石百余粒，珍珠5000余颗，造型庄重，制作精美，采用的工艺有花丝、点翠、镶嵌、穿系等。

> **总结一下**
>
> 　　世界上产玉的国家众多，如俄罗斯、美国、加拿大、新西兰、巴西、缅甸、印度等。然而唯有中国，因先民们将玉视为天赐之物并赋予其神圣性，在7000年前玉就融入主流文化之中。后来，孔子、许慎等人更是把玉作为了品德的象征，使其成为占统治地位的儒家文化的符号，并成为普通人道德追求的对象。这套文化体系，和西方以黄金、珠宝为主要载体的文化体系截然不同，也让两种文化走上了完全不同的道路。
>
> 　　黄帝食玉种玉、颛顼又名端玉、尧舜班瑞玉为王权信物、禹获得天神赐下之玄圭、夏启佩玉璜而升天、殷纣王宝玉缠身点火自焚升天、赤乌衔圭启示周文王兴邦、周公持璧秉圭对话祖神、卞和献玉三代楚王、和氏璧完璧归赵、鸿门宴上的一对白璧救赎刘邦性命、秦始皇统一六国时独选美玉打造传国玉玺。这些关于玉石的神话和故事，在催生文明国家的文化认同方面起到了无可替代的精神凝聚作用，并为中国文化精神与核心价值观奠定基础。

第二节
"玉"和"王"的纠缠

　　前面说过，甲骨文里"王"字的写法就是斧钺形状的象形。这一结论已成为古文字学家的共识。

王　甲骨文　　　王　金文1　　　王　金文2

　　那么，"玉"字又经历了怎样的演变过程呢？最早见于甲骨文的"玉"是象形字，像一串玉的形状。到了西周时期，金文里的玉被简化成三条等高的横画，中间穿的那根绳也改为不出头。

玉　甲骨文　　　玉　金文　　　王　金文

但问题也随之而来，金文这样一改，"玉"字与"王"字看起来差不多。为了避免造成混淆，人们为"玉"字加了一点，不过，在做偏旁部首的时候，又把这个点去掉了，同时把最下面一横变成斜横。所以，今天汉字里所有用来表示"玉"的"王"字旁，其实都应该读为"玉字旁"，或者叫作"斜玉旁"。

如果两块玉放在一起又该怎么写呢？右侧显示的这个字为篆书的"珏"，意思是合在一起的两块玉。从字形上看，如果不对"王"字加以区分，确实非常容易造成混淆。因此，人们给其中一个玉字加了一个点缀，而另外一个玉字保持原样。

当秦始皇将玉玺定为帝王的专属之物后，"玉"和"王"就真的彻底纠缠在了一起。

第三节
如何判断一块古玉的价值

有句俗话叫作"黄金有价玉无价"，这个"无价"有两个层含义，一是说玉比黄金更值钱；二是说玉很难估价。那么，同样是古玉，它们的价值高低是如何衡量的呢？

在讨论这个问题之前，我们先要弄清楚两个问题：第一，什么是"古玉"；第二，"出土古"和"传世古"有什么区别？

一、什么是"古玉"

考古学家和玉器行家对于"古玉"和"新玉"的观点界定存在显著分歧。有人认为夏商周三代的玉器才算古玉，汉玉尚可勉强归于此类，而唐宋明清的玉根本不被纳入考量范围。这一观点的理由在于，中国的玉文化历史悠久，可以追溯至7000多年前，相比之下，明清两代距今时间较短，尤其是清代，不过百余年，因此这些时代的玉器自然难以被认定为古玉。

这话确实有其道理，但在玉器收藏界许多爱好者的眼中，即便是民国时期的玉器，也已属于难得一见的老玉。因此，在划分古玉与新玉时，我们更倾向于遵循常规的历史时代划分方法。具体而言，我们将1912年清代结束的那一年作为下限，清代以前雕琢的玉器被统称为古玉。而清代以后至1949年中华人民共和国成立前这段时间雕琢的玉器，则被称为近代玉。进一步细分，古玉还可以分为原始社会的"史前玉"、夏商周的"三代玉"，以及汉代玉、唐宋玉、明清玉等不同阶段。这样的划分方式，既符合历史脉络，也便于我们更好地理解和欣赏各个时期的玉器文化。

二、"出土古"和"传世古"的区别

顾名思义，"出土古"就是从土里挖出来的古玉，"传世古"就是在人手上流传的古玉，那些出土并传世的玉，也被列为"传世古"。两者的价值都远远高于新玉，这是因为入过土的玉，由于水土的常年侵蚀，会出现各种沁色，五彩斑斓，天趣无穷；传世的古玉，由于人们的长期把玩，精光内蕴，温润圆融，抚摸它就像是抚摸一段历史。

此外，由于玉是一种文化载体，古玉身上体现的文化价值自然大大高于新玉，所以价值也有天壤之别。

三、玉器价值的判断

如何判断玉器的价值呢？白峰先生在其著作《中国玉器概论》一书中，列举了以下九个方面。

（一）年代的远近

年代的远近是判断玉器价值的首要因素。一块历经长年累月侵蚀的"三代玉"或"史前玉"，尽管其部分质地可能已风化剥落，但由于承载着悠久而丰富的历史文化积淀，其价值往往远超那些温润的明清玉。相应地，一块质地保持良好的明清玉，其价值也要远远高于一块新玉。

凤冠玉人

商代，1976年河南省安阳市妇好墓出土，藏于中国国家博物馆。《诗经·商颂·玄鸟》中记有"天命玄鸟，降而生商"，意为上天命玄鸟下到人间，生下了商代祖先。玄鸟即凤鸟，而商人的祖神就是凤鸟神。头戴凤冠的玉人，应是人凤合体的神像崇拜物，或是商人崇敬的始祖。所以，这已不是一般的玉人。玉人像足下有榫，说明它是经常被插嵌、固定于某处的，是被贵族们礼拜的神像。

（二）玉器在历史中的地位

玉器在历史中的地位是衡量其价值的一个重要标准。比如，商代制作的玉刃矛精良无比，是商王专用的玉器；而西周的青玉鸟形佩较为常见，但它代表了周人基于生产劳动所幻想的艺术形象。显然，相较于承载重要历史意义的玉刃矛，作为普通装饰品的青玉鸟形佩，其价值要低得多。

青玉鸟形佩

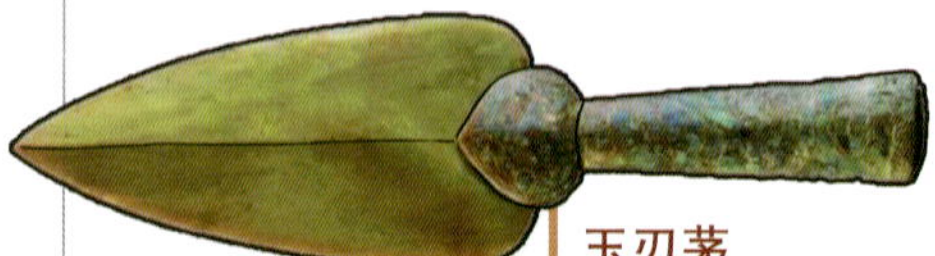

玉刃矛

商代，藏于故宫博物院。由青铜柄和玉刃两部分组成。柄呈锥状，中空，两侧各有一系，一端有銎，另一端为桃形，有槽，叶形玉刃镶嵌其上。

（三）是否为出土玉器

出土的玉器，根据沁色的不同，可以判断出它的入土时间、地点，以及墓葬者的背景、相关历史事件。显然，出土玉器会比传世古玉包含了更多的历史信息量，价值自然也比传世玉高。

（四）玉器的品种和数量

玉器的品种和数量这个判断标准很容易理解。比如，同样是玉璧，标准形制的玉璧数量众多，那么它的价值就会相应降低，而出廓璧的数量仅有几件，它的价值就会显著升高。

"宜子孙"玉璧

东汉，1982年出土于山东省青州市谭坊镇马家冢子东汉墓，藏于青州博物馆。白玉质，间有墨色，玉质温润，玉材罕见。玉璧呈圆形、出廓，内区饰有158个乳丁，外区饰蟠螭纹，出廓上方两边透雕双龙纹钮，钮中间透雕篆书"宜子孙"三字，乃"子子孙孙宜室宜家"之吉祥用语。

（五）玉器的工艺水平

玉器的造型越独特、工艺越精湛，价值往往越高。比如，一件雕琢精细、线条流畅、图案寓意吉祥的玉器，相较于造型普通、工艺粗糙的同类玉器，会因其艺术性和独特性而具备更高的收藏价值。

（六）玉器的艺术水平

玉器上的纹饰和图案往往承载着特定的主题，反映了不同历史时期的风格与文化特征，成为断代的关键依据。同时，艺术水平和工艺水平的完美结合，以及阴刻、阳刻、浮雕、镂雕、圆雕等技法的恰当运用，共同决定了玉器艺术价值的高低。

十六节龙形玉佩（局部）

战国，1978 年湖北省随州市曾侯乙墓出土，现藏于湖北省博物馆。玉佩由 13 片镂空的各种形式或图案的玉片及 24 个圆环、半圆环或方扣连接而成，是迄今发现的多节活动链状玉佩中最长、最精美的一件，堪称战国玉雕中的瑰宝。

虎头玉枕饰

西汉，出土于江苏省徐州市云龙区狮子山楚王墓，现藏于徐州博物馆。西汉虎头玉枕饰是楚王玉枕两端的组件，采用高浮雕和透雕技法雕琢而成，构图复杂而严谨，线条流畅而生动，把瑞兽刻画得威严却无恐怖感。

（七）玉器的完好性

无论是古玉还是新玉，一件保存完好的玉器总能给人以美的享受。而相比之下，残缺不全或遭受损坏的玉器，其价值会大幅降低，甚至可能变得毫无价值。

（八）玉料质地的好坏

在玉器评价中，玉料质地并不是评价玉器价值的重要考量标准，即便是一块优质的玉料，若雕工粗劣，其价值也难以显现出来。然而，就同种玉料而言，玉质越上乘，其整体价值自然越高。

（九）玉器的大小和重量

将玉器的大小和重量列为评价要素之一，原因在于它们对设计和雕琢的难易程度有着重要影响。比如，战国晚期的玉鼓形佩，高 3.4 厘米，宽 3.2 厘米，厚只有 0.4 厘米，这么小巧的玉器，纹饰复杂，说明当时的制作工艺已相当高超。由此可见，器物的大小和重量是其制作工艺和艺术价值的重要参考。

玉鼓形佩

战国晚期，河南省周口市淮阳区平粮台 16 号楚墓出土，现藏于河南省文物考古研究所。出土时置于墓主人的骨盆下，茶色墨玉，形状好似一面鼓立置于连体兽座上。鼓上饰谷纹、有廓，鼓的两侧偏上部各立一鸟，制作精致，形象逼真。

再如，清代的大禹治水图山子，是一件无与伦比的艺术珍品和国之瑰宝。它高224厘米，宽96厘米，座高60厘米，重5000公斤，仅雕刻就花费了6年时间。这是中国玉器宝库中用料最大，运路最长，花时最久，费用最高，雕琢最精，器形最巨，气魄最大的玉雕工艺品，也是世界上较大的玉雕之一。该作品的雕成，在中国工艺美术史上是一次壮举，更展现了极高的艺术价值和历史意义。

青玉大禹治水图山子及局部

清乾隆时期，现藏于北京故宫博物院。玉山用料产自我国新疆和田密勒塔山，为致密坚硬的青玉。玉上雕成峻岭叠嶂，瀑布急流，遍山古木苍松，洞穴深秘。在山崖峭壁上，成群结队的劳动者在开山治水，此景即为夏禹治水的故事。

> **总结一下**
>
> 其实古玉价值的判断标准与其他文物没有太大区别，无非是时间长短、历史价值、文化价值、艺术价值、工艺水平、稀缺性、完整性等硬性指标。而新玉器的评价标准主要为玉质和雕工，因为在没有文化和岁月积淀的情况下，工艺的优劣就是判断其价值高低的唯一标准。

第四节
玉器的器型

中国玉器的器型繁多，本节旨在梳理一些容易混淆的器型，以便大家进行区分。这些形态各异的玉器不仅展现了中国古代制作工艺的精湛，还承载着深厚的历史文化底蕴，彰显了中华玉文化的广博与深邃。

一、璧、瑗、环、玦

璧、瑗（yuàn）、环、玦（jué）都是中央穿孔的扁平圆形玉器，既是象征身份和地位的佩饰，又是社会交往的信物。该如何区别这几种玉器呢？

我们可以参考辞书之祖《尔雅·释器》中的一句话："肉倍好，谓之璧。好倍肉，谓之瑗。肉好若一，谓之环。"

所谓"肉"，是指中孔以外的边；"好"，是指中间的孔。

"肉倍好"就是边的宽度是中孔径的两倍；"好倍肉"则反之；"肉好若一"即边的宽度和中孔径一样。也就是说，肉：好 =2:1 的为璧；肉：好 =1:2 的为瑗；肉 = 好的为环；环边多了一道缺口的为玦。

需要特别说明的是，从考古发掘看，所谓"边的宽度"是指一个环左右两边相加的宽度，而非单边的宽度。比如，右图示例中，璧的"肉"是 40+40=80，"好"是 40，所以肉：好 =2:1。当然，古人在实际钻孔制作时，并没有统一的、绝对的标准，所以在辨识几种玉器时，大致符合相应比例即可。

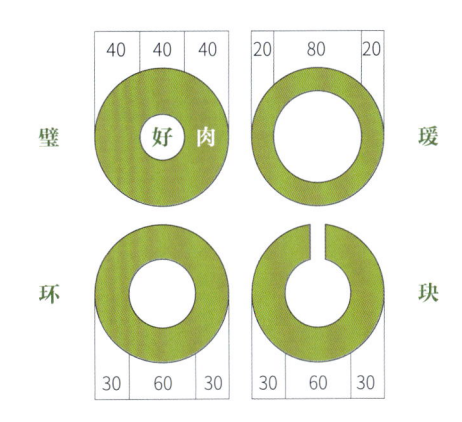

根据中国现代考古学奠基人之一夏鼐先生对考古出土玉器实物的分析，出土器物的尺寸和《尔雅》所述情况并不完全相符，因而，他在《商代玉器的分类、定名和用途》一文中建议把三者总称为璧环类，或简称为"璧"。

《说文》谓"爰，引也"。因此，瑗的主要用途，据说是作为请人的信物。《荀子·大略篇》里说"召人以瑗"，意思是想要请人来，就让使者持瑗而去。

学者方辉在《说"瑗"》一文中提出，作为介于璧、环之间的器物，瑗更多的是存在于设计层面，只有与璧、环共存一体时才有意义。

勾云纹玉瑗

春秋时期，1988 年山西省太原市金胜村赵卿墓出土，藏于山西博物院。玉瑗直径 6.7 厘米，孔径 3.4 厘米，厚 0.55 厘米，红褐色，系半成品，肉两侧皆有切割痕迹，仅局部饰勾云纹。

重环谷纹玉璧

战国时期，藏于上海博物馆。玉璧外径 21.2 厘米，内径 7.3 厘米，重环谷纹玉璧为内外二环套连的形式，两面均装饰谷纹，用以表达祭天时祈求"风调雨顺、五谷丰登"的愿望。

至于"环"和"玦"，分别谐音"还"和"绝"。《广韵》里说："逐臣待命于境，赐环则还，赐玦则绝。"意思是如果君王将玉环赐给逐臣，就表示叫他回来；相反，如果派人送过去一个玉玦，就等于告诉逐臣继续老老实实待在流放地。

中国人的处事风格之含蓄，由此可见一斑。

二、玦和珏

玦（jué）和珏（jué）同音，形状都如环而有缺口。

两者最大的区别是"珏"为双玉，成套出现，而玦仅表示有缺口的玉，并且单独使用。此外，玦与珏相比，通常会大一些。

玦　　　　　　　珏

三、礼仪六器——圭、璧、琮、璜、璋、琥

圭、璧、琮（cóng）、璜、璋、琥，都是古代用于祭祀和礼仪的玉器。下图中展示了它们的形态和用途。

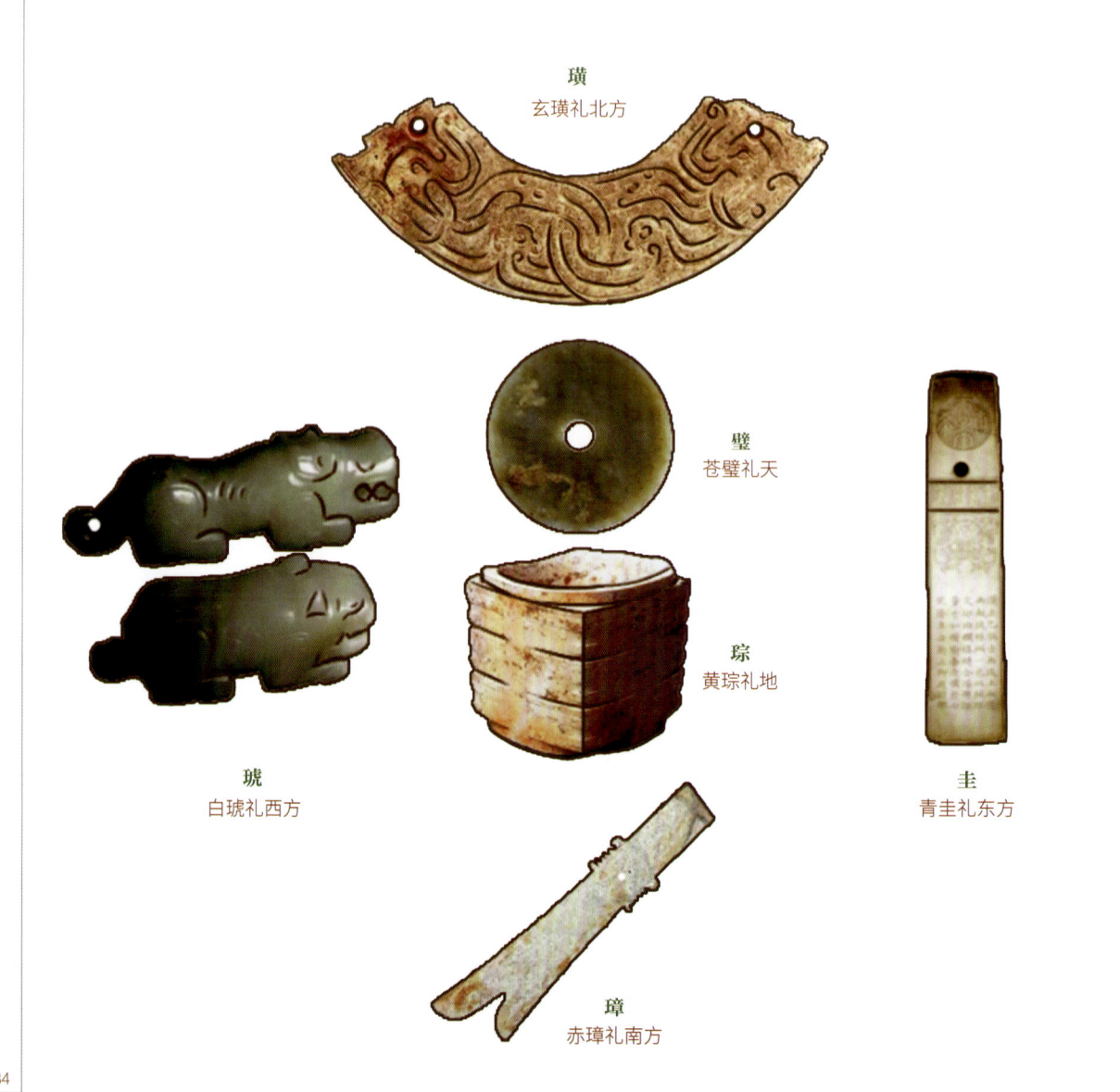

璜
玄璜礼北方

璧
苍璧礼天

琮
黄琮礼地

琥
白琥礼西方

圭
青圭礼东方

璋
赤璋礼南方

四、璜和珩

玉璜是一种弧形片状玉器，其特点在于凸面向下、凹面向上佩戴。玉璜两端通常打孔，便于穿系丝线。

由玉璜演变而来的玉珩（héng），则在佩戴方式上有所不同。玉珩是凸面向上佩戴的，其脊背上设有穿孔，两端可能打孔也可能不打，这样的设计使得玉珩在穿线后自然呈现凸面向上的姿态，玉珩上的纹饰也能很好地展示。

珩

璜

五、圭和璋

玉圭多为三角形尖首，下端平齐，常用于朝觐礼见及祭祀，象征身份等级。

玉璋一端为斜刃或呈V形，另一端穿孔，多带明显手柄，用于祭祀山川，以及作为诸侯聘礼。

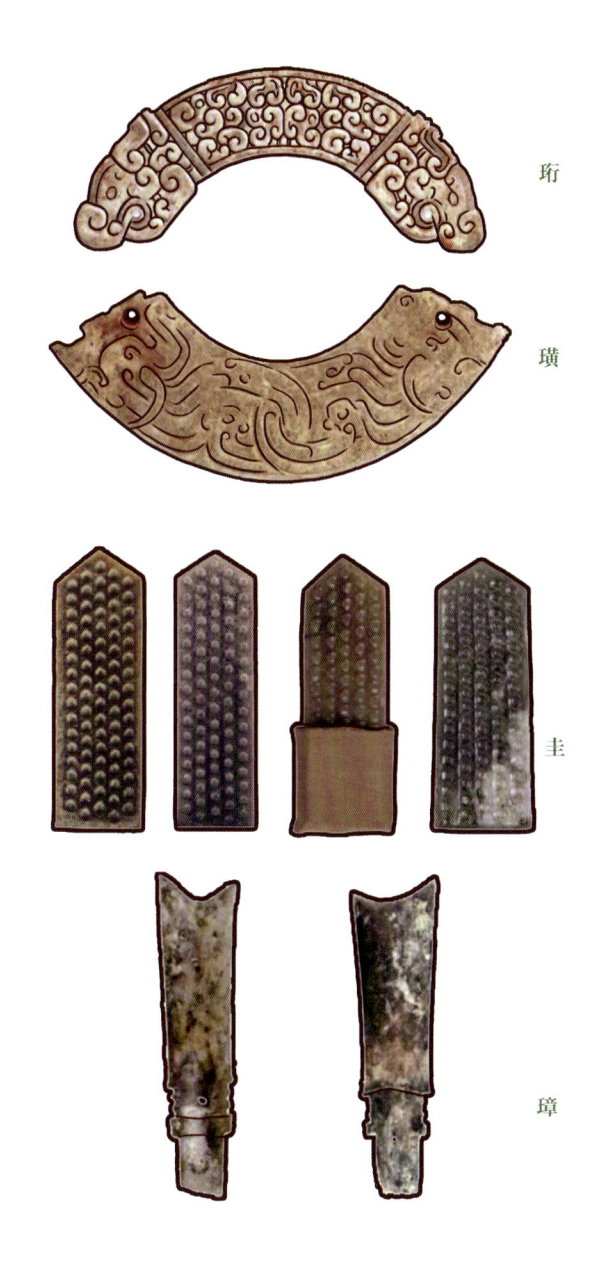

圭

璋

第五节
"五福临门"及吉祥纹样

我们常常说"五福临门"。那么"五福"指的是什么呢？在传统的纹样里，又是通过什么图案来体现对五福的追求呢？本节主要以玉器为例，讲一讲"五福"纹样的缘起与典型运用。

一、关于"五福"的三种定义

"五福"之说最早见于《尚书·洪范》："一曰寿，二曰富，三曰康宁，四曰攸好德，五曰考终命。"

前三项较易理解，对应今天的说法，分别指的是长寿、富贵、身体健康且心灵安宁。

关于"攸好德"的"攸",《说文解字》里注:"攸,行水也",意为"水流的样子",这里表示"顺应"。"攸好德"合起来,意为"顺应美好品德"。也有一种说法,把"攸"理解为"修"的初文,读音亦为xiū,"攸好德"就是"修好德"的意思。

至于"考终命","考"即为"老",也就是"老到最终生命",翻译过来,就是不遭横祸而善终。

另一种五福的说法,由东汉思想家桓谭在其所著《新论》中提出,指的是"寿、富、贵、安乐、子孙众多。"

我们今天理解的"五福"已经演变为福、禄、寿、喜、财。简而言之,它代表着财富充裕、地位显赫、吉祥如意、生活美满、长命百岁。更直白地说,就是拥有极大的福气,诸事皆顺,万事如意。

关于这三种"五福"的表达,云南师范大学教授毕天云在《五福:中华民族的传统福利理想》一文里点评:第一种观点涵盖广泛,包容性更强;第二种观点增加了新的要素"贵"和"子孙众多",但忽视了非常重要的"好德"和"康宁";第三种观点具有浓厚的民间性和民俗性。

甲骨文的"福"字,左边为"示",字形像祭台,代指神主;右边是一个酒坛,即"酉"字;有时也写成两只手捧着酒坛。这个会意字表示将一坛酒供在神主面前,祈求万事顺遂,意思是在神的保佑下生活富足美满。

福　甲骨文

二、谐音、象征与吉祥纹样

"福"字常通过蝙蝠的形象来表达,尤其是五只蝙蝠一同出现,即寓意"五福临门"。此外,由于梅花拥有五个花瓣,也常被用来象征五福。

其中,用"蝙蝠"来代表"福",运用的是"谐音"手法;而用"梅花"来象征"五福",暂且可将其称为"谐形"。这两种"谐音梗"和"象征梗",一听即明、一想即懂。

翡翠福禄寿纹插屏

清代,藏于故宫博物院。该玉屏高17.5厘米,宽13.4厘米,厚1.5厘米,呈长方形,片状。插屏翠玉颜色鲜碧,色泽均匀,内闪白色晶体。一面雕山石、云朵、瀑布、流水和松树,三位老寿星手中各执灵芝、如意和桃实,作互相问候行走状,寓"福、禄、寿"意;另一面琢填金楷书"御制福禄寿三星赞"词。

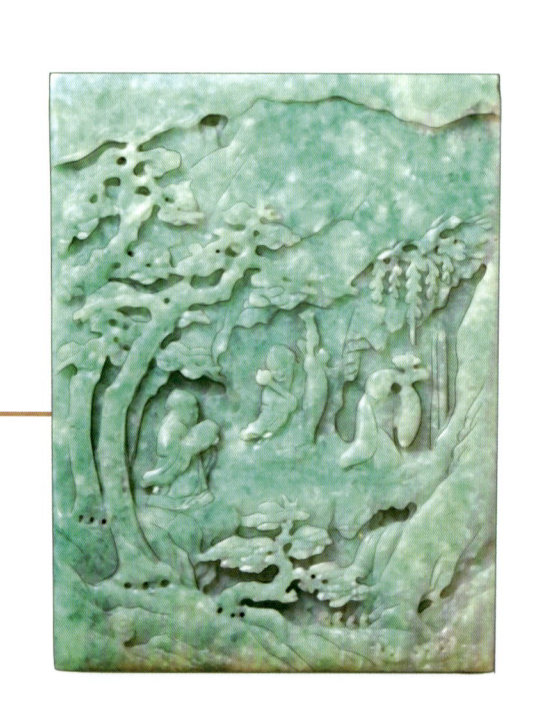

实际上，今天耳熟能详的"谐音梗"并非什么新事物，而是古已有之，而且在"图必有意，意必吉祥"的传统文化里，谐音是创造吉祥纹样最主要的一种方法。为什么要用"谐音"呢？

其一，和汉字的特点相关。汉字只包含 23 个声母和 24 个韵母，外加 16 个整体认读音节，这些元素组合起来仅能拼出 400 个音节。即便加入四声变化，有效音节也仅增加至 1300 种左右，但与汉字的总数相比仍是微不足道。汉字的总量超过 8 万个，这就意味着大量的汉字存在不止一个同音字的现象。因此，"谐音"的起源也许并非故意，而是因为很多字词被听错了，从而产生了"谐音"的效果。

其二，和传情达意的需求相关。谐音的使用，把不容易表达的东西具象化了，非常利于人与人之间的传情达意，尤其是对于文化水平不高的人来说，相当于是用实物、图画代替了文字，从而降低了沟通的难度。比如，在祝福大家"年年有余"时，仅仅说一句"年年有余"可能显得不够生动，然而"有余"这一概念又难以具象描绘。这时候，送上一条鱼，或者送上一幅有"鱼"的画，便能让人心领神会，皆感欢喜。久而久之，"有鱼"因谐音"有余"而成为"有余"的象征。

本节要讲的福、禄、寿、喜、财，都属于人人皆知、人人可感，但又人人都说不清的概念，最适合用具象的"谐音"来取意。

至于"象征"则更容易理解，就是用一个东西的形象、特征，来象征另一个东西。比如，传说鹤鹿有千年寿命，松柏四季常青，灵芝可使人起死回生，枸杞是让人返老还童的灵丹妙药，所以这些东西都用来象征长寿。

三、"五福"的纹样世界

前文我们已经了解了"福"的寓意与相应的纹样，下面我们来看看"五福"中其他几个字的意义，及其在纹样中的应用。

在甲骨文中，"禄"字原写作"录"，其形态宛如使用辘轳汲水的场景，表示汲水灌溉以保丰收，意为"福泽"。后来人们在"录"字基础上加示字旁，形成了现在的"禄"字，专门用来指代"福禄"之意。梅花鹿则成为"禄"的常用象征物。

禄　甲骨文

玉乳丁纹簋形炉

明代，藏于台北故宫博物院。簋形炉为青玉质地，局部为赭色。炉体以二耳作立雕兽首形，带珥，有圈足，口沿下有立雕小兽首，颈部饰夔纹及扉棱，腹部则满布圆乳丁纹。附玉顶木盖，白玉泛灰黄色，一面镂雕鹭鸶与树木，一面为鹿与灵芝。

寿，象征物有灵芝、仙鹤、松树、寿桃、忍冬纹、乌龟、椿树、猫、蝶、梅花、竹子、南瓜等，以动植物的长寿来象征人的长寿。

白玉兔形佩

明清时期，藏于故宫博物院。玉佩为白玉质，玉料表面略有麻坑点。圆雕一兔，圆眼，回首，口衔灵芝，灵芝镂雕。兔耳相交，中套一圆环，可悬挂。兔子在人们心目中常象征着机灵敏捷，玉雕设计中又常将兔子刻画成口衔灵芝的造型，以增添吉祥长寿的寓意。

喜，通常以喜字、喜鹊、龙凤、鸳鸯等来象征。例如，在梅花枝头放上两只喜鹊，喻义喜上眉梢；蜘蛛从网上坠下来，意为喜从天降；喜鹊和獾在一起，就是欢天喜地。

翠玉双喜长方腰结

清代，藏于台北故宫博物院。翠玉片状饰件，全器略呈长方片状，并雕为中央"囍"字、两侧歧出彩带的对称样式，通贯的孔洞，恰可穿系、固定于他器上，成为其他器物的配件。

财，一般代表财物和物资。财的象征多种多样：用谷钉纹象征五谷丰登，用牡丹象征花开富贵，用葫芦象征招财纳福，用金鱼象征年年有余，用金龟子象征富甲一方，当然还有更直接的，就是将钱做成图案。还有回字，一笔连环，象征着富贵连绵不绝。

四、"双喜"的诞生

在甲骨文和金文里，"喜"字的构造富含深意。其上部分为"壴（zhù）"字，它是"鼓"的象形初文，形象地绘制了鼓的形状。下边部分是"口"，代指人。合起来的意思是：听到鼓声响起，个个开怀大笑。可见使古人喜悦的一个重要原因是听到鼓声，这也决定了"喜"字的本义即为"欢喜""高兴"，意味着受到鼓舞。

喜　甲骨文

关于双喜字纹饰的产生，民间有多种说法。

第一种，双喜字是北宋王安石创造出来的。他赴京赶考，路遇陈化店镇马桥村马员外家征联招婿，上联为"走马灯，灯走马，灯熄马停步"，王安石暗自记下后匆匆赴考。当他进入殿试后，皇上亲自出题"飞虎旗，旗飞虎，旗卷虎藏身"求上联。王安石发现这题目竟然与他在途中见到的招婿上联契合，于是脱口而出，皇上大喜，点其为状元。衣锦还乡时再次路过马家，王安石发现那下联仍无人对出，于是上前以殿试下联对出，终抱得美人归。金榜题名又逢洞房花烛，王安石自笑双喜临门，于是大笔一挥，一个连体的双喜字便产生了。

第二种，仍是王安石赶考遇上对联征婿，不过对联换成了"玉帝行兵，风枪雨箭，雷旗闪鼓，天作证"和"龙王设宴，月烛星灯，山食海酒，地为媒"。

第三种，故事情节和王安石的故事几乎一模一样，不过男主角换成了明代书生方明秋。据说结婚时贴双喜字的习俗，就是从他开始的。

根据以上三种说法，双喜最早可能产生于宋代。宋神宗时期的大画家崔白亦有名画《双喜图》传世，画上两只生动传神的喜鹊立在梅枝上。据记载，双喜原本指的就是两只喜鹊（又叫报喜鸟），借用两只喜鹊来传递双喜临门的意思，后来喜鹊逐渐被汉字"喜"所代替。

玉福寿囍带头

清代，藏于台北故宫博物院。玉带头白玉，局部带赭斑。带头为不规则的椭圆形，面凸背凹，状似贝壳。器面巧琢成双桃带，浅浮雕枝叶及蝙蝠，桃上并浮雕双囍字；背面雕两个凸起的方圆柱形纽，纽上分别琢花瓣和兽首。

五、最朴素的愿望与最朴实的象征

对于富贵、平安、长寿等的期望，深深根植于每个人的内心深处，也是社会交际中最为普通的话题。这种普遍的期望，催生了中国独特的吉祥纹样文化。这些以生活经验和想象力构建的图案和实物，拥有最为广泛的群众基础。因此，它们得以绵延数千年，并且必将以崭新的形式继续流传下去，为人们的生活带来源源不断的慰藉。

第六节
关于"传国玉玺"的传奇

中国的玉器珍品多如繁星，如果非要在所有的玉器里选出"最重要"的，那毫无疑问是传说中秦始皇的"传国玉玺"。本节内容就来讲一讲关于传国玉玺的四个问题：秦始皇为什么要制定玉玺制度？玺是什么？为什么要用玉来制作传国玺？所有的玉玺都是传国玺吗？关于传国玉玺的各种记载和传闻有多大的可信度？

一、秦始皇制定的玉玺制度

按照"君权神授"的观念，传国玺是上天发给皇帝的工作证，是国家权力的象征。从某种意义上来讲，玉玺甚至比皇帝本人更重要，因为皇帝可以更换，但玺丢了就代表着亡国。

在春秋战国时期，所有的印章都叫作"玺"，官印的形制、大小也没有严格的规定，但问题也随之而来。相传嬴政的母亲与嫪毐私通，并且生了两个儿子。据《史记·秦始皇本纪》记载，秦王政九年，有人告发嫪毐，秦始皇暴怒，随即下令彻查。嫪毐害怕真相暴露，便伪造了秦王的印章发兵，想进攻蕲（qí）年宫作乱。结果，阴谋被秦始皇发现，于是，始皇帝便命令相国和昌平君、昌文君发兵包围叛兵，杀死数百人，生擒嫪毐，随后将嫪毐和同党车裂，宗族尽灭。

秦始皇统一中国后，为了吸取嫪毐伪造自己印章谋反的教训，决定制作一套国玺，并且由自己亲自执掌佩带，亲自钤盖。他规定天子之印独称"玺"，群臣官印以及老百姓的印章只能称为"印"。又规定，以玉作为"玺"的专用材料，官印和百姓印不得以玉为材。这样，玉玺便成为皇帝的专属，这套玉玺制度也被历代王朝沿用，直到清末。

但玉玺也不是一直叫作玉玺，据史籍记载，武则天晚年很忌讳"死"字，因为"玺"字和"死"字谐音，于是下令把"玺"改为了"宝"。武则天去世后，唐中宗继位，又将"宝"改回了"玺"。后来，唐玄宗李隆基登基后，认为还是"宝"字好听，于是再次把"玺"改成了"宝"。从此以后，"玺"称"宝"成为定制，后来一直沿用了下来。

二、"玺"字的意思

"玺"字由"尔"和"玉"组成。其中,上面的"尔"(繁体字为"爾")有多种含义。在金文中,该字形有三种解释:第一,"爾"很像是络丝用的架子,用途是把蚕丝卷装成一定的样式,架子下面有三条腿,上面有尖锐的头,中间是器身,后来引申为"华盛",也就是华丽盛大的意思;第二,像弓弩数箭齐发的样子;第三,像三枝花团锦簇的样子。

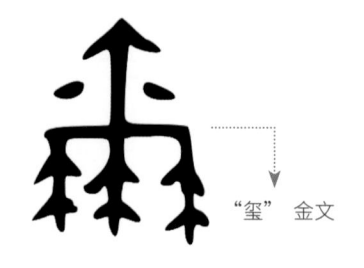

总之,"爾"有华丽、厚重的意思,这也许就是用"爾"来表示印章的原因——印章华丽而厚重。后来,金属做的印章就写作金字旁的"鉨"(xǐ),而玉做的就是玉字底的"玺"。

还有一种很有意思的说法:说玺字上面是尔,下面是玉,合起来的意思是"这是你的玉",也就是能证明你身份的玉;还有人说,"玺"的意思就是"迁徙"的"徙",意思是"这个东西我盖好章了,可以拿走了"。

三、为什么用玉来做玺

使用玉制作玺主要有两个原因:首先,"玉"不仅是通神、通灵之物,而且是"有德"之物,既然皇帝觉得自己"受命于天",希望自己"既寿永昌",那天下的东西没有比"玉"更合适的了;其次,每一块玉都是独一无二的,不像黄金,即便被破坏了融掉重新制作就好,且可以批量生产。所以,作为天下独一的皇帝,选择独一无二的玉更为合适。

四、玉玺都是传国玺吗

自古以来传国玉玺有且只有一个,是由秦始皇制成的。不过,"传国玺"这一称呼并非始于秦代,而是始于汉代。《汉书》载:"汉高祖入咸阳至霸上,秦王子婴降于轵(zhǐ)道,奉上始皇玺。及高祖诛项籍,即天子位,因御服其玺,世世传受,号曰汉传国玺。"也就是说,这枚传国玺其实应该叫作"汉传国玺",而非"秦传国玺"。

这枚"汉传国玺"在秦时应不具备传国之用,学者赵宏在其著作《从印学的角度审视传国玺》中写道:"传国玺'传国'受命的意义真正为人所重,尤其是为后世野心家所看重的具体年代,并非起自秦,而应该是东汉。此后,这方秦始皇的吉语闲文玺具备了皇权象征功能,而且越是王朝更迭、战乱频仍,传国玺越是引人关注。"

那秦始皇日常所用的玺有几枚呢?汉卫宏《汉旧仪》曰:"天子有传国玺……玺皆白玉螭虎之纽,文曰皇帝行玺,皇帝之玺,皇帝信玺,天子行玺,天子之玺,天子信玺,凡六玺。"为什么是六玺,原因在于战国秦汉时期,人们普遍信奉"五德终始"的理论。秦以为周朝得火德,而秦以水德代之,故色尚黑,"数以六为纪,符、法冠皆六寸,而舆六尺,六尺为步,乘六马"。因此,秦始皇乘舆之玺的数量也定为"六"。

也就是说,后世所称"传国玺"并不在"六玺"之列,仅用于封禅等特殊场合,多数时间藏于深宫,用于彰显至高无上的皇权。

相传玉玺用和氏璧雕刻,也有人认为用的是蓝田玉。这枚特殊的玉玺,其上刻印的玺文有"受命于天,既寿永昌""受天之命,皇帝寿昌""受命于天,既寿且康""受命于天,皇帝寿昌"等诸多版本。据文献记载,该玺文是由李斯用鸟虫篆书所写,雕刻的负责人则是当时最著名的玉工孙寿。

这枚玉玺具体的尺寸至今仍是一个谜。一个主流的说法，认为它的规格是黍（shǔ）尺"方四寸"。黍尺就是周尺，每尺相当于现在的23厘米，也就是说，传国玺的规格是边长9.2厘米。可能由于该玉玺日常并不使用，所以它的尺寸比其他六枚更大一些。

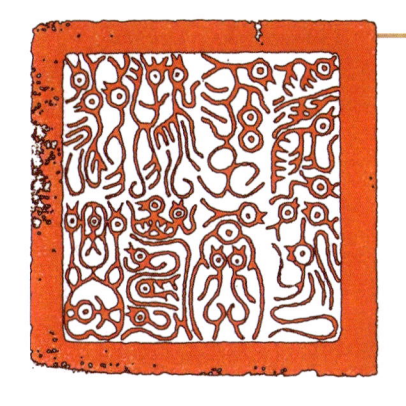

相传由李斯用鸟虫篆书写的"受命于天 既寿永昌"。《隋书》称"传国玺，白玉为之，方四寸，螭兽钮，上交五蟠螭，隐起鸟篆书。""方四寸"即边长9.2厘米，这与宋代金石学家薛尚功所著《历代钟鼎彝器法帖》中记载的尺寸基本契合，说明传国玺的尺寸并非空穴来风。

至于日常用的"六玺"，据说也是用和氏璧制成的，只不过用的是边角料，"设计施工"团队依然是李斯和孙寿两位。这"六玺"是什么用途呢？其中，"皇帝三玺"主要用于内政，"天子三玺"主要用于外交，后者又根据不同外交事项而使用不同的玉玺。"六玺"制度虽然在秦代已经出现，但其中的"天子三玺"是在汉代才真正被广泛应用于外交事务。

"天子六玺"历经2000多年的历史变迁，早已不知所终。但值得庆幸的是，其中"皇帝信玺"的用印遗迹保存了下来。"皇帝信玺"封泥纵横2.6厘米，最早著录于清代陈介祺的《封泥考略》一书，原物已流失日本，现藏于日本东京国立博物馆。《隋书》对"皇帝信玺"的记载为："质为白玉，方一寸二分。"秦汉一尺约等于今23厘米，一寸二分即为2.76厘米，这与这枚封泥的尺寸相符（考虑泥质风干收缩的因素）。

五、秦以后的玉玺制度变化

秦朝创立的七玺制一直沿用至隋朝，历经800多年，直到唐朝才开始改变。唐太宗时期，皇帝所用玉玺多了一方"受命玄玺"，玺文是"皇天景命，有德者昌"；宋朝时，玉玺数量继续增加，北宋除宋徽宗定制的九宝，还有"御书之宝""天下同文之宝""御前之宝"等，而南宋宝玺共有十四方。

到了元朝，共有宝玺八方，除了"受命玺"来自前朝，其他都为统治者新刻。明朝时，宝玺又开始增加，朱元璋曾刻十七方玉玺，但于嘉靖年间因宫中失火被毁，重刻时还在原有玉玺基础上增刻了七方，共二十四方。清朝时，玉玺数量达到顶峰，乾隆一共刻了二十五方玉玺供日常使用，另刻了十方供奉在沈阳故宫的凤凰楼。

六、光怪陆离的玉玺"传国史"

古人相信，得到传国玉玺意味着"受命于天"，而失去它则意味着"气数已尽"，所以新旧政权必定将其视为必争之物。正因如此，传国玉玺经历了2000多年颠沛流离、离谱曲折的"传国史"。

根据文献记载，传国玉玺在历史上共经历了24次易手。下面节选了其中6次，带大家领略其中波诡云谲的历史风云。

（一）传奇一：湖里捞起来

据《史记·秦始皇本纪》记载，秦王政二十八年，也就是公元前219年，秦始皇乘船经过洞庭湖口时，风浪骤起，眼看风浪就要将船掀翻。秦始皇慌乱之际突然想到船上的玉玺也许可以发挥一点神力，于是便将玺抛到湖中，祈求神灵显灵保佑。风浪平息后，传国玺便失踪了。

大约八年后，一位秦朝使者经过华阴时，被一个手持玉璧的神秘人挡住，持璧人说"今年祖龙死"。所谓"祖龙"即人之先也，又天子称龙，秦始皇乃"皇帝"之始创者，因而亦被称为"祖龙"。后来，使者将玉璧带回献给秦始皇，并将这句话转告给他。秦始皇听后心中惴惴不安，后来细细观察这块玉璧，发现这正是沉到湖底、消失多年的传国玉玺。

（二）传奇二：碎了补起来

秦朝覆灭之后，传国玉玺被刘邦得到。从此，这块玉玺真正开始了它的"传国之旅"，也可以说是踏上了颠沛流离的历程。

据《汉书·元后传》及被誉为"宋四大书之首"的《册府元龟》所载，王莽篡汉后，为了彰显自己"正统"的皇帝地位，势必要夺得传国玉玺。于是他派人逼迫他的亲姑姑孝元皇太后王政君交出玉玺。然而这位太后性格刚烈，愤怒之下将玉玺狠狠摔在地上，导致玉玺碎裂。王莽丝毫不在意，得到传国玉玺后大为欢喜，并连忙命人用黄金把这摔碎的一角镶嵌修补好。

这便是中国特色的"金镶玉"工艺的起源。

（三）传奇之三：宫女藏起来

据《三国志》裴松之注引《吴书》及《后汉书》记载，东汉末年，各路诸侯讨伐董卓。在董卓放弃洛阳皇宫逃跑之际，孙坚率兵进驻了洛阳城南的宫殿。某日，孙坚突然发现宫殿中的一口井里闪着五彩的光，他命人探查，结果从井中捞出一具宫女的尸体，尸身上藏有一锦囊，里面有一枚玉玺。玉玺上篆刻了"受命于天，既寿永昌"八个字，且玉玺还缺了一小角。这正是失踪已久的传国玉玺。于是，孙坚将玉玺交给了妻子保管。

后来袁术知道了这件事，于是下令扣押孙坚的妻子，孙坚被逼无奈，只好交出玉玺。然而袁术最终败于曹操手下，传国玺再次回到了汉献帝手中。

兜兜转转，这传国玉玺像一匹识途老马，又回到了刘家人的手中。

（四）传奇四：出国又回来

隋被唐灭，传国玉玺被萧皇后带往突厥，这是它首次离开中原地区。李世民登基为帝后，成功剿灭突厥，并将玉玺夺回。尽管后来历经安史之乱、藩镇割据的动荡时期，但这方传国玉玺始终安然无恙地保存在唐朝皇室手中，即李家的掌控之下。

（五）传奇五：地里挖出来

据《册府元龟》记载，唐末，天下大乱，朱温篡唐，传国玉玺又遭厄运。后唐末帝李从珂被契丹击败，登上玄武楼自焚，传国玉玺也就此下落不明。

或许有人认为，传国玉玺的故事至此已经画上了句号。然而奇迹却在北宋哲宗时期悄然上演：一位农夫在耕田的时候意外发现了"传国玉玺"，并将其送到朝廷。尽管当时朝野上下大多数人都怀疑它的真伪，但经过十三位学士的考证，认定这就是始皇帝所制的传国玉玺。于是，这玉玺像是浴火重生的凤凰，再次展现在世人面前。

然而，北宋末年，金兵攻破汴梁，发生了历史上著名的"靖康之耻"。传国玉玺也随徽钦二帝被金国掠走，从此再次销声匿迹。

（六）传奇六：贝加尔湖畔

你以为传国玉玺的故事到这里就结束了？可历史总是充满意想不到的转折。1294年，元世祖忽必烈去世，在大都（今北京）的集市上，失踪已久的传国玉玺竟然神秘地出现了，大臣伯颜立刻命人把它买了下来，玉玺自此落入蒙古人手中。

朱元璋称帝以后，元朝廷逃往蒙古草原。为了消灭元朝残余势力，并且寻找传说中的传国玉玺，朱元璋派遣徐达深入漠北追击。然而此去却空手而返，有人据此猜测，传国玉玺极有可能至今仍流落于贝加尔湖畔，等待着人们去发掘，让它重见天日。

那么，这方传国玉玺到底在哪里呢？有学者认为，一种可能是被当作秦始皇的随葬品，成为墓中"宫观百官奇器珍怪"之一；另一种可能是在秦末战争中丢失或为项羽所掠，《史记》记载"项羽烧秦宫室，掘始皇帝冢，私收其财物"，若果真如此，则这批财宝连同传国玉玺有可能藏于彭城（项羽都城，今徐州一带）某地。

无论是哪一种推测，这方传国玉玺终存在重见天日的可能性。希望未来我们能够有幸见证这一历史奇迹。

第七节
有了玉，才有"宝剑"

2023年3月，兵马俑一号坑第三次发掘成果公布。其中，一项重要发现是揭示了兵俑腰间斜挎青铜剑的实际佩戴方式，也就是所谓璏（zhì）式佩剑法。这一发现涉及我们本节要探讨的主题——玉剑饰。

照片记录了秦俑佩戴青铜剑的最初姿势。

所谓玉剑饰，指的是古代镶嵌在剑上的装饰玉器，样式非常精美。玉剑饰起于西周、兴于秦汉。

完整的剑饰为"四件套"，从上到下分别是玉剑首、玉剑格、玉剑璏（zhì）和玉剑珌（bì），对应的位置是剑柄的顶端、剑柄和剑身交接处、剑鞘上半部分和剑鞘的底部，总之就是从头到脚一处不落。

玉具剑

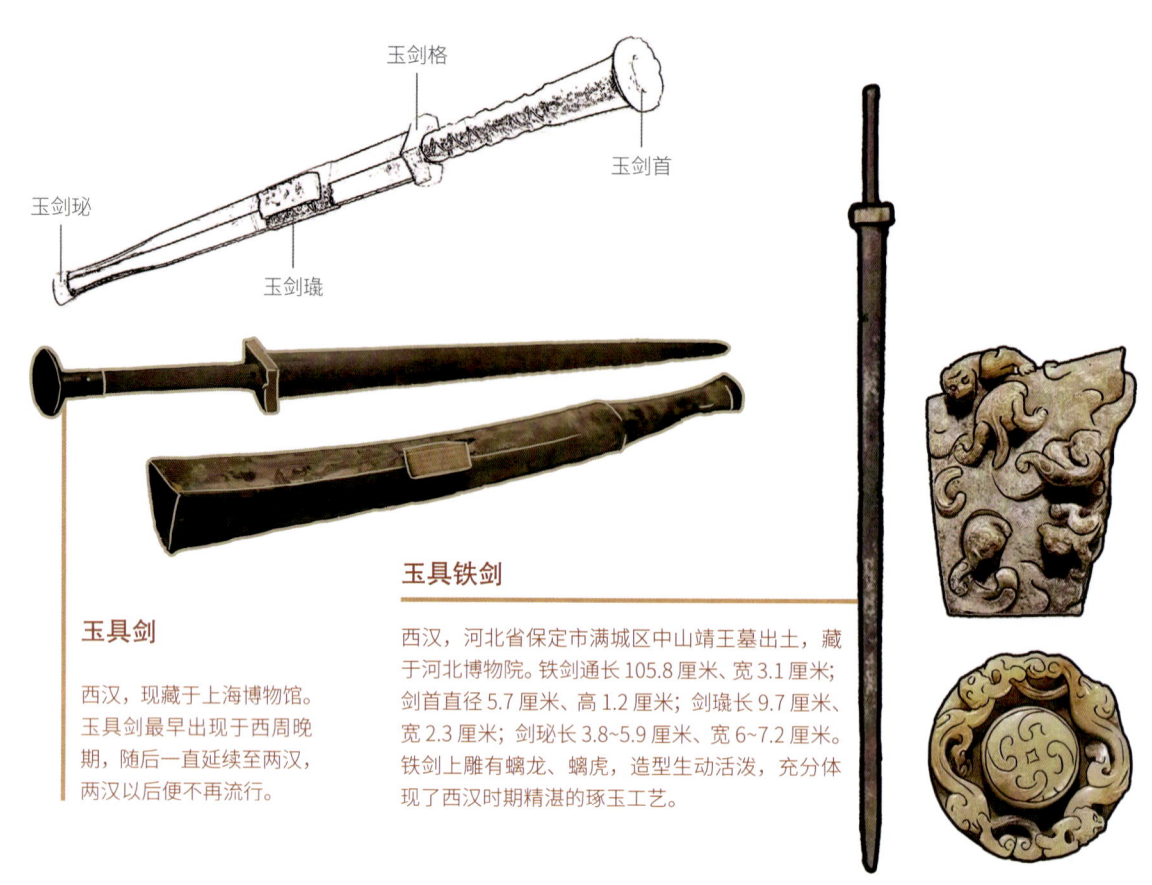

西汉，现藏于上海博物馆。玉具剑最早出现于西周晚期，随后一直延续至两汉，两汉以后便不再流行。

玉具铁剑

西汉，河北省保定市满城区中山靖王墓出土，藏于河北博物院。铁剑通长105.8厘米、宽3.1厘米；剑首直径5.7厘米、高1.2厘米；剑璏长9.7厘米、宽2.3厘米；剑珌长3.8~5.9厘米、宽6~7.2厘米。铁剑上雕有螭龙、螭虎，造型生动活泼，充分体现了西汉时期精湛的琢玉工艺。

特别说明，不是所有的剑饰都运用玉质材料，木、铜等也可以作为剑饰材料；同时，并非所有的剑都能配齐四件配饰，其中最为常见的是玉剑璏。

一、玉剑璏

在考古挖掘中，玉剑璏是一种较为常见的器物。原因可能归纳为以下几种：

第一，剑璏面积最大，看起来最明显。如果仅作为装饰之用，且没有配齐四件套的财力，那么挑选一个最显眼的剑璏无疑是一个明智的选择。

第二，剑璏实用性最强，它可以把剑稳稳地系在腰间，方便使用者坐卧行走。

兽面纹玉剑璏

汉代，1946年河北省柏乡县汉墓出土，现藏于中国国家博物馆。璏起源于战国，两汉十分兴盛，此璏玉质光润洁白，纹饰精湛，雕工好，特别是兽面纹的雕刻十分精致。

二、玉剑首

玉剑首，顾名思义是镶嵌在剑柄顶端的装饰品，多数是圆饼形状，也有方形。纹饰一般分为两圈，向外的一面雕刻花纹，背面设计沟槽和几个小凹洞，这样方便将它粘在剑柄上。

玉云纹剑首

战国时期，清宫旧藏，现藏于故宫博物院。此剑首玉质青白色，呈薄片状，中心有圆孔，外径 5.3 厘米，厚 0.7 厘米。朝上一面花纹较复杂，环孔有一周 6 瓣柿蒂纹，其外又有两周阴线勾云纹。朝下一面以双阴线分为内外两区，内区素而无纹，有 3 个隧孔，外区饰 "丁" 形勾云纹。玉剑首中，以圆形剑首最为常见，但如这种两面饰花纹的作品并不多见。

三、玉剑格

剑柄与剑身连接的部分，本名称为 "镡"（xín），若在此处镶一块玉，则称为 "琫"（běng），民间俗称其为 "格"。

由于剑格是嵌入剑身的设计，所以通常呈现扁长形，中间部分隆起，两侧向下延伸，且内部中空以便剑柄从孔中穿过。另外，鉴于剑格的中间区域需容纳剑柄，所以其制作的往往比较厚。

玉剑格的出土量相对较少，战国时期玉剑格的特点是素面无纹，而到了两汉时期，则常见以勾连云纹和蟠纹作为装饰。

浮雕蟠螭纹玉剑格

西汉，江苏省徐州市云龙区狮子山楚王墓出土，徐州博物馆藏。玉剑格长 5.5 厘米、宽 2.3 厘米、厚 2.1 厘米。

四、玉剑珌

玉剑珌是安装在剑鞘尾端的饰物。除了装饰功能，玉剑珌还可防止剑鞘在使用过程中磨损或损坏。

白玉镂雕螭虎纹剑珌

汉代，现藏于故宫博物院。此玉剑珌高 5.4 厘米，宽 4.7 厘米，厚 0.7 厘米，两面镂雕螭虎纹，上下有贯穿孔，从形状看，似玉具剑剑鞘所饰之剑珌。剑璏和剑珌为附于剑鞘上之物，体形相对较大，可佩饰把玩，后世多仿，传世也较多。

> **总结一下**
>
> 古代君子有佩剑之风，一是为了防身，二也是为了显示身份和地位。在汉代，玉文化到达巅峰，也催生了用玉为剑做装饰的风潮，馈赠和佩戴以玉装饰的剑也成为时尚。《汉书·王莽传》里说："进其玉具宝剑，欲以为好。"也许，这就是"宝剑"这个称呼的缘起。

第八节
用来祭天的六种玉器

春秋五霸之一的齐桓公，在葵丘之盟后欲朝拜周天子，却面临资金短缺的困境。这时，他的丞相管仲提出了一个巧妙的策略，即利用玉璧作为媒介，通过周天子的命令促使诸侯国前来购买，从而赚取大量财富。这个"石璧之谋"（实际上应为玉璧之谋）不仅解决了齐桓公的财政问题，还彰显了玉在古代社会中的特殊地位和价值。

同样地，战国时期和氏璧的故事也进一步强调了玉的重要性。和氏璧从一块普通的玉石到成为传国玉玺，其历程见证了玉从自然之物到皇权象征的转变。这两个故事虽然讲述的是玉璧的传奇经历，但它们背后所蕴含的是古人对玉的崇敬和信仰，以及玉在祭祀、礼仪中的广泛应用。

本节我们将深入探讨古代用于祭祀和礼敬天地的玉器——六器。

一、为什么会有"六器"

所谓的"六器"，其实是用来对应天、地、东、南、西、北一共六个方位的礼器，它们分别为"璧、琮、圭、璋、琥、璜"。

先秦时期，祭祀神灵是一件非常庄严的事情，所以《周礼》对六器造型的确定、玉材的选用和祭祀对象的安排都做了非常严格的规定，相应的这些玉器分别被称为苍璧、黄琮、青圭、赤璋、白琥和玄璜。

之所以要礼天地四方，是因为它们对于万物而言至关重要：没有天，宇宙混沌；没有地，万物不生；没有春天，生命无法萌发；没有夏天，万物难以成长；没有秋天，无法收获果实；没有冬天，万物不能收藏与休憩。

二、"六器"的造型

"六器"之所以拥有这样的造型，其道理十分简单：用来祭祀神灵的器物，其形态必须与其所祭祀的神灵有所相似或寓意相符。

天圆地方，所以礼天要用圆形的玉璧；礼地要用内圆外方的玉琮，玉琮的中空也象征了大地对万物的包容。

凤纹玉璧

西汉，现藏于上海博物馆藏。凤纹玉璧外径 14.6 厘米，

玉琮王

新石器晚期良渚文化，藏于浙江省博物馆。器型外方内圆，中间对钻圆孔。琮体四面的直槽内，上下各琢刻一幅完整的神人兽面纹（神徽），反映了良渚文化微雕技艺的精湛。

玉圭通常呈现尖角形态，就像是万物发芽破土而生，所以代表春季。《周礼·大宗伯》注："圭锐，象春物初生。"

东汉许慎在《说文解字》中说："半圭为璋。"意指玉璋是圭的一半。这种玉璋象征着万物已经发展至鼎盛时期，预示即将由盛转衰，步入枯败阶段，而这一阶段恰与夏季相呼应。

玉圭

战国，河南省辉县市固围村出土，现藏于中国国家博物馆。

玉璋

商代，四川省德阳市广汉市三星堆遗址出土，现藏于中国国家博物馆。

琥被塑造成老虎的形态，老虎威猛无比，而秋天主肃杀之气，所以人们选择用最凶猛、杀伤力最强的百兽之王，即老虎来比拟琥。

璜被视作"半璧"，寓意深远，在冬天，万物凋零，大地呈现一片空茫之态，仿佛整个世界都缩减至一半。因此，人们用半璧之璜来形容这个季节，寓意着自然界的沉寂与等待新生的力量。

玉琥

商武丁时期，出土于河南省安阳市妇好墓，藏于中国国家博物馆。此件玉琥造型生动，纹饰精美，既威严又活泼。

玉璜

新石器时期崧泽文化，距今约6000年，藏于上海博物馆。玉璜为颈饰，是最早的玉饰品之一，后演变为杂佩的组件。

三、"六器"的颜色

接下来，我们深入探讨六器的颜色及其与天地四方的对应关系，并逐一介绍这些玉器。

在古代祭祀礼仪中，颜色的选择同样承载着深刻的象征意义。礼敬苍天用的是苍璧，其颜色与天空的蔚蓝相呼应；而礼敬黄土则选用黄琮，其黄色象征着大地的肥沃与沉稳。这两者分别对应了天与地的颜色。

对于东方的祭祀，人们选择了青珪。东方在五行中属木，木色为青，因此选用青色的长方形圭作为祭器。东方的守护神是青龙，青色的圭与之相得益彰。

南方属火，火色赤红，因此祭祀南方时选用的是赤璋。红色的长形而半尖的璋，不仅与火的颜色相匹配，也象征着南方的朱雀之神。

西方在五行中属金，金色为白，所以祭祀西方时使用的是白琥。白色的玉琥雕刻成虎形，代表着西方的白虎之神，同时寓意着金的纯净与高贵。

北方属水，水色深黑，因此祭祀北方时选用的是玄璜。黑色的半圆形璜，象征着北方的玄武之神，也反映了水的深邃与神秘。

这就是六个玉器的形状和颜色与天地四方的对应关系。值得注意的是，在考古实践中，我们发现六种玉器的颜色、形制和尺寸并不像《周礼》等古籍记载的那样固定不变。古代的祭祀礼器在制作和使用过程中，可能因地域、时代、文化等因素而有所差异。

下面，我们将逐一详细介绍六器，深入探讨它们的文化内涵、制作工艺，以及在古代祭祀礼仪中的重要地位。

透雕双螭纹青玉璧

东汉，河北省定州市北庄村汉墓出土，现藏于河北博物院。玉璧高25.5厘米，宽19.9厘米，厚0.7厘米。

四、地位最高的玉璧

如前文所述，玉璧用来礼天，所以玉璧是六件瑞玉中地位最高的器物。天是圆的，所以玉璧也是圆的；"天青如穹庐"，所以礼天的玉璧也是苍青色。

"璧"字是什么意思呢？分开看，它由"辟"和"玉"组成，这个"辟"，本意是代表君主或法度。所以，用"辟"和"玉"合写的"璧"来代表天命再恰当不过。在周代的礼制当中，一切和上天、君主有关的礼节、仪式都使用璧来完成。

除了礼天，玉璧也被当成随葬用品。在海昏侯刘贺的墓葬里，曾经发现了一块放在棺材盖上的苍璧，直径为35厘米，符合《周礼》的相关记录。有专家据此推测，这应该是刘贺生前用于礼天的玉璧。

也有学者把这种在棺材外装饰玉璧的现象叫作"连璧"，早在战国时期，楚国就出现过这种使用方法，人们认为玉璧像是死者灵魂出入的门窗，而汉代沿袭了这个风俗。

五、如何用玉琮来祭地

目前，史书中关于玉琮的最早记载，出现在春秋时期的齐国官书《考工记》中："大琮十有二寸，射四寸，厚寸，是谓内镇，宗后守之。"后世的书籍虽然也有记载，但是很少有具体图案出现。

一直到宋代，赵九成所著的《续考古图》一书中才终于出现了玉琮的图案；而清代因为金石学相对盛行，也终于有人专门研究玉琮。比如，金石学家吴大澂就在《古玉图考》里明确指出："今世所传古玉釭（gāng）头，其大者皆琮也。"就这样，这些外方、内圆、中空的柱形器物被重新认定为"玉琮"。

为什么写作"琮"呢？"琮"字由"玉"和"宗"两个部分组成，这个"宗"象征着祖宗和宗庙。同时，琮也是王后和诸侯夫人的瑞玉，是母性的权柄。

玉琮在祭祀的时候是如何使用的呢？说法很多，著名玉器研究专家邓淑苹认为，良渚时期，玉琮用来套在圆形的木柱上，象征神祇或者祖先；还有学者认为，玉琮应该是平放或者捧在手上；中国社科院考古所的王仁湘先生则认为，玉琮应该是一个祭祀装置，他质疑道，如果祭祀的对象是大地，那么将玉琮高高举起，岂不是与大地更加疏远了吗？这些不同的观点，为我们揭示了玉琮在祭祀中可能承担的多重意义和用途。

那么，到底如何使用玉琮来祭地呢？《周礼》中记载了一种名为"灌祭"的祭地方法，也称"祼（guàn）祭"，就是把牲口的血和酒倒在地上完成献祭。玉琮怎么参与其中呢？王仁湘先生推测，应该是把玉琮放在方形土台上，用勺子舀上牲血和香酒注到玉琮的孔里，让血和酒借助琮的玉气浸入地下，让地神享用。玉琮的筒口上大下小，便于使用勺子来灌注，玉琮相当于粗犷版的漏斗。

玉琮

新石器晚期良渚文化，藏于中国国家博物馆。玉琮由碧玉制成，内圆外方，上大下小，中有穿孔，共19节，是目前国内所见最高的玉琮。

六、玉圭为何象征权力

东汉许慎在《说文解字》里说："剡（yǎn）上为圭"，意思是上部尖锐而下端平直的片状玉器就是圭。

关于玉圭为什么代表东方、春天等，前文已经讲过，这里重点讲述玉圭的起源。

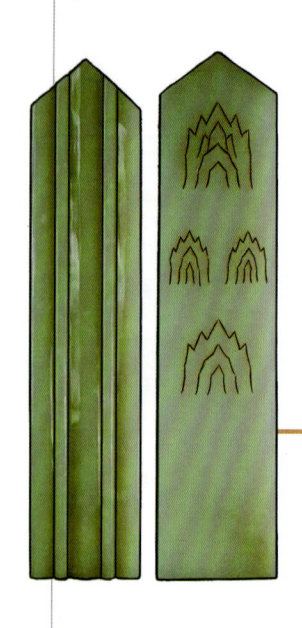

目前比较公认的说法是，玉圭来源于新石器时期的石铲和石斧，所以今天我们会看到很多新石器时期到商周时期的玉铲和长条形的玉器，它们都称为圭。仔细观察玉斧和玉圭，会发现它们都有一个圆孔，斧子上的孔是插木棒用的，而玉圭上的孔则是用来套绳子的。从玉斧到玉圭的进化，显然是"礼"的要求。

所以，进化后的玉圭也沿袭了玉斧代表权力的功能与寓意，不同规格的圭，分别对应不同等级的人。

玉圭

明代，北京市昌平区十三陵定陵地宫出土，现藏于定陵博物馆。玉圭为青玉质，洁润细腻，为皇帝大典时所持，出土时置于万历帝棺内西端。该玉圭分为两种，左件正面两侧各有一凹槽，槽内凸起竖脊，背面平素，造型端庄；右件玉圭上尖下方，正面阴刻四山纹，纹样描金。四山分上下左右，象征东、南、西、北四镇之山，寓意"江山在握，安定四方"。

七、如何用玉璋来祭山川

《说文解字》中讲："半圭为璋"，意思是玉璋就是玉圭从上端尖锋位置处垂直切下一半。因为有这个渊源，所以文献里经常把圭和璋放在一起称呼。

从字形上看，"璋"从章。"章"为古代纹饰的称呼，凡是雕琢的纹饰、绘画的彩色都可以叫作章。

玉璋的种类很多，大致分为赤璋、大璋、中璋、边璋、牙璋五种。赤璋是专门祭南方之神朱雀的礼器；大璋、中璋、边璋是天子巡守时祭山川之用；牙璋则是用作符节器。

"祭山图"玉边璋及局部

藏于三星堆博物馆，堪称镇馆之宝。此玉璋在中国古代玉器史上有着极高的地位和价值，它不仅在艺术上表现出高超的技艺和深厚的文化内涵，更为我们进一步了解古代先民的宗教信仰、社会制度和文化传承提供了宝贵的资料和线索。2002年1月，国家文物局发布《首批禁止出国（境）展览文物目录》，规定64件文物永久不能出国（境）展览，其中就包含这件线刻"祭山图"的玉璋。

那么，在祭山川时，采用什么样的方法呢？《周礼》说："祭大山川用大璋，祭中山川用中璋，祭小山川用边璋。"如果祭的是山，礼毕之后就把玉璋埋在地下；如果祭的是川，完成时就将璋投入河中。

八、"琥"究竟是不是后世用的虎符

《说文解字》中介绍:"琥,发兵瑞玉,虎文。"这里的"文"就是"纹饰"的意思。"琥"并不是按照铜虎符的样子仿制出的玉虎符,而是本来就有一种叫作"琥"的玉兵符存在,而且这种玉兵符不一定是虎形,而是身上琢刻了虎纹。

那么,"琥"究竟是不是后世使用的虎符呢?

《周礼》里规定,琥必须用白色玉材雕刻,但对尺寸和形制并没有做出严格的规定。宋代聂琮礼在《三礼图》中,提到了琥就是虎的形状,"白琥以玉,长九寸,广五寸,刻伏虎形,高三寸"。

后来的文物出土证明了确实有虎形的"琥"存在,用老虎的威猛来象征深秋之肃杀,向西方之神致敬,听起来合情合理。

虎形玉佩

商周时期,山西博物院藏。

九、"璜"为什么是半璧形状

璜,在《说文解字》里的解释是:"半璧曰璜",也就是说璜相当于把玉璧拆成了一半。但实际上,玉璜的样式不止这一种。我们现在能看见的玉璜至少有四种形态:弧形璜、折角璜、半璧璜和扇形璜。

此外,玉璜与半璧还有一个本质的区别:璧即使是故意被破成两半也不会在"破璧"上面钻上两个孔,而璜的两头则几乎都有两个孔。

半璧璜

新石器晚期良渚文化,现藏于中国江南水乡文化博物馆。璧璜高 5.4 厘米,上宽 11.6 厘米,厚 0.6 厘米;整体呈乳黄色,略有褐色细筋条。半璧形,上端两侧各钻一个小圆孔,可穿系悬挂;正面中间雕琢兽面纹。整器制作规整,雕刻细腻。

所有古玉器上的孔洞,其主要用途都是穿绳,玉璜上的两个孔也不例外,表明它是为了挂在身上作为装饰而设计的。实际上,玉璜在组玉佩中扮演着至关重要的角色,与它的"倒影"——玉珩一同构成了组玉佩的标准配置,它们负责在纵向上串联玉珠的同时,也在横向上进行区隔。

提及"玄",即指黑色,按照传统,璜应由黑色玉制成,非此色的璜则不被视为礼器。然而,真正的黑色玉,如墨玉,在现代已属罕见,更不必说高古玉中的墨玉了。因此,古人经常使用一种黑白相间的青花玉,作为玄璜的原料。有的古玉研究者还推测,这种所谓的"玄"色可能是通过人工染色实现的。

至于玄璜为何呈半璧形状,郑玄在《周礼注》中这样解释:"半璧曰璜,象冬闭藏,地上无物,唯天半见。""彩虹说"认为,璜的形状源自古人对彩虹的模仿。由于古人不了解彩虹的科学原理,将其视为双头怪龙饮水之形,并受此启发创造了璜。"神龟说"认为,璜的造型是模仿龟甲的侧面形象,而选择乌龟作为原型,显然与北方之神玄武有关。

那么，玄璜究竟像什么，大家可以充分发挥自己的想象力。

> **总结一下**
>
> 在古代文化中，玉器被赋予沟通天地的特殊功能，因此，玉成为制作礼仪器具的不二之选。用于祭祀的六种玉器，在颜色、形状上和天地四方的意义相匹配，其中体现出来的对天地秩序的认知，值得我们仔细品味。

第九节
组玉佩的豪华世界

玉在古代是身份和地位的象征，玉器的数量越多、品种越丰富、造型工艺越好，戴在身上就越能彰显人的高贵和与众不同。因此，古代的达官贵人会尽可能多地在身上堆砌玉器。甚至从头到脚都用玉进行装饰，这就是组玉佩。

本节就来介绍一下组玉佩，这个玉文化历史上的独特存在。

一、什么是组玉佩

组玉佩，顾名思义，就是把几种不同形状的单件玉佩用彩线以不同的方式串联在一起的"组合款"玉佩饰。

组玉佩的别名众多，包括玉组佩、玉佩组、杂佩、大佩等。《诗经》里有一句话："知子之来（lài）之，杂佩以赠之。"意思是说，我知道你是真的关心我，我愿赠你杂佩表达我的谢意。《毛诗故训传》中解释了这个"杂佩"的含义："杂佩者，珩（héng）、璜、琚（jū）、瑀（yǔ）、冲牙之类。"意思是说，杂佩是由珩、璜、琚、瑀、冲牙之类的单体玉器混合而成。

二、组玉佩为何出现

组玉佩在周以前就已出现，只是那时的样式还比较简单。组玉佩的真正盛行是在西周时期，当时，古代宗法和礼乐文明逐渐形成并且趋于完善。这所谓的"礼"，其基本功能是"分"，也就是确立社会各阶层的亲疏远近和上下尊卑的等级秩序。而确立这种秩序的方式，很大程度上依赖于实实在在的物品。

所以，在周代被广泛用于各种礼仪活动的玉器，就成为当时最重要的礼器种类，用玉制度也相应纳入了"周礼"体系，豪华的"组佩"自然就成了贵族等级的标志，和青铜列鼎制度一样，显示着一个人的身价几何。

比如，天子的组玉佩多用透闪石或者蛇纹石；贵族的组玉佩就不能全用真玉，只能玉石并用。目前，周天子的组玉佩还没有被发现，但诸侯王的组玉佩已经发现了很多套，基本上都采用了玉佩用玉，玉佩之间的管、珠等装饰物多用玛瑙、绿松石、水晶等美石的制作形式，符合当时的"礼制"。

由于组玉佩既铺张，又佩戴不便，到了务实的西汉中期，组玉佩的形式趋于简化，成套的组玉佩基本不再流行，但这种形式还一直存在。

在明朝时，组玉佩一度再次盛行起来。随着清军入关，改服易饰，组玉佩也正式消失在历史的长河中。

虽然各朝的组玉佩制式有所不同，但用来区分等级的逻辑基本没有改变。数量越多、结构越复杂、玉璜越多的组玉佩，代表佩戴者的身份、地位就越高。

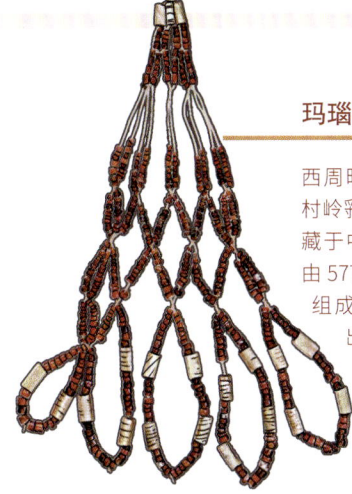

玛瑙珠玉管组佩

西周晚期，河南省三门峡市上村岭虢国墓地 1820 号墓出土，藏于中国国家博物馆。组玉佩由 577 颗红玛瑙珠和 21 件玉管组成，从上至下 12 层。此器出土时位于墓主人右侧胸部至腹部，墓主为女性，是西周贵族夫人。

描金云龙纹组玉佩

明万历时期，北京市昌平区十三陵定陵万历墓出土，藏于中国国家博物馆。定陵共出土 7 副 14 套组玉佩，共分 4 型，此佩由金钩、236 颗玉珠和 13 件玉佩饰组成，玉佩为描金云龙纹，出土时置于随葬物品箱内。

三、组玉佩的核心成员

根据《大戴礼记》的记载，组佩的形制是"上有双衡，下有双璜、冲牙、玭（pín）珠以纳其间，琚（jū）、瑀（yǔ）以杂之。"那么，衡、璜、冲牙分布代表什么呢？

（一）玉璜

前文已讲过，玉璜是"六器"之一，在此不过多赘述。补充一点，据北京大学考古文博学院教授孙庆伟先生考证，新石器时代红山、良渚等文化中的玉璜，造型确实接近半个玉璧，但到了商周时期，玉璜的弧度一般比半圆小，更多是 1/3 或者 1/4 个圆。

出土文物证明，不论红山、良渚，还是商周时期的玉璜，璜的身上一般都有两个穿孔，出土时大多位于人体的胸部，而且绝大部分是凹面朝上，凸面向下。

玉龙纹璜

春秋时期，河南省三门峡市上村岭出土，藏于中国国家博物馆。璜在西周、春秋时期是非常重要的玉器，是组玉佩中主要的饰件之一。其造型和纹饰非常丰富，纹饰除明刻纹，还使用了浮雕的技法雕琢纹饰，花纹繁缛。

（二）玉珩

在组佩的形制中，"珩"确实常被理解为《大戴礼记》里"上有双衡"中的"衡"，二者所指相同，都是组佩上部的横玉部件。《管子·轻重十四》中对其作用进行了解释："珩，佩玉也，所以饰行止也。"翻译过来，珩的作用就是连接佩玉中的各种玉佩件，以达到平衡的效果，这既是指玉件之间的平衡，也关乎行走姿态的平衡。

白玉透雕双龙首珩

战国晚期，藏于中国国家博物馆。珩长 9.4 厘米，宽 2.5 厘米，采用阴刻、打洼、浅浮雕和透雕等工艺技法，具有典型的战国龙纹特征。

听起来，璜和珩的区别好像很明显，但许多朋友在看过它们的图片后却感到困惑，觉得两者颇为相似。那么，到底该怎么区分璜和珩呢？

其实璜和珩的造型和纹饰都有区别，但它们最主要的差异是开孔有所不同。玉璜左右偏上开两孔，玉珩则大多开三孔，也就是顶部中间一孔、左右下部两孔。显然，玉珩起到承上启下的作用，责任比玉璜重。

（三）冲牙

"冲牙"，因其形状似弧形月牙而得名。其造型为下端尖，上端宽，像一颗动物的獠牙。

所谓"冲"，指的是碰撞、叩击。冲牙一般设计在组玉佩的中部或者最下端，当挂佩的人行走摆动的时候，冲牙就和玉璜相互碰撞，发出清脆悦耳的"叮铃叮铃"的声音。

出廓龙纹玉冲牙

西汉，出土于江苏省徐州市云龙区狮子山楚王墓，现藏于徐州博物馆。玉冲牙在汉代已经较为少见，一般用于组玉佩中。这件玉冲牙的龙额头上有一圆孔，用于穿系悬挂，应为组玉佩中的一件。其长 13.1 厘米，宽 4.5 厘米，尺寸较大，造型庄重典雅，是玉冲牙中的精品。

四、组玉佩的主流款式

组玉佩并非只有一种固定的样式，而是拥有着多种多样的组合形式，每一种都蕴含着古人的智慧与审美情趣。下面简述两种颇具代表性的组玉佩组合形式。

（一）多璜式

多璜式组玉佩是以玉璜为主体，上下相邻的各个玉璜由玛瑙珠、料珠、玉管等穿系而成。

这类多璜式组玉佩一直从西周流行到春秋晚期，整个组佩的长度多在 50 厘米以上，挂在脖子上，一直垂到胸腹的位置。从出土情况看，多璜组佩都来自周朝侯伯及他们夫人的墓中，其他阶层没有发现。

六璜联珠组玉佩

西周，出土于河南省三门峡市虢国墓地虢仲墓，现藏于三门峡市虢国博物馆。组玉佩由 258 件（颗）组成，分为上下两部分，是目前所见西周联璜组玉佩中最为精美的组玉佩。六件玉璜皆由白玉或青白玉制成，厚重大气，纹饰精美，做工精湛。尤为珍贵的是，其中的两件人龙纹璜为一件玉璧对剖而成的，纹样完全可以吻合，是《周礼》中"半璧为璜"的最直接物证。

（二）玉牌式

玉牌式联珠组玉佩，由玉珠、料珠等串联成多股，呈放射状集束在玉牌上，整体看起来像个等腰梯形。该种形态的组玉佩大约于西周中期到春秋早中期盛行。

这类组玉佩出土的时候，大多在墓主人的肩部或者腹部的一侧。根据目前的研究成果可以确认，玉牌式与玉璜式的功能和内涵都不一样，除了礼制的意义，玉牌式更多是作为装饰用途。另外，从玉牌式的造型看，也可以判断出它不可能戴在颈部。

组合玉佩

西周，出土于平顶山应国墓地 M37 号墓，现藏于河南博物院。

五、迄今所见最大的一件组玉佩

出土于西周晋穆侯墓的组玉佩，是整个晋侯墓地出土的最大的玉礼器组合，也是目前全国同期墓葬中发现的最大的组玉佩，在我国玉器史上拥有举足轻重的地位。这件组玉佩从墓主人的颈部一直覆盖到脚部，上面的玉璜、玉珩、玉管、料珠、玛瑙管等加起来多达 204 件，单单玉璜就有 45 件。

这些玉璜的形状多种多样，有半环形、扇形、鱼形、蚕形等，双面都刻有双龙纹、龙凤纹、人龙纹、双首鸟纹等，自上而下、由小到大依次排列，最下端相邻的玉璜之间还有两只晶莹剔透的玉雁，非常精致漂亮。

西周，出土于山西省曲沃县晋穆侯墓的 M63 号墓，山西博物院的镇馆之宝。组玉佩的王者，主人是晋穆侯的次夫人。

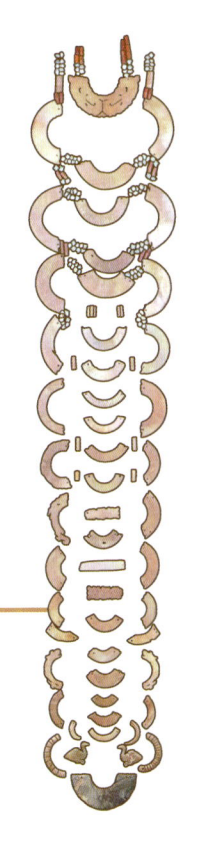

六、组玉佩的其他作用

有学者推测,晋穆侯次夫人所佩戴的、复原长度达 1.58 米的组玉佩,可能原本并非如此冗长,而是由日常佩戴的多个组佩拼接而成。然而,这一猜测并不影响我们探讨组玉佩的一个重要功能,即术语所称的"改步改玉"。

"改步改玉"这一成语源自《左传》,它描述了在祭祀与悼念亡者时,祭祀者与逝者之间的距离需遵循严格规定。逝者的身份不同,其安葬的礼数亦应有所区别,这体现在步伐的改变及所佩戴玉饰的更换上。具体而言,《礼记·玉藻》中记载,天子、诸侯以及代祖先受祭的人在行走时,后脚需踏在前脚脚印的一半处;大夫行走时,脚印则是一个紧挨着一个;而士在行走时,步伐之间则可以留下一个脚印的距离。这些规定,正是"改步改玉"的具体体现。

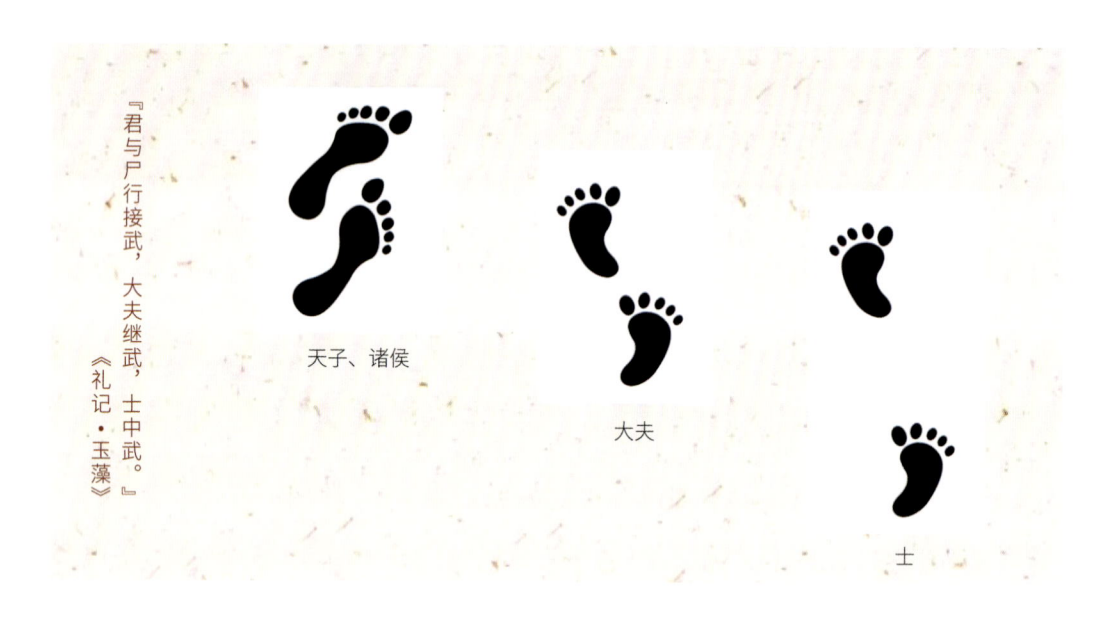

『君与尸行接武,大夫继武,士中武。』《礼记·玉藻》

天子、诸侯

大夫

士

这就是古人对于"节步"或者说"禁步"的要求。古人认为,身份越高,步伐就应该越小;走得越慢,气度就越非凡。所以,贵族们就把组玉佩中玉件互相撞击的声音当成了"节拍器";同时,贵族们走路的时候,可以时时刻刻倾听玉发出的声音,联想玉的各种美德,从而随时提醒自己注意君臣尊卑,行之有礼。

还有一种观点认为,组玉佩最初的功能是压住裙摆防止走光,这就涉及后面我们要谈的服饰问题了。

第十节
金缕玉衣使灵魂不灭的传说

公元 222 年,魏文帝曹丕下达一道命令,禁止在墓葬中使用玉衣。从此,这个发端于新石器时期,在汉代达到顶峰的玉葬器文化便在历史中销声匿迹,只留下了一个千古传说。

玉衣的产生，原本是为了实现身体不朽、灵魂不灭的目的。可是，由于玉衣制作精良、造价昂贵，频频招来盗贼光顾。据《三国志·魏文帝本纪》记载，汉代的大量陵墓都遭到盗掘，甚至有盗墓贼放火烧墓，导致墓主人尸骨全无。曹丕因此禁止在墓葬中使用玉衣。

那么，问题来了，玉衣是如何起源的？最奢华的玉衣是什么样的？除了玉衣，玉琀、玉窍塞、玉握、玉枕等葬器又是什么东西？它们真的能够使墓主人的灵魂不灭吗？

一、玉衣

文物专家、中国国家博物馆研究院名誉院长孙机曾经指出，"金缕玉衣"的命名有误，他认为"那个根本不是'衣'，而是最贴身的一套棺材，当时称为'玉匣'，或'玉柙'（xiá）。为了叙述方便，我们将延续"玉衣"的惯常说法。本节主要讨论三个问题：玉衣的等级，最早发现的玉衣，最豪华的玉衣。

（一）玉衣的等级

一般认为，汉代的玉衣随葬是从前代的葬玉方式发展而来的。从西周时期的玉覆面开始，历经玉面罩、玉头套、玉衣套，最后发展成全身覆盖玉片的完整六件套玉衣。也就是：一个头罩、前后衣片、两个袖筒、一副手套、两个裤筒和一双鞋套。

玉衣之所以要分批制作，是因为玉料的缺乏。

缀玉面罩

西汉，江苏省徐州市子房山三号汉墓出土，现藏于徐州博物馆。汉代玉面罩延续了早期写实缀玉的传统，同时有所创新，形成了整的组合。玉面罩多利用残旧玉器改制组合而成，这种改旧翻新的方法与玉衣片的制作相同，表明当时对制作、使用玉面罩和玉衣的认识、观念是基本一致的。

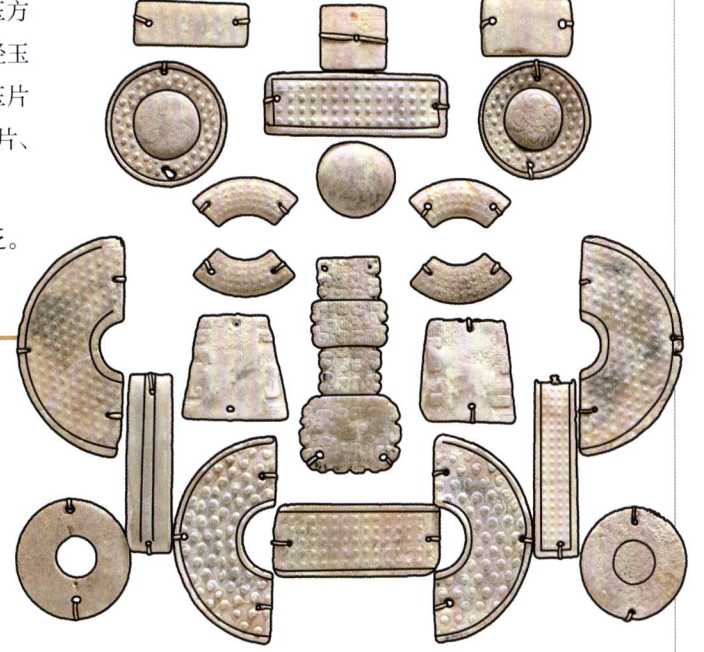

到了汉武帝时期，张骞出使西域，大量的和田玉通过丝绸之路运往内地，玉衣的形制才在充足材料的支持下逐渐完备起来。

不过，也有专家认为这些玉器使用的时间是平行关系，而不是递进关系，制作的难度也几乎相同，区别只是耗材多少。比如，徐州市博物馆副馆长刘照建在《汉代玉衣起源研究》一文里说，这些玉器"不存在前后演变关系，玉衣起源于玉面罩和玉套的说法过于简单"。

但是，在玉衣阶段，等级制度确实存在，《后汉书·礼仪志》就规定，只有皇帝才能使用金缕玉衣；诸侯王、列侯、始封贵人、公主只能用银缕玉衣；大贵人、长公主使用铜缕玉衣。

（二）最早发现的玉衣

在 1968 年之前，中国发掘的汉墓里只有散落的玉片出土，而完整、可修复的玉衣首次亮相，是在河北省保定市满城区中山靖王刘胜和妻子窦绾（wǎn）的墓葬中。金缕玉衣一经公布就轰动了世界，成为河北博物院的镇馆之宝，同时也入选了中国第一批禁止出国（境）展览文物名录。

该玉衣全长 188 厘米，共用玉片 2498 块，形态包含长方形、正方形、梯形、三角形、多边形等，共耗费金线 1100 克，据说由上百个工匠花了两年多的时间才完成，成本相当于汉代 100 户中等收入家庭的家产总和。有专家研究，按当今中国家庭平均财产折算，刘胜的这件玉衣价值接近 1 亿元人民币！

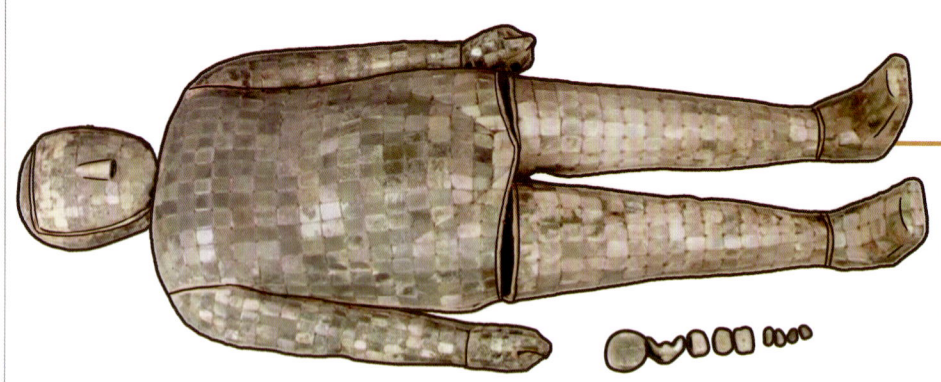

金缕玉衣

西汉，出土于河北省保定市满城区陵山一号汉墓，现藏于河北博物院。它是考古发掘中出土最早、最完整的玉衣。

（三）最豪华的玉衣

江苏省徐州市狮子山楚王墓出土的玉衣，是目前考古发现的最豪华的玉衣。据推测，狮子山楚王墓玉衣的主人是第三代楚王刘戊（wù），也有可能是第二代楚王刘郢（yǐng）。该墓中发掘的玉衣创造了多个之最：第一，年代最早，距今超过 2000 年；第二，玉片最多，4248 块，金丝重 1576 克；第三，玉质最好，全部由和田白玉、青玉组成，温润晶莹；第四，工艺最精，拼合天衣无缝，是旷世难得的艺术瑰宝。

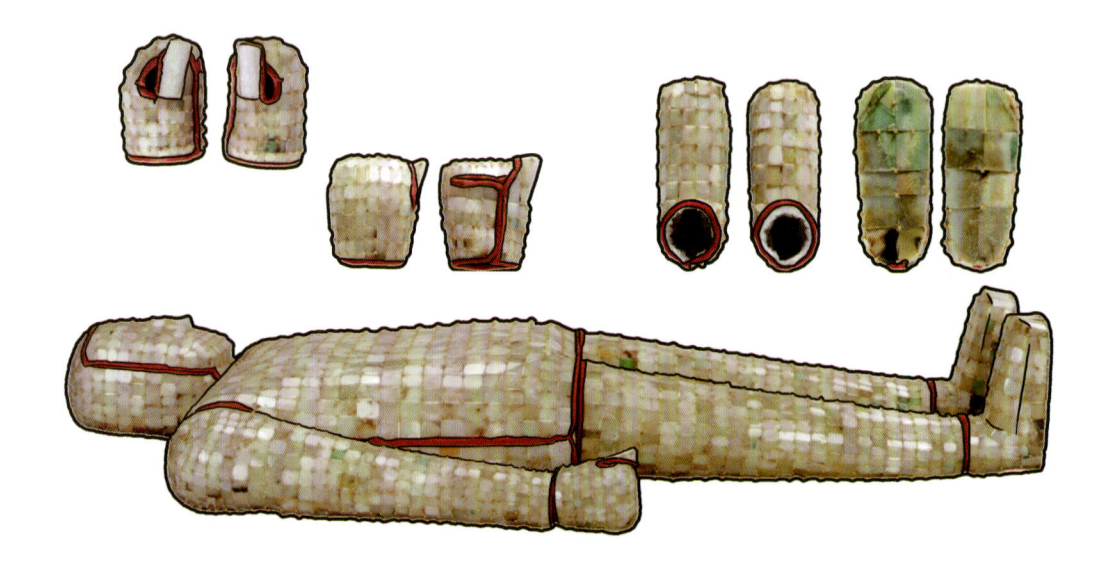

由于该墓被多次偷盗，这件玉衣在出土时已被严重破坏，很多金丝被抽走，玉片散乱且不少已被损坏，后来经过徐州博物馆专家们的多年努力修复才得以重现世间。

二、玉琀

在众多的玉葬器里，玉琀的历史最为悠久，早在大汶口文化墓葬里，就发现了有死者口里含有鳞形玉器的实例。另外，早期的墓葬中还常以残玉作为口琀，往往有多个碎块。

商代晚期，作为玉琀典型形象的玉蝉正式出现，周朝开始逐渐增多，到了西汉中期以后开始广泛使用。

蝉形玉琀

西汉，江苏省仪征市胥浦镇胡庄汉墓出土，藏于江苏仪征博物馆。玉琀长 6.1 厘米、宽 2.9 厘米、厚 0.8 厘米，青玉琢制，色泽莹润。头呈弧形，两眼突出，双翅并拢，翅梢尖。其琢工简练，用阴线刻画头、颈、双翼，蝉腹上部阴刻交叉斜线纹，下部刻有八道收缩的皮纹，巧妙地运用褐红玉皮色，独具匠心。

为什么会运用蝉的造型制作玉晗呢？这跟古人在观察蝉蜕的过程中悟出的道理有直接关系，古人认为，蝉的幼虫在泥土里成长，长大以后爬出洞穴到树上蜕掉外壳，从此高居枝头，至死不再回到污泥之中，表现出了一种幻化升仙的意境。人死了以后入葬就等于是幼虫入泥，最终一定有一天可以和蝉一样，蜕变而出，成仙飞升。

此外，蝉的形状和人的舌头形状很像，用玉蝉来盖住舌头再合适不过。

三、玉握

玉握，即死者握在手中的葬玉。在大汶口文化墓葬中就发现过类似放在手里的随葬器物，基本都是野兽的牙齿，到了商代则改为贝壳。贝壳和牙齿大概象征着人死后不能空手而去，要继续握有财富和权力。

玉制的手握出现在西周时期，东周时形制开始稳定下来，以长条形圆柱状玉器为主；西汉早期，玉握大多用玉璜改制，中晚期开始出现猪形玉握，到了东汉，猪形玉握成为定制形态。

玉猪

汉代，藏于故宫博物院。其一长 11.2 厘米，高 2.9 厘米；其二长 11.7 厘米，高 2.6 厘米。这类玉猪在汉代墓葬中有较多的发现，一般都置于逝者手中，为丧葬使用的玉握。在汉代及稍后时代的丧葬礼俗中，玉猪的使用较为流行。

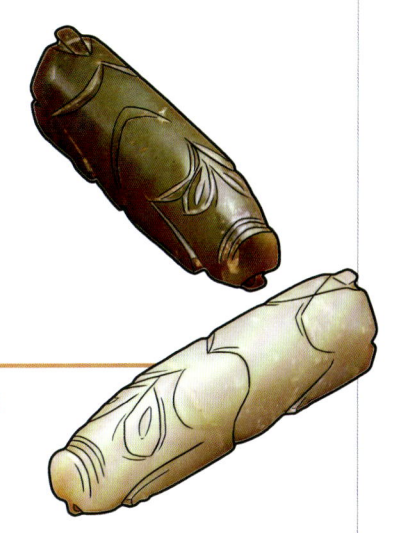

为什么要选择猪的形象来制作玉握呢？因为猪是最早的家庭私有财产，一直都是财富的象征。墓主手握玉猪，便象征着拥有财富。

四、玉窍塞

玉窍塞，顾名思义，就是用玉把人身体上的"窍"塞住。古人认为，精气是生命的本源，而人的九窍是精气流动的通道，把窍塞住，就可以确保尸身不腐。《抱朴子》里就说："金玉在九窍，则死人为之不朽。"

但是，玉窍塞并不都是九件套，大部分只有两三件，比如口塞、鼻塞、耳塞等。最早发现的完整的玉窍塞为九件套，同样是在中山靖王刘胜及其夫人窦绾的墓里。这九件分别为眼塞两件、鼻塞两件、耳塞两件、口塞一件、肛塞一件，以及阴塞一件，加起来一共九件。

玉九窍塞

西汉，出土于河北省保定市满城区陵山一号汉墓，现藏于河北博物院。

其中，眼塞又称眼帘或者眼盖，圆角、长方形；鼻塞为圆柱形；耳瑱为八角锥体形或者圆柱形；口琀如新月形，有突起；肛塞为椎台形，两端粗细不同；生殖器罩盒为短玉琮形，其中一端封闭，女性阴塞则是尖首圭形。

五、玉枕

玉枕，就是用玉制作的枕头。玉枕可作为正常家用，也有专门为墓葬使用。它跟玉衣、玉琀、玉窍塞等其他葬玉同时出现，代表它们是一个整体，所以这里我们也把玉枕归到葬玉的序列。

不过，丧葬用的玉枕开始于什么时候，目前还难以确定。以《周礼》的记载，最迟在两周时期玉枕就已经成为一种定制。

汉代的丧葬玉枕，从材料上看，有的是整块玉石雕刻，也有的是在木质的枕芯外面镶贴玉片；从形状上看，有长方形、板凳兽头形，还有U形。

下面就来看看徐州狮子山楚王陵一个陪葬墓出土的玉枕——西汉漆木芯镶玉枕。这个玉枕整体像一个长条板凳，表面镶有35块玉片，两端装饰有兽头，枕腿像一个"工"字，显得强劲有力。

漆木芯镶玉枕

西汉，藏于徐州博物馆。玉枕由枕足、枕板、兽头饰三部分构成。

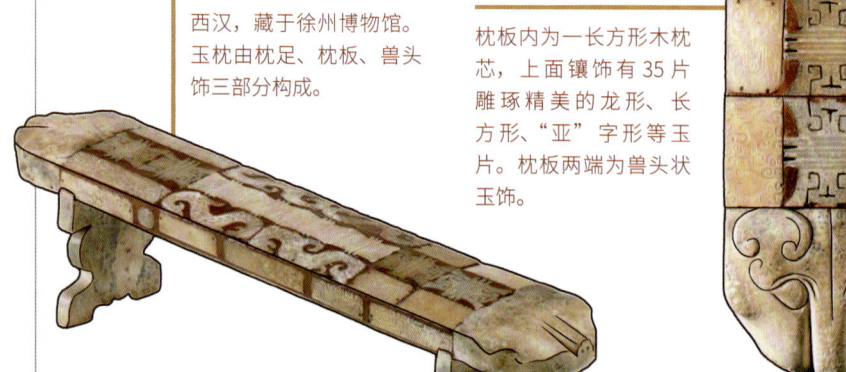

枕板内为一长方形木枕芯，上面镶饰有35片雕琢精美的龙形、长方形、"亚"字形等玉片。枕板两端为兽头状玉饰。

六、玉覆面

所谓玉覆面，就是盖在逝者脸上的玉器，有一点像面具。目前出土的玉覆面，不同的时期风格也不同，即便在同一时期，因为地域、文化、墓主人身份等因素也呈现出不同的样式。到西汉晚期，玉覆面逐渐消失，其中最可能的原因，就是被前面讲过的玉衣所替代。

为什么要用玉覆面呢？一种说法是为了躲避阳光。在中国传统文化中，有死者灵魂入阴间的说法，此时如果见到太阳便会化为乌有，所以覆面起到避免见光的效果。

另一种说法是防腐，这一点不再赘述。

第三种是巫玉神论。有学者认为玉覆面和人的灵魂、巫术有关，巫师在葬礼上把玉覆面戴在死者脸上，通过作法，就可以让亡者通神，行走于阴阳之间。

此外，还有实用论，有人认为玉覆面可以遮挡死者的面容，让在世的人不至于在见到死者的面目时被惊吓到，也是为了平复亲近之人的悲伤之情。

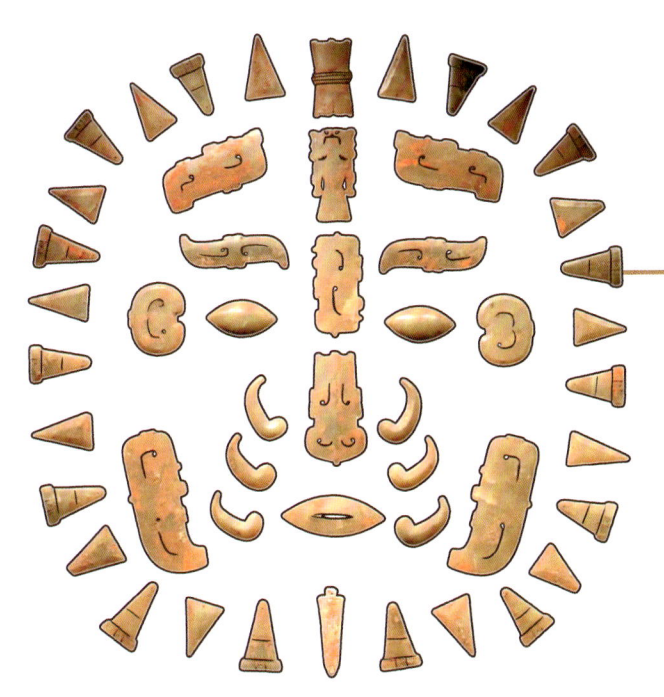

幎目缀玉

藏于上海博物馆。展览效果总长约44厘米，宽约40厘米。幎（mì，通"幂"，遮盖东西的巾类）目缀玉是供古代上层贵族使用的葬玉，俗称玉覆面。先将玉制成人的五官形状，再缝缀于方形的丝织品上，最后覆盖于死者的脸上。这种习俗从西周晚期开始一直延续到战国，汉代演变成玉衣制度。

> 由于玉是"山岳精英"，因此把玉作为葬器的做法起源很早，但让葬玉制度走向辉煌的却是西汉玄学体系的建立。董仲舒的生命观认为，人可以灵魂不死，因此人们开始通过各种途径来保护尸身不朽，希望以此保护灵魂不灭。其中，重要的方法之一就是大量玉器的使用，包括僭越性质的使用。

总结一下

到了东汉王朝，特别是东汉末年，社会矛盾激化，战乱四起，人们对死后这些虚无缥缈世界的追求不再那么迫切。民不富，国不强，也没有实力再维持这种劳民伤财的葬俗。

到了曹魏时期，薄葬被推崇，使葬玉制度失去了最后存在的基础。从此，葬玉制度消失在了历史的长河里。

第十一节
精美玉器如何做成

有一天子贡问孔子:"穷困潦倒的时候不巴结奉承,有钱了也不骄傲自大,你觉得这样的人怎么样?"孔子回答:"这样做就可以了,不过还有一种人,他们贫穷的时候能够安贫乐道,富有的时候则谦谦有礼。"

子贡听后说:"我懂了,《诗经》说,做人要像对待骨头、象牙、玉石和石头一样,开料是第一步,接着要进行打磨,然后再细刻,刻好以后还要磨光,做到精益求精,是这个意思吧?"孔子听了很满意,认为子贡能做到举一反三。

为什么本节的开篇要讲这段故事呢?因为原文"如切如磋,如琢如磨"提到了"切磋琢磨"四种工艺,"切"指的是加工骨头,"磋"说的是象牙工艺,"琢"指玉器,"磨"指石头。我们常说的"玉不琢,不成器",说的就是玉的工艺"琢"。

本节我们就来详细讲一讲玉到底是怎么"琢"成的?

一、琢玉工具

工欲善其事,必先利其器。在我国古代,用于制作玉器的工具大概可以分为三个发展阶段:最初为人的双手雕琢;然后是砣(碢,tuó)具;再后来就使用了水凳。

在双手雕琢阶段,最基本的三种工艺为:片切割、线切割和管钻。所谓片切割,就是使用刃部平直的工具,比如石刀、竹刀等,加上蘸水的解玉砂来切割玉料。

线切割,就是用麻绳或者皮条压在蘸水的解玉砂上,用手来回拉动,带动解玉砂来研磨玉料。

浙江省湖州市德清县中初鸣遗址出土,现藏于浙江省文物考古研究所。左为带片切割痕玉料,右为带线切割痕玉料。

管钻,就是直接用手捏着用石头或骨头做的圆棒,或者是空心的小竹管,压在蘸水的解玉砂上,在玉坯的两面交替着钻动研磨玉料,最终在两面各磨出一个洞,打通以后就形成了一个通孔。

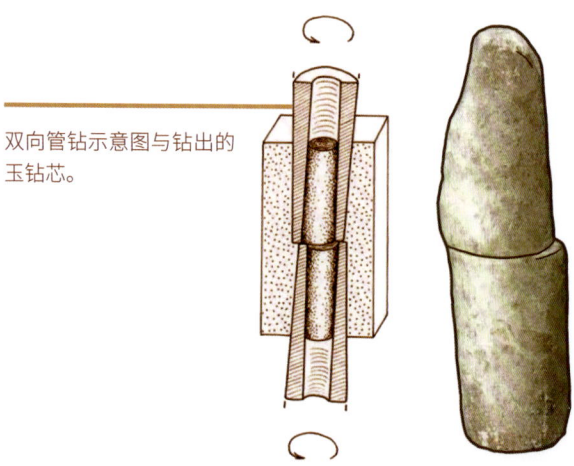

双向管钻示意图与钻出的玉钻芯。

后来，随着弓箭的诞生，玉工们巧妙地利用弓弦套住钻孔的圆棒，并通过来回拉弓的动作，带动圆棒旋转，从而实现了钻孔的目的。

不过，制玉工具经历第一次质的飞跃，要等到砣具的出现。所谓砣具，指的是一种圆盘形的工具，圆周部分都是刃，厚薄可根据需要而定。我们推测，在砣具刚被使用时，玉工有可能是用手持着较厚的砣具来磨制纹饰，或是拿着较薄的砣具来刻绘线纹。

各式砣具。

砣具切割示意图。

后来人们在砣的圆心上垂直加装一根木轴，只要设法让木轴旋转就能带动砣具旋转，这样只要用砣压住蘸有解玉砂的玉石，再旋转木轴，就可以开始琢玉工作，大大节省了人力。

砣与木轴的组合催生了一种划时代的琢玉工具——原始砣具。之所以称其原始，是因为它属于石器范畴，硬度不够，磨损很快，效率达不到一种飞跃式的提高。后来，金属时代到来，砣具的材质从石头变为了金属，从此主要制玉工具正式迈入了一个全新的发展阶段。

真正起到划时代和里程碑作用的工具，无疑是水凳。水凳的设计相当巧妙，是在钢刀上安装轮子，用绳子做牵引，然后用脚一蹬，就可以让钢刀转起来。因为开玉石必须用解玉砂加水，因此该装置得名"水凳"。

水凳具体的诞生时间并不明确，关于它最早的记载出现在明代宋应星的《天工开物》中。因此，从理论上讲，水凳的出现时间不会晚于明中期。

《天工开物》所载"琢玉图"里，使用的就是"水凳"。水凳的结构是一个长方形的木架子，上面有一根水平纵向安装的卧杆。卧杆下安有接水槽，旁边可插一木杆，上挂水桶，用于磨玉时冷却。水凳的动能原理与脚踏式缝纫机相似。

> 琢玉的工具有两次大的飞跃：一是砣具的出现，让琢玉能力大幅提升；二是半机械化水凳的出现，让琢玉的效率也得到了大幅的提升。

总结一下

二、工艺和流程

关于古人琢玉，较为详细的记录是清光绪十七年（1891年）李澄渊所绘的《玉作图》。这本书非常详细地讲了琢玉的十二个重要步骤，几乎可以当成操作手册来使用。

到了现代，出现了各种玉雕机械，比如开料用的大型切料机，普通的车床式玉雕机，雕琢大型玉器的手持式玉雕机、抛光机等。此外，还有各种规格的金刚石锯片、金刚石磨棒、金刚石钻头等。

电动磨玉机、合金砣具

无论是古代还是现代，雕刻玉器的设备原理其实并没有发生实质性的改变，只是从人工脚踏或手扭转动变成电动动力。琢磨工具由钢铁取代了石头、木头、骨头，解玉砂则是被人造金刚石所取代。

接下来，我们就把李澄渊所绘的《玉作图》与现代的制作工艺流程进行比对，看看锯、磨、钻和抛光等工艺到底是怎么做的。

（一）锯

现代制玉，锯切是一个重要手段，工具包括圆盘锯、带锯、线锯等。与古代工具不同的是，由于现代工具具有强大的性能，因此不再需要使用解玉砂。

在古代，制作解玉砂的工序是必不可少的，《捣沙和研浆图》说的就是这个场景。"捣沙"，就是玉工用石杵在石臼里把解玉砂捣碎；而"研浆"，就是把黄沙磨料放入水里进行沉淀，提取石浆，用来制作抛光粉。

《捣沙和研浆图》（局部），图片源自《玉作图》，下同。

再来看《开玉图》，该图描绘了两人协作，使用钢条锯配合解玉砂，从左右对大型玉石进行切割以获取玉璞的场景。这种方法主要针对的是大型玉石。对于体积不大、重量适中的玉石，则可以直接使用另一种名为扎碢的工具进行加工。

《开玉图》（局部）

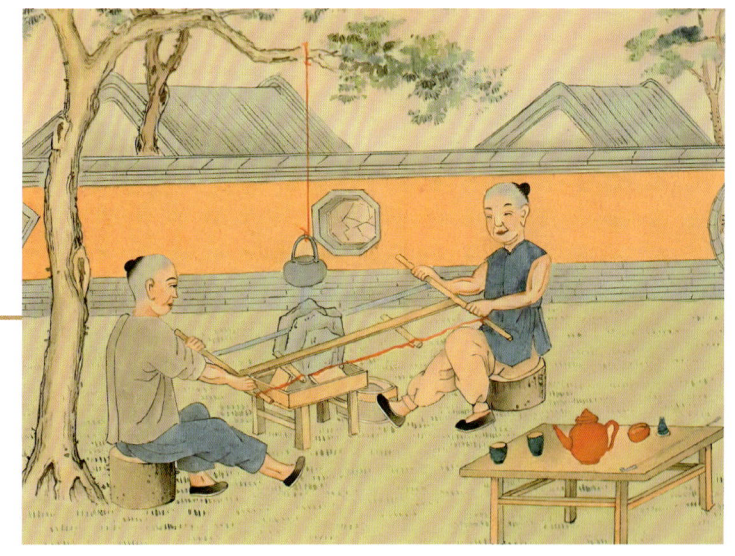

在《扎碢图》里可以看到，所谓的"扎碢"指的是用钢材制作成的圆形锯片，用的时候在刃口涂上解玉砂，然后双脚踩踏板，带动转轴运动，从而把玉料切成长的、方的等几何形状。

《扎碢图》（局部）

同样，古代也存在线锯，通常是在钢丝上涂抹胶水，黏附解玉砂，这与我们今天使用的金刚砂锯条颇为相似。只不过，当时的锯条质量相对较差，使用起来费时又费力。

最后来看《透花图》，透花是指镂空花纹，主要的工具是"搜弓"，这个工具组合会加装一个横木来固定玉器，保证玉器可以受力。通常，玉工会用石榴皮的汁来勾画要透雕的图案，以保证图案清晰，然后不停地拉动锯条，锯掉多余的玉石，完成镂空花纹的制作。

《透花图》（局部）

（二）磨

在《冲碢图》中，可以看到工匠使用冲碢打磨玉石。在这个步骤中，运用相对较厚的钢圈，对切好的玉料进行全方位的打磨。

《冲碢图》（局部）

如果加工后的玉石有一些小瑕疵，还需要使用磨碢进一步加工。在《磨碢图》里，我们看到磨碢和冲碢只是尺寸不同，其作用类似现在用的砂纸，而且磨碢盘也跟砂纸一样有目数，可根据玉石所需的精细程度选择目数进行打磨。

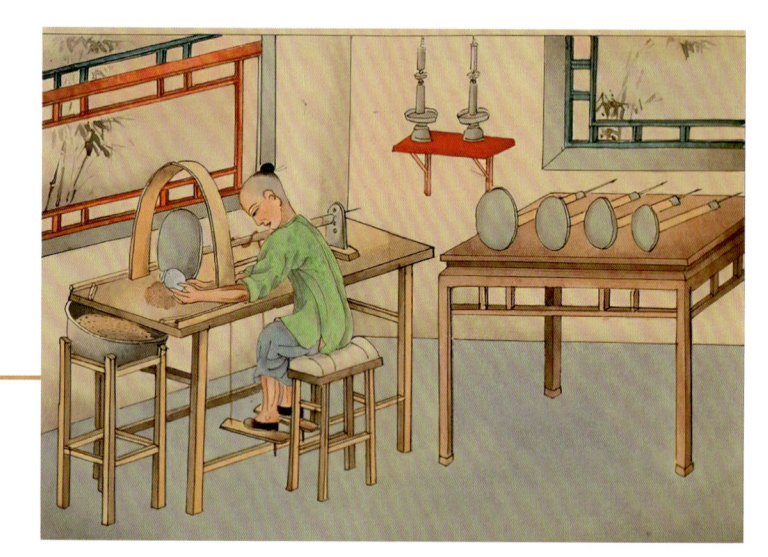

《磨碢图》（局部）

（三）钻

现代钻孔机器功能多样，有机械钻孔、超声波钻孔，甚至还有激光钻孔，简单易用。古代制玉要做出镂空效果，需要在固定的位置打孔，然后进一步做出镂空的花样。比如，在《打钻图》里，玉工就是用一个垂直放置的金刚钻进行钻孔。

《打钻图》（局部）

接下来开始实施打眼的工序。在《打眼图》中看到，可以使用大竹筒卡住木板，木板上提前打好要做的孔洞，然后把要钻的玉器卡在上面，再用金刚钻打眼。这项工作需要非常细致，尤其是在制作扳指、鼻烟壶这类小玉件时，应更加小心仔细。

《打眼图》（局部）

（四）抛光

抛光就是将玉器的擦痕降低到肉眼不可见的程度，使玉器表明产生温润光洁的效果。

现代的抛光工作比较简单，只需根据需要选择一台适合的抛光机，配上抛光粉就可开始打磨。而古代的抛光就要烦琐一些，先用《木碢图》里展示的木碢研磨玉石，然后用《皮碢图》里的皮碢再磨一遍，才能使玉石产生温润感。

《木碢图》（局部）

《皮碢图》（局部）

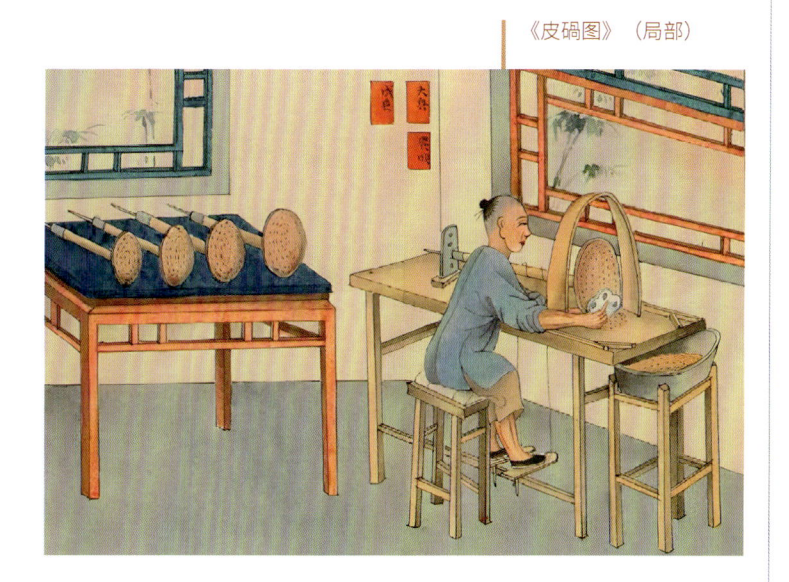

（五）掏堂

掏堂指的是把容器的内部挖空，制作出中空的玉器。这个步骤，需要经验丰富的老师傅操作，因为力道不对，很容易把玉器捣碎。

在掏堂时，使用最多的工具为钢卷筒，就是在钢卷的刃口涂上解玉砂，然后将钢卷放在玉石上旋转，直到掏出洞。如果遇到口小空堂大的玉器，比如大肚子的花瓶或者葫芦，就需要用《掏堂图》里桌子上带钩子的工具了，操作方法是在钩子上涂上解玉砂，然后伸进玉器中一点点磨，直到玉器内部空间符合要求。

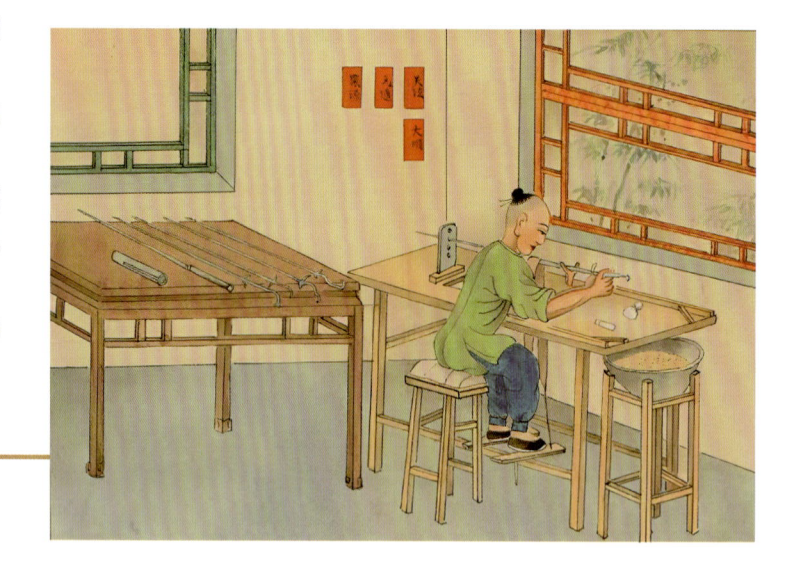

《掏堂图》（局部）

（六）上花

上花指的是在已经成型的玉器表面雕琢花纹的工艺。这一过程中使用的工具被称为钉子，实际上它是《上花图》中所描述的砂轮，外形类似图钉。

《上花图》（局部）

这种小砂轮至今仍在工厂里使用，许多雕刻用的电动工具头上都配有这种小砂轮。根据不同的要求，砂轮的尺寸也会有所不同。

> **总结一下**
>
> 玉器的制作水准，取决于生产工具的进步程度，更取决于对玉料的构思和设计。本节我们从工艺美术中"工"的角度进行解读，其实还可以从"艺"的角度深入探讨，也许会呈现出一个更加绚烂多彩、美不胜收的世界。

瓷器：闪耀东方

肆

SHANYAO
DONG
FANG

第一节
陶和瓷的区别

提及"陶瓷",不少人往往直观地认为陶与瓷易于分辨,常将外观质朴、色泽偏暗的称为陶,而将外观光洁、色泽亮丽的视为瓷。这一对比方式虽然生动,但也过于简单。本节将深入剖析陶与瓷之间的本质差异。

在深入探讨陶瓷的物理特性之前,我们先从文字源头来理解"陶"与"瓷"的含义。

在金文的记载中,"陶"字是一个富有深意的会意字。其左侧为"阝"(fǔ 音同"阜"),意为山坡,象征着制陶活动可能与山地或土壤有关;右侧则形似"匋(táo)",仿佛描绘出两人正在操作泥土的场景,因为泥土正是制作陶器不可或缺的基本材料。这个字生动展现了古代制陶工艺的场景与过程。

而"瓷"字,作为一个形声字,其形旁"瓦"原本指代用土烧制而成的屋顶建材瓦片,后来这一字形泛化用来表示各种陶器,以至于陶器有时也被称为瓦器。从文字学角度来看,古人将瓷器视为陶器中的一种特殊类型,最初特指那些颜色洁白且质地坚硬的陶器。随着时间的推移,瓷器的定义逐渐明确,专指以高岭土为原料精心烧制而成的器皿。

本节将全面细致地探讨"陶"与"瓷"之间的八大核心区别。

陶 金文

一、起源时间差别很大

2012 年,考古学家在江西省的仙人洞遗址有了重大发现——迄今为止世界上最古老的陶器。通过对这些陶器样本进行放射性碳同位素断代法测定,考古学家确定陶器的最早出现时间是在 2 万年到 1.9 万年前。相比之下,原始瓷器的起源要晚得多,可追溯到 3000 多年前,而现代意义上的瓷器则要到东汉时期才正式出现。

江西省上饶市万年县仙人洞中出土的陶器,藏于中国国家博物馆。

青釉瓷尊

藏于郑州博物馆。1965 年,考古人员在河南省郑州市一座距今 3500 多年的商代前期墓葬发现了这样一件尊,科学检测显示这件尊完全符合瓷器的特征,它以高岭土为胎、表面施釉,并经过 1200℃以上的高温烧制,胎釉结合牢固,吸水率低,叩击可发出清脆的金属声,这与陶器已有本质的区别,它就是"青釉瓷尊",这件青釉瓷尊的出土,将我国开始烧制瓷器的时间提前了 1000 多年。之所以称其为"原始瓷器",是因为其原料的处理和胎体比较粗糙,没有经过更加精细的过滤、淘洗、捏练、陈腐等工艺过程,存在胎体中杂质较多、釉色不稳定等瑕疵。

二、材质和颜色不同

陶器和瓷器在材质与颜色上存在显著差异。陶器主要采用含铁量较高的黏土制作，而瓷器则选用氧化铝含量高、氧化铁含量低的瓷土或瓷石为原料。这种材质上的差异直接导致了它们胎体颜色的不同：陶器通常呈现出红色、褐色或灰色，而瓷器的胎体则多为白色或灰白色。

三、烧制温度不同

烧制温度的差异是陶器与瓷器之间的另一重要区别。宋应星在其著作《天工开物·陶埏》中精炼地总结了陶器工艺的基础，即"水火既济而土合"。诚然，陶与瓷皆是土与火交融的艺术结晶，但它们在烧制温度上却有着明显的不同。陶器通常在800℃至最高约1100℃的温度下烧制而成，而瓷器的烧制温度则需达到1200℃以上，部分甚至需接近1400℃。这种温度上的差异，自然导致了两者的成品在品质与特性上的显著不同。

四、穿的"外衣"不同

陶器与瓷器所穿的"外衣"——釉，也存在着明显的差异。釉是由黏土、石英和长石等原料经过研磨、调制后，涂抹于坯胎表面，再经高温焙烧熔融，冷却后形成的玻璃质晶体层。通常情况下，陶器要么不上釉，要么仅施以低温釉；而瓷器则施加高温釉，使得胎体与釉层能够紧密且牢固地结合在一起，这也是瓷器质地坚实且外表光鲜亮丽的原因所在。

东汉绿釉陶楼和明龙泉窑青釉梅瓶的釉色效果对比。

五、硬度不同

由于陶器烧成温度相对较低，因此其胎体结构较为疏松，硬度相对较差，有的甚至能被刀具轻易划出痕迹。相反，瓷器因烧成温度高，胎体结构致密，硬度高，使用普通刀具难以在其表面留下划痕，这就是"瓷实"一词的由来。

蛋壳黑陶高柄杯

藏于山东博物馆。高柄杯器壁薄如蛋壳，杯体修长，杯身饰以细密的镂孔，长柄纤细，是黑陶艺术品中登峰造极之作。蛋壳陶表面乌黑发亮，有"黑如漆，明如镜，薄如纸，硬如瓷"的特点，是龙山文化的典型性器物，代表了中国远古时期制陶工艺的最高水平，在世界范围内也属绝无仅有，被考古界誉为"四千年前地球文明最精致之制作"。

六、透明度不同

陶器的坯体，无论其厚度如何，都不具备半透明的特性。例如，著名的龙山文化黑陶，尽管薄如蛋壳（平均厚度仅为0.5毫米），表面乌黑发亮，却依然保持着不透明的质感。相比之下，瓷器的胎体则不论薄厚，都展现出半透明的特性。

七、总气孔率不同

总气孔率是指材料中气孔体积占材料总体积的百分比，它包括开口气孔率和闭口气孔率两部分，是衡量陶瓷致密度和烧结程度的重要指标。普通陶器的总气孔率通常在 12.5%~38%，精制陶器则在 12%~30%，而瓷器的总气孔率仅为 2%~6%。由此可知，在需要良好吸水性和透气性的应用场合中，如种植花卉等，陶器因其较高的气孔率而被更广泛采用。

八、吸水率不同

吸水率是指物体浸入水中充分吸水后，所吸收的水分重量与物体本身重量的比值，这一指标深刻反映了陶瓷的烧结度和瓷化程度。普通陶器的吸水率普遍超过 8%，而瓷器则保持在 0~0.5% 的极低范围内。

由于密度上的差异，陶器与瓷器在手感上截然不同：掂量时分量感有异，敲击时发出的声音也各具特色。此外，两者在审美风格上也呈现出鲜明对比：陶器倾向于展现粗犷、古朴的韵味，而瓷器则以其优雅、性感的姿态赢得了人们的青睐。

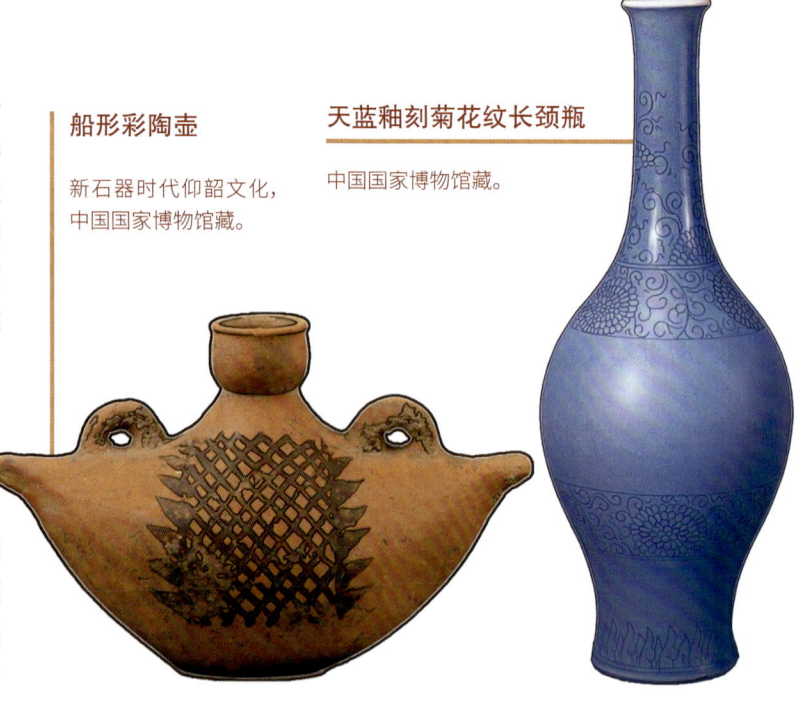

船形彩陶壶

新石器时代仰韶文化，中国国家博物馆藏。

天蓝釉刻菊花纹长颈瓶

中国国家博物馆藏。

> **总结一下**　尽管陶与瓷之间是否存在直接的"母子关系"，在学术界尚存争议，但不可否认的是，它们因材质特性的显著差异而各具魅力。

第二节

瓷器之"釉"的魅力

提及瓷器，两句脍炙人口的诗句便跃然心上："雨过天青云破处，这般颜色做将来。"关于这两句诗，有两种说法流传甚广。一说是五代后周世宗柴荣所言，表达了他对当时的御窑——柴窑所制作的釉色的至高要求；另一说则认为是宋徽宗之语，旨在对汝窑的釉色提出期望。

汝窑青釉洗

北宋，中国国家博物馆藏。汝窑釉色为天青色，因釉中加入玛瑙，釉质光泽莹润。南宋周辉在《清波杂记》中载：汝窑"内有玛瑙末为釉，为供御拣退，方许出卖，近尤难得。"据统计，现今存世汝窑藏品不及70件，故汝窑器罕见且珍稀。

"天青色"无疑是瓷器历史上最为高贵且迷人的色彩，那么这一绝妙颜色究竟是如何诞生的呢？

其实，这一迷人的色彩源自一种名为"釉"的物质。釉是一种覆盖在陶瓷制品表面的玻璃质薄层，宛如为陶瓷披上了一袭华丽的外衣。解析"釉"字，发现它由"釆"与"由"两部分构成。"釆"原本意指动物用爪子翻检食物，而"由"则象征着"光滑"或"滑动"。将"釆"与"由"结合，形象地描绘了"使动物爪子打滑的器皿表面"。换言之，釉就像是一层特殊的"油"，它不仅让陶瓷表面光滑，更赋予了陶瓷"文采斐然"的美感。

一、"釉"的起源

早在三千多年前的商代，人们就已经掌握了利用岩石和泥巴制造釉的技术。后来人们发现，窑灰自然降落在坯体上能化合成釉，因此，草木灰成为制釉的一种原料。

随着时间的推移，矿物原料如石英、长石、黏土、高岭土等逐渐成为釉料的主要来源。这些矿物原料与化工原料按照一定比例混合、研磨后，加水调成釉浆。将釉浆涂敷在坯体表面，并经过一定温度的煅烧，釉料会完全熔融成液体。待其冷却后，这种液体便会凝固成一种玻璃质，这就是釉。

二、"釉"的作用

从功能层面讲，釉的施加使得制成的瓷器具备了不透水、不透气的特性，强度增加，耐热性能提升，且更加易于清洗。正因如此，瓷器自诞生之日起便迅速成为日用器具中的佼佼者。

从审美视角审视，釉的诞生无疑为瓷器增添了一抹明亮与美观。而随着更多有色釉的应用，瓷器的世界更是变得绚烂多彩，甚至在某些历史时期，人们对釉色的重视程度超越了胎体本身。

以宋代五大名窑为例，除了定瓷以白色胎体著称，钧窑、汝窑、官窑、哥窑及龙泉窑均为色彩运用的高手。仅以红色釉为例，就有祭红、豇豆红、宝石红、郎窑红、抹红、珊瑚红、胭脂红、粉红、海棠红、束红、矾红、肉红、鲜红、朱红、大红、柿红、娃娃脸红等多种；而青色釉也同样丰富多样，包括天青、粉青、豆青、冬青、翠青、灰青、虾青、影青、蛋青、梅子青等。即便未曾目睹这些瓷器，仅仅是听听这些釉色的名字，就足以让人心驰神往，陶醉其中。

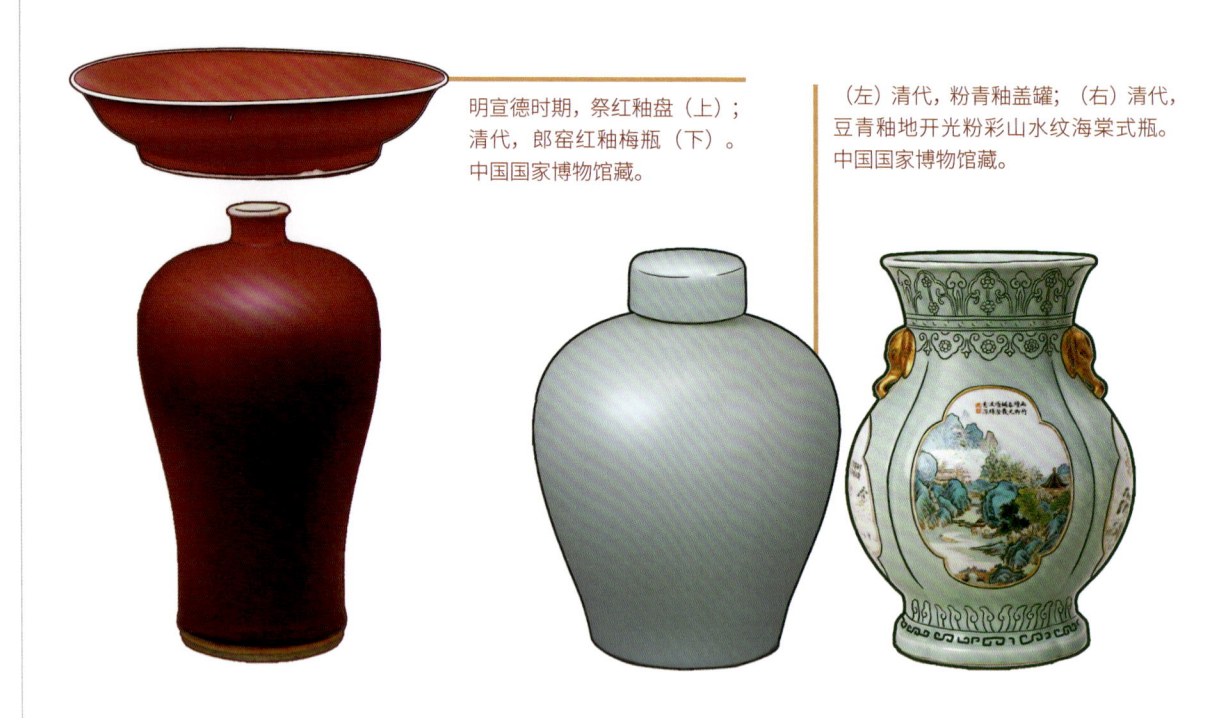

明宣德时期，祭红釉盘（上）；
清代，郎窑红釉梅瓶（下）。
中国国家博物馆藏。

（左）清代，粉青釉盖罐；（右）清代，豆青釉地开光粉彩山水纹海棠式瓶。中国国家博物馆藏。

以上介绍的还仅仅是单色釉的辉煌成就。随后，"釉"与"彩"开始携手合作，诞生了"釉上彩""釉中彩""釉下彩"，以及"斗彩"等多种技艺，使得瓷器的世界迈入了一个异彩纷呈、层次分明的立体新纪元。

第三节
如何快速读懂瓷器的年份

瓷器之所以能够风靡全球，关键在于其千年不朽的特性。当一件现代烧制的瓷器与一件千年古瓷并列眼前，仅凭肉眼观察，两者皆光洁如新，这时，如何准确辨识它们的年代便成为一种挑战。对于瓷器爱好者而言，每一件瓷器，哪怕只是一个日常用的汤碗，都蕴含着丰富的时代文明信息，如胎质、釉色、彩绘风格、纹饰主题、款识、器型、制作工艺、底足特征等。所以，要准确判断一件瓷器的年份，关键在于深入理解瓷器的历史大数据，尽管这在实际操作中颇为复杂，并且需具备识别仿古与造假手段的能力。

本节将简要介绍识别瓷器年代的五个主要方法：款识、纹饰、器型、胎质和底足。

一、款识解读

瓷器的款识，是指刻、印或画在瓷器底部或其他位置上的文字或图案，用以表明产地、年代、用途、人名、堂名及吉祥语等内容。"识"在此处应读作"zhì"，意为"标记"。之所以最先提及款识，是因为如果款识真实，它往往能直接揭示瓷器的年代。各朝代的款识书写风格各异，官窑与民窑也有所不同。例如，明代瓷器的款识特点可以概括为"永乐款少、宣德款多、成化款肥、弘治款秀、正德款恭、嘉靖款杂"。

乾隆款仿宣德青花松竹梅纹盘

藏于故宫博物院。清乾隆时期，随着仿古风尚的兴起，景德镇御窑厂烧制了一大批仿明宣德时期的青花松竹梅纹盘，它们的形制、大小、纹饰、布局与原器完全一样，有的写款识，有的不写款识。款识有两种，一种署"大明宣德年制"款，另一种署"大清乾隆年制"本朝款。本盘即为本朝款。

二、纹饰分析

瓷器作为工艺品，是技术与艺术的完美结合。纹饰作为瓷器的重要组成部分，不仅体现了技术特征，还反映了审美追求。特别是在皇家主导瓷器审美的时代，纹饰的题材、内容、手法及工艺技术都深受皇帝个人喜好的影响。

例如，明代永乐、宣德时期的瓷器，青料晕散且伴有下凹痕。这种效果在清代雍正时期被模仿，但由于钴料不同，色彩显得漂浮。

再如，明代成化斗彩瓷器的纹饰中存在一种独特的现象，被形象地称为"花无阴面，叶无反侧"，这意味着在绘制花卉时，花朵与叶片均只展现其单面形态，缺乏立体感，给人一种单薄而简约的视觉感受。而在描绘人物时，衣物纹理并未经过细致的渲染处理，内外层次模糊不清，仿佛人物身着轻薄透明的单衣，透出一种淡雅与质朴之美。

青花寿山福海纹花口瓶

藏于故宫博物院。此瓶造型构思奇巧，青花浓重艳丽并有晕散，具有仿明代永、宣青花的艺术效果。纹饰为吉祥图案，寓意"寿山福海"。

斗彩婴戏纹杯

藏于中国国家博物馆。斗彩瓷是成化时期的精细之作，清蓝浦《景德镇陶录》卷五"成窑"记："成化厂窑烧造者，土腻质尚薄，以五彩为上。"明人、清人在著书立说时将明成化斗彩瓷器统称为"五彩"。

三、器型审视

器型无疑是瓷器时代特征最为重要且直观的体现。从汉晋时期的古朴端庄，到唐代瓷器的丰腴雍容；从宋代瓷器的清丽秀雅，到元代瓷器的浑厚凝重；再到明代永乐时期的古雅秀美、成化时期的圆润秀致；直至清代康熙时期的敦厚挺劲、雍正时期的纤柔秀丽及乾隆时期的精巧繁缛，瓷器的器型演变如同一部时代审美变迁的生动记录。

乾隆款胭脂红蓝地轧道珐琅彩折枝花纹合欢瓶

藏于故宫博物院。此瓶造型优美，设计精巧，在清代宫廷档案中被称为"合欢瓶"。

青瓷瓿（bù）

藏于中国国家博物馆。浙江省绍兴市上虞区出土，造型古拙粗犷、古朴雅致。

审视瓷器器型，实际上是在解读一个时代的民族心理。正如我们对一个人身形的审美，无论是胖是瘦，是端庄还是婀娜，都蕴含着那个时代的审美观念和民族心理特征。同样地，瓷器器型的演变也映射出不同时代对于美的追求和表达，成为民族心理的一种象征性反映。

四、胎质探究

"胎为骨，釉为衣"，这句古语恰如其分地描绘了瓷器结构中胎与釉的关系。在鉴赏瓷器时，对其胎质的考察尤为关键。一个行之有效的观察方法是从瓷器的底部入手，因为这一区域往往未施釉彩，裸露的胎体为我们提供了直接审视其内在品质的窗口。

通过观察瓷器底部的胎质，我们可以辨别出不同历史时期胎土淘炼的纯净程度，以及烧结的致密性。例如，相较于清代与民国时期的瓷器，明代以前的瓷器胎土中往往含有较多的金属成分和其他杂质，这反映了当时制瓷工艺水平与材料处理的局限性。随着时代的进步，胎土的提炼技术不断提升，瓷器的胎质也愈发纯净细腻，烧结得更加致密坚硬，这些细微的变化都是时代工艺进步的见证。因此，通过对胎质的细致观察，我们不仅能够领略到瓷器制作的精湛技艺，还能深刻感受到历史的变迁与文化的演进。

五、看底足

在欣赏瓷器时，底足往往是容易忽视的细节。一方面，人们可能认为底足对于整体审美无关紧要；另一方面，瓷器的展示方式也往往使得底足难以窥见。然而，制作者在处理底足时却往往有意无意间留下了时代的印记，这些细微的差异成为瓷器断代的重要依据。正因如此，民间流传着"看瓷不看底，断代没道理"的说法。

清三代官窑瓷器特别讲究修足圈边上的釉，它是在上釉之后在圈足顶部内外各修一刀，使圈足内外的釉对齐，仅留下不到1毫米的胎露出来。

粉彩花蝶纹盘

清代康熙年制，藏于故宫博物院。

业内人士更是总结了底足的诸多判断特征，如火石红、修胎刀痕、露胎胎骨、黏砂现象、底足做法、内折角、胎骨质地、刻字、削足方式、护胎釉、胎土痕迹，以及足边修釉等，这些特征为瓷器断代提供了丰富的线索。可以说，底足是瓷器断代中最重要也是最复杂的部分之一，它如同人的鞋子，虽不起眼，却能透露出穿着者的身份与气质。

此外，有业内人士总结了底足的25个判断特征，如火石红、修胎刀痕、露胎胎骨、黏砂现象、底足做法、内折角、胎骨质地、刻字、削足方式、护胎釉、胎土痕迹、足边修釉等。可见，底足才是瓷器断代最重要也是最难的部分。

> 认识一件瓷器，就如同认识一个人。款识如同名片，直接明了；纹饰如同服饰，彰显文化特色；器型如同身材，体现时代风尚；胎质如同肤色，透露材质本质；底足则如同鞋子，虽不起眼却蕴含深意。当然，瓷器断代的知识远不止于此，实际情况远比想象复杂。要想提升瓷器鉴赏水平，就需要多看、多学、多上手实践，不断积累经验和知识。

总结一下

第四节
绵绵不绝、富贵不断的回纹

回纹，这一既普遍又独特的造型图案，深深根植于人类文明的悠久历史之中，尤其在中国传统纹样中，它犹如一颗璀璨的明珠，彰显着鲜明的中国特色。本节将聚焦于陶瓷装饰中的回纹，对其进行深入的探讨与分析。

一、回纹的"回"是什么意思

要说回纹,得先说说"回"字,《说文解字》注:"从口(wéi,古同"围"),中象回转之形。中当作"口"。外为大口,内为小口,皆回转之形也。如天体在外,左旋;日月五星在内,右旋是也。"

回 甲骨文　　　　回 金文

换言之,古时的"回"字仿佛描绘了水流回旋的景象,其独特的一左一右、一内一外的"S"形结构,与阴阳鱼太极图颇为相似,深刻地蕴含了阴阳相互依存、生生不息的哲学思想。

由于人们对水的崇拜,加之回纹形态连绵不绝,这一纹样被赋予了丰富的象征意义,诸如代表着无穷无尽的能力与财富、男女之间的深厚情感与子孙后代的绵延不绝,以及事物在达到低谷后迎来新一轮的崛起等。回纹图案的应用范围也极为广泛,从早期的陶器、青铜器,逐渐扩展到漆器、陶瓷、服饰、染织、玉器、家具乃至建筑等多种器物上,是运用得极为普遍的装饰纹样之一。

马厂类型回纹彩陶罐

新石器时代马家窑文化,永靖县博物馆藏。马家窑马厂陶器上的回纹,是目前考古发现的年代最早的回纹。

二、回纹的主要样式

方回单体型: 这是回纹在早期阶段最为基础且典型的形态。它以独立的回纹单体为核心,通过将这些单体进行有序排列,形成二方连续或四方连续的图案,从而营造出一种独特的空间流动感和视觉韵律。

双耳回纹三足青铜鼎

春秋至战国时期,南京博物院藏。

紫檀有束腰雕回纹扶手椅

清代,上海博物馆藏。

减笔组合型: 这一类型是在方回单体型的基础之上进行的一种创意性变形。制作者通过巧妙地减少回纹的单体笔画,再将这些经过简化的元素重新组合,创造出既保留回纹基本特征又富有新意的图案样式。这种减笔与重组的手法,不仅使得回纹图案在视觉上更加简洁明快,也为其赋予了更多的变化和灵活性,拓宽了回纹在装饰艺术中的应用范围。

正反 S 型： 这一类型是将减笔组合型中的某一回字纹单体进行反向处理，从而巧妙地形成了 S 形的纹样布局。这种设计不仅使得回纹图案在视觉上呈现出流畅而活泼的灵动之感，还极大地改变了其原有的古朴、庄严风格，赋予其更加现代和生动的装饰效果。通过这种正反 S 型的布局，回纹图案在保持其传统韵味的同时，也展现出了与时俱进的创新魅力。

釉里红缠枝牡丹纹碗

藏于故宫博物院。该碗为洪武釉里红瓷器的代表作品。碗撇口，深弧壁，圈足，内外釉里红装饰。内外口沿均绘回纹，内壁绘缠枝菊纹，圈足外墙绘回纹。

一笔连环型： 这一类型的回纹以其独特的不间断线条设计而著称，整个图案一笔呵成，展现出极为灵动与流畅的视觉风格。这种设计手法不仅赋予回纹以更强的动态美感，还使其在现代设计中焕发出了新的生机与活力。一笔连环型的回纹，以其简洁而富有韵律感的线条，成为现代装饰艺术中备受青睐的一种形式。

青花八宝纹双耳宝月瓶

清乾隆时期，藏于故宫博物院。该瓶通体以青花为饰，口沿绘一笔连环型回纹。

三、回纹为什么又称为云雷纹

回纹之所以被称为云雷纹，其根源可追溯至其最早的应用历史。回纹最初在彩陶和青铜器装饰中崭露头角，尤其在青铜器上，它常被用作底纹，巧妙地装饰在器皿的颈、足、沿等边缘部位，既衬托出主体纹饰的华美，又起到了分隔与收边的实用功能。

云　甲骨文

在习惯上，人们依据回纹的形态特点，将圆形的回纹亲切地称为云纹，而将方形的回纹形象地称为雷纹，这两者统称为"云雷纹"。云纹这一称谓易于理解，正如《说文解字》所述，云乃"山川之气也"，其字形从雨从云，形象地描绘了云朵回转缭绕之态。换言之，"云"与"回"在形态上都有着漩涡状的共通之处，这一共通性使得云纹与回纹在视觉与寓意上紧密相连，共同构成了云雷纹这一富有深厚文化底蕴的装饰图案。

那么，回纹为何又被赋予"雷纹"之名呢？这源自"雷"字与"回"字在语义与音韵上的相通之处。章太炎先生曾明确指出，"畾"（古同"雷"）字的音义皆源自"回"。此外，在元代黄公绍编纂的韵书《古今韵会》中也有记载："回，古雷字，后人加雨作雷。"进一步印证了"回"与"雷"（靁）之间的历史渊源。

至于雷与回为何能互通，这或许源于雷的回声与水的漩涡在形态上的相似性——它们都以层层递进、绵延不绝的方式展现。这种共通性不仅体现在自然现象的描述上，也深刻地反映在纹饰的演变中。因此，我们可以理解为，旋涡纹、云雷纹与回纹，实质上是同一种纹饰在不同历史时期、不同文化背景下的不同表现形式或变体。

四、回纹的兴衰与时代的风尚

回纹，作为一种兼具变化与统一的几何图案，其核心精髓在于"简约"。正是这份简约之美，使得回纹在不同历史时期的主体性，随着时代风尚的流转而呈现出多样化的变迁。

在汉代，社会普遍崇尚古朴简约、典雅庄重的艺术风格。这种风尚恰好与回纹的简约特性相契合，因此回纹开始大范围地出现在漆器工艺的装饰之中，成为当时流行的装饰元素之一。其简洁而富有韵律感的线条，不仅彰显了汉代工艺的精湛，也反映了当时社会对于简约之美的追求。

到了唐代，随着经济的繁荣和文化的多元化，人们的审美趣味也发生了显著变化。这一时期，具有浓郁艳丽风格的宝相花纹、缠枝纹等花草纹样开始盛行，成为装饰艺术的主流。相比之下，回纹则更多地以配角身份出现，作为辅助纹样点缀其间，但其简约之美依然在某些细节中得以体现。

进入宋代，文人治国的理念深入人心，高级简约的风格再次被提倡。在这种背景下，回纹被重新发现并再度流行起来。宋代工匠们巧妙地将回纹融入各种器物之中，无论是陶瓷、玉器还是家具，都能见到回纹的身影。其简约而不失精致的线条，不仅符合当时社会的审美需求，也彰显了宋代工艺的高超水平。

在明清时期，回纹作为一种经典且富有韵味的装饰图案，其应用范围极为广泛，几乎渗透到人们日常生活的每一个角落。从精致的织绣与柔软的地毯，到细腻的木雕与典雅的瓷器；从华丽的金银器与古朴的青铜器，到实用的家具与日常的服饰；乃至精巧的剪纸、立体的雕塑、厚重的石刻及宏伟的建筑装饰，回纹都以其独特的魅力点缀其间，成为这些艺术品与实用品中不可或缺的一部分。这一时期的回纹，不仅展现了其作为装饰图案的多样性与适应性，更深刻地反映了明清社会对于简约、典雅之美的共同追求与崇尚。

定窑白瓷划花回纹盏托

宋代，藏于台北故宫博物院。

金瓯永固杯

清乾隆时期，藏于故宫博物院。杯为金质，鼎式，圆形，直口。口沿錾回纹一周，一面中部錾篆书"金瓯永固"，一面錾"乾隆年制"四字款。

五、回纹的美学魅力

回纹之所以能够历经千年而不衰，不仅因为其蕴含的美好寓意，更在于它本身所展现出的丰富美学特征和深刻哲学意蕴。南通大学艺术学院教授宋漾在《中国传统回纹的审美特征及哲学意蕴》一文中，精炼地总结了回纹的三大审美特征。

一为"回旋往复之美"。回纹往往以重复的形式呈现，这种重复与音乐的节奏旋律、诗歌的音韵，诗句中的押韵、双声叠韵、重言等手法相呼应，体现出一种回旋、重复、一唱三叹的美感。因此，回纹被视为凝固着乐感的结晶体，能够引导人们在重复的旋律与和声中领略并欣赏其主题内容或图形。

二为"穿插重叠之美"。尽管回纹在图案中常扮演着配角或边缘角色，但其在细节处理上的精妙却成为图案创作的构架关键。典型的回纹及其变体图形在各种器物表面的配合使用，展现出形式多样性、穿插重叠、相反相成、富于对称、节奏和律动的美学特点，这些构成了千变万化的构图方式和创作手法。

仿雕漆釉碗

清乾隆时期，藏于故宫博物院。此碗形制、釉色、纹样、质感均酷似漆器，口沿剔刻一周回纹，体现出乾隆时期景德镇御窑厂炉火纯青的制瓷技艺。

画珐琅宝相花纹盘

清乾隆时期，藏于故宫博物院。盘中回纹分为四层，穿插于主纹之间。

三为"端庄典雅之美"。主题图案通常将繁复的自然形态，抽象简化为既简洁明快又充满生动变化的平面形象，装饰于器物的核心部位。而人工韵律十足的几何形回纹则巧妙地缠绕在器物的边缘或关节处，与主题图案形成鲜明而和谐的形式对比，共同营造出一种端庄典雅、绚烂多彩的艺术氛围。

正是由于回纹具备上述独特的美学特征，无论是古希腊回纹、罗马回纹等西方变体，还是中国的传统回纹，尽管它们的起源各异、样式多样，但自诞生以来，都迅速成为广受欢迎的装饰符号。时至今日，回纹依然是时尚界与设计界的宠儿，以其生生不息的活力，持续为现代设计注入经典与创新的元素。

第五节
瓷器的"南青北白"如何形成

瓷器，如今已深深融入我们的日常生活，且多以白瓷为主。然而，在中国瓷器发展的漫长历程中，白瓷的崛起并非易事。直至唐代，白瓷才终于与青瓷并肩而立，形成了"南青北白"的独特格局。本章，我们将深入探讨唐代"南青北白"的故事，以及这一格局如何改写了瓷器的历史。

131

一、"南青":陆羽心目中的"天下第一"

谈及"南青",我们不得不提南方的青瓷。早在商代,中国就已出现了原始青瓷。直至南北朝之前,青瓷在陶瓷领域中一直占据着主导地位。其中,越窑青瓷无疑是重中之重,其窑址主要分布于浙江上虞、慈溪、余姚一带。

越窑的地位显赫,东汉时期,中国最早的、真正意义上的瓷器便是在越窑的龙窑中烧制成功的。因此,越窑青瓷被誉为"母亲瓷"。而在陕西法门寺地宫中出土的14件唐代"秘色瓷",更是越窑青瓷的巅峰之作。

秘色瓷碗

唐代,1987年陕西省宝鸡市扶风县法门寺地宫出土,现藏于中国国家博物馆。此碗是陕西法门寺地宫出土账册中明确记载的"秘色瓷",外壁还粘贴着出土时的包装残纸,尚存唐代侍女形象。

茶圣陆羽对越瓷的赞美之情溢于言表,他深感越瓷之美,犹如玉石般温润,又如寒冰般清澈,因此将其誉为天下第一。在陆羽所著的《茶经》中写道:"碗,越州上,鼎州次,婺州次,寿州次,洪州次。"他明确地将越州窑(即越窑)列为瓷器之首,紧随其后的是鼎州、婺州、寿州和洪州等地的窑口,这样的评价足见越瓷在当时的崇高地位。

唐代诗人陆龟蒙同样对越窑青瓷情有独钟,他挥毫泼墨,写下了"九秋风露越窑开,夺得千峰翠色来"的佳句。这句诗以生动的笔触和丰富的想象力,将越窑青瓷的翠绿之美描绘得淋漓尽致。在陆龟蒙的笔下,越窑青瓷仿佛是从整个秋天的风露中汲取了精华,又似是从千峰之中夺取了翠色,其色泽之美,犹如千峰连绵,翠绿欲滴,让人仿佛置身于一幅如诗如画的绝美画卷之中。

二、"北白":中原审美的突破

白瓷,作为北方瓷器的杰出代表,不仅展现了高超的制瓷技艺,更是中原地区瓷器审美的一次重大突破,引领了瓷器艺术的新风尚。

(一)"白瓷"的定义

提及"白瓷",我们首先需要明确其定义。这里的"白"究竟是指胎体、化妆土还是釉色?而灰色又是否算作白色的一种呢?这些问题在学界和业界中存在着诸多不同的观点,尚未有统一的答案。中国社会科学院考古研究所的李鑫在《白瓷起源问题研究再思考》一文中,提出了以下界定标准:首先,白瓷是烧成温度高于

1200℃的瓷器,而非低温烧造的釉陶器;其次,不施化妆土的胎釉中,氧化铁的含量需低于1%;再者,对于釉色的色度差应持有一定的容忍度,即白中泛青、白中泛黄等现象并不影响其被划分为白瓷;最后,对于化妆白瓷而言,其胎体中的氧化铁等呈色元素含量可稍高,但需在外部施加透明釉。

(二)白瓷的起源

关于白瓷起源的时间,考古界同样存在着诸多争议。有观点认为白瓷起源于东汉、北齐、北魏后期、东魏北齐之际或隋代等不同时期。对此,李鑫认为白瓷应起源于隋代的安阳地区,他指出:"尽管我们不能完全排除未来有新的出土资料可能推翻以上观点,但就目前已有的考古资料来看,根据张盛墓等出土资料推断,白瓷起源于隋代,以河南相州窑和河北邢窑为代表的豫北冀南地区的观点是站得住脚的。"

(三)白瓷先在北方烧成的原因

尽管南方的制瓷技术长期领先于北方,白釉瓷器却首先在北方烧成,这是什么原因呢?

《中国陶瓷史》一书对此进行了总结:"我国早期的瓷器全部属于青瓷系统,经过制瓷工人的长期实践和研究,他们逐渐控制了胎釉中的含铁量,克服了铁的呈色干扰,从而发明了白瓷。"换言之,为了与南方的青瓷竞争,北方的制瓷工人另辟蹊径,通过技术创新取得了突破。

除技术层面的因素,审美因素也在相关发展进程中发挥了不可忽视的作用。西域风格的明亮玻璃器与金属器物传入,为北朝的器物审美领域带来了全新的视野。这一变化打破了瓷器在人们固有认知中只能呈现传统青色的局限,让人们意识到瓷器亦可如金银器、玻璃器那般,拥有明艳亮丽的外表色彩。这种审美观念的革新,为白釉陶和白瓷的发展注入了积极动力,产生了极为有利的推动作用。

(左)唐代,越窑青瓷瓜棱执壶,浙江省宁波市慈溪市上林湖周边出土,藏于宁波博物馆;(右)唐代,白瓷茶瓶,河南省三门峡市陕州区出土,藏于中国国家博物馆。

(四)以生产白瓷著称的窑厂

河北的邢窑在我国陶瓷史上占据着举足轻重的地位。其旧址位于今天的河北临城、内丘两县境内。在隋唐以前,邢窑主要以烧制青瓷为主。然而,自隋朝至唐初,邢窑成功完成了由烧制青瓷到烧制白瓷的转型。

到了唐代，邢窑已经发展成为一个规模宏大的白瓷生产基地，其南北跨度达到近 30 公里。邢窑白瓷不仅以其洁白坚致的胎釉著称，更以其精湛的旋削工艺脱颖而出。无论是口部、肩部还是圈足，所有细节部位都经过一丝不苟的精雕细琢。这样精细规整的做工，在唐代堪称独一无二。正因如此，邢窑白瓷首先被宫廷选中，并被珍藏于唐玄宗的私库——百宝大盈库中。唐大明宫遗址中出土的邢窑瓷器上，带有"盈"字的铭文，便有力地证明了邢窑的官窑身份。

邢窑白釉皮囊式壶

唐代，藏于故宫博物院。白瓷至唐代已自成一个系统，可与青瓷分庭抗礼，陆羽在《茶经》中以"类银""类雪"赞美其釉色之白。它不以纹饰取胜，而注重造型与釉色的相互衬托。唐白瓷以河北邢州所产最负盛名。

时至晚唐，河北曲阳的定窑异军突起，逐渐超越了邢窑，成为北方首屈一指的白瓷窑场。与此同时，河南巩义窑所烧制的白瓷同样不容小觑，其胎质细腻，胎色洁白，且变化丰富，包括灰白、白中闪黄、白中闪青等多种色调。巩义窑、邢窑与定窑所产的白瓷，均为唐代白瓷中的佼佼者，共同展现了唐代白瓷的卓越风采。

巩义窑白釉弦纹匜

唐代，藏于故宫博物院。白釉弦纹匜（yí，本义指古代盥洗时舀水用的器具，形状像瓢），胎体洁白，里外均施透明釉。

定窑白釉刻花莲瓣纹碗

北宋，现藏于中国国家博物馆。

三、"南青北白"是否意味青瓷与白瓷割裂

"南青北白"这一说法，是否意味着北方就完全不生产青瓷呢？答案是否定的。事实上，没有烧制青瓷的经验和技术积累，是不可能成功烧制出白瓷的，更无法让宋代的汝窑和钧窑在青瓷烧制技艺上达到巅峰。近年来的调查显示，北方地区在唐宋时期烧造白瓷的窑场，在早期往往也主要烧制青瓷。例如，著名的定窑产地——河北省曲阳县涧磁村，在唐宋时期大量烧制白瓷，但在更早的北朝至隋代，这里主要是烧制青瓷的。同样，1957 年在河南省巩县发现的瓷窑遗址也呈现出从烧制青瓷向烧制白瓷转变的历史脉络。

另一方面，南方地区如江西景德镇、广东潮州、福建德化等地，在宋代也开始大量烧造白瓷。因此，"南青北白"这一说法，更多的是对南北两地烧瓷特点及其"核心卖点"的总结，而非对情况的全面概括。它并不能说明南北在瓷器烧制上存在着绝对的割裂，而是反映了当时瓷器生产的地域特色和市场导向。

白瓷就如同一张白纸，为瓷器工匠们提供了一个广阔的舞台，让他们能够尽情发挥天赋与创意。正是在白瓷的基础上，青花、釉里红、五彩、斗彩、粉彩等各种绚丽多彩的彩瓷才得以诞生并蓬勃发展。白瓷的出现，不仅丰富了瓷器的种类和风格，更为中国制瓷工业开辟了一条广阔的道路，使其得以在技艺与艺术的道路上不断前行，创造出更多令人叹为观止的瓷器佳作。

德化窑白釉观音像

明代，藏于故宫博物院。德化窑位于福建省泉州市德化县，宋时已开始生产白瓷。明代德化窑白瓷胎质致密，透光度极好。由于胎釉中三氧化二铁含量较低，氧化钾含量较高，烧成时采用中性气氛，因此釉色光润明亮，貌白如凝脂，故有"猪油白""象牙白"之称。而其中的白瓷佛像更是久负盛名。

第六节
宛若流星的"唐三彩"

谈及唐三彩，其知名度可谓极高，然而它仿佛又身藏很多秘密，众多关于它的细节问题，实则并不为大众所熟知。本节将通过五个关键问题，力求对唐三彩进行详尽而清晰的阐述。

一、唐三彩的发现

时光回溯至20世纪初，当陇海铁路正在紧锣密鼓地修建时，其线路恰好穿越了洛阳城北面的邙山。邙山凭借其高耸的地势与坚硬的土质，自古以来便是达官贵人们择选陵寝的理想之地。伴随着铁锹挖掘时清脆的声响，唐代古墓被逐一揭开，更令人惊叹的是，大量前所未见、精美绝伦的彩色随葬陶器也随之重见天日。

三彩骆驼及牵驼俑

唐代，出土于河南省洛阳市，现藏于河南博物院。骆驼和马是丝绸之路的主要运输工具，唐墓中大量出土的三彩骆驼和马反映出当时丝绸之路的兴盛，各国的艺术家和商旅纷纷涌入李唐王朝的政治中心长安和洛阳，给中国的历史发展、民族文化交融带来深刻的影响。

这些精美的陶器很快引起了著名金石学家王国维和罗振玉的注意，同时引起了国际上的广泛关注。然而，尽管人们翻阅了众多古籍，却始终未能找到关于这些器物的确切名称。直到1942年，这一困境才得到了突破，古玩收藏家赵汝珍在其著作《古玩指南》中，首次将这些器物命名为"唐三彩"。

换言之，这些代表着中国陶器艺术巅峰之作的唐三彩，在地下沉睡了千年之久却一直默默无闻。从它们重见天日到享誉世界，不过是近一百多年的时间。而自从拥有"唐三彩"这个名字以来，也仅仅走过了八十年的历程。在文物界，唐三彩无疑是一个相对年轻而新颖的面孔。

二、唐三彩是陶器还是瓷器

在唐代，中国的瓷器生产已呈现出"南青北白"的鼎立之势，南方以越窑的青瓷为代表，北方以邢窑的白瓷为代表，均已达到极高的工艺水平。然而，大名鼎鼎的唐三彩，却并非瓷器，而是典型的陶器。

陶器作为古代世界中各国共有的文明产物，其历史悠久。而瓷器，则是中国独有的文化贡献。自东汉时期瓷器被创造出来后，那些灰头土脸、易碎甚至可能漏水的陶器便逐渐淡出了人们的日常生活。就在陶器即将被遗忘之际，唐朝初年的唐三彩横空出世，再次将陶器推上了艺术的巅峰。

三彩烛台

唐代，藏于故宫博物院。这件唐三彩烛台造型实用古朴，施釉均匀，色彩深沉雅致，又在三彩中点以蓝彩，更增添了器物的华贵韵致，是三彩器的上乘之作。

那么，为何唐初会出现唐三彩这样的陶器杰作呢？这既得益于唐代继承了中国历代绘画、石刻、雕塑艺术的精髓，也与外来文化的融入密不可分。唐三彩中那独特的蓝色钴料便是从波斯进口的，而三彩正是在综合东汉以来的绿釉和黄釉陶的基础上，引进波斯的蓝釉技术创烧而成的。因此，唐三彩不仅展现了唐代中外文化交流的盛况，也再次证明了唐朝文化丰富、大气且包容的特点。尽管瓷器之美备受推崇，但唐朝并未冷落陶器，反而赋予了它新的生命与辉煌。

三、唐三彩的工艺特色

第一，唐三彩是一种独特的低温釉彩陶器。这种陶器以其独特的烧制工艺和色彩斑斓的釉面而闻名于世。低温釉彩陶的特性使得唐三彩在烧制过程中能够保持色彩的鲜艳与持久，这也是其能够历经千年而依然光彩照人的重要原因。

第二，在唐三彩出现之前，陶器釉色多为单色或双色，色彩相对单一。而唐三彩的发明，则开创了多彩釉色的新纪元。洛阳邙山出土的唐三彩作品，如骏马、骆驼、仕女、乐伎俑及枕头等，无不色泽艳丽、五彩流光，栩栩如生。这些作品不仅展示了唐三彩的高超技艺，更充分显示了唐代文化的辉煌灿烂和艺术的繁荣。

唐三彩凤首壶

唐代，1965年河南省洛阳市东郊塔湾村出土，现藏于河南博物院。思维活跃的中国工匠们将波斯萨珊帝国的鸟首壶瓶与中国传统陶瓷艺术相结合，创造出了凤首壶的艺术造型，使得这种器皿在具有实用性的同时增加了观赏性，恰到好处地利用中国文化符号展现出了唐代封建皇权的尊贵。

第三，唐三彩的制作工艺极为复杂，需要经过两次煅烧。首先，以约 1100℃的高温烧制素胎，使其结构紧密且具有一定的强度。然后，在上釉后再用 800℃的低温进行二次烧制，使釉料与素胎紧密结合，形成色彩斑斓的釉面。这一过程中，温度的控制和时间的把握都至关重要，稍有不慎就可能导致作品的失败。

第四，唐三彩的釉料在熔化时会自然流动，形成独特的"流釉"效果。由于工匠无法精确控制釉料的流动方向，多种金属元素在唐三彩表面会以布朗运动的方式向四周扩散，不同颜色的釉料相互浸润，最终形成了色彩斑斓、变幻莫测的釉面。这一过程充满了偶然性和不确定性，但也正是这种不确定性赋予了唐三彩独特的艺术魅力和收藏价值。

第五，虽然唐三彩的其他部位可以任由釉料自由流动，形成"流釉"效果，但人物的头部和面部则是个例外。试想，如果人的脸部也布满流釉，那岂不成了大花脸，显得极为不雅。因此，在制作过程中，工匠们会特意避免在人物的头部和面部上釉。而是在烧成之后，增加一道名为"开相"的精细工序：首先，轻轻涂上一层白色底粉，作为面部的基础色调；接着，根据人物的不同身份和特征，精心彩绘出眉毛、眼睛、胡须及各类饰物等细节，以确保面部既整洁又富有神采，完美呈现出人物的个性与风貌。

三彩釉陶女俑（局部）

唐代，1957 年陕西省西安市土门村出土，藏于中国国家博物馆。

四、唐三彩为谁而做

关于唐三彩是为谁而制作的问题，历来存在不少争议。有观点认为，唐朝盛行的厚葬之风正是唐三彩得以广泛流传的根本原因，而唐三彩的主要用途是作为陪葬的明器。据《唐会要》卷三八"太极元年"条所记载："近者王公百官，竞为厚葬，偶人像马，雕饰如生，徒以炫耀路人，本不因心致礼，更相扇慕，破产倾资，风俗流成，下兼士庶。若无禁制，奢侈日增。"其中所提及的"偶人象马"，无疑是指那些绚丽夺目的唐三彩作品。

三彩釉陶武士俑

唐代，1958 年陕西省西安市独孤思贞墓出土，藏于中国国家博物馆。独孤思贞墓虽被盗掘，但除墓室内随葬器物因扰乱失去原本位置，其余各器物放置的情形大体清楚。此俑和镇墓兽、文官俑均成对放置在甬道中，应为唐代墓葬当圹、当野、祖明、地轴四神中的当圹、当野。

但也有一种观点认为，唐三彩的器物种类与日常生活用品紧密对应，包括盘子、碗、壶、罐、瓶、尊、钵、枕等各种容器一应俱全，还有模拟生活环境的亭台楼阁模型，以及出行所需的车辆、马匹，甚至护驾的武士和侍候的侍女形象也屡见不鲜。这些生动再现生活场景的器物，有力地证明了唐三彩不仅用于陪葬，也广泛存在于人们的日常生活中。

另外，在印度、日本、朝鲜、伊朗、伊拉克、埃及、意大利、俄罗斯、印尼等众多国家均发现了唐三彩的踪迹。这些发现很难单纯用国际友人对陪葬品感兴趣来解释。

三彩盖罐

藏于故宫博物院。此罐器型完整，是唐三彩的代表作，釉彩鲜明亮丽，纹饰仿唐代流行的蜡缬（xié）染织物的图案纹样。

因此，从广泛的地域分布和多样化的用途来看，最大的可能性是唐三彩兼具多重属性：它既是用于墓葬的明器，承载着特定的文化和宗教意义；也是被珍视的收藏品，因其独特的艺术价值和工艺水平而受到青睐；此外，唐三彩还广泛用作日常生活用品，融入了当时人们的日常生活之中。这一结论更为严谨地概括了唐三彩的多重角色与功能。

五、唐三彩的没落

唐三彩的命运与唐帝国的兴衰紧密相连。在唐代以前，人们崇尚素色主义，而唐三彩以其绚丽的黄、绿、白、褐、蓝、黑等多彩釉色，成为大唐独有的色彩象征。而到了宋代，人们对于颜色的审美发生了根本性的转变，如果"雨过天青云破处"真的是宋徽宗梦中的景象，那么北宋绝不会让"三彩"这样的风格成为审美的主流。

此外，唐三彩与其他陶器一样，胎质较为松脆，防水性能差，实用性较低。随着安史之乱后唐朝的日渐衰弱，实用功能有限的唐三彩进一步失去了市场。再加上唐朝灭亡后，大部分后世统治者坚决抵制厚葬之风，这使得唐三彩的存在理由变得更加微不足道。尽管后来出现了"辽三彩""金三彩"等类似制品，但在质量和艺术性上都远不及唐三彩。因此，唐三彩就像流星划过天际一样，最终被埋入了地底，悄无声息地消失在了历史的长河之中。

然而，唐三彩对东亚、西亚、北非的釉陶艺术产生了深远的影响。它不仅催生并推进了这些海外国度的釉陶艺术发展，还持续影响着西亚和北非的陶器制作工艺。唐三彩的旋律余音袅袅，长久不绝，成为世界陶瓷艺术史上的一段佳话。

第七节
宋代瓷器的"高级美"

宋代瓷器，以其独特的"高级美"著称，是中国陶瓷史上璀璨的明珠。其魅力不仅体现在精湛的工艺技术上，还深深根植于宋代独特的文化背景和审美理念中。本节将深入探讨宋代瓷器的魅力所在。

一、三大审美风格

中国古代的审美体系主要涵盖皇室审美、文人审美与民间审美三大类别。皇室审美以其"顶级"为显著特征，这是因为皇室能够动用最优质的材料、最精湛的人工和最前沿的技术，以追求极致的美感。文人审美则侧重于"雅"，强调通过作品传达出的意境与意趣，追求心灵上的共鸣与升华。相比之下，民间审美更加注重活泼自然与通俗易懂，它追求的是与民众生活紧密相连、易于理解与接受的美感形式。

宋代审美的独特魅力，正是从这三大审美阶层的互动与交融中得以体现。

（一）皇帝：多数兼具文豪气质

赵宋王朝实施了一系列旨在加强中央集权的政策，其中，"重文轻武"作为基于祖宗家法的重要国策，贯穿了整个北宋乃至宋代，产生了深远而广泛的影响。这一政策不仅奠定了北宋帝王崇尚文化、热爱文学的基础，也促使他们普遍具备较高的文学素养。

《赵佶听琴图》轴（局部）

藏于故宫博物院。画面上方有宰相蔡京手书七言绝句一首，右上有宋徽宗赵佶瘦金书题"听琴图"三字。由于本幅作品有徽宗题名与画押，所以一度被认为是赵佶所画，后经学者考证，此幅为宣和画院画家描绘徽宗赵佶宫中行乐的作品，而图中抚琴者，正是赵佶本人。

例如，北宋真宗赵恒便是古代帝王中文学产量颇高的一位，其作品多达三百卷。那句脍炙人口的"书中自有颜如玉，书中自有黄金屋"便出自他之手。此外，赵恒在书法领域也颇有建树，其楷书作品既稳重又不失优雅，飘逸中蕴含着端庄。

至于宋徽宗赵佶，更是众人皆知的文学与艺术大师。他不仅创造了风格犀利、典雅独特的"瘦金体"书法，还在绘画领域展现出极高的天赋，将中国古代绘画提升到了前所未有的高度，并吸引了无数底层画家进入翰林院这座帝王的学术殿堂。

（二）文人：与皇帝共治天下

宋太祖曾立下训诫："不得杀士大夫，及上书言事人"；"子孙有渝此誓者，天必殛之"。这一训诫极大地提升了宋代文人的地位。

以唐宋八大家之一的欧阳修为例，他不仅是一位伟大的诗人，更曾任枢密副使，深受皇帝信赖。再如王安石，他自幼天资聪颖，年少时便已声名远扬。后来，他的文章经好友推荐给欧阳修，获得了欧阳修的极力赞赏，并逐渐被京城的官吏所推崇。到了宋神宗时期，王安石更是主持变法，官至宰相。

如果说赵匡胤所定的"重文轻武"国策为宋代文化的繁荣奠定了坚实基础，那么文人政治地位的提升，则无疑是文化繁荣最为有力的保障。

（三）民间：城市化带来的审美流动

宋朝堪称中国古代商业最为繁荣的朝代，这在商业经营活动中得到了充分体现。首先，从空间布局上看，坊与市的界限被打破，店铺可以随意开设，打破了地域限制。其次，在时间上，市场活动不再局限于"日中为市"，而是出现了早市、大市、晚市，以及晓市和夜市，市场活跃度有了质的飞跃。再者，货币方面，纸币的发明极大地便利了交易，提升了经济效率。此外，北宋时期的陆上丝绸之路和海上丝绸之路均畅通无阻，吸引了众多外国商人来华贸易，进一步促进了经济的国际化。最后，在监管层面，官府逐渐放松对市场的直接监管，让市场更加自由开放。

《清明上河图》卷（局部）

藏于故宫博物院。

得益于这些政策的推行，宋徽宗时期的都城开封成为当时世界上最发达的城市之一，人口规模高达百万，早市与夜市相接，构成了《清明上河图》所描绘的繁荣景象。英国历史学家伊懋可曾高度评价："宋朝时期的中国拥有世界上最高的城市化水平。"

商业的繁荣不仅推动了文化艺术的发展，还促进了审美观念的阶层流动。宋朝百姓对风雅艺术和生活品质的共同追求，极大地提升了他们的审美水平。因此，在宋代，原本相对独立的皇室审美、文人审美与民间审美逐渐融合为一体。在皇室资源的支持、文人思想的引领，以及民间趣味的滋养下，美学不再局限于特定阶层，而是转化为一种生活美学，成为各个阶层都能共享的高级审美体验。

二、什么是"高级美"

回到之前的问题，当我们形容某个美学"很高级"时，这个"高级"究竟意指何物？

所谓的"高级"，是指能够将日常使用的物品赋予文化的内涵与质感，让人们在平凡的使用过程中感受到超越物质层面的精神愉悦。

各种釉彩大瓶

清乾隆时期，藏于故宫博物院。

以北京故宫中乾隆年间景德镇御窑烧制的"各种釉彩大瓶"为例，该瓶身自上而下装饰的釉、彩多达十五层，几乎涵盖了中国瓷器工艺的所有种类。那么，这是否就能称为"高级"或者"高端"呢？我认为这两者都不太贴切，反而"高调"更为合适。在我看来，这件作品更多地展现了皇家权力的浩大与无边，是一种典型的权力象征。

三、五大名窑瓷器的高级美

宋代瓷器，凭借其精湛的工艺与卓越的审美价值，在中国瓷器史上熠熠生辉。尤为引人注目的五大名窑，汝窑、官窑、哥窑、钧窑和定窑，各自以其独特的风采，赢得了世人的广泛赞誉。接下来，让我们一同深入探索宋代五大名窑的瓷器，细细品味它们所散发的独特魅力。

（一）汝瓷：雨过天青色

汝窑，位居宋代五大名窑之首。汝窑之精髓，在于其青瓷单色釉的独特韵味，这本是日常使用的器具，却以其低调而不失雅致的风格著称。尤其是那雨后初晴般的天青色，不仅成为宋徽宗一生的挚爱，更让汝瓷在全球收藏界中备受追捧。正如俗语所言："家财万贯，不如汝瓷一片"，足见其珍贵程度。

汝窑青瓷碟

北宋，藏于台北故宫博物院。青瓷碟为侈圆口，周壁稍深，平底，圈足微外卷。胎体薄而满施天青色釉，釉薄处隐现浅粉色光泽。内周壁积釉处，可看到冰裂纹。底周留有三枚支烧痕，从支痕中可见土色胎。底刻乾隆皇帝《咏汝窑盘子》："赵宋青窑建汝州，传闻玛瑙末为釉。而今景德无斯法，亦自出蓝宝色浮"御制诗。

说起汝瓷，还有一个与它有关的小故事。汝瓷的釉面上常会出现如螃蟹爪子般细小的裂纹，这便是所谓的"开片"。据统计，全世界现存的汝瓷数量极为有限，仅有一百件左右。而在这稀有的汝瓷中，唯一一件未见开片的，便是现藏于台北故宫博物院的水仙盆。然而，令人惋惜的是，这件风华绝代的水仙盆，在清朝时期竟被乾隆皇帝误用作喂猫的器皿。从表面上看，这是一个关于水仙盆命运多舛的故事，但实际上，它背后折射出的是两个王朝在审美趣味上的巨大差异。

汝窑青瓷无纹水仙盆

北宋，藏于台北故宫博物院。椭圆形盆，侈口、深壁，平底凸出窄边棱，四云头形足；周壁胎薄，底足略厚。通体满布天青釉，极匀润；底边釉积处略含淡碧色；口缘与棱角釉薄处呈浅粉色。裹足支烧，底部有六个细支钉痕，略见米黄胎色。全器釉面纯洁无纹片，此种传世稀少，温润素雅的色泽，正是宋人所欲追求如雨过天青的宁静开朗的美感。

（二）哥瓷：腐朽化神奇

相较于汝窑那"似玉非玉，更胜一筹"的雅致，哥窑瓷器无疑是化腐朽为神奇的典范。哥窑的最大特色在于其器物表面布满了错落有致的开片纹理，这一特征相较于汝瓷更为显著。开片纹理中，大小相近者被形象地称为"百圾碎"，而呈现弧形者则被称为"蟹爪纹"。原本，这些开片是制作工艺中的瑕疵，但世人却意外地发现，这些纹理赋予了瓷器别样的美感。于是，工匠们在掌握了开片的形成规律后，开始有意识地烧制出具有开片效果的釉面，从而使得开片从原本的缺陷转变为一种独特的装饰艺术。

更为神奇的是，哥窑瓷器的自然开片现象，是在瓷器出炉后缓慢"炸裂"形成的。随着时间的推移，这些被最初以黑炭水浸染过的纹路，在与空气接触氧化后，逐渐呈现出金色的光泽，由此得名"金丝铁线"，成就了哥窑瓷器独特的艺术魅力。

哥窑灰青葵口碗

南宋，藏于台北故宫博物院。釉色灰青、紫口铁足为哥窑的主要特征，此盏造型秀挺，釉色腴润，为盏中佳器。

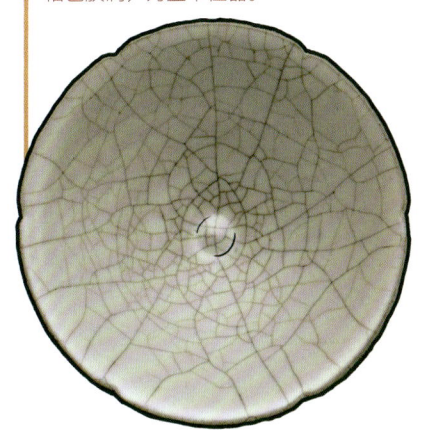

（三）钧瓷：自然之造化

谈及钧瓷，其最为人称道之处莫过于"入窑一色，出窑万彩"的神奇变化。这意味着，尽管人工技艺在其制作过程中发挥着重要作用，但钧瓷最终呈现的面貌更多依赖于自然的造化与恩赐。

在烧制过程中，炉内的高温促使釉料流动，当釉面某处出现开裂时，流动的釉水会迅速填补这一空隙。这一过程中，釉料自然而然地蜿蜒曲折，仿佛蚯蚓在湿润的泥土中穿梭行走，从而形成了钧瓷丰富色彩之外最为显著的特征"蚯蚓走泥纹"。这一独特的纹理，不仅增添了钧瓷的艺术魅力，更是大自然与人工智慧巧妙结合的见证。

钧窑玫瑰紫釉仰钟式花盆

藏于故宫博物院。

> **总结一下**
>
> 以五大名窑为代表的宋代瓷器，虽以朴素器型、单一釉色及简单功能为表象，甚至部分作品显现出明显的工艺"瑕疵"。然而，正是这些特征，如汝窑的雨过天青釉色、钧瓷的"蚯蚓走泥纹"，将工艺、美术、自然与造化完美融合，赋予日常用品以非凡的艺术价值，此即宋代瓷器所展现的"高级"之美。
>
> 值得一提的是，宋代审美已超越阶层界限，深入生活美学的核心。这种美的核心特质在于"中和"，既不过度奢华，亦不简陋粗鄙，恰到好处地平衡于两者之间。正因如此，宋代瓷器之美能够跨越时空界限，在当今中国人重新审视与传承中国文化的浪潮中，再次成为备受推崇的艺术瑰宝。

第八节

"元青花"其实并非元朝人的最爱

2005年7月12日,在佳士得伦敦拍卖会上,一件绘有"鬼谷子下山图"的元青花瓷罐以高达2.3亿元人民币的价格成交,这一事件震惊了全球艺术界与收藏界。自那以后,"元青花"便成为顶级古瓷的代名词。而在2011年的澳门秋季拍卖会上,一件源自北美藏家的"萧何月下追韩信"梅瓶更是以惊人的8.4亿港币天价成交,这一纪录至今仍未被打破。

鬼谷子下山图元青花瓷罐。

或许有人会感到不解,认为白底蓝花的瓷器并无特别之处,不过是日常生活中随处可见、习以为常的物品。但请注意,这里讨论的是"元青花",而非泛指所有的"青花"。本节将深入探讨为何元青花能够拥有如此高昂的价值。

一、元青花为何如此昂贵

元青花,以其独特的艺术魅力与稀缺性,成为瓷器收藏界的瑰宝。业内素有"元青花存世量稀少,价值连城"之说。那么,究竟是什么原因造就了元青花的昂贵身价?让我们一同探寻其背后的奥秘。

(一)元青花存世量稀少

元青花瓷器存世数量并不多。业界一直流传着各种说法,有的认为全世界完整的元青花瓷器大约仅有300件,其中中国国内约占三分之一;也有人提出数量为400件左右,更有甚者认为达到15 000件。然而,确切的数字至今仍无人能准确给出,原因在于元青花当年的流传范围极为广泛,若某人私藏一件且不为人所知,那么这件瓷器的存在便无从考证。但不论哪种说法,都指出了元青花瓷器的稀有性,尤其是那些以历史故事为主题的瓷瓶,据说仅有八件,

萧何月下追韩信图梅瓶

元青花,南京博物院珍藏。

包括"三顾茅庐""昭君出塞""周亚夫屯兵细柳营""尉迟恭单骑救主"等题材。至于南京博物院珍藏的另一件"萧何月下追韩信"梅瓶,其价值几何?有专家估测至少约10亿元!

(二)元朝存续时间比较短

蒙古帝国东征西伐,其版图在极盛时期扩展至超过3500万平方千米的辽阔地域,其中,以"元朝"为名的统治区域便达到了1526万平方千米,规模仅次于唐帝国。这样的广阔疆域,从理论上推断,应当促进了包

括元青花在内的各种文化艺术品的广泛生产与传播。然而，令人费解的是，元青花的存世量却并不如预期那般丰富。

探究其原因，一个不可忽视的因素是元朝相对短暂的统治时长。若从成吉思汗 1206 年建立蒙古政权算起，元朝的历史长达 162 年；但若以忽必烈定国号"元"为起点，则元朝的统治时间仅短短 98 年。相较于其他朝代，元朝的统治时期显得较为短暂。更为关键的是，真正致力于烧制元青花的时间可能更为有限，仅三四十年左右。这或许是导致元青花存世量不高的一个重要原因。

（三）元青花用料比较珍贵

普遍观点认为，景德镇元青花所采用的钴料为进口钴料，具体而言即"苏麻离青"。依据公开的钴矿石研究成果，钴毒砂的化学成分与"苏麻离青"最为接近，而这种矿物的来源很可能位于中亚或欧洲。由于其稀有性和高昂的获取成本，通常只有富裕或地位显赫的家庭才能负担得起，这无疑限制了元青花的生产数量。此外，元青花的制作工艺极为复杂，要求匠人具备高超的陶瓷技艺与技术水平，因此生产速度相对缓慢，进一步限制了其制作数量。

景德镇窑青花缠枝牡丹纹瓶

元代，藏于上海博物馆。此瓶外壁自上而下以青花绘制纹饰五层，依次为杂宝纹、缠枝莲纹、缠枝牡丹纹、卷草纹、变形莲瓣纹，主次分明，繁而不乱。青花呈色青翠浓艳，可见铁锈痕，胎体细密坚致，造型丰满。

（四）元青花并非主流产品

另一个至关重要的原因在于，尽管元青花在艺术价值上极高，但在元代它可能并未成为主流瓷器。

试想，蒙古民族的普通民众是否会青睐青花瓷呢？这恐怕是个难题。因为瓷器不仅易碎，而且较重，对于以游牧生活为主的蒙古民族而言，瓷器显然不是他们偏好的器皿，他们更偏爱的是金属制品、木制品，以及皮革制品。

蒙古民族崇尚白色，而非白蓝相间的色彩搭配。因此，元朝中央政府所使用的瓷器主要是白瓷，尤其是那种色泽如鸡蛋白般的"卵白"瓷，被称为枢府瓷。这种瓷器的底部往往印有"枢府"二字，而"枢府"正是元朝军事机构"枢密院"的简称。明代《新增格古要论》中的"古饶器"条目就有记载："元朝烧小足印花者，内有枢府字者高。"意思是元朝烧制的小足印花瓷器，凡底部有"枢府"字样的，均为上乘之作。

枢府窑瓷盘

元代，现藏于中国国家博物馆。这件瓷盘是景德镇枢府窑产品，系元朝枢府院定制，盘底圈足内有釉下压印的"枢府"二字。枢府窑的器型以盘、碗、洗为主，常见纹饰有缠枝花、双龙等，采用模压印花技法。器物胎体较厚重，釉色发白而微带青色，故又称"卵白釉"。

此外，蒙古贵族更偏爱釉里红，这种鲜艳的红色恰好象征着他们热烈奔放、勇猛果敢的性格，完美契合了蒙古族的独特气质。

而对于汉族而言，青花瓷则显得不那么受欢迎。明初时期的曹昭在其所著的《格古要论》中，谈及景德镇瓷器时曾有这样的评价："新烧者足大，素者欠润，有青花及五色花者，且俗甚矣。"这句话的大意是，新烧制的瓷器底部较大，素色的瓷器缺乏润泽感，而那些绘有青花或五色花纹的瓷器，更是显得过于俗气。这样的评价或许并不公平，但也能反映出当时一部分汉族文人对瓷器的审美偏好。明代文人雅士所推崇的瓷器，大多讲究含蓄内敛、雅致淡泊，如同诗歌和绘画般富有韵味。相比之下，青花瓷虽然胎白釉青，但其色彩鲜明浓艳，艺术表达直白而热烈，这样的风格与文人的审美趣味相去甚远，因此被冠以"俗"的评价，也并非毫无道理。

二、元青花如何取得重大成就

既然元青花在元代并非瓷器的主流品种，那么它后来为何能取得如此显赫的成就呢？答案或许只有一个：外贸的推动。

在蒙古人征服南宋之前，他们已先征服了阿拉伯地区。在那片干旱的中东大地上，水被视为最宝贵的资源，而天堂则被想象为一个充满水的蓝色世界。因此，白色和蓝色——这两种分别受到蒙古人和色目人喜爱的颜色，自然而然地构成了青花瓷的基本色彩元素。

换言之，青花瓷从一开始就不是专为中国市场而设计的，它更多是面向西亚乃至东欧市场。波斯商人将珍贵的苏麻离青钴蓝颜料带到中国，他们不仅是中国瓷器的忠实消费者和中国文化的积极传播者，还直接参与到了青花瓷的设计与监制过程中。正是在这些商人的订单和监制下，景德镇的窑工们巧妙地将波斯的"蓝"与中国的"白"融为一体，烧制出了具有多重文化特色的青花瓷器。

因此，我们不难发现，今天的元青花更多地出现在伊朗、土耳其等国家，而非中国本土。

> **总结一下**
>
> 起初，元青花应是一种为了外销而特别生产的瓷器，但当时的人们未曾预料到，青花瓷一经问世便迅速达到巅峰状态，并逐渐成为瓷器界的主流。时至今日，它依然在全球时尚风潮中产生深远的影响。

第九节

明代斗彩鸡缸杯价值探秘

谈及中国百姓最为熟知的瓷器，大明成化斗彩鸡缸杯无疑名列前茅。其中的缘由有三：其一，其造型简约直观，本质上为一个酒杯，当然，用作茶盏亦无不妥；其二，杯上图案描绘了一只公鸡与一只母鸡引领着三只小鸡的温馨场景，宛如一家五口其乐融融之态，人们称之为"小鸡觅食图"，其寓意直白，无人会觉得难以领悟；其三，上海富商刘益谦曾斥资2.8亿元人民币购得一件鸡缸杯，此举瞬间令鸡缸杯的价值飙升，犹如鸡群中的凤凰般耀眼。

本章将全面而深入地探讨大明成化年间斗彩鸡缸杯的独特造型、传奇来历、精湛工艺，及其不可估量的价值，带您领略这一古代艺术珍品的非凡魅力。

斗彩鸡缸杯

明成化时期，藏于台北故宫博物院。这件小杯侈口、矮壁、平底、浅圈足。外壁彩绘公鸡、母鸡各携三只小鸡的场景二幅，并以月季、兰花两丛相隔开来，口沿及底边分画青线三道。内面纯白，朴素无纹饰。底有"大明成化年制"青花楷体款识。

一、杯子上为何以鸡为造型

提及碗碟或杯子上的鸡形图案，周星驰电影中的"鸡公碗"无疑最为人所熟知。该碗以黑尾巴大公鸡为形象，在多部影片中频繁亮相。在广东话中，"鸡公"即公鸡，而"鸡公碗"亦称"起家碗"，寓意发家致富的美好愿景。

中国人偏爱谐音寓意，因此"鸡"常被等同于"吉祥"的"吉"，使得"鸡公碗"满身皆是吉祥之意。然而，单一的公鸡图案略显单调，故而在大明成化年间的斗彩鸡缸杯上，我们看到了截然不同的画风，即一公一母三小鸡的温馨全家福。

香港影视剧中常见的鸡公碗。

二、鸡缸杯背后的历史故事

相传斗彩鸡缸杯是成化帝为其心爱的万贵妃所制，这背后的故事颇为曲折。明成化帝朱见深幼时便深陷权力斗争，过着朝不保夕的生活，因此心理受创，患上严重口吃和反应迟钝。幸得一位比他大19岁的宫女万贞儿如母鸡护雏般守护着他，让他逐渐产生了深深的依赖感。登基后，他一度想立万贞儿为皇后，却因多方阻挠而作罢，只能封其为贵妃。万贵妃对瓷器的钟爱，促使成化帝也对瓷器产生了浓厚兴趣。而斗彩鸡缸杯正是成化帝与万贵妃深厚感情的见证。

成化帝像

出自《明代帝后半身像》，藏于台北故宫博物院。

《子母鸡图》

创作于宋代，图为纸本、设色，现藏于台北故宫博物院。

之所以选择一公一母三小鸡的造型图案，是因为成化帝登基之初，偶然看到一幅宋人绘制的《子母鸡图》，画中母鸡领着五只小鸡漫步啄食，母鸡目光慈爱，小鸡则稚嫩怯弱，依偎在母亲羽翼之下。这幅画面深深触动了成化帝，让他忆起与万贵妃相依为命的岁月。为了取悦心爱的万贵妃，他特意下令，让景德镇御窑厂烧制斗彩鸡缸杯，以此表达对她的深情厚谊。

三、斗彩名称的由来

所谓"斗彩"，其制作工艺为在釉下先勾勒出青花的轮廓，并进行高温烧制；随后在釉上填充各种彩色，再进行低温的二次烧制。因此，釉下的青花与釉上的五彩相互映衬，争奇斗艳，故而得名"斗彩"。当然，关于"斗彩"一词的理解，还存在其他说法。有人认为它应称作"豆彩"，因为其中的绿色颇似豆青；也有人认为应是"逗彩"，形象地描绘了釉下与釉上彩仿佛在相互逗趣的情景；更有说法认为，"斗"在江西方言中意为多种颜色"凑合"在一起。但不论哪种解释，其正确读音均为第四声 dòu，而非第三声 dǒu。

斗彩葡萄纹高足杯

明成化时期，藏于台北故宫博物院。16 世纪末的鉴赏家高濂比较了明宣德和成化两朝的瓷器，提出成化斗彩葡萄纹高足杯细致可爱更甚宣德小杯，把它看成是成化官窑的代表作。但是，时间流转到 17 世纪上半叶，文震亨一改前人的品评标准，不仅将价值不菲的葡萄杯列入"不雅"组群，连带将与之并列的白瓷细薄小杯纳入不值得一顾的等级。

斗彩婴戏纹杯

明成化时期，藏于中国国家博物馆。成化斗彩瓷器取得很高的艺术成就，深得后世敬仰。明代嘉靖、万历时期，以及清代康熙、雍正、乾隆时期，均竭力仿效制作此杯。

四、斗彩鸡缸杯的价值变迁与市场考量

前文我们探讨了斗彩鸡缸杯背后深厚的文化底蕴和情感价值，然而其市场价格与收藏价值同样值得关注。

斗彩瓷器并非因后人的炒作而身价倍增，在明朝时期它就已然价值不菲。明代《神宗实录》有载："神宗时尚食，御前有成化鸡缸杯一双，值钱十万。"这里的"十万"虽为虚指，但足以证明斗彩瓷器在当时就备受推崇。由于是宫廷御用，斗彩瓷器流传至民间的数量极为有限，以鸡缸杯为例，据称全球范围内仅存十多件，分别珍藏于故宫博物院、台北故宫博物院、纽约大都会博物馆等机构。

然而，当我们深入探讨鸡缸杯的市场价格时，会发现其价值并非一成不变。尽管历史上鸡缸杯曾创下天价，如 2014 年刘益谦以 2.8 亿港元购得一件成化斗彩鸡缸杯，但随后同类拍品的成交价格却出现了显著波动。短短两个月后，另一只成化斗彩鸡缸杯的拍卖价格仅为 7396.8 万港元，不足刘益谦所购拍品的四分之一。

自 2017 年以来，鸡缸杯的拍卖成交价格更是一路走低，跌至 3450 万元人民币左右，且至今尚未显现出任何回升的迹象。这不禁让人对鸡缸杯天价传奇的延续性产生疑问，或许这一传奇已然成为历史的绝响。

综上所述，斗彩鸡缸杯的价值不仅体现在其深厚的历史文化底蕴和情感寄托上，更与其在市场上的价格波动息息相关。作为收藏家和投资者，在追逐这些珍贵文物的同时，也应理性看待其市场价值的变化。

第十节
"清三代"为何成为中国瓷器衰落的起点

在收藏界流传着一句行话："瓷器要玩清三代"。本节我们就来了解一下什么是清三代瓷器，探讨为何清三代瓷器成为古玩市场的宠儿，并分析其为何又标志着中国瓷器衰落的起点。

一、"清三代"的保值属性

所谓的"清三代"，特指康熙、雍正、乾隆三朝所产的瓷器。回顾 2011 年至 2020 年的拍卖市场，宋代至清代的瓷器整体表现稳健。但近年来，各朝各代的官窑瓷器价格均出现了不同程度的下滑，然而在这样的市场环境下，清三代的瓷器却独树一帜，表现出色。以 2020 年的瓷器杂项拍卖为例，成交价格超过 1000 万的前十名榜单中，竟有九件来自清代。正因如此，清三代瓷器被誉为瓷器市场中只升不跌的最强"抗跌之星"。

二、"清三代"瓷器的卓越品质

"清三代"瓷器之所以能够在瓷器史上占据举足轻重的地位，背后蕴含着多方面的深刻原因。下面详细探讨这些因素如何共同铸就了清三代瓷器的卓越品质。

首先，康雍乾时期正值封建社会的盛世，国家繁荣昌盛，这为瓷器的制作提供了良好的社会环境。作为皇室的"名片"，瓷器自然受到了格外的重视与推崇，从而推动了瓷器制作技艺的不断提升。

其次，康熙年间恢复了景德镇御窑厂，这一举措为瓷器制作提供了专业的生产基地和人才储备。御窑厂的恢复不仅促进了瓷器制作技术的交流与传承，还使得瓷器制作更加规范化和专业化。

再者，废除的"匠籍"制度，使得工匠们获得了更多的自由，他们的主动性和积极性因此大幅提高。这不仅激发了工匠们的创造力，也使得瓷器制作技艺得以不断创新和发展。

此外，清朝废除了明代的编役制度，转而实行"官搭民烧"政策。这一政策将官府御窑的生产任务交给民间瓷窑完成，不仅提高了民窑精细瓷器的制作工艺，还促进了官窑与民窑之间的技术交流与合作。乾隆年间出现的"官民竞市"局面更是大大推动了整个制瓷业的发展。

最后，督窑官制度的施行对清三代瓷器品质的提升起到了关键作用。清代陶瓷史上涌现出了一批杰出的督陶官，他们不仅具备丰富的陶瓷制作经验，还致力于陶瓷技艺的传承与创新。例如，在雍乾两朝担任督陶官的唐英，先后在景德镇督陶 27 年之久，并撰写了多部关于陶瓷技艺的著作，对后世陶瓷艺术的发展产生了深远的影响。

正是由于以上多种因素的共同作用，以及投入上的不计成本，清三代的瓷器在烧造技术和刻画工艺上都达到了历史上的巅峰。这些瓷器以其胎质细腻、釉光莹润、色彩绚丽、镂雕精工的特点，成为瓷器史上的瑰宝。

三、"清三代"瓷器的缤纷世界

当我们深入探索清三代瓷器的艺术宝库时，会发现其品种之丰富、色彩之缤纷，令人叹为观止。具体来说，清三代瓷器涵盖了多种经典且富有创意的瓷器品种。

在瓷器彩绘方面，青花以其幽雅深邃的蓝色花纹著称，成为清三代瓷器中的佼佼者。粉彩则以柔和细腻的色彩和立体感强的图案，赢得了广泛的赞誉。五彩瓷则以其色彩斑斓、对比鲜明而独具魅力。斗彩瓷则巧妙地结合了釉下青花与釉上彩两种工艺，使得瓷器上的图案既具有青花的淡雅，又具备彩瓷的鲜艳。此外，珐琅彩瓷更是以其金碧辉煌、华丽典雅的特质，成为皇室御用的珍贵瓷器品种。

在颜色釉方面，清三代瓷器同样展现出了非凡的创造力。官釉以其温润如玉的质感，成为瓷器中的佼佼者。天蓝釉以其清澈透亮的蓝色，让人仿佛置身于宁静的天空之下。粉青釉以其淡雅柔和的青色，给人以宁静致远之感。红釉瓷以其鲜艳热烈的色彩，彰显了皇家的尊贵与威严。窑变釉以其变幻莫测的色彩和纹理，成为瓷器中的一大奇观。豇豆红釉、蟹甲青釉、鳝鱼黄釉、茄皮紫釉、松石绿釉及茶叶末釉等，这些色彩各异、独具韵味的颜色釉瓷器，共同构成了清三代瓷器中一道亮丽的风景线。

鳝鱼黄釉钵

清雍正时期，藏于故宫博物院。钵体高 32.7 厘米，口径 30.6 厘米，足径 27.3 厘米。钵为敛口，圆腹，腹下渐收，瘦底，圈足。钵内外通体施鳝鱼黄釉，底阴刻篆书"大清雍正年制"六字款。

松石绿釉镂空花篮

清乾隆时期，藏于故宫博物院。乾隆时期，瓷器的制作达到历史高峰，精妙奇巧的器物层出不穷，以瓷器仿制的各类工艺品达到了乱真的程度。此花篮釉色与松石颜色几无区别，并大量采用镂雕与活环工艺，其精巧程度令人叹为观止。

豇豆红釉莱菔瓶

清康熙时期，藏于故宫博物院。瓶外壁施豇豆红釉，通体素净，仅于颈部饰数道凸弦纹，起弦之处因釉层较薄可见白胎。内壁施透明釉，微泛绿色。外底施白釉，书青花楷体"大清康熙年制"六字款。

清三代时期，工匠们在新工艺上展现出非凡的创造力，他们利用制瓷原料仿制出竹、木、铜、石、象牙等多种质感的器物。同时，成功烧制出镂空填釉的玲珑瓷及大型雕刻的转心瓶、转颈瓶。这些作品工艺复杂，晶莹剔透，旋转间图案变幻，令人叹为观止，彰显了中国古代瓷器艺术的卓越成就。

四、三代审美大不同

康熙、雍正、乾隆三位帝王的审美各有千秋，他们各自的偏好在瓷器上得到了淋漓尽致的展现，从中我们不仅能够窥见帝王独特的审美趣味，更能领略到宫廷文化的风范，这些瓷器作品无疑彰显了不同时代的独特风貌。

粉彩加珐琅彩开光山水纹转颈瓶

清乾隆时期，藏于故宫博物院。由于瓶颈部设计成双层，外层可转动，所以称为"转颈瓶"。

（一）康熙：大气磅礴

被誉为"千古一帝"的康熙，其一生功绩显赫，平三藩、收台湾、抗沙俄，展现出非凡的胸襟与气度。这种气质不仅体现在他的治国理念上，更深深烙印在了康熙朝的瓷器风格之中。

青花山水纹瓶

清康熙时期，藏于故宫博物院。该瓷瓶通体青花纹饰，腹上部一侧题有两行楷书，字已被毁，仅余"康熙庚寅年"款。康熙庚寅年即康熙四十九年（1710年），此时清王朝统治已经稳定，瓷器制作进入繁荣时期。此器既有明确的干支纪年款，且其青花色泽浓艳，具有康熙朝早期青花的典型特征，它为康熙青花的断代提供了可靠的实物依据。

康熙朝的瓷器，以其挺拔遒劲、雍容高贵的特质，尽显大气磅礴之美。康熙皇帝本人对瓷器的制作有着极高的要求，他偏爱那些能够彰显皇家气派与威严的瓷器。因此，康熙朝的瓷器在造型上往往追求雄浑大气，线条流畅而有力，给人以庄重而又不失灵动之感。在色彩上，康熙朝的瓷器也展现出了独特的偏好。康熙皇帝偏爱深沉而稳重的色调，如青花、釉里红等，这些色彩不仅符合他沉稳内敛的性格，也更能彰显出皇家的尊贵与威严。同时，康熙朝的瓷器在釉色上也追求纯净与亮丽，使得瓷器整体呈现出一种高贵而典雅的气质。

（二）雍正：秀丽端庄

雍正皇帝，尽管执政时间相对短暂，却因其勤勉的工作态度和深厚的艺术修养而名垂青史。他不仅是一位杰出的政治家，更是一位在文学、绘画、书法等领域均有深厚造诣的艺术家。这种全面的艺术修养，无疑对雍正朝的瓷器工艺产生了深远的影响。

淡黄釉瓶

清雍正时期，藏于故宫博物院。由于此瓶釉色比以氧化铁为着色剂的传统浇黄釉浅淡，故名"淡黄釉"。又因其釉色淡雅似蛋黄色，故又称"蛋黄釉"。

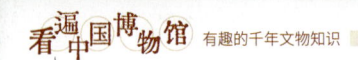

雍正朝的瓷器，以其精湛的工艺、妩媚秀丽的造型和端庄典雅的气质，赢得了无数瓷器爱好者的青睐。每一件瓷器都经过精心设计与制作，无论是线条的流畅度、色彩的搭配，还是图案的构图与细节处理，都达到了极高的艺术水准。

（三）乾隆：繁缛热闹

乾隆时期，清朝迎来了人口最多、国力最盛的辉煌时期。烧窑技艺在此期间得到了大幅提升，各式高难度的炫技作品，如瓷母、百花不落地等层出不穷。乾隆的审美与康熙、雍正截然不同，他偏爱繁缛热闹、华贵亮丽的风格。因此，乾隆官窑瓷在厚重方面不及康熙，隽永方面不及雍正，其风格被后人戏称为"农家乐"。

祭蓝地描金粉彩开光山水图象耳壁瓶

清乾隆时期，藏于故宫博物院。该瓶颈对称置红彩描金象耳。瓶内施松石绿釉。外壁以祭蓝釉为地，描金彩绘如意云头纹、缠枝花纹、团寿纹、蝙蝠纹和回纹。腹部前后两组长方形开光，内白地粉彩绘山水楼阁图。足内施松石绿釉，中间留白釉红彩"大清乾隆年制"六字篆书款。

然而，简约并不等同于高品位，繁复也不能说明品位差。赏玩之物与日用之物在审美上不可一概而论。再者，雍正朝也有繁复之作，乾隆朝亦有简约之风。审美本身复杂多变，我们谈论高级的宋代审美与乾隆的"农家乐"审美，仅为贴标签之便，若试图以一词概括某人或某风格，未免过于简单粗暴。

五、不可避免的衰落

康乾盛世落幕后，中国社会的生产力逐渐出现衰退迹象，瓷器产业同样未能幸免，各大瓷窑步入了长期的低迷期。这一衰退现象背后的原因颇为复杂多样。

首先，清代瓷器在造型与装饰设计方面逐渐偏离了实用性和生活的本质。过度追求繁复与华丽，使得瓷器逐渐失去了其作为日常用品的实用性，更多地成为一种炫耀财富与地位的奢侈品。

其次，瓷器设计领域缺乏创新精神，未能开辟出新的设计方向。设计师们一味沉迷于仿古与技巧炫耀，忽视了时代变迁对瓷器设计提出的新要求，导致瓷器设计陷入了停滞不前的困境。

再者，清代瓷器在审美格调上趋于平庸艳俗，烦琐堆砌的装饰风格使得瓷器失去了原有的清新雅致。这种审美倾向加剧了瓷器产业的衰落。

换句话说，清三代瓷器的繁荣背后有着强大的国力支撑和皇室支持。然而，一旦国家实力衰退，瓷器的衰落便成为一种必然。瓷器，这一曾在中国历史上辉煌千年的艺术品，也如同其脆弱的材质一般，难以抵挡历史洪流的冲刷。

金银器：光辉璀璨

GUANG HUI CUI CAN

伍

第一节
早期中国人对黄金的态度

相较于其他民族,中国人对黄金的崇拜之情似乎并不显著,以至于在历史文献中难以寻觅到以黄金为争夺目标的战争记载。那么,这是否意味着中国人真的对黄金不感兴趣呢?"金"与"黄金"在概念上是否等同?黄金的起源又是怎样的?其在中国历史上的地位又经历了哪些变迁?本节将对此进行一番梳理与探讨。

一、古人是否喜爱黄金

尽管古人对黄金并未达到盲目崇拜的地步,但他们对于黄金的追求却展现出了惊人的执着与冒险精神。例如,在《韩非子》这部古籍中,就记载了一个令人震撼的故事:"荆南之地,丽水之中生金,人多窃采金。采金之禁:得而辄辜磔(zhé)于市。甚众,壅离其水也,而人窃金不止。"楚国丽水之地蕴藏着丰富的黄金资源,然而,楚国政府却对此实施了严格的禁令,规定一旦发现有人私自采金,便立即将其捉拿至市集上处以肢解示众的极刑。然而,黄金那诱人的光泽与永不腐蚀的特性,却如同磁石一般吸引着无数楚国人铤而走险,他们前赴后继地触犯这条铁律,以至于后来因采金而被处决者的尸体堆积如山,甚至堵塞了河流。

由此可见,黄金以其独特的魅力,早已深深打动了古人的心,成为他们竞相追逐的宝贵财富。

二、"金"与"黄金"的差异

假如你穿越时空,置身于先秦时期,当你偶然间读到某处记载有"金"的存在时,切勿激动,以为那就是你心中所想的璀璨黄金。因为在那个时代,"金"一词的含义并不等同于我们现代所理解的"黄金",它更有可能指的是"铜"。

这一点,我们可以从西周中晚期的戎生编钟上的铭文找到佐证:"嘉遣卤积,彼潜征繁汤,取厥吉金,用作宝协钟……"这里的"吉金",并非指黄金,而是黄铜,是用极其珍贵的卤积(即盐)从繁汤之地换来的珍贵材料,用以铸造这尊宝贵的编钟。

同样地,在《公羊传》中提到的"百金之鱼",以及《吕氏春秋》里所记载的"千金之剑",虽然都用"金"来形容物品的价值昂贵,但结合当时的背景来看,这里的"金"很可能是以青铜铸币为基准的比喻,因为如果真的是以黄金为计算单位,那么这些物品的价值就显得过于低廉了。

事实上,直到春秋中期,黄金与铜在文字表述上才有了明确的区分。因此,在解读先秦时期的文献时,我们需要对"金"一词的含义进行细致的辨析,以免产生误解。

比如,在《冯谖(xuān)客孟尝君》的故事中,明确提到了"梁王虚上位,以故相为上将军,遣使者黄金千斤,车百乘,往聘孟尝君。"这里的"金"便是特指"黄金",用以彰显梁王对孟尝君的诚意与尊重。又如,燕昭王为雪国耻,特设"黄金台"以招募天下英才,这里的"黄金"同样是指代贵重的黄金,作为招贤纳士的重赏。

金　甲骨文（商代）　　　　　　金　金文（西周）

  从这些例子中，我们可以大致归纳出一个观点：在早期的文献记载中，"金"一词更多是作为一个广义的金属概念来使用，涵盖了包括黄金在内的多种金属。然而，随着时间的推移，特别是在战国中后期至汉代，随着社会经济的发展和金属使用习惯的变化，"金"一词的范围逐渐缩小，最终演变成了专指黄金的专用名词。

  至于另一种同样珍贵的贵金属"银"，在早期的文献记载中，则更多地被称为"白金"。这一称呼反映了当时人们对银的认识和分类。直到东汉时期，许慎在其所著的《说文解字》中，才首次提出了形声字"银"，标志着"银"这一名称的正式确立和广泛使用。这一变化不仅反映了汉字的发展历程，也揭示了人们对贵金属认识和使用的深化。

三、中国金器的起步虽晚但发展绵延不绝

  根据目前的考古发现，有一个广为流传的观点认为，中国最早使用黄金的实例可追溯到公元前 2400 年至前 2000 年的新石器时代晚期，具体地点位于黄河中游地区的河南汤阴龙山文化遗址。在那里，出土了一块夹含金块的陶片。然而，这些金块属于自然金，并非经过提炼的黄金，且仅作为装饰之用，尚未形成完整的金器。甚至有部分学者质疑，认为那片所谓的"含金砂陶片"中的金色物质很可能是云母，因其金黄闪耀的外观，才导致古人误以为是金砂。

  至于正式成形的金器，其历史则可追溯至夏朝。在甘肃玉门火烧沟墓地，考古学家发现了一对金耳环，这对耳环的设计古朴大方，采用当时最为原始的锤鍱（yè）工艺精心打造而成。耳环呈椭圆形，一端扁平，另一端略尖，便于佩戴者穿过耳孔。此外，近年来备受瞩目的三星堆遗址也出土了大量金器，这些金器的制作时间大致在公元前 16 世纪至前 11 世纪，进一步丰富了中国古代金器的历史内涵。

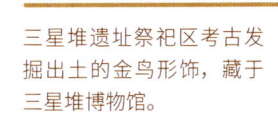

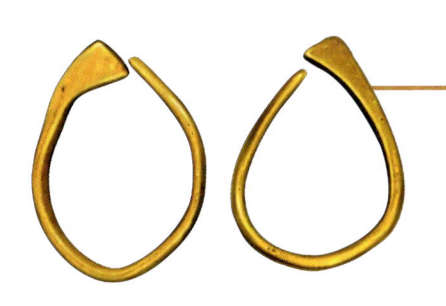

三星堆遗址祭祀区考古发掘出土的金鸟形饰，藏于三星堆博物馆。

金耳环

夏朝四坝文化（距今 4000—3800 年），1976 年出土于甘肃省玉门市火烧沟遗址，甘肃省文物考古研究所藏。耳环以金丝弯成椭圆环形，一端较宽，扁平马蹄形，是我国目前所知时代最早的金制文物，其工艺、造型的地域文化特征鲜明。

尽管中国的金器制作起步较晚，但这并未阻碍其在中国这片广袤土地上的蓬勃发展，并在各个历史朝代中展现出丰富多彩的文化内涵和地域特色。对此，金银器研究领域的知名教授齐东方曾给予高度评价："若论金银器历史的悠久，中国金银器不能与西亚的金银器相比；若论金银器传统的绵延不断，任何别的国家和民族的金银器则都不能与中国金银器相比。"

四、不同区域的金器大不同

在考古发掘的过程中，一个引人注目的现象，是夏、商、周三代所处的中原地区出土的金银器数量相较于其他地区明显偏少。例如，著名的殷墟妇好墓中，尽管随葬品总数接近两千件，却未见任何金器的踪迹。此后，除了像西汉这样极度崇尚黄金的朝代，其他朝代墓葬中出土的金银器，在数量和质量上都显得相对逊色。这背后隐藏着怎样的原因呢？

这实际上与中国的地域特征紧密相关。从历史的角度来看，中国早期的金银器文化可以清晰地划分为两大不同的系统：一是以中原和西南地区为主的南方系统，另一个是涵盖西北和北方草原地区的北方系统。接下来，让我们深入探讨这两个系统之间的差异。

（一）游牧民族的金银装饰品

在西北和北方地区，游牧民族主要将黄金和白银用于打造人体装饰品。这些装饰品中最常见的包括耳环、臂钏（chuàn）、项圈，以及各种精美的牌饰。当然，也存在少量由贵金属制成的生活用具或其他特殊用途的器物。然而，对于这些在马背上生活的民族而言，由于他们难以长期固定在一个地方居住，因此将黄金白银这类贵重的金属打造成装饰品佩戴在身上，无疑是最为安全且实用的选择。

银虎咬鹿纹饰牌

战国时期，现藏鄂尔多斯博物馆。

公主金面具

辽代中期，现收藏于内蒙古文物考古研究所。面具长20.5厘米、宽17.2厘米。

当年，蒙古、鲜卑、契丹等少数民族所居住的地区，如今已成为重要的出土金银器的遗址。这些遗址不仅揭示了这些民族丰富的物质文化，还为我们了解他们的生活方式和审美观念提供了宝贵的线索。例如，在内蒙古通辽发现的陈国公主墓中，出土了大量精美的金银器，这些器物工艺精湛且设计独特，充分展示了当时少数民族高超的金属加工技艺和独特的艺术风格。甘肃玉门的火烧沟遗址同样是一个重要的金银器出土地点，这里出土的金银器种类繁多、造型各异，为我们研究古代游牧民族的生活方式和金属加工技术提供了重要的实物资料。新疆的阿拉沟墓地和青海的湟中卡约村遗址也是出土金银器的重要遗址。这些遗址中的金银器不仅数量众多，而且制作工艺精湛，充分展现了古代少数民族在金属加工方面的卓越才能和独特创造力。

（二）南方的金器迥异于北方

在南方地区，以西南地区为代表，诸如四川广汉的三星堆遗址、四川成都的金沙遗址、云南的滇国古墓群，以及湖北随州的曾侯乙墓等地，均出土了大量珍贵的金器。这些遗址分别属于古代的古蜀国、古滇国，以及楚国等文化区域，各自展现了独特的金器文化。

其中，三星堆遗址出土的金面具和权杖等器物，以其独特的造型和精湛的工艺，成为广为人知的代表性文物。这些金器不仅在制作工艺上达到了极高的水平，更在风格上与北方的金器形成了鲜明的对比。北方的金器多以游牧民族的装饰品为主，风格粗犷豪放；而南方的金器则更加注重细节和装饰性，展现出细腻而华丽的艺术风格。

这种风格上的差异，不仅反映了南北方在地理、气候、文化等方面的差异，也体现了古代不同民族在金属加工技艺和审美观念上的独特性和多样性。

太阳神鸟金饰

商周时期，2001年出土于四川省成都市金沙遗址，现收藏于成都金沙遗址博物馆。该金饰的造型图案被国家文物局定为中国文化遗产标志，同时其本身亦被列入《第三批禁止出国（境）展览文物目录》。

四牛鎏金骑士铜贮贝器（局部）

西汉，云南晋宁石寨山出土，云南省博物馆藏。

（三）中原地区为什么少金器

先秦时期的中国国土范围基本是以中原地区为主，在以《周礼》为核心的礼乐制度规范下，人们恪守社会秩序和个人行为道德规范标准，什么阶级的人用什么东西都有规定。在诸多物品中，有一种东西的地位至高无上，并让黄金甘拜下风，这就是"玉"。玉是礼器，是可以和天地鬼神沟通的介质，是"德"的象征，是上到帝王下到黎民的精神信仰。和玉相比，黄金不过是财富而已。因此，即便黄金的稀有程度比玉还要高，但终究难以撼动玉在人们心中的至尊地位。

玉璧

新石器晚期良渚文化，1988年浙江省杭州市余杭区长命乡出土，现藏于中国国家博物馆。

此外，中原地区金器稀缺的原因还与当时的铸造技术密切相关。在秦代以前，金器的铸造工艺基本上还处于青铜器铸造的范畴内，是青铜器铸造技术的延伸。到了秦汉时期，随着铜器的衰落和铁器的兴起，金器也逐渐摆脱了与铜器的"依附关系"，开始走上独立发展的道路，成为一种专门的手工工艺门类。

然而，由于历史发展的先后顺序，当中原地区的人们开始制作金器时，礼器的用料早已被玉和青铜所占据。因此，黄金在中原地区的地位被迫降低，成为青铜器、漆器或玉器上的装饰元素，而未能独立发展为主流的礼器或日常用品。这也是导致先秦时期中原地区金银器相对稀缺的重要原因。

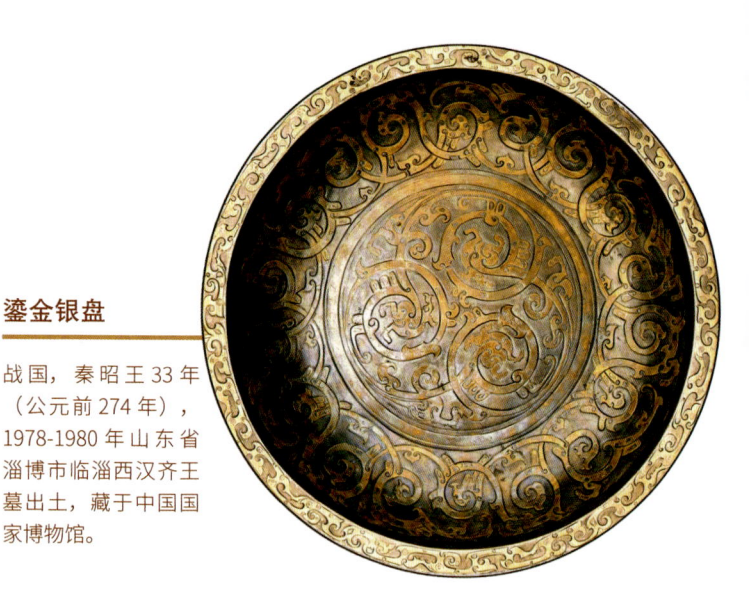

鎏金银盘

战国，秦昭王33年（公元前274年），1978-1980年山东省淄博市临淄西汉齐王墓出土，藏于中国国家博物馆。

第二节
汉代黄金文化探秘

本节将深入剖析汉代黄金文化的内核，揭示汉代人对黄金的独特情感。同时，我们也将考察在修仙观念盛行的背景下，汉代社会所形成的奢华陪葬习俗，以及黄金在其中扮演的关键角色。

一、神奇的黄金大墓

2011年，海昏侯刘贺墓葬被考古发现，它是我国迄今为止发现的面积最大、保存状况最佳、文化内涵最为丰富的汉代侯国聚落遗址。墓葬中出土了数以万计的五铢钱，还有仅帝王才能享用的真车真马陪葬，以及精致温润的玉器和成套的高等级编钟。更令人震惊的是，墓葬中发现了重达115公斤的黄金，仿佛一座地下金库。

刘贺，作为汉武帝刘彻之孙、昌邑哀王刘髆之子，在西汉历史上留下了在位仅27天的短暂而传奇的皇帝生涯。他的墓葬，于2011年在江西省南昌市新建区被发现，其内藏的大量珍贵财产，成为帮助我们揭开两千多年前汉代侯国神秘面纱的宝贵钥匙。

就金器而言，海昏侯墓中的出土数量达到了惊人的478件，无论是从数量还是重量上来看，都在目前发现的西汉高等级墓葬中独占鳌头。这些金器的种类亦极为丰富，涵盖了金饼、马蹄金、麟趾金、金钣等多种形态，还有以金银技法（如鎏金银、错金银、包金银等）精心加工的车马器及银制当卢等。

刘贺墓出土的金器包括饼形金、褭（niǎo）蹏（tí）金（俗称马蹄金）、麟趾金、金钣等，共计 115 公斤。如今这些金器被摆放在南昌汉代海昏侯国遗址博物馆，向人们展示着汉代黄金制品的使用规范和制作工艺。

如此大量使用黄金作为陪葬，究竟只是海昏侯刘贺的个人奢华喜好，还是当时整个社会崇尚奢华、重视黄金的大环境所致？这值得我们深思。

二、汉代的金银器生活用品

秦汉大一统的局面为金银器制造业提供了良好的发展环境，尤其在汉代，金银器制造业迈入了一个崭新的发展阶段，生活用金银容器的数量显著增加。

从西汉墓葬的考古发现来看，纯金制成的饮食器具相当稀少，而纯银器或鎏金器则占据了主导地位。例如，河北高庄汉墓中出土了三件精美的银盘，山东临淄西汉齐王墓内发现了三件鎏金银盘，徐州狮子山楚王墓也出土了银锏（xuān）。此外，银制的碗、匙、杯等日常用品，也都反映了当时金银器在生活中的广泛应用。

在东汉时期，尽管政局极为混乱动荡，却仍有人使用金质地的饮食器具。曾有学者在考察国内外博物馆和收藏机构时，发现了一批东汉时期的金器，这些金器包括酒樽、盖碗、壶、钫等饮食器具及日常用品器具。

记重铭文银锏

西汉，现藏于徐州博物馆。腹上阴刻"宦眷尚浴，沐锏容，一石一斗八升，重廿一斤十两，十朱，第一御"。

银盆

西汉，1991 年出土于河北省鹿泉市高庄村一座汉代王陵中，现藏于鹿泉市文物保护管理所。三件银盆中，最大口径 31 厘米，最小口径 26 厘米，银质、扁圆形体、直壁、折腹、圆平底，通体光素无华，色泽如新。其中的中、小两件银盒腹上横錾"五官"两字，为西汉时期王室用具。全国已发掘的汉代诸侯王陵墓中只出此三件银盆。因中国古代银器制造比金器制造出现得更晚，这三件银器为考证、研究银器的铸造和锤揲抛光技术提供了实物资料。

银匜　　　　　　　　　　　爽身陶器　　　　　　　　陶搓

　　　　　　　　　　　　　　　　　　　　　　　　　　石搓

狮子山楚王墓出土的一套沐浴器具。银澡盆中的爽身陶器、陶搓和石搓都保留了下来。

三、汉代以金银作为修仙之物

　　汉朝时期，社会上盛行一种观念，即认为使用金银作为食器能够益寿延年乃至长生不老。这一观念为金银器增添了一层神秘而神圣的色彩。这种对永生的强烈渴望，使得本就稀缺且主要在统治阶级中流通的金银物件变得更加珍贵与紧俏。

　　据《史记·孝武本纪》记载，一位深得汉武帝信赖的方士李少君，曾给汉武帝讲过一个关于长生不老的神话。故事大意为：通过祭祀灶神可招来奇异之物，奇异之物又能使丹砂化为黄金，而黄金作为饮食器则能延年益寿，甚至可遇见蓬莱的仙人。若能与仙人相见，再举行封禅仪式，便能实现长生不老。为了取信于汉武帝，李少君还声称自己曾在海上遇见过安期生这位白日飞升的仙人，并声称黄帝便是通过这种方式实现长生的。尽管这样的故事听起来颇为荒诞，但汉武帝却深信不疑。为此他采取了三项行动：一是亲自祭祀灶神；二是派遣方士出海寻找安期生等仙人；三是尝试熔化丹砂和其他药物，以炼出黄金。

　　将黄金与长生不老相联系，可能与黄金的某些特性有关。因为黄金色泽鲜亮且永不腐朽，恰好符合人们心中对于"不朽"的向往。于是，人们开始尝试将黄金炼成丹药服用，或将其制成饮食器，甚至打造出具有神异色彩的艺术品，如金灶。1966年，在西安市未央区卢家口村出土的一枚金灶陪葬品，虽仅重5.2克，却完美还原了汉灶的构造，包括灶体、烟囱、火塘、灶门等细节，灶台上甚至还放置着一碗象征性的黍米饭，生动展现了汉代人对黄金与长生不老神话的执着追求。

金灶

东汉，藏于西安博物院。灶底刻有"日利"两字，为篆书吉祥语款，反映出人们存有厚待死者、希望死者在阴间生活得更好的意识。东汉金灶的发现，对于人们了解汉代社会最为盛行的神仙方术具有重要意义。

前面提到的海昏侯刘贺墓中，也发掘出了数十枚马蹄金，而这其实也与飞升的梦想紧密相连。据《汉书·武帝纪》记载，在太始二年（公元前95年），汉武帝外出巡游，于山中祭祀上天时捕获了一只白麒麟，随后又在"渥洼水"中发现了一匹天马。恰在此时，泰山中发现了黄金，于是汉武帝特意将这批黄金命名为"麟趾"和"褭蹄"（niǎo tí，亦可写作"褭蹏"或"袅蹄"）。正因如此，有专家提出"马蹄金"这一称呼其实并不准确，而应称之为"褭蹏金"。

如此看来，海昏侯刘贺墓中众多的马蹄金和麟趾金，不仅仅是为了彰显其财富，更深层次地，可能寄托了他对自己能够早日飞升成仙、超脱世俗的期望。

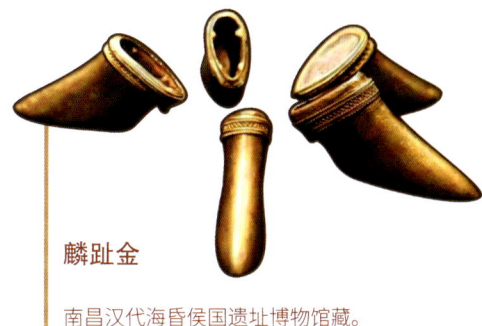

马蹄金
南昌汉代海昏侯国遗址博物馆藏。

麟趾金
南昌汉代海昏侯国遗址博物馆藏。

四、汉代真的多金吗

在讲述了上述内容后，我们最后来探讨一个实际问题：西汉王朝的皇帝常常以黄金赏赐功臣、赠予属国、进行贸易活动，并且设有要求诸侯国上缴大量黄金的"酎金制度"。然而，令人困惑的是，尽管有这些文献记载，可西汉墓葬中出土的金银器数量却远远少于预期，这究竟是何原因呢？

（一）"西汉多金"或许是个谎言

汉代盛行"事死如事生"的丧葬观念，若当时真的黄金充裕，那么必然会在墓葬中有所体现，如同海昏侯墓中那般随葬黄金数量丰厚。然而，在众多已发掘的大型汉墓中，海昏侯墓只是个例。从考古发掘的成果来看，即便是高等级的墓葬中，金银器物也主要以鎏金物件为主，如熏炉、灯具等，它们的基本材质都是铜，只是在表面鎏了一层金。这在一定程度上反映了汉代黄金资源并不充裕。

鎏金熊形青铜镇

西汉，1952年安徽省合肥市出土，藏于中国国家博物馆。青铜镇高5.2厘米。

此外，这一时期的史籍对于"金"的称呼依旧模糊不清。例如，当年大将军卫青大胜而归受到封赏时，《平准书》和《卫青传》中关于此事的记载便存在差异，一个称二十多万"黄金"，另一个则称二十多万"金"。仔细推算后，可以发现这里的"金"不太可能全指"黄金"。正是这种"金"与"黄金"称呼上的混淆，给人们造成了一种"西汉多金"的错觉。

（二）"西汉多金"但未有留存

另一种观点认为，"西汉多金"可能是真实存在的，但黄金并未留存下来。持此观点的人给出了以下两个理由：

其一，黄金白银作为贵金属，其开采与流通必然受到国家的垄断。例如，早年汉武帝在与匈奴的连年交战中，耗费了大量国家财政。为了将更多财富集中于国家手中，汉武帝推行了货币改革，从商人手中回收了大量金银。然而，这些金银在战争消耗、封赏功臣的过程中被大量使用，最终未能留存下来。

其二，随着汉代政局的逐步衰败和天下大乱，各路势力为了筹措军费，纷纷将目光投向了墓葬中的金银财富。赤眉军、董卓、曹操等军阀势力都曾大规模盗掘墓葬，将大量金银器变卖为军费，最终这些金银流于民间，形成了所谓的"窖藏"。

> **总结一下**
>
> 至今，关于汉代尤其是西汉是否黄金充裕，仍没有确凿的定论。汉王朝作为一个充满蓬勃朝气的大一统封建帝国，国力强盛，其墓葬中出土的金银器在数量、品种及制作工艺上都远超先秦时代。然而，汉王朝的黄金为何最终消失不见？或许，我们只能期待在未来更多的考古发掘中寻找答案。

第三节
"崇洋不媚外"的金银大唐

唐朝时期，中国的金银器才真正展现出繁荣的景象。本节将深入探讨促成这一局面的三大关键要素，即思想观念的延续、采矿技术的进步，以及丝绸之路促进的文化大融合。

一、思想观念的延续

唐代在金银器的使用上，继承并发展了自汉代以来的观念。据《太平御览》引《唐书》记载"武德中，方术人师市奴合金银并成。上异之，以示侍臣。封德彝进曰：'汉代方士及刘安等皆学术，惟苦黄白不成，金银为食器可不死。'"

使用金银作为食器可以长生不老，这种简单的长生不老之术自然受到上层社会的追捧。因此，除了皇亲国戚或一品大员，其他阶层使用金银食器的权利被剥夺。久而久之，金银食器便成为当时上层社会身份与地位的象征。

然而，礼制之下往往伴随着僭越现象。在许多唐代墓葬中，尽管墓主并非皇室成员或一品大员，但出土的金银食器数量却并不稀少。这既是墓主人为了在死后提升自己的身份等级，也反映出当时社会对于金银食器能够延年益寿这一说法的深信不疑。

由于上述思想观念的盛行，皇室成员与贵族对金银器的需求急剧增加。加之朝廷的封赏、大臣的进奉，以及与国外政权的频繁往来，这些因素共同推动了金银器制作的逐步兴盛。

鸳鸯莲瓣纹金碗

唐代，出土于陕西省西安市南郊何家村，现藏于陕西历史博物馆。

双狮水波纹三足单柄金铛

唐代，1970 年自陕西省西安市南郊何家庄唐代金银器窖藏坑中出土，藏于陕西历史博物馆。铛（chēng），即平底浅锅，金铛外表面被 9 条水波纹分成 9 个 S 形区间，每个区间内，还錾刻出鸟衔绶带、狮子、花卉等纹饰。绶带的"绶"字与长寿的"寿"字同音，表达了唐人祈盼长寿的美好愿望。

二、金银器产业的进步

唐代金银器产业的显著进步，主要得益于以下几个关键因素。

首先，唐朝对采矿业的重视程度显著提升，这一点从相关文字记录中便可见一斑。相较于中国历史上其他朝代对采矿业较为简略的记录，唐代的情况大为不同。诸如《唐六典》《通典》《新唐书》《元和郡县图志》等文献，都对冶金、采矿等活动进行了非常详尽的记载。例如，《新唐书》中明确提到："凡银、铜、铁、锡之冶一百六十八。陕、宣、润、饶、衢、信五州，银冶五十八，铜冶九十六，铁山五，锡山二，铜山四。汾州矾山七。麟德二年，废陕州铜冶四十八。"

其次，唐朝鼓励民间私矿的发展。当时的采矿系统分为官营和私营两大类，为了增加国家税收，政府积极鼓励民间开采矿产。

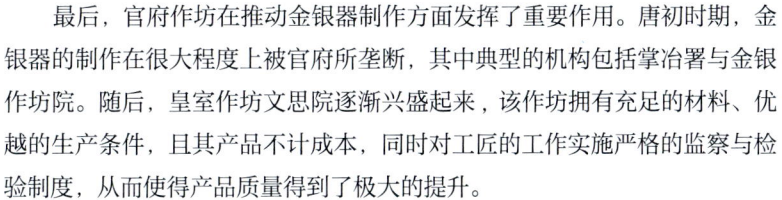

最后，官府作坊在推动金银器制作方面发挥了重要作用。唐初时期，金银器的制作在很大程度上被官府所垄断，其中典型的机构包括掌冶署与金银作坊院。随后，皇室作坊文思院逐渐兴盛起来，该作坊拥有充足的材料、优越的生产条件，且其产品不计成本，同时对工匠的工作实施严格的监察与检验制度，从而使得产品质量得到了极大的提升。

鎏金银香囊

唐代，1963 年出土于陕西省西安市南郊沙坡村窖藏，藏于中国国家博物馆。该香囊不仅美观、方便，而且结构精巧，无论香囊如何滚动，里面的香盂都可以保持水平状态，香料不会倾洒。安史之乱时，唐玄宗被迫在逃亡的路上赐死杨贵妃，并草草将其埋葬。一年多后，玄宗回到长安，密令高力士挖开改葬，据记载，当时的杨贵妃"肌肤已坏，而香囊仍在"。据此推测，杨贵妃佩戴的很可能就是这类金属香囊。

此外，唐代还建立了极为严格的工匠传授与培养制度。要成为正式的工匠，个体需历经四年的刻苦学习，并通过严苛的考试及审核流程，这一制度为唐代金银器的发展与创新提供了源源不断的人才支持。

对此，中国金银器研究领域的权威学者齐东方教授总结：金银器物生产的繁荣兴盛，其根基在于原材料的充足供应。唐代金银采矿与冶炼技术的显著提升及广泛普及，加之多样化的征收与流通方式，为唐代金银制造业的迅猛发展提供了坚实保障。

三、中西金银器的交流与碰撞

丝绸之路的畅通无阻，为中西金银器的交流与碰撞搭建了一个广阔的舞台。唐代金银器在广泛吸纳萨珊、粟特等西亚和中亚金银器兴盛地区的精美纹样与独特形制后，展现出了极为鲜明的异域风情与多元化特征。

（一）以"胡瓶"为代表的粟特地区

粟特是西域古国之一，其地理位置大致对应于今天的乌兹别克斯坦。历史上的粟特人多在国际贸易中负责转运工作，因此被戏称为"国际贸易转运大使"。在粟特地区曾发掘出中国的织品、铜镜等物品，而在大唐境内，也出土了众多粟特风格的金银器，其中最具代表性的便是"胡瓶"。

"胡瓶"这一形象频繁出现在唐诗之中。例如，王昌龄的《从军行》中写道："胡瓶落膊紫薄汗，碎叶城西秋月团。"卢纶的《送张郎中还蜀歌》也有描述："垂杨不动雨纷纷，锦帐胡瓶争送君。"

鎏金银壶

内蒙古博物院藏。此瓶口部有鸭嘴状的流，细颈、鼓腹，喇叭形高足，肩、口部至腹部安装弧形把，把上还有一个鎏金的胡人头像。此外，连同胡瓶还出土了素面罐形银带把杯、银长杯、猞猁纹银盘等，这些器型在西亚、中亚都有发现。

而在唐代的墓葬中，"胡瓶"同样留下了其独特的印记。1978年，在内蒙古敖汉旗李家营子的唐代墓葬中，出土了一件鎏金胡人头像银执壶，这件文物让我们得以一窥"胡瓶"的真实风采。

大唐的工匠在制作胡瓶时，并未简单模仿，而是在保留粟特金银器基本器型的基础上，对器物上的纹样或制造工艺进行了创新性的调整。这样的工艺在1970年陕西西安南郊何家村唐代窖藏出土的金银器上得到了鲜明体现，在这批金银器中，饮食器共计130件，其中不乏与内蒙古敖汉旗李家营子出土的素面罐形带把银杯形态相近的进口带把银杯，以及充满典型异域风情的人物纹八棱金杯、伎乐纹八棱金杯。但尤为引人注目的是，有一件明显融入了本土文化元素、经过改良的"金筐宝钿团花纹金杯"，其风格既彰显了大唐的华贵气质，又不失金银器的精致韵味。

伎乐纹八棱金杯

唐代，藏于陕西历史博物馆。

人物纹八棱金杯

唐代，藏于陕西历史博物馆。杯上有明显胡人服饰的人物形象，以及密密麻麻的联珠纹，是明显的粟特地区金银器风格。

金筐宝钿团花纹金杯

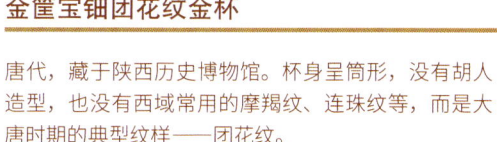

唐代，藏于陕西历史博物馆。杯身呈筒形，没有胡人造型，也没有西域常用的摩羯纹、连珠纹等，而是大唐时期的典型纹样——团花纹。

考古学家推测，那时的本土工匠可能已经熟练掌握了粟特地区金银器的造型特点，并在此基础上开始融入本土元素进行创作；另一种可能是，大唐以其开放包容的姿态吸引了众多外国人才，其中包括粟特的技术专家，他们在中国境内利用自身的技艺，结合大唐的文化特色，制作出了兼具异域风情与本土韵味的金银器。

（二）以"长杯"为代表的萨珊地区

萨珊地区，大致对应今日以伊朗为核心的中东广大区域，其势力范围同样辽阔。从该地区流入的金银器中，以长杯最具典型性和代表性。

长杯，更确切的称呼是"多曲长杯"，这是萨珊人在借鉴古罗马贝壳式银器的基础上所创造的金银器形制。

摩羯纹金长杯

藏于陕西历史博物馆。该杯造型虽是中国式耳杯，但内壁摩羯纹却是印度文化影响的产物，摩羯周围锤揲出一周突出的联珠纹装饰，又具有西亚的金银器的特点。这说明唐代晚期的金银器中，中亚、西亚风格的影响虽然减弱，金银器中国化的进程几近完成，但外来文化的影响（主要是纹饰）仍根深蒂固。

在中国境内出土的与萨珊长杯相关的文物中，1983年在陕西西安太乙路发现的一件摩羯纹四曲金长杯尤为著名。此长杯呈四曲椭圆形，底部为圈足，杯心精心錾刻了摩羯与火焰宝珠图案。摩羯在古代西域文化中象征着河水之精华、生命之源泉，这一设计不仅展现了萨珊金银器的精湛工艺，也蕴含了深远的文化寓意。

（三）以"高足杯"为代表的罗马地区

关于高足杯是否为中国古代固有器型，还是确实源自海外，这一议题至今在学术界仍存争议。以齐东方教授为代表的学者认为，高足杯的器型起源于罗马地区，并经由丝绸之路，通过西亚、中亚传入中国。接下来，我们将探讨对唐代金银器产生重要影响地区，即以"高足杯"为标志的罗马地区。

提壶持杯侍女图

唐高宗咸亨四年（673年），1975年陕西省富平县房陵大长公主墓后室北壁揭取，藏于陕西历史博物馆。此图高182厘米，宽90厘米，画面中一位侍女右手提长颈鸭嘴壶，左手举高足杯，趋步上前作敬酒状。

目前，陕西历史博物馆所珍藏的、出土于何家村窖藏的狩猎纹高足银杯，便是一件典型的罗马拜占庭式高足杯。将其与收藏于大英博物馆的古罗马时期著名的高足杯典范"沃伦杯"进行对比，不难发现这两件高足杯在形制上几乎如出一辙。尽管它们的整体样式极为相似，但在杯身的纹样设计上，狩猎纹高足银杯已经融入唐代经典的装饰风格，这充分展现了唐朝与罗马地区的文化交流与相互影响。

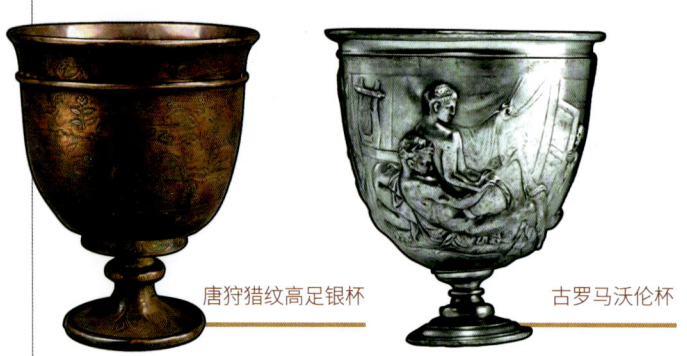

唐狩猎纹高足银杯　　　　古罗马沃伦杯

在唐代的出土文物中，还有许多与高足杯这一杯型相似的器物。例如，现藏于中国国家博物馆的狩猎纹高足银杯，其形制与陕西历史博物馆收藏的、出土于何家村窖藏的狩猎纹高足银杯就极为相似，几乎可以视为同款。

据齐东方教授考证，高足杯这一器型最早见于古罗马时期，唐代时它已成为高官贵族日常生活中的常见器具。为了满足上层社会的需求，中国的本土工匠对高足杯进行了具有本土特色的改造，这一点从唐代金银器中高足杯的大量出土便可见一斑。

狩猎纹高足银杯

唐代，1963年陕西省西安市沙坡村窖藏出土，藏于中国国家博物馆。

例如，洛阳博物馆便珍藏了两件极具本土特色的唐代高足银杯——草叶纹高足银杯与缠枝纹高足银杯。此外，与胡瓶、长杯的情况相似，在本土化的演变过程中，中国的工匠们还创制了铜、锡、玉、陶瓷等多种材质的高足杯，进一步丰富了这一器型的多样性和文化内涵。

缠枝纹高足银杯

唐代，藏于洛阳博物馆。器体为圆形，腹部无折棱，高足中间无节，足面圆形；鱼子地纹，腹部饰缠枝纹。

草叶纹高足银杯

唐代，藏于洛阳博物馆。器体为花瓣形，敞口，腹部分为十瓣，中部有折棱；高足上部有托盘，中间有"算盘珠"式的节，足为花瓣形。通体鱼子地纹，每个花瓣内饰一四瓣花纹，其间夹杂草叶纹；足面饰花瓣纹。

总结一下

在唐朝的金银器中，流淌着西域文化的深厚血脉。唐朝有意识地吸纳外来金银器的设计精髓，巧妙地将之与本土文化相融合，从而打造出璀璨夺目、中西合璧的大唐金银器。这不仅生动诠释了"丝绸之路"的文化交流盛况，更是唐朝文化广博与深邃的有力见证。

第四节
迥异于中原的三星堆金器

若要问近年来最为热门的文化主题,"三星堆"无疑占据了一席之地。作为20世纪人类伟大的考古发现之一,三星堆在历经近百年的发掘过程中,陆续出土了数量庞大的青铜器、金器、玉石器,将神秘莫测的古蜀文明真实地呈现在我们眼前。

在距离三星堆遗址不远的金沙遗址中,同样发现了丰富的金器、铜器、玉器、石器、象牙器及漆器等珍贵文物,此外还有数以万计的陶片、重达数吨的象牙,以及成千上万的野猪獠牙和鹿角。金沙遗址堪称世界范围内出土金器与玉器最为丰富、象牙最为密集的遗址之一。

那么,此时的古蜀文化与中原文化究竟有何异同?为何三星堆遗址中会出现如此多的黄金制品?而金杖和金面罩又寓意着何种象征意义?本节将带领大家一起探索神秘的古蜀文化。

一、无可媲美的金器成就

古蜀人以其卓越的工艺,创造了金杖、太阳神鸟、金冠带、金面罩等一系列辉煌的金器作品,这些成就不仅令人叹为观止,也让同时期的其他古代文明难以企及。

金人面像

商周时期,成都金沙遗址出土,现藏于成都金沙遗址博物馆。此金器由砂金锤揲而成。器上大下小呈心形,以宽带构成图案。其上端不封闭,两端对称向下内卷,"心"内还有两个相对上卷,二者构成两组对卷云纹。

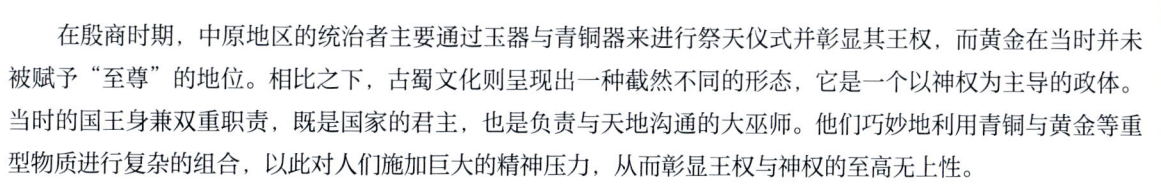

在殷商时期,中原地区的统治者主要通过玉器与青铜器来进行祭天仪式并彰显其王权,而黄金在当时并未被赋予"至尊"的地位。相比之下,古蜀文化则呈现出一种截然不同的形态,它是一个以神权为主导的政体。当时的国王身兼双重职责,既是国家的君主,也是负责与天地沟通的大巫师。他们巧妙地利用青铜与黄金等重型物质进行复杂的组合,以此对人们施加巨大的精神压力,从而彰显王权与神权的至高无上性。

二、三权集于一身的权杖

正如大禹为了昭示其对天下九州的统治而铸造了青铜九鼎一样,古蜀王也拥有其独特的王权象征——权杖。在三星堆祭祀坑中出土的金杖,是中国同期出土的金器中体量最为宏大的一件。据分析,这根金杖是由金条捶打成薄片后,再包裹在木杖之上制成。遗憾的是,在出土时,木杖部分已经炭化,仅留下了金皮以及炭化的木渣遗迹。

金杖

商代,藏于三星堆博物馆。金杖长142厘米,宽4厘米,高2厘米。世界各大古文明都存在着国家权力和最高权力象征系统的物化表现,在美索不达米亚和古埃及文明里,大家共同采用的是形制各异的"杖"。

在金杖的一端，有一段长约46厘米的精美图案，该图案被细致地分为三组。靠近金杖端头的一组图案，当我们将之合拢观察时，可以清晰地看到两个前后对称的人头像，他们头戴五齿巫冠，耳饰三角形耳坠，面容和蔼可亲，笑容满面。而另外两组图案则是相同的，其上下方分别描绘了两只背部相对的鸟与鱼，尤为引人注目的是，在鸟的颈部与鱼的头部，巧妙地叠压着一支箭状物，这一设计充满了神秘与象征意味。

这组图案究竟蕴含着何种意义，它是否是古蜀族的图腾象征，又或是希望通过巫术的力量祈求捕鱼成功的渔猎祈祷图？难道是在描绘某位胜利者的辉煌功绩，还是记录了关乎国家命运的重大事件？

（一）鱼鸟合一的图像可能与鱼凫王朝有关

一种主流观点认为，金杖上鱼鸟融合一体的图像很可能与鱼凫（fú）王朝有着密切关系。正如汉代学者扬雄在《蜀王本纪》中所记载的："蜀王之先，名蚕丛、伯灌、鱼凫、蒲泽、开明。"唐代诗人李白也在《蜀道难》中提及："蚕丛及鱼凫，开国何茫然？"由此可知，第三代蜀王名为鱼凫，他所开创的鱼凫王朝是古蜀时期鸟崇拜盛行的王朝。

鱼凫，即鱼鹰，是一种擅长捕鱼的水鸟。蜀王及王朝以"鱼凫"命名，这暗示了该部族主要以渔猎为生。基于这一背景，学者们推测，金杖上的图案可能寓意着以鱼和鸟为祖神象征的两个部族结成了联盟，共同构建了鱼凫王朝。其中，"鱼"与"鸟"的图像，正是鱼凫的具象表达，也即鱼凫王朝的徽章和象征。

（二）金杖是蜀王借以通神的法器

有学者指出，金杖上的人、鱼、鸟图案，远非简单的族徽所能解释。鱼能潜入深邃水域，鸟能翱翔广阔天空，这一鱼鸟结合的图案深刻地象征着古代人们对上天入地、沟通神灵的无限向往。

此外，金杖采用珍贵的黄金材质精心打造，这一奢华之举无疑彰显了经济上的垄断地位与特权。如此一来，王权、神权，以及经济权力这三者巧妙融合于一杖之中，使得这根金杖自然而然地成为蜀王至高无上统治地位的显著标志。

三、象征等级制度的黄金面具

在三星堆和金沙遗址中均发掘出了金面具，它们所承载的意义深远而重大。这些璀璨夺目的金面具不仅展示了古代工匠们高超的金属加工技艺，更是当时社会等级制度、宗教信仰，以及生死观念的重要象征。

从现有的考古资料来看，古希腊与古埃及文明中均存在黄金面具，这一发现曾一度让部分早期西方学者误认为只有西亚与欧洲文明才拥有黄金面具。然而，三星堆与金沙遗址中出土的黄金面具无疑对这一观点进行了纠正。

面具，这一古老的道具，在全球各地的早期先民中都有着广泛的应用。无论是巫术、战争还是狩猎活动，面具都扮演着重要的角色。尽管不同地域的面具在材质、样式和图案上各具特色，但它们在功能上的共性却显而易见，即通过扮演所崇拜的神明或英雄角色，实现人与超自然力量的沟通。因此，面具可以被视为一种法器。

然而，当面具被用于覆盖死者面部时，其意义又有所不同。活人佩戴面具是为了角色扮演，那么给死人戴上黄金面具又是出于何种目的呢？

金面具

藏于三星堆博物馆。金面具出土时仅残存约半，重约 280 克，是目前三星堆遗址出土的最重的金面具。其方形面部、镂空大眼、三角鼻梁及宽大的耳朵等特征，与三星堆此前出土的金面具风格十分相似。据发掘者推测，它可能也是覆于铜头像或其他质地的面具之上。

实际上，将面具覆盖在死者面部是全球许多民族的共同习俗。这种做法的原因大致有四：一是便于识别盖着面罩的遗体，使灵魂得以归依；二是防止死者灵魂逃逸；三是保护遗体，尤其是延缓面部腐烂，让后人永远铭记死者的威严与容貌；四是保护死者在冥界免受恶灵的侵扰。

值得注意的是，中原早期王朝也存在具有类似功能的面饰或罩具，尽管它们采用的是玉石材质，但所表达的愿望却与黄金面具不谋而合。

从三星堆与金沙遗址出土的金面罩具，均被精心包贴在青铜人像之上，这一做法彰显了黄金在古蜀人心中的尊崇地位。这些青铜人头像形态各异，既有展现王者威严的形象，也有描绘武士英勇的姿态，更有刻画双手反缚、跪立的奴隶形象，这些多样化的形象生动反映了古蜀国当时已经存在着严格的等级划分。

> 金杖作为权力的象征，既代表着王权的至高无上，也体现了神权的神秘与崇高，无疑是统治者的权威标志。而金面罩具则仅被施用于极少数铜人头像之上，这一做法进一步印证了古蜀国内部存在着森严的等级制度。正是这些闪耀着金色光芒的文物，有力地证明了古蜀国已经迈入了文明社会的大门。

总结一下

第五节

金器为何是草原民族的最爱

"天苍苍，野茫茫，风吹草低见牛羊。"这几句诗生动地描绘了大多数人心目中草原的壮丽景象。除了广袤的草地、蔚蓝的天空，以及成群的牛羊，金银器也是代表草原文化的标志性物品之一。

那么，为何金银器会成为草原文化的重要标志呢？游牧文明中的金银器为何如此发达？不同少数民族的金银器又各自具有哪些特点？本节将深入探讨这些问题。

一、游牧文化：丰富却模糊的认知尴尬

古代文明主要可以分为三大类型：一是以草原民族为核心的游牧文化，二是以中国中原地区为主体的农耕文化，三是欧洲古罗马帝国时期所代表的商业文化。游牧文化在中国历史上占据着举足轻重的地位，并对此后中国的诸多方面产生深远的影响。然而，由于游牧文化涵盖的草原民族数量众多，对于广大普通民众而言，这些民族的形象往往显得模糊不清，许多人甚至仅能叫出他们的名字而已。

我们通常将这些与中原文明有着紧密联系的游牧民族文明称为中国北方少数民族。在他们之中，较为人们熟知的有两汉时期的匈奴、魏晋南北朝时期的鲜卑、辽金元时期的契丹、女真和蒙古，以及诸如党项、回鹘、乌桓等民族。

高翅鎏金錾花银冠

辽代，内蒙古自治区通辽市奈曼旗青龙山镇陈国公主墓出土，藏于内蒙古博物院。银冠为陈国公主所戴，冠顶圆形，两侧立翅高耸，看起来很像鸟飞翔时展开的双翅，冠正面和两侧立翅镂空并錾刻火焰宝珠、凤鸟和云纹等花纹，冠顶缀饰道教元始天尊像。此类金银冠是当时北方少数民族贵妇的流行饰品，而陈国公主的这件鎏金银冠具有鲜明的民族特色与时代风格，极为难得。

二、金银器如何成为游牧民族的标志

游牧民族，其生活方式以游居不定为特点，因此对于所使用的器物，首要需求为轻便和便于携带。基于这一需求，那些用于礼制且笨重的青铜器自然无法在草原发展起来。

金镶贝玉妇女头饰、耳饰

内蒙古自治区鄂尔多斯市准格尔旗西沟畔出土，鄂尔多斯市博物院藏。

那么，何种材质能够满足草原人民的这一实用需求呢？经过不断的探索与实践，金银器脱颖而出，成为首选。这是因为金银材质无须耗费大量材料加热溶解，仅凭人工捶打便能加工成各种轻薄小巧的饰品，实在是游牧生活中不可或缺的良伴。对于民族首领而言，金光闪闪的金银饰品穿戴在身上，装饰在车马上，不仅能彰显尊贵的身份，还丝毫不妨碍他们策马奔腾。久而久之，金银器便成为草原文化的重要标志之一。

在众多北方草原民族中，他们所使用的金银器又有着怎样的差异呢？接下来，我们就来一同探寻匈奴、鲜卑和契丹等民族的金银器特色。

（一）匈奴金器：以凶猛动物为主题

在战国至西汉时期，北方草原民族众多，其中匈奴尤为突出。匈奴，作为中国北方草原地区一个历史悠久的民族，自春秋末期起便逐渐崭露头角，至战国时期势力日渐强盛，占据了大漠南北的广袤地域。到了西汉初期，匈奴更是建立了中国北方地区的首个奴隶制政权，其尚武精神在中国乃至世界历史上都留下了深刻的印记，而这种尚武风格也在他们的金银器上得到了生动的体现。

例如，1972年，内蒙古自治区鄂尔多斯市杭锦旗阿鲁柴登村的阿鲁柴登墓葬中出土了二百二十多件金银器；1984年，伊金霍洛旗补连乡的石灰沟墓葬中又发掘出十六件银器；而到了1988年，东胜区塔拉壕乡碾房渠的一处窖藏中更是出土了八十九件金器。这些战国时期的匈奴金银器以人物装饰和兵器装饰为主，其中用于人身的装饰品数量庞大，种类繁多，几乎覆盖了人体的各个部位，而动物形象，尤其是凶猛动物，成为这些装饰品中的常见主题。

虎咬牛纹金带饰

战国，内蒙古自治区鄂尔多斯市杭锦旗阿鲁柴登墓出土，现藏内蒙古博物院。带饰长12.7厘米，重203.9克，其纹饰为弱肉强食的动物形象，简单易懂，体现了匈奴人的现实生活。

嵌宝石虎鹰纹金带饰

内蒙古自治区古鄂尔多斯市杭锦旗阿鲁柴登墓出土，现藏内蒙古博物院。

其中，阿鲁柴登墓葬出土的一件鹰顶金冠饰尤为引人注目。这件金冠制作工艺精湛，集铸造、锻压、捶打、抽丝等多种先进技术于一体。金冠的上部装饰着一只昂首挺立、展翅高飞的雄鹰，雄鹰脚下的半圆形球体上，浮雕着一圈狼噬盘角羊的精美图案。金冠的下部冠带由三条半圆形图案带构成，主体纹饰为绳索纹，而在相互连接的两端，则分别铸有浮雕的虎、马、羊图案，这些动物形象栩栩如生，跃然其上。整套冠饰生动地展现了一幅雄鹰凌空俯瞰、草原上虎狼捕食羊马的壮

鹰顶金冠饰

战国，现藏内蒙古博物院。冠高7.1厘米、额圈直径16.5厘米，重1211.5克。

阔场景，寓意着拥有者统治草原的雄才大略与豪迈气概。可以说，这顶金冠代表了战国时期我国北方民族贵金属加工工艺的巅峰水平。因此，内蒙古博物院院长陈永志推测，这顶鹰顶金冠饰是匈奴最高统治者——单于的王冠。

这顶王冠之所以具有重大意义，不仅因为它是匈奴文化中最具代表性的稀世珍宝，更因为它对中原文化产生了一定的影响。当年赵武灵王推行胡服骑射改革时，也将"胡冠"引入中原，创制了许多融合中原风格的头冠。

西汉时期，匈奴势力达到鼎盛。在与西汉王朝的数次大战之后，双方为了和平而和亲，这促使双方在文化经济上开始有了深入的交流。受此影响，匈奴的金银器上开始融入汉文化的元素。例如，1979年在内蒙古鄂尔多斯市准格尔旗西沟畔2号墓出土的虎豕咬斗纹金带饰和虎头形银节约上，竟然都镌刻了汉字。而且，这两件物品都明确标注了重量和制作机构，展现出明显的汉代风格。据推测，它们很可能是汉王朝制作并赏赐给匈奴贵族的礼品。

虎豕咬斗纹金带饰

战国，现藏于鄂尔多斯博物馆。带饰长13厘米、宽10厘米。

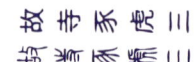

（二）鲜卑金器：食草动物为主

在东汉至北朝时期，北方草原上活跃着众多民族，但其中以鲜卑民族留下的遗迹最为显著。鲜卑也分为多个部族，其中较为人们熟知的是拓跋鲜卑，他们建立了北魏政权，并一路南迁至洛阳；而慕容鲜卑则迁徙至今天的辽宁西部地区，建立了燕政权，深受汉文化的影响。

在金银器制作方面，鲜卑族在很大程度上继承了匈奴族的风格。以建立北朝、统治北方草原地区的拓跋鲜卑为例，他们的金银器作品数量众多，且主要分布在今天的内蒙古地区。从1960年至1990年代末，内蒙古地区的各大墓葬和窖藏中陆续出土的东汉时期的拓跋鲜卑金银器达260余件，这些器物几乎都是装饰品。

在纹饰方面，这一时期的金银器仍然能够看到匈奴金银器纹饰的影子，即以动物纹为主。然而，与匈奴金银器不同的是，纯猛兽动物纹在拓跋鲜卑金银器中已不多见。相反，马纹成为这一时期的典型代表，它们或直立、或卧状，分为单马和双马两种形式，且不受边框的限制。这些马纹写实性很强，各部位展示得清晰明了。

例如，内蒙古通辽市科尔沁左翼中旗六家子墓出土的卧马形带链金牌饰，便是一件形象生动的佳作。该金牌饰呈现出一匹卧马欲起的姿态，马首下垂，双耳直立，鬃毛竖起，尾巴下垂，四肢内屈，整个形象栩栩如生，充分展示了拓跋鲜卑金银器的高超工艺和独特风格。

1983年9月，在通辽市开鲁县建华乡福兴地的一座鲜卑墓葬中，出土了一件重叠双马纹金牌饰。该金牌饰以重叠双马为造型，大马在下呈跪卧姿态，小马则立于大马之背，正俯身啃咬大马的鬃鬣。双马的颈部、尾部及腿部均采用了镂空工艺，而双马冠饰相连处及小马尾部镂空的位置，自然地形成了两个系环。这一设计寓意着骏马辈出，展现了鲜卑民族对马的深厚情感和崇拜。整件金牌饰造型生动，工艺精湛，是鲜卑金银器中的一件佳作。

卧马形带链金牌饰

东汉早期，长8厘米，现藏于通辽市博物馆。

重叠双马纹金牌饰

国家一级文物，现藏于通辽市博物馆。

除了马，鲜卑金银器中还常见鹿、羊、骆驼、野猪等动物造型，以及纯人面五官、人与兽类组合，以及各种动物身体部分融合而成的神兽纹造型。

为何匈奴时期的金银器多以食肉类野兽纹为主，而到了鲜卑时期则转变为以食草类动物纹为主导呢？这与东汉时期鲜卑族所处的社会环境紧密相关。彼时，鲜卑族已主要依赖畜牧业为生，同时兼营狩猎，因此马、羊、骆驼、鹿和野猪等大多成为其家畜。

进入北魏时期，拓跋鲜卑金银器的整体数量急剧减少，出土器物寥寥无几，且纹饰也发生了变化。这可能是拓跋鲜卑汉化进程过于迅速和彻底导致的，那时金银器上的动物纹饰仅剩下羊纹，例如美岱乡墓葬中出土的嵌松石立羊形金戒指和嵌松石卧羊形金戒指，戒面设计为盘角羊的形象，戒圈两侧则呈现为兽面形。而其他金银器则多以素面为主，少了繁复的装饰。

嵌松石立羊形金戒指

北魏，1955年内蒙古自治区呼和浩特市美岱乡出土，藏于内蒙古博物院。戒面上饰一圆雕式伫立盘角羊，镶嵌有绿松石。

嵌松石卧羊形金戒指

北魏，1955年内蒙古自治区呼和浩特市美岱乡出土，藏于内蒙古博物院。

（三）契丹：草原金银器的巅峰

从历史记载及早期墓葬的形制、埋葬习俗和器物特征来看，契丹族被确认为鲜卑的一个分支部落。经过族人的不断繁衍与发展，契丹最终超越了突厥等其他草原部落，成为当时的霸主，并建立了辽政权。此外，辽朝所处的时代恰逢唐宋金银器的顶峰时期，加之辽统治者在政治、经济、文化等各个方面的开放政策，使得草原文明达到了前所未有的高度，也在中国金银器的发展史上留下了浓墨重彩的一笔。

辽代的金银器极为丰富多样。从风格上而言，它们既展现了契丹民族的独特韵味，又融合了中原地区、南方地区的特色，甚至能窥见中西亚金银器的痕迹；从用途上来说，金银器广泛涉及衣食住行的方方面面，就连殡葬仪式和宗教活动中也离不开金银器的点缀；从出土区域来看，仅在内蒙古赤峰地区就发掘出了上千件金银器，而东北、华北地区同样有辽代金银器的身影出现。

缠枝莲纹包金银捍腰

辽代早期，国家一级文物，内蒙古博物院藏。捍腰长65.5厘米、宽20厘米，上端呈连弧山形花边，联珠纹区分内外。联珠与外棱间为如意云纹。联珠纹内中间为盛开的一朵莲花，中有莲蓬，下接芡实，以中心为轴，莲花、荷叶左右对称。

鎏金银鞍桥饰

1954年内蒙古自治区赤峰市红山区辽驸马墓出土，藏于中国国家博物馆。契丹民族骑马、爱马，所以很重视马具的制作和装饰，在已经出土的辽墓陪葬品中，鞍马具及其装饰是其中的重要一类。

辽代金器的发展轨迹呈现出鲜明的阶段性特征。考古与文物学者张景明在其著作《中国北方草原古代金银器》中，将这一过程细致地划分为三个时期：辽代早期至中期偏早阶段，金银器的器型和纹饰深受唐代金银器的影响，展现出与唐代相似的艺术风格和工艺特点。从中期开始，辽代官方实施了禁止随葬金银器的政策，这一变革导致金银器在宗教用具上的使用量激增。与此同时，实用器皿的设计开始模仿瓷器的造型，并更多地融入了本民族的特色元素，形成了独特的民族风格。进入辽代晚期，由于这一时期跨越了唐宋两朝，因此受宋代文化的影响较为显著。银器的数量开始增多，许多银器或是在本地仿照宋朝风格制作，或是直接从宋朝进口，呈现出与宋代金银器相似的风貌。可以看出，辽代金器的发展轨迹是一个从受唐代影响，到形成本民族特色，再到受宋代文化熏陶的演变过程。

镂花金荷包

辽代中期，出土于陈国公主墓，现藏内蒙古文物考古研究所。荷包长13.4厘米、宽7.8厘米。

辽代早期的金银器以其"花样众多"而著称，这一时期，金银器的器型繁多且数量庞大。具体而言，器型涵盖了碗、盘、杯、壶、盒、盆、罐等日常用器，以及匙、箸等餐具；还有冠、簪、耳坠、戒指等首饰，以及带饰、捍腰等服饰配件。此外，成套的马具也频繁出现，包括笼头饰、盘胸饰、鞍饰等，显示了辽代对马匹的重视和骑射文化的盛行。这一时期殡葬用金银器也大量流行，反映了当时社会对丧葬仪式的重视。同时，佛教用具中金银器的出现，则体现了佛教在辽代的传播和影响。

八棱錾花银执壶

辽代，1978年内蒙古自治区赤峰市巴林右旗辽窖出土，每个棱面均錾刻折枝牡丹和变形缠枝花等，通高25厘米、腹径15厘米，现藏于内蒙古自治区巴林右旗文物馆。

鎏金银冠

国家一级文物，藏于内蒙古自治区古文物考古研究院，是辽代陈国公主驸马所戴，用来固定头发、装饰头部并象征戴冠者的高贵地位。是我们研究辽代金银工艺发展水平、契丹民族的服饰风格与审美心理等方面不可或缺的重要实证之一。

总结而言，契丹建立辽政权之时正值唐代末年，唐文化的深厚底蕴广泛渗透至契丹民族的诸多领域，辽代金银器所展现的浓郁唐风恰是对此历史事实的反映。同时，草原丝绸之路促进了西方国家金银器及制作工艺的传播，推动了辽代金银器的发展。至辽代末期，受宋代金银器影响，形成了精巧雅致、小巧玲珑的风格，为辽代金银器的造型艺术奠定了深厚的文化基础。

第六节
璀璨的金银器如何制成

本节将深入探讨金银器的制作与工艺，包括古人淘金的方法、中国金银器工艺的特色，以及金银器与青铜器之间的紧密联系。

一、古人的淘金方法

"黄金自古为贵，源自天地之间。"自古以来，黄金便因其稀有与珍贵而被视为财富的象征。最初人们发现黄金多是在自然环境中偶然所得，或是在高山岩石之中，或是在河流泥沙之下。随着对黄金认识的加深，淘金逐渐成为一项专门的活动，吸引着无数追梦人前往探寻。

自古以来，淘金便是一项高风险、高投入的活动，其回报往往并不丰厚，但一夜暴富的梦想仍然驱使着人们不惜代价地去尝试。淘金者主要分为两类：一类是采集山金者，他们主要在高山地区寻找金矿；另一类则是采集砂金者，即从河流泥沙中淘洗出"水金"。

（一）山中寻金

　　采集山金者，他们的寻宝之旅主要在高山峻岭之间展开。这些地区，往往地势险峻，云雾缭绕，隐藏着大自然赋予的宝贵财富——金矿。采集山金者凭借着对地质结构的深刻理解与丰富经验，穿梭于崇山峻岭，寻找那些可能蕴藏着金矿的岩石层与矿脉。

　　他们的主要方法为先进行详尽的勘探工作，通过观察地质构造、岩石类型及地表植被等线索，初步判断金矿存在的可能性。一旦锁定目标区域，采集者们便会采用挖掘的方式，利用简单的工具，如铁锹、锤子等剥开覆盖在金矿之上的岩石与土壤，逐步揭露出珍贵的金色宝藏。这一过程不仅需要极大的体力与耐力，更考验着淘金者的智慧与耐心。

（二）江河中蕴藏的金

　　江河是黄金的重要藏匿之地，以著名的金沙江为例，其湍急河水经年累月冲刷地表金矿，将大量金子卷入。随着河水向下游奔流，黄金与泥沙混合成"砂金"，大部分沉积江底，少数则被水流带至岸边，成为淘金者们淘洗真金的宝地。

　　淘洗技术主要分为两大流派：一是重砂淘洗法，它巧妙地利用了不同矿物之间的比重差异。淘金者将矿砂置于淘洗盆等工具中，通过筛动并用水持续冲刷，使得矿物依据比重自然分层；另一流派则是溜槽法，此法颇为独特，淘金者会将一段大木头劈开制成槽状，并在槽底刻凿出痕迹，随后将矿砂投入这些凿痕之中，利用水流的力量进行冲刷。在水的冲刷下，较轻的杂质被冲走，而较重的精矿则紧紧嵌留在槽内。

二、金银器为何与青铜器关系密切

　　为了解答金银器为何与青铜器关系密切这一问题，需要先深入了解金银器制作中所采用的多种工艺。接下来，就让我们一同探讨那些常见的工艺手法，包括"锤揲""鎏金""错金""累丝"和"范铸"等。

（一）锤揲工艺

　　"锤揲"（yè），是一种通过锤打金属坯料以获取所需造型的金属加工技艺。此工艺历史悠久，早在公元前 2000 多年的西亚和中东地区就已出现。在中国，最早的"锤揲"技艺可追溯至商周时期，但其直到唐宋时期才发展至成熟阶段。

　　"锤揲"工艺充分利用了金、银质地柔软且延展性强的特性。此外，由于整个过程中仅需使用钝头工具进行捶打，不涉及材料的切割，因此该工艺的一个显著优势在于几乎不会造成材料的损失。

金耳饰

商代晚期，1980 年山西省太谷县白燕遗址出土，藏于中国国家博物馆。该耳饰以锤揲工艺制作，下端延展成勾云形薄片，另一端渐细，做细丝状。

（二）鎏金工艺

"鎏（liú）金"是一项广为人知的传统工艺，其操作流程可细分为以下三个关键步骤：首先，将黄金溶解于汞之中，精心调配成浆糊状的金汞合金；接着，把这一合金均匀且细腻地涂抹在已经清洁过的金属器物表面；最后，通过加热处理，使得汞逐渐挥发，而黄金则牢固地附着在金属表面，形成一层亮丽且富有光泽的金黄色镀层。

这项火法镀金技术大致在先秦时期就已经趋于成熟，其技艺之精湛，在西汉时期的鎏金金银器长信宫灯上得到了淋漓尽致的展现，该灯更是被誉为"中华第一灯"，见证了鎏金工艺的辉煌成就。

长信宫铜灯

西汉，1968年于河北省保定市满城区中山靖王刘胜妻窦绾墓出土，现收藏于河北博物院。铜灯通高48厘米，铜制通体鎏金，灯体中空，外形是一宫女跪地执灯。其中，灯罩由两块弧形平板组成，其中一片可以左右推动，便于调节灯的亮度和照射方向。更神奇的是，长信宫灯在使用时，呛鼻的烟尘能够随着热空气的推动徐徐上升，沿宫女的袖管不断进入中空的灯体内，之后由于失去热气流的推动作用，烟尘逐渐冷却在灯体内部形成烟灰，避免了室内空气污染。

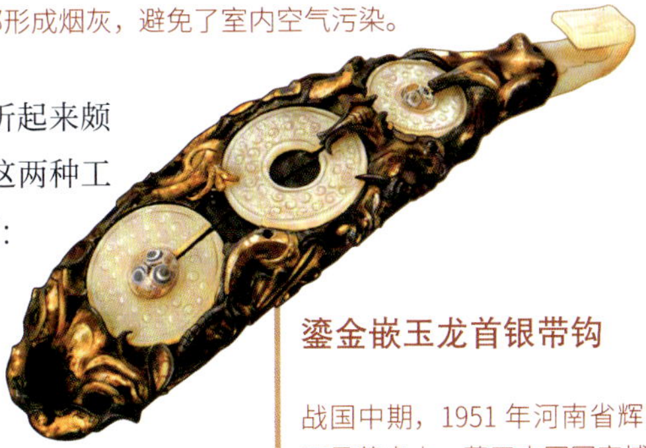

或许不少人会感到好奇："鎏金"与"镀金"听起来颇为相似，似乎都是在物体表面覆盖一层金色，那么这两种工艺究竟有何不同呢？其区别主要体现在以下两个方面：

首先，从技术手段上来说，"鎏金"依赖于火的加热作用，而"镀金"则是借助电的力量。

其次，在工艺原理上，"电镀"采用的是电解或其他化学方法，使所镀金属能够在同质或异质金属表面均匀形成一层薄金层。这与"鎏金"工艺中通过水银蒸发并附着于金属表面的方法存在显著差异。

鎏金嵌玉龙首银带钩

战国中期，1951年河南省辉县固围村五号墓出土，藏于中国国家博物馆。此带钩制作集多种工艺于一身，腹部琵琶式银鎏金浮雕嵌玉，构思奇巧，装饰华美，反映出战国时期带钩高超的制作水平。

（三）错金工艺

《说文解字》中，对"错"字的解释为："错，金涂也，从金，昔声。"清代学者段玉裁进一步注解道："涂，水也。从水，余声。俗作涂，又作捈，谓以金饰捈其上也。"简而言之，"错"工艺指的是在器物表面精心刻画出沟槽，随后将宽度相匹配的金银线、丝或片精准地镶嵌于这些沟槽之中，最后经过细致的磨平与抛光处理。

"错"工艺的核心在于镶嵌技艺。在早期，工匠们擅长将珠宝巧妙地镶嵌于青铜器之中。随着金属冶炼技术的整体提升，工匠们开始广泛采用金银作为装饰元素，镶嵌于青铜器上，这一做法迅速成为当时的主流风尚。这一过程不仅展现了古代工匠高超的金属加工技艺，也体现了他们对美的不懈追求与独特审美。

错金银云纹青铜犀尊

西汉，1963年陕西省兴平市出土，现藏于中国国家博物馆。整件器物饰以错金银云纹，精美华丽，虽为实用重器，却又洋溢着充沛的活力，堪称汉代青铜器中的精品。

（四）累丝工艺

"累丝"工艺，是一种将金银材料拉制成细丝，进而编织成辫股状或各种精细网状结构的金银器加工技艺，最终通过焊接技术将这些精美结构固定于器物之上。此工艺堪称金银器制作中最为繁复与精巧的手法之一。

累丝工艺将金银的柔韧特性发挥得淋漓尽致，赋予金银材料前所未有的轻盈与多姿，展现出极强的造型可塑性。在造型艺术上，累丝工艺达到无与伦比的高度，其作品往往呈现出立体而繁复、纤巧而秀丽的特征，令人叹为观止，仿佛是大自然与人类智慧的完美结晶，巧夺天工，令人赞叹不已。

金累丝镶宝石帽顶

明代，2001年出土于湖北省钟祥市梁庄王墓，现藏于湖北省博物馆。累丝是明代金器的常见工艺之一，先用金丝弯曲堆叠，再焊接成复杂的造型，使之呈现玲珑剔透的立体效果。

（五）范铸工艺

"范铸"作为青铜器制造的核心工艺之一，其与金银器的关联或许出乎许多人的意料。回顾历史，早期的金银器实际上是青铜器的一种"衍生艺术品"，多以小件或装饰品为主，无论是金银错还是锤揲工艺，所制成的金银制品主要是作为青铜器的装饰元素存在。然而，随着时间的推移，金银逐渐从辅助角色转变为"主角"，在各类复杂精美的器物中占据了重要地位。

以春秋战国时期最为复杂、精致的青铜器件——曾侯乙尊盘为例，其出土地曾侯乙墓同样发掘出了众多金银器。其中，最为瞩目的莫过于重达2156克的金盏，这件容器不仅是我国目前发现的先秦时期最大、最重的金器，更因其奢华程度被誉为"最奢华的火锅"。此外，1982年在江苏盱眙出土的西汉金兽，重量更是惊人，达到9100克。

这些重量级的金器究竟是如何诞生的呢？答案就在于其制作工艺——范铸。

以曾侯乙墓中出土的金盏为例，它正是通过范铸法精心分铸而成。从金盏的最终形态不难发现，其纹饰和器型与青铜器有着极高的相似性，几乎难以区分。

然而，采用范铸法制作金银器也存在一个显著的缺点，那就是材料的浪费。不过，对于当时的王公贵族，或是那些渴望通过金器实现长生不老梦想的人来说，这种"浪费"似乎并不在他们的考量范围之内。

曾侯乙金盏

战国，出土于曾侯乙墓，现藏于湖北省博物馆。这件金盏装饰着蟠螭纹、绹纹和云雷纹，三足作倒置的凤首，纹饰和器都很美观。它的出现，标志着黄金的呈现形式发生了本质的变化，即开始作为独立的器物。

金兽

西汉，1982年出土于江苏省盱眙县南窑庄窖藏，国宝级文物，现藏于南京博物院。该金兽是目前我国出土的古代黄金铸器中最重的一件，是古代金属铸造工艺和金器捶击工艺这两种技法完美结合的产物。

漆器：不朽传奇

陆

BUXIU
CHUAN
QI

第一节
漆器为什么不常见

漆器，作为中国古代人民智慧的结晶，承载着悠久的历史，它曾经历过一段辉煌的发展时期，并对包括日本在内的多个国家产生了深远的影响。然而，时至今日，漆器在生活中的出现频率已大大降低。本节将深入探索漆器的神秘之处，揭示这一曾与瓷器齐名，但未能像瓷器那样广泛普及的艺术瑰宝的独特魅力，及其在历史长河中的变迁。

一、认识漆器

所谓"漆器"，是指采用木材或其他材质作为胎体，经过髹（xiū）漆工艺精心制作而成的器物。简而言之，漆器是将漆涂覆于各种器物表面，从而制成的日常用品及工艺品。

漆器的胎体材质多样，包括木胎、竹胎、皮胎、陶胎，以及多种金属胎等。其中，木胎最为普遍。当漆液在器物表面干燥固化后，会形成一层坚韧的薄膜，这层薄膜不仅难以剥离，而且具备良好的耐酸碱性能。经过多次髹饰，器物表面会展现出绚丽的光泽，这便是我们所见到的精美漆器。

彩绘凤形漆勺

秦代，1975 年湖北省孝感市云梦睡虎地 9 号墓出土，藏于湖北省博物馆。此勺高 13.3cm、长 14.8cm、宽 10.6cm，木胎，雕制。勺体挖成凤身，勺柄雕成头颈，用红、褐漆绘出凤的眼、鼻、耳及羽毛，凤尾下有"咸口"等烙印文字。

二、揭秘漆器之"漆"

"漆"字很有意思，整个字形里有木、有水，意思是划开漆树的树皮来采集汁液，这个汁液就是漆，也叫"生漆"或者"大漆"。生漆干燥以后会形成一种稳定的漆膜，分子结构非常稳定，而且抗压、耐磨、抗菌、抗氧化，涂了漆的木制品经过几千年的时间还能完整保存，就是这个原因。

不过，生漆也有一个缺陷：致敏，有些容易过敏的人群，皮肤上粘了生漆就会产生红肿之类的情况，更严重的还会出现毒疮。

但是，在中国著名的生漆产地湖北恩施，有一些靠采漆为生的人却会食用漆汁，他们相信生漆可以杀掉蛔虫，而且可以在体内产生一种过敏抗体。这可不是虚构的故事，在中国医药文献中，确实记载有生漆的药用实例。例如，《神农本草经》中提到"漆去长虫。"《本经逢原》也述及"用真漆涂鲛鲤甲煅入药，破血最捷。"

三、中国最早的漆器

随着考古发掘工作的持续深入，中国"漆祖"的美誉不断更迭其归属者。

浙江省余姚市的河姆渡遗址中出土的漆碗，将中国漆器的历史追溯至约 6000 至 7000 年前。

木胎朱漆碗

新石器时代河姆渡文化，藏于浙江省博物馆。木胎，形态规整，造型大方朴素。朱漆木碗的发现，说明早在新石器时代，我们的先民就已认识了漆的性能，并调配颜色，用以制器。

浙江省杭州市萧山跨湖桥新石器时代文化遗址中，发现了一把年代可追溯至约 7000 至 8000 年前的漆弓。这一发现刷新了中国漆器制作历史的记录。

漆弓

萧山跨湖桥遗址发现，藏于跨湖桥遗址博物馆。漆弓残长 121 厘米，弓身细圆，弓桁完整，采用韧性良好的桑木边材制作，弓身表面涂有生漆。这是中国迄今为止发现的年代最早的漆弓。

在浙江省余姚市三七市镇的井头山遗址，考古人员发掘出了两件年代可追溯到约 8300 年前的木器，这两件珍贵的文物经过专家鉴定，目前已被确认为中国迄今发现的最早的漆器。

井头山遗址出土的两件木器，其中一件是带销钉的残木器（左），一件是带黑色表皮的扁圆体木棍（右）。经过研究人员分析，确定该涂层为人工漆。

四、文字记录的漆器史

关于漆器的最早文字记录出现在《庄子·人世间》中："桂可食，故伐之；漆可用，故割之。"这一记载不仅反映了古人对漆树及其用途的认识，也揭示了漆器在古代社会中的重要地位。

到了战国时期，中原地区已经出现了专门负责管理漆树的人员。其中，著名的思想家庄周就曾担任过"漆园吏"一职。据《史记·老子韩非列传》记载："庄子者，蒙人也，名周，尝为漆园吏。"这一历史事实进一步证明了战国时期漆器制作与管理的专业化程度，以及漆器在当时社会中的广泛应用。

漆园吏像

载于《古圣贤像传略》，(清)顾沅辑录，孔莲卿绘。

到了秦朝时期，为了更有效地管理漆树资源，政府不仅出台了专门的制度和法律规范，而且民间也涌现出了众多从事采漆和种植漆树的人。据《史记·货殖列传》记载："陈夏千亩漆，齐鲁千亩桑麻，渭川千亩竹……此其人皆与千户侯等。"这一描述不仅反映了当时漆树种植与采漆业的繁荣景象，也体现了生漆作为一种重要资源在中华大地上的广泛分布和深远影响。自秦朝以来，生漆便成为不可或缺的经济资源，并一直沿用至今，为中华文明的发展做出了重要贡献。

漆木虎座鸟架鼓

战国中晚期漆木虎座鸟架鼓（左）及其复原作品（右），2002年出土于湖北省枣阳市九连墩2号墓，现藏于湖北省博物馆。该造型逼真，彩绘绚丽辉煌，既是鼓乐，又是一件艺术佳作，不仅充满了浪漫主义的情调，表现了楚人丰富的想象力和创造力，还对邓城区域楚文化研究有重要的意义。2020年12月13日，虎座鸟架鼓新晋成为湖北省博物馆"十大镇馆之宝"。

五、漆器在近现代的没落

漆器拥有悠久的历史，然而在现代生活中却鲜少露面。这究竟是何原因？让我们一同深入探究漆器在现代社会不再广泛普及的根源。

（一）漆树少且产量低

尽管漆树在我国分布广泛，但相较于其他常见树种，其数量却显得极为稀少，且漆的产量也相对较低。采漆人需早起晚归，翻山越岭，一刀一刀地割取生漆，这一过程异常艰辛。在采漆界流传着一句话："百里千刀一斤漆"，道尽了采漆工作的万般不易。

民俗老物件——割漆工具包。

（二）割漆的技术要求高

割漆看似简单，实则是一门深奥的手艺。割漆人需先在漆树韧皮部割出V型伤口，于V字底部安置贝壳状容器收集流出的树脂，再将其倒入桶中，用油纸密封带回加工。此过程技术要求极高，如何精准选择割漆位置、掌握割口大小以避免伤害漆树、最大化采集漆液，以及针对不同漆树采用何种刀法，均是考验割漆人技艺的关键，直接影响生漆产量。因此，该领域的专业人才匮乏。

（三）化学工业油漆的冲击

随着现代生活对漆需求量的大幅增长，传统的生漆供应已难以满足市场需求。因此，化学工业油漆凭借其大规模生产和成本效益的优势，成为现代人的首选。相比之下，生漆因其产量有限且采集过程复杂，逐渐被边缘化，甚至导致许多人对生漆一无所知。

可以说，尽管漆器作为蕴含悠久历史与独特魅力的艺术品依然留存于世，但在现代社会快节奏的生活与大规模生产需求的双重冲击下，其实用性和成本效益不可避免地成为人们权衡的要素。时代变迁，昔日辉煌璀璨的漆器已难以维持其作为今日主流生活用品的地位。因此，漆器逐渐退出了日常生活的舞台，转而成为特定领域专业人士及收藏爱好者的珍视之物。

第二节
中日漆器的关联与差异

在历史的长河中，中日两国的漆器文化既有相互影响的痕迹，也有各自独立的发展脉络。同时，在工艺技法上既有相似之处，也存在明显差异。本节将细致剖析中日漆器的关联与差异，展现中日漆器艺术的独特韵味与深厚底蕴。

一、中日漆器的历史比较

在中国与日本漆器历史悠久程度的比较中，出土文物的年代成为关键线索，引领我们探索两国漆器文化的深远根源。

（一）关于出现年代的争议

前文已经介绍过，目前发现的中国最古老的漆器物件出自浙江省余姚三七市镇井头山遗址，距今已有8300多年的历史。

而日本方面，据"世界遗产：日本北部的绳文遗迹群"官方网站所述，漆器制作技术几乎在绳文时代前期便已确立，显示出当时绳文人的高超技术水平。这里的"前期"指的是日本新石器时代，即绳纹时代的前期，时间大约在公元前5000年。

左图为彩文漆涂制的浅钵形土器（龟冈石器时代遗迹），青森县立乡土馆风韵堂收藏；中图为钵形木胎漆器（是川石器时代遗迹）；右图为红色漆涂土器（是川石器时代遗迹）。

另有广泛流传的说法称，福井县若狭町鸟滨贝冢发掘的漆树枝，其年代可追溯至距今 12 600 年的绳纹时代早期，随后还出土了工艺更精湛的"红色漆木梳"。

关于日本漆器出现的时间，尽管有 5000 年前乃至 12 600 年前的说法，但国际学界尚未达成共识。例如，《从中国漆艺到日本漆器再到越南漆画》一文就认为，日本漆器的最早出现时间应为 6000 年前。

（二）可能性推测之一：独立起源

关于中日漆器起源早晚的争议，我们暂且搁置，留给专业考古学家去探究。但显然，两国漆器起源均很早，且时间相近。这或可归因于漆树主要生长在东亚，同期原始人类可能几乎同时掌握了利用木材和天然漆的技能。

1980 年河姆渡遗址漆器的发现，让学者如汤大友、刘馨在《中日两国古代漆器文化交流的探讨》中推测，中国漆器历史或长达一万年左右，这与日本鸟滨贝冢发现的漆树木枝的时间颇为吻合。

鸟滨贝冢是日本绳纹时代最为古老的低湿地著名遗址。此遗址曾进行了十次正规的考古发掘，前后历经 25 年之久，既出土有大量的石器、陶器、骨（角）器和木器，还获得了罕见的动、植物遗存，以及居住遗迹与窖藏等，对推测复原"鸟滨先民"的社会生活及其生态环境弥足珍贵。其中尤以樱木包皮圆木弓、独木舟、漆木梳、编织物残片等有机质遗存闻名于世，堪称"绳纹时代的文化宝库"。本书作者森川昌和教授是功不可没的鸟滨贝冢遗址的发现者，书中有一节内容专门讲"漆工的诞生"。

（三）可能性推测之二：发展相关

尽管从出土的文物来看，日本的漆器历史并不晚于中国，但在工艺水平上，早期的日本漆器相较于中国显然还有很大的差距。因此，尽管日本漆器可能是独立起源，但其后续的发展很可能受到了中国的影响。

例如，根据日本奈良国立文化财研究所 1984 年编制的《漆器制品出土遗迹地名表》，我们可以发现，早期日本的漆器出土遗址虽然遍布日本各地，但大多数都集中在日本西部沿海一带。而这一地区，正是历史上受到中国文化传播和影响的重要区域。这不禁让人猜想，中国漆器工艺的传播，或许在日本漆器的发展过程中扮演了重要的角色。

当然，这仅仅是一种推测。关于中日两国漆器起源的独立性与发展的相关性问题，还需要更多的考古发现和深入研究来解答。也许有一天，中国会发掘出更早的漆器文物，为我们揭示这一历史谜团提供新的线索。

二、日本漆器的勃兴之路

漆器通常被称为 lacquerware，但有时也以 Japan 命名，这凸显了日本漆器在全球的卓越影响力。那么，究竟是什么原因促使日本漆器的勃兴呢？

（一）日本为漆器增添本土特色

在西方人涉足亚洲之前，亚洲内部已存在悠久的漆器贸易历史。中国作为漆器制作技术的先驱，自唐朝起，通过遣唐使的往来，精美的漆器被引入日本。

鉴真东渡便是一个典型例证。与鉴真随行的人员中包含画师、雕刻家等人才。另外，根据《唐大和上东征传》中记载，鉴真还带去了许多精美漆器，如漆盒子盘、金漆泥像、螺钿经函等。这种人员与物品的交流，为日本全面吸收并融合中国漆器工艺提供了绝佳途径，极大地促进了日本漆器的发展。

螺钿箱

藏于日本奈良东大寺正仓院。《唐大和上东征传》所载"螺钿经函五十口"，可视为彼时唐朝向日本输送螺钿产品的证明。

然而，日本并未简单模仿中国的漆器样式而摒弃本土特色，而是在吸纳精湛技术的基础上，持续优化本国的漆器工艺。这种模式推动了日本漆器工艺的不断精进，以至于宋朝之后，中国的漆器技术在某种程度上开始落后于日本。

至明朝时期，日本的漆器技术已高度发达，中日漆器贸易的主角悄然转换，大量日本漆器涌入中国并广受欢迎。这一趋势促进了日本"外贸漆器"的兴起。

在这些输往中国的日本漆器中，多数采用了"莳绘"技艺。所谓"莳绘"，即一种类似描金或称为"泥金画漆"的工艺：工匠首先在漆器表面勾勒出设计图案，随后精心地将金银屑融入漆液中，待其干燥后再进行推光处理，最终呈现出如夜空中绚烂烟火般的效果。

花鸟莳绘螺钿箱

藏于东京国立博物馆。这种带半圆形盖的漆器箱子，是 16 世纪末至 17 世纪初日本出口至欧洲的漆器中的主力军。

莳绘菊纹镜盒

15 世纪室町时代，藏于东京国立博物馆。如此小型的镜箱，应是作为手箱里的附属品而被制作出来的，单瓣菊纹散发着古雅之趣。

明末时期，刘侗与于奕正在《帝京景物略》中记载："古犀皮、剔红、戗金、攒犀、螺钿，市时时有，国朝可传，则剔红、填漆、倭漆三者。"这里的"倭漆"特指日本漆器。明朝政府对日本的莳绘技术表现出浓厚兴趣，甚至专门派遣工匠前往日本学习此技艺。《元明事类篇》中有载："又士杨埙为漆工，宣德间尝遣人至倭国传泥金画漆之法以归"。

随着这些交流，日本的外贸漆器数量日益增长，这为日后的日本与西欧开展漆器贸易奠定了坚实的基础。

（二）日本漆器的外贸

随着大航海时代的到来，欧洲航海家们开辟了新航路，逐渐将探索的脚步延伸至亚洲。这一历史背景为日本漆器走向世界舞台，开启外贸新篇章提供了重要契机。

桔梗蝶枫鹿莳绘螺钿圣龛

16-17世纪，藏于东京国立博物馆。它是安土桃山时代日本向天主教诸国出口的典型漆器作品。

中国美术学院艺术学文学博士、副教授何振纪指出，早在室町时代（1336-1573年），日本长崎的漆器，以其华丽的莳绘技艺闻名，已开始大量出口，并在中国鉴藏界享有盛誉。

至葡萄牙强占澳门时期，日本漆器已成为极为关键的贸易商品。据《葡萄牙帝国》记载，1549年至1590年，中日漆器经由葡萄牙人的海上贸易被引入欧洲。在此期间，相较于中国，日本漆器的输出量更为显著，尽管与中国输出的其他商品相比，漆器的贸易总量并不算大，且以漆饰家具为主，单纯漆器制品较少。

有趣的是，如同西方人将瓷器与China相联系，16世纪葡萄牙人在马六甲海峡进行贸易时，采用马来语称呼日本为Japang，这一称呼因发音演变，最终在欧洲演化为Japan。这一语言现象，也从侧面反映了日本漆器在当时国际贸易中的重要地位。

总结而言，日本漆器之所以能成为日本文化的重要标志，不仅在于其精湛的工艺与悠久的历史传承，更在于其跨越国界的广泛影响力。从室町时代的海外出口，到被欧洲贸易商广泛传播，日本漆器展现了日本独特的审美与工艺水平。

篱菊莳绘印笼

19世纪江户时代，藏于东京国立博物馆。

第三节
漆器以什么材料为胎体

"此地有崇山峻岭，茂林修竹，又有清流激湍，映带左右，引以为流觞曲水，列坐其次。"相信大家对这几句话的出处并不陌生，正是出自王羲之的《兰亭集序》。

《兰亭集序》（局部）

有"天下第一行书"之称。

永和九年（353年）三月三日，时任会稽内史的王羲之与挚友谢安、孙绰等共计四十一人，在兰亭欢聚一堂，他们吟诗作画，把酒言欢，其乐融融。其间，他们玩起了一个古老的游戏——"曲水流觞"，这是自西周时期流传下来的习俗，后来成为文人雅士间诗酒唱和的雅趣。

在这个游戏中，参与者们坐在水渠两旁，将酒杯置于上流，任其随波逐流，酒杯停在谁面前，谁就得即兴赋诗，若作不出诗，则需饮酒为罚。那么，要让这个游戏顺利进行，最关键的是什么？无疑是选择一个合适的"觞"，即酒杯。若酒杯不能随波逐流，或是直接沉入水底，那无疑会大煞风景。

从造型上看，这种"觞"呈椭圆形，浅腹平底，两侧附有半月形的双耳，既便于拿放，又符合浮力原理，避免了直接沉入水底的尴尬。而从材质上考虑，陶、玉或金属制的酒杯显然都不合适。木制酒杯虽能漂浮，但耐用性差，且易受热胀冷缩影响。那么，究竟什么样的"觞"才能既轻盈又防水，还兼具精美之姿呢？

接下来，我们就来探讨漆器制作中的一个关键问题——胎。何为"胎"？古人为何选择这些材料作为胎体？它们各自又具有哪些独特之处？让我们一同揭开这些谜团。

漆器中的"胎"，亦称胎体或胎骨，是承载漆饰的基础物件，即指在何种材料上施加漆艺。漆器制作的整体流程通常始于制胎，即将选定材料塑造为所需形态；随后，在胎体上多层敷灰与上漆，任其自然干燥；接着，经过反复打磨并施加推光漆；之后，根据需求进行装饰，以提升漆器表面的美感；装饰完毕后，再覆盖一层透明漆，并仔细研磨至平整；最终步骤包括推光与揩清，使漆器焕发光泽。

目前，漆器的胎体大致可分为木胎、金属胎、竹篾胎、皮胎、夹纻胎、纸胎、陶胎等几个主要类别。其中，木胎、夹纻胎与金属胎最为常见，接下来我们将逐一介绍。

彩绘变形鸟纹圆耳杯

战国时期，藏于湖北省博物馆。

一、胎体首选：木胎

在历史上漆器胎体材料的选择中，我们可以观察到多种多样的变化。然而，若细心审视，不难发现，木头依然是漆器胎体的主流选择。木胎的一大优势在于其轻便性，并且经过妥善处理的木胎能够有效抵抗腐蚀。例如，河姆渡文化遗址中出土的漆碗，正是通过漆的特殊性质，成功克服了木材本身易受潮变形及腐烂的缺陷。

漆木彩绘凤鸟莲花盖豆

战国，湖北省荆州市天星观二号楚墓出土，国家一级文物，藏于荆州博物馆。该器物同时使用了三种雕刻手法，豆盘的莲花为浮雕，凤鸟柄为圆雕，蛇形豆座为透雕。豆盘为盛开的莲花状，豆柄为一只羽毛鲜艳的凤鸟，底座为一条盘旋的蛇。凤鸟曲颈昂首，喙衔莲花；展翅蹬足，爪攫蟠蛇。此器物造型极富动感，构思精巧，举世无双。

木胎制作的核心工艺在于"打薄"，这主要包括斫（zhuó）、镟（xuàn，同"旋"）、棬（juàn，也可写作"卷"）、雕等多种技法。

"斫"是一种较为原始的加工方式，涉及劈、凿、削等简单动作，制成的木胎往往较为粗厚，更适合用于制作平面的漆器。

云纹漆钫

西汉，1972年出土于湖南省长沙市马王堆汉墓一号墓，现藏于湖南省博物馆。漆钫高52厘米，腹边长23厘米，斫木胎。出土时内有酒或羹的残渣，外底朱书其容量为"四斗"。纹饰清秀华美，是西汉前期漆器的代表性作品之一。

"镟"则是指剜削，这一技法在制作胎体本身较厚的圆形器物时尤为常用，比如制作漆碗时，需要掏出碗心，便是运用了镟制法。

云纹漆鼎

西汉，1972年出土于马王堆汉墓一号墓，现藏于湖南省博物馆。这件云纹漆鼎的器腹内留有明显的旋削痕迹，应采用的是旋木胎。

"卷"则是将薄木板卷成圆筒形，并黏合衔接处，再用漆糊上麻布加固，最后刮灰磨平。这种做法不仅增强了胎骨的牢固性，还有效解决了圆形木胎成型的难题。相比挖制和斫制的木胎，卷制的木胎在重量上更轻，对后续的木胎制作技术产生了较大影响。

彩绘变形凤鸟纹漆卮（zhī）

秦代，1975年云梦睡虎地11号墓出土，现藏于湖北省博物馆。漆卮为木胎，卷制。单环耳已残，盖已佚。外底与内底均有烙印文字"亭"。

二、胎体革新者：夹纻胎

"纻"简而言之即麻布。而"夹纻"则蕴含双重含义：一是指多层麻布被漆灰夹在中间；二是指布层之间还夹杂着其他物质，诸如瓦灰、骨粉、木屑等。

那么，"夹纻胎"究竟是什么呢？它是以木头或泥巴塑造为内胎，随后用涂抹了漆灰的麻布层层裱糊，待其干实后，去除内胎，最终在麻布外壳上施以髹漆工艺。因此，这一工艺也被称为"脱胎"。

夹纻胎的显著特点是胎体轻薄，制成的器物轻盈且外表光洁雅致。此外，夹纻胎在失水性和吸水性方面均优于木胎，且不易开裂变形，也不容易产生膨胀或收缩现象。其更大的优势在于能够自由塑造各种复杂形态，无论是大型的柱子还是小巧的耳杯，夹纻胎都能轻松实现，尤其是不规则形状和圆形器物的制作，夹纻胎的模型式结构相较于木胎硬挖显然更为便捷。

安徽博物院的陶静姝认为，夹纻胎漆器深受人们喜爱，"堪称现代塑料制品的先驱"。

追溯历史，最早的夹纻胎漆器发现于战国时期。至西汉末期，随着佛教传入中国，夹纻胎漆器因其塑形便捷的特性，被广泛用于佛教祭祀及佛像制作中，其中制作佛像的工艺被后世誉为"夹纻像"技艺。

彩绘人物车马出行图圆奁

战国，1986年湖北省荆门市东宝区包山2号楚墓出土，现藏于湖北省博物馆。

关于"夹纻"，这里需补充一个细节知识点。在实际应用中，"夹苎"与"夹纻"常出现混用情况。然而，"苎"与"纻"作为同源字，其关系紧密："苎"指的是"苎麻"，而"纻"则特指"用苎麻织成的布"。依据《辞海》对"夹纻"的阐释，塑像制作中实际使用的是"麻苎布"，而非直接使用"苎麻"。因此，正确表述应为"夹纻"。这一澄清有助于我们更准确地理解这一材质的特点。

干漆夹纻佛像

唐代，出自河北正定隆兴寺，现藏于美国大都会博物馆。佛教夹纻造像，是用漆涂裹纻麻布而制成的佛、菩萨像，又称干漆像、脱空像、搏换像、脱沙像等。造像时，先搏制泥模，再在泥模上裹缝纻布，再用漆加以涂凝光饰，然后将泥除去，脱空而成像。

三、胎体中的奢侈品：金属胎

金属胎漆器以其坚固的材质、稳定的性能，以及较小的热胀冷缩影响而著称。与木胎漆器不同，金属胎漆器不易因长时间受潮而变形。此外，金属胎体还具备良好的强度与韧性，能够有效提升器物的抗摔性能。

尽管金属材质本身存在锈蚀的风险，但通过上漆处理，可以显著减缓金属胎的腐蚀和变色速度，从而延长漆器的使用寿命。

金属胎漆器的历史可追溯至青铜器时期，当时主要以铜为胎。铜胎漆器的出现主要带来了两大变革：一方面，它为原本色彩单调的青铜器增添了华丽的彩饰，使其更加美艳动人；另一方面，它有效防止了铜器表面的锈蚀，提升了其耐用性。这两项功能对于当时的青铜器使用者而言，无疑是一种奢侈的享受。然而，随着汉代青铜器的逐渐衰落，铜器上漆的做法也变得相对简单，通常只在铜器上髹以素漆，如铜戈等兵器上常见的黑漆。

漆绘铜盆

西汉，广西壮族自治区贵港市港北区罗泊湾 1 号墓出土，现藏于广西壮族自治区博物馆。

从出土的文物来看，漆器的胎体材料不仅限于铜，还包括更为昂贵的金银。例如，五代前蜀王建墓中就出土过银铅胎漆碟，而山东临沂西汉墓则出土了铁胎漆鼎和铁胎漆钫等。

金银胎漆碟

五代时期，出土于四川省成都市金牛区永陵，现藏于四川博物院。碟为五瓣形，圆底，圈足分为两层，内层为银，外层为铅。外层表面髹漆，碟内面不髹漆，银胎空白处将金皮镂空，故银胎与金花相映。

漆铁钫

西汉，现藏于山东临沂市博物馆。

实际上，金属在漆器上的应用相当广泛。除了作为胎体材料的选择，在漆器的制作工艺中也能看到金属的身影。关于这些神奇且精美的漆器工艺，我们将在后续的章节中一同探寻。

第四节

漆器的"红与黑"之谜

让我们一同思考，为何在描述"黑"时，"漆黑"这一形容词如此常见。探究中国漆器的色彩世界，红与黑是其主流色调。本节将引领您进入中国漆器的奇妙世界，一同追溯这八千年来的发展轨迹，并深入剖析漆器艺术中"红与黑"所蕴含的独特魅力。

一、八千年漆器风云

（一）序幕：从石器时代到春秋时期

如前文所述，早在井头山遗址文化时期，人类便已开始了对"漆"的认知与探索。跨湖桥文化的漆弓与河姆渡文化遗址中的漆碗，无疑向后人昭示了中国漆器在石器时代便已悄然拉开序幕。这一时期，漆器主要以实用性工具为主，诸如盘、碗、豆、觚等，制作工艺则以素髹为主，鲜见红黑两色的鲜明对比。

案、盘、觚、杯、豆、勺（复原品）

新石器晚期陶寺文化（公元前2300年—前1900年），山西省临汾市襄汾县陶寺遗址出土。这批木器几乎全部出土于该遗址的大中型墓葬中，其器类、器型和彩绘纹样与商、周漆器不乏相似之处。它的发现，不仅将案、俎、盘等许多器物出现的年代大大提前，更为中原地区漆木礼器问题的研究提供了重要依据。

进入商周时期，尽管青铜器仍是主流，但漆器同样受到了皇权阶层的青睐，与青铜器并肩而立。此时，漆器上黑红两色并存的装饰形式愈发常见，纹饰设计也变得更加繁复精细，这标志着中国漆器开始展现出其独特的装饰艺术功能。尤为值得一提的是，商朝时期已经出现了将金箔片镶嵌于漆器上的精湛技艺，这被视为我国漆工艺史上镶嵌金箔工艺的开创之举。

漆器残片

商代，河北省石家庄市藁城区台西商代遗址出土，河北博物院藏。此批漆器可与同时代的青铜器相媲美，所保留下来的漆器残片或朱地黑漆，或黑地朱漆，表面有饕餮纹、蕉叶纹、云雷纹、夔纹等精美图案。漆地油亮，施彩细匀，花纹线条明快。有的器物上嵌有绿松石，有的贴着金箔片，装饰富丽。

191

西周时期，彩绘与镶嵌成为漆器装饰的两大主流技法。漆器的应用范围也大幅度扩展，不仅涵盖了日常的生活器具，还广泛出现在兵器、车辆及乐器等多种物品之上。

漆木豆

西周，出土于山西省临汾市翼城县大河口墓地，藏于临汾市博物馆。

（二）第一次大爆发：战国

战国时期出现了漆器的首次爆发式发展，这一变革使得长期占据主流地位的青铜器开始面临挑战。相较于青铜器，漆器以其更加轻薄、使用便捷的特性脱颖而出。同时，漆器还具备出色的保温性能和耐腐蚀性，这些优势使得漆器在实用性方面超越了青铜器，从而赢得了广泛的认可与青睐。

彩绘三角形纹盏形器

战国，1986 年湖北省荆州市荆州区江陵雨台山 10 号墓出土，现藏于湖北省博物馆。器身为木胎，雕制，呈小口、圆鼓腹、平底，器身外雕刻三角形纹，底下有三矮兽形足；有盖，盖顶较平，盖周边雕刻绚纹。通体髹黑漆，并用红、黄色彩绘绚纹、三角纹等图案。

漆器在战国时期迎来了空前的繁荣，这主要归因于三大因素：

首要因素是社会分工的深化。随着奴隶制被封建制所取代，农业经济蓬勃发展，社会分工愈发细致。这一变革促使更多劳动力从农业生产中解放出来，转而投身于手工业领域，其中就包括了漆器制造业。至战国中期，漆器制造已逐渐从木器业中分离出来，成为一个独立的手工业部门。

漆木敦（duì）

战国中晚期（距今约 2310 年），湖北省枣阳市九连墩战国古墓出土，现藏于西汉南越王博物馆。其为供食器，通高 32cm，口径 20.3cm。

其次是冶铁业的显著进步。相较于铜器，铁器展现出更为锐利、坚韧且持久的特性。这一优势极大地提升了漆器木胎和竹胎的生产及加工效率，为漆器制造业的蓬勃发展提供了强有力的支持。

彩绘木雕小座屏

战国，1966年湖北省荆州市荆州区望山1号墓出土，首批禁止出国（境）展览文物之一，现藏于湖北省博物馆。屏长51.8厘米，屏宽3厘米，座宽12厘米，通高15厘米。楚国工匠巧妙地将55个动物交错穿插，相互争斗，变化复杂而有规律；并以鸟尾、小蛇将外框与雕屏相连，又以蟒头或尾相交于座上，将屏座与雕屏相连，其丰富的想象力和漆绘、木雕的卓越成就，使这件小座屏成为我国古代木雕与漆工艺术的代表作之一。

此外，漆器逐渐成为铜器的重要替代品。随着奴隶制的逐渐解体，社会中出现了"礼崩乐坏"的现象，青铜礼器因此走向衰落，这为漆器等日用器具提供了取代其地位的机会。自战国中期以后，各国间的战争日益频繁且规模不断扩大，制造兵器所需的青铜量急剧增加，这也促使人们寻找包括漆器和木器在内的其他材料来替代青铜。同时，统治阶级在物质生活上日益奢靡，不再严格遵循"礼"的约束，因此他们对华美漆器等奢侈品的需求也大幅增加。这些因素共同推动了漆器在战国时期的广泛应用和繁荣发展。

彩漆木雕鸳鸯形盒

战国，1978年出土于湖北省随州市曾侯乙墓，2013年被列入第三批禁止出国（境）展览文物，现藏于湖北省博物馆。盒子高16.5厘米，宽12.5厘米，长20.1厘米，上面绘制鲜艳的羽毛纹和菱形纹，腹部两面各绘有一幅敲钟击磬图和击鼓跳舞图，在方寸之地将庞大而壮观的乐舞场面表现得惟妙惟肖。

当时，漆器制作工艺最为突出的要数楚国，原因在于楚国拥有得天独厚的地理优势，其国土辽阔，实力强大。更为关键的是，楚国气候湿润，十分适宜漆树的生长，因此漆树资源极为丰富。这些自然条件为楚国漆器的发展奠定了坚实的基础，使得楚国漆器在制作工艺和品质上都达到了极高的水平。

（三）技术性巅峰：汉代

秦汉时期，漆器工艺在春秋战国盛世的基础上继续发展，无论是在材料选择还是技术运用上都实现了进一步的升级，从而达到了漆器技术的巅峰状态。

在工艺方面，汉代漆器不仅继承了战国时期的描绘、针刻等传统技艺，还创新性地引入了堆漆、镶嵌、釦器（即扣器）、雕镂等多种新技法，形成了多达十几种的精湛工艺体系。在造型设计与纹样创作上，汉代漆器也展现出比战国时期更为丰富多样的风貌。

以湖南长沙西汉马王堆汉墓出土的漆器为例，该墓共发掘出500余件漆器，这些漆器不仅数量庞大，而且保存状况极佳，堪称迄今为止考古发掘中数量最多、保存最完好的一批漆器。尤为重要的是，这些漆器大多采用了上述提到的多种装饰工艺，对后世各朝代漆工艺的发展产生了极为深远的影响。

朱地彩绘棺

西汉，1972年出土于马王堆汉墓一号墓，现藏于湖南博物院。该彩绘棺为西汉马王堆一号墓木棺椁的第三层，在西汉黑漆素棺、西汉黑地彩绘棺之内。彩绘棺每个面的纹饰图案都不相同，绘画技巧极其高超，以绚丽之色彩和迷幻之图像为世人呈现出楚文化中独具特色、瑰丽奇伟的神秘仙境，是中国漆器工艺史上不可多得的艺术珍品。

线描 　　　　　堆漆 　　　　　针刻

镶嵌 　　　　　釦器 　　　　　彩绘

（四）艺术性的高峰：魏晋南北朝

在魏晋南北朝时期，尽管漆器的生产数量相较于其他时期有所减少，青瓷制品成为当时的主流，但漆器工艺在艺术层面却达到新的高峰。这一时期，漆器工艺在创新上取得了显著成就，如夹纻造像、斑漆和绿沉漆等技艺尤为突出。更为引人注目的是，漆器与绘画艺术的融合，为漆器装饰带来革命性的变化。传统平涂技法被突破，晕色新技法的出现，极大地增强了画面的立体感和层次感，使得漆器的艺术性迈上了新的台阶。

木板漆画

北魏，1965年山西省大同市平城区司马金龙墓出土，2002年它被列入首批禁止出国（境）文物名单，分藏于大同市博物馆及山西博物院。板面髹朱漆，线条用黑色，分上下四层彩绘《列女传》故事，人物面部和手部涂铅白，服饰器具用黄、白、青绿、橙红、灰蓝等色。题记和榜书处再涂黄漆，其上墨书文字。画风近顾恺之。题记和榜书文字介于隶、楷之间，气势疏朗，是少见的北魏墨迹。木板漆画是南北朝时期文化融合的产物，具有极高的历史和艺术价值。

（五）工艺集大成：唐宋元

历经数千年的演进，漆器工艺门类在唐宋元三代已基本完备。这一时期，一色漆、描金、堆漆、雕漆、戗金，以及螺钿等多种技法均已发展至相当成熟的阶段。尤为值得一提的，唐代漆器工艺在艺术表现上取得了显著突破，"金银平脱技法"与"雕漆技法"的出现，使得漆器的装饰效果更为华丽繁复，堪称在艺术层面达到了又一高峰。

四鸾衔绶纹金银平脱镜及局部特写

唐代，陕西省西安市新城区东郊韩森寨出土，陕西历史博物馆藏。所谓"金银平脱"，是一种特殊的处理工艺，即先将金银箔片镂刻成图案，再贴在涂有生漆的器物上，接着用黑漆涂抹，经过多次打磨，使纹片与漆面平齐，既显示出华美动人的金银图案，摸上去又有着平滑细腻的质感。金银平脱工艺在盛唐时期风靡一时，由于工序烦琐耗时，成本极其高昂，成为仅限于上层贵族使用的奢侈品。

花鸟人物螺钿青铜镜

唐至德元年（756年），1955年河南省洛阳市涧西唐墓出土，藏于中国国家博物馆。螺钿镜是唐代特种工艺镜，即在青铜镜背面用漆粘贴螺蚌贝壳薄片，再打磨刻画出各种纹样，流行于盛唐及稍晚时期。

在两宋时期，社会风尚追求素雅之美，这种审美趋势不仅在瓷器上体现得淋漓尽致，表现为简洁大方的设计，也深刻影响了漆器的发展。当时，一色漆成为漆器的主流，战国与秦汉时期曾经风靡一时的彩绘技艺逐渐被纯粹的漆色所取代。此外，宋代漆器工艺的发展呈现出更加多元化的态势。从考古发掘的文物及流传下来的收藏品来看，素髹、描金、戗金、雕漆、嵌螺钿等多种漆器工艺均有实物留存，为后世提供了宝贵的实物资料，见证了宋代漆器工艺的繁荣与多样性。

漆杯托

北宋，英国维多利亚与阿尔伯特博物馆藏。碟直径13.97厘米，高6.35厘米，为单色漆器。宋代素髹漆器朴质无华，强调漆色之美，无纹饰之缀，表现了宋代"雅"的内敛品质。北宋"素髹"漆器中流传下来的多为日常生活漆器，如盘、碗等，造型上除了最为常见的圆形，还有花瓣造型，如葵花、菊花、莲花、海棠花等。

识（zhì）文描金檀木经函

北宋时期，出土于浙江省温州市瑞安慧光塔，藏于浙江省博物馆。所谓"识文"，就是用漆灰堆作阳线花纹或平地堆起显现阴线花纹，这种花纹具有立体感，与平面的描金不同。该函呈长方形，函内施酱褐色漆，檀木为胎，盝盖，子母口，须弥座。此函的金色花纹与一般的描金漆器做法不同，是金粉调胶，直接用笔画于漆面上。函上漆塑或工笔描金各式图案，纹饰繁缛，精美无比，是宋代漆器的标志性器物。

进入元代，由于严格的等级制度，工匠的身份从"匠"降为"奴"，这一变化极大地削弱了工匠们的创新动力。然而，在此背景下，雕漆工艺却取得了举世瞩目的成就。张成和杨茂便是这一时期最为著名的雕漆工匠，他们的作品以用漆肥厚、雕工圆润细腻、刀法藏锋清晰而著称，代表了元代雕漆工艺的最高水准，展现了即使在不利的社会环境下，仍有杰出的工匠能在特定领域内达到卓越的艺术成就。

剔红莲实纹圆盘

元代，藏于上海博物馆。圆盘径17厘米，高3厘米。

剔红鹭鸶芙蓉纹圆漆盖盒

元代，藏于香港艺术馆。盖盒以朱漆雕成，盒面微隆，雕鹭鸶一对，展翅飞舞，芙蓉衬地，花叶繁茂，盒边雕花卉。朱漆底下是黄色漆素地，而于刀口可见朱漆中夹有一层黑漆。朱漆圈足边缘雕两道纹，工艺精湛，纹饰细致。此盖盒是元代雕漆名家张成的作品。

"杨茂造"剔红花卉纹尊

藏于故宫博物院。作者杨茂擅髹漆，尤以剔红器最得名。

（六）最后的发展高峰期：明清

明朝时期，手工业工匠们终于摆脱了元朝时期作为工奴身份的束缚，从官营手工业的"匠户"制度中解放出来，获得了一定程度的劳动自由。这一变革极大地促进了漆器工艺的迅速发展，使得漆器生产遍布全国。到了明代晚期，除了传统的雕漆工艺继续繁荣发展，填漆、螺钿等工艺也日渐流行起来。尤为值得一提的是，填漆与戗金技法相结合，创新出了一种新的漆器品种——戗金填漆，进一步丰富了漆器的艺术表现形式。

江千里制黑漆嵌螺钿执壶

中国国家博物馆藏。此壶为明末清初镶嵌漆器工艺家江千里所制，他善制嵌螺钿漆器，作品主要有酒器、盒、盘、笔筒等，技艺精湛，所嵌螺钿精工细雕，浑朴华丽。他开创了明代镶嵌螺钿细工的先河，时人将其作品与张鸣岐铜炉、濮仲谦刻竹、时大彬砂壶共称四绝品。

到了清代，各类漆器工艺品一应俱全，特别是在乾隆时期，多种漆器工艺技法得到了巧妙的融合与创新，共同将中国的漆器艺术推向了另一座辉煌的高峰。此时，苏州的雕漆、扬州的镶嵌、贵州的皮胎漆器、山西的款彩，以及福州的脱胎漆器等各具特色的地方漆器工艺蓬勃发展，各地的制漆业呈现出前所未有的活跃态势。但遗憾的是，到了清朝后期，随着国势的日渐衰微，漆器工艺也不可避免地与其他传统工艺一样，步入了逐步衰退的境地。

卢栋款戗金填彩漆长方盘

清代，藏于上海博物馆。

戗金彩漆双凤纹菱花式盒

清乾隆时期，藏于故宫博物院。填漆戗金工艺在清乾隆朝已达炉火纯青之境，填漆戗金漆器凡用锦纹作地者，多兼用填、描两种方法，此器即为填漆、描漆并用的戗金细钩漆器。

二、漆器为何以"红与黑"为主色调

在回顾了漆器的发展历程后，我们不难发现一个问题：各个历史时期的漆器似乎都以黑色和红色为主，尤其是在战国和汉代，这一现象尤为显著。那么，这背后的原因是什么呢？

实际上，这一色彩偏好的形成与自然因素及社会文化因素息息相关。

素漆圆盘

西汉，1972年湖北省孝感市云梦大坟头1号墓出土，现藏于湖北省博物馆。夹纻胎，依模具用漆灰裱麻布制成，通体髹黑漆。

（一）天然黑

众所周知，漆在刚被采割时呈现出乳白色，但一旦与空气接触，它会经历一系列的颜色变化：由蛋黄色渐变为栗色，再转为深棕色，最终定格为黑褐色。因此，早期人类在使用漆进行涂抹时，多采用这种自然氧化后形成的黑色。

（二）社会红

为何漆器中红色如此普遍呢？

首要原因在于资源的易得性。这与中国古人对颜料的使用习惯紧密相关。中国最早的两种主要颜料均源自矿石：朱砂与赤铁矿。这两种颜料在我国分布广泛，因此自然成为人们常用的颜料来源。

其次，这与古人对颜色的崇尚有关。红色在古代往往与生命、热情、权力和神圣等概念相联系。早期人类热衷于祭祀活动，希望通过鲜艳的红色来表达对神灵的敬畏和对生命的尊重。尽管黑色漆器在古代同样具有重要意义，但在追求鲜艳、醒目的视觉效果时，红色成为更为突出的选择，使得漆器中的红色更加普遍。

"君幸食"小漆盘

西汉，马王堆汉墓一号墓出土，藏于湖南省博物馆。盛食器，旋木胎。盘内髹红漆，盘心在黑漆地上朱绘卷云纹，卷云纹中间以朱漆书"君幸食"三字，盘外髹黑漆，近底部朱书"一升半升"四字。

进入封建社会后，人们对红色和黑色的崇尚得以延续。在儒、法两家的思想观念中，红与黑均被视为正统色彩。统治阶级常将红色作为奖赏，赐予忠勇之士以表彰其功绩，例如刘邦就曾明文规定，仅刘姓诸王的邸宅可使用朱红漆门，以此彰显其姓氏的尊贵，这一做法使得"朱门"后来成为尊贵的专用代名词。

与此同时，道家则对黑白两色尤为推崇，认为它们凌驾于其他一切色彩之上。这种色彩美学观念对中国艺术表现产生了深远的影响，中国水墨画以白纸黑墨为媒介，将中国的人文精神展现得淋漓尽致便是其中的例证。

在儒、法、道思想体系的共同作用下，红与黑成为审美表现中的重要元素，漆器艺术自然也不例外。在自然资源、社会心理，以及制度引导等多重因素的交织影响下，"红与黑"最终成为中国漆器上的经典色彩组合。

第五节
《髹饰录》里的漆器工艺之美

本节主要介绍的是我国现存唯一的古代漆工艺专著《髹饰录》。该书不仅全面展现了我国传统漆工艺的丰富多彩，而且为我们继承与发展传统漆工艺、推动创新提供了宝贵的资料与参考。因此，《髹饰录》在世界漆器领域占据着重要地位，被视为该领域的必修教材。

一、《髹饰录》的主要内容

从《髹饰录》的书名中，我们大致可以窥见这本书的主旨。"髹"指的是以漆涂物，"饰"即装饰之意，"录"则是记录或著述。

《髹饰录》由明代的漆器名匠黄成所著，他活跃于明朝隆庆年间，是一位技艺高超的漆工。据高濂的《遵生八笺》记载，黄成擅长制作剔红漆器。而杨明在《髹饰录·序》中更是赞誉他为"一时名匠"。

黄成将全书精心划分为《乾集》与《坤集》两部分，共计十八章内容。具体而言，《乾集》主要聚焦于漆器的制作工艺，涵盖了原料的选用、所需工具的介绍，以及漆工操作时应遵循的禁忌等关键信息；《坤集》则着重于漆器的分类与形态描述，详细地将漆器划分为多个品种，并针对每个品种具体阐述了其工艺过程，此部分占据了全书的十六章篇幅。

二、《髹饰录》的珍贵价值

《髹饰录》的珍贵之处在于其体系的完整性。在《髹饰录》问世之前，尽管存在如五代南唐时期朱遵度所著的《漆经》等漆器工艺相关书籍，但遗憾的是，这些书籍未能完整保存下来，仅在《宋史》等史籍中留有只语片言的记载。相比之下，《髹饰录》能够流传至今并为世人所熟知。

《髹饰录》的完整呈现离不开朱启钤和王世襄这两位关键人物。他们为这本书的发现、整理与传播做出了不可磨灭的贡献。

据说，《髹饰录》在中国一度失传，但后来以手抄本的形式流传到了日本。1925年，朱启钤先生创立了中国营造学社。鉴于古建筑木作中髹漆技艺的重要性，他委托营造学社的成员阚铎着手收集古代漆艺的相关资料。后来，阚铎在大村西崖的《中国美术史》一书中发现了关于《髹饰录》的记载，便向大村请求获取该书。大村于是提供了藏于东京国立博物馆的蒹葭堂版本，朱启钤对其进行了细致的整理，剔除了寿碌堂主人的批注，并对正文进行了修订。1927年，他刊刻印刷了两百本《髹饰录》，这就是所谓的"朱氏本"，或称"丁卯本"。 然而，当时的中国正处于战乱纷扰的年代，因此这本《髹饰录》并未得到足够的重视。

朱启钤，字桂辛，号蠖公、蠖园，人称桂老。中国近现代政治家、实业家、古建筑学家、工艺美术家。

新中国成立后，作为中国营造学社成员的王世襄先生，遵循朱启钤先生的遗愿，回到故宫投身于《髹饰录》的研究工作。他历经重重困难与挑战，最终出版了《髹饰录解说》一书，从而使得《髹饰录》为现代学者所广泛认知。

《髹饰录》的主要内容大多集中于坤集部分。为了便于读者理解，王世襄先生在《髹饰录解说》中，依据原有分类并结合古代器物保存的现状，对内容进行了重新梳理与分类。对于非专业人士而言，《髹饰录》的内容可能显得较为晦涩难懂且缺乏趣味性。

《髹饰录》内容简表

集别	章 名	条数	内 容
乾集	(乾集序言)	1	总论制造方法
	利用第一	40	漆工的原料、工具及设备
	楷法第二	31	各种漆工容易发生的毛病及发生毛病的原因
坤集	(坤集序言)	1	总论漆器的分类
	质色第三	9	单纯一色不加纹饰的各种漆器
	纹䫌第四	5	表面有不平漆纹的各种漆器
	罩明第五	5	色地上面罩透明漆的各种漆器
	描饰第六	6	用漆或油描花纹的各种漆器
	填嵌第七	8	填漆、嵌螺钿、嵌金、嵌银的各种漆器
	阳识第八	6	用漆堆出花纹的各种漆器
	堆起第九	4	用漆灰堆出花纹上面再加雕刻描绘的各种漆器
	雕镂第十	13	雕漆、雕螺钿的各种漆器
	戗划第十一	3	刻划细花纹再填金、填银或填色漆的各种漆器
	斒斓第十二	20	两种或两种以上的纹饰相结合的各种漆器
	复饰第十三	6	某种漆地与一种或一种以上的纹饰相结合的各种漆器
	纹间第十四	7	填漆类中的某种做法与戗划类中的某种做法相结合的各种漆器
	裹衣第十五	4	胎骨上面不上漆灰而用皮或织品蒙裹的各种漆器
	单素第十六	5	简易速成，只上一道漆的各种漆器
	质法第十七	8	漆器的基本制造过程
	尚古第十八	4	修补及摹仿古代漆器
共计	十八章	186条	

三、常见漆器工艺

本节精选《髹饰录》坤集中五种具有代表性的漆器工艺，带领大家一同领略漆器艺术的独特魅力与精美之处。

（一）质色工艺

质色工艺，即一色漆工艺，指的是器物表面通体采用单一色泽，且无繁复纹饰，其中黑、紫、朱色尤为常见。这种工艺在唐代已臻成熟，至宋代，一色漆器与同时期的瓷器风格相仿，展现出造型的简洁流畅与漆色的明亮润泽，尤以黑色漆器为主，同时伴有紫色、红色等色调，呈现出质朴而不失华彩，实用而不张扬的特点，并一直延续至元代。

釦银描金黑漆托盏

南宋，1998年福建省邵武市水北镇故县村黄涣墓出土，藏于福建省邵武市博物馆。整器分为盏、托两部分，为漆木器仿建窑黑釉兔毫盏。盏束口，圆唇，深斜腹，圈足。内外壁饰金彩放射状纹（仅存痕迹），外壁髹漆不及底。

脱胎朱漆菊瓣式盖碗

乾隆年制，藏于故宫博物院。碗呈菊瓣形，敞口，略外撇，弧腹，平底，矮圈足，通体髹朱漆。

（二）描饰工艺

描饰工艺，是指运用漆或油来描绘花纹的一种技法，主要包括描金、描漆、漆画及描油等种类。

关于"描金"，《髹饰录》中有如下描述："描金，一名泥金画漆，即纯金花文也。朱地、黑质共宜焉。其文以山水、翎毛、花果、人物故事等；而细钩为阳，疏理为阴，或黑漆理，或彩金象。"说的是单色漆地上增添金色花纹，尤以黑漆或红漆地为多，亦不乏金漆地之作。

在描金工艺上，又细分为两种方法：一种是在漆地上先涂抹金胶，然后将金箔粘贴于金胶之上；另一种则是将金粉与胶调和后，直接使用笔触描绘出花纹。

朱漆描金澡盆

清代，藏于故宫博物院。此澡盆是清代宫中使用的洗澡器具，木质，呈椭圆形，内外皆髹红漆，上有描金勾莲纹和卷草纹，花卉纹饰饱满富丽，色彩鲜艳。

（三）填嵌工艺

填嵌工艺是指在漆器上实施填漆、嵌螺钿、嵌金、嵌银等多种技法。

在填漆技法上，依据做法不同，可分为两类：一类是先在漆地上用稠漆堆塑出花纹的轮廓，随后在轮廓内部填充漆料，并经过打磨；另一类则是在漆地上镂刻出凹陷的花纹，仅在这些镂刻的花纹区域内填漆，并打磨平整。

螺钿，指的是选用各种贝壳的表层，经过精细分层剥离与磨制后，依据设计图案的需求，巧妙地镶嵌于漆器表面。由于螺片的厚度各异，因此有"厚螺钿"与"薄螺钿"之别。

追溯历史，早在商周时期，就已出现利用蚌片和蚌泡装饰漆器的先例，这被视为螺钿装饰的雏形。及至元代，薄螺钿漆器开始崭露头角，江西吉安成为当时螺钿漆器的重要制造中心之一。至明代，薄螺钿更是成为主流装饰工艺。

黑漆嵌螺钿花蝶纹架子床

明代，藏于故宫博物院。此床结构稳重，通体黑漆地嵌硬螺钿花蝶纹，背板正中饰牡丹、梅花、桃花、桂花等四季花卉和蝴蝶、蜻蜓、洞石，四外边饰团花纹，雍容华贵、富丽堂皇。

（四）戗划工艺

戗划工艺是指在漆器表面先刻画出精细的花纹，随后在这些花纹中填充金、银或色漆。

这一工艺遵循"先划后戗"的原则。以戗金为例，具体操作是在漆地上运用针尖或刀尖精细镂刻出细腻的花纹，然后在这些花纹内部涂上金胶，再将金箔粘贴其上。经过细致的打磨后，金色的花纹便栩栩如生。

戗金技法源自汉代的"锥画"，并在宋元时期达到鼎盛。

朱漆戗金莲瓣式人物花卉纹奁

宋代，江苏省常州市武进区前黄镇蒋塘村南宋墓出土，现藏于常州博物馆。盖面为戗金仕女消夏图。

（五）雕镂工艺

雕镂工艺，其核心在于为漆器施以雕漆与雕螺钿之技。

雕漆，作为漆工艺中一颗璀璨的明珠，其制作过程颇为讲究：先在胎体上层层涂抹漆料，累积至一定厚度，继而在坚实的漆层表面精心雕刻出细腻繁复的花纹图案。依据所用漆色及雕刻技法的差异，雕漆技艺被细分为剔黄、剔红、剔黑、剔绿、剔彩及剔犀等多个门类，其中，剔红工艺最为常见。

所谓"剔红"，是一种独特而精湛的工艺。匠人需在胎骨之上层层敷施朱漆，直至累积到适宜雕刻的厚度；待漆层半干，软硬适中之时，便以刀代笔，剔除多余漆料，雕琢出精妙绝伦的纹饰。与剔黑技法相比，剔红的独特在于其漆层内部无须夹杂黑漆或其他色彩，仅凭纯净的红漆层，通过细腻的雕刻展现图案之美，彰显出一种纯粹而热烈的艺术魅力。

剔红九龙纹圆盒

明宣德时期，藏于故宫博物院。盒高 8.2 厘米，直径 19.8 厘米。

以上就是几种较为常见的漆器工艺介绍，希望今后大家在参观博物馆欣赏漆器时，能够清晰地辨识出不同的漆器工艺，从而更加深入地领略漆器的独特魅力。

车马：
征伐天下
ZHENG
FA
TIANXIA

柒

第一节
从"南辕北辙"看懂古代车结构

成语"南辕北辙"讲述了一个战国时期的故事：有个人驾着马车欲往楚国，尽管途中有人指出他的方向错误，他却坚信凭借充足的物资和卓越的驾车技术，即使方向不对也能抵达目的地。这个成语警示我们，无论是做人还是做事，首先要确保方向的正确性，否则，条件再优越，努力再大，也会与目标背道而驰。

那么，辕与辙究竟指的是什么呢？车的起源为何时？中国最早的车由谁发明？古代各国的车制是否相同？中国古代马车又蕴含着哪些精妙的设计？带着这些疑问，我们一同来探索古代车的风貌。

一、车的起源之争

关于车的起源问题，学术界存在两种主要观点：一种认为车是由西方人发明后传入中国的，这被称为"西来说"；另一种观点则坚持车是由中国人自己独立发明的，这被称为"本土说"。

（一）西来说

持"西来说"的学者认为，世界上最早的车诞生于公元前 3200 年左右的美索不达米亚地区，即两河流域。据推测，当时的苏美尔人将制陶轮子的原理应用于运输，从而发明了这一运输和战争工具。这一观点得到了乌鲁克文化泥板上象形文字"车"的佐证，同时，在幼发拉底河下游地区基什王墓中出土的四轮车实物遗存，也支持了这一观点，这些实物距今约 4600 至 4500 年。

伊拉克乌鲁克文化中的象形文字"车"，距今约 5500 年。

（二）本土说

2019 年，在河南省周口市淮阳区平粮台遗址的南城门附近，考古人员在龙山时期的路面上发现了双轮车辙痕迹，这是中国迄今为止发现的最早关于车的实物证据；而至于车的实物出土，年代最早的遗迹则是位于殷墟的殷代车马坑。

平粮台遗址双轮车辙痕迹

经碳十四测年，其绝对年代不晚于距今 4200 年，这是我国目前为止发现的年代最早的车辙痕迹，与二里头遗址发现的二里头二期车辙相比，将我国"车"（很可能是双轮车）的起源至少提前了 400 年。

"本土说"的学者们，通过分析中国车与西方车在形制结构、系驾技法、马具配置及其整体形式等方面的不同点，有力地论证了中国商代车辆与西亚车辆之间存在着显著的差异。基于这些差异，他们进一步推断，中西两地的车辆很可能是源自两个截然不同的车制系统。

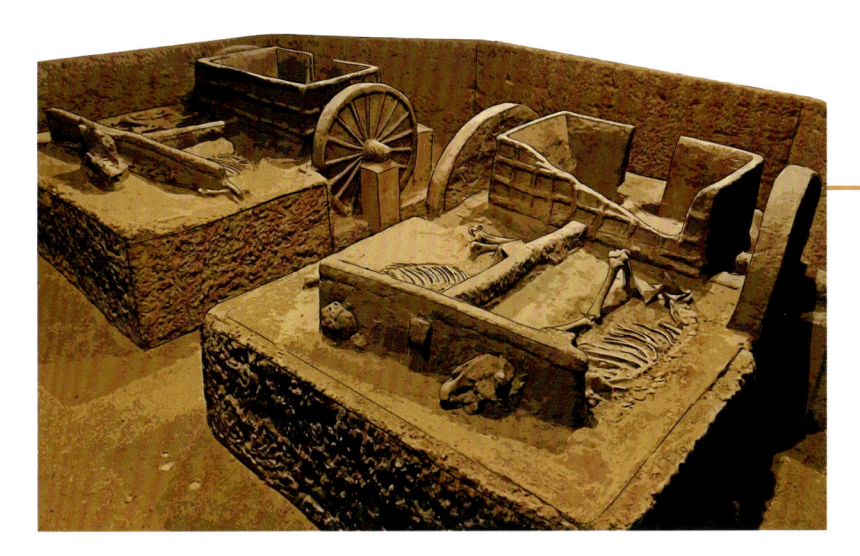

殷墟车马坑

位于河南省安阳市殷都区殷墟路殷墟遗址内。殷墟考古发掘的殷代车马坑（含殷墟博物馆展厅陈列的6座在内）是华夏考古发现的畜力车最早的实物标本，证明我国是世界上最早发明和使用车的文明古国。

二、探究中国车的发明人

在查阅古籍的过程中，我们发现了关于中国车辆发明者的四种说法：

（一）黄帝造车

《释名》中记载："黄帝造车，故号轩辕氏。"

这一说法显然与春秋战国时期人们推崇黄帝为"人文始祖"有关。当时的人们认为，黄帝具备超凡的能力，他不仅制衣冠、建舟车，还制音律、创医学，几乎无所不能。

（二）奚仲造车

《吕氏春秋》中提到："奚仲作车，仓颉作书，后稷作稼，皋陶作刑，昆吾作陶，夏鲧作城。"

据传奚仲是黄帝的后裔，生活在夏朝，并辅佐夏禹掌管夏朝的车服制度。根据《淮南子》的记载，奚仲因造车之功，在尧帝时期被赐予"车正"之职，负责车辆的管理工作。

（三）吉光造车

《山海经》里记载："番禺生奚仲，奚仲生吉光，吉光是始以木为车。"

吉光是奚仲的儿子，他用木头制造出了车辆。然而，这一观点被两晋时期的文学家郭璞所质疑，他认为车辆的制作应该是奚仲和吉光共同努力的结果。

这三种说法究竟哪个是正确答案呢？目前尚无法给出确切的定论。若仅从文献记载的角度出发，"本土说"的拥趸们更倾向于"奚仲造车"的说法，认为其具有较高的可信度。

三、中国古代车辆的外貌特征

与苏美尔人的象形文字类似，中国古代甲骨文中的"车"字也生动地描绘了古代车辆的形象。这些文字造型共同展现了车辆的基本构造特点，包括车轴、车轮和车架等核心元素。

韦静雯和李立新在《中国古代车的渊源探究》一文中，详细阐述了中国古代车辆的主要构成部分，它们分别是轮、辀（又称辕）、轴，以及舆（即车厢）。根据这些特征，古代车辆大致可以分为独辀车和双辕车两大类。

独辀车和双辕车结构示意图。

对于"辀"的定义，在《说文解字》中解释为辕。然而，考古学家孙机在《中国古独辀马车的结构》一文中提出了不同的见解。他指出，牛车通常称为辕，而马车则称为辀；单根车辕称为辀，而即使安装在马车上，双根车辕也常被称为辕。

此外，独辀车的出现时间早于双辕车，并一直沿用到西汉后期，才逐渐被双辕车所取代。在驾乘方面，独辀车至少需要两匹马才能拉动，而双辕车则只需一匹马即可驾驭。在乘坐方式上，独辀车主要以立乘为主，而双辕车则更多地采用坐乘方式。

四、古代独辀车的结构

下面是一幅展示中国古代独辀车结构的图示。接下来，我们将逐一了解独辀车四个关键部分的位置和名称，及其各自所发挥的作用。

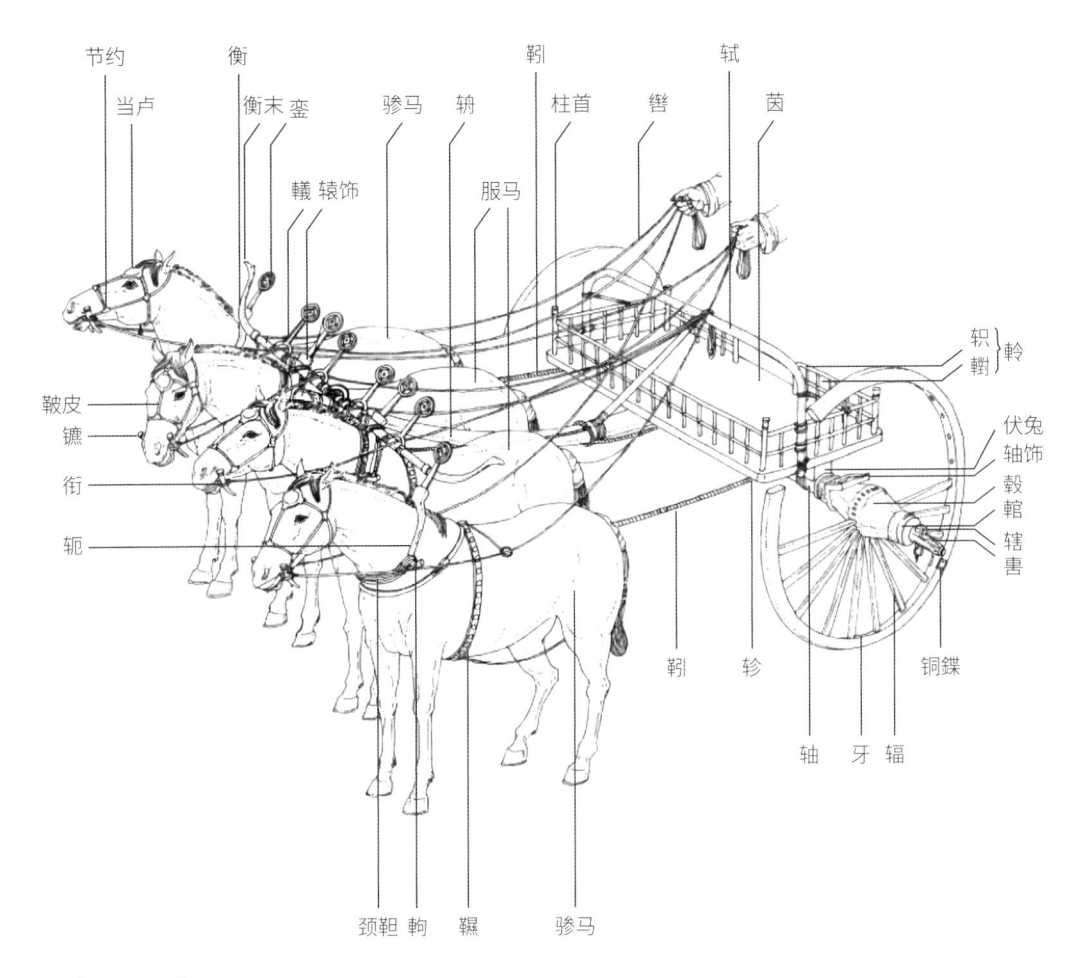

（一）车厢部分

车厢，亦被称为车舆，其构造主要包括轸、軨（líng），以及轼等关键组件。

古代车厢的设计多为长方形，其特点在于左右宽度较大，而前后的深度则相对较窄。车厢的底部由四根方木构成，这四根方木在古时被称作"轸"，它们共同支撑起了车厢的基础结构。

那么，何为"軨"呢？它指的是车厢上方竖立的木制围栏，这些围栏不仅起到了防护作用，还为乘车者提供了倚靠。特别是位于车厢左右两侧的围栏，因其供人倚靠的功能，被专门称为"輢"（yǐ）。

至于"轼"，它则是车厢上横置的一根木头，充当了扶手的作用，帮助乘车者保持平衡。值得一提的是，历史上的著名人物苏轼的名字便是取自车前扶手的含义，寓意着虽不起眼却能在关键时刻发挥重要作用，如同扶危救困的勇士一般不可或缺。

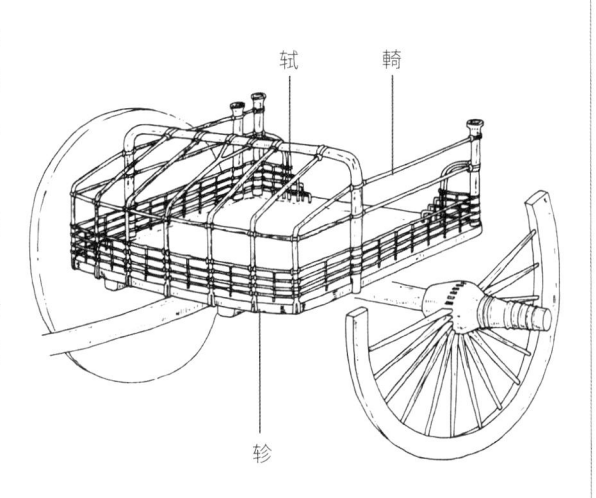

（二）车轴部分

　　车轴，作为车辆传动系统的核心部件，其形态为一根中间粗壮、两端略细的横梁木。车轴不仅承载着车厢的重量，其两端还套有车轮，并穿出车轮中心的毂外，通过插入一根名为"辖"的固定销钉来确保车轮的稳固。

　　鉴于车轴的重要性，选择优质的木材至关重要。《考工记》中详细记载了车轴选材的三大条件：首先，木材的纹理需均匀且无明显损伤；其次，考虑到车辆需承载重量，木材必须足够坚韧；最后，车轴制成后需与车毂紧密且圆滑地配合，以确保车辆行驶的平稳性。

　　我们再来看与车轴紧密配合的主要配件——辖，它是车轴头上的小铜制键或铁键。在《淮南子》中有着"车之所以能转千里者，以其要在三寸之辖"的赞誉。在古代中国，车辖通常被制作为长条形，其一端设有孔洞，用以穿入皮条并缚结，从而防止其脱落。在车辆行驶过程中，车辖不仅起到防止车轮向外脱落的作用，还能有效调整车轮的轴向位移，确保车辆行驶的稳定与安全。这一功能，也正是现代汉语中"管辖"一词的语义来源。

人形铜车辖

1966年出土于北窑西周墓的人形铜车辖，将人物的写实造型运用于车辖设计中，这不仅反映了当时底层民众低下的社会地位，也为研究西周服饰风格提供了宝贵资料。

　　然而，早期的车辆设计中，车辖直接承受来自车轴的推力，这导致了车辖的迅速磨损。为了解决这一问题，工匠们发明了中国早期的轴承装置。这种轴承呈现为筒状，巧妙地套在车轴的两端，并通过辖牢固地固定在轴上。其内侧设计有较大的圆环，用以顶住车轮毂的端面（即车轮毂两端的平面），这一设计极大地减少了磨损。这种轴承装置，在古代被称为"軎"（wèi），它的出现显著提升了车辆的运行效率和耐用性。

青铜轮牙马车车辖

西周晚期，藏于陕西省考古研究院泾渭基地。从此图可清晰地看出车辖及车軎的使用情况。

错金银铜车軎

西汉，中山靖王刘胜墓出土，藏于河北博物院。

　　配备了轴承的车辆行驶速度大幅提升，但与此同时，高速行驶的车驾震动明显，给驾乘者带来极大的不适，甚至可能构成安全隐患。为此，古代工匠巧妙地设计并制作出了名为"伏兔"的减震配件。

　　伏兔，这一名称源于这个减震配件的形状与兔子相似，它位于车轴与车厢底部两䡝十字相交的关键位置。伏兔的主要功能是勾连车軫与车轴，起到承上启下的作用。具体而言，它是一个小巧的木块，其上端平整的部分与车厢底部紧密接触，而下端的凹槽则巧妙地扣合在车轴上。这样的设计不仅增强了车辆的稳定性，更在一定程度上起到了减震缓冲的效果，为驾乘者提供了更加舒适和平稳的乘车体验。

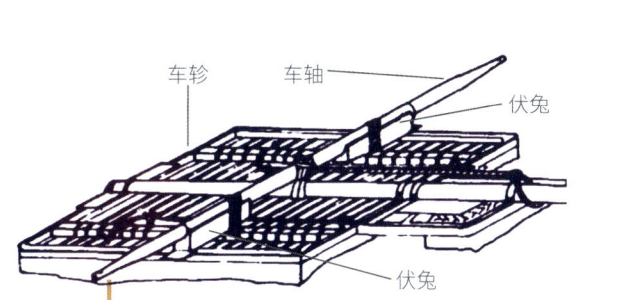

秦始皇陵1号铜车上的伏兔示意图。

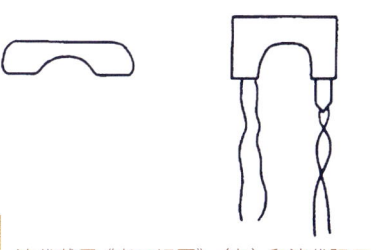

清代戴震《考工记图》（左）和清代阮元《考工记车制图解》（右）中的伏兔示意图。

（三）车轮部分

车轮主要由牙、毂、辐三大部件构成。

在古代，车轮通常采用质地坚固的硬木材料精心打造。其中，"牙"指的是车轮的外圈部分，也就是直接与地面接触的轮圈，它承载着车辆的重量，并决定了车轮的滚动性能。

而"毂"，则是车轮中心的圆柱形核心部件，它不仅是辐条的汇集点，更是连接车轮与车轴的关键所在，确保了车轮能够稳固地转动。

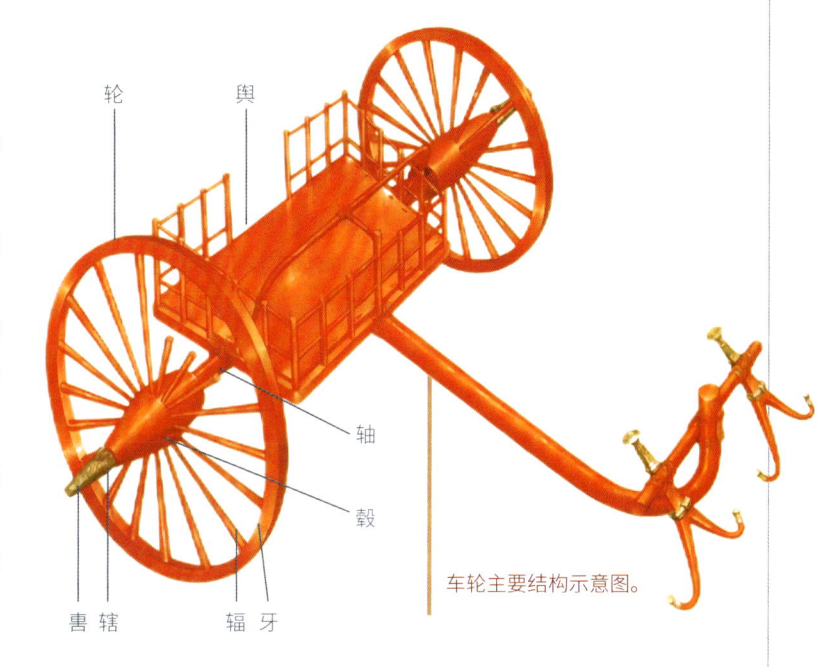

车轮主要结构示意图。

至于"辐"，则是连接毂与牙之间的直木条，也被称为"车条"。辐条的数量和布局经过精心设计，以平衡车轮的重量、强度和稳定性，使得车轮在转动时更加平稳、高效。

接下来，我们将重点讲解车轮中的关键部件——毂。

毂，作为连接车轴与车轮的核心部件，其作用是至关重要的，因为它使得车轮能够顺畅地转动。正因如此，古代工匠在制作毂时，对原材料的选择极为严苛。通常而言，坚硬的榆木因其出色的承重能力和抗颠簸性能，被视为制作毂的理想材料。

青铜毂饰

洛阳博物馆藏。毂是车轮中心的圆木，呈纺锤形，中有圆孔，使轴可以穿过，表面有一圈榫眼，用来插辐条。为了保持行车平稳，防止转弯时车辆侧翻，毂一般会做得很长，以提供足够的支撑面，有时还会在外面套一个金属套。

根据《考工记》记载，在使用榆木制作毂时，榆木的采伐时机至关重要，需要选择在木材性能最佳的时期进行。此外，工匠们还需仔细辨识木材的向阳面和背阳面，因为不同朝向的木材在质地、密度和耐用性等方面存在差异。通过辨识这些差异，工匠们能够更准确地了解木材的优劣特性，进而采用不同的加工手法，确保每一块木材都能得到充分的利用，从而制作出性能卓越的毂。

此外，古代工匠在制作车毂的过程中还发现了一个影响车辆平稳性的关键因素，即车毂与车轴的接触面积。如果车毂与车轴的接触面积较小，车辆会显得相对轻巧便捷；反之，则会使车辆行驶起来更加沉稳缓慢。从历史上的实例来看，春秋战国时期的制车技术普遍采用了"长毂"设计，这种设计使得车辆在急行转弯时能够保持较好的稳定性，不易翻车。

然而，长毂设计也存在一个显著的缺陷，那就是易碎。为了克服这一缺陷，人们开始使用一种名为"𫐄"（guǎn），也称作"𫐐"（dài）的金属部件。这种部件被巧妙地包裹在车毂的头部，形成一层坚固的金属套，从而有效地增强了车毂的耐用性和抗冲击能力。

𫐄

西周，藏于山西博物院。

（四）车辕

车辕，现代人也常称之为车杠，其主要功能是牵引车辆并起到导向作用。车辕的形状多样，既有直条形的，也有弧形的。相较于直形辕，弧形辕在设计上更为优越，因为它能在马车上坡或下坡时，确保辕身及其他马具不会妨碍马匹的正常行动，从而提高了车辆的行驶效率和安全性。

与车辕垂直排列的是车衡，这一部件的关键作用在于确保拉车的牲畜能够保持在同一水平线上前行，这对于维持车辆的稳定性和行驶方向至关重要。

在车衡之上，还设有另一个重要的物件"轭"。轭以衡与辕的交叉点为中心，分别固定在衡左右两段的中间部位。轭的形状通常为人字形，其底部两端向外卷曲，这种设计便于将轭固定在牲畜的颈部，确保牲畜能够稳定地拉动车辆。以马车为例，当两匹马共同拉车时，它们需要共同拉住车轭。车轭作为连接马车主体与牲畜的关键部件，其设计使得拉车时真正的受力部位不再是马的脖子，而是转移到马肩胛两侧的更为强健的部位。这一设计不仅提高了驾车的效率，还确保了牲畜的舒适与安全。

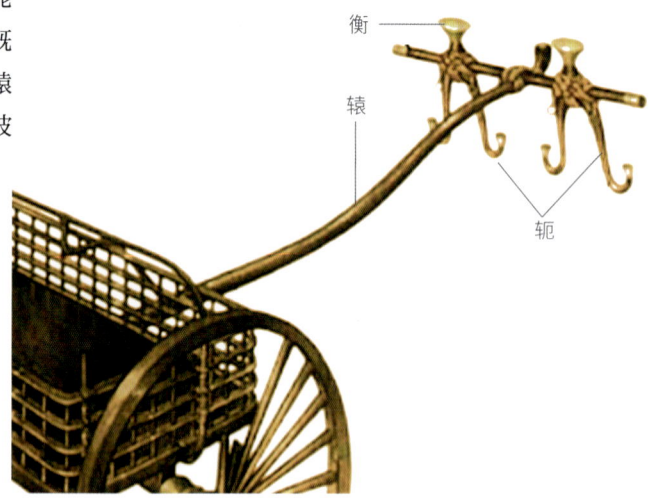

第二节
不同身份的人该乘什么样的车

遥远的古代，车辆种类繁多，那么古代的车都有哪些种类呢？是否仅依赖牛马作为动力来源呢？为了解决这些疑问，本节将以乘车、兵车和栈车这三类古代常用车为例，探讨古代车辆的乘坐规范。

一、第一大类：乘车

乘车，顾名思义，是专为人员乘坐而设计的车辆。在古代，对于乘车有严格的等级划分，从高到低大致可以分为玉路、金路、象路、夏篆、夏缦、墨车，以及贵妇用车等类别。

这里的"路"，特指帝王所乘坐的车，后来也写作"辂"（lù），如《太平御览》引《释名》中记载："天子所乘曰辂，辂亦车也。"据《周礼》记载，帝王的车共有五种，即玉路、金路、象路、革路和木路。其中，玉路、金路和象路被归类在"乘车"的范畴内。

玉、金、象是指用来装饰车辆"诸末"的材料。所谓"诸末"，指的是车衡两端、輢首（车辕前端）、车轭首（车辕与横木相接处），以及輢（车轭两边下卷用以系革带的部分）等关键位置。

（一）玉路

玉路是帝王在国家祭典等重要政治活动中所乘坐的车。尽管目前尚未有玉路车的实物出土，但从郑玄的注释中，可以大致推测出这种车以玉作为车上的主要装饰品。

作为最高档次的车，玉路还拥有一些专属配置。例如，玉路必须配备六匹马来驾驶，这便是"天子驾六"的由来。此外，马的额头上还会装饰有金镂饰的当卢，络马的带饰会缠绕十二匝，车上还会插着一面写有"大常"字样的旗帜，旗帜下方还悬挂着十二条流苏状的饰物，彰显其尊贵与威严。

秦金当卢

卢，即"颅"的通假字，这种物件装饰在马头颅中央，故名"当卢"，是古代非常重要的马饰之一。

（二）金路

金路，这一古代华贵的交通工具，专用于会宴宾客与封赐同姓贵族的庄重场合。其构造与装饰模式与玉路相仿，但在"诸末"（即车辆的各个末端部位）采用了更为璀璨夺目的金属材料进行装饰。例如，在河北平山县的中山国王墓中，就曾发掘出一辆金路大车，其车上装饰有两件栩栩如生的纯金龙首，就连车轭的轭首饰与轭輢饰也都是由纯金精心打造而成，彰显出无尽的奢华与尊贵。

周王城天子驾六博物馆

位于河南省洛阳市西工区中心的东周王城广场、东周王城遗址区的东北部，以原址保护展示东周时期大型车马坑为主题，辅展东周王城概况、王陵考古的新发现及部分东周时期珍贵文物。

金路车不仅为帝王所专用，亦可作为至高无上的荣誉，由帝王赐予其同姓的诸侯。此外，据古籍记载，金路车上还会树立一面威严的大旗，而络于马匹之上的带饰，更是精致地缠绕了九匝，每一匝都透露出不凡的气势与礼制的严谨。

金路车（复原）

战国，出土于中山王厝墓二号车马坑，藏于河北博物院。原车车衡两端的衡帽、驾马套具车轭的轭首及轭角均用纯金制成。车轴两端的车軎及车盖上的盖斗帽均装饰错金银的花纹。车厢外挂有用银珠帘缀的网饰和串饰，车上原有华丽的伞盖和幔帐。据《周礼》记载，这种以金构件装饰的车被称为"金路车"，是诸侯王会见宾客时所用的车。

事实上，中山王的身份并不符合使用金路车的严格礼制规定。在他的墓葬中发现了金路车的存在，这无疑是对当时礼制的一种公然僭越，体现了其追求奢华与地位的野心。

金镈

河北省石家庄市平山县中山王厝墓二号车马坑出土。藏于河北博物院

龙首形金衡帽

河北省石家庄市平山县中山王厝墓二号车马坑出土，藏于河北博物院。

彩绘骨衡帽

河北省石家庄市平山县中山王厝墓二号车马坑出土，藏于河北博物院。圆管状，中间透空，表绘赭色卷云纹。长 5.9 厘米和 6 厘米、径 3 厘米。

（三）象路

象路车，作为帝王上朝、日常出行及封赐异姓贵族的专用车驾，其"诸末"皆采用珍贵的象牙或兽骨为材料精心雕琢而成。

历史上，象路车的出土实例颇为丰富，例如在河北平山县的中山王墓、山西侯马晋国遗址的上马墓地，以及河南淮阳的马鞍冢等地均有发现。这些出土车辆上的牙骨装饰，无论是从工艺还是材质上，都与古代文献中关于象路车的描述相吻合。

象路车的旗帜以红色为标志，络马的带饰则精心缠绕七匝，彰显其独特之处。此车亦可由帝王赐予受赏者，通常为异姓诸侯，以示恩宠与地位。

至于革路和木路，尽管它们同样属于路车之列，但由于使用场合与方式的差异，它们并不被归类在"乘车"的范畴之内。

（四）夏篆、夏缦和墨车

在了解了帝王的路车之后，让我们转而探讨等级稍低的其他乘车类型：夏篆、夏缦、墨车，以及专为后妃设计的车辆。

在古代，夏篆、夏缦、墨车被归类为"服车"。所谓服车，即服务于政府部门公务人员的车辆。那么，这三者之间又有何不同呢？《周礼·春官·巾车》明确记载："服车五乘，孤乘夏篆、卿乘夏缦、大夫乘墨车、士乘栈车、庶人乘役车。"

夏篆，是小国诸侯王及公侯上下朝的座驾。据郑玄解释，篆通"瑑"（zhuàn），本义指玉琮四角上的雕刻花纹。因此，夏篆车不仅会被漆上五彩的颜色，还会雕刻出精美的纹饰。

夏缦，是卿这类官职人员的座驾。与夏篆相比，夏缦车有彩绘装饰，但并无雕刻的花纹。

墨车，是大夫的专属座驾，这种车最为朴素，仅髹上一层黑漆，无其他装饰。

（五）五路车

据《周礼》所载，后妃们同样享有专用的车辆，且与帝王一样，这些车辆也分为五路，具体包括"重翟、厌翟、安车、翟车及辇车"。目前，考古中尚未发现重翟、厌翟、翟车的实物遗存，仅能通过文献中的描述来窥探其风貌。

安车，其最初的设计似乎更倾向于女性使用。但随着时间的推移，退休的老年官员及德高望重的长者也逐渐成为安车的乘坐者。这得益于安车车厢设计的巧妙——既能躺又能坐，加之封闭的车厢提供了极佳的安全感。正因如此，后期的帝王出于安全考虑，也开始使用安车。

秦始皇帝陵二号铜车马无疑是安车中最为著名的代表。车辔绳的末端镌刻着"安车第一"四个字，明确表示了这辆车的类别。从相关的图像资料中，我们可以清晰地看到，驾驶这辆车的人是呈坐姿的，而车辆后部则设有一个封闭的车厢，这与安车的特征完美契合。

辇车，从字形结构上分析，"辇"字形象地展现了两个"夫"牵引着一辆车的画面。在陕西省陇县边家庄的考古发掘中，专家们曾发现一辆辇车，并通过专业手段将其复原。经过仔细比对，我们发现这辆辇车的车体构造与我们之前探讨的独辀车并无明显差异。它们之间的核心区别在于拉车的动力来源：依赖马等牲畜拉动的交通工具被统称为"车"，而依靠人力拖拽的则称为"辇"。

木辇车（复原图）

春秋，陕西省宝鸡市陇县边家庄5号墓出土。这辆车的外形与独辀车无异，只是尺寸较小。车轮轨宽114厘米，轮径115厘米，每个轮有16根车辐，车辀长182厘米，衡木长88厘米，无车轵、无轭，在衡木两侧各有一彩绘木俑，以象征用人力挽车。

魏晋之后，传统的辇车逐渐不再使用。人们对其进行了革新，去除了辇车的轮子，改为直接由人力抬举前行，这种新形式的交通工具便是广为人知的帝后专属"步辇"。

二、第二大类：兵车

兵车，这一类别在不同的历史时期也有不同的名称，但最为人们所熟知的无疑是"战车"。

在骑兵尚未登上历史舞台之前，战车无疑是战场上的决定性力量，其重要性不言而喻。特别是在春秋战国这一动荡时期，战车数量的多少甚至成为衡量一个国家军事实力强弱的重要标志。例如，在春秋时期的城濮之战中，交战双方的晋国与楚国各自出动了上千辆战车，规模之宏大，令人叹为观止。

"兵车"大致可以划分为革路、木路、广车、阙车、苹车、轻车，以及备车等多种类型。

其中，革路作为帝王车驾中的兵车类型，主要被用于军事场合。它常常扮演着御驾亲征时主帅指挥车的角色，有时也作为帝王出行时的前导车。在配置上，革路与普通的乘车有所不同，驾车的马匹佩戴着白黑二色杂饰的络头，樊和缨均用丝绦精心缠绕五匝，彰显其尊贵与威严。而车身则相对简洁，没有过多的饰品装饰，只在车上树立着一面大白旗，象征着其指挥与引领的地位。

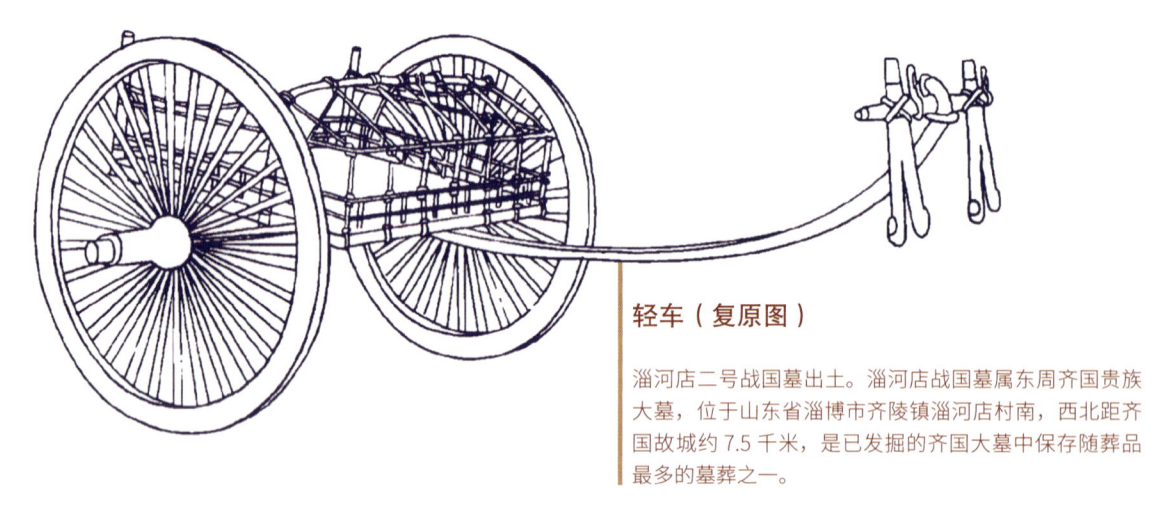

轻车（复原图）

淄河店二号战国墓出土。淄河店战国墓属东周齐国贵族大墓，位于山东省淄博市齐陵镇淄河店村南，西北距齐国故城约 7.5 千米，是已发掘的齐国大墓中保存随葬品最多的墓葬之一。

值得一提的是，革路与广车、阙车、苹车、轻车这五种兵车，在古代被合称为"五戎"，共同构成古代战场上不可或缺的武器装备体系。

木路车与其他路车相比存在些许差异，尽管它也属于兵车范畴，但实际上却是帝王的田猎专用车。木路车驾车的马匹装饰有浅黑色的樊和白色的缨，车上树立着大麾旗，整体设计简洁，无其他多余装饰，这种车通常用于封赐九州之外的蕃国。

作为帝王狩猎时所使用的车辆，木路车在体量上与传统兵车有所区别。其整体结构偏小且轻便，这是因为狩猎时并不需要额外的护卫人员，通常只需一人驾车、一人乘坐即可。随着时间的推移，这类车也逐渐被投入到战场中，但主要是作为轻车或主将的副车来使用。

三、第三大类：栈车

在"服车"的相关内容中，我们曾提及栈车是供大夫以下等级人士使用的车辆，具体指的是士和庶人阶层。其中，士有权使用栈车，而庶人则只能使用更为简陋的役车。栈车主要由竹木材料制成，车身并不蒙覆皮革；相比之下，役车则拥有方形车厢，设计用于装载各类劳动工具，其功能纯粹而实用，缺乏舒适性。

遗憾的是，由于这类车辆的社会地位相对较低，因此在古代墓葬中很少被选作陪葬品。学者们只能依据零星出土的残骸进行图片复原，以窥其原貌。

> **总结一下**
>
> 车在古代不仅是重要的交通工具和战争工具，其功能还涵盖了日常乘坐、军事作战及劳作等多个方面。此外，古代的礼仪等级制度也在车辆的结构、配饰、用料，以及颜色等方面得到了充分体现，使得车辆除了具有实用性功能，还成为身份和地位的象征。

第三节
骑马和驾车哪个更高级

细数全世界的古代交通与军事的历史，我们不难发现，马这一畜力工具扮演了举足轻重的角色。那么，人类究竟何时驯化了马？何时开始将其作为骑乘或拉车的工具？骑马与马拉车，这两者的历史顺序又是如何？本节将深入梳理马与车之间的故事。

一、人类驯化马的历史

首先要明确的是，马从野生状态到被人类驯化，必然经历了一个漫长而复杂的过程。关于驯化的具体时间点，学术界至今仍存在广泛争议。一种观点认为，马及其相关的马车技术是从黑海与里海之间的草原地带传入中国的；而另一种观点则主张，中国养马、驯马及用马的历史可以追溯至龙山文化时期。尽管中亚和西亚地区考古发现家马的时间较早，但中国却拥有一个独立的家马起源中心。

例如，中国学者谢成侠在《古代中国马匹利用的历史》一文中指出，中国黄河流域及其周边草原至少在四五千年前就已经成为马匹驯化的策源地之一。同样，美国学者斯坦利·奥尔森在《中国北方的早期驯养马》中也提出，至少在新石器时代晚期，中国人已经从对马的支配和驯服阶段，发展到了驯养马匹，并将其作为"人类饮食的来源"。

此图为血池遗址出土的马骨。血池遗址位于陕西省宝鸡市凤翔区血池村，距秦雍城遗址15千米处，是中国历史上时代早、规模大、性质明确、持续时间长且功能结构趋于完整的秦汉时期国家大型祭祀遗址。

从考古发掘的情况来看，虽然中国北方的一些遗址中发现了马骨，但由于这些马骨与考古文化中其他遗物的关联性不强，因此难以准确判断当时马的具体用途。不过，在中国青铜时代早期的一些地区，出土的马骨数量较多，这暗示着在这些地方可能已经将马普遍驯化为家畜。此外，这些时期的马不仅被用作食物来源，还可能已经被当作拉车、耕地等的动力源。

二、人类何时开始骑马

关于人类何时开始骑马这一议题，在全球范围内引发了广泛争议。部分国外学者认为，判断马是否被用作骑乘的关键依据在于约束马的"嚼子"。然而，国内考古学者对此持有异议，他们指出，马嚼子仅能表明马匹已被驯服，并不能直接证明其已成为骑行工具，因为佩戴嚼子的马同样可能被用于拉车。

三、马先为骑行还是拉车之用

针对马是先成为骑行工具，还是先被用来拉车这个问题，同样存在争议。一种观点认为，人类最初是用马匹来拉车，之后才逐渐发展为骑乘。例如，一些文献记载显示，中国古代早期先有马车，后因道路条件限制导致战车难以发挥作用，才在春秋时期出现了骑术，甚至有观点认为骑马起源于战国时期赵武灵王的"胡服骑射"。

另一种观点则相反，认为马最早是作为人类的骑行工具。例如，在殷墟的车马坑中出土了人、马、犬的遗骨及弓等武器，中国考古学家石璋如推测，这很可能是当时的"战马猎犬"装备，暗示这匹马主要用于骑射而非拉车。

收藏于殷墟博物馆的商代殷墟车马坑，是截至目前我国发现的最早的车马坑遗迹。

吉林大学考古学院教授井中伟从御马工具的角度出发，对石璋如先生的观点表示了认同。他提及，晚商时期存在一种名为錣（zhuì）策的御马工具，这是一种带有铁刺的马鞭。这些錣策上都设计了一个向外斜伸的倒钩，不仅可用于前刺，还便于侧击。基于这些特征，井中伟推断，这种錣策更可能是为骑马而设计的。

青铜錣策

在秦始皇陵铜车马的发掘过程中，专家们共发现了三根铜杆，都带有不规律的节，就如同小竹竿上的竹节。其中，有两个铜杆的一端是平整的，另外一根铜杆的一端则带有尖锐的钉子，这就是錣策。《列子·道应训》释文引许慎云："錣，马策端有利针，所以刺不前也。"也就是说，錣的作用是在马匹不走的时候锥刺其臀部。

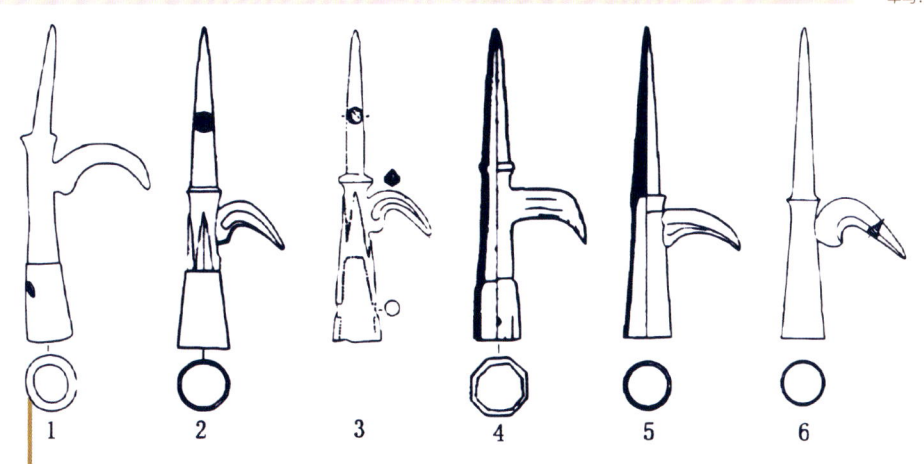

镞策复原图，出土地点分别为：1. 郑州人民公园；2. 安阳范家庄；3. 罗山天湖；4. 武乡上城村商墓；5. 殷墟西区；6. 滕州前掌大（dài）。

此外，中国另一位考古学家于省吾对"卜辞"的研究，也为确定骑射出现的时间提供了重要依据。在于省吾所著的《殷代的交通工具和驲（rì）传制度》一文中，引用了大量关于殷代骑马的记载。基于这些资料，他得出了结论："殷墟发掘既有骑射的遗迹，卜辞里又有'先马'和'马射'的例子，那么可以肯定地说，殷代的单骑和骑射已经盛行了。"

四、唐代前贵族鲜少骑马的社会现象

中国古代对于骑马与坐车的崇尚之区分，大致以唐朝为界。在唐朝之前，贵族士大夫阶层鲜少骑马出行，而唐朝则截然相反，骑马成为风尚。

例如，《旧唐书》记载，魏晋以前，大夫及以上阶层均以乘车为荣。魏晋之后，乘马车反而被视为不光彩之事。这背后的原因究竟为何？

（一）思想观念的影响

华夏文明的核心在中原地区，赵武灵王的"胡服骑射"虽有其先进之处，但源于少数民族的习俗，对于中原士大夫而言，接受起来颇有难度。尤其在民族大融合之前，骑马主要流行于周边少数民族及社会下层民众之中，贵族士大夫往往不屑于骑马，而更倾向于乘马车，以此彰显与蛮夷的区别。

（二）马具的不完善

士大夫出行多乘车，另一重要原因在于早期马具的不完善，使得骑马存在安全隐患。特别是在马鞍和马镫尚未发明或发展成熟之前，骑马是一项颇具挑战性的技术活。上马困难、坐不稳、易疲劳等问题频发。直至南北朝时期，马镫的发展达到成熟阶段，骑马才变得相对轻松舒适。

铜鎏金木芯马镫

1965 年辽宁省朝阳市北票市西官营镇冯素弗墓出土，现藏于辽宁省博物馆。这是迄今为止有明确年代可考的双马镫实物，也是中国乃至世界上较早的骑乘用的马镫实物。

（三）礼制的约束

受到古代礼仪规范的影响，古人对箕踞这种坐姿极为反感，而骑马的姿势与箕踞颇为相似。而且当时人们穿着开裆裤（"胫衣"），骑马时更容易暴露下体，这对于有着严格礼教观念的贵族士大夫而言，无疑是莫大的耻辱。此外，当时的朝服设计也不适合骑马，如唐代史学家刘知几所言，前朝的褒衣博带、革履高冠等服饰，主要是为了方便乘车而设计的。

基于以上三点原因，我们可以大致理解当时贵族阶层对骑马持排斥态度的缘由。然而，到了隋唐时期，随着马具的完善、马匹品种的丰富，以及民族的大融合，社会对于骑马的观念逐渐改善，无论贵族平民、男子女子都开始骑马，甚至发展出了马球运动。这一风潮的改变与统治者的支持密不可分，唐朝皇室酷爱骑马，以李世民为例，他不仅热衷于收集宝马（如著名的"昭陵六骏"），还常在闲暇时前往马场骑马，皇子公主们也积极训练马技。因此，骑马逐渐成为当时最受欢迎的出行方式之一。

昭陵六骏石刻

唐昭陵六骏石刻是唐贞观十年（636年）立于陕西省咸阳市礼泉县唐太宗昭陵北司马门内的6块大型浮雕石刻，分别名为"拳毛䯄""什伐赤""白蹄乌""特勒骠""青骓""飒露紫"。

> **总结一下**
>
> 骑马的习俗深受马具发展与观念演变的影响。所以，即便是如今看似平常无奇的"骑马"活动，在漫长的历史长河中，也印证着时代风俗的变迁。

第四节
"马靠鞍"典故的由来

《木兰诗》中,有一段文字生动描绘了木兰替父从军前四处采购装备的情景:"东市买骏马,西市买鞍鞯,南市买辔头,北市买长鞭。" 其中,"鞍鞯"与"辔头"均属马具。那么,马具有哪些作用?而古代战场上的战马又需配备哪些装备?

为了解答这些疑问,让我们先参考刘永华所著《中国古代车舆马具》中的一幅插图。

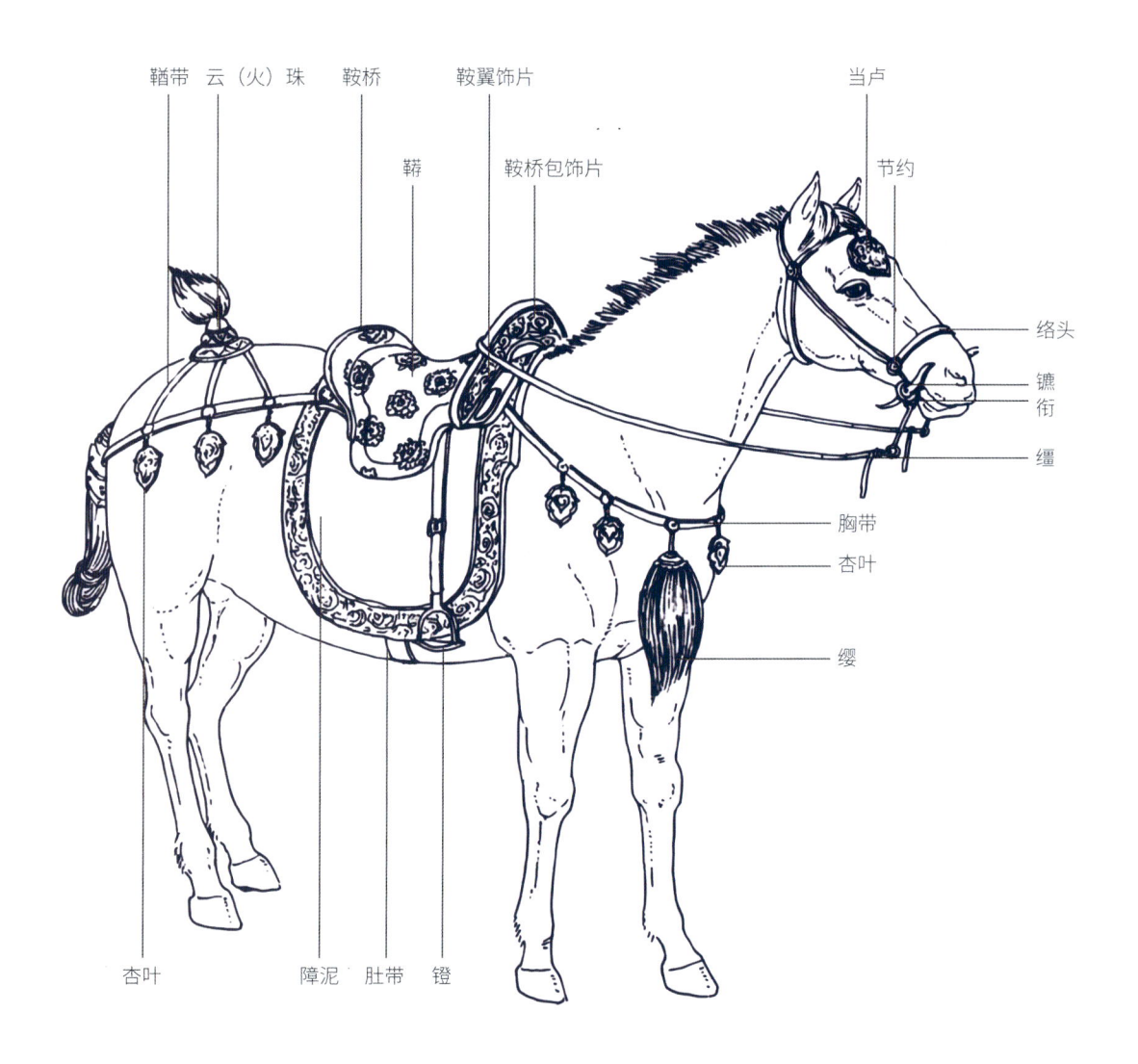

马在被人类驯服并用作骑乘工具后,为了更有效地掌控马匹,人们精心制作了多种马具。根据使用场景的不同,马具大致可分为两大类:一类是骑乘时所需的鞴(bèi)具与鞍具,另一类则是拉车时连接马与车的挽具。

一、鞁具：掌控马匹的关键

鞁具主要用于控制马的头部，其核心部件包括辔头、镳（biāo）和衔。

（一）辔头

辔头，亦称络头、羁、鞿（jī），民间常称作笼头。这种鞁具套在马头上，通过皮带连接马的额头、鼻子、咽喉、脸颊及脖颈，与镳、衔配合使用，能精准地控制马头。在人类驯服马匹的早期历史中，若不计算那些简单的绳套，辔头无疑是最早被发明的马具之一。

（二）衔和镳

起初，人们驯马时仅使用辔头罩住马头，随后逐步发明了衔与镳等配件。据孙机先生在《唐代的马具与马饰》中的论述，辔头的基本结构至迟在秦代已经定型，秦始皇陵中的铜车马便是这一论点的有力佐证。

《说文解字》释义："衔，马口中勒也。"民间又称其为马嚼子，即置于马口中的物件。它连接着骑手手中的缰绳，当骑手拉动缰绳时，马嚼子便会深入马嘴，从而控制马匹的行进速度或使其停步。而镳实为衔的一部分，指的是马嚼子外露的两端，通常插入衔的两个大环内。因此，古人常常将衔与镳并提，用来形容马嚼子的构造。

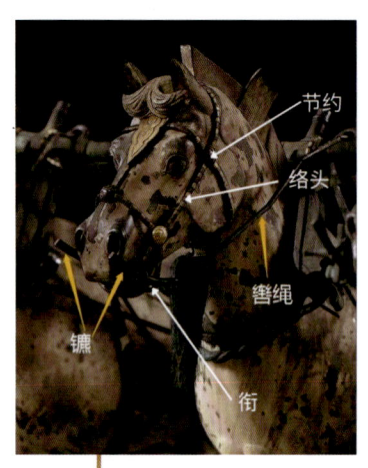

铜车马的衔和镳。

那么，衔和镳控制马的原理是什么？

简而言之，衔是骑手与马匹间的杠杆，马口中衔着它时，舌头无法随意活动；而镳则用于夹紧马腮。加之笼头与缰绳的配合，骑手在驾驭马匹时，可通过缰绳勒紧辔头，带动马衔刺激马嘴内的敏感区域，使马匹保持适度的紧张状态。

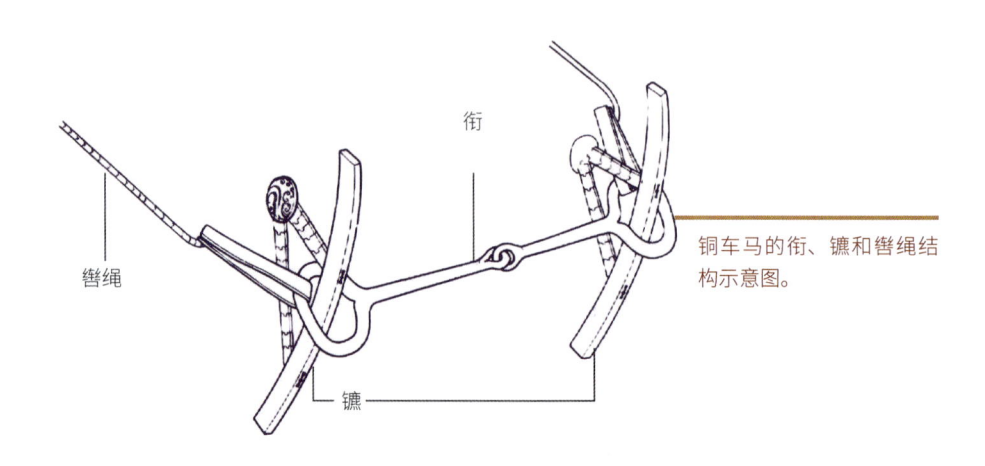

铜车马的衔、镳和辔绳结构示意图。

这一原理看似简单，但真正优秀的骑手需经过长期与马匹的磨合，才能达到默契的骑控状态。否则，用力不当可能伤及马匹或自身。

二、鞍具：人类骑行的革新

鞍具，主要由鞍、障泥、蹬，以及胸带等部件构成。本节将重点介绍马匹骑行中不可或缺的鞍与蹬。

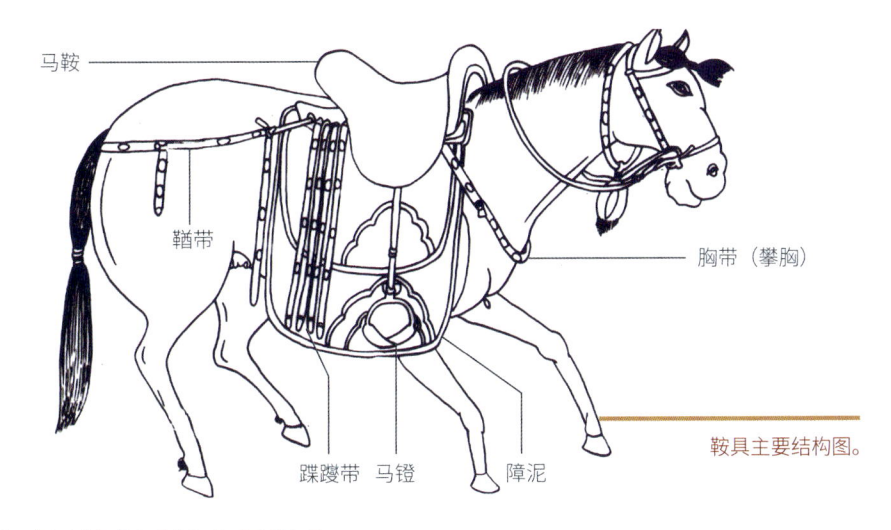

鞍具主要结构图。

（一）鞍：让骑马的舒适性大幅提升

在马鞍出现之前，无论是东方还是西方，骑马均只能采取"骣（chǎn）骑"的方式，即直接骑乘在背马上。即便是称霸两河流域的亚述王亚述巴尼拔，他的坐骑也只是在马背上铺设一张毯子，既无马鞍，也无马镫。

亚述王宫浮雕艺术

国王与猎狮，这是一组表现国王猎狮的浮雕作品，制作于公元前645至前635年新亚述时期，原位于亚述古城尼尼微的北王宫，现藏于大英博物馆。

这种骑乘方式存在诸多不便和危险，例如长时间骑乘光背马，骑手容易感到疲劳，且难以保持平衡，容易发生摔落，而且骑手在骑行过程中也容易受到马背摩擦带来的伤害。面对这些长期存在的困扰，人们也在不断寻求解决方案，鞍具的研发因此被提上日程。以中国的马鞍发展为例：

在战国至秦汉时期，中国已出现了软马鞍的实物，这些实物主要集中在新疆地区，其中保存最为完好的一件来自鄯善县吐峪沟苏贝希墓，年代约为公元前5至前3世纪。该马鞍由左右两扇鞍垫组成，采用皮革缝制，内部填充了密实的鹿毛。鞍垫之间留有空隙，并通过三条平行的宽皮带相连。马鞍的前后两端略微高起，断面接近半月形，分别连接着攀胸和后鞦（qiū），下缘还连接有一根腹带。

马鞍

1992年苏贝希墓地出土的软马鞍，藏于吐鲁番博物馆。它是迄今为止考古所见的战国秦汉时期软马鞍中保存最好的一件。

秦始皇陵兵马俑坑出土的陶马为我们提供了更为写实的形象。这些陶马配备了鞍具，马鞍由左右两块垫子构成，通过腹带固定在马背上，断面呈半月形，表面排列着针眼状小孔。这些软马鞍与苏贝希墓地出土的软马鞍形态相似，很可能是参照实物制作而成。在中国出土的文物中，这类由马背上一张垫子发展而来的软马鞍还有很多，在此不一一列举。

有学者认为软马鞍应归类为鞯，是一种类似垫子的物品。在秦俑坑陶马及香山汉墓彩绘陶马上，马鞍底下衬有毯子或皮革类物品，其功能与后世的鞯存在一定的相似之处。因此，关于秦汉时期是否已经存在马鞍，目前尚无定论。

秦鞍马俑

出土于秦兵马俑二号坑，藏于秦始皇帝陵博物院。

彩绘陶马

西汉，2006年山东省青州市谭坊镇香山汉墓陪葬坑出土，现藏于青州博物馆。香山汉墓陪葬坑出土彩绘陶马约350匹，分大、中、小三种，工匠在马头、马背等区域使用白、紫、红色描绘出马具的形状，尤其是马背上的图案尤为罕见。

到了魏晋南北朝时期，中国古代马具的发展达到了成熟阶段，其标志便是高鞍桥马鞍与马镫的完善。

首先来谈谈高鞍桥马鞍。这种马鞍最早出现于魏晋时期，并在魏晋以后逐渐流行开来。这种结构的马鞍除了能为骑手提供稳定的依托，还能有效减轻马匹的不适感。因此，直至近现代，常用马鞍的主体结构都与其相似，未发生根本性的变化，只是材质从木质扩展为各种合成材料等。

刘永华先生在《中国古代车舆马具》一书中，复原了魏晋时期高鞍桥马鞍的样式。在这一时期，马鞍的两鞍桥均呈直立状态，也可以称之为"两桥垂直鞍"。到了唐朝，后鞍桥开始向下倾斜，这样的设计更便于骑手上下马匹，同时更符合人体的骑乘需求，因此可以称之为"后桥倾斜鞍"。

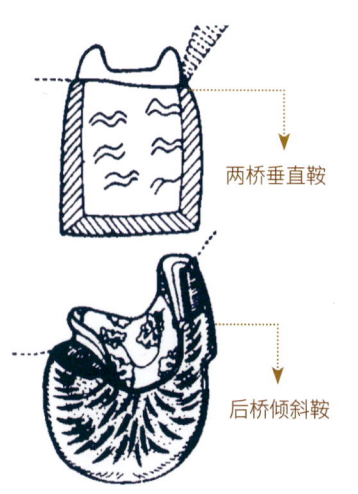

两桥垂直鞍

后桥倾斜鞍

木镶铜镀金镂花纹马鞍

清康熙时期，藏于故宫博物院。马鞍通长63厘米，宽28厘米，高34厘米，木胎。前后鞍桥镶嵌铜镀金质缠枝花卉纹鞍板面。鞍桥面铺红毡，周缘锦带与黄绦带两道装饰。马镫一副，铁镀银质，顶部镂雕双龙形蹬孔，以黄绦带与马鞍连接。

（二）马镫：开启全新骑乘时代的伟大发明

接下来，我们来探讨另一个具有划时代意义的发明——马镫。

马镫，这一悬挂在马体两侧的马具，主要由脚踏部分和用于将脚踏悬挂在马鞍上的链条或吊环组成。它极大地改变了人类的骑乘方式，使骑行变得更加稳定与高效。

那么，马镫最早起源于何处呢？目前，学界对此存在三种主流的观点。

第一种观点认为，马镫的起源可以追溯到世界上最早的游牧民族之一——斯基泰人的皮脚扣。这种皮脚扣设计简单，却能有效辅助人们上马和乘骑，被视为马镫的雏形。这一观点在切尔托姆雷克王陵（斯基泰人的一座重要王陵）出土的一个刻有马具图案的银瓶上得到了验证。

切尔托姆雷克王陵出土的银瓶及瓶身上的马具图案。

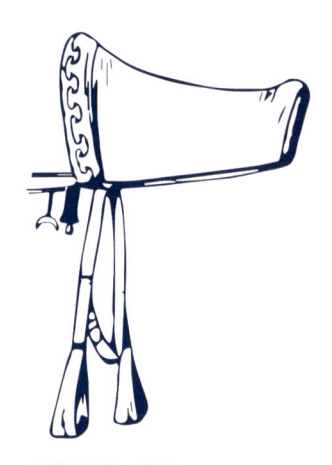

切尔托姆雷克银瓶　　银瓶图案细节　　银瓶马鞍复原图

第二种观点则主张马镫起源于趾镫，即一种套在脚趾上的辅助性马具，其形状类似一个绳圈。支持这一观点的学者认为，趾镫可能最早在印度或中国云南地区出现。这些地区的历史和文化背景为趾镫的发明创造了条件，而趾镫在后续的演化和发展过程中，最终演变为现代意义上的马镫。

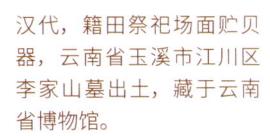

汉代，籍田祭祀场面贮贝器，云南省玉溪市江川区李家山墓出土，藏于云南省博物馆。

关于马镫起源的第三个也是目前较为广泛认可的观点，是马镫为中国的游牧民族发明，并在南北朝时期得到了广泛普及和使用。这一观点得到了包括中国科学院外籍院士李约瑟在内的众多学者的支持，他们指出，马镫的发明极大地增强了骑手的稳定性和操控性，是骑乘技术史上的一次重大革新。

骑马鼓吹俑

出土于江苏省南京市鼓楼区五佰村丁奉家族墓，藏于南京市博物馆。马腹的左侧垂挂着一只三角形的马镫，属于单边镫，是仅用于上马的辅助工具。这是目前全世界已知最早的马镫形象，其时间为东吴名将丁奉去世的 271 年。此前的世界纪录由湖南长沙金盆岭西晋墓中的陶俑所保持，时间为 302 年，墓中三件骑吏俑的左侧有马镫，其大小、位置和功能都与丁奉墓陶俑一致，丁奉墓的发现把这项纪录从西晋推进到东吴，提前了 31 年。

陶马

东晋，出土于江苏省南京市鼓楼区附近象山七号东晋琅琊王氏家族大墓，藏于南京六朝博物馆。陶马鞍下两侧都装饰有泥塑的近三角形镫，是最早发现的成对标准马镫的实物证据。

马镫

河南省安阳市殷都区孝民屯 154 号墓出土。这件马镫通高 27 厘米，上部有长柄，柄上端还有一个横穿。它是目前发现的年代最早的单只马镫实物。

双马镫中的佼佼者，无疑是 1965 年在辽宁北票冯素弗墓中发掘出的一副鎏金铜片包裹的桑木心马镫，此处不再赘述。

这些考古发现作为生动的历史见证，明确指出了真正意义的马镫最早应出现在 2 至 5 世纪的三国两晋时期。那么，这两个看似简单的环状物，究竟是如何拥有改变世界格局的魔力的呢？

在没有马镫的时代，上马对任何人来说都是一项挑战，古代马匹，特别是战马，体型高大，即便是身手敏捷之人，也往往难以轻松完成这一动作，更不用说普通人了。因此，那时的人上马通常需要他人的协助，如权贵踏着家奴的背脊上马，或借助上马石等辅助工具。马镫的出现解决了这一难题，使得上马变得更加方便快捷。

然而，马镫的作用远不止于此。骑乘者在上马后，双脚有了可靠的支撑点，配合高鞍桥马鞍，能够轻松地保持身体的平衡和稳定。这一变革使得骑者的身躯和双手得到了极大的解放，能够在马背上进行各种复杂的动作，如俯仰转侧、舞刀弄枪、格斗厮杀等。可以说，马镫的发明极大地推动了骑兵的发展，使马战变得更为便利和高效，从而加速了古代世界格局的改变。

木镶铜镀金嵌珠石珊瑚马鞍

顺治帝御用马鞍，藏于故宫博物院。木胎，前后鞍桥饰金叶，錾刻海水江崖云龙纹样，又镶嵌珍珠、绿松石、红宝石等装饰。鞍上铺设黄色缎地彩绣云龙、火珠纹鞍面，蓝边缘。铁镀金质马镫，镫面饰方胜纹，顶部镂雕银镀金双龙纹蹬孔，系黄色绦带。鞍面上加铺黄色缎地平金彩绣海水江崖云龙纹鞍垫，内敷以棉。

> 马匹作为重要的生产和战争物资，其实际效能的发挥在很大程度上依赖于马具的不断革新。其中，马镫这一看似不起眼的物件，实则对骑马人而言具有革命性的意义。它不仅为骑马人的上下马过程提供了极大的便利，更重要的是，它解放了骑马人的双手和双脚，使得骑手能够在马背上更自如地进行各种动作。正是由于马镫的发明与普及，战争的效能得到了显著提升，从而深刻地改变了战争的趋势和历史进程。

第五节
战车的核心武器：戈

在汉字中，含有"戈"这一部首的词汇大多与军事活动息息相关，如"战""伐""戮""戟"等，还有成语如"金戈铁马""同室操戈""反戈一击""大动干戈"等。这些词汇不仅体现了戈在古代军事中的重要地位，也揭示了它与战争文化的紧密联系。

戈，作为先秦时期至关重要的一类武器，在中国古代被广泛使用。这一武器的诞生，对中国武器的发展轨迹产生了深远的影响。接下来，我们将深入探讨戈的历史与特点。

一、戈的悠久历史

关于戈的起源，学界普遍认为，它源自原始部落的石镰和石刀。这些工具最初被用于农业生产，但在部落间的冲突中，它们也被用作钩、砍敌人的武器。随着时间的推移，人们参照这些工具的形状和功能，逐渐演化出了具有钩刺功能的戈。

目前已知年代最早的青铜戈头出土于河南省偃师市二里头遗址，至今约3500年。这一发现不仅证明了戈的悠久历史，还从侧面反映了中国青铜铸造业的起源时间至少在3500年之前。此外，青铜铸造业的出现不仅推动了农业工具的发展，还促进了兵器制造技术的进步。

铜戈

洛阳二里头夏都遗址博物馆藏。铜戈的出现，在中国兵器史上具有划时代的意义，其啄击兼勾杀的威力使其极利于近战，成为日后数千年中国冷兵器的主宰器种。

二、如何识别戈

如何判断一件兵器是否为戈呢？我们可以从以下几个方面进行辨别：

（一）戈的四个组成部分

从形制上来看，一把发展成熟、构造完整的戈主要由四个部分组成。它们分别是：戈头、柲（手柄）、冒（位于柲上方的帽形配饰），以及镈（位于柲下方的圆锥形金属套）。这些部分共同构成了戈的典型特征。

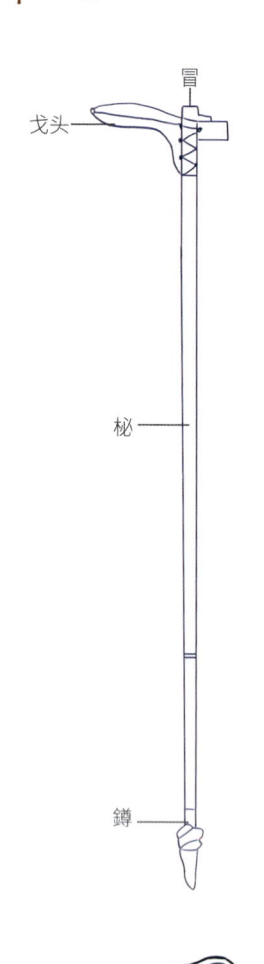

戈的核心在于戈头，戈头由多个部件构成，主要包括援、内、胡及阑等。其中，"援"是戈头用于勾啄的主要部位，呈现为长条形的锋刃，即平出的刀刃部分；"内"则是用于安装手柄（柲）的部位，其名称有纳入之意，指的是戈头尾部横向伸出的部分，形态上类似于榫卯结构中的榫状，用以与手柄牢固结合。

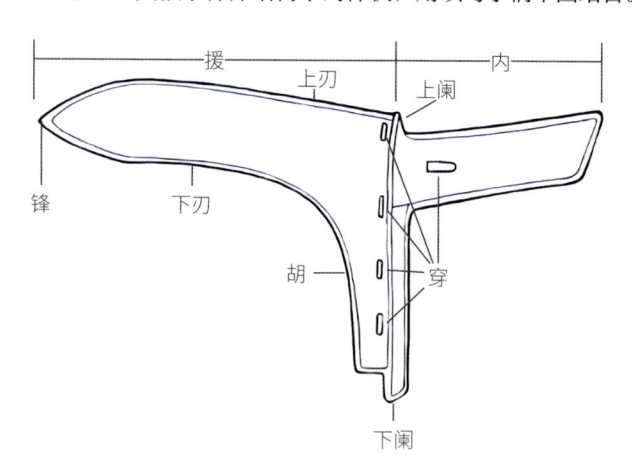

为了确保"援"在战斗过程中不会脱落，人们采取了多种方法加以固定。一种方法是通过在"援"部向下转折并延长形成弧形部分，即"胡"，来增强其稳固性。但值得注意的是，并非所有戈都配备有"胡"，商代的戈就多为无胡设计。对于有"胡"的戈，人们会在"内"与"胡"上开设穿孔，以便穿系皮条将戈头牢牢捆扎在手柄（柲）上。另一种重要的改进是在"援"与"内"之间增设一个凸起的部分，称为"阑"。阑有上下之分，部分戈还设有侧阑，这一设计不仅增加了戈头上的捆绑点，还扩大了戈头与手柄的接触面积，从而显著提升了戈头的稳定性。

（二）戈的三种类型

从种类上划分，古代的戈主要依据其"内"的形态来区分，大致可以分为直内戈、曲内戈和銎（qióng）内戈三种类型。

从上至下分别为銎内戈、曲内戈和直内戈。

曲内戈是商周时期常见的一种戈形。它的特点是"援"与"内"之间没有明显的分界线，这种设计在装上木柄后容易导致戈头脱落。因此，随着技术的进步和实战需求的提升，曲内戈在商周后期逐渐被淘汰。

歧冠曲内青铜戈

商代晚期，藏于安阳博物馆。

兽面纹戈

战国，顾恺时 1973 年赠与上海博物馆。

直内戈作为另一种重要的戈型，其特点在于"内"部呈现为直线形状。直内戈的制造工艺相对简单，但具备出色的实战性能。直内戈的"内"部设计使得木柄可以牢固地插入并固定，从而保证了戈头在战斗中的稳定性。

随后，人们发明了銎内戈，这种戈的制造工艺相较于曲内戈和直内戈更为复杂。它的特点是在"内"部铸造一个圆套形状，木柄可以插入这个圆套中，从而有效防止戈头在战斗过程中脱落。这种设计不仅提高了戈的稳定性和耐用性，也反映了古代兵器制造技术的不断进步和创新。

虎鹰互搏銎内戈

1988年山西省太原市金胜村赵卿墓出土，藏于山西博物院。前锋尖锐，援作三角形，横断面中间厚、两侧薄，中心透镂精美花纹，惜已朽蚀。短胡，椭圆形銎，上端有圆形穿孔，用以固定戈柲。銎上部与内上立雕一猛虎擒扼雄鹰，虎昂首张口，曲身卷尾，前爪抓住鹰尾，后爪扼住鹰头，鹰则伸颈翘尾，奋力搏杀，构成一幅紧张激烈、栩栩如生的虎鹰搏击图。虎颈饰绚索纹一道，身饰鳞纹、卷云纹，鹰身饰羽纹、鳞纹和重环纹，銎腔上饰贝纹一周，是一件不可多得的艺术珍品。

（三）长戈和短戈的发展

从使用场景和用途的角度来划分，戈还有长戈与短戈之分，以适应不同的战斗需求。一般而言，车战中所使用的戈较长，而步战中所用的戈则相对较短。

那么，长戈究竟有多长呢？以战国时期的文献《考工记》为参照，"戈柲六尺有六寸"为标准的长度描述，若按照一尺大约20厘米换算，则戈的长度应在1.3米左右。然而，在实际的考古发掘中，戈的长度并不局限于这一标准尺寸。例如，在河北行唐故郡遗址的4号车马坑中，就出土了两支分别长达3.6米和3.66米的长戈。

在作战中，长柄戈通常被战士双手握持使用；而短柄戈则需要与盾牌配合使用，一手持戈，一手持盾。

综上所述，可以大致总结出戈的尺寸变化规律：在殷商时期，士兵们所使用的戈多为短戈；到了周朝，戈的长度主要以中短戈为主，尺寸在两米左右，既适用于步兵也适用于车战；而到了东周时期，则出现了长达3米以上的长戈，这种长度的戈显然需要双手把持，且主要应用于车战之中。

三、戈是如何杀敌的

古代将戈、戟这类武器统称为句兵，它们通常具备勾、啄、推三种杀敌方式。具体而言，勾杀是指利用戈的下援部分进行勾击；啄杀则是用戈的前锋进行刺杀；推杀则是借助戈的上援部分进行击杀。

锦纹青铜戈

战国楚国，湖南省长沙市出土，藏于中国国家博物馆。此戈长24厘米，援身略上扬，背微鼓起，呈长弧状。直内，尾端向下弯成钩状。胡上有三个长条形穿，上阑处有一个三角形穿，内上还有一个长条形穿。

青铜戈

藏于中国国家博物馆。此戈通长23.5厘米，援似舌形，末下端稍延展，内上有銎。

在商代早期，青铜戈尚未具备"胡"这一结构，因此在作战时主要依赖其啄击和推击的功能，而缺乏勾杀的能力。随着战争的演变和技术的发展，商代晚期至西周时期的青铜戈逐渐开始向拥有"胡"和多"穿"的方向发展。这一变化不仅增强了勾杀动作的杀伤力，还有效降低了勾杀过程中戈头脱落的风险。到了东周时期，这种造型特征变得更为显著。

自此以后，戈的造型基本定型。一把发展成熟的青铜戈，其戈头援的上下两面都装有刃部，便于进行推钩攻击；同时，援的前端依然保持着啄杀的功能。随着这些造型上的改进，戈在战场上逐渐展现出其无与伦比的完美性能。

四、戈的消亡

关于戈为何逐渐退出历史舞台，存在多种观点，而以下两种说法较为引人关注。

（一）被铁戟取而代之

一种观点认为，戈的衰落始于战国末期。随着冶炼和锻造技术的飞速进步，铁制冷兵器开始大量涌现，并逐步取代青铜兵器的地位。铁戟，这一结合了戈与矛各自优点的武器，展现出了更为卓越的作战性能，它逐渐取代了青铜戈的位置。到了西汉时期，戈已基本退出战场，仅作为祭祀庆典中的礼器偶尔现身。

（二）战车的衰落带走了长戈

另一种观点则强调战车消亡对长戈的影响。随着战车被轻骑兵所取代，骑兵作战更倾向于使用矛或戟这类具有突刺功能的武器。相比之下，长戈原本主要配备于战车上，其功能相对单一，主要限于啄击和劈砍，并不适合骑兵作战。因此，长戈逐渐被矛、戟等武器所替代。

可以说，戈几乎是为车战量身打造的兵器。然而，随着车战的衰败，戈也随之一同被淘汰出局，成为历史长河中的一段辉煌记忆。

三戈青铜戟

战国曾国，1978年湖北省随州市曾都区擂鼓墩1号墓出土，藏于中国国家博物馆。该戟长3.43米，是一种矛和戈合体安装在长木柄上的兵器，集勾、刺、啄、割几种功能于一体。戟是我国古代一种先进的长柄兵器，可以作为步兵、骑兵、舟兵等多个兵种的装备，杀伤力大。

嵌绿松石铜内戈

商代晚期，藏于上海博物馆。此戈内部（即柄部）由青铜制成，上嵌绿松石，规格较高，为王室仪仗器。

总结一下

戈作为我国最古老的冷兵器之一，具有独特的历史地位。它前半生在战场上英勇厮杀，后半生则作为礼器陪伴王侯将相。然而，戈也难逃时代变革的命运，逐渐被戟等更先进的武器所取代，但这些都无法抹去戈在中国历史上对社会和军事的重大影响，以及它曾经作为贵族专属武器的尊贵地位。

第六节

流传至今的神奇武器：弓箭

提及中国古代历史上被誉为"神射手"的人物，大家耳熟能详的或许有"羿射九日"的后羿、"辕门射戟"的吕布，以及"一箭双雕"的长孙晟等。然而，若要论及真实历史上的第一神射手，春秋时期楚庄王麾下的大将养繇基（亦称养由基）无疑是当仁不让的人选。

养繇基的一生与弓箭紧密相连，成语"百步穿杨"和"百发百中"便是用来形容他精湛的箭术。遗憾的是，这位箭术超群的大将因形势判断失误，最终被吴国军队围困，死于乱箭之中。临终前，他还感叹道："吴人也精于车战啊！"可以说，养繇基的生命与弓箭息息相关，他因箭而生，因箭而名，最终也因箭而陨。

本节将通过弓、箭、弩三部分内容，探讨弓箭这一在中国古代横行数千年的远程武器。

一、弓：蒙昧时代的利器

弓，作为一种古老的弹射武器，主要由弓臂和弓弦两大核心部分组成。其工作原理在于，通过拉弦张弓的过程积聚力量，并在瞬间释放这股力量，从而将弓弦上的箭或弹丸射出。值得注意的是，早期的弓并不仅限于射出箭矢，弹丸同样是其发射的对象。

（一）直弓和弯弓

从大类上划分，弓可以分为"直弓"（亦称直拉弓）与"弯弓"（亦称反曲弓）两种。直弓的制作相对简单，它采用笔直的木材或竹片作为弓臂，安装弓弦后便可制成。弯弓则是在原本已有一定弯度的材料基础上，再向相反方向进行弯曲，并装上弓弦，以此方式来增强弓的弹性。

早期的弓多为直弓形式，这种弓对材料的要求相对宽松，结构简洁明了。使用者可以随意拉拽，上箭迅速，发射同样快捷。然而，直弓的缺点也十分明显：为了增加射程，使用者必须加大拉弓的幅度，而这也意味着需要付出更大的力量。

弯弓的设计特点是其上下两端向弓的主体呈相反方向弯曲，这样的结构使得拉力曲线更为平均，使用者在拉弓过程中不会感到越来越费力。此外，弯弓还具备更大的整体杀伤性。基于这些优势，直弓逐渐被淘汰，弯弓成为更受欢迎的选择。

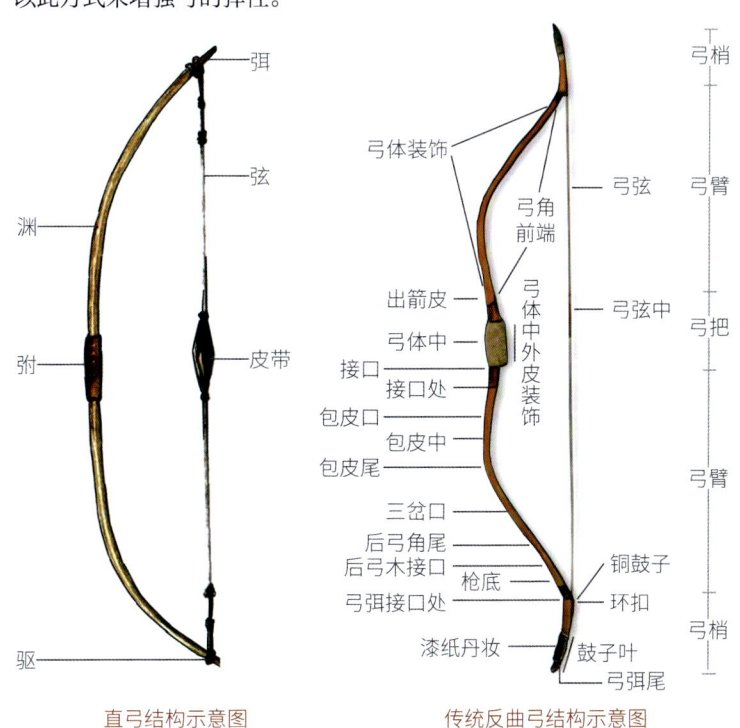

直弓结构示意图

传统反曲弓结构示意图

相较于之前提及的由单一材料制成的直弓和弯弓，后来人们又发明了采用动物角、骨或竹子等多种材料复合制成的"复合弓"。这种弓的特点在于其弹性极佳，因此威力也极为强大。然而，复合弓的制作过程相对复杂烦琐，这是一个不容忽视的缺点。

乾隆皇帝一箭双鹿图（局部）

藏于故宫博物院。图绘乾隆皇帝骑马射鹿，而且一箭击中双鹿的场景。此图不仅显示出乾隆皇帝娴熟的马上骑射技术，而且也显示了他所使用的御用弓具有优良的品质。乾隆皇帝对弓的材质、工艺、性能等有着极高的要求，其所用的弓有数十张之多，多为木胎，外面固以牛角筋胶，内面贴桦皮，中加暖木为弓把，弦为鹿皮制，弹力大且耐用。

此外，使用者通常会根据自己的实际需求来选择合适的弓。例如，步兵更倾向于选择与身高相当的长弓，以便在战场上能够实现更远的射程和发挥更大的威力；而骑兵则多数选用短弓，以便于在马背上灵活操作，同时确保足够的机动性和射击速度。

（二）弓的起源

弓是人类为了狩猎而创造的远程武器。弓的发明具有极其重要的意义，它标志着人类已经掌握了通过机械方式储存能量的技术。这是人类经验和智慧的结晶，正如恩格斯在《家庭、私有制和国家的起源》一书中所言："弓、弦、箭是极为复杂的工具，它们的发明需要长期积累的经验和相对发达的智力，同时也意味着对其他许多发明的熟悉和掌握。"

从甲骨文的记载中，我们可以推测最早的弓可能是由单根竹木弯曲而成，因为"弓"这个字的造字本意正是描绘了利用有弹性的弯弓和丝弦射箭的场景。而上古传说中的黄帝时期，距今已有五千年之久，那时弓箭就已经出现，并且在战场上成为获胜的重要武器之一。不过，由于弓的主要材料竹子和木材极易腐蚀，所以上古时期未经技术处理的木弓很难在数千年的岁月中保存至今。

《易传》中提到，古时的圣王利用韦弦（可能是指用来捆绑和固定弓弦的皮革或绳索）牵引木材，使其弯曲制成弓，同时将树枝削尖制成箭。有了弓箭这种利器，便能威服天下。这足以彰显弓箭在战争中的巨大助力和对敌人的强大威慑力。自此以后，人们在战

弓是象形字。甲骨文字形，有两道弧的线条表示弓背，较直的线条是弓弦。后省去弓弦，只剩下弓背，隶变后成为如今的"弓"字。

场上使用的不再仅仅是简单的弓箭,而是开启了其在冷兵器时代长达几千年的统治篇章。

除了文字记载和传说,实际出土的文物也为我们提供了众多弓箭的实例。目前已知出土的最早木弓是在浙江跨湖桥遗址发现的一把漆弓,其残长121厘米,弓身细圆且弓柎完整。这把弓采用韧性良好的桑木边材制作,弓身表面还涂有生漆。经过碳14等科学方法的测定,该弓的年代距今约为7000至8000年。

二、箭:武器与艺术的结合

弓箭,顾名思义,既包含弓也包含箭。在古代,箭被称为"矢",其结构主要由箭镞、箭杆、箭羽和箭栝四个关键部分组成。

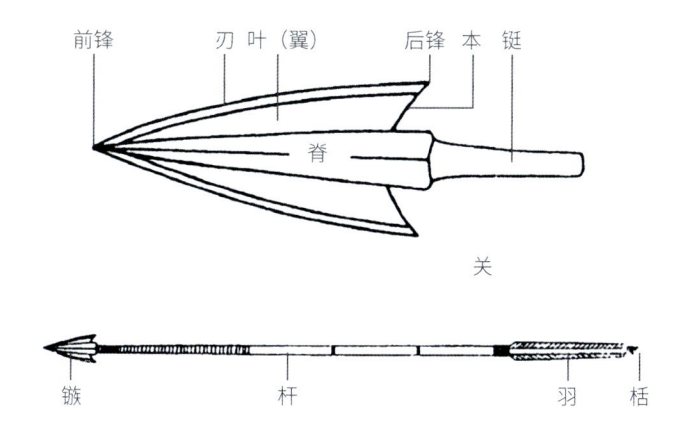

箭、箭镞各部位名称

箭镞位于箭的前端,它锋利且带有刃口,专门用于射击目标。箭镞的样式多样,包括三菱形、三角形、圆锥形等。箭杆,通常是由木材或竹子制成,它嵌于箭镞之下,起到支撑弓弦和承受力量的作用。箭羽,一般由飞禽的羽毛精心制作,被巧妙地夹在箭杆的尾端,以确保箭在飞行过程中能够保持稳定。箭栝,则是箭末端用于扣弦的部位。

(一)箭镞:承担杀伤任务

在整个箭矢结构中,箭镞承担着至关重要的杀伤任务。值得注意的是,尽管木弓难以在时间的流逝中保存下来,但箭镞由于采用了石、骨、贝、金属等耐腐材料制作,为我们提供了考证和推断人类最早使用弓箭时间的机会。1963年,在山西朔县的旧石器时期峙峪遗址中,考古人员发掘了用燧石精心打造的箭镞,这是迄今为止发现的最早使用弓箭的证据,其时间可追溯至距今2.8万年。

由此可以推断，箭矢的起源可以追溯到原始社会的石器时代。在那个时代，人类将石片、骨头或贝类磨制得锋利无比，然后安装在箭杆上射出，以此对动物或敌人进行杀伤。

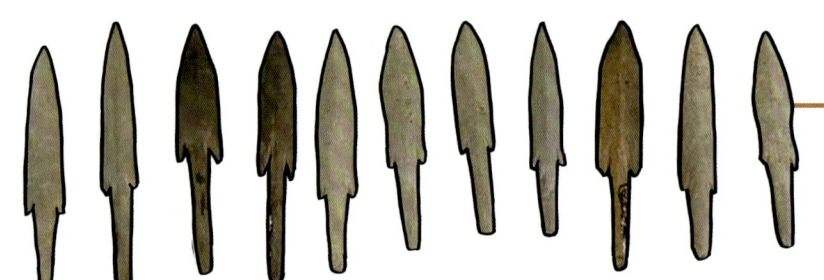

燕尾形原始石镞

吉林博物馆藏。出土于吉林省吉林市西团山文化遗址，这是一处距今三千年的青铜器时代的原始社会文化遗址。

商周时期，青铜制作技术得到发展，相较于原始的石箭头，青铜箭头更为坚硬耐用，所以青铜箭头逐渐取代了石箭头，成为当时主要的箭头类型。

到了东汉时期，冶铁技术有了显著提升，铁的生产效率大幅提高，且铁的性能在某些方面优于青铜，铁箭头得以量产。凭借着产量和性能上的优势，铁箭头逐渐取代了青铜箭头，成为制作箭头的主要材料。

在战车盛行之前，箭头的样式相对固定，普遍采用凸脊扁体双翼的青铜镞设计。这些箭镞的箭翼上常常会增设倒钩或血槽，其目的在于增加箭镞射入目标体内后的拔出难度，并加速失血过程，从而迅速削弱目标的战斗力。

矢镞

春秋后期，藏于故宫博物院。此箭镞长 7.5 厘米，宽 2.2 厘米，重 0.0185 千克，锐锋，两翼张开，翼端呈收削之势。

春秋时期各诸侯国混战，战争规模不断扩大，战车被广泛应用于战场，防护装备也迎来了升级。这导致原本广泛使用的凸脊扁体双翼青铜镞在穿透性方面受到了严峻考验。为了适应战场的新需求，各国都开始研发新武器，最终发明了三棱锥体箭头。

青铜箭镞

秦代，藏于秦始皇帝陵博物院。秦兵马俑坑出土的箭镞约有 4 万件，大体可分为小型和大型铜镞两类。大型铜镞铤（dìng，指箭头装入箭杆的部分）较长，镞首特别大，呈三棱锥形，铤呈圆柱形。小型铜镞数量最多，镞首呈三棱形，铤为圆形后接三棱形。所有镞首和铤都接铸为一体，茬口清晰。

这种箭镞制作流程简便，铁体结构坚固，簇锋异常锐利，因此具有极强的穿透力。尤为值得一提的是，其整体设计近似流线型，使得箭在飞行过程中所受阻力极小，方向性极佳，从而确保了箭矢射出后的稳定性和准确性。同时，它还兼具强大的杀伤性能，在当时备受推崇。进入战国末期，三棱箭逐渐取代了其他类型的箭，成为战场上的主流箭型。

（二）箭羽：决定箭矢的飞行

箭矢的飞行速度与准确性，在很大程度上取决于其尾部的箭羽配置。如果箭羽过多，会增加飞行时的空气阻力，导致飞行速度减缓，射程缩短；反之，箭羽过少，则无法为箭矢提供足够的稳定性，进而影响其射击目标的准确性。因此，古人在制作箭矢时，对箭羽的选择及数量的搭配都有着严格而细致的规定。

铁镞白挡索伦长鈚（pī）箭

清乾隆时期，藏于故宫博物院。铁镞通长99厘米，形态呈直锐状。采用杨木制作箭杆，未做装饰，杆首位置饰黑桃皮，尾部配有黑雕羽。

在材质选择上，箭羽以雕翎为最佳，其质地坚韧且轻盈，能够显著提升箭矢的飞行性能；其次是鹰羽和鸱鸮羽，它们同样具备良好的飞行稳定性；而雁鹅羽则被视为较差的选择，因为其质地相对较软，对箭矢飞行性能的提升有限。

（三）古人对射箭技艺的追求

在春秋时期，"射"不仅是一项杀敌卫国的重要技能，更是一种修身养性的体育活动，因而被纳入"六艺"体系之中。

在"六艺"中，对"射"的学习要求极为严格，考核项目包含"白矢、参连、剡注、襄尺、井仪"。关于这五项考核的具体方式，后世存在不同的解读。这里我们参考明代李呈芬在《射经》中的描述。

"白矢"要求拉弓时必须拉满，箭头需接近托弓手的手指部位，以此训练开弓的臂力。

"参连"则是持箭连射的技巧，即在第一箭射出后，夹于三指之间的后三箭要相继快速射出，以此锻炼发射的速度。

"剡注"强调的是瞄准的精确度，箭矢入靶时，箭羽颈部应高于箭头，使箭镞以水平方向穿透靶心，以此训练射力的猛锐和穿透力。

"襄尺"则是关注拉弓的姿势，拉弓时手臂需保持直曲如"襄尺"（一种量具，形容手臂弯曲的程度），拉弓的臂要保持水平，以此确保发射的平稳度。

"井仪"则是对射箭准确度的极高要求，要求弓拉满呈圆形，连射四箭皆中靶心，且四箭在靶上形成"井"字形状，以此训练射箭的精准度。

若以上述的"五射"为考核标准，再加上之前提及的驾车"五御"，不难看出，能通过当年"六艺"考核的人，无疑是具备全面才能和卓越品质的优秀人才。

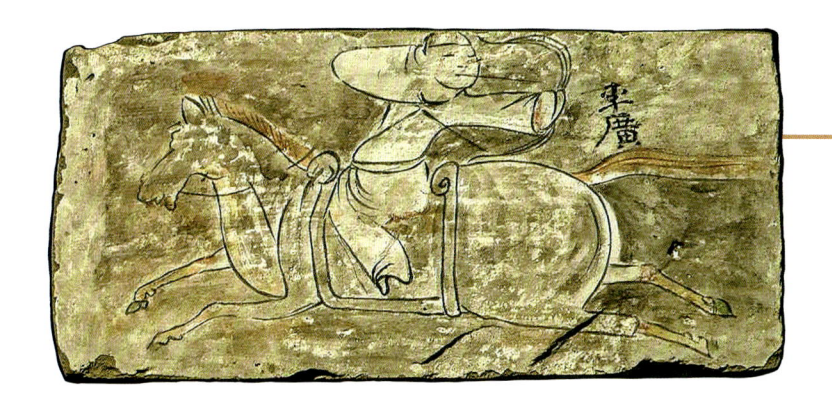

李广画像砖

魏晋时期，1992年甘肃省敦煌市佛爷庙湾村晋墓出土，甘肃省敦煌市博物馆藏。西周礼制规定，男子15岁就要开始习射，成年后要按不同等级，在不同的场所继续练习射箭。

三、弩：冷兵器时代的王者

为何将弩置于最后讨论？原因在于，古人视弩为弓的终极演变形态，一种配备托柄与"延时发射机制"的弓。

在冷兵器时代，弩是极具威慑力的远程利器，其威力究竟有多大？

战国初期，齐魏交战，齐军依军师孙膑之计，以减灶之法诱使魏军统帅庞涓轻敌深入，待其被困马陵山地，齐军伏兵"万弩齐发"，一举全歼魏军。由此可见，弩在战争中一旦集中使用，能瞬间改变战局，其威力不容小觑。

（一）弩的结构

弩主要由弩弓、弩臂和弩机三部分构成。弩弓横装于弩臂前端，弩机则位于弩臂后端。其中，弩臂负责承托弓身与撑紧弓弦，而弩机则负责扣弦与发射。使用时，士兵可手持弩臂，扣动弩机发出箭矢。

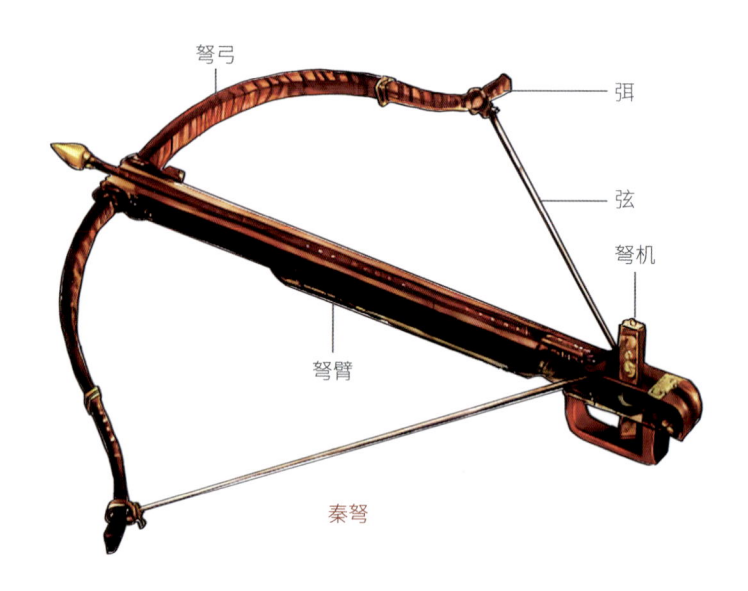

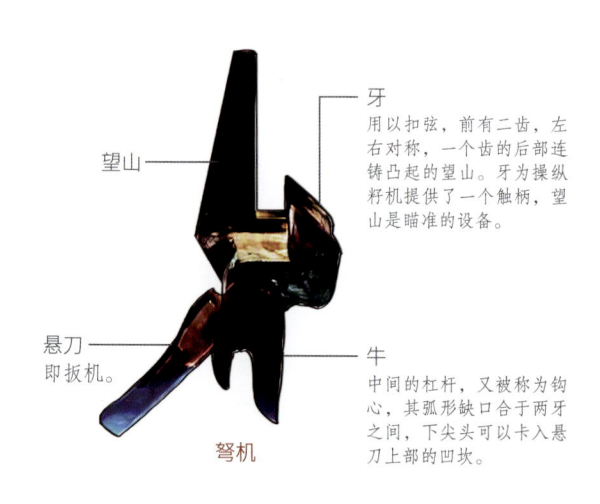

秦弩

弩弓 — 弭 — 弦 — 弩机 — 弩臂

弩机

望山

牙
用以扣弦，前有二齿，左右对称，一个齿的后部连铸凸起的望山。牙为操纵籽机提供了一个触柄，望山是瞄准的设备。

悬刀
即扳机。

牛
中间的杠杆，又被称为钩心，其弧形缺口合于两牙之间，下尖头可以卡入悬刀上部的凹坎。

（二）弩和弓的区别

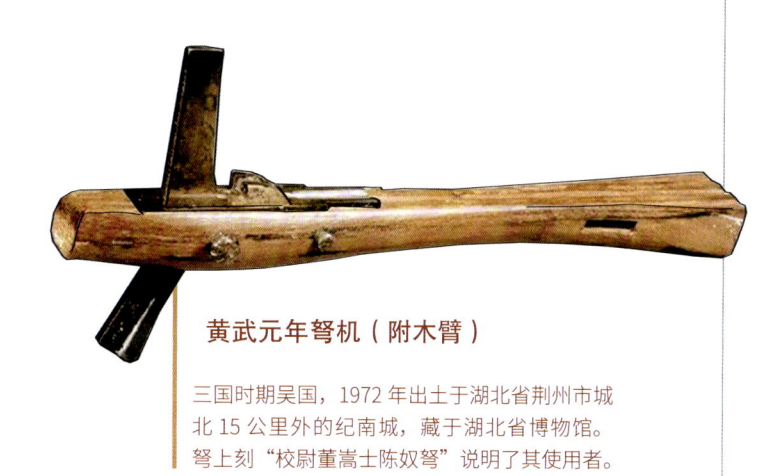

弩与弓的发射原理相通，均是从储能至放能的过程，但二者差异显著。

首先，使用方式不同，弓为竖持，弩则横用。

其次，拉弓仅凭人力，若使用者臂力有限，难以长时间保持张弓状态。因此，使用时需快速瞄准，尽早放箭。同时，弓的强度受限于人力，故射程有限，且无法一次发射多箭。而弩则不同，其弦管置于牙上，不扳动机牙则弦不收、箭不发，因此可延时发射。这不仅提供了充足的瞄准时间，等待最佳时机，还能让众人同时对目标进行齐射，从而将兵器的威力发挥到极致。此外，弩除了依靠人力，还可借助全身力量，如脚蹬、腰引，甚至安装绞车，集合多人之力张弩，这使弩的射程更远、威力更大。

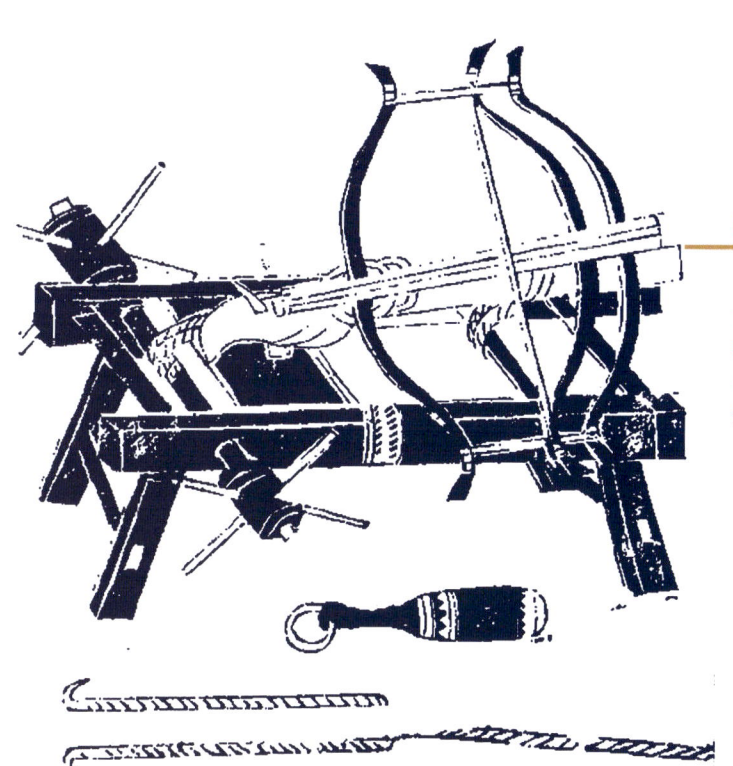

黄武元年弩机（附木臂）

三国时期吴国，1972 年出土于湖北省荆州市城北 15 公里外的纪南城，藏于湖北省博物馆。弩上刻"校尉董嵩士陈奴弩"说明了其使用者。

床弩

《武经总要》里的床弩插图。床弩又称床子弩，最早出现于战国时期，是把普通弩大型化，装在发射台或车辆上。床弩的主要使用目的是攻城。

然而，作为弓的升级版，弩亦有其缺陷：弩的体型笨重，拉弓费力，有时需膝盖、腰、脚或机械辅助才能完成。因此，射击前需要较长的准备时间。

（三）弩取代战车的原因

从春秋至战国早期，战车一直是军队的主力。战车冲锋时气势凶猛，然而它目标过于明显，行进的灵活性也很差。在这个阶段，若仅是战车上双方弩手使用轻磅弩对射，尚有准备时间，且箭矢相对容易抵挡。但至战国中后期，各国开始为步兵配备重磅强弩，步兵弩手机动性强，可以迅速变换位置。相比之下，战车目标大、灵活性差，很容易成为被攻击的对象。即便战车上使用强弩，亦难敌步骑兵整体灵活的作战方式，战车因此被逐渐淘汰。

青铜弩机

三国时期魏国，藏于中国国家博物馆。弩是战国以来广泛使用的发箭兵器，弩机是弩的机发部件。最迟在正始年间（240-249 年），曹魏的弩开始由尚方官署的中、左两个尚方分别承制。

（四）弩被火器取代的原因

火器的出现，给弩带来了巨大冲击。火器与弩在用途上存在相似之处，当二者同样处于单发射击且射速不高的状况时，火器子弹所展现出的破坏力与杀伤力要远远强于弩箭。哪怕是威力巨大的床弩，与碗口铳、轻型火炮相比，也显得脆弱不堪。正因如此，弩被火器取代成为历史的必然。

> **总结一下**
>
> 弓与弩皆是冷兵器时代的强大利器，然而随着热兵器时代的到来，它们的战斗力明显跟不上时代需求，最终共同走向了消亡的命运。

建筑：

诗意栖息

SHI YI QI XI

捌

第一节
中国古建筑屋顶的样式

如果将一座房子比作一个人，那么屋顶就如同帽子或冠冕。帽子起初的功能仅是遮阳避雨，随后逐渐演变为时尚配饰和身份的标志；同样，屋顶设计的初衷是为人们提供庇护，但随着时间的推移，它增添了装饰性功能，并逐步成为等级制度的象征。这一转变是如何逐步形成的呢？

一、屋顶就是一座房子的脸面

屋顶的搭建在整个房屋建设的过程中是最为复杂且精细的，古人常常会投入大量精力，只为打造一个完美的屋顶。中国古建筑多以木材为主要材料，在尺寸运用上受到诸多限制。因此，在追求房屋内部空间宽敞的同时，屋顶便成为合理增大建筑整体空间体积的唯一途径。

角楼

故宫的角楼，其功能为守望和防卫紫禁城。但其闻名于世，却是因其繁复、精致的建造结构，以及无与伦比的美感，标志着我国明、清时期木构建筑的结构技术和造型艺术达到了极高的水平，堪称中国古建的美学高地。仔细分析，角楼主体可看作由两个垂直相交的歇山顶组成的方亭子，屋顶两端的三角形山花板面向四周，称为"四面显山"，意思是把歇山的山花面显在檐面位置，向四面亮出。角楼中间"方亭子"的四面各有一个重檐歇山抱厦，主体建筑的两层尾檐与抱厦的上下两重檐连在一起，共同构成了美丽动人的建筑形象。

那么，为何人们不选择将房子建得更高呢？这依然与木结构有关。一方面，高层建筑需要考虑防火问题；另一方面，楼层过高会大大增加材料的消耗。相比之下，通过巧妙的屋顶构造来扩展建筑物的"形态"和"体量"，无疑是一个更为明智的选择。

在中国古代社会，礼制文化渗透于社会生活的方方面面。随着建筑技艺的不断发展，礼制观念也逐渐融入建筑领域。屋顶，作为房屋中最显著、最引人注目的部分，其形制开始与礼制紧密相连，进而成为权力与地位的象征。

二、屋顶样式的等级及成因

以清代建筑为例，屋顶的样式被精心地划分为四个等级，这些等级不仅体现了建筑的功能与用途，还深刻地反映了当时社会的等级制度和审美观念。

（一）庑殿顶

庑（wǔ）殿顶，这种屋顶样式专用于重要的佛殿及皇宫的主殿之上，其他官府及普通民众均不得使用。庑殿顶的历史相当悠久，早在殷商的甲骨文、周朝的青铜器、汉朝的画像石和明器，以及北朝的石窟中，都可以发现庑殿顶的存在。

那么，"庑"究竟是什么呢？据文献记载，在高台基址上，围绕中心院落连续建造的房屋所形成的内向空间，就被称为"庑"。庑殿顶的殿宇平面通常呈矩形，其面宽往往大于进深。在前后两坡相交之处形成正脊，而左右两坡则各有四条垂脊，它们分别交会于正脊的一端。因此，庑殿顶也被称为"五脊殿"。

庑殿顶的典型代表，是位于紫禁城核心位置的太和殿。

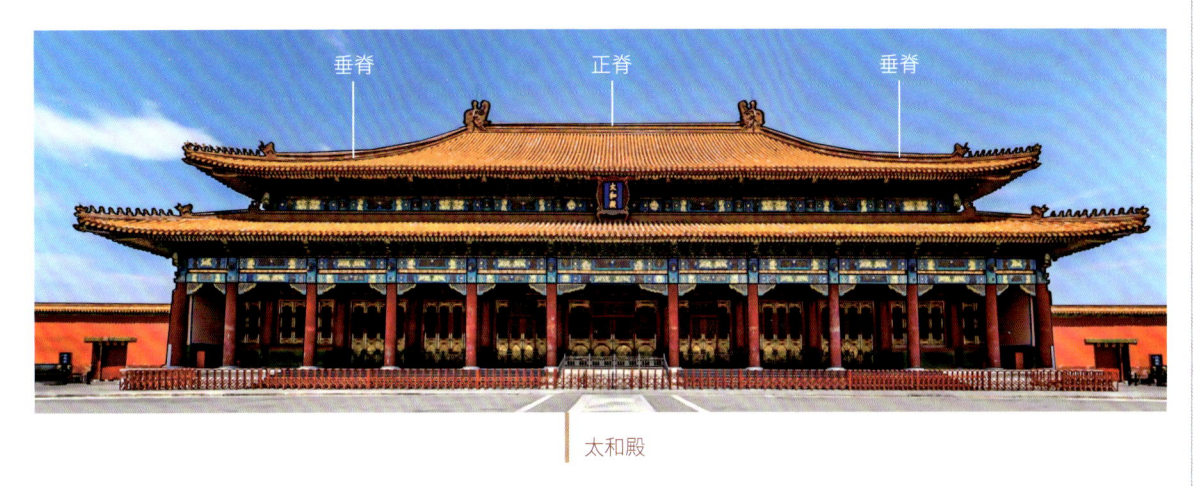

垂脊　正脊　垂脊

太和殿

（二）歇山顶

歇山顶，这一屋顶样式广泛应用于宫殿、园林及坛庙式建筑中。歇山顶亦被称作九脊殿，原因在于其结构包括一条正脊、四条垂脊和四条戗脊，总计九条脊。这一设计最早见于汉代石阙上的石刻，随后在汉代的明器，以及北朝石窟的壁画上也能觅得歇山顶的身影。

现存最古老的歇山式建筑，是位于五台山的唐代南禅寺大殿。

至于"歇山顶"这一名称的由来，流传着一个饶有趣味的说法：观察歇山顶的结构，其正脊两端在延伸至屋檐的过程中，仿佛在中途"折断"了一次，分别形成了垂脊和戗脊。这就好似一个人攀登歇山顶这座"山"，行至半途感到疲惫，于是稍作休息，恢复精力后，再一鼓作气攀至山顶。因此，人们形象地将其命名为歇山顶。

南禅寺大殿

位于山西省五台县城西南22千米的李家庄。该建筑始建年代不详，重建于唐建中三年（782年），是保存较为完整的木结构大殿。1961年3月4日，南禅寺大殿被正式列为第一批全国重点文物保护单位。

南禅寺大殿修缮后的立面图。

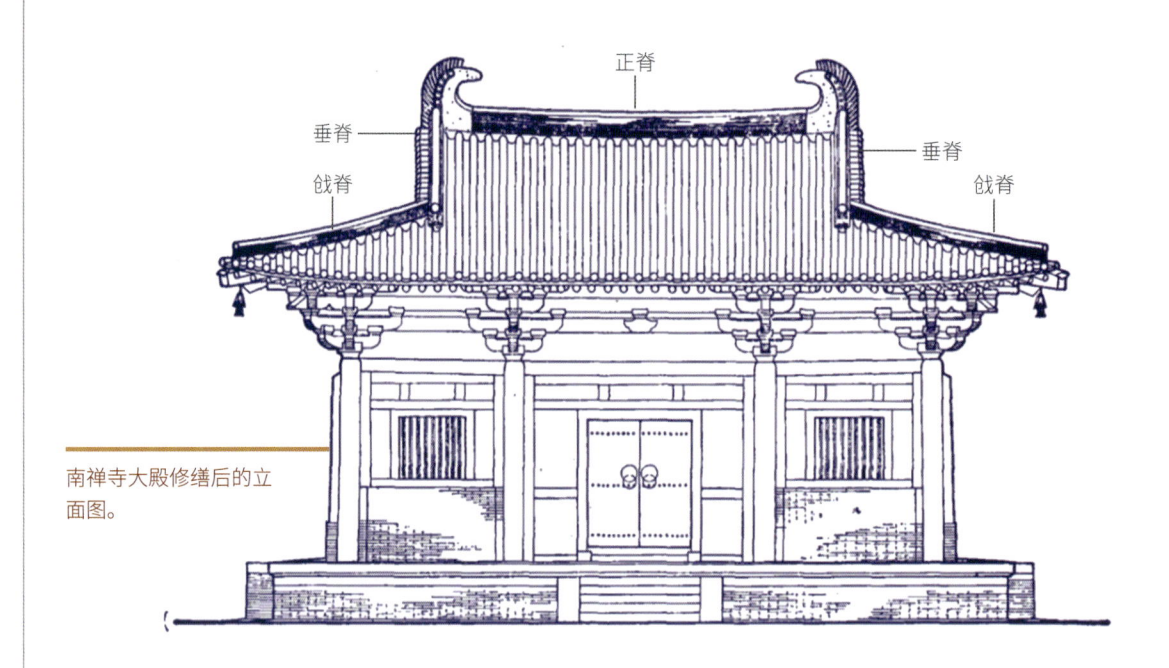

在明清时期，苏州园林中亭子的建造就广泛采用了歇山顶的造型。例如，拙政园、留园、沧浪亭、怡园等园林中的很多亭子，便是歇山顶形制的典型代表。

值得一提的是，庑殿顶和歇山顶还存在重檐与单檐的区分。若将这一因素纳入考量，屋顶样式的等级排序应为：重檐庑殿顶、重檐歇山顶、单檐庑殿顶、单檐歇山顶。

（三）悬山顶

悬山顶，这种屋顶样式主要应用于民居建筑中。悬山顶同样拥有一条正脊和四条垂脊，其最显著的特征是除了前后檐，房屋的两端还延伸出与前后檐尺寸相当的屋檐。这样一来，房屋左右两侧的屋顶仿佛悬挂在山墙之外，因此得名"悬山顶"。这一独特造型的最大优势在于其出色的防雨功能，尤其适合雨水充沛的南方地区。

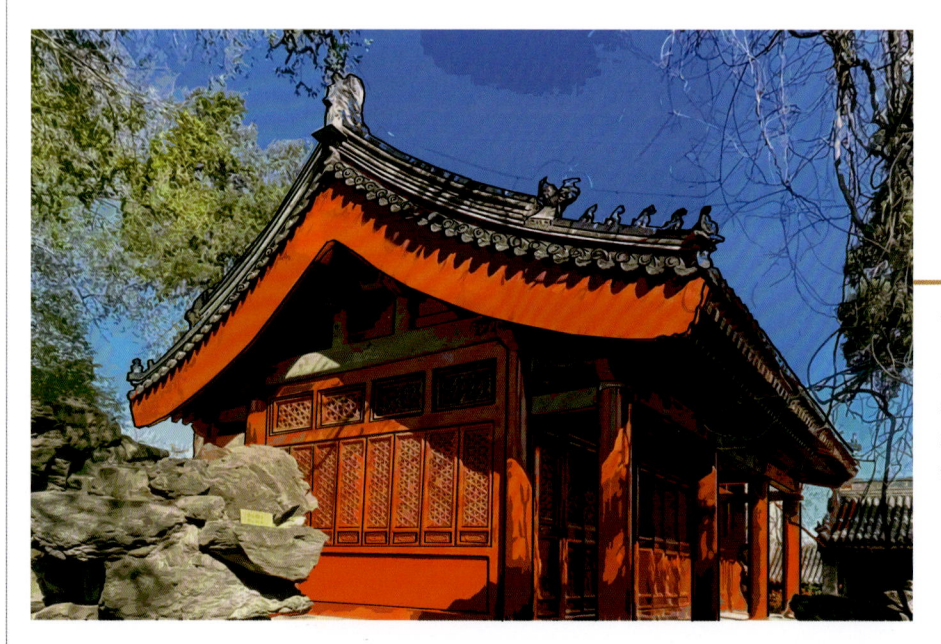

北京海淀区万寿寺内悬山顶建筑。万寿寺始建于明代万历年间，1894年重修，1985年辟为北京艺术博物馆并对外开放。

（四）硬山顶

根据清朝的制度，六品以下的官吏及平民的住宅正堂，只允许使用悬山顶或硬山顶。硬山顶与悬山顶的主要区别在于其左右两侧屋顶并不伸出山墙之外，而是与山墙同宽。

为何会出现这样的差异呢？有一种观点认为，在明清时期，砖石材料在房屋建造中被广泛运用，这使得防水问题变得不再那么突出。相比之下，硬山顶在防风和防火方面更具优势。因此，在北方地区，民居多采用硬山顶样式，而在南方，由于雨水较多，民居则更倾向于使用悬山顶。

广缘寺西配殿的硬山顶

广缘寺位于承德避暑山庄东北的普佑寺东侧，建于乾隆四十五年（1780年）。该寺由普宁寺堪布喇嘛查鲁克集资敕准建设，以表示对皇帝的敬诚。乾隆皇帝御题"广缘寺"。

当然，中国古建筑的屋顶样式远不止上述四种。

例如，攒尖顶，这一样式可见于天坛祈年殿的屋顶，以及众多亭子、阁楼和塔刹之上，其形状如同斗笠一般。

再如穹窿顶，常见于清真寺的天房和蒙古包之中，呈现出圆润的穹顶形态。

还有卷棚顶，亦被称作元宝顶，其造型独特，宛如薯片中的大波浪卷，颇为美观。

天坛祈年殿立在三重汉白玉石台基之上，屋顶为三重圆攒尖，象征天圆之形。

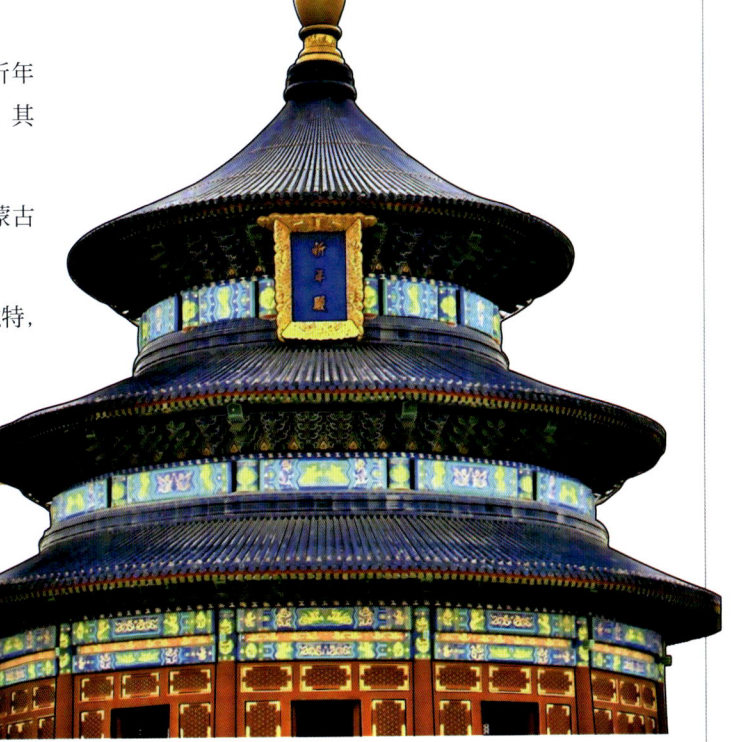

三、屋顶上的怪兽

北方的朋友们或许都听过"五脊六兽"这个词,它常用来形容一个人闲得难受。比如,老舍先生在《四世同堂》中就曾写道:"这些矛盾在他心中乱碰,使他一天到晚地五脊六兽的不大好过。"显然,这里是将名词"五脊六兽"当作了形容词使用,寓意是那些被称为"五脊六兽"的存在因为闲得难受,所以被借用来形容这种状态。

那么,"五脊六兽"究竟是什么呢?它实际上指的是中国宫殿式建筑屋顶上的五条脊上所装饰的六只兽。传统观念中,人们觉得这些兽类一年到头,无论刮风下雨,都只是无所事事地"傻坐"在屋脊上。然而,事实果真如此吗?或许它们有着我们未曾了解的忙碌与职责,只是我们没能察觉罢了。

太和殿是紫禁城内体量最大、等级最高的建筑物,建筑规制之高,装饰手法之精,堪列中国古代建筑之首。其上为重檐庑殿顶,垂脊安放 10 个走兽,数量之多在现存古建筑中实属罕见。

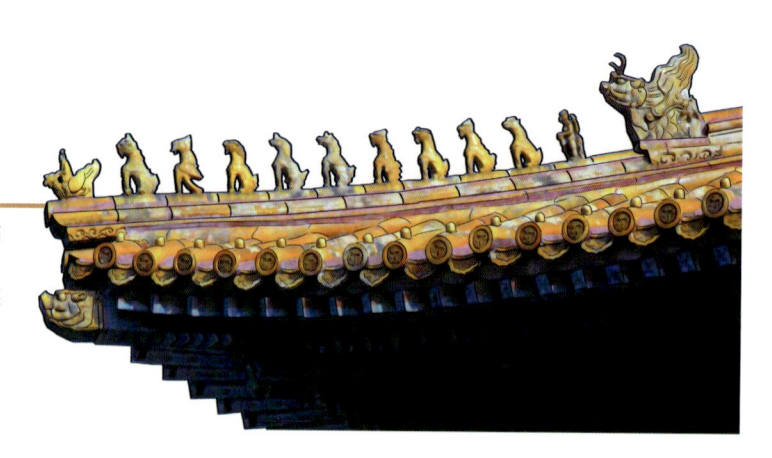

我们先来探究一下"五脊六兽"的真实身份。所谓"五脊",指的是一条正脊,以及围绕其四周的四条垂脊。而"六兽"则包括位于正脊两端的鸱吻(也称为螭吻),以及在四条垂脊上各安置的一只兽,共计六只。

(一)选择鸱吻的原因

让我们来探究一下,为何古代建筑会选择鸱吻这一造型呢?鸱吻究竟承载着哪些作用?

其实,它的作用主要有两方面:首先,鸱吻巧妙地衔接了殿顶的正脊与垂脊,起到加固结构的作用;其次,它能够有效防止雨水渗漏。

至于鸱吻的寓意,众所周知,龙生九子,各具特色。在关于"九子"的一种说法中,鸱吻排行老九,它有两个独特的喜好:一是喜欢在险峻之处四处张望,二是喜爱吞火。相传,在汉武帝时期,宫殿频繁发生火灾,术士便建议汉武帝在正脊上安置两个鸱吻以镇火,于是,正脊两端便出现了鸱吻的造型。

太和殿屋顶上的鸱吻,高 3.4 米、重约 4300 千克。

此外,如果我们仔细观察,会发现鸱吻的背后往往插着一把宝剑。据说,晋代道士许逊,作为"四大天师"之一,为了防止鸱吻逃跑,便将宝剑插在了它的背上。还有传说称,妖魔鬼怪极为惧怕许逊的这把扇形剑,将其置于鸱吻身上可以辟邪保平安。总而言之,鸱吻自此被牢牢地"钉"在了屋脊上,专业地扮演着"消防员"的角色。

（二）细数太和殿上的十个脊兽

让我们一同细数太和殿檐角上那排蹲踞的脊兽，看看能否辨认出这十位神态各异的瑞兽究竟是何方神圣。

民间流传着这样一个顺口溜，将它们的排列顺序描绘得清楚明白："一龙二凤三狮子，海马天马六狎（xiá）鱼，狻猊（suān ní）獬豸（xiè zhì）九斗牛，最后行什像个猴。"

太和殿的脊兽配置突破了传统建筑中常见的"五脊六兽"规制，更超越了象征至尊的"九兽"之数。这些承载着深厚文化意蕴的脊兽，每一尊都暗含独特的祥瑞寓意。接下来，就让我们逐一揭开它们的神秘面纱。

殿脊最前端引领群兽的，是一位骑凤的仙人。关于仙人的身份有这样一种传说：他是战国时期的齐国国君齐湣王。在一次战败后，他被敌兵紧追至江边，危急时刻，一只巨凤飞来，湣王跨凤凌波，成功脱险。因此，将骑凤仙人置于脊兽之首，寄寓着遇事能够化险为夷、永保平安的美好祈愿。

紧随着骑凤仙人的，是三位大家耳熟能详的神兽：

第一位是龙，它象征着帝王，也寓意着携水镇火。

第二位是凤，代表皇后，是祥瑞的象征，预示着天下太平。

第三位狮子，它是"猛"和"仁"的化身。

第四位海马，它象征忠勇吉祥，无论入海入渊都能逢凶化吉。

第五位天马，它傲视群雄、气势磅礴，寓意着开拓疆土。

第六位狎鱼，它是海里的一种异兽，能喷出水柱，象征兴风作雨、灭火防火。

第七位狻猊，古籍中记载它是形似狮子的猛兽，凶猛得可以吃掉老虎、豹子。它喜好焰火，因此常被装饰在香炉上，寓意护佑平安。

第八位獬豸，它拥有高智慧，懂人言、知人性，善于辨别是非曲直。力大无比的它，常被古代法官戴在帽子上，象征公正无私、压邪避凶。

一　　　二　　　三

四　　　五　　　六

七　　　八

第九位是斗牛，它是传说中的虬龙，无角，与狎鱼作用相似。古时曾在水患之地用它来镇水，因此它也被称为镇水兽。将其放在殿脊上，具有镇邪、护宅的作用。

最后一位是行什，它因排行第十而得名。这是一种有翅膀、长着猴脸的压尾兽，其手里拿着金刚杵，能够降魔除妖。此外，它外形很像传说中的雷公或雷震子，所以放在屋顶，还有防雷的寓意。

九　　　　十

在明清时期的建筑中，脊兽的数量通常遵循奇数原则，其数目会根据建筑的等级进行增减，且最多不超过九尊。然而，太和殿却是个例外，它拥有十个脊兽。这是为何呢？据说，在康熙三十四年（1695年）重建太和殿时，所用的筒瓦与明代的琉璃瓦大小不同，如果仍按原样安装九只跑兽，会导致后端出现空缺。工匠们遂增置一尊瑞兽填补空缺，此兽因无古例可循，便以"行什"为名，即暗合"十全十美"之吉兆，又成就了中国古建史上独一无二的十兽规制。

（三）脊兽的实用功能

脊兽不仅承载着吉祥的寓意，更具备着实用的功能。

实际上，屋脊上最前端的瓦片需要承受来自上方整条垂脊瓦片的巨大压力，若缺乏保护措施，这些瓦片极易滑落或被风吹落。因此，人们采用了钉子进行固定，并在钉头处加装钉帽。随着工匠们对钉帽进行艺术加工，逐渐衍生出形态各异的动物造型。

这些本为加固瓦件而设的钉帽装饰，经匠人妙手点化，竟蜕变为"将笨拙构件化作建筑华冠"的点睛之笔。它们既承载着稳固屋脊的实用功能，更作为封建等级制度的外化象征，为巍峨殿宇注入灵动生机，终成中华古建艺术中兼具力学智慧与美学意蕴的独特创造。

> **总结一下**
>
> 屋脊兽对建筑物具有三大重要作用：一是加固和保护屋顶结构；二是避邪、镇邪，寓意吉祥；三是装饰美化建筑外观。

第二节

藻井：中国古建中最绚烂的天空

藻井，这一方寸之间的建筑构件，实乃凝聚着千年匠心的智慧结晶。它既是力学与美学的精妙平衡，更是传统营造技艺的巅峰之作，将实用功能与艺术造诣熔铸一体，令人叹为观止。本节将深入解析这一古建奇珍——藻井。

建筑：诗意栖息 捌

滕王阁九重天圆拱形藻井，24组斗拱由大到小，由下至上，共12层，按螺旋形排列，取意一年12个月、24个节气。凝神仰视，藻井仿佛在不断旋转，不断变化，给人以时空无限之感。

一、藻井的奥秘

藻井，简而言之，即古代建筑中的天花板设计。因中国古代建筑多选用木质材料，防火成为一大挑战。古人巧妙地于天花板上开凿形似"井"的开口，并雕刻荷、菱、莲等水生植物图案，既取其"藻"字之意，又寓意以"水"克"火"，此即藻井名称的由来。

"井"在此不仅指水井，还暗指二十八星宿中的东井，主水象，进一步强化防火的象征意义。

北京隆福寺毗卢殿的明间藻井，现存于北京先农坛。这是一具八边形藻井，内部由两个四边形旋转隔成多个区域，井心为八边形内嵌圆形。正中是由一整块金丝楠木精雕而成的盘龙，体态生动，形象逼真，周围祥云环绕，跃跃欲飞。

然而，从实际的建筑物理特性分析，藻井位于屋内最高处，通风良好，其周围围护结构如墙壁、门窗及屋顶陶瓦，实则构成了一个类似"炉膛"的空间，对防火并无实质帮助。因此，藻井的防火寓意，与屋脊上的鸱吻相似，更多是一种精神寄托。

藻井的原始功能在于遮蔽建筑屋顶复杂的木架结构，但中国古代工匠并未止步于实用层面，而是巧妙地将结构遮蔽升华为艺术创造，通过精巧设计将功能需求、视觉美学完美统一，将藻井打造成为精美的艺术品。

此外，藻井位于室内最高点，所以其承载了"天"的意象。其层叠向上的构造暗合"天人合一"的宇宙观，藻井中央的明镜、彩绘或浮雕，常饰以日月星辰、云气龙纹，将华夏民族对苍穹的敬畏与礼赞，凝练成可触可感的建筑结晶。

二、藻井的起源和历史

据考证，"藻井"一词最早见于汉代辞赋，如《西京赋》中描述："蒂倒茄于藻井，披红葩之狎猎。"李善注引《鲁灵光殿赋》并解释："藻井当栋中，交木如井、画以藻纹，缀其根井中，其华下垂，故云倒也。"

故宫寿康宫正殿藻井，龙衔轩辕镜。

自北魏时期起，藻井的设计已被应用于云冈石窟与龙门石窟的顶部装饰。现存最早的木制藻井实物，位于天津市蓟州区独乐寺观音阁内，该藻井建造于984年，其精巧的设计与彩绘纹样，彰显了中国藻井艺术悠久的历史与精湛的工艺。

天津市独乐寺观音阁上的藻井是目前国内保存最好的藻井，为后人研究其造型结构提供了珍贵的实物参考。

到了清朝时期，藻井的中心部位频繁出现龙的图案，人们索性将藻井直接称为"龙井"，这一称呼既形象又富有文化意味。

三、藻井的使用阶层

藻井并非所有等级的建筑都可随意使用。一旦藻井与"天""龙"等尊贵意象相关联，它便成为最尊贵建筑的专属装饰，常见于宫殿、寺庙中的宝座或佛坛上方。据史料记载，早在唐代，已有明确规定限制藻井的使用范围，《唐会要·舆服上》中载明："王公已下，舍屋不得施重栱藻井。"

这种严格的等级规制，倒逼出藻井营造技艺的极致追求。古代匠人运用榫卯结构与斗拱技法，将木构件层层累叠，在有限空间内创造出向上延伸的视觉奇观，既恪守建筑规制，又通过精密计算达成力学平衡，使繁复构件在穹顶之下浑然一体，彰显高超的建筑艺术水平。

四、藻井的类型

藻井形制丰富多样，各具美学特质。

圆形藻井，以其绚丽的色彩和精美的造型，极具观赏价值。

四方形藻井，通过增加纹样的多层次变化，丰富了藻井的视觉效果。

八卦形藻井，采用八边对称布局，以多层叠涩手法增强空间纵深感，更显庄重。

椭圆螺旋形藻井，凭借构件的交错叠加，从下到上逐渐收缩，形成独特的螺旋形态。

山西芮城，永乐宫三清殿内的八卦藻井。

五、敦煌的藻井艺术

敦煌堪称藻井艺术的巅峰殿堂，现存400余顶形态各异的藻井。这些藻井"穹然高耸，形如伞盖"，于莫高窟静谧的洞窟中营造出高远深邃的空间意境。仰望莫高窟的藻井时，飞天莲花、双龙戏珠等纹样与井心倒垂的莲瓣纹交织，层叠斗拱间流淌着斑斓彩绘，仿佛能引领今人穿越千年与工匠对话，感受其"庄重秩序与灵动浪漫并存"的艺术匠心。

初唐，敦煌莫高窟第329窟莲花飞天藻井。莲花飞天藻井是莫高窟华丽的藻井图案之一，其中心绘莲花，花蕊面为放射波状五色转轮。四身持花飞天，在蓝天中，乘流动彩云，环绕莲花飞旋，形成和谐的律动感。

六、藻井的其他功能

藻井不仅具备艺术美感，还拥有一定的实用功能。以戏台上的藻井为例，其设计多样，有的层层叠落，有的盘旋上升，展现出独特的艺术魅力。藻井的中心常镶嵌有镜子，四周则雕刻得极为华丽，进一步提升了其观赏性。

绍兴舜王庙，主体建筑由山门、戏楼、大殿、后殿组成，两旁为东西看楼，后为配殿。戏台顶部的鸡笼顶藻井设计，包含着声学原理，台上演员唱出的声音经螺旋形藻井的旋转，转出和声，产生共鸣，既有扩音的效果，又能将声音传播得很远，展现了古代建筑设计中蕴含的智慧和科学思想。

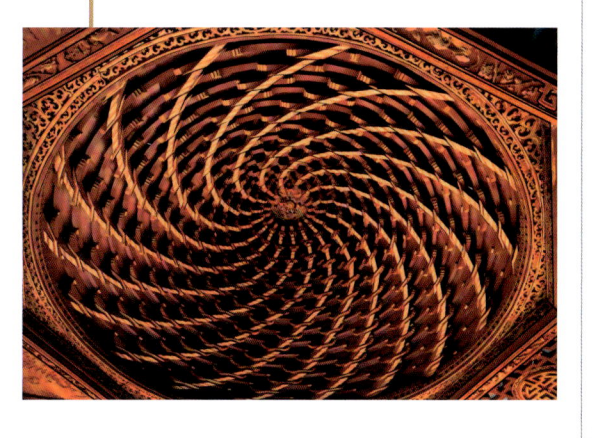

藻井的实用功能同样不容忽视。由于藻井呈半圆形结构，这一设计对声音起到了很好的聚拢作用。因此，在南方地区，戏台使用藻井的现象非常普遍，旨在增强音响效果，提升观众的听觉体验。

在了解了本节关于藻井的内容后，我们日后在参观宫殿、石窟等古建筑时，应不忘抬头仰望那些璀璨夺目的藻井。它们不仅是建筑艺术中不可多得的瑰宝，更是承载着深厚历史文化底蕴的珍贵遗产。

第三节

琉璃：构筑宛若天堂的美景

在南京博物院珍藏着一座大报恩寺的琉璃塔拱门，它是明代皇家寺庙建筑的杰出代表，而寺中的琉璃塔更是被誉为中世纪七大奇观之一。通过这座拱门，我们不难想象当年琉璃塔的辉煌与壮观。然而，一系列疑问也随之而来：琉璃究竟为何物？琉璃瓦何以变得五彩斑斓？又为何在清代以后逐渐消失了呢？

一、流光溢彩的琉璃从何而来

琉璃并非自然界之物，而是人造的水晶。它与陶、瓷相似，皆需经过高温烧制而成，最终呈现出晶莹剔透、色彩缤纷的特质。

追溯琉璃的起源，它最初不过是冶炼青铜器时产生的边角废料。那么，为何它能拥有"琉璃"这样美妙的名字呢？

据传，范蠡在督办越王勾践的王者之剑时，在冶炼的废料中偶然发现了琉璃。因其色泽艳丽，范蠡便将其献给越王。越王手持琉璃，询问其名称，范蠡坦言不知。越王便决定为这宝石命名，既然是由范蠡献上，便称之为"蠡"。随后，越王将这颗宝石赏赐给了范蠡。范蠡得到琉璃后，认为它应被珍视并利用，于是将其制成首饰赠予西施。然而后来越国战败，为求复国，西施深明大义请缨入吴国，与范蠡分别之际，心中悲痛难抑，泪水滴落在首饰上，化作点点流光溢彩。于是，这颗原本被勾践称为"蠡"的宝石，因融合了西施的泪水，被世人称为"流蠡"。随着时间的推移，"蠡"字书写不便，人们便将其简化为"琉璃"，这一名称也流传至今。

琉璃这个词，无论是其音韵之美、字形之雅，还是字意之深，都堪称实物命名的典范。然而，关于范蠡与琉璃的传说，尽管流传甚广，却终究只是传说而已。据考，"琉璃"一词源自古印度梵语，随佛教东传而入华夏，本指以石英砂为胎、经烈火淬炼而成的人造宝石，其色若虹霓凝滞，质如冰晶透光，虽与天然蓝宝石形貌相近，实则暗含匠人巧夺天工之智。

琉璃球

战国，河南博物院藏。琉璃球直径5.9厘米，一颗球上有大且多个圆目眼珠纹，以蓝、白色居多，类似于蜻蜓的复眼，因此也被称为"蜻蜓眼"琉璃球。该琉璃球的样式明显与我国的传统风格迥异，应是经过某种交流往来而从异域传入中国。

二、琉璃瓦的诞生

在中国古代，屋顶大多采用瓦片搭建，其中平民百姓的房屋多以陶瓦为主。然而，陶瓦的色彩朴素低调，难以满足人们对于美观与实用的双重追求。于是，人们开始尝试在陶瓦上施加釉料以增强其装饰效果。

到了北魏时期，琉璃釉瓦，即我们所说的琉璃瓦应运而生。琉璃瓦表面光洁如新，且工整度极高，尤其是华丽的色泽与独特的工艺，使其自然而然地成为皇家建筑的必选材料。

琉璃龙吻建筑构件

藏于故宫博物院。此琉璃构件以蓝、黄、绿三色为主,龙头前伸似在张望,龙尾翘起,身躯婉曲,四足踩踏在波涛之上。龙吻也称大吻,是置放在宫殿屋顶正脊之上、封固正脊前后两坡及山面一坡交汇点的建筑构件,既有稳定结构、防止漏水的实用功能,又有美观好看的装饰作用。

三、琉璃瓦颜色的寓意

在中国的颜色文化中,各种色彩承载着不同的意义与等级划分。琉璃瓦,作为古代建筑的重要元素,其主要颜色有三种:黄色、蓝色和绿色。

黄色琉璃瓦由氧化铁釉料烧制而成,它代表着至高无上的地位,是皇室的专用色,象征着皇帝位居天下之中,以厚德载物。

绿色琉璃瓦,源自氧化铜釉料的烧制,代表着春天的色彩,寓意万物复苏,给人以无限的希望。例如,故宫东部的南三所,其绿顶建筑虽位置不显,却居住着皇子,象征着皇子如同茁壮成长的树木,代表着皇室的绵延不绝。

黄色琉璃瓦的大量使用,让故宫显得金光闪闪、富丽堂皇。

南三所位于紫禁城东部,屋顶多覆绿琉璃瓦,皇子在此居住。依封建礼制,南三所建筑的屋顶皆为单檐硬山顶或歇山顶,形制较皇帝所用的殿宇等级稍逊。

蓝色琉璃瓦,则是氧化钴釉料的杰作,它代表着天空的颜色,因此仅在祭天场所如北京天坛使用。

此外,还有黑色的琉璃瓦,它通常在特殊场合使用。按照五行学说,北方属水,配以黑色,因此故宫的藏书楼——文渊阁,其屋顶便采用了黑色琉璃瓦,寓意以水克火,保护珍贵的书籍。在庙宇中,配房也常使用黑色瓦面,代表着居住者身份较低。

文渊阁是紫禁城中最大的一座皇家藏书楼,在建设时,选用黑色琉璃瓦为顶,绿色琉璃瓦剪边,紫色琉璃龙起伏其间,再镶以白色线条的花琉璃,寓意黑色主水,以水压火,以保藏书楼的安全。

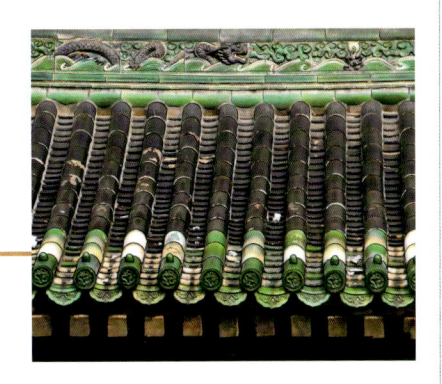

关于琉璃瓦的使用权限，明清两代确有明文规定：仅限皇家建筑使用，严禁官民私自采用。彼时琉璃烧制工艺复杂，造价高昂，非寻常百姓所能承担。即便有富户心存僭越，亦多因律法森严而却步，故民间建筑罕见琉璃瓦踪迹。

第四节

秦汉时期盛极一时的瓦当纹

许多生活在现代都市的读者，或许对"瓦当"这一古物已感到陌生。但提及"秦砖汉瓦"，大家必定耳熟能详，这一说法正是对秦汉时期砖瓦技艺高度发达的赞誉。那么，秦汉时期的砖瓦为何能如此精湛？又为何后来逐渐衰落了呢？

一、屋檐下的瓦当

《辞海》中对于"当"的解释为："当，底也，瓦覆檐际者，正当众瓦之底，又节比于檐端，瓦瓦相盾，故有当名"。指的是屋顶上筒瓦一块接一块覆盖时，位于最前端、起到领头作用的瓦片。这片瓦因处于众瓦之底，且因其特殊的位置，即屋檐的最前端，与其他瓦片相互衔接，如同盾牌般保护着下方的瓦片，故得名为"瓦当"。

瓦当形态多样，既有圆润的圆形，也有优雅的半圆形，而它们大多数都装饰着精美的纹饰。这些纹饰题材广泛，涵盖了四神、翼虎、鸟兽、昆虫、植物、云纹、文字以及云与字、云与动物的组合等，每一时期的风格都独树一帜，精彩纷呈。

和"瓦当"对应的结构叫作"滴水"，指的是覆盖建筑檐头板瓦（即滴水瓦）前端的遮挡，呈下垂状。板瓦和筒瓦互相扣合，既能起到遮掩房顶的作用，又能使雨水顺着瓦件流淌下来，避免向屋内渗入。

二、瓦当的起源

考古资料显示，瓦当的历史可追溯至西周中晚期。目前已知中国最早的瓦当出土于陕西宝鸡市扶风、岐山一带的周原遗址，这里是西周的摇篮与早期都城所在地。这些早期的瓦当多为素面半圆形，偶有重环纹装饰。

树、双马纹瓦当，齐文化博物院馆藏。

步入春秋时期，瓦当的纹饰逐渐丰富，绳纹、素面占据主流，同时也不乏少量图案瓦当的出现。至战国时代，七雄并立，各国瓦当呈现出鲜明的地方特色，但图像瓦当已成为主流。例如，燕国的瓦当上饕餮纹、兽纹、云山纹、卷云纹栩栩如生；齐鲁之地则以树木纹、动物纹见长；而秦国的瓦当上，鹿纹、虎纹、豹纹等动物形象栩栩如生，展现了各地独特的文化与艺术风格。

三、瓦当发展的鼎盛时期

当我们追溯历史至秦汉时期，不难发现，这一时期瓦当纹饰艺术迎来了前所未有的大发展，这背后蕴含着深刻的历史动因与社会变迁。那么，究竟是什么因素促使秦汉时期的瓦当纹如此繁荣兴盛呢？

（一）城市建设的热潮

秦统一六国后，全国各地掀起了一股城市建设的热潮。随着高台宫室的盛行，砖瓦作为重要的建筑材料得到了广泛应用。据司马迁在《史记·秦始皇本纪》中的记载："秦每破诸侯，写放其宫室，作之咸阳北阪上，南临渭，自雍门以东至泾渭，殿屋复道周阁相属。"描绘了当时咸阳建筑群的壮观景象。

汉朝继承并发展了秦朝建筑的形制，长乐宫、未央宫、建章宫等四十余座宫殿相继建成，使得关中地区的豪华建筑达到了巅峰状态。

在秦汉建筑高度发达的历史背景下，瓦当工艺也迎来了鼎盛时期，瓦当图案的艺术性达到了前所未有的高度。

随着时间的推移，建筑形式发生了显著变化，小巧玲珑的建筑风格逐渐取代了过去的雄伟壮丽之态，这使得瓦片在建筑中的应用空间受到了限制，瓦当的使用也因此而减少。但不可否认的是，秦汉时期的城市建设浪潮为瓦当纹的大规模发展提供了强有力的推动作用。

大瓦当

秦代，陕西省西安市临潼区秦始皇陵区采集，现藏于中国国家博物馆。此瓦当直径约40厘米，背有残筒，瓦面纹饰遒劲有力，极富装饰效果。瓦当体积硕大，被称为"瓦当王"，据此可推想秦始皇陵园建筑的规模和宏伟气魄。

（二）工艺技术的进步

秦砖汉瓦之所以广为人知，不仅因为它们在历史上的重要地位，更因为秦汉时期的瓦当制作工艺十分精湛。

在这一时期，最引人注目的瓦当纹样莫过于"四神瓦当"。所谓"四神"，即传统文化中象征四方和季节的四大神兽——左青龙、右白虎、南朱雀、北玄武。这些瓦当不仅在图案设计上匠心独运，而且在尺寸规格上也遵循着严格的标准。它们就像一枚枚精致的徽章，又似一种独特的身份标识，不仅装饰着建筑，更象征着房屋主人的尊贵身份与显赫地位。

汉代人深信四神与天地万物、阴阳五德之间存在着紧密的关联，认为它们具有护佑四方的神奇力量。因此，人们将四神的形象精心刻画于瓦当之上，并将这些瓦当铺设于皇城或宗庙建筑群四周的城墙与门阙之上，以期借助四神的神力守护一方平安。

青龙 　　　　　　　白虎

四神瓦当

藏于西安秦砖汉瓦博物馆。四神兽瓦当构图饱满得当，造型夸张，气势磅礴，雍容堂皇。时至今日，但凡在建筑设计中使用四兽形象，都无法摆脱汉代瓦当神兽造型的影响。

朱雀　　　　　　　玄武

（三）艺术的独特赋能

古代的瓦当图案，其创作过程凝聚着匠人的智慧与心血。工匠们首先手绘出图案的雏形，随后进行印版制作、精细雕刻，再经过烧制，最终成形。这一过程确保了每块瓦当都独具特色，其形状丰富多样，展现了匠人精湛的技艺与无限的创意。

文字瓦当

汉代，西安秦砖汉瓦博物馆藏。瓦当上书：延寿万岁常与天久长。

更令人惊叹的是，瓦当上的文字大多出自书法家之手，这使得瓦当不仅具有实用性，更蕴含了深厚的文化内涵与审美价值。因此，我们不难理解为何古代的瓦当如此精美绝伦，那是因为古人将丰富的历史人文内涵与独特的审美情趣巧妙地融合在了瓦当的方寸之间，赋予了它们无尽的艺术魅力。

四、秦砖汉瓦的文化象征

秦砖汉瓦这一术语，并非字面意义上的"秦代的砖，汉代的瓦"，而是广泛指代秦汉时期所特有的青砖与古瓦。这些砖瓦不仅是建筑材料，更是那个时代的文化符号。

《资治通鉴》记载：公元前199年，汉高祖刘邦在平定叛乱后返回长安，发现丞相萧何已着手建造了宏伟壮丽的未央宫。刘邦初时大怒，质疑在天下未定之时建造如此奢华的宫殿是否过于奢侈。然而，萧何以"非壮丽无以重威"为由进行辩解，认为天子应以四海为家，宫室的壮丽方能彰显天子的威严，并让后世无法超越。刘邦听后，怒气消散，转而赞同。这一历史事件不仅展现了秦汉时期对于建筑壮丽性的追求，也深刻反映了当时的社会思想与审美观念。

可以说，正是"非壮丽无以重威"的营造思想，推动了秦砖汉瓦的繁荣与发展，使其与新石器时期的彩陶、夏商周时期的青铜器、隋唐时期的三彩、宋元明清时期的瓷器一道，共同构成了中华文明不同历史阶段独具魅力的文化象征。这些文化瑰宝，不仅印证了华夏文明的博大精深，更彰显了其源远流长的历史底蕴。

第五节
古代尊称与建筑的文化渊源

2021年，《中国京剧》杂志上曾发表了一篇纠错文章。文章指出，在名剧《谢瑶环》中，有一幕是武则天命内侍传旨宣谢瑶环上殿，而内侍在台上却喊道："陛下有旨，谢瑶环上殿呐。"作者认为，此处的"陛下"使用不当，应改为："皇上（或万岁）有旨，某某某上殿呐！"

为何会如此呢？作者进一步解释，"陛下"是臣民在与皇帝当面交谈时使用的尊称，相当于普通百姓所说的"你"或"您"，属于第二人称。而若仅是转述皇帝的旨意，则应使用第三人称，如"皇帝"或"万岁"。

本节就来梳理几个词语："陛下""殿下"和"阁下"，看看其出处与用法。此外，探讨这些尊称中为何要加入"下"字，探究这背后的缘由。

一、"陛下"实则呼唤的是台阶下的侍者

"陛",即台阶,也称作楼梯。在古代,台阶不仅是一个普通的建筑元素,它还承载着身份等级的象征意义。

首先,在古代台阶的每层高度和宽度都有严格的规定。例如,清代的《工部工程做法则例》中便有相关记载:"其宽自八寸五分至一尺为定,厚以四寸至五寸为定。"详细说明了台阶的宽度和厚度的标准。此外,台阶的高低取决于基座的高低,基座越高,台阶就越多。在同一建筑群中,主次建筑之间的台阶高度也有显著差异,等级高的建筑必然表现得"高高在上"。后来,"阶级"这个词逐渐演变成表示人们不同身份的专用名词。

那么,台阶都有哪些样式呢?从简单到复杂,有如意踏跺、垂带踏跺、连三踏跺和御路踏跺。本节主要讲解与"陛下"相关的"御路踏跺"。

最高级别的御路踏跺仅用于宫殿建筑或寺庙中。它的基本样式是在垂带踏跺中间加一块石板,石板上雕刻着山河云龙纹等图案,象征着皇家的权威。这块石板可以被视为皇家专用的"地毯"。

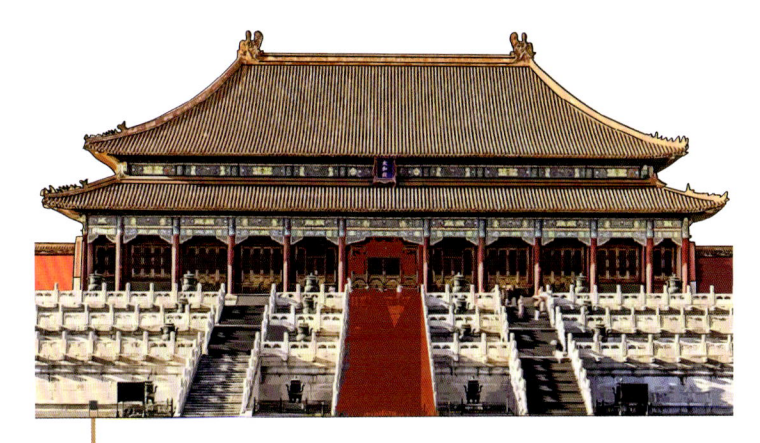

故宫太和殿前的御路踏跺(图中红色标注部分)。

御路踏跺采用丹陛石,石头上刻山河云龙纹等图案。

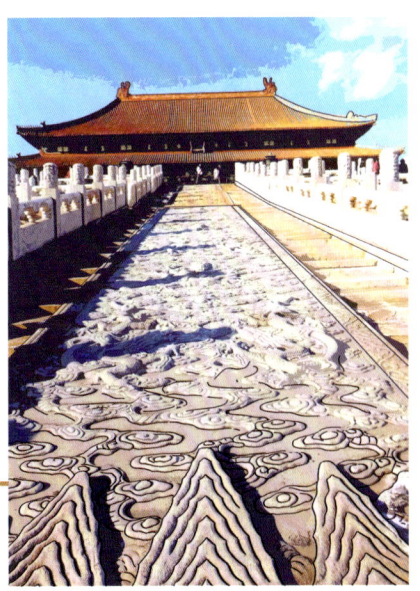

那么,"陛下"究竟是什么意思呢?这里的"陛"指的是帝王宫殿的台阶。在封建王朝中,皇帝拥有至高无上的权利,臣子不能直接与其交谈。同时,皇帝也担心会被乱臣贼子谋害。因此,如果臣子想要与皇帝交谈,只能通过皇帝的近臣代为转告。刚开始时,喊一声"陛下",其实是在呼唤站在台阶下的侍者,即"陛下之人",而不是皇帝本人。久而久之,"陛下"就演变为对皇帝的尊称。

史籍中记载,"陛下"这个称呼早在秦代就已经开始使用。例如,《史记·秦始皇本纪》中就写道:"今陛下兴义兵,诛残贼,平定天下"。

"陛下"一词中虽然使用了"下"字,但实际上这是一种尊称。这种表达方式有一个专门的术语叫作"以卑达尊"。简单来说,就是地位低的人在与地位高的人交谈时,不能直接称呼其名讳,而是通过称呼地位高者所处位置相关的特定称谓来间接指代对方,如"陛下"原指台阶,后借指站在台阶下的侍者转而指代帝王。

二、"殿下"并非太子专属名称

理解了"陛下"的含义后,对于"殿下"的理解也就变得容易了。

"殿下"一词的本义同样是宫殿的陛阶或殿阶以下。在汉代,天子被称为陛下,而对于地位稍低于天子的侯王,则被称为殿下。三国时期,皇太后也被尊称为殿下,如在《三国志》中就有记载,司马孚、司马懿、高柔、郑冲四人上书明元郭皇后时,文中便使用了"臣等伏唯殿下仁慈过隆"的表述。到了唐代,皇后和皇太后也都被称为殿下,这一用法在宋代叶梦得的《石林燕语》卷二中有明确记载:"唐初制令,惟皇太后、皇后,百官上疏称殿下,至今循用之。"

或许会有读者感到疑惑,印象中似乎只有"太子"才被称为殿下?这样的认知其实只适用于唐朝之后。宋代高承的《事物纪原》中提道:"汉以来,皇太子、诸王汉之前未有闻。唐初,百官于皇太后亦称之,百官及东宫官,对皇太子亦称之。今虽亲王亦避也。"这段话描述了"殿下"这一称谓从汉代到宋代的使用演变。

三、"阁下"同样源自以卑达尊

"阁"在古代指的是大臣的官署。秦朝时,位列三公的大臣才会设有阁,后来郡守官员因职位与三公相等,也得以设阁。因此,在古代书信中,尊称三公大臣、郡守等人时,便使用"阁下"一词。

如今,"阁下"一词虽不常见于日常交流,但在正式的外交场合中仍被广泛使用,如我们在称呼驻外大使时,会尊称其为"大使阁下"。

实际上,与"下"相关的词语并不止这三个,还有"足下",这是对上辈、同辈和晚辈的通用敬称;"节下",这是对高级武官的尊称;"麾下",则是对将帅的尊称。这些尊称都源于不便直呼其名而采用的避讳方法,后来逐渐演变为尊称,其寓意也大致相同:您在上,我在下,表达了对对方的尊敬与敬仰。

第六节
建筑中的"门当户对"

"门当户对"这一词汇在谈婚论嫁时屡见不鲜,意指双方门户相当、条件对等。该词最早见于元代剧作家王实甫的《西厢记》:"虽然不是门当户对,也强如陷入贼中。"也有人认为,"门当"与"户对"实则是装饰大门的两个具体物件。本节将深入探讨这两个物件的真实面貌,以及它们在历史上曾如此重要的原因。

需要特别指出的是,在建筑学专业领域,并没有"门当"与"户对"的专门术语,这里使用这两个称呼,仅是沿袭了大众的习惯性说法。

一、门当:彰显文武之风

大家是否听过这首童谣:"小胖子坐门墩儿,哭着喊着要媳妇儿"。这里的门墩儿,实际上指的是门枕石,即"门当"。它位于大门左右两侧,起到固定门框和两扇门板的作用,并兼具装饰效果。

常见的门当造型主要分为两种:一种是圆鼓形,抱鼓石便是这种门当类型;另一种是方形。这些门当上雕刻着丰富的纹饰,多采用浮雕技法,如"五福捧寿""狮子绣球""鹿鹤同春""岁寒三友""麟吐玉书"等,均为寓意吉祥的图案。

门当为什么会有圆形和方形的区别呢?这背后蕴含着特定的文化寓意。最初,鼓形的门当通常被安置在武官的府邸前,其圆润的形态象征着这家主人征战沙场的车轮,寓意着势如破竹、滚滚向前的英勇气势。而方形的"门当"则多见于文官的宅院,方形的设计既像印章,又仿佛秀才们赶考时背负的书箱,传递出方正、稳重的文人气质。这样的设计不仅美化了建筑外观,更成为区分文武官员身份的一种视觉标志。

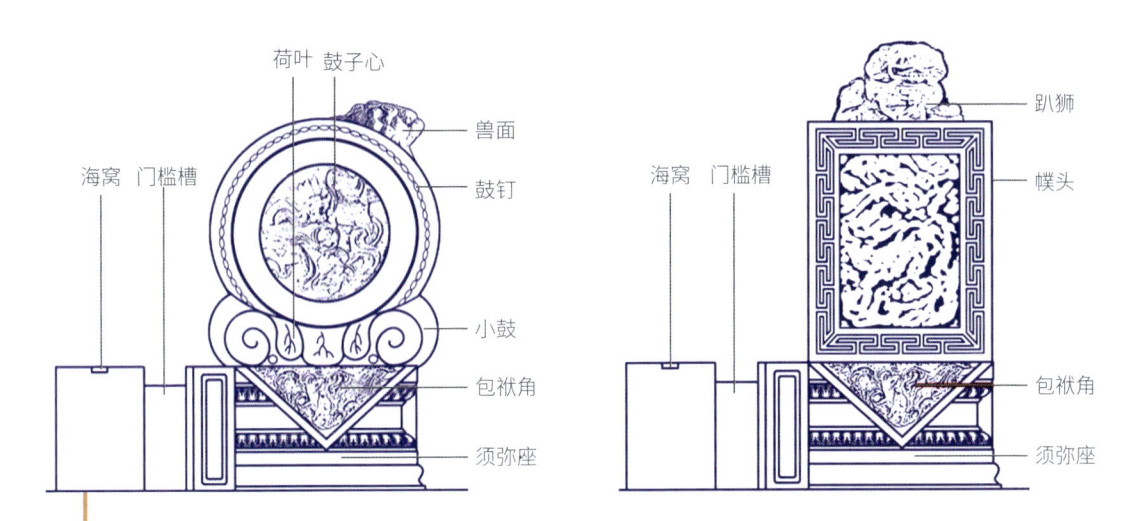

麒麟抱鼓石。

圆形门当(左)和方形门当(右)的结构。老北京门当可以分为皇家门当、文武门当、豪富门当、书香门第门当、店铺及民宅门当等。门当形式多样,根据特点大致可分几类,每一类别都有不同的作用,代表着房屋主人的身份和地位。例如,狮子形门当代表皇族;抱鼓形有狮子形门当代表高级武官;箱子形有狮子形门当代表高级文官;抱鼓形有兽吻头门当代表低级武官;箱子形有雕饰门当代表低级文官;箱子形无雕饰门当代表富豪;门枕石代表富家市民;门枕木代表普通市民。不过,随着年代的更迭,这样的分类也不是那么绝对了。

中国传统建筑讲究繁多,细节之处皆含深意。即便某些设计最初看似随意,但其中也往往蕴含着特定的意义,这些意义与建筑的整体理念存在紧密关联,和文化传统具有深厚渊源,与社会背景更是紧密相连。

抱鼓石形式的门当,作为家庭有功名的标志,最初仅被官宦人家使用。然而,在清代中后期,随着买官卖官现象的泛滥,一些富裕的商人通过财富获得了政治地位,抱鼓石也逐渐出现在平民建筑中。这是因为这些商人虽然出身非官宦,但凭借财富积累的政治资本,也开始追求象征身份和地位的抱鼓石装饰。

值得注意的是,抱鼓石整体呈现上圆下方的形态,这既是对"天圆地方"古老宇宙观的生动体现,又为其赋予更深厚的文化内涵。此外,官宦人家的深宅大院前放置抱鼓石,形如衙门门口的鼓,进一步彰显了官员的身份和权威。抱鼓石不仅外观美观大方，更承载着功勋和权力的象征意义。

清朝灭亡后，宅第等级限制随之瓦解，官僚、军阀、富商等在新建或改建宅院时不再受旧制度的约束。因此，数量众多的抱鼓石门墩得以保留至今，成为中国传统建筑中一道独特的风景线。

二、户对：门簪体现尊贵身份

"户对"指的是传统民居门楣上方或两侧的圆柱形、六角形等木雕或砖雕构件，这些构件的正式名称为门簪。门簪不仅具有功能性，能够加固联楹和中槛（即门楣），更重要的是它具有很强的装饰效果。门簪的簪头常雕刻有吉祥花纹，或是"富贵平安""吉祥如意"等寓意美好的文字，宛如"喜上眉梢"这一美好意象的实物展现。

沈阳故宫东大门上的八个门簪。

随着门簪逐渐成为固定的建筑装饰元素，阶级差别也随之显现。门簪的材质、雕刻工艺的精细程度，以及所承载的吉祥寓意，都成为衡量主人身份地位的重要标志。

三、大门：身份等级的显眼标志

作为"门当户对"中最为关键的元素，大门无疑是彰显身份等级的更为显眼的存在。

从大类来看，门主要分为屋宇式和墙垣式两种。屋宇式大门的建造方式与屋子相似，是一座完全独立的、形如方形盒子的单体建筑。而墙垣式大门则相对简单，没有梁柱支撑，只是在门扉两侧砌起墙跺，并在顶上加盖瓦脊，因此也被称为"随墙门"。接下来，我们就以屋宇式大门为例，深入探讨一下它是如何将人们划分为不同等级的。

在屋宇式大门中，按照等级从高到低依次为：王府大门、广亮大门、金柱大门、蛮子门和如意门。

（一）等级最高的王府大门

王府大门是皇室宗亲才能使用的尊贵之门，通常有五间三开门和三间一开门两种规格，门上装饰有门钉，门前常设有威风凛凛的石狮子，并配有与大门相呼应的影壁。以著名的恭王府大门为例，它坐落在王府宅院的中轴线上，气势恢宏。

恭王府大门全景图（上）和正面照（下）。恭王府是清代规模最大的一座王府，曾先后作为和珅、庆王永璘的宅邸。清咸丰元年（1851年）恭亲王奕䜣成为宅子的主人，恭王府的名称也因此得来。恭王府历经清王朝由鼎盛至衰亡的历史演变，故有"一座恭王府，半部清代史"的说法。恭王府第一道大门（即宫门）是一个五间三启的屋宇式大门，漆朱红色，上有横七竖九63颗门钉，仅次于故宫81颗门钉的规制。屋顶为绿色琉璃瓦，仅次于故宫的金色琉璃瓦顶，这是亲王、郡王居住的王府才可享受的特殊待遇。

（二）宽敞明亮的广亮大门

广亮大门，亦称广梁大门，其等级仅次于王府大门，是高级官员才能享用的荣耀之门。它通常由一扇大门和两个侧门组成，门前设有一个宽敞的平台。之所以被称为广亮大门，是因为它位于宅院的中轴线上，门外空间开阔，使得大门显得宽敞明亮。此外，门外这半间房的空间还可以供警卫把守，彰显出非凡的气势。有些广亮大门还会在山墙墀头两侧设置反八字的影壁，进一步增强了门前的空间和气派。

"广亮"就是宽敞、豁亮的意思，广亮大门的门扉设在门庑中柱之间，由抱框、门框、余塞、走马板、抱鼓石（或门枕石）、板门等组成，门扉居中，使得门前形成较大的空间，大门显得宽敞而亮堂，这可能是广亮大门名称的由来。清朝时，只有七品以上官员的宅邸才可以使用广亮大门。

（三）紧凑尊贵的金柱大门

相较于广亮大门，金柱大门在等级上稍逊一筹，但其结构上的变化并不显著，更像是广亮大门的一种变体。简单来说，金柱大门在结构上相当于将广亮大门的一部分向外移动，而其他基本结构则保持不变。因此，我们可以将金柱大门视为广亮大门的一种衍生形态。

从整体结构上看，广亮大门可以视为面阔较小的王府大门，而金柱大门则是进深较浅的广亮大门。

金柱大门的门扉安装在金柱（俗称老檐柱）之间，故称"金柱大门"。这种大门和广亮大门一样，也占据一个开间，门口也比较宽大，有官宦门第的气派。

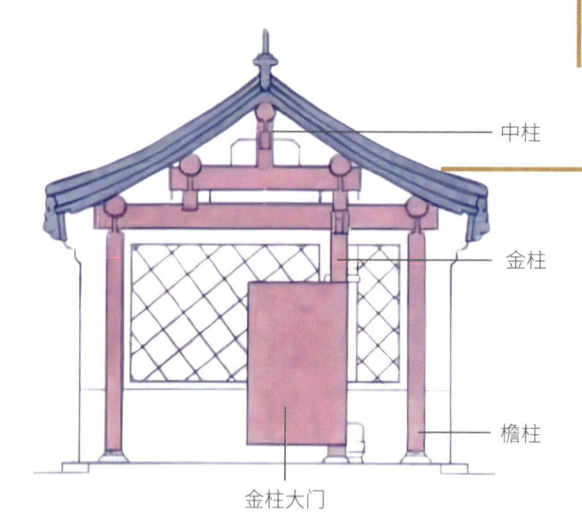

大门侧剖面示意图

简单来说，大门安在中柱上的，叫作广亮大门，门前有半间房的空间；在房屋金柱上安装抱框和大门、门前空间比广亮大门要小的，称为金柱大门；在檐柱上安装抱框和大门，门前没有空间的，称为蛮子门；在檐柱上砌墙，在墙上的门洞内安装抱框和大门的，称为如意门。

（四）拒贼于外的蛮子门

古代庶民所使用的蛮子门，虽同样设有四个门簪，但与高等级大门不同，其门扉之外并无门廊结构。门柱通常以石材打造，门面上方则饰以砖雕、石雕或木雕等精美装饰，展现出独特的民间艺术风格。

关于蛮子门这一名称的由来，据传与历史上的民族分布及地域文化差异有关。彼时，统治阶层曾以"南蛮"之称代指南方汉人。当南方富商北上经商时，出于安全考量，特意将门扉安装于门道的最外沿，省去门廊设计，以此避免不法之徒有藏身作案之处。久而久之，这种具有鲜明地域特色与实用功能的大门形式，便被人们以蛮子门相称并流传至今。

北京东城区史家胡同53号院，院门样式为蛮子门。相传这里是清末宦官李莲英的一处外宅。

（五）别有洞天的如意门

如意门的使用者通常是政治地位不高但相对富裕的士民阶层。在北京的四合院老宅子中漫步，不难发现如意门在中小型四合院中的广泛应用。如意门的门型通常为"凸起的凹形"，左右两侧各装饰一根如意形的门柱，显得别具一格。与蛮子门不同的是，如意门的大门正面完全被砖墙所遮挡，仅留下一个尺寸适中的门洞用于安装抱框和门板。这使得木门的面积相对较小，宽度通常不足一米。尽管如意门的级别不高，但其独特的设计和精致的装饰却让人眼前一亮，别有一番洞天。

北京东城区史家胡同 23 号，院门样式为如意门。此处曾为傅作义故居。

关于如意门的命名，有两种流行的说法。其一，源于门簪刻字。如意门通常设有两个门簪，一个刻"如"字，一个刻"意"字，二字组合，蕴含吉祥之意，故而得名。其二，基于装饰特征。如意门虽建筑等级不高，但装饰艺术极为讲究。门楣上方砖墙面积大，为雕刻艺术提供了空间，尤其是门楣与两侧砖墙交角处，常雕有如意云纹等吉祥图案，因此得名"如意门"。

尽管如意门的级别相对较低，但它在雕刻上的讲究程度却是所有门类中最突出的。这意味着，即使身份等级不那么高的人，也能通过精心雕琢的如意门来展现自己的品位和生活态度。

> "门当户对"原非专指建筑构件，然传统建筑中，成对出现的石墩（门当）与门簪置于大门显要处，既具实用功能，又以形制差异承载等级象征，渐被赋予社会文化意义。相较而言，大门作为建筑入口，其规模、形制与装饰细节更能直观彰显主人身份地位与审美意趣，成为"门第相当"观念与"面子文化"的实体化表达，深刻映射出传统社会对等级秩序的追求。

总结一下

第七节
徽派建筑的密码

徽派建筑风格清雅古朴，宛如一幅幅生动的水墨画，在江南的青山绿水间熠熠生辉。本节将通过四个关键问题，带您深入探索徽派建筑的前世今生。

一、徽派建筑是否等于安徽的建筑

"徽派"中的"徽"字，源自古代的"徽州"。它大致涵盖了现今安徽、江西、浙江三省交界的一些地区，例如安徽的黄山、绩溪，以及江西的婺源等地。此外，徽派建筑的影响力不仅限于古徽州地区，还扩展到了徽州周边的一些区域，包括受到徽文化熏陶的浙江严州、金华、衢州等地，这些区域同样可见徽派建筑的踪迹。

古徽州一府六县示意图。以明清而计，徽州府辖境为今地级黄山市（黟县北部柯村乡、美溪乡和宏潭乡除外，祁门县安凌镇除外，黄山区仅限南部汤口镇）、绩溪县全境、婺源县全境。

二、徽派建筑的黑白灰

南方传统建筑风貌，素有"白墙黑瓦"之粗略描述，然更准确的说法应为"粉墙黛瓦"。

先来谈谈"黛瓦"。"黛"本指青黑色的颜料，古时女子用以描眉。江南瓦片初制时，其色本近青黛，但江南气候湿润多雨，瓦片经年累月受雨水浸润，表面渐生苔痕，远观之下，瓦片呈现深沉的黑色。

接下来聊聊"粉墙"。徽派建筑的墙面采用的是白石灰涂刷，这是为了应对南方潮湿的气候。石灰的吸附性能够有效地保护墙体，延长其使用寿命。

那么，徽派建筑采用的黑白配色仅仅是为了应对气候变化吗？答案并非如此简单。

历史上，徽商之名远播遐迩，而徽商群体素来重视家族血脉的延续与传承，经商致富后常返乡兴建宗祠、牌坊、宅邸等建筑，以彰衣锦还乡、光宗耀祖之志。同时，他们追求建筑设计的雅致温婉，体现"低调的奢华"审美。在色彩选择上，徽商深谙色彩之道，认为黑色与白色乃最佳体现方式，黑色庄重沉稳，白色纯洁素雅，二者相映成趣，契合徽州地域特色与徽商的雅致格调，粉墙黛瓦遂成徽派建筑的典型风貌。

宏村

安徽省黄山市黟（yī）县宏村镇下辖行政村，始建于南宋绍兴年间（1131—1162年），中国传统村落，位于黄山西南麓。宏村的古建筑为徽式建筑，粉墙青瓦分列规整，檐角起垫飞翘，整个村落选址、布局和建筑形态，强调天人合一、尊重自然、利用自然的理想境界，使宏村村落的整体轮廓与地形、地貌、山水等自然风光和谐统一。2000年，以宏村为代表的皖南古村落被联合国教科文组织列入世界文化遗产名录。

三、徽派建筑格局与四合院的关联

徽派建筑的起源，可追溯至西晋末年。彼时，因永嘉之乱，中原士族被迫南迁。当他们踏入古徽州地区，见此处被黄山、大会山、天目山、白际山和五龙山等群山环绕，新安江与乐安河蜿蜒其间，实乃一块得天独厚、风水绝佳的土地。此后，唐代末年的黄巢之乱和北宋末年的靖康之变，再次促使大量中原强宗大族涌入此地避难求生。既然徽州成为这些中原士族的新家园，那么他们的建筑样式，尤其是四合院的传统，便自然而然地在这片土地上得以延续和体现。

与四合院相似，徽派建筑同样遵循等级关系为逻辑、以中轴线为核心的原则来布置各类房屋。然而，标准的北方四合院通常建在大面积的平地上，且多为单层建筑。但在徽州，由于山地众多，缺乏横向扩展的空间，因此徽派建筑只能向垂直方向发展，形成了多层结构。

在结构上，徽派建筑最显著的特点是将四合院的抬梁式架构与南方的穿斗式架构相结合。在厅堂等重要空间采用抬梁式架构，以确保其气派；而在两侧山墙、卧室等次要空间则使用穿斗式架构，以保证其实用性。这种结合使得徽派建筑在保持主要空间气势的同时，也兼顾了次要空间的实用性。

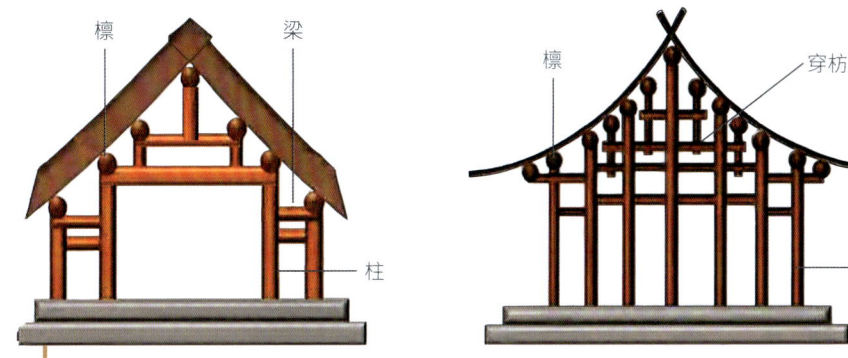

抬梁式（左）和穿斗式（右）结构示意图。抬梁式结构的优点是可采用跨度较大的梁，以此减少柱子的数量，取得室内较大的空间，适用于宫殿，庙宇等建筑；缺点是木材用料大，适应性不强。穿斗式结构的特点是木构架用料少，整体性强，抗震能力也较强；缺点是柱子排列太密，只有当室内空间尺度不大时（如居室、杂屋）才能使用。

这样的变革，使得原本平面的四合院转变为立体的形态。那么，"院子"这一概念在徽派建筑中是否还存在呢？

答案是肯定的，它以"天井"的形式存在。天井的设计一方面是为了采光；另一方面，在雨天时，雨水会沿着四周倾斜的屋顶汇聚到天井之中，这便是所谓的"四水归明堂"，寓意着"肥水不流外人田"，将财富与福气都紧紧留在了家中，宛如一个实实在在的聚宝盆，承载着人们对美好生活的期许与向往。

天井式建筑是南方地区最为普遍的传统建筑形式，是采光、排水、通风等功能组织的核心所在。

四、徽派建筑的奢华美学

徽派建筑选择黑白两色，旨在展现一种低调的奢华。其中，"低调"之意我们已有所理解，那么"奢华"又是如何体现的呢？

关键在于"马头墙"与"三雕"。

（一）马头墙的由来

徽派建筑中的马头墙，其诞生与徽州地区独特的地理环境及建筑布局密切相关。由于徽州平地资源稀缺，村落多呈聚居形态，建筑密度极高，一旦发生火灾，火势极易在紧密相连的房屋间迅速蔓延。为应对这一困境，早期居民创新性地采用集体协作方式，相邻几户共同出资建造马头墙作为防火隔离带，以有效遏制火势扩散。随着建筑技术的发展，这种集体建造模式逐渐演变为每户独立建造马头墙，既提升了防火性能，又强化了建筑的整体美观性。

如今，从远处眺望徽州村落，错落有致的马头墙宛如骏马昂首奔腾于青山绿水间，既展现出独特的建筑美学韵味，又承载着徽州人民与自然和谐共生的生存智慧，构成了一幅动静相宜、意蕴深远的壮丽画卷。

徽州古城内层层叠叠的马头墙。聚族而居的村落中，高低起伏的马头墙，在视觉上产生一种"万马奔腾"的动感，也隐喻着整个宗族生气勃勃，兴旺发达。

如何通过马头墙区分大户人家与平民住宅呢？关键在于比较它们的高度：普通人家的马头墙通常只有二叠、三叠或四叠；而大户人家的马头墙则可以高达五叠，被形象地称为"五岳朝天"。

马头墙随屋面坡度层层迭落，以斜坡长度定为若干档，墙顶挑三线排檐砖，上覆以小青瓦，并在每只垛头顶端安装搏风板（金花板）。具体的座头分为"鹊尾式""印斗式""坐吻式"等多种。

（二）豪奢的三雕

若论徽派建筑中奢华气质的极致展现，当属"三雕"艺术，即典雅细腻的砖雕、精妙绝伦的木雕，以及古朴浑厚的石雕。三者相映成趣，彰显着徽州建筑艺术的独特魅力。

先来说说砖雕。古徽州地区盛产质地坚硬细腻的青灰砖，这些砖块经过工匠们的精心雕镂，被广泛运用于门楼、门套、门楣、屋檐及屋顶等建筑部位。砖雕的融入，使得建筑更显典雅与庄重，增添了浓厚的文化底蕴。

歙县徽商大宅院内，可以看到一个大门上有可活动的砖雕，每当微风吹来，十三个砖雕小门就会前后转动，叮当作响。

再来说说木雕。得益于徽州山区丰富的木材资源，当地建筑多采用砖木石结构，尤其是木料的使用极为广泛，这为木雕艺人提供了广阔的创作空间。在宅院内部，屏风、窗棂、栏杆，以及日常使用的床、桌、椅、案和文房用具上，无不雕琢着精美的木雕图案，展现了木雕艺术的独特魅力。

徽商大宅院又名"西园"，位于古徽州州府所在地歙县县城。整座古建筑群集牌坊、戏台、亭阁、花园、水榭等于一体，为组合式的宅第群体，"三雕"精品比比皆是。此为徽派立体木雕，以纯金粉涂装，为徽宅之宝。

最后说说石雕。在徽州城乡，石雕的分布同样广泛，且种类繁多，它主要用于寺庙、住宅的廊柱、门墙，以及牌坊的装饰上。不过，徽州石雕的题材受到雕刻材料的限制，因此在创作难度上可能不及木雕和砖雕。在风格表现上，石雕以浅层的透雕和平面雕为主，圆雕则呈现出较为明显的整合趋势。这些石雕作品刀法精致，线条流畅，整体风格古朴大方，展现出独特的艺术韵味。

安徽省黄山市歙县许国石坊，又名大学士坊，俗称"八脚牌楼"，立于明万历十二年（1584年）。许国石坊是仿木构造建筑，由前后两座三间四柱三楼和左右两座单间双柱三楼式的石坊组成。石料全部采用青色茶园石，有的一块就重达四五吨，石坊雕饰艺术更是巧夺天工。

总结一下

徽派建筑是南北方建筑特色巧妙融合的结晶，它宛若一位功成名就的读书人，既秉持着低调谦逊的态度，又难掩其不经意间流露出的自豪与荣耀。在建筑艺术的殿堂中，徽派建筑以其高贵而优雅的气质，散发着迷人的魅力。

第八节
碉堡格局的福建土楼

土楼民居，作为中国重要的传统民居类型之一，主要分布于我国东南部福建、江西、广东等地的客家聚居区，其中尤以福建土楼最为人所熟知。本节将重点探讨福建土楼的独特魅力。

一、福建土楼在汉族传统住宅中的地位

福建土楼与北京四合院、陕西窑洞、广西"栏杆式"民居，以及云南"一颗印"民居，并称为汉族五大传统样式住宅。

福建土楼更是凭借"作为东方血缘伦理关系与聚族而居传统文化的历史见证，展现了世界上独树一帜的大型生土夯筑建筑艺术成就，具备广泛且卓越的价值"，荣耀入选《世界文化遗产名录》。

承启楼外观（左图）及内部俯视图（右图），位于福建省龙岩市永定区高头镇高北村，1981年被收入中国名胜辞典，号称"土楼王"；2008年7月，包含承启楼在内的福建土楼被列入《世界遗产名录》。之所以称为"土楼王"，是因为它有五"最"：建造时间最长（1682年动工，共耗时81年）、规模最大（直径73米，走廊周长229.34米，楼梯4部，400个房间）、居民最多（最多时居住800多人）、楼内环数最多（4环）、土楼文化内涵最丰富（不仅是中华文化的瑰宝，还蕴含了客家同宗血缘的凝聚力，是小社会大家庭的典范。）

福建省漳州市南靖县田螺坑土楼群白天（左图）及夜景（右图）。田螺坑土楼群由5座大型土楼民居组成，中间一座为方楼，围绕四周的是三座圆楼和一座椭圆楼，俗称"四菜一汤"。这些土楼依山势起伏，错落有致，布局奇特，成为精美的组合群体。

二、福建土楼的形状设计

我们所见的土楼，多数呈现出独特的蘑菇形状，这背后的原因是什么呢？答案在于其"防御性"设计。

唐宋时期，中国的经济重心逐渐南移，加之连年战乱与天灾频发，迫使北方汉人南迁至交通不便的山地地区繁衍生息。在这样的背景下，一个关键问题摆在了他们面前：在这群山环绕的环境中，如何建造既安全又实用的住宅？

北方的四合院虽然能容纳众多人口，但其占地面积庞大，且低矮的围墙在防御上显得力不从心，容易被攻破。而南方的徽派建筑虽然占地面积较小，墙体较高，但居住空间有限，难以满足家族发展的需求。

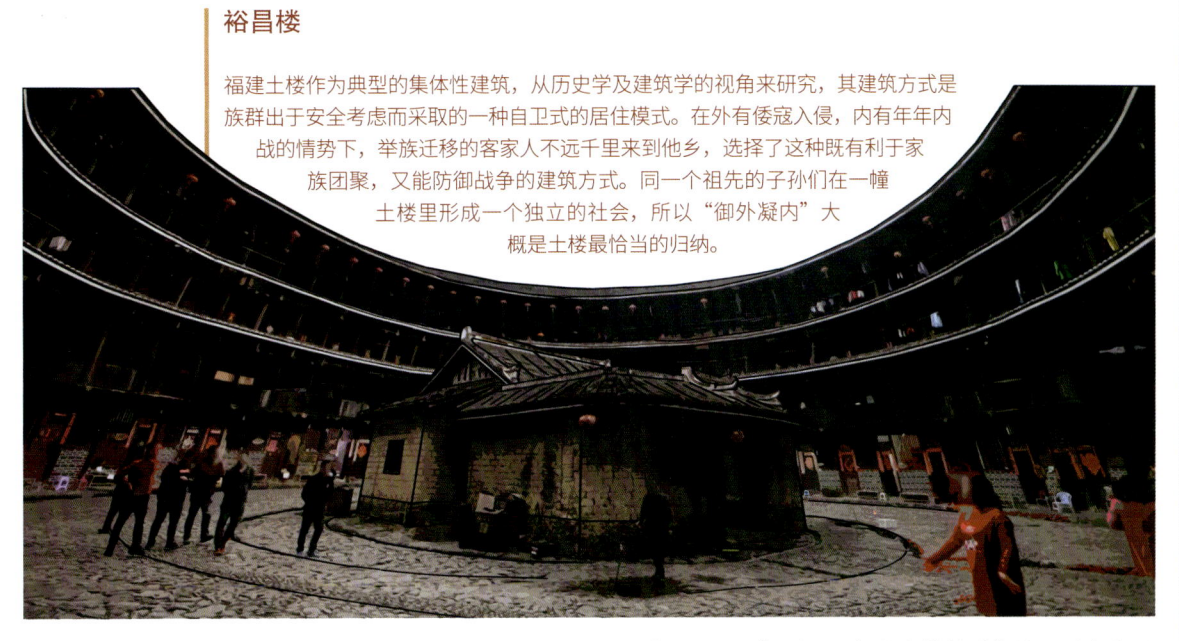

裕昌楼

福建土楼作为典型的集体性建筑，从历史学及建筑学的视角来研究，其建筑方式是族群出于安全考虑而采取的一种自卫式的居住模式。在外有倭寇入侵，内有年年内战的情势下，举族迁移的客家人不远千里来到他乡，选择了这种既有利于家族团聚，又能防御战争的建筑方式。同一个祖先的子孙们在一幢土楼里形成一个独立的社会，所以"御外凝内"大概是土楼最恰当的归纳。

显然，传统四合院与徽派建筑的形制，皆难以契合彼时"新福建人"对于理想住宅的特殊期许：具备坚不可摧的防御性能；需有广纳宗族的居住空间；亦需有节省用地的精妙设计。此三者兼得，实乃一项极具挑战性的营造难题。先民们历经无数次尝试与创新，不断探索建筑形制与功能的结合，终在实践积淀中成功创造出我们今日所目睹的极具地域特色与文化内涵的圆形土楼。

三、土楼作为碉堡的威力

为了具体说明土楼的防御威力，我们以福建省漳州市华安县仙都镇大地村的圆形土楼——二宜楼为例，来详细阐述其几个显著特点。

第一，二宜楼的外墙高达 16 米，这一高度足以对潜在的入侵者形成心理压迫，同时增加了攀爬的难度。

第二，土楼的墙基深埋地下至少 1 米，宽度更是超过 3 米，这样的设计大大增强了建筑的稳定性与抗震性，也为抵御外敌的挖掘攻击提供了坚实的屏障。

第三，土楼主体采用土石结构，这种结构不仅取材方便，而且极其坚固，能够有效抵御炮火和刀兵的侵袭。

第四，在墙身设计上，土楼的一至三层均未开设窗户，仅在第四层设有少量小窗，这些窗户不仅满足了基本的通风采光需求，还兼具瞭望台的功能。在遭遇敌人进攻时，守楼者可以居高临下，利用这些窗户进行射箭或射击，形成典型的易守难攻之势。

第五，土楼内部设计周到，不仅设有储藏粮食的空间和饲养家畜的区域，还拥有两眼共用的水井，确保了生活物资的自给自足。一旦遭遇外敌攻击，只需将大门紧闭，一个大家族便能在土楼内安然度过数月，无须担忧生存问题。

二宜楼

"宜丁宜财"是蒋士熊创建二宜楼的初衷，寓意宜山宜水、宜家宜室、宜内宜外、宜子宜孙、宜男宜女、宜楼宜人、宜文宜武。

二宜楼中心区域设有一处公共场所的内院，场地上可晾晒衣服和农作物，院中有两口古井，名为阴泉和阳泉，组成太极阵形。

四、土楼的开放性格局

土楼在防御特性上展现出显著的封闭性，而深入探究其空间组织与人文内涵，不难发现其中实则蕴含着精妙而独特的开放系统，这一系统可细分为"楼内的小开放"与"楼外的大开放"两个层面。

所谓"楼内的小开放"，指的是土楼内部居民的生活方式。尽管每位居民都拥有自己的小空间——卧室，但他们的生活却少有"私生活"的概念。在土楼内部，几乎所有的日常活动都毫无遮掩地展现在大家的视野中，这种开放的生活方式促进了邻里间的交流与互助。

而"楼外的大开放"，则主要体现在同一村落中村民之间的交往，以及不同土楼之间的合作。特别是在重大节日或庆典时，村民们会自发组织起来，通过舞龙、舞狮、迎灯等丰富多彩的民俗活动，将祝福与喜悦传递到每一座土楼、每一户人家。这时，整个村庄都沉浸在团结、吉祥和喜庆的氛围之中，热闹非凡，展现了土楼社区强大的凝聚力和向心力。

元宵佳节，福建省龙岩市永定区高头乡的承启楼中，客家人燃起火把、点亮灯笼、燃放鞭炮，敲锣打鼓喜迎新春，祈愿国泰民安。

最后需要补充的是，尽管土楼在外观与中原地区的普通房屋大相径庭，但在设计理念上，它们依然遵循了中轴对称的原则。土楼以中心区域为基准、四周环绕分布的基本格局，以及其中所蕴含的等级观念，都与中原文化有着本质的共通之处。这表明，中原文化的强大基因，即便在土楼千变万化的外形之下，依然稳稳地得以保留和传承。

第九节
中国古代帝王陵墓中的"黄肠题凑"

20 世纪 80 年代，在陕西省宝鸡市凤翔县，一伙盗墓贼将目标锁定在一座秦代古墓上。为了盗掘这座大墓，他们不惜投入高达 10 万元人民币的资金，并运用了各种现代化工具。然而，经过连续三四天的努力，他们仅勉强开凿出一个小洞口，就被恰好路过的巡护员及时发现并制止了。

这座秦代大墓为何如此难以攻克，背后隐藏着怎样的神秘机关呢？这正是本节要探讨的主题——黄肠题凑。

黄肠题凑曾是中国古代墓葬中身份等级最高的象征之一。那么，黄肠题凑究竟是什么呢？为何在古代墓葬频繁被盗的情况下，黄肠题凑却能有效防盗？而这一具有强大防护功能的墓葬形式，在东汉以后为何会逐渐走向消亡？接下来，我们将深入探讨这些问题。

秦公一号大墓

秦国第十三代国君秦景公嬴石的陵墓。此为大墓中的黄肠题凑结构。

一、"黄肠题凑"的解读

"黄肠题凑"一词最早见于《汉书·霍光传》，描述的是两朝重臣霍光去世后，被汉宣帝特赐使用"黄肠题凑"的丧葬规格。汉末魏初的学者苏林对此进行了批注，解释为"以柏木黄心致累棺外，故曰黄肠；木头皆向内，故曰题凑。"

以下是对"黄肠题凑"这一术语的详细解读。

"黄"，指的是采用黄心的柏木。这种柏木是中国特有的树种，其心材呈黄褐色，边材为淡褐色或淡黄色，质地坚硬且耐腐蚀，同时散发出独特的香气，因此被视为皇家建筑的理想材料。

"肠"则形象地描述了柏木一根根紧密堆叠的状态，仿佛人体内部一节节相连的肠子，形象地展现了木材的排列方式。

至于"题凑"二字，"题"在此处引申为"额头"，"凑"原意为四周水流快速向中间汇聚（古字形中为三点水旁），合在一起则意味着所有柏木的端头都垂直朝向椁棺中心，紧密排列，形成一种独特的构造方式。

广陵王墓

墓主人是汉武帝的儿子、广陵王刘胥。墓葬采用西汉最高等级的"黄肠题凑"式木椁墓,且全部选用金丝楠木构筑,历经 2000 多年仍保存得较为完好。

总结一下

"黄肠题凑"是利用黄心柏木精心搭建的一种框型或凹型结构,它生动地围合成墓主人在地下"豪华套间"的壁垒。这一独特造型不仅彰显了奢华与尊贵,更寓意深远,象征着天下归心,正如车轮上的辐条最终都汇聚于车毂一般,体现了古人对于权力集中与永恒安宁的向往。

二、"黄肠题凑"的结构

考古学者的研究表明,一套完整的"黄肠题凑"墓葬结构,主要由"黄肠题凑""枞木外藏椁""便房"及"梓宫"四个核心部分构成。

依据《汉书·霍光传》的记载:"赐梓宫、便房、黄肠题凑各一具,枞木外藏椁十五具。"我们可以合理推测:"梓宫"指的是盛放遗体的棺材;"黄肠题凑"则是围绕棺材的木制围墙;"枞木外藏椁"则如同一个仓库,用于存放诸如车马、金银财宝、日常用具等陪葬品。

至于"便房"的具体含义稍显复杂。观察到"梓宫"的"梓"与"枞木"的"枞"均带有木字旁,有观点推测"便房"的"便"或许也应写作木字旁的"楩",读音变为 pián。曹魏时期的训诂学家如淳曾引用《汉仪注》中的说法:"内梓宫,次楩椁,柏黄肠题凑。"这为我们提供了线索,暗示"便房"与"楩椁"可能指的是同一事物,且位于棺材与黄肠题凑之间。由此推断,"便房"(或"楩椁")是连接棺材与外围黄肠题凑的一个重要空间。

南京博物院内黄肠题凑模型全景(左图)及细部结构说明(右图)。

①黄肠题凑 ②前室 ③后室
④厢 ⑤回廊 ⑥便房

三、"黄肠题凑"的兴起与衰亡

黄肠题凑的兴起，与秦汉时期盛行的"灵魂不灭"观念紧密相连。为了让逝者的灵魂能在尸体上得以长久"存活"，人们迫切需要找到有效方法以保持尸体的"新鲜"。在此背景下，"黄肠题凑"所采用的柏木，因其优良的防腐特性，成为理想的"保鲜"材料。

黄肠题凑的兴起也得益于汉代雄厚的经济根基。只有在农业、手工业、农林牧业，以及运输业等多方面均得到显著发展的基础上，才能汇聚充足的人力、物力和财力，以修建如此奢华的墓葬形制。

广陵王墓黄肠题凑棺椁所用木材为金丝楠木，装饰精致，制造考究，耗资巨大。

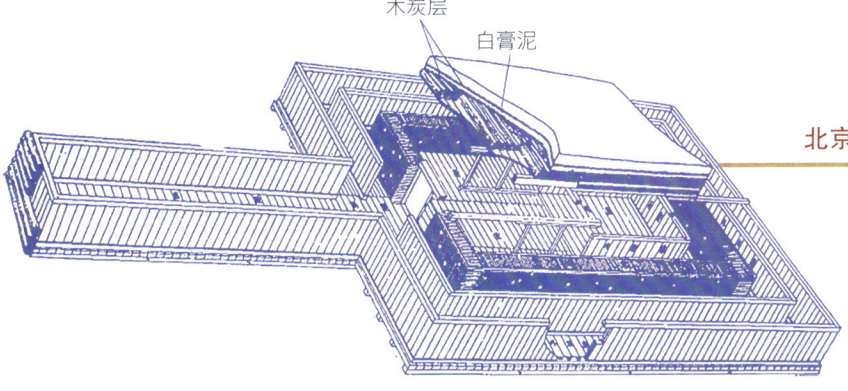

北京大葆台一号汉墓墓室结构

墓顶盖有圆檩（未加工原木）及方檩，其上铺 5～10cm 厚的两层木炭，中间夹有 40～70cm 厚的白膏泥。木炭和白膏泥的作用是防腐防湿，保护墓室。

最关键的是，黄肠题凑在防盗方面展现出了卓越的效果。其坚固的结构和精心的设计，使得盗墓贼难以轻易得手，从而有效保护了墓主人的安宁和墓葬内的珍贵财物。

至于黄肠题凑的消失，首要原因在于资源的有限性。优质的柏木本就稀缺，加之其生长周期长，而黄肠题凑的建造又需大量柏木，自然导致了资源的供不应求。因此，到了东汉时期，随着柏木资源的日益枯竭，黄肠木逐渐被黄肠石所替代，以适应新的资源条件。

北京大葆台一号墓的"黄肠题凑"结构，墓葬内的木料在 2000 多年后还散发着清香。墓中使用了 15 880 根柏木，相当于 122 立方米的木材，等于砍掉了一整座山的柏木森林。

其次是丧葬制度的变革，统治者转而倡导节俭丧葬，这一风向的转变使得用石头替代木头成为大势所趋。

最后一个原因在于，尽管柏木具有出色的防腐性能，但与石头相比仍显逊色。对于那些追求肉身与灵魂双重不朽的人来说，石头无疑是一个更为理想的选择。

在多重因素的共同影响下，曾经辉煌一时的黄肠题凑最终走向了衰落。

第十节
"贞节牌坊"的真实面貌

提及"牌坊",多数人的第一印象往往是"贞节牌坊"。但牌坊背后究竟隐藏着怎样的故事?牌坊与牌楼有何异同?牌坊作为建筑物的起源何在?"贞节"一词又承载着怎样的文化内涵?本节将深入探讨贞节牌坊的前世今生,以解答这些疑问。

一、牌楼与牌坊的渊源

在日常生活中,人们常将牌坊与牌楼混为一谈,然而二者在结构、功能和文化内涵上其实存在一定差距。

从历史渊源来看,牌楼的历史可追溯至周朝,《诗经·陈风·衡门》中"衡门之下,可以栖迟"所描述的由两根柱子支撑一根横梁的简单结构,便被视为牌楼的雏形;据考证,牌坊可能源自孔庙中轴线上的棂星门,起初用于祭天、祀孔等宗教活动,后逐渐演变为具有纪念意义的建筑形式。

牌坊多用于表彰功勋、科第、德政及忠孝节义等,承载着特定的文化内涵;牌楼则是在牌坊雏形基础上发展而来,结构更为复杂,通常包括楼顶、立柱和横梁等部分,造型精美,更多地用于装饰和标志,如街道入口、园林景点等,起到引导和标识的作用。

山东省曲阜市孔庙的第一道大门——棂星门。三间四柱火焰冲天柱式石坊,下设栅栏门,左右接墙垣。坊高 10.34 米,圆柱上下两节,前后石鼓夹抱,两节相交加石戗柱斜撑。孔庙设棂星门,喻尊孔如同尊天。

尽管民间常将二者笼统称为牌楼,但经过细致分析,我们不难发现坊与楼之间存在着显著差异。具体而言,牌楼具备完整的屋顶结构,飞檐斗拱、雕梁画栋,造型丰富且精巧;而牌坊则无屋顶结构,仅以立柱和横梁构成基本框架,外观简洁朴素。基于这一核心区别,有学者提出,牌楼可以被视为牌坊在建筑形制上的一种更为复杂、高级的演化形式,相应地,牌坊则可以看作是牌楼在功能与结构上简化或基础化的版本。二者虽同属纪念性建筑,却因形制差异承载着不同的历史内涵与审美价值。

二、牌坊的起源与背景

牌坊的产生与中国传统的户籍制度有着紧密的联系。

井田制起源于商朝，至西周时期发展成熟。随着耕田的出现，人们开始定居生活，进而逐渐形成"邑里"这一基本人群组织形式。在这里，"邑"与"里"含义相同，均指代以血缘关系为纽带的宗族聚居区，其头领由宗族长"里君"担任，直接向国君或周王负责。

随着时间的推移，井田制逐渐瓦解，取而代之的是闾里制。其中，"闾"字可理解为伴侣的"侣"加上门框，象征里巷的大门，意味着人们共同居住。据《周礼》记载，25户人家构成一闾，尽管后来闾里的人口规模和户数有所变动，但它已突破了早期以血缘为单位的自然组织方式，形成一个由外墙围绕、融合了不同血缘关系人群的组织。

随着都城建设的日益完善，闾里制度逐渐演变为里坊制度。当这一制度从农村引入城市后，它成为政府对城市居民实施监管、宵禁，以及赋役征收的基本组织单位，同时构成了城市的布局模式，即人们常说的"棋盘式"布局。正是在这样的背景下，牌坊作为一种标志性的建筑应运而生。

唐朝都城长安的街巷都是非常规整的，纵横相交，像棋盘格一样划分街区，这叫作"里坊制"。每个街区就是一个"里"或者一个"坊"。据史书记载和考古研究证明，当时长安城的规划大体为正方形，中轴线的北端是皇宫太极宫，后来又在其东北边另建了大明宫。城中按里坊制划分街区，共有109个里坊。城中道路笔直宽阔，皇宫前正中轴线上的大道宽150米，其他的主干道宽120米，里坊之间最窄的道路也有25米宽，宏伟壮阔，充分体现了大唐都城的气派。

既然里坊遍布各地，为了便于管理，为每个里坊命名就变得理所当然。例如，唐代长安的"永安坊""开明坊"等。那么，这些名字应该写在哪里呢？此时，牌坊便发挥了其标识作用。

此外，闾里、里坊也是国家推行民众教化的基层单位。当里坊中出现"善人"或"善事"时，政府会将表彰对象的事迹和名字刻在木牌上，然后悬挂在坊门上。这种表彰形式后来一直被沿用。

实际上，立牌坊是一件极为庄重且不易的事情。在唐代，只有那些进入国子监学习并获得举人以上功名的人，在地方官府审核批准后，才能由官方出资建造功名坊。至于贞节牌坊、仁义慈善牌坊、功德牌坊等，其要求更为严格，最终需要皇帝亲自审查恩准，或由皇帝直接封赠，方可建造。此外，牌坊的规格也有严格规定，例如只有帝王神庙、陵寝等场所才可使用"六柱五间十一楼"的规格，而一般臣民最多只能建造"四柱三间七楼"的牌坊。

清东陵的石牌坊，采用六柱五间十一楼规格，历经 330 年两次地震而丝毫未损，是中国现存最宽的石牌坊。

三、"贞节"和"贞洁"的差异

在中国现存的众多牌坊中，贞节牌坊的数量最为庞大。这里需要强调的是，贞节牌坊中的"节"指的是"节操"的"节"，而非"洁白"的"洁"。那么，这两个词汇究竟有何不同呢？

"洁白"的"洁"是一个形容词，用以形容女子在节操方面的清白无瑕。而"贞节"则是一个名词，它代表的是坚贞不渝的节操。因此，从词义上来看，"洁白"侧重于描述一种状态——清白；而"贞节"则侧重于表达一种品质——坚贞，这种坚贞的品质并不局限于女性，男性同样可以因展现出"贞节"而受到表彰。

例如，在《宋书·孟怀玉传》中就有记载，孟怀玉的弟弟孟龙符随宋武帝刘裕出征，英勇奋战，最终因寡不敌众而战死沙场。刘裕下表表彰，称赞孟龙符"忠勇果毅，陨身王事，宜蒙甄表，以显贞节"。这里的"贞节"便是对孟龙符坚贞不屈、英勇献身的崇高赞誉。

四川省广元市昭化区古城内的贞节牌坊，"贞节"上方刻"奉旨旌表"四字。清道光十九年（1839 年），皇帝亲自批准为昭化的贞节女子吴梅氏建立此牌坊，现为复建。牌坊高 7.8 米，宽 5.6 米，两面分别雕刻"孟母三迁""岳母刺字""涌泉跃鲤""唐氏乳姑"等与贞节和孝道相关的图案，两边的门楣上分别刻有"冰清""玉洁""竹香""兰馨"等文字，表示吴梅氏高尚的品德，上面的碑文记述了吴梅氏的感人事迹。

四、贞节观念如何与女性挂钩

根据历史文献记载，早在先秦时期，"贞女"观念便已存在。例如，《周易·恒卦·象卦》中提到："妇人贞吉，从一而终也。"然而，那个时代的两性关系相对自由，即使在上层社会，改嫁、再嫁的现象也颇为常见，如《周礼·媒氏》所述："仲春之月，令会男女。于是时也，奔者不禁。"

真正将国民男女贞操道德问题提升至一定高度的是秦始皇。他在巡游各地时，常要求随行团队沿途刻石，以鼓励国民守贞节。《史记·秦始皇本纪》记载，秦始皇在泰山刻石留下"男女礼顺，慎遵职事"的文字，在琅琊台刻石写道："男乐其畴，女修其业"。为了让民众明确"贞节"的含义，秦始皇还特别树立了一位全国贞操道德模范——巴寡妇清，她是巴郡的一位寡妇，名为"清"。

这位女子在战国时代是拥有丰富矿产的大工商业主，堪称中国乃至世界上最早的女企业家。丈夫去世后，她守住了家族企业，凭借雄厚的财力雄霸一方。更重要的是，她还是秦始皇陵中大量水银的主要提供者之一，因此备受秦始皇的赏识。

巴寡妇清去世后，被葬于秦国都城咸阳附近。秦始皇为了表彰她的守贞之节，特封她为贞妇，并下令在其葬地筑起"女怀清台"，以示天下。这位"清"便成为中国历史上众多"贞节女子"的始祖。

巴寡妇清雕像

巴寡妇清是战国末期枳邑枳里乡人，今重庆市长寿区江南街道人。宋代的学者刘攽在《女贞花》诗中说："巴妇能专利丹穴，始皇称作女怀清。此花即是秦台种，赤玉烧枝擅美名。"女贞子、女贞花之名，都因她而来。

秦始皇之所以采取这样的举措，背后蕴含着两方面的考量。

首先，这位杰出的女企业家拥有庞大的财力，对于秦始皇而言，拉拢她无疑是有利的。因此，赐予她一个荣誉称号，既是对她成就的认可，也是出于政治上的考量。

其次，秦始皇的母亲赵姬的行为给他带来了极大的心理创伤。赵姬不仅与嫪毐有私情，还生下了两个孩子。更令秦始皇愤怒的是，当这些事情败露后，嫪毐还企图发动兵变。这一系列事件深深地刺痛了秦始皇的心，也让他对母亲的"淫乱"行为感到极度反感。因此，为了与"淫"形成鲜明对比，秦始皇需要树立像"清"这样的典范，来引导世间女性注重"贞节"，从而避免类似秽乱之事的再次发生。

五、贞节牌坊的兴起时间较晚

贞节牌坊所表彰的对象主要包括三大类：一是为逝去的未婚夫坚守贞操的贞女；二是丈夫去世后不改嫁且继续孝顺公婆的贞妇；三是为保全贞节而不惜牺牲生命的烈女、烈妇。

然而，令人惊讶的是，贞节牌坊作为我们今天所理解的具有定制意义的物件，其出现的时间相对较晚，实际上是在秦朝之后的近 1600 年，即明朝时期才逐渐成为定制。在此之前，对于贞节行为的表彰多采用颁发匾额的形式。

1368 年，朱元璋登基称帝，同年便颁布诏令，规定中青年妇女在丧夫后若能坚守贞操不再另嫁，不仅可以免除整个家族的差役，还能获得一块实实在在的荣誉奖牌——贞节牌坊。《大明会典》中记载："凡孝子顺孙，义夫节妇，志行卓异者，有司正官举名，监察御史按察司体覆，转达上司，旌表门闾。"

自从有了法律上的保障，贞节牌坊逐渐兴盛起来。到了清朝初年，政府还出台了一项规定，对于需要表彰贞节的情况，官府将拨银三十两，专门用于建立贞节牌坊。这一举措进一步推动了贞节牌坊的普及，使得贞节牌坊的数量迅速增加，甚至达到了无处不在的程度。

六、"南多北少"的贞节牌坊

南京师范大学的赵媛教授曾与其学生一同对遍布全国的296座贞节牌坊进行了详尽的数据分析，研究结果显示，这些牌坊在地理分布上总体呈现出"南方数量较多，北方相对较少"的特征。具体而言，华东地区以安徽省为中心形成了较为集中的分布，而西南地区则以四川省为中心呈现出类似的聚集态势。

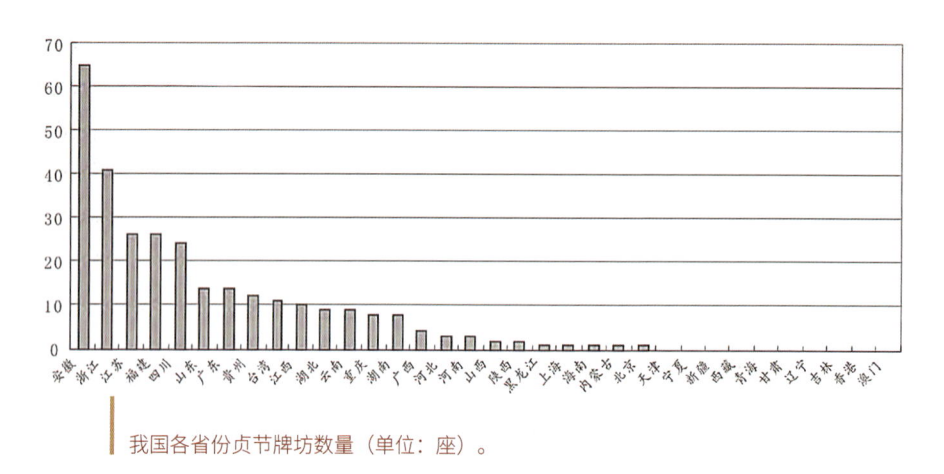

我国各省份贞节牌坊数量（单位：座）。

为什么会出现贞节牌坊"南多北少"的现象呢？为了解答这一问题，我们以贞节牌坊数量排行榜中的冠军——安徽为例进行分析。

程朱理学的集大成者朱熹是徽州人，徽州地区大致相当于今天的安徽黄山市、绩溪县及江西婺源县。作为朱熹的故里，徽州地区对程朱理学尤为崇尚。徽商在外出经商后，常常回乡捐资办学，积极倡导理学教育，这使得儒学礼教观念在徽州地区得以更加深入地传播和扎根。

在程朱理学的长期熏陶下，徽州女子从小就接触并阅读大量的"女子读物"，如《女儿经》《孝女经》等。这些读物中的"三纲五常""三从四德"等观念，成为徽州女子立身处世的指南。因此，徽州地区贞节女子众多，贞节牌坊林立，这无疑是理学教化在这片土地上结出的必然果实。

"中国牌坊第一村"棠樾村牌坊群，位于安徽省黄山市歙县郑村镇棠樾村东大道上。棠樾的七连座牌坊群里，有两座建于清乾隆时期的贞节牌坊，一座是"矢贞全孝"坊，一座是"节劲三冬"坊。乾隆下江南时，曾大大褒奖牌坊的主人鲍氏家族，称其为"慈孝天下无双里，衮绣江南第一乡"。

此外，贞节牌坊"南多北少"的现象还与宗族系统紧密相关。在明清时期，南方的宗族组织发展得相当发达；而相比之下，北方地区的宗族组织则显得较为薄弱。这一差异与南方的自然环境密切相关，南方多丘陵、山地，居住地被高山所阻隔，导致与外界的联系相对较少，因此同姓族人更倾向于聚族而居。

另一方面，出于防卫的需要，南方族人被迫将乡村围合起来，构筑起相对封闭的社区。这种封闭性不仅强化了族人的凝聚力，还催生了武装力量的壮大，并逐渐呈现出军事化与割据化的倾向。这种宗族制度的日益强化，对妇女贞节观念产生了深远的影响。

总的来说，南方宗族制度的强化和对妇女贞节观念的严格规定，共同导致了南方贞节牌坊的大量分布。这一现象不仅反映了当时社会的文化背景，也揭示了地域差异对文化现象的影响。

七、贞节牌坊的等级

牌坊是有等级之分的。就现存牌坊而言，主要可以分为四个等级。

最高级别的牌坊被称为"御制"，这类牌坊由皇帝亲自下旨，并由国库出资建造，因此数量极为稀少。

棠樾牌坊群

安徽省黄山市歙县棠樾古牌坊群中的第二座牌坊"慈孝里坊"就是一座"御制坊"。据说这座牌坊始建于宋末元初，明清两朝都进行过重建。牌坊旌表的是宋末处士鲍宗岩、鲍寿孙父子，他们在外出经商时被叛军抓获，为了勒索钱财，叛军恐吓必须杀掉父子中的一人，为保全对方，两人竞争相赴死，这份情谊连叛军也为之动容。为了旌表他们，皇帝赐建此坊。

排在第二位的是"恩荣"牌坊，寓意皇恩浩荡，荣耀惠及乡里。这类牌坊同样由皇帝下旨建造，但不同之处在于资金需要由受赐者自行筹集。

薇省坊

歙县许村镇高阳村薇省坊，建于明代嘉靖中期。薇省坊是为明代布政使许琯而立的牌坊，"薇省"即唐宋时期"中书省"的雅称，薇省坊主人许琯最终荣登甲第，官至湖广参政。

第三级别的牌坊名为"圣旨"，初看之下可能会误以为其级别最高，但实际上并非如此。这类牌坊是由地方官员向中央政府呈报本地乡绅贤能的突出事迹，若中央政府采纳，便会下旨同意建造，但资金同样需要受赐者自己筹集。

都宪坊

安徽省宣城市绩溪县都宪坊，是为表彰明朝副都御史胡宗明的文治武功而立。

最后一个级别的牌坊被称为"敕造"，它也是由地方官员向中央政府申报，但与"圣旨"牌坊不同的是，"敕造"牌坊仅得到皇上的口头同意，并未形成正式的书面旨意。

八、贞节牌坊是否应被全盘否定

关于贞节牌坊是否全然负面、应否全盘否定的问题，四川大学的喻中教授，同时也是法学领域的博士，在其撰写的《贞节牌坊背后的制度信息》一文中给出了深刻的见解。他明确指出，依据国家的正式规定，任何妇女在亡夫的丧服期满后，均有权利选择再婚，这一权利同样适用于拥有较高社会地位的"命妇"，只不过，她们在再婚前需要放弃因亡夫而获得的爵位或其他荣誉称号。

贵州青岩古镇周王氏媳刘氏节孝坊

今天，当我们将贞节牌坊当成建筑来欣赏的时候，或许还需要思考这建筑背后复杂的历史和社会的变迁。

从法律制度的视角审视，贞节牌坊并未禁止妇女再嫁，也未从制度层面侵犯丧夫妇女的合法权益。其本质是对放弃再嫁权利的丧夫妇女的一种奖励，背后可能蕴含多重目的：一是通过倡导"烈女不事二夫"来映射"忠臣不事二主"的理念，因为在封建社会丈夫被视为家庭的"君主"，而"忠臣不事二主"则是皇权国家的立国基石；二是让已为人母的妇女留在夫家，使子女能够得到持续抚养，以确保家族人丁兴旺；三是"不改嫁"可能是女性在权衡利弊后，为确保自身现有生活条件的理性选择，毕竟改嫁后的生活能否超越现状实属未知；四是在战争年代，贞节牌坊也是皇权国家进行军事动员的一种策略，通过这种形式的褒奖与保障，既是对阵亡将士家属的慰藉，也是对潜在参战士兵的激励与承诺。

> **总结一下**
>
> 要深入理解贞节牌坊的意义，我们必须从道德观念、法律规定、经济状况、社会结构，以及文化传统等多个角度进行综合分析，并将其置于其诞生的历史社会背景之下进行考察。至于贞节牌坊所承载的真正价值，可能需要每个人基于自己的理解和思考去探索和发现。

第十一节
神秘的中国石窟艺术

我国著名建筑学家梁思成曾如此评价中国的石窟:"中国崖壁间的佛教石窟造像是中国艺术里最重要的一章,惜乎曩(náng)日为国人所忽视。"

本节将引领读者跨越时空的鸿沟,回溯中国石窟的发展历程,揭示其从朴素到辉煌的演变轨迹,更将细致入微地展现石窟中飞天艺术那令人叹为观止的魅力。

一、极简中国石窟发展史

石窟艺术在中国的演进历程,可系统归纳为三个具有显著特征的发展阶段:自西向东的传播扩散,由北向南的辐射拓展,由盛转衰的转折变化。

(一)自西向东

从全球艺术史宏观视野审视,石窟艺术源于古埃及文明崖墓建筑传统,该范式经两河流域文明传播,于公元前6世纪前后渗透至印度次大陆。孔雀王朝第三代君主阿育王推行佛教国教化政策后,印度本土艺术体系创造性融合外来崖墓形制,催生出佛教石窟综合体,实现建筑空间营造、立体雕刻语言与平面绘画技法三位一体的艺术整合,成功构建起一座独具东方宗教美学神韵的立体艺术殿堂。

自3世纪起,石窟伴随着佛教的传播路径,从印度经由西域进入河西走廊,进而渗透到中原地区,最终在中国各地繁衍生息,绽放出绚烂多彩的艺术之花。

石窟多开凿于山上,原因有二:其一,佛教世界观中,宇宙的中心被视作须弥山,神灵皆居于山巅,因此在山上的石窟中修行便象征着对神灵的信仰与追随;其二,选择居住在山上亦是一种姿态的展现,表明修行者能够超脱世俗纷扰,具备吃苦耐劳的精神。

"须弥山"一词来自婆罗门教术语,意译为宝山、妙高山等。关于须弥山的传说为佛教所采用,其中须弥山被描绘为一座巨大的金山,是宇宙的中枢,是日月星辰赖以转动的轴心。

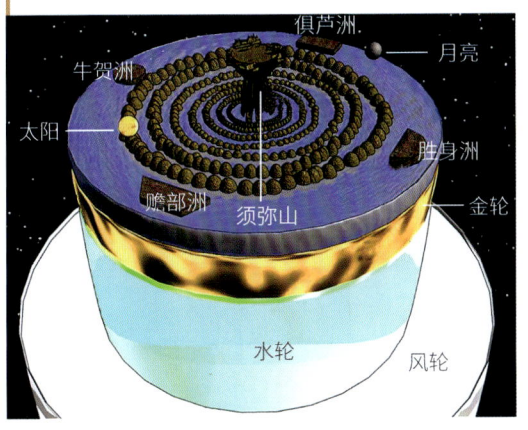

在北京雍和宫大殿前,有一座青铜铸造的须弥山,由青铜山体和汉白玉底座两部分组成,山体高1.5米,通高2.76米,为明万历年间掌印太监冯保供奉。雍和宫的须弥山是一件精美的佛教艺术品,是佛教世界观的具体物化,是僧俗信众追求理想境界的象征。

新疆堪称中国石窟艺术的发源地，克孜尔千佛洞的开凿标志着中国石窟艺术在这片广袤大地上的璀璨绽放。在这里，神秘的西域古国文化与绝美的佛教艺术完美融合，交相辉映。

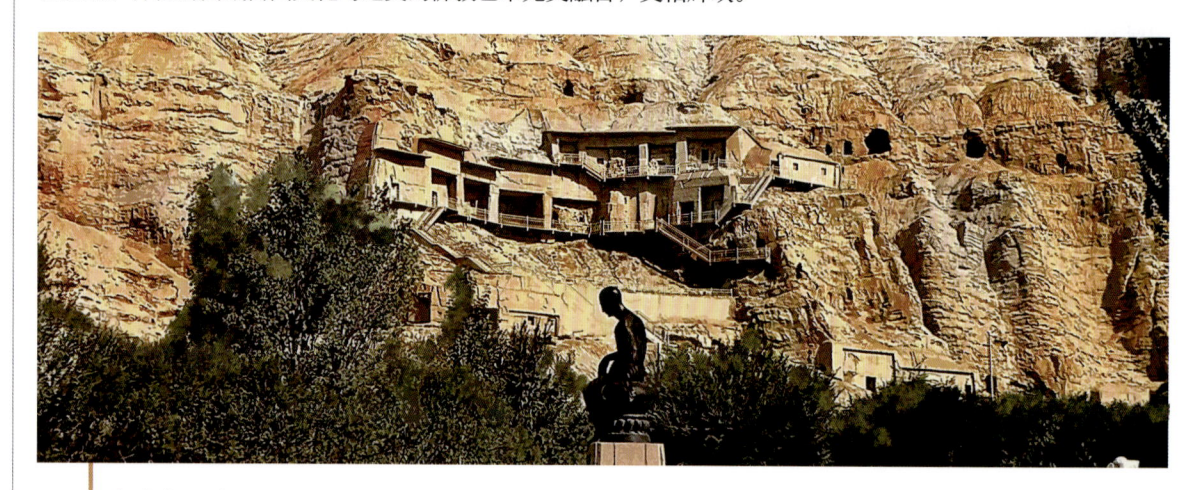

克孜尔石窟

克孜尔石窟是国家重点文物保护单位。石窟始凿于 3 世纪后期，编号洞窟 236 个。石窟中包含建筑、雕塑、壁画等艺术作品，是我国修建最早、规模最大、位置最西的石窟寺群和艺术瑰宝。

随后，佛教自西域向东传播，当其穿越河西走廊这一东西向的狭长地带时，留下了独特的文化印记。甘肃与宁夏因此成为世界石窟文化的圣地。在这里，不仅拥有世界上现存规模最大、内容最为丰富的敦煌莫高窟，还保存着有明确纪年可考的最早石窟，即炳灵寺石窟，以及被誉为石窟艺术鼻祖的天梯山石窟。这些石窟共同彰显了中国石窟历史的辉煌与成就。

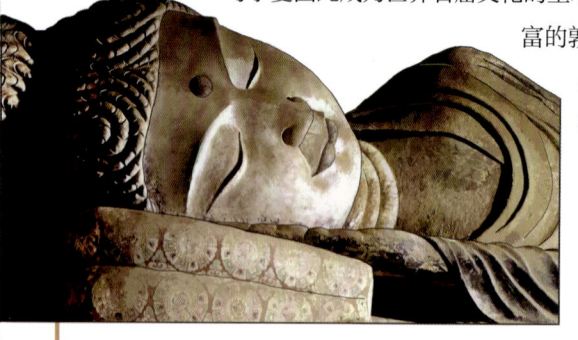

涅槃像

在敦煌莫高窟第 158 窟内的佛床上，卧着一尊堪称莫高窟最大且最完美的释迦牟尼佛涅槃像。卧佛像长 15.8 米，头向南，足向北，右胁而卧，面向东。1200 多年来，佛像始终从容不迫、宁静坦然地面对着前来朝圣的人们。

炳灵寺石窟

炳灵寺石窟位于甘肃省临夏回族自治州永靖县西南约 52 公里处，错落开凿在小积石山黄河北岸大寺沟中，长 350 米、高 60 米的西侧崖面上，始凿于 4 世纪后期（西秦），5-10 世纪历代开凿，宋元明清历代维修。现有窟龛 185 个，雕像 776 尊，壁画 912 平方米。"炳灵"为藏语译音，意为"十万佛"。图为炳灵寺 169 窟，它是炳灵寺规模最大、时代最早、内容最丰富的洞窟，是炳灵寺石窟的精华所在。

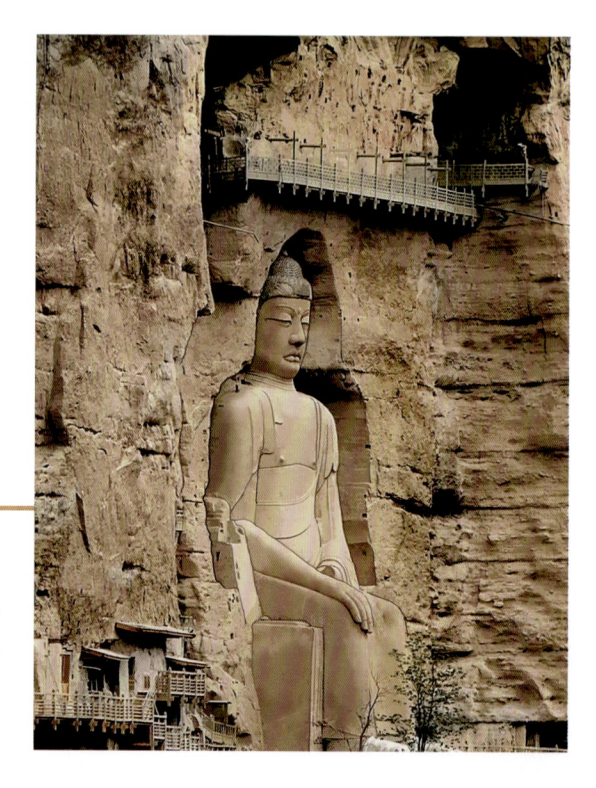

中国石窟艺术的真正蓬勃发展，要追溯到398年。那一年，北魏统一了北方，道武帝拓跋珪将都城迁至平城，即今日的山西大同，并将佛教确立为国教。得益于皇家的推崇，佛教再度迎来兴盛，石窟文化也随之正式步入中原大地。在此背景下，诸如中国规模最大的古代石窟群之一山西云冈石窟、中国石刻艺术的巅峰之作河南龙门石窟应运而生，成为这一时代的标志性产物。

云冈石窟

云冈石窟作为中国第一个皇家授权开凿的石窟，反映了北魏王朝的政治雄心。与我国诸多石窟寺比较，云冈石窟最具西来样式，即胡风胡韵最为浓郁，其中既有印度、中西亚艺术元素，也有希腊、罗马建筑造型、装饰纹样、相貌特征等，反映出与世界各大文明之间的渊源关系，这在中华艺术宝库中是独一无二的，对后世中国文化艺术的发展具有重要意义。图为第20窟露天大佛，是云冈石窟最具代表性的旷世杰作，将拓跋鲜卑的剽悍与强大、粗犷与豪放、宽宏与睿智的民族精神表现得淋漓尽致。

卢舍那大佛

卢舍那大佛是龙门石窟中艺术水平最高、整体设计最严密、规模最大的一座造像，以神秘的微笑著称，被国外游客誉为"东方蒙娜丽莎""世界最美雕像"。梵语"卢舍那佛"即光明普照、光辉普遍之意。

进入隋唐时期，丝绸之路成为世界上最繁华的商贸通道，与此同时，中国石窟也迎来了其历史上最为辉煌的篇章。在这一时期，石窟的建造规模愈发宏大，佛像的高度也不断攀升。仅在莫高窟一地，隋唐两代就开凿了多达300余个石窟。

至此，中国石窟发展史的第一个阶段——由西向东的传播与兴盛，圆满落幕。

（二）由北向南

中国历史上，因北方多次遭受战乱冲击，经济重心逐渐向南迁移。这一过程始于魏晋南北朝时期，隋唐时期继续发展，中唐之后逐渐确立，至宋代时彻底完成。

在宋代，由于南方经济的繁荣以及统治者对佛教的认同与扶持，石窟的开凿迎来了新的高峰。江苏、浙江、江西、四川、云南、重庆等地均出现了规模宏大的石窟。然而，这一时期的佛造像与前期相比有着显著的不同，主要原因是佛教在中国已经完成了本土化进程，佛像的审美观念也随之转变为世俗审美，充满了浓郁的生活气息。例如，我们熟知的重庆大足石刻、四川乐山大佛、杭州飞来峰造像等，都是这一时期的代表作。

飞来峰弥勒佛石像造型

飞来峰造像位于浙江省杭州市灵隐寺前的飞来峰上,在北麓山崖及自然洞壑中,有五代至元代造像 380 多尊,是浙江省最大的一处造像群。飞来峰造像有三个全国之最:一是元代造像最多、最集中的一处;二是雕造的对象从过去以佛为主体过渡到以罗汉为主体,是全国石窟中雕造罗汉像最多的地方;三是就汉族地区来说,是供奉与藏传佛教有关的佛像最多的地方。

大足石刻

大足石刻最初开凿于初唐永徽年间,历经晚唐、五代,盛于两宋,明清时期亦有所增刻,最终形成了一处规模庞大,集中国石刻艺术精华之大成的石刻群,堪称中国晚期石窟艺术的代表。1999 年,大足石刻被联合国教科文组织列入《世界遗产名录》。

(三)由盛转衰

在石窟艺术的发展轨迹中,唐朝安史之乱无疑是一个重要的历史转折点。自此之后,社会局势动荡不安,经济文化发展亦受到冲击,石窟艺术的兴盛局面逐渐式微。至宋代,大规模的石窟开凿活动已极为罕见,仅余零星之作;及至明清时期,石窟艺术更是步入衰微之境,仅存些许小规模的修缮与补充工程,昔日辉煌难再。

佛像的面容之上,常刻绘着永恒的宁静微笑,那嘴角微微上扬的弧度,仿佛蕴含着无尽的慈悲与智慧。然而,这抹微笑背后,实则承载着深厚的历史沧桑。每一尊佛像,都是特定时代的产物,其微笑之中,既映照出那个时代的辉煌与荣耀,也暗含着兴衰更替所带来的复杂情感,有盛世之时的欢欣喜悦,亦有乱世之中的悲怆哀愁。

二、飞天艺术的独特魅力

在石窟艺术的宏大画卷中，最为夺目且极富艺术感染力的元素之一，当属那轻盈飘逸、充满神秘韵味的"飞天"形象。

这些"飞天"以匠心独运的艺术手法雕琢而成，它们不仅是古代艺术家对美的极致探寻与表达，更是其内心深处宗教信仰的虔诚具象化呈现。作为石窟艺术中不可或缺的灵魂所在，"飞天"以其独特的魅力跨越时空，持续吸引着后世无数观者的目光，触动着人们的心灵，成为连接古今、沟通艺术与信仰的永恒桥梁。

（一）飞天的定义与命名

正式为"飞天"这一名词命名的是日本学者长广敏雄，在其专著《飞天艺术》中，他依据佛教壁画及佛经的相关记载，将那些竞歌起舞的形象——乾闼婆，赋予"乐神"或"歌神"的称号。敦煌研究院原音乐舞蹈研究室主任郑汝中，在《敦煌壁画乐伎》一文中明确指出："从狭义上讲，飞天指的是印度神话中的乾闼婆与紧那罗。"

乾闼婆，这一梵语词汇意为"变幻莫测"，故而魔术师亦被称作乾闼婆；而海市蜃楼这一自然现象，则被形象地称为"乾闼婆城"。至于紧那罗，他在古印度神话中是乾闼婆的伴侣，两者共同构成了这一神秘而迷人的角色组合，流传于世。

现存最早的古印度乾闼婆、紧那罗图像。出自印度中央邦巴尔胡特佛塔，（约建于公元前2世纪中期）上。

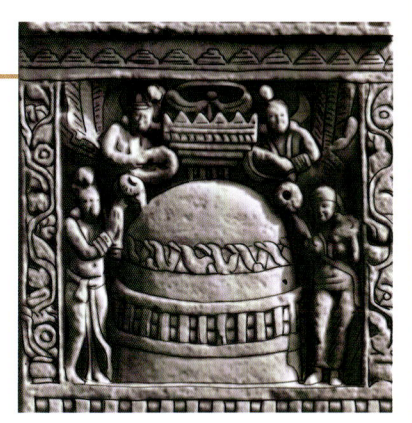

（二）飞天的角色

《中华大藏经》中记载："真陀罗，古云紧那罗，音乐天也。有美妙音声能作歌舞，男则马首人身能歌，女则端正能舞，次此天女多与乾闼婆天为妻室也。"

敦煌研究院原院长段文杰，在其文章《飞天：乾闼婆与紧那罗——再谈敦煌飞天》中指出，飞天是佛教艺术中佛陀八部侍从中的两类，即乾闼婆与紧那罗，这两个名字均为梵文音译。乾闼婆被视为天歌神，而紧那罗则意译为天乐神，他们共同生活在极乐世界中，弹琴歌唱，为佛带来欢乐。据传，他们形影不离，关系融洽，甚至被视为夫妻。我们通常所说的飞天，便是他们的合称。

此外，也存在另一种传说，认为乾闼婆与紧那罗均为男性。

（三）飞天的起源与佛教教义

佛法中阐述的"四圣谛"，即"苦、集、灭、道"，深刻揭示了人生之苦的实质、来源、消除路径，以及解决后的理想状态。《中论疏》对此有着精辟的论述："四谛是迷悟之本，迷之则六道纷然，悟之则三乘贤圣。"换言之，能够如实领悟四谛者，方能达到圣者的境界，这也是"四圣谛"名称的由来。

四谛作为佛教教义的核心基石，其影响力深远，佛教中所有重要的哲学思想，均在一定程度上与四谛相关联，或为四谛提供某种形式的论证。

在佛教的经典文献里，乾闼婆与紧那罗扮演着佛说法时歌舞助兴的角色，他们是佛国世界中传递欢乐与幸福的使者，所展现的正是人们脱离苦海后所享有的无忧无虑、极度快乐的生活状态，这与"四谛"中的"道"谛所描绘的理想境界不谋而合。

（四）飞天在石窟艺术中的呈现

石窟，最初是释迦牟尼及其弟子修行坐禅的圣地。随着时间的推移，石窟内逐渐融入了建筑、雕塑和壁画等多种艺术形式，最终演变成为宣扬佛教思想的综合性场所。在这样的场所中，乾闼婆与紧那罗这两位承担重要"宣传"角色的形象自然不可或缺。

这些神秘的人物形象，通常被精心雕凿或彩绘于佛龛两侧的上方、窟顶或龛楣等显眼位置。在敦煌石窟艺术的发展历程中，自其开凿建窟伊始，飞天形象便贯穿始终，不仅跨越的年代范围最为漫长，数量亦极为可观，且其艺术风格独树一帜，堪称敦煌壁画艺术星河中最为璀璨夺目的瑰宝。

（五）中国飞天与印度飞天的区别及演变

针对中国飞天与印度飞天的区别，段文杰在《飞天：乾闼婆与紧那罗——再谈敦煌飞天》中指出，敦煌飞天并非印度飞天的简单复制，亦非中国羽人的直接延续。它是以歌舞伎为原型，勇于吸纳外来艺术精髓，推动传统艺术革新，从而创造出体现中国思想意识、风土人情及审美观念的飞天形象，完美彰显了崭新的民族风格。

那么，这一转变过程究竟是如何发生的呢？梁振中与夏泛洲在合著的《从印度到敦煌：乾闼婆与紧那罗图像衍变研究》中详尽阐述道，在佛教逐步本土化的过程中，佛陀、菩萨及众神等形象均经历了一个由粗犷向精美、由不完善向完善逐步演进的过程。例如，在印度早期的图像资料中，紧那罗常被描绘为半人半鸟或半人半马的形态，面目狰狞。然而，当这一形象传入中国后，它大量汲取了本土的文化艺术元素，如道教羽人的飘逸、百戏的灵动、武术的力量，以及杂技的惊险等，逐渐在隋代形成了乾闼婆与紧那罗二神合体的新形象。此时的飞天形象，不仅眉目清秀、体态优美，性别特征也日益趋向女性化，增添了更多的亲和力和亲近感，最终演化为独具一格的敦煌飞天模式。

莫高窟飞天

位于莫高窟第428窟南壁说法图上方的飞天形象，于北周时期绘制。飞天面圆体肥，四肢短壮，变色后的形象显得粗犷狂怪，明显地保留着西域早期飞天的特色。

此外，乾闼婆与紧那罗的职能特点也得到了更为详尽的阐述。乾闼婆，这位被誉为"乐神"的存在，不仅精通音乐，还承担着施香、献花及作礼赞的神圣职责，因此常被描绘成在天宫云霄间自由飞翔，周身鲜花簇拥，故而又有"香音神"的雅称。而紧那罗，作为"歌神"，则专注于奏乐与歌唱，其手持的花环在艺术的演绎下，幻化为飞花、散花、落花的各种写意姿态，为画面增添了几分灵动与诗意。

因此，如果说飞天是敦煌乐舞艺术中的一颗璀璨明珠，那么更准确地说，是乾闼婆与紧那罗这两位乐神与中国传统文化艺术及审美理念的深度融合，共同催生了敦煌那无与伦比、灿烂辉煌的乐舞艺术。

莫高窟北凉壁画

268窟、272窟和275窟是莫高窟建造最早的三个石窟，被称为"北凉三窟"。窟中所绘飞天形象生硬，造型质朴，动作机械僵硬，身体多呈U形，显得较为笨重，整体造型为男性。

莫高窟献璎珞飞天

敦煌莫高窟第158窟西壁南侧上部有献璎珞飞天，中唐绘制。飞天头戴宝冠，身披璎珞，乘彩云自空而降，双手执璎珞，虔诚地奉献于释迦遗体，面带忧伤，内心虔敬，深刻地表现了悼念之情。

总结一下

总结而言，飞天在印度艺术中的表现倾向于写实主义，而在中国则转化为浪漫主义。印度飞天艺术注重厚重的体量感，强调物质的实在性。相比之下，中国飞天艺术则更加注重轻盈灵动的线条感，追求一种超脱世俗的精神境界。印度飞天往往追求情爱化的肉身表现，而中国的飞天则更多地体现为乐舞化的精神象征，这恰恰是中国人浪漫主义情怀的典型体现。

第十二节
探寻园林之美

你是否曾对"园林"这一独具韵味的景致心怀既向往又略带踌躇之情？

园林之美，确实令人难以抗拒。举目望去，青草如茵，绿竹轻摇，高树参天，花卉争艳，假山与清水相映成趣，构成了一幅幅动人的自然画卷。而园林中的建筑，如亭、台、楼、阁、轩、榭、廊、坊等，则与山水巧妙融合，灵动而富有诗意。更有那匾额、楹联、石刻、碑廊、字画等文化元素，文采飞扬，让人沉醉其中，流连忘返。

然而，当你漫步于这些园林之间，是否也曾有过一丝困惑？似乎大多数的园林都拥有着相似的景致和布局，若是一天之内游览多处，脑海中或许只剩下一片模糊的印象。大家或许会产生疑问：我此刻究竟身在何方？我刚刚游览的究竟是哪几个园林？这些园林之间又有着怎样的区别与特色？

留园

大型古典私家园林，占地面积 23 300 平方米，代表清代风格。园以建筑艺术著称，厅堂宽敞华丽，庭院富有变化，整个园林采用不规则布局形式，使园林建筑与山、水、石相融合而呈天然之趣。1997 年 12 月，作为苏州古典园林典型例证，经联合国教科文组织批准，留园与拙政园、网师园、环秀山庄共同列入《世界遗产名录》。

我们或许可以从这些问题出发，来更加深入地探寻园林之美，发现那些隐藏在细节之中的独特之处。如此，每一次的园林游览都即将化作一场充满惊喜的全新发现之旅，让我们在欣赏园林之美的同时，也能对中国的传统文化和园林艺术有更为深刻、透彻的认知。

一、天堂般的园林

园林，这一术语在深层意义上，被赋予了如天堂般的意境。中国第一代杰出建筑师、"建筑四杰"之一的童寯，其著作《江南园林志》被公认为中国园林现代研究的开创性作品。在这本书中，童寯巧妙地解读了繁体"園"字，认为园林的主要元素都蕴含其中：最外围的"囗"象征着围墙，中间的"土"形似屋宇平面，可代表亭榭；而居于中心的"囗"则象征着池塘，其下方的字形既似石又似树。尽管"園"字本质上是一个形声字，"袁"部分仅表音不表意，但童寯的这种解读无疑为我们提供了一个饶有趣味的视角。

在国际上，园林的定义同样深远而富有意义。1981 年，国际古迹遗址理事会与国际历史园林委员会在意大利佛罗伦萨共同起草了《佛罗伦萨宪章》。该宪章第五条明确指出，园林不仅是人类文明与大自然亲密关系的体现，更是人们静思与休闲的理想场所，因此被赋予非凡的意义。首先，园林近乎理想化的世界意向，近乎词源意义上的"天堂"；其次，它是某种文化、风格或历史阶段的象征；最后，它还常常是艺术家创造力的独特见证。

简而言之，园林就是人们心中的天堂，是供人们休息与创作的理想场所。

据《汉书·郊祀志》记载，汉武帝对神仙之道情有独钟。在建造建章宫时，他于北面开凿了一个大型水池，命名为"太液池"。池中筑有蓬莱、方丈、瀛洲、壶梁等仙山模型，并配以龟鱼等海洋生物，仿佛再现了海中的神秘仙境。此后，"太液池"与蓬莱、方丈、瀛洲这三座仙山的组合，逐渐固定下来，被统称为"一池三山"，成为皇家园林设计中不可或缺的题材。这一传统题材自汉代始创，一直沿用至明清时期，深受皇家青睐。

建章宫平面图

图中展现了建章宫北侧太液池中三座仙山之景。此后诸多宫苑，如北齐邺城仙都苑大海，北魏和南朝时期华林园天渊池，隋唐时期的长安后苑、洛阳东都宫九洲池、洛阳西苑，宋代艮岳，元明太液池，清朝圆明园福海、颐和园昆明湖、避暑山庄"芝径云堤"，以及杭州西湖小瀛洲、湖心亭、阮公墩的建设等，皆承袭"一池三山"的蓬莱模式。

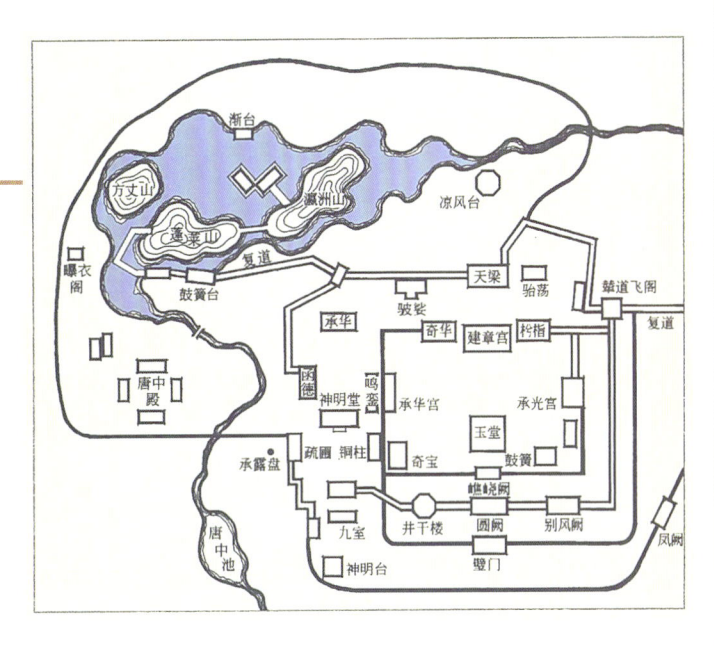

除了寄托对神仙世界的向往，铺张奢华、炫耀权力，以及满足娱乐的需求也是皇家园林重要的风格特征。例如，始于秦始皇、盛于汉武帝的上林苑，以及宋徽宗的艮岳，都是这方面的典型代表。上林苑的规模宏大、广阔无垠，这里既可以进行农业生产，也可以进行军事训练；它既是野生动植物的乐园，又是一个集各种游乐功能和娱乐设施于一体的大型娱乐场所。

相较于通过营造"一池三山"来假装自己居住于仙境之中，这些世俗的功勋展示、权力的象征及丰富的娱乐活动，可能对帝王而言更具有现实的吸引力，这才是他们真正向往的人间天堂。

《上林图全卷》（局部）

藏于台北故宫博物院。该画作取材自西汉司马相如的《上林赋》，描述了上林苑的宏大规模，以及天子率众臣在苑中狩猎的壮观场面。

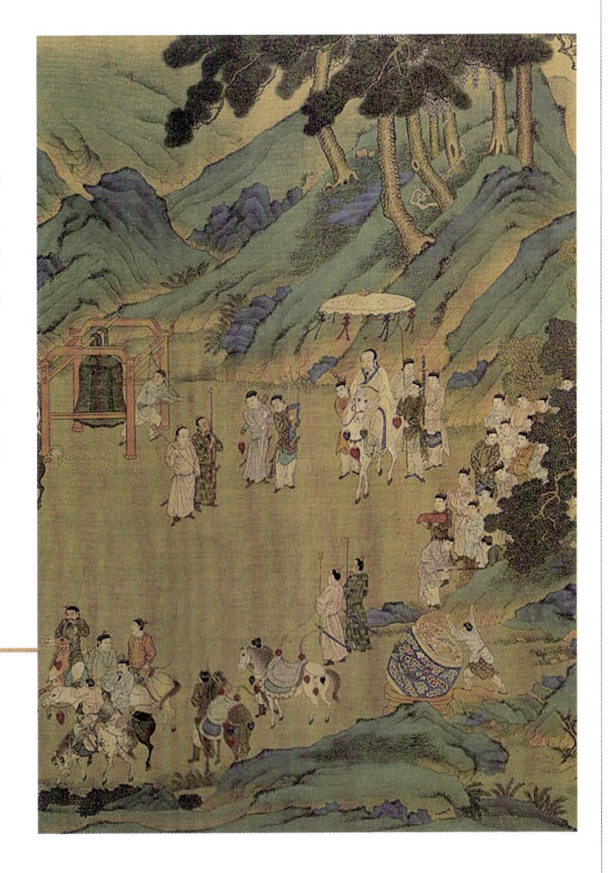

文人和商贾的私家园林，又构成了怎样性质的"天堂"呢？中国著名的大诗人白居易，同时也是中国第一位文人造园家，在他58岁时创作了一首名为《中隐》的诗。诗中写道："大隐住朝市，小隐入丘樊。丘樊太冷落，朝市太嚣喧。不如作中隐，隐在留司官。似出复似处，非忙亦非闲。不劳心与力，又免饥与寒。终岁无公事，随月有俸钱。"白居易在诗中表达了自己的观点：大隐是隐居于繁华的城市之中，小隐则是隐居于偏远的乡村，但隐于城市过于喧嚣，隐于乡村又过于冷清。他认为最佳的选择是"中隐"，即担任像"留司官"这样的闲职。这样既能依靠朝廷的俸禄维持生活，又能拥有充裕的时间去追求精神世界的满足。

对于文人和商贾而言，他们的私家园林或许就扮演着这样"中隐"天堂的角色。在这些园林中，他们既能远离尘世的喧嚣，享受一份宁静与雅致，又能保持与社会的联系，满足生活的实际需求。私家园林成为他们追求精神寄托、享受闲适生活的理想之地。

拙政园

"江南四大名园"之一的苏州拙政园，一门写疏朗，一门写淡泊，进退两相宜。

"中隐"这一思想，起初或许只是诗人在官场中寻求一种"摸鱼"的行为模式，然而，它意外地为文人的"隐逸"情怀提供了坚实的理论支撑。长久以来，文人在"大隐"于市与"小隐"于野之间徘徊不定，人格常常处于分裂状态，而"中隐"则为他们找到了一条完美的解决之道。

同时，"中隐"思想也为文人在城市中建造园林提供了底层逻辑。这一逻辑认为，城市中的园林，既能让居住者开门即拥抱繁华尘世，又能关门便隐身于人海之中。这种环境使得居住者可以进退自如，无论是身份还是心态的切换，主动权都牢牢掌握在自己手中。这种设计理念，与今天大城市中的别墅不谋而合。由此可见，对于居住的终极梦想，以及追求成为富贵闲人的想法，古今并无二致。

二、皇家园林和私人园林的区别

《建筑与文化》杂志曾发表过一篇题为《斯物尚存，南北竞秀——南北园林特征对比分析》的文章。该文章深入探讨了北方皇家园林与江南私人园林之间的主要差异，这些差异具体体现在空间布局、建筑形态、山水营造、花木配置，以及色彩搭配等五个方面。

（一）空间布局

北方皇家园林的特点在于建筑众多、规模宏大，它们往往通过化零为整的方式，并利用中心轴线的对称性来增强整体的秩序感，以此凸显皇家的尊贵与威严。

相比之下，南方古典园林大多采用了内向式的布局设计，给人一种宛如天女散花般的随意与灵动。因此，游客在游览南方古典园林时，往往会发现观赏路线呈现出环形、封闭的特点，仿佛绕来绕去都在这个精致而紧凑的空间圈子里。

古猗园平面图

整个园林几乎找不到一条直路。古猗（yī）园位于上海市西北郊嘉定区南翔镇，始建于明嘉靖年间，原名"猗园"，取自《诗经》中的"绿竹猗猗"。清乾隆十一年（1746 年），更名"古猗园"，为上海五大古典园林之一。

（二）建筑形态

北方皇家园林中的建筑，大多以四合院为基本模式，展现出稳重而端庄的风貌。此外，这些建筑的檐宇出挑深度通常较小，斗拱的尺度也相对精致，梁柱的比例则显得较为粗大，屋顶线条呈现出平缓而优雅的曲线，增添了几分庄重与典雅。由于北方冬季气候寒冷，为了应对这一环境特点，园林建筑的墙体普遍设计得较为厚实，窗户数量较少，柱子也粗壮有力，这些设计不仅增强了建筑的保温性能，也赋予建筑更加庄重、稳重的视觉效果。

西湖集贤亭

同样为重檐四角攒尖顶，但出挑深度较大。

颐和园知春亭

位于昆明湖东岸边，建筑面积 104.84 平方米，为重檐四角攒尖顶。亭畔遍植垂柳，春来景色殊胜，凭栏可纵眺全园景色。据传"知春"二字源于宋诗句"春江水暖鸭先知"。每年春天昆明湖解冻总由此处开始，故取名知春亭。

南方园林中的建筑，普遍拥有高挑的檐宇、细长的柱子，以及精致通透的花窗。在结构设计上，它们多采用穿斗式结构，或是穿斗式与台梁式相结合的混合结构。薄而轻盈的墙体，搭配上通透的隔扇屏风，营造出一种轻巧灵动的空间感受。

（三）山水营造

北方皇家园林凭借其广阔的占地面积，能够直接将真山真水融入园林设计之中。

缺乏自然山水资源的南方园林，往往运用人造景观。在有限的水面上，通过巧妙布局曲廊、水榭或点缀荷花，水面即刻被赋予丰富的层次感。同时，利用太湖石堆叠出蜿蜒曲折的假山群，使游人在探索中感受到"不可知其源"的神秘与趣味。这种一步一景、重重叠叠、曲折蜿蜒的设计，让小巧的南方园林充满了无限探索的乐趣，仿佛总有看不完、逛不够的景致。

片石山房

扬州城南花园巷片石山房，又名双槐园。该园以湖石著称，园内假山传为石涛所叠，结构别具一格，采用下屋上峰的处理手法。主峰堆叠在两间砖砌的"石屋"之上，西道跨越溪流，东道穿过山洞进入石屋。

（四）花木配置

北方园林在花木的配置上，倾向于选择高大的乔木或四季常青的树种，以确保即使在寒冷的冬季，园林中仍能保持绿意盎然的景观。此外，凭借皇家的权威与财富，只要皇帝有所喜好，任何奇花异草都能被引入皇家园林，增添其奢华与多样性。

南方私家园林中的植物则多以小尺寸为主，这并非因为园主财力不足，而是为了避免大型植物遮挡建筑，从而保持园林空间的开阔感与精致度。更重要的是，作为文人的园主们，往往借植物以言志，梅、兰、竹、菊、莲、松等，不仅是园林中的自然元素，更是园主们自我象征与精神追求的载体，通过这些植物，园主们得以寄托情怀，彰显其高雅的审美情趣与人生追求。

扬州个园共有竹子近两万竿，竹类最多时有 60 多个品种，现在存活 45 种。由于竹叶的造型很像"个"字，而且竹子的半个字也是"个"字，所以取名"个园"，寓意竹园。

（五）色彩搭配

皇家园林以其华丽的色彩著称，如采用代表皇族无上尊贵的黄色屋顶，搭配生机勃勃的绿色琉璃瓦，以及传统中式风格的红色梁柱结构，共同营造出一种庄严而辉煌的氛围。

南方古典园林则展现出一种淡雅的气质。其墙体多采用"粉墙黛瓦"的经典搭配，即白墙黑瓦，而梁、柱、栏杆等则多用深红色，这样的色彩运用既显得低调内敛，又巧妙地契合了园主们追求隐逸山水、超脱世俗的心境。

苏州博物馆

博物馆本身是一座粉墙黛瓦的江南园林。

三、如何欣赏江南私人园林

当我们踏足一座江南私人园林，究竟应该从哪些角度去欣赏和品味它呢？针对这一疑问，浙江大学教授、古典园林研究专家陈健先生，在一次演讲中为我们指明了方向。他归纳了九个关键的欣赏指标：位置、立基、掇山、理水、植栽、建筑、文字、游戏，以及主人背景。接下来，我们就借助这套全面的体系，来深入学习和欣赏江南园林的独特魅力。

（一）位置

在明代杰出造园家计成的著作《园冶》中，"位置"被形象地称为"相地"，即指园林所选的地理位置。书中将"位置"细分为六种类型：山林地、旁宅地、郊野地、村庄地、江湖地和城市地。在这六种类型中，最为理想的是"山林地"，其优势在于自然景致几乎无须过多人工设计，园林之美已浑然天成。而相对而言，最不适宜建造园林的则是"城市地"，计成甚至用"城市不可园也"一言以蔽之，意指在城市环境中建造园林的难度极大，难以达到理想的自然和谐之境。

上海豫园地处上海市中心，从建园开始便是城市生活的一部分。

尽管计成认为江浙沪地区的大部分园林都选择在了相对不那么理想的城市地上，但正如前文所述，根据白居易"中隐"的理念，城市地实际上具备独特的优势。只要造园技艺足够精湛，能够巧妙地将人工与自然融为一体，达到"虽由人作，宛自天开"的境界，那么城市地不仅能够让园主享受都市生活的便捷，还能同时拥有山林野趣。更重要的是，这样的园林往往具有巨大的升值潜力，真正实现了便捷性、自然美与资产增值的三重完美结合。

（二）立基

立基，即园林的布局规划。中国传统建筑的布局严谨地遵循着秩序与等级原则，无论是开间、进深的设定，还是色彩、用材及装饰的选择，都严格对应着居住者的身份地位，不容僭越。然而，江南园林却以其独特的姿态，成为挑战这种"等级秩序"的先锋。

有人将私家园林戏称为"牢骚园"，意指那些在职场失意、心怀抑郁之人，能在自家园林中找到一片抒发情感的天地。尤其对于那些历经官场起伏、最终选择归隐的贤士大夫而言，这种淡泊名利、怡然自得的园林生活，无疑是他们梦寐以求的避风港。因此，江南园林自诞生之日起，便洋溢着一种不受拘束的散漫气息，只要有美景可赏之处，皆可筑屋，朝向随心，不受任何既定规则的束缚。可以说，住宅建筑的首要原则是秩序井然，而园林建筑则是以取景为首要考量，追求的是"我的秩序"，而非外界的条条框框。

上海秋霞圃平面图，游客身处其中，常因路径复杂而迷失方向。

以上海"五大名园"之一的秋霞圃为例，这座明代园林由三座小巧精致的私家园林组合而成，其布局独特，初看之下或许令人感到有些迷乱，宛如一幅自由挥洒的山水画卷。因此，在进入园林之前，建议先仔细研究其布局图，以免在园中迷失方向，错过其中精心设计的景致。

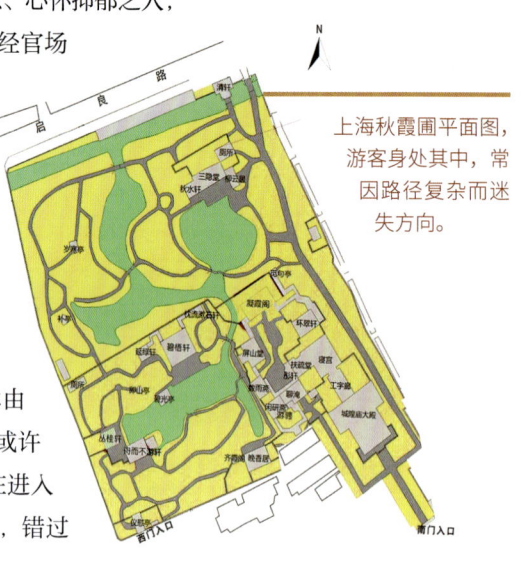

（三）掇山

掇山，亦称叠山或堆山，即是指堆砌假山的过程。在中国园林中，山是不可或缺的元素，无论是小巧的观赏石，还是宏大的山体景观，都被视为园林之山。明代之前的造园师倾向于打造整体的山形，而明代之后，叠山技艺逐渐转向写意，更加注重表现山的局部特征，这便是"未山先麓"的造园理念。

至于这些假山所用的石材，在江南地区，最为常用的便是产自太湖地区的太湖石。这些石头经年累月地受到湖水的浸润与冲刷，形成了千疮百孔、玲珑剔透之态，造型多样且奇特，非常适合用于塑造假山的形态，为园林增添一份自然与野趣。

苏州留园东部冠云峰，因其形又名观音峰，是苏州园林中著名的庭院赏石之一，充分体现了太湖石"瘦、漏、透、皱"的特点。冠云峰相传为宋代花石纲遗物，因石巅高耸，四展如冠，故名"冠云"。

由于太湖石的质地与形态极为优越，宋徽宗特地在苏杭设立了应奉局，专门派遣人员前往江浙地区广泛搜集珍稀的花卉、奇异的树木，以及形态嶙峋的太湖石，并将这些自然珍宝千里迢迢运往京城汴京，这一壮举被后人称为"花石纲"。

"宋四家"之一的米芾，同样对奇石情有独钟，甚至到了如痴如醉的地步。他曾对自己精心收集的奇石行跪拜大礼，尊称其为"石兄"，并创造性地提出了"瘦、漏、皱、透"四字赏石审美标准。这四个字，不仅精准地概括了奇石的外形特征，更深刻地折射出中国赏石文化的丰富内涵与深厚底蕴。

（四）理水

理水，是指设计或安排园林中的水体。在中国传统园林中，水体的设计至关重要，它要求必须引入活水，而非现代园林中常见的自来水，以体现自然与生动。

那么，古人又是如何理水的呢？

首先，他们会精心考量水体的形状，力求使其与园林的整体布局相协调；其次，细致规划水流的起点（水头）与终点（水尾），确保水流的自然流畅与美观；最后，将水与山巧妙结合，使山水相依，相得益彰，从而赋予整个园林以生机与活力。

水是苏州园林的灵魂，《园冶》曰："卜筑贵从水面，立基先究源头"，即园林内房屋的位置最好临水，规划房屋时要分析水源所在。故而规划园林的第一步是理水，即布置园内的水。十亩左右的园林基地，取十分之三的面积，开挖水池形状，随地势布局，最忌建成规则的方、圆样式。

（五）植栽

中国的园林中，许多树木的形态都是经过长年累月的精心剪裁与培植，才呈现出如今这般自然流畅、别具一格的造型。这些树木不仅为园林增添了绿意与生机，更以其独特的形态成为园林中不可或缺的景观元素。

从这一角度来看，中国的古典园林仿佛是大自然的一个缩影，将山川之美、草木之灵巧妙地融入其中，让人仿佛置身于一幅生动的山水画卷。

上海秋霞圃中的"秋霞"二字典自王勃《滕王阁序》的"落霞与孤鹜齐飞，秋水共长天一色"，寄托了原园主不坠青云志的愿望。每年12月中旬，秋霞圃的金氏园百棵枫树到了最佳赏红时节，满园红枫恰似红霞栖落，散落期间的金黄银杏、红色榉树、橙色乌桕也已显现出油画般的饱满色度，与红枫高低错落、远近相宜，在阳光的照射下，散发着五彩斑斓的迷人色彩。

（六）建筑

园林中的建筑，其功能远不止于满足居住需求，观景价值同样占据着举足轻重的地位。因此，园林建筑在设计上极为讲究通透性，东南西北各个方向均可作为主立面进行精心打造，如此一来，便能全方位、无死角地捕捉并融入园中的每一处美景。

除此之外，园林建筑在布局上还遵循着"宁小毋大，宁散毋聚"的原则。这意味着，相较于宏伟庞大的单体建筑，小巧精致、分布错落有致的建筑群更能体现园林的韵味。这样的布局方式，不仅让建筑本身显得灵活多变、富有层次感，更重要的是，它能够与周围的自然景观达到一种微妙的和谐与平衡，使整个园林空间显得更加自然、生动，令人心旷神怡。

园林中的建筑，无论是亭、台、楼、榭，其结构都颇为相似，具有高度的灵活性。例如，给一座亭子加上四面墙壁，它就可能转变为一个阁；而将阁放大，又可能成为一座厅堂。这种设计的巧妙之处，恰在于园林的核心追求是寄情山水，而非彰显身份地位。因此，园林中的建筑鲜少出现庞大、繁复或富丽堂皇的景象，以免给人留下缺乏文化底蕴的印象。

醉白池

上海松江醉白池，中国历史名园，上海五大古典园林之一，原址为宋代松江进士朱之纯私家宅院谷阳园。明代董其昌在此处建造四面厅、疑舫等建筑，与一批文人在此觞咏挥毫。清代顾大申在旧园址上进行重建。此为园内长廊上的一个门洞，造型优美，尽得巧思。

（七）文字

园林中为何要有文字的点缀呢？这是因为文字不仅是诗意的表达，更是园林主人文化水平、性格特点，以及志趣爱好的直接体现。许多看似平淡无奇的场景，在赋予了名字、题写了诗歌或悬挂了对联之后，便立刻被赋予了全新的意境，使得园林的整体氛围与文化内涵得到了极大的提升。

沧浪亭

苏州四大古典园林（沧浪亭、狮子林、拙政园、留园）之一，是苏州现存园林中历史最为悠久、唯一以亭子名命名的园林。沧浪亭的石柱上有一副流传很广的对联："清风明月本无价，近水远山皆有情。"这副对联是在清代修复沧浪亭时，由梁章钜所题的集句联，如今成了沧浪亭思想内涵的代表。它实际上是来自两首诗的集句，其上联来自欧阳修《沧浪亭》中的"清风明月本无价，可惜只卖四万钱。"下联来自苏舜钦《过苏州》中的"绿杨白鹭俱自得，近水远山皆有情。"

比如，沧浪亭之名，寓意于沧浪之水的清浊之间，深刻表达了苏舜钦超脱名利、清高自守的意境；拙政园则是王献臣自谦之词，用以形容自己不擅官场应酬，甘愿从事浇花种菜等"拙政"之事；而网师园中的"网师"，意指渔夫，单从园名便可窥见其"渔隐"的初衷。若将造园比作画龙，那么文字便是那画龙点睛之笔；若将园林视为山水画卷，文字便是那点缀其上的诗词，二者相辅相成，共同构筑了一幅意境深远的诗画长卷。

（八）游戏

游戏常被视作一个人真性情的自然流露，当一个人能全然沉浸于游戏中时，往往意味着他已进入了一种忘我的境界。在园林这一方寸之间，所举行的各类"活动"，实则是对园子主人品位及其交友圈子的生动映照。无论是品茗挥毫、鉴赏美食、畅谈人生、吟诗唱和，还是曲水流觞、歌舞翩翩，这些风雅之事，无不彰显着园主自在逍遥的生活态度与高雅情趣。

（九）主人

"主人"一词，在园林语境中蕴含着双重含义：一是指园林的实际拥有者，即业主；二是指园林的设计者，即通常所说的设计师。在明代之前，园林设计师的概念尚未明确，那时的士大夫阶层往往亲自操刀设计，他们打造的园林被称为文人园，这些园林因此充满了诗意与画意。

为何我们需要深入了解园林的主人呢？原因在于，园林不仅是自然的人化体现，更是主人心性的物化象征，是其内心世界的直观反映。由于每个人的经历、品位及文化水平各异，因此所造之园也必然各具特色，散发着不同的韵味与气息。

拙政园

苏州拙政园始建于明正德四年（1509年），为明代弘治进士、御史王献臣弃官回乡后，在唐代陆龟蒙宅地和元代大弘寺旧址处拓建而成。取晋代文学家潘岳《闲居赋》中"筑室种树，逍遥自得……灌园鬻蔬，供朝夕之膳……此亦拙者之为政也"的句意，将此园命名为拙政园。

总结一下

江南私家园林无疑是世界园林体系中的一朵瑰丽奇葩，它的诞生是天时、地利、人和多重因素交织融合的结晶。首先，江南地区的经济富庶，为园林建设提供了坚实的物质基础，此乃"天时"之利；其次，江南水系发达，为园林营造提供了得天独厚的水资源条件，此乃"地利"之便；再者，江南文化繁荣，汇聚了大量能工巧匠与文化精英，为园林的设计与建造注入了无限创意与智慧，此乃"人和"之美。

第十三节
寺、庙、庵、观、祠的文化解码

寺、庙、观、庵、祠，这些宗教或纪念性建筑，虽同为精神寄托之所，却在历史、功能及文化意义上各具特色。本节将详细阐述它们的区别。

一、"寺"和"白马寺"的渊源

一提到寺，你或许会列举出诸多名寺，如少林寺、白马寺等。

那么，寺都是僧人居住之地吗？其实不然。《说文解字》有云："寺，廷也。有法度者也。"原指宫廷侍卫，后侍卫官署亦称"寺"。例如"大理寺"，即为古代的审判机关。

少林寺

少林寺始建于北魏太和十九年（495年），是孝文帝为安顿印度高僧跋陀落迹传教而兴建的寺院。因其坐落于嵩山腹地少室山茂密丛林之中，故名"少林寺"。少林寺不仅是禅宗的发祥地，还是中国功夫的发祥地，有"禅宗祖庭，功夫圣地"之称，被誉为"天下第一名刹"。

"寺"的起源可追溯至秦代，至西汉时，随着三公九卿制度的建立，三公官署称"府"，九卿官署则称为"寺"，即"三府九寺"。其中，鸿胪卿的官署名为"鸿胪寺"，职责近似后世的礼宾司。"鸿"原指天鹅或大雁，通"洪"，意为大；"胪"原指皮肤，引申为传达。东汉明帝刘庄特遣使者，将印度高僧摄摩腾和竺法兰迎至中国，初居洛阳鸿胪寺。为使其长留中国，明帝下令仿鸿胪寺建造新寺院，因经书由白马驮运而来，遂命名为"白马寺"。沿用"寺"名，意在表明寺院乃普及善法之地，犹如学府。

白马寺

始建于东汉永平十一年（68年），是佛教传入中国后兴建的第一座官办寺院，乃中国、越南、朝鲜、日本及欧美国家的"释源"和"祖庭"，被誉为"天下第一寺"。

隋唐之后，尽管带有行政职能的"寺"这类机构在名义上依然存在，但实际上已基本丧失了原有的实际权力。此后，除了大理寺因其所承担职能的重要性无可替代，因而一直延续存在至清朝，其他以"寺"为名的帝王行政机构数量逐步减少。由此，"寺"这个词逐渐演变为佛教建筑的专用称谓。

二、"庙"和"朝廷"的关系

"庙"的繁体字写作"廟"，上部是广字头（读作 yǎn），下部是"朝"字。这里的"朝"字除了起到表声的作用，还蕴含着"朝廷"的意味，意味着被祭祀的人与朝廷君王一样尊贵，或者说宗庙和朝廷一样受到人们的尊重。

"庙"的历史可以追溯到商代，当时庙的规模有着严格的等级限制。《礼记》中记载："天子七庙，卿五庙，大夫三庙，士一庙。"这表明从天子到王公贵族，都有权建立祭祀祖先的"宗庙"，但普通百姓则没有这样的权利。其中，帝王的祖庙被称为"太庙"，而其他有官爵的人所建的则称为"家庙"。

太庙

北京太庙按照"左祖右社"的古制，与故宫同时期建成，历经明清两朝，是中国现存较完整的、规模较宏大的皇家祭祖建筑群。图为太庙享殿，位于戟门正北，又称前殿或大殿。殿宇坐落在高 3.46 米的三层汉白玉须弥座上，殿高 32.46 米，采用黄琉璃瓦重檐庑殿顶，檐下悬挂满汉文书写的"太庙"九龙贴金题额。

汉代以后，"庙"的功能逐渐扩展，不再局限于祭祀祖先，而是演变成为祭祀各种圣贤、神灵、文人及武士等的重要场所。例如，文庙专门用于祭祀孔子，武庙则供奉关羽，而妈祖庙则是为了纪念和祭祀海神妈祖。

泉州天后宫素来被认为是海内外建筑规格最高、规模最大的祭祀妈祖的庙宇，也是唯一被国务院审定公布的国家重点文物保护单位。

随着历史的演进，"庙"的含义也在不断变化。宋代大文豪范仲淹有云："居庙堂之高，则忧其民；处江湖之远，则忧其君。"此处的"庙堂"，实则指的是朝廷。

时至今日，在人们的日常用语中，"寺"与"庙"常被并称，统称为"寺庙"。然而，二者实则存在显著差异，有一简易分辨之法：若其用途在于求索学问、参悟佛道，则此等场所谓之"寺"；若其用途在于追思缅怀祖先、祭拜各路神灵，则此等场所谓之"庙"。

三、"庵"的核心是"关门"

"庵"（yǎn）字的核心意义在于"关门"。从字形上看，"庵"的"广"字头显然与房屋或建筑相关，而其下的"奄"（同样读作 yǎn）字，通"阉割"的"阉"，原意是指将门关起、闭合。因此，由"广"与"奄"组合而成的"庵"字，意指关起门来、不对外开放的居所。简而言之，可以理解为"掩盖起来、不开放的地方"。

历史上，"庵"最早用来指代圆形的草屋，或小庙。这种简朴且僻静的小屋，非常适合修行或读书，因此深受文人墨客的喜爱，他们常将自己居住或读书的地方命名为"庵"。例如，陆游晚年隐居山阴时，其书斋便名为"老学庵"，以此表达他活到老、学到老的志向。

至于后来为何将尼姑居住的地方称为"尼姑庵"，原因颇为直观：佛门乃清净之地，男女自然应当分开。而"庵"字既含有修行的意味，又兼具隐蔽的特性，因此将尼姑的居所称为"尼姑庵"，再合适不过。

亚青寺

建于 1985 年，位于四川省甘孜地区，被誉为中国最大的尼姑庵，是一座大型修学之地。

四、"道观"就是"观道"的意思

"道观"一词，从字面上理解似乎意为"观道"，即观览、体悟道之所在。但若深究其背后所承载的历史渊源与文化内涵，实则更为丰富深厚。

"观"最初作为一种建筑，是指古代天文学家用于观察星象的"天文观察台"。然而，这一建筑名称后来为何成为道家的专属，这背后有着一段故事。

相传，汉武帝晚年为了追求长生不老之术，命令方士在甘泉宫建造了一座名为"延寿观"的建筑。自此之后，建造"观"的风气开始在全国范围内流行起来。到了汉元帝时期，一位名叫汪仲都的道士，因成功治愈了汉元帝的顽疾而被引入皇宫内的"昆明观"，成为历史上第一个进入皇家"观"中的道士。此事件对于道门中人的影响极为深远，为了感念皇恩，他们开始将道教的场所称为"观"。

白云观

白云观位于北京西便门外，为道教全真龙门派祖庭，享有"全真第一丛林"之誉，有"洞天胜境""琼琳阆苑"的美称。新中国成立后，中国道教协会、中国道教学院，以及中国道教文化研究所等道教界的全国性机构均曾设立在白云观。

道教对天体怀有至高崇敬之情。依古代从右向左的书写习惯，"道观"二字可解读为"观道"，其中"道"被视为一种超凡的精神追求。古语有云："凡人皆以仰望，故借观观道"，意指"道"如天际星辰般深邃莫测，人们唯有不断观看、揣摩，方能探寻其中真谛。

基于此，道观成为道士"窥探"宇宙奥秘、"洞察"人类精神的修行之地。如此看来，"道家"居所被称为"观"实至名归，这一命名既体现了道教对天体的尊崇，更深刻反映了其追求精神真理的执着内涵。

五、"祠"为"庙"的延伸

"祠"字是一个形声字,由"示"和"司"两部分组成,其中"司"也承担了表音的功能。"示"通常指代"祖先",而"司"的本义为"世代从事某专业",引申为"专业执掌"或"专职从事"。将"示"与"司"结合,便构成了"祠",意指"世世代代专门祭祀祖先的庙堂"。

祠的出现与庙有着紧密的联系。在之前讨论庙的内容中,我们提到中国最大的家庙是皇帝家的太庙,其次是各诸侯、王公的宗庙。根据《周礼》的规定,普通庶民是没有资格建立家庙的,他们只能进行路祭。

然而,随着时间的推移,人们对于祖先的崇敬与缅怀之情愈发深厚,仅靠路祭的方式已难以充分表达。1536年,明代的嘉靖皇帝颁布了一项法令,允许普通民众为自己的家族修建祠堂。这一法令的颁布,使得宗祠与家谱一起,成为家族最为重要的象征。从此以后,祠堂便成为庶民祭祀祖先、传承家族记忆的重要场所。

广州陈家祠堂

又称"陈氏书院",俗称陈家祠,是广东省各地陈氏宗族共同捐资兴建的"合族祠",为陈氏宗族子弟赴省城备考科举、候任、交纳赋税、诉讼等事务提供临时居所。陈家祠堂是广东省著名的宗祠建筑,也是我国现存规模最大、保存最完好、装饰最精美的祠堂式建筑,被誉为"岭南建筑艺术的明珠"。

民间的祠堂功能多样,意义重大。它不仅是祭祖的重要场所,承载着家族对先人的缅怀与敬仰;更是宗族人员举办婚、丧、寿、喜等人生大事的活动中心,见证家族的传承与延续。此外,当族亲们需要商议族内的重要事务时,祠堂也常是首选的集会之地,其庄重肃穆的氛围为族人们提供了良好的交流与决策环境。祠堂还具有维护家族秩序的作用,若族人违反了族规,他们会被带到宗祠接受处罚,情节严重者甚至会被驱逐出宗祠,以显族规的威严。鉴于祠堂在家族生活中扮演着如此重要的角色,其规模自然要比普通民宅大上许多,建筑质量也更为优良,以彰显家族的荣耀与地位。

当然,祠堂的供奉对象并非局限于祖先,一些贤哲之人同样被纳入祠堂的供奉范畴。以成都的武侯祠为例,它便是专为供奉诸葛亮而建的场所。在此情境下,武侯祠在功能与象征意义上,与庙已无显著差异,故而也被人们称作孔明庙。

第十四节

如何看懂一座孔庙

孔庙,是为缅怀与尊崇孔子而专门建造的祠庙。中国首座孔庙诞生于山东曲阜,这座承载着深厚历史文化底蕴的建筑,见证了儒家思想的起源与传承。

随着历史的演进，中国各个朝代对孔子儒家学说极为推崇，受此影响，孔庙在国内的分布日益广泛，影响力也不断扩大。据统计，国内的孔庙数量多达1600多座，其中保存较为完好的约有300座。这些孔庙，每一座都蕴含着独特的文化内涵，是中华文化传承的重要载体。下面以上海嘉定孔庙为例，深入剖析孔庙的布局与特色。

一、嘉定孔庙：吴中之冠

嘉定孔庙始建于南宋嘉定十二年（1219年），历经800多年的沧桑岁月，其间不断修缮、扩建、重修达百余次之多，被誉为"吴中之冠"。时至今日，它仍然是上海西北部规模最大的古建筑群。

嘉定孔庙意义非凡，它不仅是嘉定地区的教化源头和象征，更在800年的历史长河中，培育了7000多名秀才、500多名举人，以及192名进士（其中包括3名状元），还造就了一批杰出的学术大师和文化精英。

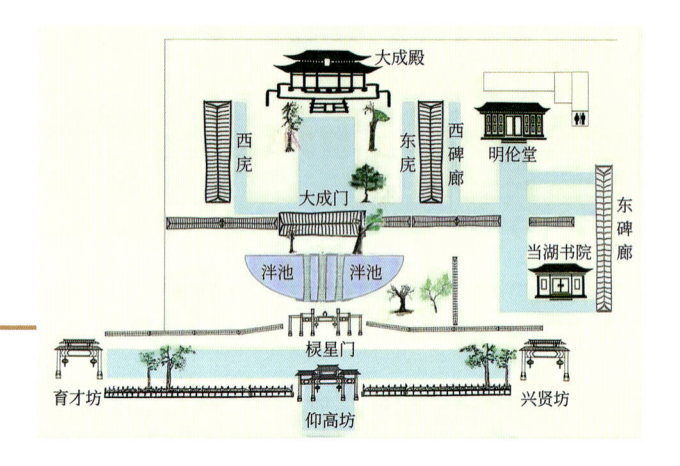

嘉定孔庙平面示意图。

二、入口处的牌坊：仰之弥高

孔庙作为中国各地普遍存在的文化地标，其主体建筑配置虽因地域差异而略有不同，但大体上均包含棂星门、泮池、大成门、大成殿、乡贤祠等核心组成部分。

嘉定孔庙的入口处矗立着三座牌坊，它们不仅是孔庙的门户，更是对孔子学问与品德的崇高致敬。其中，位于中央的是建于明晚期的"仰高"坊。"仰高"二字源自《论语》中的"仰之弥高"，寓意着孔子的学问如同高山一般，越仰望越觉得其博大精深，令人敬仰不已。而东西两侧则分别矗立着"兴贤"与"育才"两座牌坊，它们分别建于南宋年间和元代，象征着孔庙作为教育机构的宗旨——培育与选拔贤能之士。从这两座牌坊中，我们不难理解，孔庙除了作为祭祀孔子的圣地，还承担着公办学校的职能，致力于人才的培养与选拔。

仰高坊上面是重椽小青瓦屋顶，脊的两端有吞脊、鸱吻。垂脊端部的"真人"塑像栩栩如生，戗脊端部设有戗兽等装饰，檐下象鼻昂起，斗拱小且紧密，中间有斗拱作为支撑，整体造型古朴、精美。

三、棂星门：祭孔如同尊天

棂星门作为孔庙的第一道大门，承载着深厚的文化内涵。"棂星"即"天田星"，它位于二十八宿之一的"龙宿"左角，而角被视为天门，其门形如窗棂，因此得名棂星门。在古代，皇帝祭天时，必先祭棂星，以示对天的尊崇。孔庙修建棂星门，象征祭孔如同尊天，也寓意着孔子与天合一，以其教化之力广育英才，其功绩可与"天田星"相媲美。

> 嘉定孔庙棂星门的门楣上有元代的鱼龙石刻：一条向上跃升的鲤鱼，身下是粼粼的水波，寓意走进孔庙的读书人都能鲤鱼跃龙门，象征国家有得士之庆。

嘉定孔庙，作为一方文化的摇篮，同样培育了一大批杰出的人才。在明代，有被誉为"嘉定四先生"的唐时升、娄坚、程嘉燧和李流芳，他们学识渊博，影响深远。而在清代，乾嘉学派的两位巨擘钱大昕和王鸣盛，也曾在嘉定孔庙求学，深受其文化熏陶。这些人才的涌现，正是嘉定孔庙教化之功的生动体现。

四、泮池：登堂入室

穿越棂星门，便来到了孔庙的第一进院落。在这里，可以清晰地看到一个半圆形的水池，它便是泮池。泮池不仅是孔庙中一处独特的景观，更是古代官学的重要标志。

依据古代礼制，天子的太学中央设有一座学宫，名为"辟雍"，其四周被水环绕，象征着学问的深邃与广博。而诸侯之学则被称为"泮宫"，其水池因仅环绕半侧，故得名"泮池"。孔庙中的泮池，正是借鉴了这一古代礼制，寓意着步入孔庙，便如同踏入了学问的殿堂，开始了登堂入室的学习之旅。

> 相传，古代嘉定孔庙作为县学所在地，学生们考中功名后前往祭拜孔子，而满60年后才可以"重游泮水"。因为寿命原因，在历史记载中，重游嘉定孔庙的只有20余人。

泮池之上横跨着三座虹桥，其中中桥地位最为尊贵。桥面上铺设有青石雕琢的丹陛，其上雕刻着双龙戏珠与升腾的祥云图案，尽显庄重与华美。在古代，新入学的学生会在当地官员的带领下，自棂星门步入孔庙，踏上虹桥跨越泮池，随后进入大成殿祭拜先师孔子，再前往儒学署拜见教官。这一系列仪式，统称为"入泮"，标志着学生正式成为孔门弟子。

关于泮池，还有一段趣闻：古时规定，只有巡视学校的最高长官或状元才有资格从中间桥上通过，而其他随行官员和秀才则只能行走于边桥。据说，在济南府学文庙，曾有一位读书人渴望汲取文庙的文化气息，于是斗胆穿过棂星门，踏上了中桥。然而，当他行至桥中时，猛然意识到自己尚未取得功名，顿时陷入了进退两难的境地。情急之下，他竟一跃而下，跳进了泮池之中。这段故事，虽带有些许幽默色彩，却也反映了古代人们对于礼仪规矩的敬畏之心。

嘉定孔庙泮池上的三座虹桥。

五、大成殿：孔庙的核心

"大成殿"，其渊源可追溯至《孟子》中的描述："孔子之谓集大成"。此语意在颂扬孔子学说汇聚了古代文人思想之精髓，并将其提升至无与伦比的高度，在中国文化史上起到了承上启下的关键作用。因此，这座殿堂被尊称为"大成"，以彰显其至高无上的地位。

步入大成殿前，必先经过其门户——大成门。在大成门的左右两侧，各自矗立着七只赑屃（bì xì）。赑屃，这一神秘而庄严的生物，被视为龙与龟爱情的结晶。它天生喜爱文字，且力大无穷，擅长负重，故而常被古人用作驮负碑文的载体，象征着学问的厚重与传承。

大成殿

初建于宋嘉定十二年（1219年），现今留存的建筑为清光绪三年（1877年）重建。该殿面宽五间，重檐歇山顶上覆以灰色筒瓦，看起来非常壮观。

大成殿，作为祭孔的正殿，不仅是孔庙中最为庄严神圣的场所，也是建筑形制规格最高的建筑。大殿之上，高悬四块匾额，分别由清代四位皇帝御笔亲题，用以颂扬孔子的思想成就与崇高地位。

其中，康熙帝题写的"万世师表"，意指孔子是千秋万代教师的楷模与表率，其教化之功泽被后世，影响深远。雍正帝所题的"生民未有"，则表达了自古以来，世间从未出现过如孔子般至高无上、圣贤无双的人物，对孔子

"万世师表"匾额是清康熙皇帝于1684年御笔题写，赞扬孔子是千古万世的表率，是百姓的智慧先师。

的崇敬之情溢于言表。嘉庆帝的"圣集大成"，赞誉孔子学问渊博，集古圣先贤之大成，同时开创了新的学术风气。而光绪帝的"斯文在兹"，则强调了孔子作为儒学创始人，其思想与文化是世间所有文化的源头与根基，具有不可替代的重要地位。

孔庙是为了纪念中国伟大的思想家、教育家孔子而建造的祠庙建筑，在历代王朝的更迭中，孔庙也被赋予了多个名称，如文庙、夫子庙、至圣庙、先师庙、先圣庙、文宣王庙等，其中"文庙"之名尤为普遍，成为历代儒客学子心中的朝圣之地。在中国，南京夫子庙、曲阜孔庙、北京孔庙和吉林文庙因其卓越的历史地位和文化价值，被并称为"中国四大文庙"。

孔子创立的儒家思想，对于维护和发展中华文化起到了至关重要的作用，因此孔庙深受古代帝王的重视。孔庙不仅在数量上众多，规制上也极为崇高，其建筑技术与艺术更是精美绝伦，堪称我国古代建筑类型中的翘楚。同时，孔庙也是我国古代文化遗产中不可或缺的宝贵组成部分，承载着深厚的文化底蕴和历史记忆。

第十五节
如何参观一座寺庙

佛教传入中国后，其建筑格局借鉴了汉代官署风格，此后，不少官僚与富豪亦将现成的官邸或私宅捐赠改为佛寺。历经近两千年的发展演变，中国汉族地区的佛寺大多沿袭了中国传统的建筑风貌，采用院落式布局，即由一系列大小不同的四合院串联组合而成。

院落式寺院的布局通常遵循坐北朝南的原则，自山门（即寺院正门）起始，沿南北向中轴线，每隔一定距离便设有一座殿堂，四周则由廊屋或楼阁环绕。中轴线上，主要建筑依次排列为山门、天王殿、大雄宝殿，大殿之后则是法堂或藏经楼（阁）、毗卢阁、观音殿等。大雄宝殿前方左右两侧，常有伽蓝殿与祖师堂（或观音殿、药师殿等）相对而立。寺院的主要生活区域通常集中于中轴线东侧，涵盖僧房（僧侣居室）、香积厨（厨房）、斋堂（食堂）、职事堂（库房）、荣堂（接待室）等；而接待四方宾客的客房，则多设于中轴线西侧。

本节将以上海的玉佛寺为例，详细阐述院落式寺庙的基本格局。

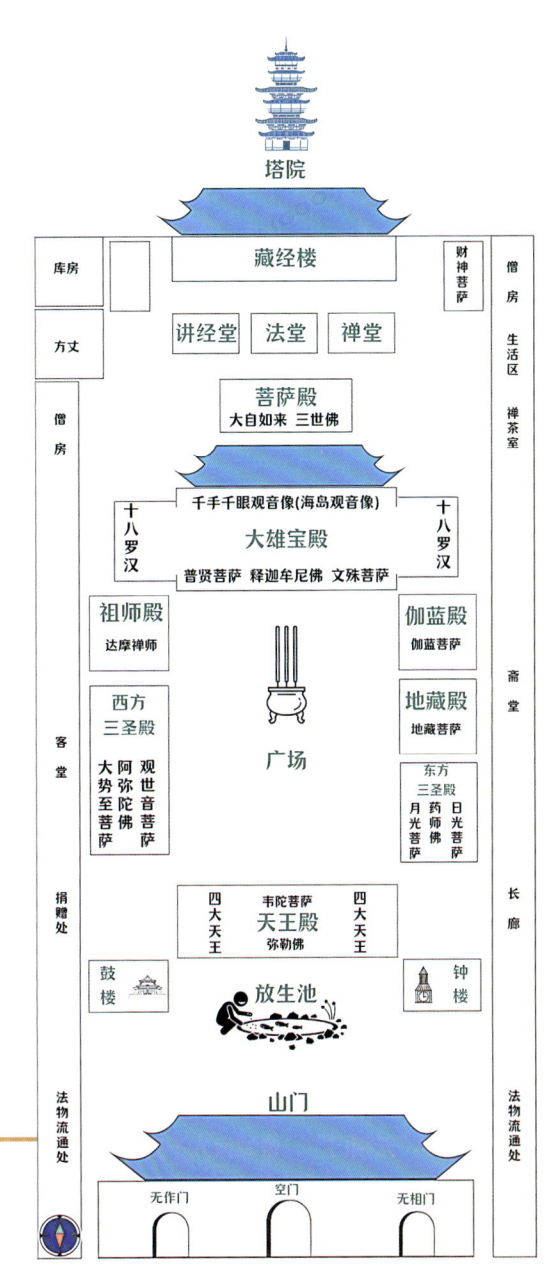

佛教寺院常规布局示意图。需要注意的是，不同地区和宗派的寺院布局可能有所不同。

一、玉佛寺的起源：源于慧根法师西行求法

谈及玉佛寺的起源，不得不提普陀山的慧根法师。清光绪八年（1882 年），慧根法师效仿唐代高僧玄奘，踏上了西行求法的征途。他先后朝拜五台山、游历峨眉山，进而深入西藏，最终抵达印度朝圣。礼佛完毕，他又穿越缅甸，其间在当地华侨的热心赞助下，慧根法师开山采玉，精心雕琢出五尊珍贵的玉佛。完成这一壮举后，他携带玉佛返回普陀山。当慧根法师一行人路经上海时，决定留下坐佛与卧佛各一尊，并在江湾镇选址建造寺庙以供奉这两尊玉佛。这段传奇的旅程，展现了慧根法师的虔诚信仰与坚韧不拔的顽强意志。

1918 年，玉佛禅寺在普陀区正式落成，两尊玉佛被移送至此，成为今天我们所见玉佛寺的起源象征，为这座寺庙赋予独一无二的历史文化底蕴。

上海玉佛寺内的两尊玉佛，分别为坐佛（左图）和卧佛（右图）。

二、山门：僧与俗世界的分界线

谈及玉佛禅寺的山门，或许有人会疑惑，此处并无山峦，为何称之为"山门"？其实，这一称呼源自古代寺院多建于山林之间以远离尘嚣的传统，故有"名山大川僧占多"之说。尽管后来寺院也逐渐建于平地乃至市井之中，但"山门"这一称谓却沿用至今，成为一种文化符号。

玉佛禅寺的山门设有三道门，中间的一道被尊称为"空门"，寓意着佛教所倡导的"四大皆空"的哲学思想；左侧（西面）的门则名为"无作门"，意在提醒人们要远离恶业，保持内心的清净与善良；而右侧（东面）的门则称作"无相门"，告诫世人不要以貌取人，更不应固执己见，而应心怀包容与开放。因此，山门不仅是寺院物理空间上的入口，更是僧俗世界之间的精神分界线，象征着从世俗烦恼迈向佛法清净的第一步。

玉佛寺的"三解脱门"，画面从左至右分别为无作门、空门和无相门。

三、天王殿：寺庙的门卫室

玉佛寺的山门设计颇为独特，受限于空间，山门与天王殿巧妙地融为一体。天王殿作为寺庙的"门卫室"，其内部布局颇具深意。殿内正面通常供奉着弥勒菩萨，背面则是韦驮菩萨，而弥勒菩萨的两侧，则是威风凛凛的四大天王。

（一）弥勒菩萨：慈悲与宽容

弥勒菩萨，亦常被亲切地称为"弥勒佛"。其中，"弥勒"为梵语音译，寓意"慈氏"，彰显了他无尽的慈悲之心。在佛教体系中，弥勒菩萨被视为释迦牟尼佛的接班人，承载着未来佛的使命。

关于弥勒菩萨的形象，最为人熟知的便是其圆润丰满的体态，这象征着他福气深厚、心胸宽广。有一句俗语生动地描绘了弥勒菩萨的性格："大肚能容，容天下难容之事；笑口常开，笑天下可笑之人。"

弥勒菩萨的大肚形象源于五代时期一位名叫"契此"的僧人，他身材肥胖，常背布袋，人送外号"布袋和尚"。他圆寂时曾留下一偈（jì）：弥勒真弥勒，化身千百亿。时时示时人，时人自不识。因此，他是弥勒菩萨化身的说法一时广为流传，至宋时其笑口常开、大肚迎人的形象已基本取代以往的造像形象。

然而，弥勒菩萨的形象并非仅以丰满的体态这一外在特征为限定，其内在所彰显的慈悲与智慧的光辉，才是最为根本的特质。

（二）四大天王：守护风调雨顺

"四大天王"作为弥勒菩萨的忠诚护卫，他们各自代表着不同的寓意，可以简洁地概括为"风调雨顺"，寓意着吉祥与和谐。

在佛教的世界观里，宇宙以须弥山为中心，四周环绕着咸海，海中分布着四大部洲，分别为东胜神洲、南赡部洲、西牛贺洲与北俱芦洲。四大天王正是这四大部洲的守护神，他们各自镇守着一片天地，维护着世界的和平与安宁。

东方持国天王，其尊容呈现肉色笑相，手持琵琶（也有说法是持大刀或宝珠），以音乐供奉诸佛。作为"主乐神"，他的神情愉悦，令人感到放松与宁静。他手中的琵琶寓意深远，仿佛在告诉我们：修行就如同调和琴弦一般，过紧则易断，过松则无声，唯有张弛有度，方能演奏出和谐美妙的乐章，参悟修行的真谛。

南方增长天王，面容呈黝黑之色，神情威严且透着凶恶之相。他手握锋利的利剑，身姿挺拔，屹立不倒，尽显刚毅果敢之态。他手中的利剑，不仅象征着斩妖除魔、去邪存正的决心，更寓意着在修行道路上要不断增长善根，勇往直前，不断超越自我。

西方广目天王，面容红润，显现出一种威严的怒相，令人心生敬畏。他手中紧握龙蛇，象征着世间万物变化无常、难以捉摸。而"广目"之名，寓意着他拥有净天眼，能够随时洞察世间的一切动态，护佑着人民免受灾难与困苦。他的存在，不仅代表着力量与威严，更象征着智慧与慈悲，是佛教中不可或缺的重要护法神祇。

北方多闻天王，因福德深厚、学识渊博而闻名遐迩，其名声远播四方。他一手持伞幢，如同忠诚的守护者，为佛法遮风挡雨，护佑其免受外界侵扰；另一手则握着神鸟（有时也持宝塔或银鼠），寓意着传法如佛亲自所说，准确无误，无有二致。神鸟象征着佛法的传播迅速且广泛，而宝塔则代表着对佛法的护持与尊崇；银鼠则寓意着珍宝与财富。"多闻"之名，不仅是对他学识渊博的赞誉，更是对众生精进修学佛法、广闻博识的劝勉与启示。

南方增长天王。

东方持国天王。

西方广目天王。

北方多闻天王。

通常情况下，天王们脚下踏的是恶鬼，以彰显其威严与降服邪恶的力量。然而，在玉佛寺的四大天王脚下，却蹲着鹿、狗、羊、鹅这四种温顺的动物。这一独特的设计寓意着四大天王不仅具有威严的护法之责，更承载着"慈护众生"的心怀。这与天王殿上悬挂的"庄严慈护"牌匾遥相呼应，共同传达出玉佛寺对于众生慈悲关怀与守护的深刻内涵。

回顾一下四大天王的象征意义：南方增长天王手持利剑，宝剑的"锋"就被谐音为"风"；东方持国天王怀抱琵琶，寓意着"调"和；北方多闻天王手握宝伞，掌管着"雨"的润泽；西方广目天王手持龙蛇，取其"顺"意。将四者的寓意合并，正好是"风调雨顺"，寓意着吉祥如意、自然和谐。

（三）韦驮菩萨：云游行僧的指引者

韦驮菩萨，作为佛教中的重要护法神祇，其事迹在佛教经典中多有记载。相传，在释迦牟尼佛涅槃之后，邪魔曾企图抢夺佛的舍利，关键时刻，韦驮菩萨挺身而出，迅速追赶并成功夺回了舍利，从而保护了佛法的圣洁与尊严。因此，佛教界将韦驮尊为驱除邪魔、守护佛法的天神。

在寺庙之中，韦驮菩萨的形象通常呈现站立姿态，十指相合而掌，面容庄严且透着慈悲之态。尤为引人注目的是他手中所持的金刚杵，民间广泛流传着一种说法，认为这金刚杵的位置不仅彰显着韦驮菩萨的威仪，更蕴含着对云游行僧的指引以及接待之礼的深意。

具体而言，若韦驮菩萨手中的金刚杵扛在肩上，则意味着该寺庙规模宏大，具备足够的资源与条件，能够慷慨地招待云游至此的和尚免费吃住三日，展现佛教界的宽广胸怀与慈悲精神。若金刚杵平端于手中，则表明该寺庙属中等规模，虽不及大寺之盛，但仍能尽己所能，为云游和尚提供一日的食宿之便。而当金刚杵拄于地上时，则暗示该寺庙规模较小，资源有限，难以承担接待云游和尚的责任。

在玉佛寺中，韦驮菩萨的金刚杵正是拄于地上，这一细节不仅反映了玉佛寺的实际情况，也以一种含蓄而庄重的方式，向云游至此的行僧传达了"寺庙很小，恕不接待"的信息。然而，这并不影响玉佛寺作为佛教圣地的重要地位，它依然以其深厚的文化底蕴与慈悲精神，吸引着无数信徒与游客前来朝拜与参观。

四、伽蓝殿：忠义与信仰的交融

位于天王殿右侧的伽蓝殿，其名称中的"伽蓝"一词，在佛教中特指僧人居住修行之地，亦泛指佛教寺院。伽蓝殿内供奉的，是被称为伽蓝菩萨的守护神，负责守护寺院及寺中僧人，确保佛法得以传承与弘扬。

在玉佛寺的伽蓝殿中，供奉的是一位在中国历史上极具影响力的人物——关羽。对关羽的信仰起源于北宋时期，当时北宋王朝面临内忧外患，社会动荡不安。而关羽以其忠义勇猛的形象，恰好符合了当时社会对于英雄豪杰的崇拜与向往，也符合北宋王朝巩固统治、振奋民心的需要。因此，关羽被尊为神明，逐渐成为民间信仰中的重要角色。

玉佛寺伽蓝殿关羽像。

在佛教寺院中，关羽被赋予伽蓝菩萨的身份，成为守护寺院与僧人的神圣存在。这一融合不仅体现了佛教文化的包容性与开放性，也展现了关羽信仰在民间社会中的深远影响。在玉佛寺的伽蓝殿内，关羽的雕像庄严肃穆，仿佛在默默守护着这片佛教圣地，为信徒们提供心灵上的慰藉与庇护。

五、三圣殿：西方三圣

在天王殿的左侧，矗立着庄严的三圣殿，这里供奉着佛教中备受尊崇的"西方三圣"。殿中央端坐的是阿弥陀佛，也被尊称为无量寿佛与无量光佛，象征着无尽的寿命与智慧之光；在阿弥陀佛的右侧，是慈悲为怀的观音菩萨，代表着大慈大悲，时刻准备着解救世间一切苦难；而在阿弥陀佛的左侧，则是大势至菩萨，其手持莲花，头顶宝瓶，寓意承载着无尽的智慧与光明，致力于度化众生，引领他们走向解脱之路。

三圣殿内，还悬挂着一副寓意深远的楹联。上联"东方西方一法界，自在是佛"表达了佛教中东方与西方并无界限，真正自在的是内心的觉悟与成佛之道；下联"此岸彼岸非为二，迷悟在心"则进一步阐释了世间与彼岸、迷惑与觉悟之间，其实并无实质性的鸿沟，关键在于内心的觉醒与觉悟。这副楹联不仅点明了佛教的核心教义，也为信徒们指明了修行的方向。

六、观音殿：千处祈求千处应

位于天王殿正对面的，是庄严肃穆的观音殿。殿内供奉着一尊明代铜铸的观音圣像，这尊观音像独具特色，其眉心处点缀着一颗醒目的"红点"。

根据佛教经典《佛说观无量寿经》的记载，这颗"红点"象征着观音菩萨的"毫相"。所谓"毫相"，乃是如来三十二相中的一相，具体表现为长在眉心中的一圈白毫，它犹如当空的太阳，当眉头舒展时，便会绽放出无尽的光明。而在观音菩萨的眉心，这颗红点便代表了她的"毫相"，其中蕴含着八万四千种光明，这些光明如同慈悲的源泉，照亮着每一位众生，给予他们无尽的安慰与希望。

正因如此，观音殿成为信徒们祈求庇护与感应的圣地。无论人们身处何方，只要心怀虔诚，向观音菩萨祈求，便能感受其无处不在的慈悲与智慧，这便是所谓的"千处祈求千处应"。观音殿的存在，不仅彰显了佛教文化的博大精深，更为无数信徒提供了心灵的寄托与慰藉。

七、大雄宝殿：具足圆觉智慧

"大雄宝殿"中的"大"，寓意着包含万有，无所不包；"雄"，则象征着摄伏群魔，威力无边。将"大雄"二字合而为一，正是用来形容释迦牟尼佛具足圆满的觉悟智慧，能够雄镇整个大千世界，护佑众生。而"宝"，则指的是佛法僧三宝，是佛教信仰的核心所在。

通常情况下，佛教殿堂的布局为三开间，但大雄宝殿却采用了九五开间的宏伟设计，这一布局不仅彰显了其作为佛教寺院中最为重要建筑的地位，更象征着如同帝王般的"九五之尊"。在大雄宝殿内，供奉着释迦牟尼佛等佛像，这些佛像的数量与形态也各有讲究，通常有一、三、五、七尊等不同配置。

在玉佛寺的大雄宝殿中，供奉着三尊结跏趺坐的金身大佛，它们分别是东边的药师佛、中间的释迦牟尼佛，以及西边的阿弥陀佛。这三尊佛像合称为"横三世佛"或"三宝佛"，代表着不同的佛教理念与教义，共同构成了佛教信仰中的重要部分。大雄宝殿的庄严与佛像的慈悲，共同营造出一个神圣而宁静的修行环境，让信徒们能够在此感受到佛教文化的深厚底蕴与智慧之光。

在大雄宝殿的两侧，庄严地列坐着二十诸天护法，他们作为佛教的守护神祇，共同守护着这片圣地，确保佛法的传承与弘扬不受干扰。

八、生活和交流区

穿过大雄宝殿，便来到寺庙的生活与交流区域。这里有供僧众用餐的五观堂，开展教育培训的觉群楼，以及法物流通的铜佛殿等多个功能场所。

其中，"五观堂"作为僧众用餐之地，其名称背后蕴含着深厚的佛教教义。在用餐时，僧众们需进行五种观想：一是思考食物的来之不易，珍惜每一份供养；二是反思自身的功德是否足以承受这份供养；三是审视自己对食物的口味是否掺杂着贪嗔痴等烦恼；四是思考食物是否能滋养身心，促进修行；五是斟酌饮食的适量，避免过度或不足。这五种观想不仅是对僧众用餐时的提醒，更是对修行生活的深刻体悟。

> 汉传佛教的庭院式寺庙在格局上大致相似，无论是上海玉佛寺还是其他寺庙，都遵循着这一传统布局。因此，当我们详细了解了其中任何一座寺庙的结构与教义后，再去参观其他寺庙时便能触类旁通，把握不同寺庙在布局上的共性与特色，加深对佛教建筑文化和基础教义的理解。

总结一下

第十六节
如何看懂一座佛塔

"塔"作为一种建筑形式，在我们的日常生活中颇为常见，如电视塔、水塔、瞭望塔等。本节所探讨的"塔"，特指佛教中的佛塔。

佛塔，作为佛教文化的重要象征，承载着深厚的宗教意义与艺术价值。那么，佛塔最初的样子是怎样的呢？如何辨识塔上最具特色的"塔刹"？中国的佛塔又有哪些特色？本节将详细讲解如何欣赏和理解一座佛塔。

一、佛教建塔的意义

佛教中流传着一种关于佛塔起源的说法。相传，在释迦牟尼涅槃前夕，有弟子向他询问："您圆寂后，我们应如何表达对您的崇敬与缅怀？"佛祖并未直接回应，而是默默地将僧袍铺展于地，随后将乞食的饭钵倒置于袍上，接着将禅杖竖立于钵上。弟子们领悟了佛祖的遗愿，并据此建造了世界上第一座佛塔，也就是印度所称的"窣（sū）堵波"。

桑奇大塔

印度现存最古老的佛塔，始建于公元前 3 世纪的阿育王时期，位于印度中央邦博邦博帕尔市东北约 45 公里的桑奇。佛塔的形状基本上还原了佛陀的坟墓形象，或者说象征着佛陀舍利的安放之处。其下部是一个基座，上面是一个半球形，像一个倒扣的碗，被称为覆钵。再往上则是个小小的平台，平台上立一根刹竿并装有相轮，具有宇宙之轴的象征意义。整座佛塔的形状实则是佛陀的重要象征，玄奘依照印度佛塔的梵语名字 Stupa 把它翻译成窣堵波。

这座窣堵波，作为供奉佛舍利的圣地，其结构分为台基、覆钵、宝匣和相轮四个部分。其中，方叠的僧衣象征着四方形的台基，饭钵则对应了半圆形的覆钵，而禅杖则化作塔顶的刹杆与相轮。因此，可以说这座佛塔不仅是供奉佛舍利的建筑，更是佛的化身，每一处细节都蕴含着深远的佛教意义。

铜噶当塔

明朝铸铜制佛器，藏于四川博物院。此塔以噶当塔为范本，其源起可溯至阿底峡尊者入藏弘法时，噶当塔随之传入藏地。塔刹由摩尼宝珠、日月及莲花宝顶构成；下承圆形刻莲瓣纹华盖，边缘垂饰一圈；再下为十三级相轮，象征修行进阶；相轮下是山字形须弥座；铃形塔身饰两圈金刚圈；圆形双层仰覆莲台座，上下底边各饰一圈联珠纹。另附木质镂花底座，圆形木托可拆，便于展示搬运且增艺术感。

二、佛塔的普及之路

既然佛塔被视为佛的化身，是否意味着它很快就广受欢迎并流行开来呢？事实并非如此。在早期，这种类似坟冢的建筑实际上被视为禁忌和不洁之地，因此通常被修建在人迹罕至的偏远区域。然而，在佛陀涅槃后的大约两百年，印度历史上最具传奇色彩的皇帝——孔雀王朝的阿育王皈依了佛教，并将佛教确立为国教。他打开了佛陀的坟冢，据说他凭借神力将舍利分成了八万四千份，并在各地修建了八万四千座"窣堵波"，供天下信徒礼拜。至此，"佛塔"才真正开始普及并受到人们的崇敬。

值得一提的是，"佛塔"与"墓"的概念在佛教中是有本质区别的。佛经中提到，佛陀的入灭并非"死亡"，而是超越了轮回，达到了寂灭为乐的至高境界，即涅槃。涅槃象征着佛教理想的最终实现，是佛教终极境界的标志。因此，佛塔后来成为风水吉祥物，其根本原因就在于它代表了佛教的最高智慧和理想境界，是信徒们追求精神寄托和心灵安宁的象征。

三、塔刹：佛塔之巅的显著标志

塔刹，位于佛塔的最顶端，是塔最为醒目的部分。"刹"一词源自梵文，原意为"土田"或"国"，在佛教中被引申为"佛国"的象征。无论佛塔的样式如何多变，塔刹都是不可或缺的组成部分，故有"无塔不刹"之说。可以说，塔刹是佛塔的点睛之笔，赋予了佛塔独特的宗教意义。

在结构上，塔刹本身宛如一座微型的古塔，它由刹座、刹身、刹杆和刹顶等多个部分构成。这些部分相互配合，共同塑造出塔刹的完整形态，使其不仅外观美观，更承载着深厚的佛教文化内涵。

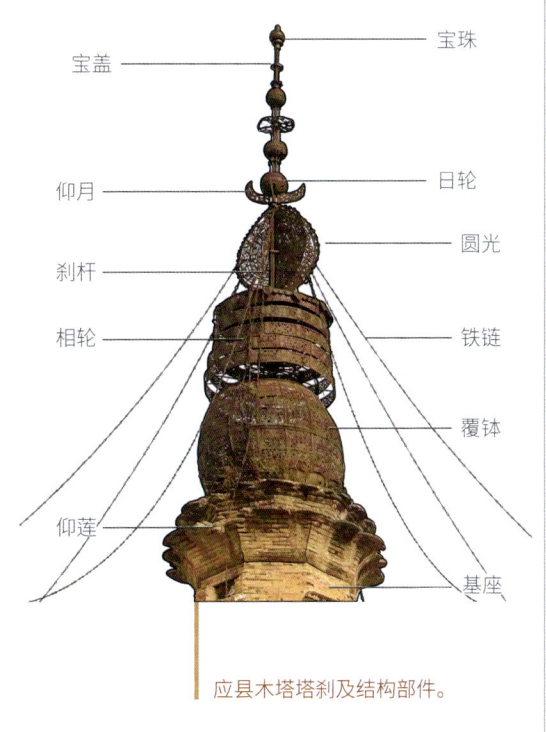

应县木塔塔刹及结构部件。

（一）刹座

刹座，稳坐于塔身之上，形态多样，常见的有须弥座形、仰莲瓣形、忍冬花叶形，以及简约的素平台座。这些形态各异的刹座，不仅稳固了塔刹的基础，更增添了佛塔的庄严与美观。

（二）刹身

刹身，由刹杆与套在其上的圆环构成，圆环下方为相轮，上方则为华盖。在早期，相轮的数量往往与塔的层数相呼应，寓意深远。特别是喇嘛塔上的相轮，通常为十三层，被誉为"十三天"。这一设计源自天竺国帝王出行的华盖数量，象征着佛陀享受与帝王同等的尊贵待遇。

（三）刹杆

刹杆，作为塔刹的支撑结构，多采用木头或铁质材料制成，自上而下贯穿全刹，部分甚至深入塔身，有效增强了塔体的稳固性。刹杆不仅承载着物理上的重量，更寓意着释迦牟尼成佛时背靠的菩提树，象征着智慧与觉悟的根源。

（四）刹顶

刹顶，佛塔之巅的精华所在，通常由仰月、宝珠或火焰宝珠构成。仰月与圆光相互辉映，既表现了日月阴阳的和谐共存，又赋予佛塔神秘而庄严的气息。宝珠，作为刹顶上的点睛之笔，象征着佛舍利，寓意着智慧与慈悲的加持，信徒们视其为平安吉祥的象征。

塔刹上的每一个物件都蕴含着丰富的历史与文化内涵，它们不仅展示了古代工匠们的精湛技艺，更体现了佛教文化的博大精深。

四、中国佛塔的特色

东汉初年，佛教正式传入中国。此后，佛教文化积极与中国本土文化相互交融，这种融合为佛教在中国的发展提供了肥沃的土壤，使其得以迅速扎根并蓬勃发展。受佛教与本土文化融合这一大趋势的影响，作为佛教标志性建筑的佛塔，也与当时盛行的神仙崇拜观念相互融合。

在本土文化与佛教文化的交融碰撞中，中国佛塔逐渐发展出丰富多样的形式，包括楼阁式塔、密檐式塔、覆钵式塔、金刚宝座式塔、宝箧印式塔等。其中，楼阁式塔堪称窣堵波与中国传统楼阁建筑完美融合的典范。窣堵波原本在印度佛教中作为供奉佛舍利的半球形建筑，占据主体地位，而在楼阁式塔的发展演变中，其覆钵形态逐渐被具有登高望远功能的中国楼阁式塔身所取代。同时，舍利的供奉位置也从窣堵波内转移至地宫。此外，平头、刹杆和相轮等元素逐渐成为中国式塔刹的主要组成部分，共同构建出独具特色的中国佛塔塔刹形态。

中国佛塔承载着深厚的佛教文化内涵与精神寄托，是佛教信仰的象征。信徒绕塔诵经，以表敬仰虔诚，祈求庇佑指引，佛塔蕴含的佛教教义引导信徒修行向善。同时，它见证了佛教在中国的传播发展，不同时期的佛塔在建筑与装饰上留下时代印记，反映社会风貌与文化特色。此外，佛塔还体现了地域文化的差异，不同地区的佛塔融入了当地的文化元素，展现出独特的地域风情。

应县木塔

位于山西省朔州市应县佛宫寺内，始建于辽清宁二年（1056年），是世界上现存最高大、最古老的纯木结构楼阁式建筑。该塔与意大利比萨斜塔、巴黎埃菲尔铁塔并称"世界三大奇塔"。

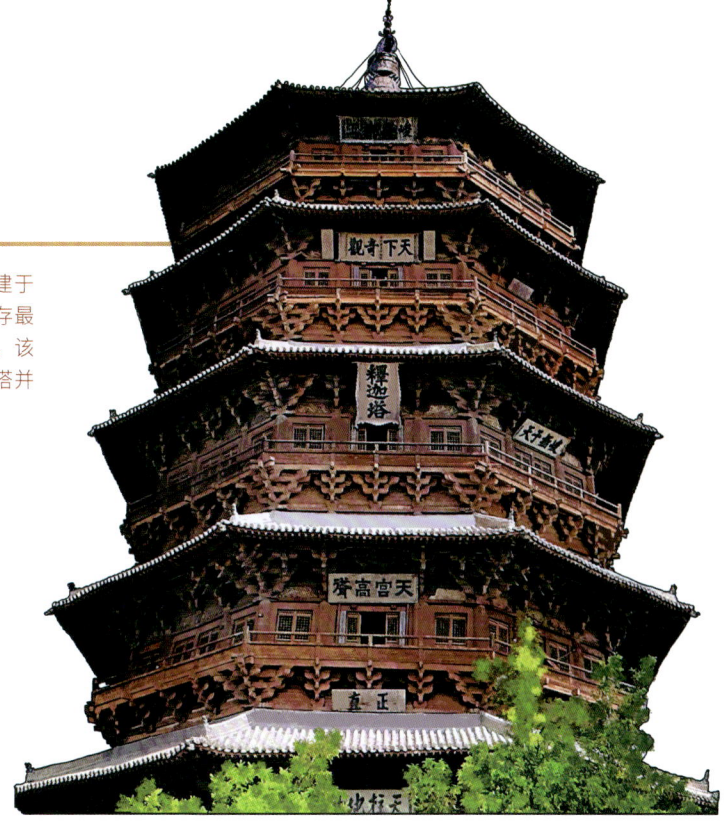

第十七节
如何参观一座道观

想要深入了解道教的文化与历史，参观一座道观无疑是个绝佳的选择。本节以上海现存规模最大的道观——上海太清宫（又名钦赐仰殿）为例，让我们一起踏上这场探寻之旅。

一、钦赐仰殿的渊源

钦赐仰殿据传为三国时期东吴孙权为其母所建家庙，但彼时规模甚小，故鲜有史料详尽记载。

而依据重修时遗留的碑文记载，此道观的真正修建应追溯至道教蓬勃发展的唐代，作为祭祀东岳大帝（即泰山神）的行宫而存。当时的监工一职，则由凌烟阁二十四功臣之一的秦叔宝担任。

钦赐仰殿大门。

还有一种说法认为,该道观在明末崇祯年间因战乱而损毁,直至乾隆三十五年(1770年)重建时才被赐名"钦赐仰殿"。

无论哪种说法为真,都充分证明了这座"千年古观"拥有着悠久的历史底蕴。

二、道教场所称为"观"或"宫"的原因

道教活动场所的命名经历了漫长而复杂的演变过程。最初,道家选择居住在山上的石洞中,以远离尘嚣并研制长生之药。东汉末年,道教正式形成,其活动场所被称为"治",是后世宫观的雏形。

进入魏晋时期,这些场所被称为"静室"或"靖室",设施简陋,多用茅草覆盖。南北朝时期,随着道教团体的壮大,统治阶级开始支持道教,北方普遍出现"道观",南方则以"道馆"为主。隋朝统一后,将所有道教场所统称为"道观"。

到了唐朝,老子被封为道教先祖并加封为"太上玄元皇帝",老子庙不仅成为唐王室的家庙,还采用了宫殿规格,因此唐代将祭祀老子且规模较大的建筑称为"宫"。从此,道教的道场被连称为"宫观"。

"宫"本意指房子,后专指帝王居所。由于帝王渴望长生不老,对道士非常尊重,因此"敕建"的道观被称为"宫"。而"观"则源于道家仰观天文、俯察地理的需要,常建于山顶,古代文字书写顺序从右至左,"道观"亦可读作"观道",蕴含了深刻的道教理念。

三、道观的基本格局

道观的建筑形式与布局,遵循中轴对称、坐北朝南的原则。在条件允许的情况下,中轴线上会依次排列山门、灵官殿、钟鼓楼、玉皇殿、四御殿、三清殿及戒台等重要建筑,两侧则配有配殿、执事房、客堂、斋堂及道士住房等辅助设施。然而,由于钦赐仰殿位于城市中,受面积限制,其整体布局相应进行了缩减。

接下来,我们将按顺序逐一详细介绍这些建筑。

道教作为典型的多神教,其供奉对象广泛,涵盖日月星辰、山川大地、自然万物,以及众多神话传说与历史人物,如"三清""四御""五老""八仙""十殿阎罗""二十八星宿""三十六天罡""七十二地煞"

白云观平面图

白云观始建于唐代,为唐玄宗奉祀老子之圣地,名天长观,距今已有一千二百多年的历史。现今白云观的整体布局和主要殿阁规制形成于清朝,分为中、东、西三路,以及后院共四个部分,占地面积1万多平方米。主要殿宇位于中轴线上,包括山门、灵官殿、玉皇殿、老律堂、丘祖殿、三清阁等建筑,配殿、廊庑分列中轴两旁。

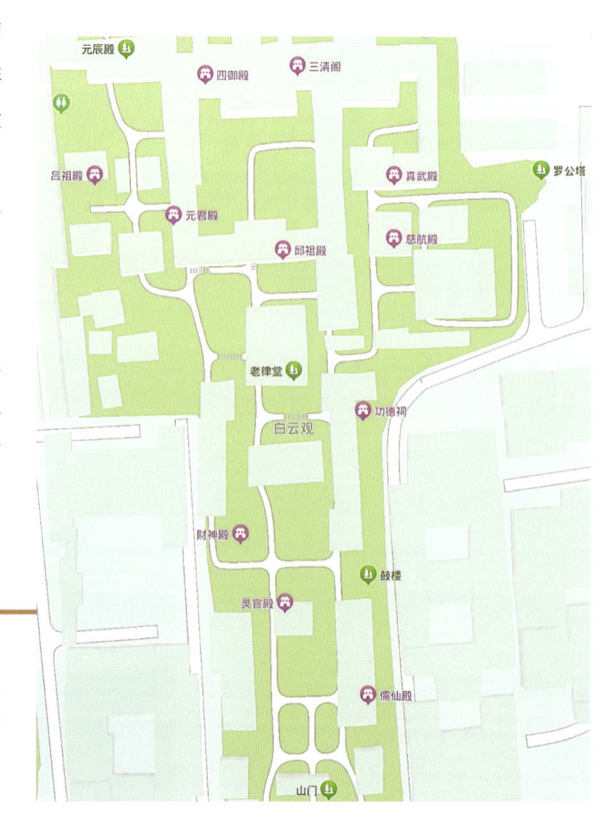

等。位于城市中的钦赐仰殿，尽管占地面积仅7000多平方米，却巧妙地设置了十多个殿堂，供奉着超过600尊神像。鉴于数量庞大，无法逐一讲解，我们将选取其中的重点场所进行介绍。

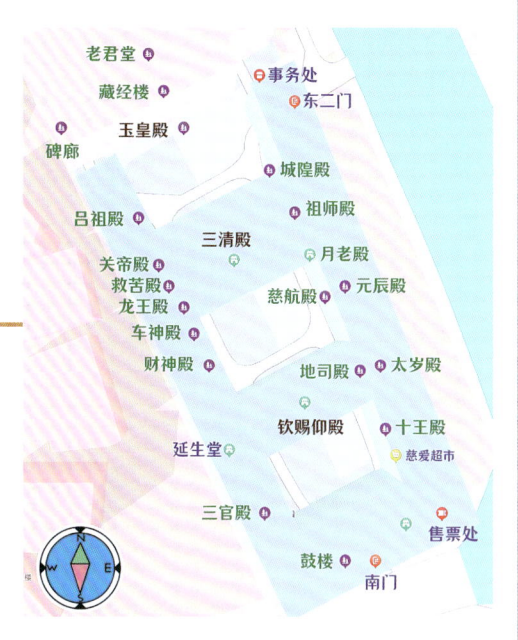

钦赐仰殿平面图。

（一）山门：跨越三界的门户

山门，作为道观的入口，通常由三门殿、幡杆和华表组成。在太清宫，大门仅由三扇拱门构成的三门殿所替代。这三扇门寓意深远，象征着"三界"——天、地、人。跨过这三扇门，信徒们便仿佛跳出了尘世的"三界"，踏入了神秘的"神仙洞府"。

在三门殿的左右两侧，通常设有钟楼和鼓楼。但在太清宫，由于土地面积有限，三门殿与灵官殿巧妙地合二为一。在这样的布局下，三门殿内除了供奉门神，还安放着土地爷或四大元帅的雕像，体现了道观在有限空间内的巧妙安排。

钦赐仰殿的钟楼。

（二）灵官殿：虔诚首拜王灵官

步入灵官殿，我们首先会看到道教的重要护法神——王灵官。王灵官，本名王恶，后经萨守坚真人点化，改名为王善。作为道教的护法镇山神将，王灵官在信徒心中占据着举足轻重的地位。因此，无论是否准备上山修行，踏入道观的第一步便是向王灵官表达敬意，正所谓"上山不上山，先拜王灵官"。这一习俗，深刻体现了信徒们对王灵官纠察天上人间功过、惩恶扬善精神的崇敬与信赖。

王灵官

赤面髯须，身披金甲红袍，三目怒视，脚踏风火轮，左执金印，右举金鞭，形象极其威武勇猛。

（三）四大元帅：马赵温岳，守护神祇

在民间信仰与道教文化中，常提及四位颇具威名的神祇，他们分别是马天君、赵天君、温天君和岳元帅。

温天君，本名温琼，以其青脸红发的形象著称，威猛无比，专司降魔除妖，是东岳大帝麾下的得力干将，亦是道教的重要护法神。

马天君，本名马灵耀。他是被玉帝亲自册封为真武大帝的部将，负责护卫天界。民间有俗语云："不给你点厉害瞧瞧，你都不知道马王爷长几只眼。"这里的"马王爷"，正是对这位威严的马天君的俗称，形象地表达了他在信徒心中的威严与力量。

左为温天君，右为马天君。

赵天君，本名赵公明，对于大众而言颇为熟悉。在民间信仰中，赵公明被尊为财神，相传他手下有四位小财神掌管财富，因此在"大五路财神"中，他占据了北路财神之位。

至于最后一位元帅，则是广为人知的抗金名将岳飞。

值得一提的是，关于四大元帅的组合，存在"马、赵、温、岳"与"马、赵、温、关"两种说法，区别在于最后一位是岳飞还是关羽。在太清宫的布局中，鉴于关羽已拥有独立的关帝殿，因此这个位置便由岳飞担任。这样的安排，既体现了道观对历史人物的尊崇，也巧妙地融入了民间信仰的元素。

左为赵天君，右为岳元帅。

（四）钦赐仰殿：东岳大帝的神圣主场

钦赐仰殿，亦称东岳殿，其建造初衷便是为了供奉东岳大帝。泰山，位于东方，是太阳初升之地，亦是万物生长之源，因而作为五岳之首的泰山神——东岳大帝，不仅掌管着生命的诞生与终结，还肩负着新旧更替、固国安民、延年益寿、赐福增寿、决定官职贵贱，以及统管生死鬼魂等重要职责。

正因如此，东岳大帝成为历代帝王受命于天、治理天下的守护神，也是汉族民间宗教信仰中的重要神祇。钦赐仰殿作为东岳大帝的主场，不仅承载着深厚的文化底蕴，更寄托了人们对美好生活的向往与祈愿。

泰山神的造像。其东侧为东岳大帝的儿子炳灵公神；西边是碧霞元君，有一种说法是东岳大帝的女儿，也就是著名的泰山娘娘（泰山奶奶）。中国民间有一个说法"北元君，南妈祖"，其中的"北元君"，说的就是她。

（五）相公殿：缅怀功勋卓著的历史英杰

在相公殿内，供奉着三位在上海历史上留下赫赫功勋的人物。

第一位是施相公施挺，他在明代嘉靖年间英勇率领士兵抗击倭寇，不幸以身殉国，后被朝廷追封为护国镇海侯，以表彰其忠勇之举。

第二位是顺济侯金相公金三，相传在明末大灾之年，金三奉命押运皇粮，面对饥荒肆虐，他毅然决然地冒死分粮救济百姓，使民众得以暂渡难关。然而，事后朝廷追查此事，金三为免连累他人，毅然选择投河自尽，其英勇无私之举感动了当地百姓，他们为金三建庙供奉，尊称其为"顺济侯玉府大神"。

第三位是昭天侯杨相公，关于其具体身份存在多种说法。近年来，青浦区金泽镇的庙宇将杨老爷认定为东汉名臣杨震，杨震以其为官清廉、品德高尚而著称于世，但在晚年的政治斗争中失势，最终饮鸩而亡。这三位历史人物的事迹，不仅彰显了他们的英勇与无私，更使他们成为后世敬仰与缅怀的典范对象。

（六）三官殿、十王殿与地司殿

步入三官殿，映入眼帘的便是三官大帝——天官、地官与水官的圣象。在道教信仰中，有"天官赐福、地官赦罪、水官解厄"之说，尤其是"天官赐福"这一观念，几乎家喻户晓，深入人心。

相邻的十王殿内，供奉着主管地狱刑罚与管理的十殿阎君。十殿阎君各司其职，分别负责不同地狱中的各类事务，以维护阴间秩序、惩处恶行。

地司殿是供奉地府判官的场所。在民间传统说法里，判官依据"阴间律法"对亡魂功过进行审阅评判，意在维护基于道德准则的秩序。

（七）三清殿：探寻大道本源

追溯至南朝时期，著名高道陶弘景构建了详尽的神仙体系，并编著了道教史上的首部神系著作《真灵位业图》。在这部著作中，元始天尊被尊为道教最高神，从而使得道教庞大的神仙体系得以清晰展现。

在这一神仙体系中，"三清天尊"占据至高无上的地位，其分别为玉清元始天尊、上清灵宝天尊与太清道德天尊。这三位至高之神，均源于先天之炁的化生，共同代表着大道的本原。具体而言，元始天尊手持混元珠，存在于宇宙万物诞生之前，象征着"无极"的至高境界；灵宝天尊则常手持如意或太极图，由混沌初开时的元气化生而成，代表着"太极"的演化阶段；而道德天尊，则象征着从无极到太极，再到五行生成的完整演化过程，即"太初"的奥秘。三清殿，正是我们探寻大道本原、感悟至高神祇威严与慈悲的圣地。

玉清元始天尊。

上清灵宝天尊。

太清道德天尊，即广为人知的太上老君，也是撰写《道德经》的老子。在东汉时期，老子被道教创始人张陵尊为道教始祖。尽管在"三清"之中老子位列第三，但因其深远的影响力与崇高的地位，成为受到最多香火供奉的神明。在道教宫观中的"三清殿"，太上老君的形象常被描绘为手持蒲扇或日月宝扇，这一形象不仅体现了其超脱世俗、逍遥自在的仙人风范，也寓意着他以智慧之光普照众生，引领信徒走向真理与光明。

太清道德天尊。

值得一提的是，有些神祇同时受到佛教、道教乃至其他宗教的供奉。例如，佛教中也供奉化胡为佛的老子；关羽则在三教中都有重要地位，在儒家被尊为武圣，在道家被视为财神，在佛教则担任伽蓝护法；元始天尊在佛教中化身为"乐静信"的修行者，被视为佛陀的前世；而佛教中的观世音菩萨，在道教中则被称为慈航大士。这些例子充分展示了不同宗教之间的交流与融合。

（八）东西配殿：熟悉的身影汇聚一堂

环绕三清殿的东西配殿，汇聚了众多耳熟能详的神祇。步入月老殿，我们看到的是牵线搭桥、促成美好姻缘的月老；龙王殿内，东海龙王威严端坐，掌管风雨雷电；关帝殿则供奉着忠义千秋的关羽；吕祖殿内，纯阳祖师吕洞宾以其飘逸的形象令人向往；鲁班仙师在鲁班殿内，以其精湛的工艺与智慧受到人们的敬仰；财神殿内，如意财神赐予人们财富与好运；文昌帝君端坐于文昌殿，主管文运与功名；而药王孙思邈则在药王殿内，以其医术高明、悬壶济世的形象深受爱戴。

（九）玉皇殿：众神之帝

玉皇殿，这座庄严的殿堂供奉着至高无上的玉皇大帝，同时，这里也是信徒们诵经祈福的经堂。玉皇大帝是众神之帝，统御着仙佛神圣、人龙兽异，以及妖魔鬼怪等三界万物。他的职责广泛而深远，总管着三界、四生、六道、十方的一切生灵，无论是生老病死、兴衰成败，还是吉凶祸福，皆在他的管辖之下。

玉皇殿之上，矗立着藏经楼，这里珍藏着道教的重要经典，同时展示着历代道教珍贵的文献与文物，堪称道教智慧与历史的结晶。其上为老君堂，其中供奉着道观的镇观之宝——一尊由著名紫檀雕刻艺术家屠杰慷慨捐赠的万年紫檀木雕老君像。这尊木雕堪称艺术瑰宝，据闻是采用极为稀有且珍贵的紫檀木整段原木精心雕琢而成。老君立像高达2.7米，其形态逼真传神，栩栩如生，不仅展现了雕刻家的高超技艺，更体现了对道教始祖太上老君的崇敬之情。

四、道教建筑如何体现道家文化

道教建筑不仅仅是砖石木瓦的堆砌,更是道家哲学思想的物化体现,其每一处细节都蕴含着深邃的文化内涵。

第一,从建筑材料上看,道教主张"人法地,地法天,天法道,道法自然",因此,道教建筑倾向于选用自然生成的木材作为主要建材,以此彰显与自然的和谐共生。

钦赐仰殿选用木材作为主要建筑材料。

第二,在建筑颜色方面,道教建筑主要以黑色、褐色等低调而庄重的色彩为主,展现了道教朴素简洁、返璞归真的审美追求。

钦赐仰殿的屋顶采用黑色的瓦片,显得低调而庄重。

第三，在造像的颜色运用上，道教倾向于使用墨绿、孔雀蓝等较为暗淡却富含深意的色彩，很少采用贴金镶嵌等华丽工艺，这进一步体现了道教对于返璞归真、崇尚自然的追求。

第四，道教建筑中的题刻与楹联，往往蕴含着深刻的道教教义与哲学思想。它们不仅是对建筑本身的装饰，更是传播道教理念、弘扬道教精神的重要方式。通过精炼的文字与深远的意境，题刻与楹联引导人们思考宇宙、人生与道德的真谛，使道教建筑成为传递智慧与启迪心灵的场所。

钦赐仰殿内的碑廊题刻都是道家文化的直接体现。

第五，在建筑体量上，道教建筑强调人与自然的和谐共生。道教认为人与仙之间存在着互通转化的可能，两者和谐共存。因此，道教建筑的体量往往与世俗居住建筑相近，殿内塑像的大小也仅略高于人体比例，这样的设计旨在减少塑像对人的压迫感，营造出一种亲切与和谐的氛围。即便是规模较大的主殿，也力求避免过于宏大，这体现了道教"重人贵生"的美学理念。

第六，道教建筑在形式上展现出独特的阴柔之美。正如《道德经》所言："见小曰明，守柔曰强"，道教主张阴阳互变，并尤为推崇"柔"的特质。在建筑设计中，这种理念得到了生动的体现，尤其是屋顶的曲线美，成为道教建筑的一大特色。屋顶线条流畅而优雅，宛如自然界的柔美曲线，不仅给人以视觉上的享受，更寓意着道教对于和谐、平衡与顺应自然的深刻理解。

> **总结一下**
>
> 道教，作为我国土生土长的宗教，与传统文化紧密相连，其影响深远而广泛。道教建筑在材料选择、色彩运用、装饰细节以及造型设计上，均展现出独树一帜的审美价值，它们追求的是一种不事雕琢的自然之美，强调人与自然的和谐共生。

钦赐仰殿建筑上的阴柔之美特别表现在屋顶檐部和屋脊的大角度上翘的弧线形设计，呈现出飞动明快直指苍穹的动态之美，是道教追求羽化成仙思想的体现。

服饰：有礼在身

玖

YOU LI ZAISHEN

第一节
帽子是服饰中的关键元素

春秋时期,齐国国君齐桓公钟爱饮酒。某日,他醉酒醒来后,惊讶地发现头上的"冠"不见了。对于他而言,丢失冠冕不仅是物质上的损失,更是礼制上的巨大耻辱。因此,齐桓公竟然连续三天不上朝,沉浸在失冠的羞愧之中。管仲见状,为他出了一个妙计:通过向穷人发放粮食、为罪人减刑等措施,成功地将人们的注意力从齐桓公失冠的事件上转移开来。这些善举深受老百姓的欢迎,他们甚至开玩笑说,希望齐桓公能再丢一次"冠"!

古人的帽子究竟有多重要?为何齐桓公这样一位几乎可与周天子比肩的国君,会因丢失"冠"而深感痛苦?我们常听到的"冠""弁"和"冕"之间有何区别?而"冕旒"又是什么?本节将针对这些问题进行详细探讨。

一、帽子起源于"臭美"

"爱美之心,人皆有之。"帽子作为人类服饰文化的重要组成部分,其起源与人们对美的追求密不可分。以下将从"冠"字的含义、起源及种类三个方面,深入探讨帽子如何成为服饰的关键元素,并揭示其背后的"臭美"动机。

冠 小篆

(一)"冠"字的意思

小篆的"冠"是会意字,由冃(mào,古同"帽")、人、手三部分组成,形象地描绘了一人手持帽戴在头上的场景。由于帽子位居头顶之上,人们便赋予它特殊的象征意义,如"冠军""之冠"等词汇,均表示居于首位、领先的意思。后来,人们还将形状像冠、位于头顶的物体称为冠,如"鸡冠""树冠""桂冠"等,进一步丰富了"冠"的内涵。

玉凤

商代,河南省安阳市妇好墓出土,中国国家博物馆藏。凤鸟的头似公鸡,头顶有齿脊状冠,被誉为"天下第一凤"。

凤冠玉人

商代,1976年河南省安阳市妇好墓出土,现藏于中国国家博物馆。玉人侧视,头上昂,头顶饰凤羽冠,边缘雕有脊齿。此玉人冠饰和同为妇好墓出土的玉凤冠非常相似。

（二）"冠"的起源

"冠"在中国的历史源远流长，至少已有 5000 年的历史。《后汉书·舆服志》上曾有记载："上古之人，居而野处……见鸟兽有冠角髯胡之制，遂作冠冕缨蕤（ruí），以为首饰。"这段文字揭示了人们最初戴冠的动机并非保暖或显示身份差异，而是出于装饰的需要，希望通过佩戴帽子来提升自己的气质和形象。随着人类文明的进步，帽子的作用逐渐变得重要，成为一种身份和地位的象征。

（三）"冠"的种类

冠的种类繁多，除了常见的如冕、弁等直接以"冠"字命名，还有帻、幞（fú）、巾、乌纱等虽不直接以"冠"称，但在广义上也属头饰范畴，常被人们统称为"冠"。在《后汉书·舆服志》中，明确以"冠"命名的种类就记载了十六种之多，包括冕冠、长冠、委貌冠、爵弁、通天冠、远游冠等。这些冠不仅形状各异，更成为区分官吏职务和等级的重要标志。

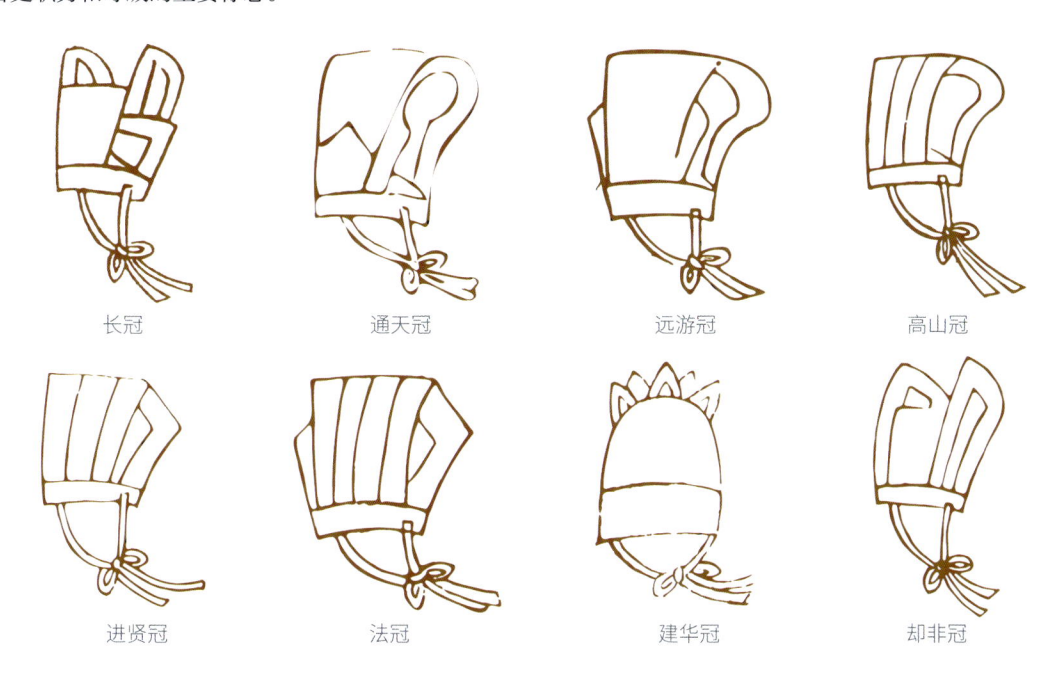

长冠　　通天冠　　远游冠　　高山冠

进贤冠　　法冠　　建华冠　　却非冠

接下来，我们将目光聚焦于三种重要的帽子——冠、弁和冕，它们在中国古代社会中扮演着举足轻重的角色，不仅体现了人们对美的追求，更承载了深厚的文化内涵和历史底蕴。

二、冠：竟然比人命还重要

俗话说"身体发肤，受之父母"，在古代，对头发的保护被视为一件大事，而冠则起到束发和包发的关键作用。

（一）"冠礼"并非人人可享的殊荣

提及冠，不得不谈及的便是"冠礼"，这一古代男子步入成年的重要仪式。在古代社会，"礼不下庶人，刑不上大夫"的观念深入人心。以周代为例，仅贵族公卿士大夫家的男子才有资格举行冠礼，这既标志着他们已年满二十岁、步入成年，也意味着他们从此拥有了管理的特权、服兵役的权利，以及参与祭祀的资格。

冠礼之后，无论何人，在正式场合均需佩戴冠帽，以示庄重。唯有在非正式场合或辞官、请罪之时，方可免去冠帽。与"冠"相关的词汇不胜枚举，如"冠盖相望"，用以形容古时政府使者或官员往来频繁；"弹冠"则意味着准备上任为官；"挂冠"则指辞官离职。

那么，对于平民百姓而言，他们成年后又该如何呢？对此，《释名·释首饰》中进行了解释："二十成人，士冠，庶人巾。"也就是简单用一块布包裹起来便足够了。

（二）君子之死，冠亦不离

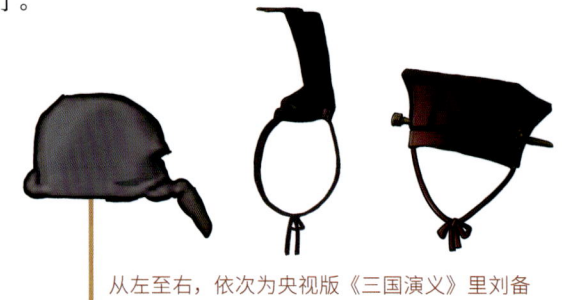

《左传纪事本末》中记载了一则关于"冠"的重要性的故事，深刻体现了冠在古代社会中的特殊地位。公元前480年，卫国发生政变，孔子的学生子路挺身而出，冲进宫中与发动政变者展开格斗。不幸的是，在激烈的战斗中，子路被对手用戈击中，冠缨也被砍断。然而，在生死关头，子路却出人意料地说："君子死，冠不免。"他坚持认为，即使面临死亡，作为君子也不能失去冠帽，因为这是个人尊严与气节的象征。于是，子路放下武器，先整理好自己的冠缨，他也因此被敌人杀害。

从左至右，依次为央视版《三国演义》里刘备戴的头巾、冠和督邮戴的獬豸冠。

这个故事充分展示了冠在古代社会中的重要意义。冠不仅是身份地位的象征，更与个人的尊严和气节紧密相连。对于古代君子而言，冠帽是他们身份和品德的外在表现，是他们坚守原则、维护尊严的重要标志。因此，即便是在生死存亡的危急时刻，他们也不会轻易摘下冠帽，以免失去作为君子的尊严和气节。

三、弁：珍贵的冠饰

观察弁字的小篆字形，仿佛描绘了两只手正将帽子戴于头上的情景。

在等级制度中，"弁"作为一种高级冠饰，其地位仅次于"冕"，适用范围广泛，上至帝王，下至贵族，皆可使用，但具体形制与等级存在差异。

弁　小篆

"弁"多用于礼仪场合，种类繁多，包括爵弁、皮弁、韦弁等。下面详细介绍各类弁的用途。

（一）爵弁：彰显文士风采

爵弁，以其独特的红黑色调，被视为一种没有垂旒的冕，专属于文士。在大祭时，"士"与"乐人"会佩戴爵弁；同时，它是"士"在婚礼上的新郎礼冠，以及在冠礼"三加"仪式中的最终加冠。所谓"三加"，即先加缁布冠，次加皮弁，终加爵弁。

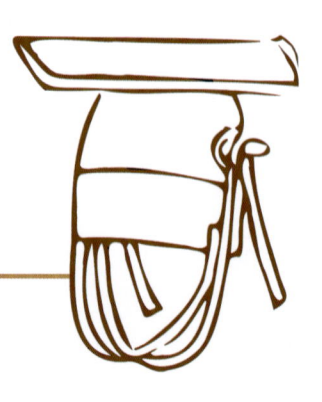

爵弁

郑玄注《仪礼·士冠礼》："爵弁者，冕之次，其色赤而微黑，如爵头然。"爵弁是次于冕的礼冠，其颜色赤中带微黑，"爵"通"雀"，如同雀鸟头部的颜色。

（二）皮弁：彰显尊贵身份

皮弁，由白鹿皮精心制作而成，其形状尖顶而下宽，宛如后世的瓜皮帽，被视为武冠的象征。

在制作过程中，鹿皮被巧妙地分割成花瓣状，再以针线缝合，形成上尖下大的独特造型，恰似两手相合。《释名》中对此有生动描述："弁，如两手相合拚（biàn，拍手）时也。以鹿皮为之，谓之皮弁。"皮弁上，各瓣缝合处的接缝被称为"会"，"会"上还会按照严格的规格和次序缀上精美的玉饰，名曰"綦"（qí）。这些綦如同夜空中闪烁的繁星，被赞誉为"会弁如星"，不仅为皮弁增添了装饰之美，更通过色彩与数量的不同，巧妙地体现了佩戴者的身份等级。

皮弁

《仪礼·士冠礼》注云："皮弁者，以白鹿皮为冠，像上古也"。

《历代帝王图》（局部）

传为唐代阎立本画作，绢本，设色，现存后人摹本，摹本现藏于美国波士顿美术馆。画面为横卷，是一幅历史人物肖像画。其中，陈后主陈叔宝（左）、隋炀帝杨广（右）的头上戴的都是"皮弁"。

现存最为华贵的皮弁实物，当属定陵出土的万历皇帝朱翊钧的十二缝皮弁。此皮弁前后各十二缝，每缝内嵌有金竹丝，缝间缀以九颗玉珠与三颗珍珠，结构完整，部件齐全，被誉为国内存世之最。

定陵出土，藏于定陵博物馆。在等级的区分上，弁冠是仅次于冕冠的礼冠，它也依照冕服的等级模式，用所饰会缝和綦数，以及綦饰色彩的多少标识戴弁人地位的高下。如天子为尊，理当级别最高，要用十二会缝，十二綦，五彩（青黄赤白黑）共计 288 颗玉綦的弁冠。该弁冠实物，在一定程度上证实了这一认识。

出土于山东省济宁市邹城明鲁荒王墓，现藏于山东博物馆。这件鲁王朱檀的九缝皮弁，是现存唯一的明初亲王的皮弁实物，其样式与《明史舆服志二》中关于亲王弁的规制相符合："皮弁，冒以乌纱，前后各九缝，每缝缀五采玉九，缝及冠武贯簪系缨处，皆饰以金，金簪朱缨。"

（三）韦弁：彰显武勇之气

韦弁，作为古代的一种特殊冠饰，通常被用于军事场合，以彰显佩戴者的武勇之气。其设计独特，制作考究，故有"凡兵事，韦弁服"的说法，即在进行军事活动时，将士们往往会选择佩戴韦弁，以此表达对战争的严肃态度和对胜利的坚定信念。

（四）冠弁：狩猎专用装备

冠弁，又称为皮冠，是专为古代贵族在田猎活动中所设计的尊贵冠饰。它不仅是狩猎时的一种实用装备，更象征着佩戴者的身份地位与尊贵荣耀。冠弁的设计往往融入丰富的文化元素和工艺技巧，使其既具有实用性，又富有艺术美感。

四、冕：最尊贵的礼冠

冕作为古代社会中最尊贵的礼冠，承载着深厚的历史文化底蕴和严格的等级制度。其独特的字形与构造，无不彰显着非凡的地位与象征意义。

（一）冕：帽上加帽

让我们从字形上探究"冕"的奥秘。其初文为"免"，在甲骨文中，"免"字形象生动，仿佛描绘了一个人头戴帽子的模样。随着时间的推移，"免"字逐渐被借用来表示"避免"的含义，于是人们便采用形声造字法，以"冃"字为形符，以"免"为声符，创造出了"冕"字。这一变化，恰似在原有的帽子之上又增添了一顶更为尊贵的帽子，从而使得"冕"在所有帽饰中脱颖而出，成为最为高贵的象征。

冕　甲骨文　　　冕　小篆

（二）冕的三个核心要件

据《说文解字》记载，"冕，大夫以上冠也。"这意味着只有地位在士大夫以上的尊贵人物才有资格佩戴冕。以《历代帝王图》为例，在这幅传世名画中，一共描绘了十三位帝王形象，其中七位帝王头上所戴的正是"冕"。

《历代帝王图》（局部）

从左至右依次为后周武帝宇文邕，晋武帝司马炎、蜀主刘备。

九旒冕

出土于鲁荒王朱檀墓，现藏于山东博物馆。冕通高18厘米、长49.4厘米、宽30厘米。

关于冕的珍贵实物，不得不提山东博物馆的镇馆之宝——九旒冕。九旒冕是目前唯一可见的明初冕的实物。它的出土，不仅填补了历史研究的空白，更为我们提供了直观了解古代冕制文化的宝贵资料。

把"冕"分解来看，其最主要的部件有三处："武""綖"（yán）与"旒"。每一部件都蕴含着独特的寓意。

"武"，整个冕的主体部分，也被称为冠卷或冠武。它位于头部，形状类似一个圆桶，与头盔相似。

綖，在"武"的上方，为冕顶的板子。綖板的设计独具匠心，其前端为圆形，后端为方形，寓意着"天圆地方"，象征着博大；它被涂上了黑漆，代表着庄重；而前低后高的设计，则意在提醒佩戴冕冠的人，即使身居高位也不应忘记倾听民意，体现了谦恭的品质。

"旒"，悬挂在"綖"板下方的玉串，也被称为"斿""瑬"或"玉藻"。它的重要性在于，判断一件"冠"是否能被称为"冕"的关键标志。《世本注》中就有这样的记载："冕，冠之有旒者。"也就是说，只有带有"旒"的冠，才能被称为冕。

《大明衣冠图志》中冕的造型图片。

（三）冕旒凸显帝王身份

旒能够明确区分佩戴冕者的身份等级。依据《礼记》的记载，天子的冕上装饰有十二旒，诸侯则为九旒，上大夫七旒，下大夫五旒，而士则为三旒。随着时间的推移，旒的使用逐渐局限于帝王，因此"冕旒"一词便成为帝王的专属代称。唐代诗人王维在其《和贾舍人早朝大明宫之作》一诗中写道："九天阊阖开宫殿，万国衣冠拜冕旒。"这里的"冕旒"，便特指皇帝。

定陵出土，藏于定陵博物馆。该冕冠出自器物箱内，残破较多。此为出土十二旒冕冠修复件，其中的冕旒为原件实物。

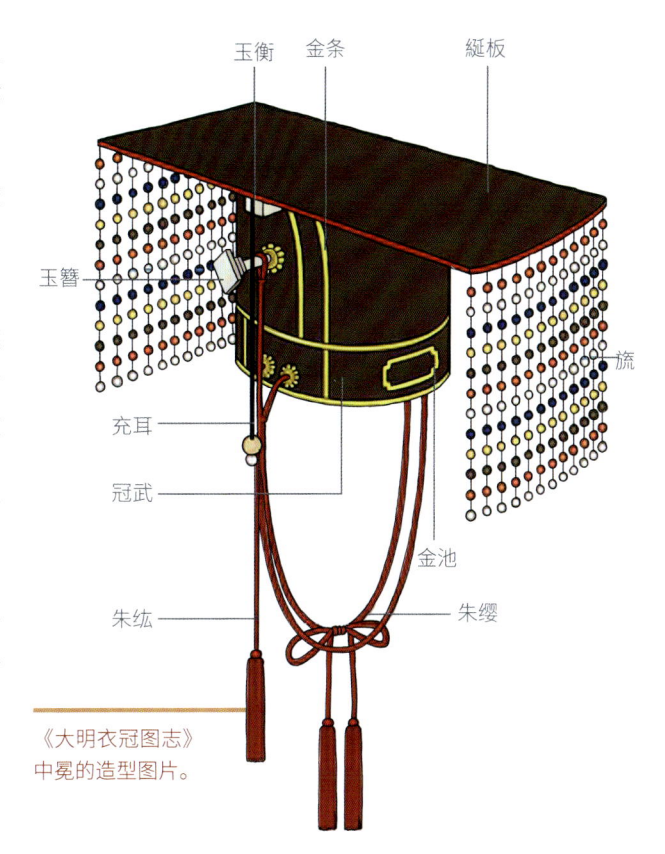

冕旒的设计确保了皇帝的仪容庄重。在古代，职位越高的人越注重"仪态庄重"，如行走需四平八稳，坐姿需端庄持重。有了冕旒，帝王在行走时能自然保持仪态的平稳，因为慌乱的举止会让冕旒摇晃，显得不成体统。

冕旒的另一个目的是"蔽明"，意味着身为领袖的人应洞察大局，同时能包容细微的瑕疵。此外，在"武"的两边还悬挂有一根垂至耳边的丝绳，丝绳末端挂有一块玉，称为"充耳"，寓意"止听"，以此提醒佩戴者不可轻信谗言，必要时还需学会适时装聋作哑。

> **总结一下**
>
> 作为"首服"或"头衣",帽子不仅具备装饰与保暖的功能,更承担着区分社会等级的重要作用。在古代服饰体系中,最高等级的"冕"堪称典范,其用色、用材、用量、形制及装饰细节,均以象征皇权的威严与德行为核心,通过严苛的等级规范与独特的艺术表达,成为中华服饰文化中极具标志性的权力符号。

第二节
自下而上兴起的头巾时尚热潮

或许有人会对"平头百姓"这一说法感到好奇,难道古代的百姓真的都留着平头吗?其实,这里的"平头"与古代百姓所佩戴的一种头巾紧密相关。

前文已述,古代的庶民因身份所限,无法佩戴尊贵的冠帽,只能以头巾裹头。这块看似不起眼的二尺见方的裹头布,实则见证并深刻影响了中国"首服"(即头部服饰)几千年的演变历程。

本节将围绕头巾的来源、种类、影响及发展历程进行详细讲解,带您一窥其历史风貌。

一、巾的起源:平民时尚

甲骨文中的"巾"字,形象地描绘了佩巾下垂的姿态,也有人解读其中间的一竖为系佩巾所用的带子。随着时间的推移,"巾"不仅作为一个独立的汉字存在,更成为汉字部首之一,广泛应用于表示各种下垂的方布类物品,如头巾、盖巾,以及布、帛、带、幅、帐、幕等,这些字词中均可见到"巾"作为形符的身影。

留发的缘由可追溯至《孝经》的教诲:"身体发肤,受之父母,不敢毁伤,孝之始也。"因此,保留头发成为表达孝顺的一种方式。而披头散发则被视为野蛮之举,故而自周代起,人们开始蓄长发,通过束发盘髻来彰显自身的文明风范。

至于戴巾的习俗,其起源可归于劳动人民的实用需求。最初,巾作为干农活时的防护用品,被绑在头上,既能防晒防雨,又能防止头发散乱,并便于擦汗。

"以巾约发"离不开一个简单的工具——缁撮。《诗经·小雅·都人士》中有云:"彼都人士,台笠缁撮。"朱熹注解道:"缁撮,缁布冠也。其制小,仅可撮其髻也。"意思是,缁撮是用黑布制成的束发小冠,使用时将头发打成一撮,余下的布则垂覆头顶。可以说,缁撮以其简约且经济的特性,成为民间最早、最普及的束发巾饰。

央视版《三国演义》中张飞的头饰即为"缁撮"。

二、巾的发展：经典迭出

上海大学文学院中文系副教授滕维雅曾对中国古代的"巾文化"进行了深入解读。他认为，巾在中国历史上经历了五个发展阶段：秦前萌发期、秦汉发展期、魏晋隋唐兴盛期、宋元明鼎盛期，以及清代没落期。下面我们来具体探讨一下这些阶段。

（一）从一块布到一顶帽

在秦代之前，巾主要由庶民使用，以满足日常劳作和生活的实用需求，这是巾最原始且实用的阶段，例如上文提到的缁撮便是这一时期的典型代表。

进入秦汉时期，巾迎来了第一次发展高峰，此时的巾不仅使用方便，而且包裹方式多样。尤其是一种在发髻两旁各加一条带子的样式，因其儒雅之风而备受士人阶层的喜爱，后来甚至被贵族阶层所接纳，成为一种时尚潮流。《后汉书·郑玄传》中就有"玄不受朝服，而以幅巾见"的记载。

到了魏晋隋唐时期，随着胡汉交融和社会包容性的增强，巾开始吸收各方优点进一步发展。原本简单的布匹包裹式巾饰逐渐失去市场，人们更倾向于将巾固定成可以随意摘戴的帽子类型。于是，巾帛由一方布演变成了经过缝制、具有固定造型的头戴物。这种新式巾饰不仅使用方便，还可以在上面增加配饰，材质也更加多样，如鹿皮、纯毛等材质的帽式头巾。

（二）经典之一：东坡巾

进入宋元明时期，文人雅士对头巾的热情依然不减。此时，隋唐时期传下来的幞头已经演变成官帽，而普通的士人则恢复了戴幅巾的古制。其中，最著名的当属东坡巾。东坡巾分内外两层，内层为长方形，四面环绕；外层略低于内层，前面正中开口，巾角位于两眉之间。因其独特的设计，东坡巾备受文人墨客的喜爱。《东坡居士集》中就有"父老争看乌角巾"的诗句，因此东坡巾也被称为"乌角巾"。在元代赵孟𫖯的《苏东坡小像》（局部）中，我们就可以看到苏东坡佩戴的这种独特的东坡巾的样式。

（三）经典之二：四方平定巾

由于巾子设计简易且佩戴随意，能够充分展现文人士子洒脱不羁的性格，因此在明朝时期，男子的首服中，巾子的款式最为丰富，变化也最为多样。其中，最为有趣的当属由明太祖朱元璋推崇的四方平定巾和网巾。

四方平定巾是明代儒生士庶最具标志性的巾式，其样式与东坡巾颇为相似，但区别在于去除了东坡巾的外围部分，佩戴时棱角分明地朝向两侧。据传，明太祖朱元璋初见元末诗人杨维桢时，对其头上所戴的一款新颖头巾颇为赞赏，询问之下得知名为"四方平定巾"。朱元璋认为此名寓意与其大一统的思想相契合，遂下令推广，使之在民间广泛流传。

从现存的大量木刻版画和笔记小说所描绘的情景来看，四方平定巾的主要佩戴者仍以知识分子和闲居官员为主。直至明末，四方平定巾始终是明代士人最具代表性的巾服款式之一，堪称那个时代的经典之作。

明末传教士金尼阁（Nicolas Trigault，1577-1628 年）所戴即为四方平定巾。明万历时期，中外交流频繁，外国传教士远赴中原学习中华文化、传播西方思想。经历第一次"易服"失败后，传教士清醒地认识到"中国人只喜欢有学问的人"，他们由此产生了"改易儒服"的想法，认为"神父们应该像高度有教养的中国人那样装束打扮"。因此，明代晚期的传教士入乡随俗，头戴方巾，身着素色直裰。

（四）经典之三：网巾

网巾，其外观颇似现代的发网，设计巧妙，既可以直接佩戴于头上，又能作为底层发网，其上再添戴冠帽，既实用又便捷。尤为值得一提的是，网巾的佩戴并不受身份地位的限制，它跨越了阶层的界限，成为明代男子普遍佩戴的巾饰。

关于网巾的起源，还流传着一段有趣的故事。某日，朱元璋偶遇一位道士，正细心地整理着自己头上的头巾，那是一种他前所未见的独特样式。出于好奇，朱元璋便询问道士这头巾的名字。道士微笑着回答："网巾也。用以裹头，则万发俱齐。"道士口中的"万发俱齐"，不仅形象地描述了网巾的功能，更在不经意间与朱元璋一统天下的宏伟愿景不谋而合。深受触动的朱元璋，当即下令推广网巾，使之成为世人皆可佩戴的巾饰。

《三才图会》中描绘的网巾样式。

《天工开物》中绘制的戴网巾的工人。

三、巾的种类：琳琅满目

中国巾饰的历史源远流长，种类繁多，下面将从不同角度对其进行分类介绍。

从材料角度来看，巾饰可以命名为布巾、纱巾、绢巾等。这些名称直观地反映了巾饰的主要材质，如布质、纱质或绢质，展现出古代人民在巾饰材质选用方面所呈现出的丰富多样性。

从形状角度来看，巾饰被赋予方巾、菱角巾、万字头巾等名称。这些名称形象地描绘了巾饰的外观形态，如方形、带有菱角或呈现万字图案，展现了古代工匠在巾饰设计上的巧妙构思。

颜色也是巾饰分类的一个重要依据。根据颜色的不同，巾饰可以分为青巾、黄巾、皂巾、紫巾等。这些名称不仅反映了巾饰的色彩特点，还可能蕴含着特定的文化寓意或象征意义。

一些巾饰还以名人命名，如诸葛巾、浩然巾、东坡巾、纯阳巾等。这些名称背后往往隐藏着与名人相关的故事或传说，使得巾饰具有更加丰富的文化内涵。

名山也是巾饰命名的重要依据，如昆斋巾、玉台巾、九华巾等名称，都是以中国著名的山川命名，体现了古代人对于自然的崇敬和向往。

《三才图会》里的诸葛亮画像及诸葛巾。

浩然巾

背后带有长大披幅的头巾，形似如今的风帽。相传此巾为唐代诗人孟浩然常戴而得名。

朝代命名也是巾饰分类的一种方式。汉巾、晋巾、唐巾等名称，反映了不同历史时期巾饰的风格和特点，是研究古代服饰文化的重要线索。

以戴巾人的身份命名也是巾饰分类的重要方面。儒巾、吏巾、进士巾等名称，直接体现了巾饰与佩戴者身份之间的紧密关系，反映了古代社会的等级制度和礼仪规范。

对于难以准确辨识具体巾饰的读者而言，宋代赵彦卫在其所著的《云麓漫钞》中提供了一个既直观又简便的分类方法，他将巾大致划分为四大类："巾之制，有圆顶、方顶、砖顶、琴顶，其制不同，随俗所尚。"通过观察巾的顶部形状，可以较为轻松地对其进行分类判断。

第三节
飞入寻常百姓家的凤冠霞帔

在中式婚礼中，新娘往往会在新郎接亲的重要环节，身着中国传统礼服，这便是人们常说的"凤冠霞帔（pèi）"。那么，凤冠究竟为何物？霞帔又指什么？什么人可以穿戴凤冠霞帔？本节将深入探讨凤冠霞帔的起源及其逐渐普及的过程。

一、凤冠的尊贵与庄重

在古代礼仪文化中，成年礼至关重要，是个人成长的关键节点，男子冠礼、女子笄礼标志着成熟与社会角色的转变。前文讲解的冠礼，其作为冕服制度的核心，兼具礼仪规范意义与深厚文化内涵。尽管古代女子的地位相对弱势，但在成年礼上，女子佩戴的冠饰也华丽精致，不逊于男子。其中，凤冠以其独特造型、珍贵材质和深厚寓意，成为女子冠饰至尊，彰显佩戴者尊贵的身份。

（一）龙凤呈祥的古老传说

在古代文化观念中，"男龙女凤"的思想深入人心。早在秦代甚至更早的时期，凤凰便已成为女子头部装饰的元素。据传，秦始皇的后宫佳丽们已开始在发间佩戴凤钗，彰显其尊贵身份。

从凤钗演变到凤冠的过程，并未历经漫长的时间跨度。在晋代所著的《拾遗记》中，"凤冠"一词出现在世人眼中。书中记载西晋世家大族石崇曾"使翔风调玉以付工人，为倒龙之佩。萦金，为凤冠之钗。言刻玉为倒龙之势，铸金钗象凤皇之冠。"然而，此时的"凤冠"在形制与名称上尚未被正式纳入皇家礼制之中，它还未成为后妃们的专属冠饰。

龙凤玉佩

商代，1976年河南省安阳市妇好墓出土，藏于中国国家博物馆。该玉佩为黄褐色，片状雕刻，两面纹饰相同。器型为一凤鸟背负一龙，说明龙凤相配的观念源远流长。

（二）严格按照规定佩戴的凤冠

关于凤冠何时开始成为礼服的重要配件，其历史可追溯到宋代。《宋史·舆服志》中详细记载，北宋时期的后妃们，在诸如接受册封或朝贺景灵宫等庄重场合，都必须按照规定佩戴凤冠。凤冠的样式通常为"妃首饰花九株，小花同，并两博鬓，冠饰以九翚，四凤。"即装饰有九朵花，小花与大花样式相同，两侧配有博鬓，冠顶则以九只翚鸟和四只凤凰作为点缀。

然而，并非所有人都严格遵守这一规定。例如，在宋仁宗幼年即位，由刘太后代为执政时期，为了彰显自己与皇后、太妃们不同的地位，刘太后在自己的凤冠上特意增加了龙的装饰。这一举动不仅体现了她的心机，更为后续凤冠上增添龙形装饰的做法埋下了历史伏笔。

刘太后坐像（局部）及冠饰线绘图，藏于台北故宫博物院。

（三）后妃专属的尊贵象征

明代，随着蒙古人统治时代的结束，政权重新回到汉人手中。基于此历史背景，明朝统治者尤为重视汉族礼仪传统的复兴，以此彰显汉族文化的正统性。服饰文化，作为礼仪传统中的重要组成部分，自然也受到了格外的关注与大力推进。

明代在佩戴凤冠的制度上沿袭了宋代的传统，并在此基础上进一步提升了凤冠的尊贵地位。在明代，凤冠成为皇后和嫔妃的专属饰品，其他人均无权佩戴。即便是拥有封号的命妇，如公爵的夫人、高级官员的夫人等，也只能佩戴没有凤凰装饰的礼冠，即"翟冠"（翟鸟，亦称翟鸡、长尾鸡，学名白冠长尾雉，其形象与凤凰颇为相似）。"翟冠"与后妃专属的"凤冠"，在形制、规制与象征意义上均存在本质的区别。

翟鸟酷似凤凰。

翟衣

翟衣是古代中国后妃命妇的最高礼服，因其衣上绣有翟鸟花纹而得名。《周礼》记载皇后的袆（huī）衣（左图），揄（yú）翟（中图），阙（quē）翟（右图）三件最高等级的礼服上都绣有翟鸟纹，合称为"三翟"。

今天，我们能看到的最著名的凤冠实物，当属明神宗万历皇帝朱翊钧定陵出土的四顶凤冠。这四顶凤冠分别为三龙二凤冠、九龙九凤冠、十二龙九凤冠和六龙三凤冠，它们分别属于万历皇帝的两位皇后——孝端皇后和孝靖皇后。这些凤冠的样式精美绝伦，令人叹为观止，充分展现了明代宫廷服饰文化的辉煌成就。

明孝靖皇后十二龙九凤冠

藏于明十三陵博物馆。全冠共镶嵌天然宝石 100 余粒、珍珠 3500 余颗。

（四）僭越和放任

在明朝中后期，国家局势动荡不安，政权摇摇欲坠，礼制规范更是难以维系。一些达官贵人、皇亲国戚为了炫耀自身财力，竟也开始为家中的女眷置办起凤冠。这种现象愈演愈烈，朝廷对此也逐渐失去了管控能力，只能放任自流。例如，在嘉靖年间，大贪官严嵩被抄家时，家中竟藏有十多顶凤冠，其豪华程度不逊于后宫妃嫔所佩戴的凤冠。

（五）从传统到遗忘

进入清朝后，尽管满族服饰文化成为主流，但汉族官员的女眷们依然得以在特定场合保留佩戴"凤冠"的传统。这一传统头饰，以其精美绝伦的工艺和象征意义，成为汉族女性尊贵身份的重要标志。

清末民初，随着西方服饰文化的不断涌入，传统的凤冠霞帔逐渐淡出了人们的视野。传统的凤冠等头饰因其烦琐的制作过程和昂贵的成本，逐渐失去了市场。在这一背景下，凤冠等传统头饰逐渐从人们的日常生活中消失，成为历史记忆中的一部分。

二、霞帔的飘逸与华丽

"霞帔"并非一种完整的服饰，而是服饰中的一个独特配件，其基本形态为一条披于肩背的带子。汉代学者刘熙在其著作《释名·释衣服》中解释道："帔，披也。披之肩背，不及下也。"

（一）从女性之美到身份象征

霞帔的起源可追溯至南北朝时期的帔，至隋唐时则演变为披帛，一种轻盈地披挂在双臂前方的飘带。因其色彩绚烂，宛如天边绚丽的彩霞，故而得名"霞帔"。及至宋代，霞帔与凤冠一同被正式纳入命妇礼服体系，并根据品级的不同，装饰细节上也有所区分。《宋史·舆服志》卷三详细记载了孝宗乾道七年（1171年）的规定："其常服，后妃大袖，生色领，长裙，霞帔、玉坠子。"至此，霞帔不仅成为女性美的象征，更成为身份与地位的显著标志。

明代时期，霞帔的设计再次发生了变革，其样式宛如两条绚丽的彩带，绕过颈项，优雅地垂挂于胸前，下方则悬挂着一颗璀璨的金玉坠子，增添了华美与风韵。该设计不仅保留了霞帔作为女性服饰配件的传统美感，更赋予其更为丰富的文化内涵和象征意义。在这一时期，无论是后妃还是百官的妻子，皆有权佩戴霞帔，以示其尊贵身份。但为了彰显身份与品级的差异，她们所佩戴的霞帔在颜色和纹饰上有着严格的区分。

宋宣祖后（宋代开国君主赵匡胤的母亲杜氏，902-961年）坐像轴，藏于台北故宫博物院。画中人物戴龙凤冠，凤钗，鞠衣加帔，大带双绶，玉佩玉环。与宋代其他皇后像着袆衣不同，宋宣祖后的淡黄色外袍，衬托小珍珠滚边的凤纹霞帔更加华丽，织着花样的半透明裙摆竟长得拖出画外。这幅难得的后像，丰富了我们对于宋代后妃物质生活的认识。

（二）从朝堂尊贵到婚礼风尚的演变

自唐朝起，民间就存在一种"借服"制度，即未达某一品级者因特许而穿着该品级服饰。明代统治者对此采取了默许态度，不再将其视为僭越行为。

这种默许，奠定了此后500年间汉族新娘婚礼服饰的基本形制——穿戴凤冠霞帔与大红吉服。据《礼部志稿》记载："洪武五年诏中书省臣及礼部所拟文，文武官命妇服饰用大衣霞帔，既合古制，霞帔以金绣之文为等第。若民间夫人礼服，惟以素染色，不用纹绣。"

这表明，虽然民间女子在婚礼上可佩戴霞帔，但她们所穿戴的霞帔在材质、工艺及装饰上，自然无法与王宫贵族的奢华相比，更多是一种象征性的"假借"。然而，这并不影响霞帔成为汉族新娘婚礼上不可或缺的尊贵象征。

（三）从飘带到背心的形制变革

清代，霞帔成为汉族九品以上命妇在参与祭祀、国庆大典、生日寿辰及婚礼等重要正式场合时所穿的礼服，其使用频率不高，一年之中仅穿戴数次，其地位与作用相当于满族女性的朝褂。《清稗类钞》中有载："霞帔，妇人礼服也，明代九品以上命妇皆用之。以庶人婚嫁，得假用九品服，于是争相沿用，流俗不察。沿至本朝，汉族妇女亦仍以此为重，固非朝廷所特许也……"

妆花绸龙纹霞帔

清代，藏于中国妇女儿童博物馆。

清代霞帔与以往历代有着显著的区别。从形制上来看，它已由原先长条形的帛巾大带，演变为类似背心样式的服装，下摆不再悬挂帔坠，而是装饰一圈飘逸的流苏。在纹样设计上，清代霞帔既继承了明代霞帔的纹样风格，又在胸前中央缀有方形补子图案，该图案与命妇丈夫或儿子的官职品级相匹配，成为彰显身份的重要标志。至于穿戴方式，清代霞帔区别于以往的披搭与缠绕，而是直接穿在朝袍之外，展现出一种全新的服饰风貌。

（四）霞帔与现代婚礼中的云肩

时至今日，女性在婚礼时所穿戴的传统礼服虽沿用"凤冠霞帔"之名，但实际上，所佩戴的头饰确为凤冠，而肩上所披之物却已非传统意义上的霞帔，取而代之的是"云肩"。

云肩，这一独特的饰品自隋唐时期便已有之，它主要装饰于肩领部位，以其精致的四方四合云纹图案而著称，多采用彩锦刺绣工艺精制而成。因其环绕于肩部的装饰如同多彩云霞般绚丽，故得名"云肩"。到了清代及民国时期，云肩在社会各阶层中广为流行，还成为青年女子婚嫁时不可或缺的服饰配件。

深玫红提花绸饰四合如意云肩女袄

清代，藏于北京服装学院民族服饰博物馆。

> **总结一下**
>
> 民间女子虽非朝廷命妇，但婚嫁作为她们人生旅途中极为关键的时刻，理应享有穿戴雍容华贵、吉祥富丽的凤冠霞帔的权利。人们追求的不仅是服饰的华美与精致，更是凤冠霞帔所承载的身份象征，以及对未来美好生活的憧憬与期盼。

第四节
蕴藏神秘玄机的"十二章纹"

"十二章纹"作为中国帝制时代服饰上的等级符号，承载着丰富的文化内涵与传统美学价值。这些纹样由日、月、星辰、山、龙、华虫、宗彝、藻、火、粉米、黼（fǔ）、黻（fú）精心组合而成，每一章纹都蕴含着独特的吉祥寓意，共同构筑起对国运昌隆的美好祝愿。

一、十二章纹的起源：天赐神力

在原始社会时期，人类为了生存与发展，不得不持续与自然界中的其他生物竞争生存资源。在这一过程中，他们积累了丰富的经验。例如，日、月、星辰的周期性变化被视作预示天气和季节更替的重要征兆；山岳不仅为原始人类提供了丰富的自然资源，还是他们生活和栖息的重要场所；弓与斧则是原始人类进行劳动生产和狩猎活动的重要工具；火的发现和使用，极大地改变了人类的生活方式和生存条件；粉米作为农业耕作的直接成果，象征着人类文明的进步和繁荣；而虎与华虫（一种美丽的鸟类），则是原始人类在狩猎活动中频繁接触并可能视为猎物或图腾的对象；至于龙，它在中国众多原始氏族中被广泛崇拜，成为力量、智慧与吉祥的象征。

十二章纹玉圭

明代，藏于台北故宫博物院。玉圭为玉质，白色，长方板形，上端作尖山形，背面平坦，正面中央有凸脊，正面浅浮雕十二章纹，象征帝王的美德。

正是这些源自天赐神力和原始生活经验的元素，逐渐融合并演化成了十二章纹，成为中国古代服饰中极具象征意义的符号。

传说，一旦成为帝王，便能获得十二种神秘自然力量的庇佑，助其成为至善至美、至高无上的明君。正因如此，"十二章纹"因其蕴含的思想意识具有巩固统治阶级皇权的功能，而被历代封建帝王所珍视并传承下来。

二、十二章纹的吉祥寓意

周代的《尚书·益稷》中，有如下记载："予欲观古人之象，日、月、星辰、山、龙、华虫，作会（绘）；宗彝、藻、火、粉米、黼、黻，絺（chī）绣，以五采彰施于五色，作服。"

日　星辰　月　华虫　龙　山

粉米　藻　宗彝　黻　黼　火

日、月、星辰，寓意着照临天下，象征着帝王皇恩浩荡，如同日月星辰般普照大地，恩泽广被。

山，则象征着稳重与镇定，寓意帝王能够稳固治理四方水土，确保江山永固，国家长治久安。

龙，作为神异的生物，变化无穷，象征着帝王善于审时度势，智慧超群，能够正确处理国家大事，并教诲人民。

华虫，即五彩雉鸡，其文美绚丽，寓意王者应文采昭著，以高尚的品德和卓越的智慧引领国家前行。

宗彝，作为祭祀礼器，上绘一虎一猴。虎猛猴智，寓意帝王应兼具勇猛与智慧，同时拥有忠孝之美德，成为国家的楷模。

藻，能净水，寓意洁净无瑕，象征着帝王品行高洁，如同清泉般清澈透明，引领国家走向清明。

火，取其明亮之意，寓意帝王处理政务应光明磊落，公正无私，使万民归心，国家昌盛。

粉米，寓意滋养与丰饶，象征着帝王重视农桑，关心民生，使人民食禄丰厚，安居乐业。

黼，为左青右黑的斧形图案，寓意决断与果敢，象征着皇帝在处理国家大事时应干练果决，勇于担当。

黻，由两个相背的"弓"字组成，寓意辨别、明察与向善，象征着帝王应具备谦言纳谏、知错就改的美德，引领国家走向更加美好的未来。

明神宗朱翊钧御容（画像，局部），台北故宫博物院藏。

可以说，每一个章纹的内容都深深植根于天地自然之中，是对自然界生动景观的精妙模仿与提炼。为了彰显这"十二章纹"所蕴含的吉祥寓意及与之相匹配的权力等级，服饰无疑成为最佳的展示载体。

在服装上，十二章纹中章数的多少成为衡量穿着者身份高低的重要标志。具体而言，天子的服装上完整呈现了全部的十二章纹，彰显其至高无上的地位；公爵的服装则使用了从"山"以下的九章纹；侯爵与伯爵则使用从"华虫"以下的七章纹；子爵与男爵则采用从"藻、火"以下的六章纹；而卿大夫的服装上，则仅饰以从"粉米"以下的三章纹。这样的设计，不仅体现了古代社会严格的等级制度，也展现了十二章纹在服饰文化中的重要地位。

三、皇帝龙袍上的十二章纹

十二章纹作为帝王专用的纹饰，其真正被帝王广泛采用的时间可追溯到东汉时期。东汉永平二年（59年），汉明帝正式将十二章纹确立为重大礼仪场合的专用纹饰。据《后汉书·舆服志》记载："天子、三公、九卿、特进侯、侍祠侯，祀天地明堂，皆冠旒冕，衣裳玄上纁下。乘舆备文，日月星辰十二章，三公、诸侯用山龙九章，九卿以下用华虫七皆备五采"。

到了隋代，隋炀帝对十二章纹在龙袍上的位置有了更为具体的要求。据《隋书》记载："于左右髆（bó）上为日月各一，当后领下而为星辰，又山龙九物，各重行十二……衣质以玄，如山、龙、华虫、火、宗彝等，并织成为五物；裳质以纁，加藻、粉米、黼、黻之四。"也就是日月分列于双肩之上，星辰则位于后背中央，其余九种章纹则排列于龙袍正面，每行十二个，上衣五种章纹，下裳四种章纹，形成了独特的布局。

此后，各朝各代对十二章纹在龙袍上的使用也各有规定，位置、颜色等细节均有所差异。然而，唯一不变的是十二章纹作为天子专属的尊贵象征，其使用权始终被严格限制在帝王一人之手，其余人等则根据等级高低分别使用九、七、五章等不同数量的章纹。

目前，已出土的年代最早的十二章纹龙袍来自明定陵，其主人正是明朝著名的万历皇帝朱翊钧。这件名为"缂丝十二章纹衮服"的龙袍，在出土时仍带有绢制的标签，上面明确记载着"万历四十五年，衮服一套收"。同时，小襟上还绣有"万历三十二年十一月五日造长四尺一寸夹合"的字样，说明这件衮服的制作前后历经了长达十三年的时间，足见其工艺的精湛与尊贵的地位。

明万历帝黄缂丝十二章福寿如意衮服（复制品）

明代万历帝朱翊钧（1573-1620年）服饰，1956年在定陵地下宫殿出土，现藏首都博物馆。衮服垫于万历帝尸体下面，出土时原件已成残片，并黏合成块。色彩除原孔雀线与金线织的部位依稀可辨，其余均呈深浅茶褐色。部分图案残缺不全，模糊不清。后经故宫博物院老师傅装裱复样，才基本恢复了原件形态。

这件龙袍的设计极为考究，龙纹尤为突出，共有十二团龙精心织造于两肩及前后襟之上，彰显出帝王的尊贵与威严。其中，两肩之上分别织有日、月图案，背部则织有星辰与山岳之纹，寓意皇帝肩负日月之光辉，背负星辰山岳之重责，象征着其意志如日月般光明普照，如山岳般稳重坚定。

此外，两袖之上饰以华虫之纹，增添了几分华美与灵动。而宗彝、藻、火、粉米、黼、黻等六种纹饰则巧妙地列于前后襟团龙图案的两侧，各自承载着吉祥与美好的寓意，共同构成了这件龙袍丰富多彩的纹饰体系。这样的设计不仅展现了古代匠人的精湛技艺，更深刻地体现了十二章纹在帝王服饰中的重要地位与象征意义。

四、为何是"十二"而非"九"

在古代文化与象征体系中，数字往往蕴含着深厚的寓意。九这个数字，作为至阳之数，在传统观念里确实代表着极致与最大。然而，世间万物皆遵循物极必反的道理，当达到极致之时，往往也预示着衰败与终结的悄然临近。

正因如此，在挑选具有象征意义的数字时，古人有时会选择避开九，转而青睐十二。十二这个数字，因其圆满与周全的特质，被赋予更为积极、正面的寓意。它象征着帝王能够引领天下百姓，摆脱过往的昏暗与困顿，共同迈向一个光明、繁荣的新纪元。这种选择，无疑体现了古人对于数字象征意义的深刻理解与巧妙运用。

《明光宗朱常洛像》（局部）

明代，现藏于故宫博物院。该画像为绢本，设色，纵108.9厘米，横77厘米。画中人物取正面肖像，画法是线描和平涂上色。服饰突出了明代舆服制度的特征，上有十二章纹样。

在古代的天文学里，一岁之中，日、月十二次交会于东方，于是一年被分为十二个月；再加上十二生肖、一天十二时辰、人体有十二属等。可以说十二这个数字存在于历法，浸润于民间，成为中华文化根深蒂固的天象大道之数，充分反映了古代人相信君命天授，顺应天命才具有合法合理性的人法天思想。

> **总结一下**
>
> "十二章纹"作为一种具有特定文化内涵的符号，饱含浓厚的中国古代传统文化意识。从内容来看，它们涵盖了原始人类繁衍生息的方方面面，蕴藏着神秘的玄机，在原始社会，谁掌握它谁就成为天地万物之间的主宰。由此，"十二章纹"成为最高权力的象征、成为王权政治的象征、成为等级观念的标志，在以后的数千年中成为帝王"不可一世"的专用图案。

第五节

从"祥禽瑞兽"的荣誉到"衣冠禽兽"的骂名

"衣冠禽兽"这一词汇，常被用来形容那些外表光鲜，但内心阴暗、道德败坏的人。那么，这个词究竟从何而来？为何会将禽兽与穿戴联系起来？本节就来深入探讨"衣冠禽兽"的真正含义。

一、衣冠上的禽兽图案

"衣冠禽兽"这一成语，最早见于明末戏曲家陈汝元的《金莲记》中："人人骂我做衣冠禽兽，个个识我是文物穿窬。"其中，"穿窬（yú）"指的是翻墙盗窃的行为，用以指代小偷。这两句话结合起来，便是形容那些外表光鲜，但品德低下的人。

（一）唐宋时期的"鱼袋"制度

在唐代，官员的服饰变化主要集中在颜色和图案样式上，但花样并不多。想要通过服饰来区分官员的级别，主要依靠服饰配饰和冠冕。唐高宗永徽二年（651年），为了改善这一状况，对官员的官服颜色进行了明确划分：三品、四品官员穿紫色衣袍，并佩戴金鱼袋作为装饰；五品官员穿绯色衣袍，佩戴银鱼袋；六品官员则穿绿色衣袍，且没有鱼袋作为装饰。

这里的"鱼袋"，是指五品以上官员被赐予的鱼符，上面刻有官员的姓名，作为身份凭证。由于鱼符被装在袋内，因此被称为"鱼袋"。宋代沿袭了唐代的制度，并用金银来装饰鱼形，但此时鱼袋已不再具有符契的作用，而更多地成为一种身份和地位的象征。

《步辇图》（局部）

藏于故宫博物院。阎立本所绘《步辇图》中，穿红袍、手执笏板的大唐典礼官右腰垂下的挂饰，即为鱼袋。最早的鱼袋属于软袋，以布帛制作而成，故以"袋"为名，也称作"帛鱼"。《朝野佥（qiān）载》中就有"彩悦为鱼形，结帛作之，取鱼之像"的记载。

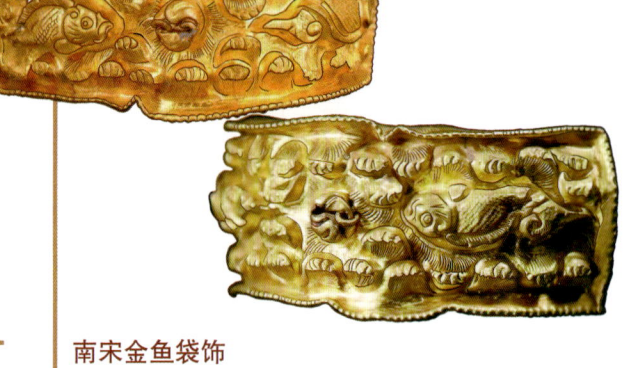

南宋金鱼袋饰

出土于浙江省兰溪市灵洞乡费垅口村南宋墓，现藏于兰溪市博物馆。两宋时期，鱼袋已经成为高等级官员的主要腰佩，鱼袋在章服中的分量之重不言而喻。此配饰长11厘米、横30厘米、弧形，两端有穿孔，采用了锤揲、透雕、焊接、线刻、压模等多种金银器加工技法，锤雕高凸花双鱼纹、水草纹等纹饰。造型玲珑剔透，做工精美别致，代表了宋代高超的金器制造水平。

（二）官服上的"禽兽"等级制度

明朝建立后，朱元璋将"改正朔、易服色"视为国家头等大事，对衣冠制度进行了全面而深入的调整和完善。其中，官服制度的一项重大变革便是将"文禽武兽"作为官员品级高低的标志。这些形态各异的禽兽图案被绣在官服的前胸和后背，因此也被称为"胸背"，它们如同"显眼包"一般，极大地提高了官员九品十八级的辨识度。

据《明史》记载："（洪武）二十四年定，公、侯、驸马、伯服，绣麒麟、白泽。文官一品仙鹤，二品锦鸡，三品孔雀，四品云雁，五品白鹇（xián），六品鹭鸶，七品鸂鶒（xī chì），八品黄鹂，九品鹌鹑；杂职练鹊；风宪官獬豸。武官一品、二品狮子，三品、四品虎豹，五品熊罴（pí），六、七品彪，八品犀牛，九品海马。"

那么，为何要绣上这些飞禽走兽呢？这背后其实蕴含着动物界弱肉强食的自然法则。生活在食物链顶端的动物，往往拥有更多的选择权和更强大的领导权，它们也因此成为领导者与领导力的象征。例如，皇帝所穿的龙袍上绣有龙纹，龙在动物界中被视为九五之尊，象征着至高无上的皇权。

这些独特的"胸背"花样不仅在明朝时期盛行一时，更被清代统治阶级所看重。它们成为清代官服制度中风格鲜明的补服文化，并一直延续到封建王朝的终结，才逐渐退出历史舞台。

二、入选官服图案的禽兽

在以"衣冠禽兽"图案为核心的明代官服等级制度中，每一种"禽兽"形象都是经过精心挑选而确定的。明代学者邱濬在《大学衍义补》中解释道："文武一品至九品，皆有应服花样，文官用飞鸟，象其文采也；武官用走兽，象其猛鸷也。"这些鲜活的飞禽走兽形象被赋予拟人化的特征，用以象征和代表当时社会所推崇的高尚道德情操和坚毅品格。

那么，为何偏偏是这些飞禽走兽被选中作为官服图案呢？

（一）飞禽的排序体现了统治者对为官境界的理解

在古人的认知体系中，飞禽虽同为聪明且寓含吉祥之意的"祥禽"，但人们仍依据自身的理解和价值观，为它们划分出明确的等级与优劣之别。

一品文官的官服上绣有仙鹤图案。在古代，仙鹤被誉为"一鸟之下，万鸟之上"的神鸟，其地位仅次于象征皇后的凤凰，因此也被称为"一品鸟"。仙鹤象征着志向高远、高瞻远瞩，且寿命极长，这些特质恰好符合统治者对高级官员的期望和要求。

红色缎缀平金地彩绣云鹤纹方补官衣（局部），清宫旧藏，现藏于故宫博物院。

一品仙鹤补子，藏于美国大都会博物馆。

二品文官的官服上绣有锦鸡图案。锦鸡亦称金鸡、碧鸡、玉鸡，寓意前程似锦、锦上添花，象征着仕途的光明与顺利，以及个人成就的辉煌与卓越。

清乾隆时期的缂丝锦鸡方补，藏于故宫博物院。补子以金线织地，长31厘米，宽29.5厘米。上部为五彩祥云及红日，下部为海水江崖纹，中间饰一只展翅的锦鸡独立于海中礁石上，回首遥望红日。

三品文官的官服上绣有孔雀图案。孔雀凭借其绚丽多彩的羽毛，以及被赋予的大德大贤之质，成为吉祥、文明与富贵的完美象征。

清嘉庆时期的文官三品孔雀纹刺绣补子，美国宾夕法尼亚大学博物馆藏。

四品文官的官服上绣有展翅翱翔的云雁图案。云雁作为一种高飞的鸟类，其形象深刻地象征着官员们远大的志向与不畏艰难、勇于搏击长空的豪情壮志。

以上所述的一品至四品文官，均身着绯袍，这种绯袍采用鲜艳的红色制成，彰显了官员们尊贵显赫的身份地位。

五品文官的官服上绣有白鹇图案。白鹇以其端庄的姿态和从容的步伐，被用来形容官员们行止间的那份娴雅与从容，展现出他们不急不躁、沉稳内敛的为官之道。

六品文官的官服上绣有鹭鸶图案。鹭鸶亦称白鸟，正如陆玑在《毛诗草木鸟兽虫鱼疏》中所描述："鹭，水鸟也，好而洁白，故谓之白鸟。"这一形象象征着官员们为官的清正廉洁，以及他们在仕途上的一帆风顺。

七品文官的官服上绣有鸂鶒图案。鸂鶒又称紫鸳鸯，这一形象在文学与艺术作品中屡见不鲜，它不仅象征着官员们对国家的忠诚不渝与仕途上的飞黄腾达，更寓意着他们应当承担起造福百姓的重任，以实际行动践行仁政爱民的理念。

以上所述的五品至七品文官，均身着青袍，这种青袍以其沉稳的色调，映衬出官员们内敛而不失庄重的气质。

八品文官的官服上绣有黄鹂图案。黄鹂被誉为不妒之鸟，象征着为官者亦应具备此美德，对人不可心生嫉妒。其金黄的羽色，不仅绚丽夺目，更寓意着官居高位、身披金袍的尊贵与荣耀。

九品文官的官服上则绣有鹌鹑图案。"鹌"字与"事事平安""安居乐业"中的"安"字谐音，寓意这些基层官员能够守护国家安宁，确保国泰民安。

清同治时期的黑缎地平金银刺绣五品补子，纵29.3厘米，横31.3厘米，藏于南京博物院。

元青绸缀纳纱二方补绣鹭鸶补服（局部），清宫旧藏，藏于故宫博物院。

石青芝麻纱地绣鸂鶒纹补服，前后各饰一平金五彩珊瑚绣鸂鶒、红日祥云、海水江崖等纹饰方补，边框为蝙蝠团寿纹，孔庙和国子监博物馆藏。

清同治时期的佛青缎地线绣九品圆形补子，纵25.9厘米，横13.6厘米，藏于南京博物院。

八品与九品文官均身着绿袍，这种清新的绿色不仅象征着生机与希望，也寓意他们虽处基层，却承载着国家安定与民生福祉的重要使命。

可以清晰地看出，文官服装上鸟类的选择与排序主要遵循了三个逻辑原则：首先是基于动物在传统文化中的地位；其次是体现仁、义、礼、智、信的精神；再者便是巧妙地运用"谐音梗"来寓意吉祥。以一品文官的仙鹤与九品文官的鹌鹑为例，仙鹤在传统文化中紧随凤凰之后，地位尊崇，因此自然而然地成为一品重臣的象征。而九品文官的鹌鹑，虽原本并不起眼，但因"鹌"与"安"谐音，寓意国家平安、人民安乐，从而被赋予吉祥的寓意，成为九品官员的代表。

清代品官的补纹制度在很大程度上沿袭了明代，但也有所调整。具体而言，一品至七品的补纹与明朝保持一致，而八品则由黄鹂改为鹌鹑，九品则采用了明朝时未入品的练雀作为补纹。

（二）走兽的排序纯看武力值

相较于文官的"胸背"图案，武官的则显得更为直接粗犷，完全依据武力值和战斗力进行排行，由强至弱依次递减。例如，位列榜首的狮子，在《宋书》中被赞誉为能"威服百兽"，因此成为武官中的"首席"形象，可谓是名副其实。

在众多的走兽中，彪、犀牛和海马这三种动物值得特别说明。在明代，彪通常指的是猞猁，尽管它们的体型小于狼，却是名副其实的猛兽，在欧亚大陆的森林中堪称霸主，甚至能够抑制狼群的繁衍。犀牛的入选则是因为其珍稀性，当时犀牛数量稀少，被视为珍贵物种。至于海马，这里所指并非我们今日所见的海洋生物海马，而是一种能在陆地与海面自由奔跑的神秘生物，其肩上还闪烁着火焰般的光芒，既能在陆地上疾驰，也能在海面上如履平地。

相较于明代，清代武官的绣兽图案也发生了一些变化，具体排序为：一品麒麟、二品狮子、三品豹、四品虎、五品熊、六品彪、七品与八品犀牛、九品海马。

蓝地织金狮子纹方补

藏于台北故宫博物院。

一品武官麒麟补

清晚期，藏于美国大都会博物馆。

三、祥禽瑞兽如何沦为骂名

那么，印在官服上作为荣耀象征的祥禽瑞兽，为何会转变为骂人的话呢？这一转变与当时朝廷能力的衰退有着紧密的关联。

在明朝早期，政权高度重视"明尊卑、辨等差"的原则，服饰制度也因此受到统治阶级的严格维护。各级官员必须严格遵守服饰规定，不得有任何僭越行为，违者将受到严厉的惩罚，轻则杖责一百，重则革职查办。至于普通百姓，更是无权使用这些象征尊贵的图样。这一点在《明会典》中有着明确的记载："凡官民房舍车服器物之类各有等第。若违式僭用，有官者杖一百，罢职不叙；无官者，笞五十，罪坐家长，工匠并笞五十。"

十同年图卷（局部）

明代，藏于故宫博物院。这是一幅描写明弘治十六年（1503 年）10 位高级官员聚会情景的富有纪念意义的群像画，绢本，设色。据卷后各人的序与跋，与会 10 人都是明天顺八年甲申（1464 年）的同榜进士。此图当时共画了 10 本，每家各留一本，此卷是闵家所留，在清嘉庆十五年（1810 年）为法式善收藏，是 10 本中幸存的孤本，为重要的历史文献。画中可见，因职位和职级不同，各官员身着的补服颜色及补子图案亦不相同。

到了明朝中后期，随着皇权政治的频繁更迭和思想意识的嬗变，官服系统中原本严谨有序的"祥禽瑞兽"等级对应体系逐渐陷入了混乱。与此同时，"赐服"制度的滥用使得一些大臣因功被赐予高于其官职的官服，

导致"僭越"行为被制度化，官员们对皇帝的命令也往往阳奉阴违。这种局面下，胸背上的图案一度成为士大夫阶层炫耀权势、满足虚荣心的奢华标志。

尤为关键的是，当时的明朝宦官势力猖獗，政治腐败盛行。原本"文死谏、武死战"的崇高精神被扭曲，文官贪财、武将怕死的现象屡见不鲜，他们欺压百姓的行为更是激起了民愤。因此，老百姓开始将这些为非作歹、道德败坏的文武官员形象地称为"衣冠禽兽"。

尽管有人提出，骂人的成语"衣冠禽兽"可能早于作为服饰象征的"衣冠禽兽"出现，但由于明清时期的补服制度深入人心，这一先后顺序的真相已不再为大多数人所关注。

第六节
羞羞的中国内衣简史

本节的开篇将讲述一则源自唐代的花边逸闻。据《事物原会》所载："贵妃与禄山戏，爪伤胸乳，遂作诃子蔽之。"

野史中记载了安禄山与杨贵妃有暧昧关系的传闻，两人趁唐玄宗不在时幽会。但在一次亲密举动中，安禄山不慎在杨贵妃的胸部留下了抓痕。为了不让唐玄宗察觉，贵妃巧妙地用丝绸裹于胸前，以此来掩盖伤痕。而这块裹于贵妃胸前的丝绸，后来竟演变成唐朝风靡一时的女士内衣——"诃（hē）子"的雏形。

本节我们就来了解一下中国古代内衣的起源，细数历朝历代具有代表性的内衣样式，并进一步解析这些内衣背后所蕴含的文化影响与深远意义。

唐人簪花仕女图卷（局部）

藏于辽宁省博物馆。画中仕女形象反映了唐代女性的着装样式。

一、中国内衣的起源

若要追溯中国内衣的起源，我们需将目光投向遥远的上古时期。

古代的先民们对自然和生殖抱有敬畏之心，因此对生殖器官的保护成为他们的一种本能需求。此外，随着智慧的增长和道德观念的形成，人们逐渐萌生了羞耻感，开始寻求一种物品来遮蔽自己的敏感部位。正是在这两种需求的共同推动下，被认为是中国内衣的起源、也是内衣最早形制的"蔽膝"应运而生。

"蔽膝"究竟是何模样呢？

拱手玉人

西周早期，1959年河南省洛阳市东郊墓出土，藏于中国国家博物馆。玉人衣身较长，束宽腰带，腹前系一斧形"蔽膝"。

简而言之，它犹如一块"遮羞布"，其覆盖范围不仅限于膝盖，还延伸到两条大腿之上。这种设计凸显了"蔽膝"作为内衣的核心功能——遮蔽与保护关键部位。

步入"文明社会"后，"蔽膝"的形态开始有所演变。在西周时期的金文中，"蔽膝"被称作"芾"（fú）。这个"芾"字，形象地描绘出一条宽幅的带子系于腰间，悬垂于双腿之间。

早期的"蔽膝"主要由兽皮制成，随后人们又发明了遮盖后部的"蔽膝"，进而演化成"裳"。当下身服饰完善后，人们开始关注上身装扮，于是"衣"也随之诞生，形成了"上衣下裳"的古代先民套装。

随着生产力的提升，布帛逐渐取代了兽皮，成为蔽膝的主要材质，皮革与织物并存。此后，纺织技术的不断精进，使得蔽膝原本的保护与保暖功能逐渐淡化，转而更多地作为美化服饰的装饰品，被优雅地围系在腰间。同时，蔽膝还成为彰显尊卑等级的重要标志之一，在古代汉民族服饰文化中始终占据着一席之地。

《历代帝王图》（局部）

传为唐代阎立本所作，美国波士顿美术馆藏。《后汉书·舆服》载："上有韨（fú，蔽膝为汉代前叫韨），贵贱有殊……韨，所以执事，礼之共也。故礼有其度，威仪之制，三代同之。"明确指出了蔽膝具有殊尊卑、度其礼的作用。其后直至清朝建立，蔽膝的基本形式大同小异，都被纳入各朝服饰制度之中，其显示阶级差异的内涵始终未变。

二、内衣样式的发展与变迁

在古代，由于深受传统礼教的影响，内衣被视为个人隐私物品，羞于示人。例如，《礼记》中记载了一个故事："季康子之母死，陈亵衣。敬姜曰：'妇人不饰，不敢见舅姑。将有四方之宾来，亵衣何为陈于斯？'命彻之。"

从这段记载中不难看出，女性在去世后，虽会备有内衣入殓，但这些内衣通常被视为私密之物，不宜在大庭广众之下显露。

基于性别所带来的原始需求，女性对内衣的需求远大于男性。男性赤膊上身或许并无不妥，但女性则不然，因此"内衣"一词几乎成了"女性内衣"的同义词。在漫长的历史长河中，内衣随着社会变革而不断演变，下面我们就来一同探寻各个时期中国古代女子的内衣样式。

（一）亵衣、泽与汗衫

"亵衣"是中国古代社会对内衣的统称，《说文解字》中解释："亵，私服也"。当时的亵衣，不仅指贴身内衣，也泛指居家服饰。季康子之母所穿的亵衣，已算是中国进入文明社会后较早出现的内衣之一。古人对贴身内衣并不十分看重，"亵"字便透露出"轻薄、不庄重"之意，因此内衣自古便被人们有意回避。

商周时期，出现了一种称为"泽"的内衣。《诗经》中有云："岂曰无衣？与子同泽。"汉代郑玄对此解释为，这种"亵衣"因紧贴着身体能吸汗，故用"泽"字命名，意指"水流汇聚之地"。后来，"泽"又被称为"汗衫"。相传，汉高祖刘邦在一次战后发现自己的"泽"湿透了，便戏称它为"汗衫"，"汗衫"之名由此流传开来。

汉代之后，内衣的样式更加丰富多样。汉代的"抱腹"、魏晋的"裲裆"（liǎng dāng）、隋唐的"祹（hè）

子"、两宋的"抹胸"、明代的"主腰",以及清代的"肚兜",都是内衣在不同时代的精彩展现。下面,我们依次来了解这些内衣。

(二)汉代的露背装:抱腹

汉代内衣有简有繁。若只是在腹部横裹一块布,则称为"帕腹"。若在"帕腹"四角加上带子,则称为"抱腹",意指带子系紧后能紧抱腹部。若在"抱腹"上再加上"钩肩"和"裆",则成为"心衣"。

这一时期,内衣并无男女之分,男女穿着相近。

尽管汉代内衣有多种样式,但它们的共同点都是只有前面而无后面,均为露背装。那么,汉代是否有非露背装的内衣呢?答案是肯定的,但真正兴起则是在魏晋时期。

锦屿琳观剪纸艺术

此剪纸造型为秦汉时期的抱腹(左一和左二)和心衣(右一和右二)。

(三)魏晋的裲裆:与马甲渊源深厚

"裲裆",亦称"两裆",其设计独特,身前与身后各有一片布帛,分别遮挡前胸与后背,因此得名"裲裆"。东汉末年,刘熙在其著作《释名·释衣服》中对"裲裆"进行了解释:"裲裆,其一当胸,其一当背也。"到了北朝时期,裲裆作为内衣使用极为流行,众多诗文中也频繁提及。

更有趣的是,"裲裆"还根据季节的不同,分为春夏款与秋冬款。秋冬款的"裲裆"可以在内衬中添加棉花,以达到保暖的效果。

从形制上来看,"裲裆"与后世的马甲、背心、坎肩等服饰存在着深厚的渊源。

嘉峪关魏晋墓的壁画中穿裲裆的人物形象。

（四）隋唐的袔子：肩带的解放与创新

唐代女性以丰满为美，穿着"裲裆"可能会感到束缚，于是她们大胆创新，去掉了肩带，设计出一种无肩带且从侧面开合的内衣形式，这便是"袔子"（同"诃"）。

当时的女子偏爱穿着半露胸的裙装，将裙子束于胸部之上，于胸下系一条宽阔的带子，外披轻薄透明的纱衣。在这样的装扮下，"袔子"若隐若现，颇有几分现代内衣外穿的时尚意味。

王处直墓彩绘浮雕散乐图

五代，1995年出土于河北省曲阳县王处直墓，现珍藏于河北博物院《曲阳石雕》展厅，被誉为河北省博物院镇院之宝。此文物属墓葬墙面装饰品，以散乐为题材，浮雕人物穿诃子裙、半臂，形象逼真，栩栩如生。

（五）两宋的抹胸：遮蔽胸腹的服饰革新

宋代，随着程朱理学的兴起与发展，对女子贞洁的要求日益严格，以往袒胸露乳的"袔子"已不合时宜。因此，女子开始养成束胸的习惯。宋代流行的"抹胸"，其设计能够"上覆乳房，下遮腹部"，将整个胸腹区域全面遮蔽，故而又有"抹肚"之称。

考古发现证实了这种内衣的实际存在。例如，福建博物馆考古队在福州浮仓山进行发掘时，出土了宋代赵氏宗族贵妇黄昇的衣物，其中便包括一件抹胸。这件抹胸采用素绢材质，共有两层，内衬有少量丝棉，长度为55厘米，宽度为40厘米。其上端及腰间各缀有两条绢带，以便于系带，带长超过30厘米。这一发现为我们提供了关于宋代抹胸实物的重要信息。

《摹卢媚娘像》

北宋，何充绘，美国弗利尔美术馆藏。画中道姑身穿对襟道袍，露出抹胸。

目前考古发现的年代最早的抹胸实物。

在南京高淳花山，考古人员发现了一座宋代富家女子的墓葬。墓葬中出土了一件独特的抹胸——菱形朵花纹印花绢抹胸。抹胸的长度为50厘米，宽度达到116厘米，系带的长度为51厘米。它采用绢质材料制成，整体呈长方形，两边设计有系带，便于穿戴。尤为引人注目的是，这件抹胸的上部中间处巧妙地打有一个折褶，这一设计成为其亮点所在。通过这一襵裥（zhě jiǎn）的处理，有效地解决了下胸围和上胸围之间的大小差异问题，使得抹胸在穿戴时更加贴合身形，不易滑落。

（六）明代的主腰：紧身设计的出现

主腰是一种专为女性设计的紧身内衣。其外形与背心颇为相似，采用开襟设计，两襟上各缀有三条襟带，肩部有裆，并附有带子，腰侧亦各有系带。将所有襟带系紧后，能形成显著的收腰效果。

从样式上来看，主腰可以被视为抹胸的一种变体。在明代，最为常见的一种主腰是将绫、罗、纱等材质制成与胸围相等、长度延伸至腰腹的横幅，围在胸部。其开口位置灵活多变，既可位于前襟，亦可位于后襟，开口处通常配备有一排纽扣或系带，以便固定并收紧。这种设计不仅贴合身形，还展现了明代女性在服饰上的独特审美与创新。

明初宝宁寺水陆画。图正中间，绘制了一位敞开大红色对襟衫的妇女，胸前露出的就是一种开襟带纽扣的主腰。

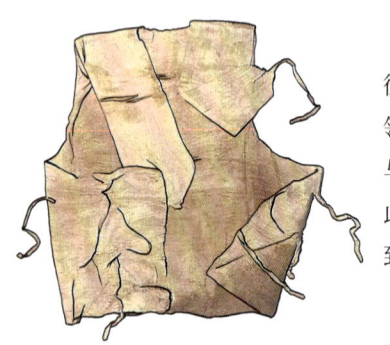

在出土的实物中，我们可以看到泰州博物馆所收藏的明代工部右侍郎徐蕃夫妇墓中发现的主腰。这件主腰由素绸精心制成，设计独特，拥有圆领、对襟、无袖，以及后背覆盖的特点，与现代背心颇为相似。它的肩带与前身并非相连，而是在两肩及两腰处设有长条形的裆部，裆上附有带子。此外，两襟各配备有三条带子。显然，当这些带子被系紧后，能够有效达到收腰的效果，展现出明代女子已经深谙如何通过服饰来凸显身材之美。

（七）清代的肚兜：御寒且有实用价值

汉族绛色缎打籽绣麒麟送子肚兜

清末民初，北京服装学院民族服饰博物馆藏。

"兜肚"，亦称"肚兜"，其形制通常为菱形，上端被裁制成平形，形成五角状。肚兜的上部两角及左右两角均缀有带子，使用时，上部的两带系于颈部，而左右两带则系于背部，最下方的一角则自然垂落，巧妙地遮挡住肚脐及小腹区域。肚兜的材质以棉和丝绸为主，既舒适又透气；用于系束的带子不仅限于棉绳，富贵之家往往选用金链，中等家庭则多用银链或铜链，而小家碧玉则偏爱使用红色的丝绢，既实用又美观。

肚兜上常绣有各种精美的图案，这些刺绣不仅展现了匠人的精湛技艺，更蕴含了丰富的文化内涵和吉祥寓意。红色作为肚兜最常见的颜色，象征着喜庆、吉祥与热情，深受人们的喜爱。因此，肚兜在清代不仅是女性防风保暖的实用服饰，更是展现女性柔美与风韵的文化符号。

兜肚的功能不仅限于防风保暖，还兼具药疗和香囊的效用，展现了其多样化的实用价值。

事实上，在明清时期，肚兜已成为人们日常生活中不可或缺的内衣，不仅女性穿着，男性与小孩也同样穿戴，几乎伴随每个人的一生，成为不可或缺的生活用品。

> 中国内衣的演变历程在历史上留下了浓墨重彩的一笔，它不仅映照出各个时代的文化风韵，更见证了社会潮流的变迁，堪称一部生动的历史画卷。

第七节
漩涡中的马面裙

2022 年，一起备受瞩目的"马面裙事件"引发了广泛讨论。事件起因于法国品牌迪奥（Dior）发布的 2022 年秋季成衣系列中，一款被标榜为"标志性的迪奥（Dior）廓形"的中长半身裙，被网友们发现其设计与中国古代传统服饰马面裙有着惊人的相似之处。这一发现随即引发了公众对于迪奥是否"借鉴"了传统马面裙设计元素的激烈辩论。

在本节中，我们将以事件的焦点"马面裙"为主角，详细介绍这一中国古代传统服饰，并对其独特的设计、历史背景，以及文化意义进行深入而细致的讲解。

一、"马面"与建筑和战争相关

《梦溪笔谈》中记载："至今谓之'赫连城'。紧密如石，斸之皆火出。其城不甚厚，但马面极长且密。予使人步之，马面皆长四丈，相去六七丈。以为马面密，则城不须太厚，人力亦难攻也。予曾亲见攻城，若马面长，则可反射城下攻者，兼密则矢石相及，敌人至城下，则四面矢石临之。须使敌人不能到城下，乃为良法。"

在古代，"马面"这一称谓，亦被称作敌台、墩台或墙台，其概念最早可追溯至《墨子》一书中的《备梯》与《备高临》篇章。它特指一种凸出城墙之外的梯形结构防御工事，该设计巧妙之处在于能与城墙形成一定的角度，从而使得城墙下方无死角，守城的士兵得以凭借这种梯形构造，自上方以及前方、左右两侧三面同时对敌人发起攻击。由于这种梯形构造的形状狭长，与马的脸部形态极为相似，故而得名"马面"。

平遥古城墙的"马面"，作用有三：一是加固城墙；二是因"马面"突出于主体城墙外，从而可以在此看清楚城墙外处于"死角"处的敌人；三是"马面"为城墙顶面有限的主通道腾出了空间，便于列队官兵和战车的顺利通行。

二、关于马面裙起源的推测

谈及马面裙的起源，我们可以从两个维度进行探讨。

（一）曳撒："下有马面褶"的形制

让我们先聚焦于与"马面"一词紧密相关的"曳撒"。在明代宦官刘若愚所著的《酌中志》中，对"曳撒"有如下描述："其制后襟不断，而两傍有摆，前襟两截，而下有马面褶，往两旁起。"

曳撒是一种裙袍式的服装，其起源可追溯至元代蒙古人的服饰"质孙"，在明代则被称为曳撒服。或许大家对于"曳撒"并不熟悉，但提及"飞鱼服"便恍然大悟了。著名的飞鱼服便是以曳撒的形制为基础，饰以飞鱼纹样而成。

根据刘若愚的描述，曳撒的前身分为上下两截，腰部以上与后片保持一致，而腰部以下则两侧折有细褶，中间保持平整不折，呈现出类似马面的形状，同时在两腋处还缀有摆。因此，明代马面裙的命名显然与曳撒中"下有马面褶"的形制特点有着密切的联系。

香色麻飞鱼袍

藏于山东博物馆。飞鱼并不是鱼，而是一种龙头、有翼、鱼尾形的神话动物。飞鱼是龙的变形，飞鱼服本质上是帝王龙袍的一种衍生物。

（二）旋裙：源自宋朝的两片式围合设计

关于马面裙的起源，学界仍存在诸多争议。有观点认为它与古代广泛流行的胡服有着千丝万缕的联系，也有人认为它与辽、金、元等少数民族的服饰文化息息相关，但至今尚未形成统一的定论。

若要追溯马面裙的源头，我们不妨将目光投向宋朝时期出现的旋裙。在中国古代服饰史上，"上衣下裳"的制式确立后，下裳中的裙装多采用一片式的围合设计，这种裙装类似于我们现今所使用的围裙，即一整片布料围系于腰间。

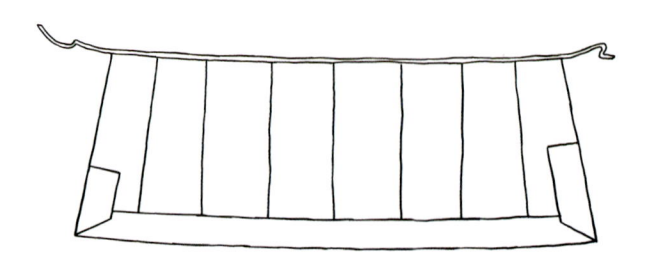

宋朝时期出现的旋裙则颠覆了这一传统样式，创新性地采用了两片式围合设计，即由两片面积相等且相互独立的裙裾组合而成。在制作旋裙时，将两扇裙片的部分区域重叠在一起，再缝合到裙腰上。这种两片衣摆相互叠搭的巧妙设计充满了智慧：裙身前后交叠，可以自由开合，不仅在日常生活中穿着便捷，即便是在大步移动时也不会受到束缚。此外，正因为两片裙片的交叠设计，大大减少了"走光"的可能性。因此，这种两片式结构被后来的马面裙所继承，并在明清两代持续流行。

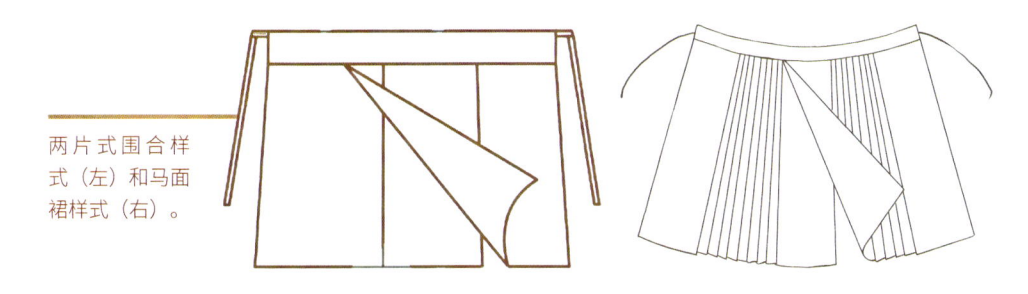

两片式围合样式（左）和马面裙样式（右）。

综合以上因素，我们可以提出一个大胆的假设，马面裙的形成及演变路径大致为：一片式裙装→两片式旋裙→带有褶裥的两片裙→马面裙。

三、马面裙真实的样子

前面已经提及，马面裙在明清两代尤为流行。其中，明代是马面裙的成形阶段，而清代则迎来了其鼎盛时期。

根据明代朱之瑜所著《朱氏舜水谈绮》中关于"明代裳制"的描述："予见明制裳有十二幅者，有六幅者。十二幅裳左右各一联，每联两端用全幅，中间四幅，各用半幅，两联通为十二幅。前后有马面，且当两胁处各做辄子六幅。裳左右各一联，共用全幅，前后有马面，当两胁一幅各有六个襞积，前后相向。"我们可以了解到，明代的马面裙，由前后两片裙身组成，并通过一个裙腰相连。这两片裙身在中间部位有所交叠，且交叠的部分并未打褶，从而形成了一个长方形的"马面"形状。此外，明代马面裙的另一显著特征是在裙门的两侧设置了活褶，这一设计极大地拓宽了裙身的活动空间，使得裙子在穿着时更加舒适便捷，无论是骑马还是行走，都能展现出良好的灵活性和实用性。

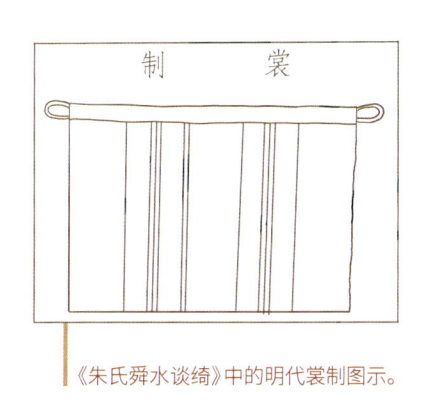

《朱氏舜水谈绮》中的明代裳制图示。

葱绿地妆花纱蟒裙

山东博物馆藏。此为明代常用款式——褶裥式，样式较为简洁，马面褶大且疏，为活褶，用长方形面料，只在上边打褶，增大了下身的活动空间。

马面裙在明代虽为男女皆可穿着的服饰，但其形制与装饰特征尚未完全定型。清代入关后，随着满汉服饰文化的交融，马面裙逐渐演变为汉族女性的传统服饰，并在此期间得到显著发展。其裙边增设襕干边或多重镶边，既强化了裙身结构，又赋予其更丰富的装饰性。这一变革标志着马面裙从明代的中性服饰彻底转变为清代女性的专属裙装。

镶蓝色缎边彩条凤尾马面裙

清代，北京艺术博物馆藏。凤尾裙是马面裙中比较特殊的一种，也是清代裙的特殊品种，由彩色条布接于腰头而成，布条尾端裁成尖角。

五彩仕女游春什锦月华马面裙

清早期，北京张月林私人收藏。月华马面裙俗称"晕裙"。明末时裙子的装饰日益讲究，明末清初李渔在《闲情偶寄》中提到"吴门新式，又有所谓'月华裙'者，一襴之中，五色俱备，犹皎月之现光华也"。

那么，究竟什么样的裙子才能被认定为马面裙呢？为了解答这一问题，北京服装学院博物馆对中国古代的裙子进行了广泛的调查与研究，并基于清代马面裙的典型特征，给出了以下定义：马面裙为一条裙腰头、两联布幅围裙组成，两联裙幅部分交叠形成的裙门襟即前马面。从身体前方围系起来后，在身后又交叠成新的马面，即后马面。前、后马面的左、右、下阑方向及裙榴下缘有一层或多层阑干边、前后马面上有相似的刺绣图案。

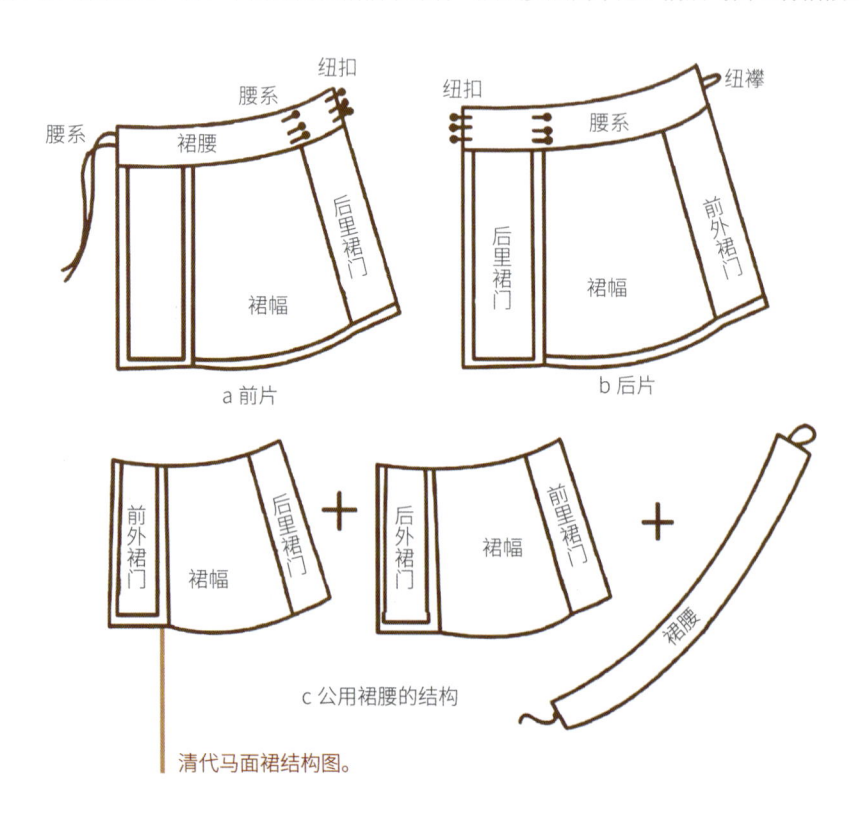

a 前片

b 后片

c 公用裙腰的结构

清代马面裙结构图。

四、马面裙的式微与复兴

在见证马面裙的鼎盛时期后，我们也不得不面对其逐渐消亡的事实，这同样是中国古代裙装发展历程中的一个缩影。从物质文化研究的视角来看，马面裙的衰退乃至消失，象征着骑马作为主流交通工具时代的终结。此外，在清末民初这一百年间，随着西方服装习俗的涌入，中国传统服饰文化遭受了前所未有的冲击。在西式社会新风潮的席卷之下，马面裙等中国传统裙装逐渐淡出了人们的视野，隐匿于历史的深处。

令人欣慰的是，尽管马面裙已不再作为日常穿着，但随着近年来传统文化的复兴，越来越多的年轻人开始重新审视并爱上这一传统服饰。这种源自内心深处的文化自信与自豪感，正是迪奥（Dior）"文化挪用"事件引发广泛抗议浪潮的深层次原因。

第八节
"纨绔子弟"与裤子的演进史

形容一个人为"纨绔子弟"，人们往往会联想到一个整日沉迷于吃喝玩乐、不务正业的公子哥儿或大小姐的形象。这一称谓的由来，与"纨绔"二字紧密相关。那么，"纨绔"究竟意指何物，又与裤子有着怎样的联系呢？本节将为您讲述裤子的演进历史，揭开"纨绔子弟"这一称谓背后的故事。

一、"纨绔"一词的由来

"纨绔"二字拆解来看，"纨"指的是精细的绢丝织物，"绔"则是商周时期就已出现的一种裤型，古时亦写作"袴"或"裤"。

《汉书·叙传》中记载："出与王、许子弟为群，在于绮襦纨裤之间，非其好也。"这段描述讲述了一位名叫班伯的人物，常与王、许两位皇后家族的子弟交往，这些子弟皆身着绮丽的上衣与精致的纨裤。这里的"纨裤"便是"纨绔"一词的前身。

那么，这种裤子究竟是何模样呢？现代裤子通常由裤腰、裤裆和裤腿三部分构成，而早期的"绔"则仅由两个裤管组成，既无裤腰也无裤裆。其穿着方式极为简便，直接套在小腿之上，这便是古代的"胫衣"。正如许慎在《说文解字》中所言："绔，胫衣也。"这种服饰的主要功能是保护小腿，膝盖以上则完全裸露，与现代的高筒袜颇为相似。

由于早期的"绔"是穿在内层，外层另有裳（即裙子）遮挡，因此在材质上并不十分考究，往往采用较为低廉的面料制作。然而，随着汉朝文景之治的繁荣与丝绸之路的畅通，富人消费丝绸已不再是难事，于是逐渐演变出了"纨绔"一词，特指用精细绢丝织物制成的裤子。

因此，"纨绔"一词专指富贵人家子弟所穿的、以细绢精心缝制的裤子，泛指有钱人家子弟的华美衣着，也代指那些出身富贵、生活奢华的子弟。

二、从"开裆裤"到"合裆裤"的演进

"绔",尽管材质奢华,但从形制上来看,相当于我们现今所说的"开裆裤"。为何会选择"开裆"的设计呢?这主要是因为开裆设计更加舒适、通畅,尤其在劳作时更为便利。正如《格致镜原》中所引的《疑耀》所述:"古人袴皆无裆。"

在《格致镜原》中,还有一句话提到"禹作袴"。前文已述,"纨绔"中的"绔"也可写作"袴",而"袴"与现代的"裤"字读音相同。《释名》对此解释道:"袴,跨也。两股各跨别也。"可见,"袴"这个字的来源与穿着时的姿态——"跨"有着密切的关系,它强调的是两腿分别穿入的"跨"的感觉。

(一)中国最早的合裆裤

2014年5月,中德两国的考古专家对新疆洋海古墓出土的相关服饰进行研究时,在古墓干尸身上发现了两条有裆裤子。借助碳年代测定法,专家确定这两条裤子的年代距今已有3300年,是目前中国出土的年代最早的有裆裤。这一发现也进一步支持了另一个观点:裤子是游牧民族专为骑马而发明的。因为长袍等衣物在骑马时并不方便,所以这种裤子在当时得以兴起。

(二)中原合裆裤的起源

关于中原地区的裤子,传统观念普遍认为,直至战国时期赵武灵王推行"胡服骑射"改革后,合裆裤(或称满裆裤)才在中原地区出现。然而,1990年在河南三门峡西周虢国墓地的虢仲墓中,考古人员发掘出了时代最早的麻织品成衣——合裆裤。这一重大发现直接颠覆了裤子源自胡服骑射改装的传统结论,并将裤子的起源时间向前推进了大约450至500年。这一珍贵文物也为研究西周社会的政治、经济、文化提供了至关重要的实物资料。

西周虢国墓地出土的麻制合裆短裤,藏于三门峡市虢国博物馆。

(三)犊鼻裈的传说

汉代时期,已经出现了裤裆缝合的短裤,这种短裤被称为"犊鼻裈(kūn)"。尽管长度较短,通常"以三尺布做成",但其显著特点是已经具备了裤裆。

《浴马图》卷(局部)

元代,赵孟頫绘,藏于故宫博物院。图中牵马人所穿即为"犊鼻裈"样式。《吴越春秋》里记载越王勾践受尽侮辱:"越王服犊鼻,著樵头,夫人衣无缘之裳,施左关之襦。"意思是勾践穿着短裤裹着头巾,而夫人则是穿着没有花边修饰的衣裳,还穿着"野蛮人"的左衽。在这里,犊鼻裈代表穷人、奴隶的形象。

关于犊鼻裈的起源，有一个流传甚广的故事。相传西汉时期的司马相如曾穿过犊鼻裈，当时司马相如与卓王孙之女卓文君私奔后，为了生计，二人共同经营起一家酒馆。卓文君负责在前台接待客人，这便是所谓的"文君当垆"；而司马相如则身着犊鼻裈，与雇工们一同洗涤酒具。

至于为何得名"犊鼻裈"，原因在于其裤长恰到好处地抵达膝上部位的犊鼻穴。这样的设计既便于劳作，又显得别具一格，故而得此名。

（四）大口裤的流行

进入魏晋南北朝时期，伴随着民族间的频繁交流，中原地区的平民百姓普遍将穿裤子视为一种时尚，裤子的发展因此达到鼎盛阶段。在形制上，这一时期裤子的裤管异常肥大，被人们形象地称为"大口裤"。这种设计不仅适应了中原地区较高的气温，也体现了中原汉人历来喜爱穿着宽松衣物的传统习惯，可以说"大口裤"是对这一传统穿着风格的一种延续。

与"大口裤"相搭配的是较为紧身的上衣，名为"褶（zhě）"。当"褶"与长裤一同穿着时，被合称为"袴（裤）褶服"。这种服饰组合极便于骑乘，因此常被用作军服，以满足军事活动的需要。

彩绘文官陶俑

西魏，1977年陕西省汉中市武侯区崔家营村出土，藏于中国国家博物馆。武官陶俑戴小冠，穿袴褶服。

武士画像砖

南朝，现藏于河南博物院。画面为4个疾步前行的武士。其中两位手执长盾，肩扛环首刀，还有两位腰挎箭袋，肩扛长弓，均不戴冠，以帛结髻，穿袴褶，并于膝下束袴，与当时士大夫褒衣博带、高冠大履的装束形成鲜明对比。

后来，由于裤管过于肥大，显得松散且不便于日常活动，人们开始采用丝带在裤管的膝盖部位进行紧紧系缚。这种经过系缚处理的裤子，被称作"缚袴"。

（五）膝裤的时尚风潮

在随后的朝代中，裤子逐渐成为人们日常穿着中的寻常之物。

例如，在唐代，人们依旧会在袍子内穿着裤子，但此时裤子已经开始向贴身的方向发展，裤管变得收紧，裤脚也随之变窄。

到了宋朝，一种名为"膝裤"的服饰开始流行起来。这种膝裤通常套在长裤的外面，覆盖从膝盖至脚踝的部分，其功能与今日的护膝有些相似。这种膝裤的流行趋势一直延续到明清时期，并且在此期间，无论是男性还是女性都会穿着膝裤，使之成为一种广受欢迎的时尚单品。

清朝时，人们将"膝裤"称为"套裤"，其长度已不仅限于膝盖部位，有的甚至能够覆盖住大腿。

花缎膝裤

明代，江苏省泰州市海陵区海光南村墓葬出土，藏于泰州博物馆。膝裤整体保存完好，通长为 30 厘米，宽约 19 厘米，呈暗褐色，中间部分绣四合云纹。

杂剧打花鼓图（局部）

宋代，故宫博物院藏。宋朝时，膝裤不仅为男子穿着，女子也有穿着，这在宋代杂剧人物图中可见。

三、裤子与礼仪的紧密关系

中原华夏民族的传统穿着习惯是"上衣下裳"，正因如此，许多人误以为古代人不穿裤子，甚至将裤子视为不能登上大雅之堂的"亵衣"，即便在合裆裤已经出现的情况下，人们仍习惯用裳来遮盖裤子。

这背后的原因在于，衣物从来就不仅仅是遮体保暖的工具，它还承载着政治意义和伦理道德。因此，作为"亵衣"的裤子被轻视也就不足为奇了。这也解释了为什么裤子在早期中原地区并不流行，且形制上也不完善。然而，到了南北朝时期，统治阶级逐渐放下了裤子外穿的偏见，全国上下开始以穿裤子为时尚。至此，裤子终于得以光明正大地出现，其制作材料也从原先的麻布逐渐升级为绫罗绸缎。

当然，能够使用绫罗绸缎制作裤子的仍然是上层社会的人士。当时的等级差距不仅体现在地位上，更体现在财富上。那些放弃"衣不帛襦裤"（即不穿丝质上衣和裤子）原则的贵族，被戏称为"纨绔子弟"。因此，虽然裤子这一服饰在材料和工艺上取得了进步，但古代社会根深蒂固的等级观念却并未因此改变。穷人依旧穿着麻布制成的裤子，而富人则继续享受着绫罗绸缎带来的奢华与尊贵。

第九节

木屐可不是日本的发明

长期以来，木屐一直被视为日本文化的重要标志之一。20 世纪 80 年代，日本计划向联合国教科文组织申请将木屐列为非物质文化遗产代表性项目，彼时几乎所有人都认为其申请成功是板上钉钉之事。然而，就在申请推进过程中，1984 年在安徽马鞍山发掘的一座古墓出土的漆木屐，却打破了人们认为木屐是日本文化独有标志的普遍认知。这座古墓的主人是三国时期东吴的左大司马、右军师朱然。

木屐的制作工艺十分考究，工匠在完成木屐主体的刻凿后，会在木胎上涂抹灰腻，其中一面涂上黑漆，使其呈现出光泽；而另一面则在灰腻中巧妙地镶嵌细小的彩色石粒，再施以漆料并精心磨平，使得彩色小石粒点缀其间，增添了一份独特的美感。朱然墓中出土的漆木屐，不仅制作精美，更因其重要的历史价值而被列为中国首批禁止出国（境）展览的文物。

这一发现不仅打破了日本申请木屐为非物质文化遗产的梦想，更在国际考古学界引起了轰动。它有力地证明了漆木屐最早起源于中国，并随后传入了日本。

本节我们将聚焦于中国的木屐历史，探讨木屐的起源、其在古代社会中的用途、各朝代间的发展变化，以及最终逐渐消失的原因。

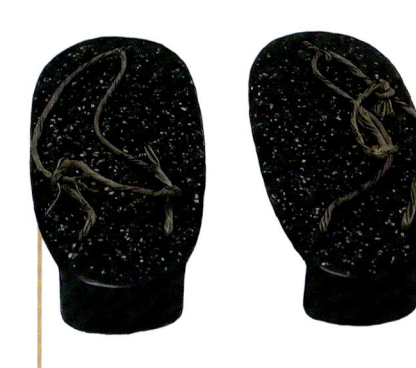

藏于马鞍山市博物馆。这双漆木屐长20.5厘米，宽9.6厘米，厚0.9厘米，屐板和屐齿由一块木板刻凿而成。屐板前后圆头，略呈椭圆形；屐齿前后各一；系孔有三个，前端一个，后端两个，彩绳早已腐烂。

一、追溯世界上最早的木屐

中国可考证的最早的木屐实物，于1986年在宁波市慈湖遗址被发掘出土。这些木屐源自5000多年前的新石器时代晚期，是原始先民所穿着的鞋子，它们的存在为我们揭示了木屐的悠久历史。

1986年10月，浙江省宁波市江北区慈湖遗址出土的木屐，藏于宁波博物院。两只木屐均为左脚屐，长20多厘米，上面的孔为当时穿绑绳子所用，出土时绳子已朽。在慈湖遗址的木屐出土前，我国所见最早的实物漆木屐出自朱然墓，慈湖遗址木屐的出土，将我国木屐的历史向前推进了3600多年。因此，慈湖遗址木屐堪称中国乃至世界第一古屐。

二、文献记载的最早穿木屐的人

木屐在中国的历史源远流长，各朝各代均有相关记载。据传，孔子曾穿着木屐周游列国。据《太平御览》记载："孔子至蔡，解于客舍。入夜有取孔子一只屐去，盗者置屐于受盗家。孔子屐长一尺四寸，与凡人异。"讲述了孔子在蔡国客栈休息时，其木屐因为过大，引起小偷的注意，从而趁夜盗走的故事。这个故事侧面反映了春秋时期，我国就有木屐的记录。

但关于孔子木屐的失踪，或许还有另一种解释。查阅其他文献，如《文献通考》，我们发现孔子的木屐可能并未被盗，而是被视为珍宝收藏起来。"惠帝元康五年闰月庚寅，武库火，张华疑有乱，先命固守，然后救火，是以累代异宝王莽头、孔子履、汉高祖断白蛇剑及二百万人器械，一时荡尽。"书中记载，西晋

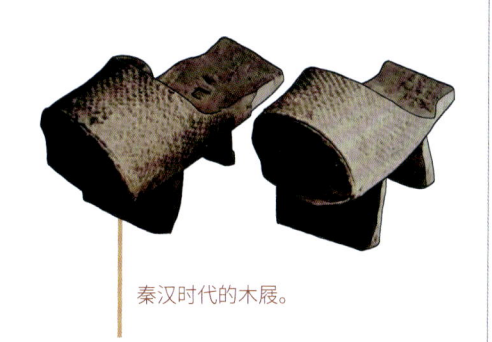

秦汉时代的木屐。

晋惠帝元康五年（295年）十月，皇宫中的武库发生大火，皇室历代积累的宝藏几乎全部化为乌有，其中包括汉高祖刘邦的斩蛇剑、孔子穿过的木屐，以及王莽的头颅等。由此可以推测，孔子的木屐因其独特性被视为"异宝"，很可能被晋惠帝高价收藏，而非被盗走。

孔子并非文献记载中最早穿木屐的人。享有这一殊荣的，实际上是距今约2600年的春秋战国时期的晋文公重耳。关于晋文公与忠臣介子推之间，"割股奉君"和"辞官不言禄"的故事广为人知。

晋文公在登上晋国王位后，为了酬谢多年来随他颠沛流离的侍臣，对身边的人一一进行了封赏，却唯独遗忘了曾割下自己腿上的肉供他充饥的忠臣介子推。当重耳想起介子推时，介子推已携母隐居至绵山。

得知此事后，重耳深感懊悔，亲自带人前往绵山寻找，但介子推避而不见。无奈之下，重耳下令放火烧山，希望以此逼出介子推。然而，介子推誓死不从，与老母紧紧抱住一棵树，最终被火烧死。晋文公见状悲痛欲绝，挥泪砍下那棵尚未完全烧毁的树，命人制成一双木屐穿在脚下。每当他想起介子推的割股之功，便抚摸着木屐哀叹："悲乎，足下！"后世将同辈敬称为"足下"，即源于此典故。

《晋文公复国图》（局部）

宋代，李唐创作的中国画，现收藏于美国大都会艺术博物馆。图中主要描绘了晋文公（重耳）被其父亲放逐在外19年后即位复国的经典故事。

三、木屐的升级与演变

据《风俗通义》记载："延熹中，京师长者皆着木屐。妇女始嫁至，作漆画屐，五彩为系。"汉魏时期，人们穿木屐的习惯依然盛行。特别是在新娘出嫁时，嫁妆中必定会包含木屐，而且这些木屐不仅制作精美，还会画上彩画，并用五彩绳作为系带，显得尤为华丽。在安徽朱然及其妻妾的墓葬中，就出土了这样的漆画木屐，它们见证了当时木屐文化的繁荣。

木屐

汉代，四川省绵阳市双包山汉墓出土，现藏于绵阳博物馆。

这一时期，还出现了一种带有"鞋帮"的屐。这种屐的屐底仍然是用木板制成，下面也装有两个齿，与传统的木屐不同的是，它用布帛制成了鞋帮。因此，人们也称之为"帛屐"。据《释名》解释："帛屐，以帛作之，如屩（juē）者。不曰帛屩者，屩不可践泥者也，此亦可以步泥而浣之，故谓之屐也。"

四、木屐在中国的鼎盛时期

木屐在中国历史上最为盛行的阶段，莫过于魏晋南北朝这一动荡不安的时期。

在这一时期，木屐不仅在民间广泛流传，更在军队中扮演了重要角色。据《晋书》记载："关中多蒺藜（jí lí），帝使军士二千人著软材平底木屐前行，蒺藜悉著屐，然后马步俱进。"从记录中可以看出，当时为了满足军事需求，对木屐的设计进行了调整，两个木屐齿被去掉，变成了平底木板鞋。士兵们穿着这种木板鞋行军，可以轻松地将路上的荆棘踩在鞋底，为后续的部队和马匹开辟出一条平坦的道路。

仔细观察，我们会发现这种没有木齿的木屐，其造型已经与现代拖鞋颇为相似。

2009年7月-2010年8月，为配合工程建设，南京市博物馆考古部对南京城南颜料坊地块进行了大规模抢救性考古发掘，所获遗迹、遗物甚丰。其中，12件东晋、南朝的木屐格外引人注目，其数量之多，类型之复杂，部分木屐保存之完好，制作、使用痕迹保留之清晰，堪称迄今同类遗物中的佼佼者。木屐藏于南京六朝博物馆。

除了军队，木屐在民间也极为普及。无论是出门还是在家，百姓们都喜欢穿着木屐。《晋书》中记录了这样一件趣事：东晋时期有一位名叫王述的官员，他性格急躁。有一天，王述在家吃鸡蛋时，想用筷子将鸡蛋扎开，结果未能如愿，他大为恼怒，直接将鸡蛋扔在地上。但鸡蛋在地上不停旋转，他气急败坏地下床用屐齿去踩（"下床以屐齿踏之"），却仍未踩中。这下王述更加愤怒，索性将鸡蛋捡起来塞进嘴里，咬碎后又吐了出来。从这个故事中不难看出，木屐是当时人们生活中的一件不可或缺的用品。

南朝诗人谢灵运巧妙地借鉴了登山车的构造原理，发明了一种可拆卸木齿的木屐，人们称之为"谢公屐"。这双木屐设计得颇为神奇：上山时，可以卸掉前齿；下山时，则卸掉后齿。这样的设计使得人们在登山时能够保持身体平衡，大大节省了体力。或许正是因为其功能过于独特，连四处云游的李白也在《梦游天姥吟留别》中对其大加赞赏："脚著谢公屐，身登青云梯。"

五、木屐的变迁与创新

唐朝时期，随着时代风尚的转变和审美观念的变化，靴子逐渐取代了木屐，成为唐朝人心头的挚爱。这一变化的原因是多方面的。

一方面，唐朝时期，国家繁荣昌盛，社会风气开放包容，人们的服饰装扮也趋向于华丽繁复。靴子以其挺括的鞋型、精致的装饰和舒适的穿着体验，更符合当时人们追求时尚与奢华的心理需求。相比之下，木屐虽然轻便实用，但在视觉效果上略显简约，难以满足唐朝人对服饰华美度的追求。

另一方面，唐朝的军事活动频繁，战争不断。靴子因其坚固耐用、防护性能强的特点，在战场上更具优势。士兵们穿着靴子，能够更好地保护脚部免受伤害，提高作战效率。因此，在军事需求的推动下，靴子逐渐成为唐朝人特别是男性群体的首选鞋履。

此外，唐朝时期的社会交往活动增多，人们更加注重礼仪和形象。靴子作为一种正式的鞋履，更符合当时社交场合的着装要求。无论是朝廷官员还是文人墨客，穿着靴子都能彰显出他们的身份地位和优雅气质。

此时，木屐也并未退出历史舞台，反而在其配套用品上焕发了新的生机。当时，江南地区气候潮湿多雨，木屐成为人们出行的优选。为了方便穿着木屐时搭配袜子，人们创造性地发明了分趾袜。这种袜子在制作时，将大脚拇指与其余四个脚趾分开，形成"丫"字形，从而能够稳固地卡住木屐上的绳系。这种独特的袜子被人们称为"丫头袜"。唐代诗人李白的《越女词》中就有"屐上足如霜，不着鸦头袜"的诗句，其中的"鸦"实为"丫"的通假字，形象地描绘了当时女子穿着木屐与分趾袜的优雅姿态。

时至今日，我们观察日本人所穿的木屐与他们的"足袋"（古代汉语中对"袜子"的称呼，后被日本吸收并沿用至今），几乎与唐代时的样式无异。由此，我们可以基本断定，日本的木屐与"足袋"均源自中国的"丫头袜"与木屐文化。这一发现不仅彰显了中华文化的深远影响，也为我们探寻木屐文化的演变提供了宝贵的线索。

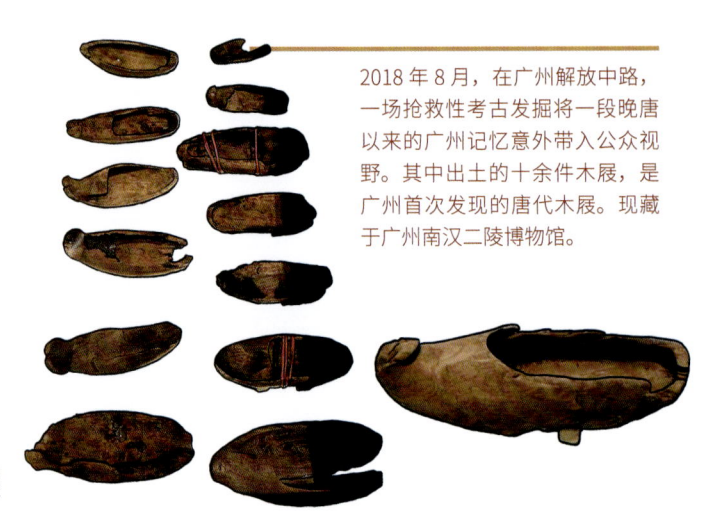

2018年8月，在广州解放中路，一场抢救性考古发掘将一段晚唐以来的广州记忆意外带入公众视野。其中出土的十余件木屐，是广州首次发现的唐代木屐。现藏于广州南汉二陵博物馆。

六、被缠足习俗淘汰的木屐

进入宋代，汉族妇女开始盛行缠足，这一习俗导致她们基本上不再穿着木屐。与此同时，虽然男性仍然继续穿着木屐，但其用途已局限于雨天穿着的雨鞋。

随着时间的推移，到了明清时期，尤其是清代，木屐的设计逐渐趋向于无齿，形态上与我们现在的拖鞋颇为相似。

《东坡笠屐图轴》局部

张大千绘，藏于四川博物院。作品中突出了苏东坡的斗笠及木屐。《东坡笠屐图轴》是中国传统人物画的一个绘画母题，历代文献的记载及其画迹的流播都显示其经久不衰的文化魅力。苏轼好友、人物画家李公麟是目前所知最早将这一传奇故事写入画中者。据不完全统计，南宋赵孟坚，元代赵孟頫，宋末元初钱选，明代唐寅、仇英、尤求、曾鲸、张宏、朱之蕃、孙克弘、娄坚等人，清代黄慎、李鱓、华嵒、蔡筱明、余集、张问陶、宋湘、张廷济等人，都绘制过东坡笠屐图。张大千本人也作有多幅。

中国古代的中式木屐之所以逐渐走向消亡，原因主要有两个方面：第一，随着生产力的提升，人们有了更多、更好的鞋履选择，木屐的重要性因此逐渐降低；第二，缠足习俗的兴起使女性足部形态发生变化，使得其穿着木屐变得不便，从而在鞋履选择上逐渐淘汰了木屐，而男性自唐代以后也更多地倾向于穿着靴子。由此，木屐在中国逐渐失去了市场，最终趋于消失。

虽然如今木屐已成为日本的标志性鞋履，深受其国民喜爱并在国际上享有盛名，但木屐起源于中国这一历史事实并不会因此而有所改变，它依旧是中国传统文化中不可或缺的一部分，承载着深厚的历史与文化底蕴。

第十节
虽被踩在脚下，但可让鸡犬升天

唐宪宗时期的翰林学士李肇，在其著作《国史补》中记载了这样一段逸事："玄宗幸蜀，至马嵬驿，命高力士缢贵妃于佛堂前梨树下。马嵬店媪收得锦袜一只。相传过客每一借玩，必须百钱，前后获利极多，媪因至富。"相传唐玄宗逃难至蜀地，途经马嵬驿时，命高力士在佛堂前的梨树下缢杀杨贵妃。事后，马嵬坡当地的一位店铺老板娘偶然拾得杨贵妃遗落的一只锦袜。这位老板娘颇具商业头脑，她利用人们对这一历史事件的猎奇心理，大肆宣传，声称若想一睹贵妃遗物风采，必须支付百钱观赏费。鉴于杨玉环在当时乃是举国皆知的名人，慕名前来付费观赏袜子的人络绎不绝，这位老板娘也因此积累了丰厚的财富。

本节我们就借助上述故事，来深入探讨一下古人所穿的袜子。

女式锦袜

漂亮的唐代女式锦袜，藏于新疆吐鲁番博物馆。20 世纪 60 年代晚期，考古人员在新疆吐鲁番阿斯塔纳地区发掘的唐墓里发现了一双锦袜实物。此锦袜以华丽的花鸟纹锦制成，经研究，这是在西北地区考古发掘中所见年代最早的一块含有中原风格的斜纹纬锦。整块纬锦在鲜艳的红地上用八种颜色的彩线织出图纹，组织紧密，配色华美，花鸟形态也十分生动，无论在织造技术还是花样设计方面，都达到了很高的水平。根据墓葬纪年文书判断，该锦袜应该与杨贵妃的锦袜处于同一时期。

一、中国袜子发展史

袜子，这一看似不起眼的服饰配件，实则承载着人类文明的进步与审美的变迁，其历史源远流长。

（一）远古时期：鞋袜界线模糊

关于袜子的确切起源，至今学界尚未达成共识。在远古时期，人类尚未发明鞋袜，赤足行走于大地之上。

然而，在狩猎采集的过程中，他们经常遭遇尖锐植被的刺伤或是碎石的划伤。为了应对这一困境，原始人类开始利用动物皮来包裹脚部，以此作为一种简易的保护措施。他们巧妙地用草藤或细绳等材料将动物皮固定在脚踝处，这样既能保护脚部免受伤害，又能在一定程度上提高行走的舒适度。

这种原始的包裹物，既可视为鞋子的雏形，也可视作袜子的起源，鞋袜之间的界限在那个时代显得尤为模糊。

（二）先秦时期：系带袜子的兴起

最早关于袜子的文字记载可追溯至先秦时期。《韩非子》一书中记载："文王伐崇，至黄凤墟，袜系解，因自结。"详细描述了周文王在征讨崇国的途中，行至黄凤山时，亲自系紧了松掉的袜带。在那个时代，袜子主要由皮革制成，因此在文献中常写作"韤"（wà）、"襪"（wà）或"韈"（wà），其中"革"代表生皮，"韦"则指经过加工的熟皮。

《中华古今注》记载："三代及周著角袜，以带系于踝。"可见，那时的袜子，设计独特，呈三角形，采用系带式固定。穿戴时，人们需用绳子将其紧紧绑在踝关节上，以确保袜子不会滑落。这一设计不仅体现了古人的智慧，也反映了当时对于足部保护的重视。

（三）汉代之后：袜子材质多样化

自汉代起，袜子的制作材料迎来了显著的变革，人们开始广泛采用布帛来制作袜子。东汉时期的著名科学家、文学家张衡，在其《南都赋》中，以"修袖缭绕而满庭，罗袜蹑蹀（niè dié）而容与。"生动地描绘了女子穿着丝罗制成的袜子、步履轻盈、神态自若的场景。这一描述不仅展现了当时女性的优雅风姿，也反映了汉代袜子材质的高雅与多样性。

从目前已出土的汉代袜子实物来看，这些袜子不仅数量众多，而且材质丰富多样，包括罗、绢、麻、织锦等多种高级纺织物。这些材质的运用，不仅提升了袜子的舒适度和美观性，也彰显了汉代纺织技术的精湛与发达。

绛紫绢袜

西汉，马王堆汉墓一号墓出土，现藏于湖南博物院。绢袜底长 23 厘米，头宽 10 厘米，此袜齐头，靿（yào，袜筒）后开口，开口处并附袜带。袜整体以绛紫绢缝制而成，缝在脚面和后侧，袜底无缝。袜面用绢较细，袜里用绢较粗，袜带是素纱。

绢袜

晋至唐时期的绢袜，阿斯塔纳古墓出土，吐鲁番博物馆收藏。吐鲁番气候极度干燥，保存了大量完整的古代服饰，为国内其他地区少见。

（四）隋唐时期：绫罗布帛为主要材质

步入隋唐这一辉煌的历史阶段，袜子的制作材料又经历了一次重要的转变。此时，皮质袜子已基本淡出人们的日常生活，取而代之的是以绫罗、布帛为主要材质的袜子。这些高级纺织物，以其细腻柔软、透气舒适的特性，迅速赢得了社会各阶层的青睐。

绫罗，作为隋唐时期最为珍贵的丝织品之一，以其光泽细腻、图案精美而著称，常被用来制作高端的袜子，成为贵族和士人阶层的身份象征。而布帛，则因其价格相对亲民、耐用性强，成为广大民众制作袜子的首选材料。

红地宝相花刺绣靴袜

唐代，青海省海西蒙古族藏族自治州都兰县热水墓群出土，青海省文物考古研究所藏。

红地联珠团窠对鸟纹锦袜

唐代，甘肃省博物馆藏。

（五）宋代：缠足风俗下的新袜型

进入宋代，女性群体中开始盛行缠足的习俗，这一变革直接促使了袜子设计的革新。为了满足小脚的需求，宋代出现了专为缠足女性设计的尖头袜，这些袜子以其独特的造型，完美贴合了缠足后的足部形态，既保证了穿着的舒适度，又增添了女性的柔美气质。

绢袜

南宋，出土于江西省九江市德安县宝塔乡杨桥村向阳山周氏墓，藏于中国丝绸博物馆。出土时周氏"脚裹浅黄色罗脚带，穿素罗袜，外穿黄褐色素罗弓鞋"，其足正是明显的"弓"形。

随着缠足习俗的普及，裹脚布也成了不可或缺的日常用品。在此基础上，一种新型的无袜底"半袜"产生。这种半袜设计独特，穿时可紧紧包裹于小腿（胫部），其上不过膝盖，下达脚踝，既起到保护足部的作用，又兼顾了美观与实用性，成为宋代女性缠足习俗下的一种独特时尚。

（六）明清时期：棉袜的盛行与精细化设计

明清时期，袜子在样式上虽未有大的变革，但材质方面却因手工业技术的飞速发展而焕然一新。尤其在棉花纺织技术高度发达的这一历史阶段，棉袜逐渐成为主流，以其柔软舒适、吸湿透气的特性，赢得了广泛的好评与喜爱。

此外，明清时期的人对袜子的需求也变得更加精细化，开始根据不同的季节选择不同的袜子材质。春秋两季，人们偏爱穿着由布材料制成的白色"净袜"，简洁大方，适宜日常穿着；夏日炎炎，则流行起轻薄透气的"暑袜"，这些暑袜多由棉麻织物精心编织而成，穿在脚上凉爽舒适，有效缓解了夏日的闷热；而到了寒冷的冬季，保暖性能更佳的皮袜则成为人们的首选，为双脚提供了温暖的呵护。

据《云间据目抄》一书记载："云间旧无暑袜店，暑月间穿毡袜者甚众。万历以来，用尤墩布为单暑袜，极轻美，远方争来购之。"明代江南松江地区所产的暑袜，以其卓越的品质而声名远扬，吸引了来自四面八方的顾客争相购买。更令人惊讶的是，早在明代万历年间，就已经出现了专门销售袜子的商店，这无疑进一步推动了袜子市场的繁荣与发展。

明黄色绸绣云龙棉袜

清康熙时期，清宫旧藏，现藏于故宫博物院。袜高61厘米，长24厘米，以上下两截组成。上部袜勒装饰华丽，在明黄色缎地上以拈金线绣金龙，五色绒线绣彩云，包以金边，纹样生动，色彩纯正，有浮雕感。下部袜底接以白色暗花软缎，内絮绵，柔软舒适。此袜为吉庆典礼时穿用。

二、袜子中蕴含的礼仪文化

袜子，这一看似寻常的日常服饰配件，在中国传统文化中却承载着深厚的礼仪内涵。

（一）进门脱袜：古代礼俗的重要体现

在古代，穿袜与脱袜皆有其特定的规矩与要求。早期社会中，进门时需遵循"跣袜之制"，即光脚或穿着袜子但不穿鞋进入室内，这与进门脱鞋的"脱履之制"共同构成了一套完整的礼俗体系。值得注意的是，"跣袜之制"所表达的敬重程度甚至超越了"脱履之制"，若室内有长者或贵客在场，必须脱袜以示尊重，否则将被视为严重失礼。

《左传》中记载"卫侯为灵台于藉圃，与诸大夫饮酒焉。褚师声子袜而登席。公怒。辞曰：'臣有疾，异于人。若见之，君将殻之。是以不敢。'公愈怒。大夫辞之，不可。褚师出，公戟手，曰：'必断而足。'"讲述了卫侯在藉圃设宴款待同僚时，因褚师声子未脱袜登席而引发的风波。褚师声子虽以脚疾为由辩解，但卫侯仍怒不可遏，甚至扬言要砍去他的双脚，尽管最终褚师声子侥幸逃脱，但此事足以说明"跣袜之制"在古代社会中的严肃性。

除了贵族与仕宦阶层，这一礼节在民间亦有所传播。《淮南子》中便有这样的记载："跣足上堂，跪而斟羹。"描述了女子在侍奉公婆时亦需遵循脱袜的礼俗，不得穿着袜子，以示恭敬。这些记载不仅反映了古代社会对礼仪文化的重视，也揭示了袜子在礼仪体系中的独特地位。

（二）袜子颜色：象征意义与身份标识

对于袜子的颜色，古人同样十分讲究。自汉代起，贵族在参与祭祀活动时，为了彰显自己的赤诚之心，从内衣裤到袜子均选用红色，这种特制的红袜子被称为"朱韤"。汉代所形成的朱韤礼仪对后世产生了深远的影响，以至于到了明清时期，朱韤仍被用作皇帝御用之袜。

《后汉书·舆服》中就有明确记载："祀宗庙诸祀则冠之，皆服袀（jūn）玄，绛缘领袖为中衣，绛绔袜，示其赤心奉神也。"而《明史·舆服志二》中也提到："皇帝冕服……袜、舄皆赤色。"

《明宫冠服仪仗图》中的赤舄和朱袜。

三、袜子与仕途的奇妙关联

在本节的尾声，让我们分享一个因袜子而仕途亨通的有趣故事。

1900年，八国联军攻陷北京，慈禧太后携光绪帝仓皇出逃。当逃难队伍行至张家口怀来县时，突遇大雨滂沱，河水猛涨，几乎将慈禧的轿子冲走，而慈禧本人也从头到脚被雨水淋得湿透。

好不容易抵达县城，一行人匆忙躲进衙避雨休息。此时，知县吴永，同时也是曾国藩的孙女婿，手捧两包专为内眷准备的衣物前来进献，其中一包内装有十几双做工极为精细的布袜子。这些袜子恰好解了慈禧的燃眉之急，她随即命人换下湿漉漉的袜子，穿上了干爽的布袜。

正是这几双看似不起眼的袜子，为吴永铺设了一条仕途的光明大道。慈禧太后因此对吴永大加赞赏，并提拔他连升五级，最终官至广东道台。短短数日之间，吴永便走完了许多人十年奋斗也未必能达到的仕途之路，这无疑是一个因袜子而改写命运的传奇故事。

浅绿绸绣凤头绵袜

清康熙时期，清宫旧藏，现藏于故宫博物院。绵袜长24厘米，高46厘米。袜为高祙式，袜帮用白色暗花绫做成，袜筒以浅绿色绸为面料，袜口镶石青色勾莲云纹织金缎边，袜内絮丝绵。袜筒部位用五彩丝线和金线刺绣飞翔于云海之间的凤纹图案，这种凤纹图案只有身份至尊的皇后才可享用。

> **总结一下**
>
> 袜子在服饰文化中别具一格。与彰显仪态的衣冠不同，袜子的私用属性强，选择时更重舒适。袜子的历史悠久，从实用起步不断演变，成为传统文化的缩影，反映社会风貌与阶层差异。袜子中蕴含的实用智慧、礼仪痕迹与文化密码，串联起历史脉络，让我们得以窥见古人的生活图景。

家具：人文天地

REN WEN TIAN DI

拾

第一节

席子所蕴藏的中国传统文化

《世说新语》中记载了一则故事：某日，管宁与华歆在园中种菜，无意间从土里翻出一块金子。管宁对此视若无睹，继续挥锄劳作；而华歆虽起初有意拾取，但见管宁神色不变，便也放弃了念头。又有一次，两人正坐在席子上读书讨论，恰逢一位达官贵人乘车从门前经过。华歆忍不住放下书本，出门看热闹。待他归来时，惊讶地发现管宁已将两人同坐的席子割断，并大声宣告："你不是我的朋友了。"这便是人们常说的"管宁割席"或"割席断义"，后来也称作"割袍断义"，用以形容两人感情破裂，断绝往来。

本节就来探讨这场情感风波中的"无辜受害者"——席子。

《管宁割席》，徐乐乐作，设色纸本。

一、席子是历史悠久的家具

席子，自古以来便与人们的日常生活紧密相连，成为不可或缺的生活用品。在中国文化中，与"席"相关的成语和词语更是俯拾皆是，如"席地而坐""一席之地""主席""宴席""出席"等，这些词汇不仅丰富了汉语的表达，更深刻地反映出席子在人们生活中的重要地位。本节将带您一同探寻席子的起源与发展，感受这一古老家具的独特魅力。

（一）古人坐姿的变化

自新石器时期开始，中国人的坐姿经历了四次显著的变迁。最初，在商代之前，人们采用的是原始的席地而坐方式；随后，进入商周至秦汉时期，跪坐成为主流的坐姿；到了魏晋至隋唐时期，坐姿变得更为自由，人们开始倾向于席地而坐且更为随意；在宋代以后，垂足而坐成为普遍采用的坐姿方式。

《高逸图卷》

唐代，孙位绘，现藏于上海博物馆，为镇馆之宝。图中表现魏晋时期流行的"竹林七贤"的故事，其构图与南京西善桥东晋墓砖刻《竹林七贤图》一脉相承，以竹石为背景点明主题，画面人物残存四人，自右而左为王戎、刘伶、山涛、阮籍，皆席地而坐。

如今我们习以为常的垂足而坐的姿势，实际上是在宋代以后才正式确立下来的。这几千年来坐姿的发展与变化，不仅深刻影响了人们的生活方式，还促进了坐具与家具的演进，更对中国社会文化的发展产生了极为重要的影响。

席子的诞生可能归因于三个原因：保持地面清洁、防潮，以及保暖。目前，考古发现的最早的席子遗迹在浙江余姚的河姆渡文化遗址，那里出土的芦苇席距今已有 7000 多年的历史。

苇席

1977 年出土于河姆渡遗址，距今有大约 7000 年的历史，是中国现存最早的有准确鉴定和测年的编织品，现藏于浙江省博物馆。苇席在河姆渡遗址第三四文化层的各个发掘方中都有发现，共有残片一百多件，其中最大的可达 1 平方米以上。苇席以当地湖沼中普遍生长的芦苇为原料，截取苇秆，剖成细薄的扁形长篾条编织而成。

（二）早期席子的样式

早期席子的样式相当朴素，利用植物的枝条与叶片交叉铺设于地面。在商代的甲骨文中，"席"字被形象地描绘为一个长方形外框，内部则是模拟了由草或竹子编织而成的垫子，并带有波浪形的纹样。这是一个极为典型的象形文字，直观地展现了当时席子的基本形态。

（三）席子比床更早出现

席子的出现远远早于床，这主要归因于两大因素：首先，席子的制作材料成本低廉，工艺相对简单，易于普及推广；其次，在原始社会，居住条件相对简陋，房屋往往低矮，席子因其便于随地铺设的特性，有效节省了高度空间。正因如此，即便后来人类社会步入文明阶段，中国人依然保留了使用席子的传统，这直接影响了室内家具的设计，使得低矮型、样式简约的家具在很长一段历史时期内占据主导地位。

《伏生授经图》（局部）

藏于美国大都会艺术博物馆。该图描绘的是汉初儒者伏生将《尚书》传授给弟子晁错的故事，图中倚坐在方席上的老者即是伏生。

二、席子可用来区分等级

进入周朝，席子成为文明社会中不可或缺的用具，其应用范围广泛，上至天子，下至平民百姓，无论是日常生活还是皇帝临朝听政，各项活动均在席上进行。鉴于周朝统治者崇尚以礼治国，强调社会等级秩序，他们通过礼乐制度，对席子进行了严格的等级划分，并赋予席诸多精神层面的象征意义。

接下来，将从三个方面为大家详细阐述席子是如何进行等级划分的。

（一）席子的材质

我们以"五席"为例来具体说明。

在西周时期，设有专门的职位——"司几筵"，其职责涵盖三个方面：一是管理并记录五种席垫的名称及品质；二是区分席子的具体用途及其应陈设的位置；三是依据人的身份等级差异，制定席子的使用规则与礼仪规范。

那么，这"五席"究竟指的是哪五种席子呢？

莞席，"莞"指的是莞草，亦称"咸草"，因其自然生长于咸淡水交汇的水域而得名。其普及性和易得性使其编织的席子通常被视为较为基础的席子，适合一般民众使用。在等级制度中，莞席可能处于较低层级。

莞席

马王堆汉墓出土，为西汉时铺垫在室内的草席，现藏于湖南博物院。

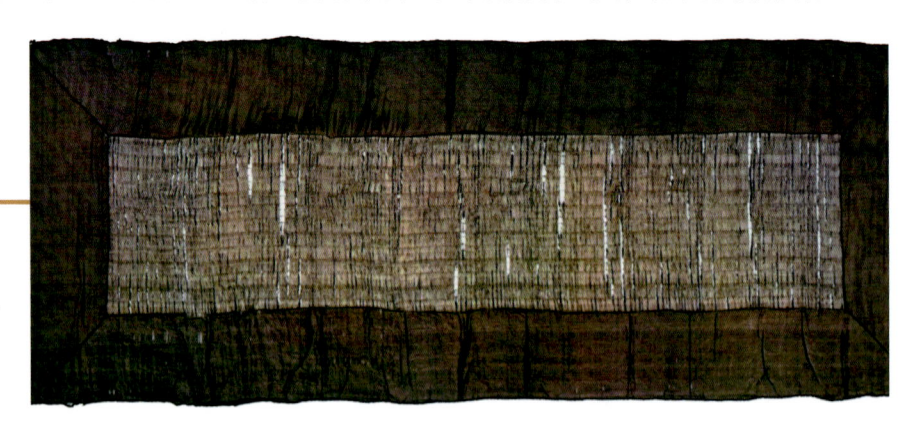

藻席，"藻"，意指文采修饰，无论采用何种材料制作的席子，只要经过精心装饰，呈现出精美花纹与绚丽色彩，均可被归为藻席之列。因此，藻席多用于贵族或上层社会，其等级通常较高。

次席，亦称"桃枝席"，属于竹席的一种。它可能代表了一种中等阶层的用品，等级介于莞席和藻席之间。

蒲席，蒲"指的是菖蒲，用菖蒲叶子编织而成的蒲席，相较于竹席而言更为暖和。虽然蒲席在工艺上可能并不逊色于其他席子，但因其材质相对普通，等级上可能略低于藻席和次席。

熊席，顾名思义，乃是由熊皮制成的座席。熊皮在古代是极为珍贵的物品，以其制成的席子，不仅体现了使用者的财富和地位，还可能象征着权力和威严。因此，在席垫的等级制度中，熊席无疑处于最高层级。

（二）席子的层数

《礼记》中有所记载："天子之席五重，诸侯之席三重，大夫再重。"这里的"重"指的是席子的层数，不同级别的人使用的席子层数有着严格的规定，不得僭越。

相传孔子的弟子曾参，晚年时身患重病，卧床不起。一日，他的学生乐正子春前来探望，同行的侍者看到曾子睡的席子后，不禁惊叹其精美，并指出这席子的纹饰似乎是大夫级别才能使用的。乐正子春闻言连忙示意侍者噤声，但曾子已然听见，他解释道这是鲁国大夫季孙氏所赠，并立即表示要起身更换。然而，此时的曾子已病重得无法自行起身，只能吩咐儿子帮忙更换。曾子的儿子心疼父亲病重，劝他等天亮再换，但曾子却严厉地责备儿子，认为他没有让自己坚守礼法。无奈之下，曾子的儿子只好点头同意更换席子。然而，还未等席子换好，曾子便与世长辞了。

从这个故事中不难看出，席子在古代不仅是生活用品，更是区分使用者身份等级的重要标志。古代人对于席子的使用有着严格的礼法规定，并身体力行地遵守这些规定，体现了当时社会对于等级制度和礼法的极度重视。

《摹孝经图》（局部）

辽宁省博物馆藏。图为绢本，楷书，设色，手卷。图中描绘曾子避席的一段，曾子避席以示恭敬聆听孔子的教诲，孔子阐发了孝是"民用和睦"的关键。

（三）席子的使用

在古代，席子的种类繁多，功能各异。有专为主人或尊贵宾客设置的单席，供尊贵者独享；有面对面交谈时使用的对席，便于双方平等交流；还有能让多人共同使用的连席，象征着团聚与共享。

那么，什么样的人才有资格同坐连席呢？答案是：身份地位必须等同或相近。这里有一个典故，西汉大将卫青的门客任安和田仁，在一次随卫青前往平阳公主府邸赴宴时，竟被安排与仆人同席。二人深感受辱，愤而拔剑割席，以示抗议。

"席"最初只是人们日常起居的实用器具，但随着时间的推移，它逐渐演变成衡量礼仪等级的标杆。可以说，中国文明的起源与发展，在很大程度上都是在席这一独特的文化符号上孕育而生的。

三、"席"对于中国文化的深远影响

下面通过三个词语，来深入探讨"席"对中国文化的深远影响。

第一个词是"首席"。在古代，"首席"并非一个固定的座位，而是根据席子的摆放方位来决定。当席子南北摆放时，西边被视为首席；若席子东西摆放，则南边成为首席。这一称谓象征着最尊贵的位置，体现了古代礼仪制度中对尊卑有序的严格遵循。

第二个词语是"筵席"。在古代，筵指的是铺在地上的大席子，而席则是铺在筵上面的小席子。古人常在宴会上使用筵席，后来，"筵席"一词逐渐从坐具的概念中演变出来，成为酒席宴会的代名词。这一演变不仅反映了古代宴会文化的繁荣，也体现了"席"在社交礼仪中的重要地位。

第三个词语是"主席"。这个词在英文中由"Chair"（椅子）和"Man"（人）组合而成，直译为"坐椅子的人"。在中文中，"主席"并非直译为"主椅"。根据《礼记》的规定，当一个席子上坐的人数超过五人时，德高望重的人必须被安排坐在另一张席子上，这张席子被称为"主要的席位"，即"主席"。这一称谓不仅体现了对尊贵者的尊重，也彰显了古代礼仪制度中的等级观念。

通过这三个词语的探讨，我们可以更加深刻地理解"席"在中国文化中的重要地位和影响。如今，尽管作为家具的"席"已经失去了往日的光辉，成为铺在床榻上的普通用具，但它所蕴含的礼仪文明和历史变迁仍然深深影响着我们的思想。

宴饮画像砖拓图，四川博物院藏。

第二节
椅子如何影响中国人的生活

今天习以为常的"椅子"是如何起源的?"绳床"指的是用绳子做的床吗?椅子的扶手和靠背是谁发明的?太师椅为什么叫太师椅?同样是官帽椅,为什么南方和北方会有很大差异?

本节就好好梳理一下以上问题,讲一讲椅子发展的四个重要历史阶段。

一、为什么中国人没有发明椅子

中国古人勤劳且智慧,现代众多家具的原型皆源自中国。单纯从技术层面分析,古代中国完全具备制造凳子、椅子这类坐具的技术能力,而之所以没有这类发明的广泛出现,其核心原因可能在于当时的社会需求尚未达到促使这类坐具普及的程度。

(一)房屋样式和气候特征促成了席子的使用

新石器时代,先民们多以穴居为主,建筑形式为半地穴式住宅。在华夏文明发源地之一的黄河流域,由于气候相对干冷,人们在地上铺设兽皮或干草,这催生了中国古人重要的坐卧用具——席。席的使用使人们采取跪坐姿势,既舒适便捷,又能发挥身体力量。

(二)席地而坐是古代的重要礼仪

中国古人认为席地而坐能够展现一个人的恭敬与谦逊。当时,人们习惯于使用低矮家具,席地而坐不仅符合礼仪规范,还便于进行工作、饮食、祭祀等活动。

在席地而坐的时代,坐姿与"礼"之间存在着密切的关系。标准的坐姿是双膝跪抵地面,屁股坐在脚后跟上,这种坐姿被视为是符合礼仪的。

玉人

商代,1976年河南省安阳市妇好墓出土,藏于中国国家博物馆。此玉人呈跪坐状,双手放于膝上。

以上客观条件,共同构成了限制椅子在中国古代广泛发明的社会文化环境,使得这类坐具的普及缺乏现实需求动力。

二、胡床与椅子的渊源

汉朝时期,随着中国与西域的交流加深,诸多西域物品传入中国。据《后汉书》记载,汉灵帝刘宏尤为钟爱胡床及一切"胡风"之物,如胡服、胡帐、胡坐、胡饭、胡舞等,这股风气迅速在京城盛行。然而,当时社会对胡床这种高坐家具仍持保留态度,认为它违背了传统的"礼"。

那么,这种坐姿为何被认为是无礼的呢?坐胡床的姿势被称为"踞",《说文解字》中描述其为蹲坐,即臀部着地,双脚前伸,膝盖弯曲上翘,形如簸箕,故又称"箕踞"。在古人眼中,这种坐姿被视为傲慢无礼,通常与野蛮人的坐姿相联系,与当时社会的礼仪规范格格不入。

由于古人下身穿着裳或裙,且没有现代意义上的内裤,因此箕踞这种坐姿显得尤为不雅。例如,《韩诗外传》中就有记载,孟子某日见到妻子在家中踞坐,大为恼怒,甚至动了休妻的念头。同样,坐在胡床上也十分尴尬,它比席地而坐稍高,但高度有限,坐时双脚下垂,从远处看与蹲踞相差无几,自然有悖于当时的传统礼教规范。

北宋理学家张载曾言:"古人无椅卓,智非不能及。圣人之才岂不如今人?但席地则体恭,可以拜伏。"意思是古人未使用桌椅,并非智力所不及,实则是因为席地而坐能彰显恭敬之心。古代的礼制严格规定了人们的生活行为,要求一切井然有序、张弛有度。诚然,坐胡床相较于跪坐更为舒适,但在礼制上却显得不合规矩。

箕踞姿陶俑

2002年出土于秦始皇帝陵K0007陪葬坑(青铜水禽坑),藏于陕西考古博物馆。

直至魏晋南北朝时期,胡床才真正开始广泛流行,不仅受到皇室贵族的青睐,也被普通百姓和少数民族所接受,成为炙手可热的物品。这一时期,中原地区社会动荡,礼教日渐式微,人们逐渐对礼仪规范持轻视态度,越是官方强调的礼仪,民众越是不愿遵守。此外,民族大融合的趋势也促使胡汉文化深度交融,这种杂糅的模式深刻地融入了人们的日常生活之中。

《北齐校书图》(局部)

北齐,杨子华创作的绢本设色画,原本已佚,现存宋摹本,收藏于美国波士顿美术馆。此部分画的是儒生樊逊坐在胡床上校验书籍。

在这一过程中,中原工匠们开始根据实际需求对胡床进行改进与创新。他们结合本土的木材加工技术与审美观念,对胡床的结构、材质,以及装饰等方面进行了优化与升级。这些改进不仅提升了胡床的实用性与美观性,更为后续椅子的诞生与发展奠定了坚实的基础。

胡床,作为椅子的前身,在中原文化的滋养下,经历了从西域引入至本土改良的演变历程。这一演变不仅彰显了文化的交流与融合,更凸显了人类对于提升生活品质与舒适度的持续追求。

三、椅子的演变历程与形态变迁

尽管椅子并非中国原创,但其发展却与中国古人的生活方式、地理环境及文化背景紧密相连。这一独特的融合,并未阻碍古代中国对胡床这一外来物品的深入"开发",反而促使我们在此基础上创造了属于自己的辉煌时代,形成独具特色的椅子文化。本节将梳理椅子发展的四个重要历史阶段,深入探讨其演变过程及背后的社会变迁与需求变化。

第一阶段：绳床的出现

魏晋南北朝时期，佛教盛行，僧侣们的言行举止对普通民众的日常生活产生了深远的影响，其中坐姿与坐具便是显著的一例。

谈及坐姿，僧侣们多采用结跏趺坐与垂足坐。其中，结跏趺坐是修行禅定时的一种坐姿，亦称"禅定坐"，由于如来佛的雕像常以此姿端坐，故又有"如来坐"之称。此坐姿为左脚置于右大腿上，右脚置于左大腿上，双足掌心朝上。据传，此种坐姿最为安稳，不易疲倦，且能使人心态端正、身形笔直。相传释迦牟尼在菩提树下修行悟道时，便采用了这种坐姿。

为了能让僧侣们在修行时坐得更为舒适，特制的坐具——绳床应运而生。

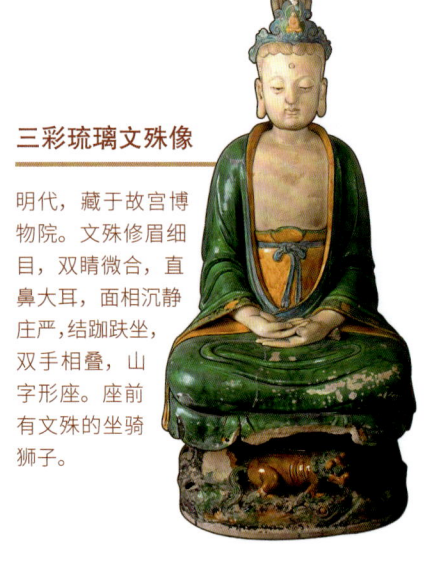

三彩琉璃文殊像

明代，藏于故宫博物院。文殊修眉细目，双睛微合，直鼻大耳，面相沉静庄严，结跏趺坐，双手相叠，山字形座。座前有文殊的坐骑狮子。

相传，佛祖释迦牟尼在涅槃前夕，曾嘱咐使用绳床："汝可为我敷设绳床，我今身体极苦痛，当于中夜取涅槃。"

那么，绳床究竟是何模样呢？我们可以在敦煌莫高窟285窟的西魏壁画中一窥其原型。绳床的设计样式为四足着地，后方配有靠背，而坐面并非一整块木板，而是由绳子编织成的网格状结构。这一造型与我们现今所使用的椅子已颇为相似，因此有人认为，这堪称"中国古代家具史上迄今发现的最早的椅子形象"。

绳床的一大特色在于其坐面宽大，加之拥有可供倚靠的靠背，后来也有人将其称为"倚床"。在民间，或许人们觉得直接坐在绳网上略感不适，于是开始尝试使用各种其他材料替代，渐渐地，"绳床"这一称呼便不再流行。

林间禅修图（局部）

西魏时期，绘于敦煌285窟。这是敦煌壁画中最早的椅子图像，也是唯一的一幅绳床图像。

第二阶段：木字旁的"椅子"正式形成

据传，唐玄宗李隆基为求休息时更为舒适，特命人在胡床上增添了靠背与扶手，使之成为一个既能坐又能躺的休憩工具。这一创新之举，标志着胡床正式摆脱了传统形制，迈出了向现代椅子演变的关键一步。

随着高型家具的兴起，"倚床"之名也逐渐被"倚子"所取代。例如，在唐代编纂的《金石萃编》中，就有"绳床十，内四倚子"的记载。不过，此时的"倚子"尚未采用木字旁，直至晚唐五代时期，才正式更名为"椅"，并作为高型家具进一步普及开来。

在五代时期的画作中，这一变革得到了生动的展现。画家顾闳中的《韩熙载夜宴图》中，众多宾客所坐的便是这种配备靠背的高足椅，其形态已与现代椅子无甚差异。

第三阶段：知名度最高的太师椅出现

太师椅的由来颇具传奇色彩。起初，宋代的交椅被设计成"栲栳样"，灵感源自用竹子或柳条编织的、形似斗的容器"栲栳"。《蕉阴击球图》中所描绘的圆形搭脑、竖向靠背式的椅子便是此类，虽然能提供一定的倚靠，但仅能支撑至脖子以下，舒适度有限。

《韩熙载夜宴图》（局部）

《蕉阴击球图》

紫檀木雕荷花纹宝座（局部）

明代，藏于故宫博物院。宝座整体满饰荷花、荷叶纹，靠背搭脑处以宽厚横木雕成一柄荷叶形。

据南宋文人张瑞义所著《贵耳集》记载，时任宰相的秦桧在使用这种交椅时，因头部后仰导致头巾掉落，场面颇为尴尬，威严尽失。这一幕恰被临安知府吴渊目睹，为了巴结秦桧，吴渊特地命能工巧匠制作了四十枚"荷叶托首"，安装于交椅的搭首之上。这一设计巧妙解决了头部支撑问题，无论秦桧如何后仰，头部都能被荷叶托首稳稳托住，既便于休息又保持了仪态。这"荷叶托首"的功能，与现代汽车座椅上的头枕不谋而合。

后来，秦桧晋升为"太师"，人们便将以"荷叶托首"为特色的这种椅子命名为"太师椅"，这便是太师椅的由来。

太师椅都有哪些样式呢？中国家具研究领域的著名学者陈增弼在《太师椅考》里对宋朝的太师椅做出了详细的分类。

第一种是直形搭脑、横向靠背。在《清明上河图》里可以看到这种样式的太师椅。

第二种样式为直形搭脑配以竖向靠背，其线条简洁流畅，展现出古朴典雅的风貌。

第三种样式为圆形搭脑与竖向靠背的结合。宋代画作《蕉阴击球图》中，那位带孩子玩耍的主妇所使用的交椅便属于此类。

《清明上河图》局部

第四种样式是在圆形搭脑与竖向靠背的基础上，附加荷叶形托首。在宋代佚名作品《春游晚归图》中，可以见到一位仆人正扛着一把这样的太师椅。

太师椅种类繁多，应用广泛，历经多个朝代沿用不衰。然而，至明朝时期，带有荷叶托首的太师椅逐渐减少，这或许是因为秦桧恶名昭彰，致使与其相关的椅子也备受冷落。此时，太师椅也回归了其最初的名字——交椅。

《春游晚归图》局部

黄花梨凸形亮脚扶手椅

藏于故宫博物院。此椅通体采用方材，靠背搭脑凸起，搭脑两侧与后两腿柱相交处，以及扶手前部均饰有云头角牙，背板下部有云纹亮脚。座面下施方形券口素牙板。方腿直足，装步步高管脚枨（chéng）。

第四阶段：明代的圈椅和官帽椅

明代的圈椅同样被称作太师椅，但它摒弃了宋代太师椅可折叠的属性，转变为四腿直立的固定式结构。明代家具行业的显著特点是文人墨客的参与设计，这些人追求精神层面的享受，而圈椅的设计巧妙地体现了这一点，它遵循了中国传统文化中的乾坤之说与为人处世的原则，其造型外圆内方，寓意深远。

在实用性方面，圈椅的设计独具匠心，其圈背与扶手相连，线条流畅地从高到低延伸，使得人们在倚靠时，整条胳膊都能得到充分的支撑与休息。因此，圈椅不仅被视为所有椅子中最舒适的款式之一，也象征着使用者较高的地位。

黄花梨透雕靠背圈椅

明代，藏于上海博物馆。该椅的椅圈为三接。靠背上端作壶门形开光，透雕有麒麟火焰纹。座屉下三面设壶门券（xuàn）口，并施灯草线。

至于官帽椅，其名称恰如其分地反映了其设计的灵感来源——古代官员所佩戴的官帽。官帽椅进一步细分为南官帽椅和北官帽椅两种。北官帽椅的特征在于其搭脑与扶手部分的木材向外延伸，因此又有"四出头"之称；而南官帽椅的转角则设计得圆润饱满，所有边缘都被包裹在内，不显露出尖锐的线条。通过对比古代官员所戴的帽子，我们可以直观地理解这两种官帽椅设计的灵感来源与差异。

从风格角度来看，北方官帽椅展现出简约美观、端庄大气的特质；而南官帽椅则显得生动灵巧、清新别致，这两种风格恰好体现了"北豪南柔"的地域文化特色。

据说，北方任职的官员仕途通常较为顺畅，而南方的官员往往仕途坎坷，特别是蛮夷之地，常被作为贬谪官员的安置处。因此，北方官帽椅的"四出头"设计谐音"仕出头"，象征着官职的晋升；而南方官帽椅则去除了这些出头部分，谐音"难出头"。这充分展现了南方人在官帽椅设计中的乐观主义精神。

铁力木四出头官帽椅

明代，藏于上海博物馆。这件官帽椅是用铁力木制作而成，扶手前端和搭脑两侧出头，通体无雕刻。搭脑和扶手都呈直线，连帮棍也不弯，只是下粗上细。四个腿足向上延伸到座面之上，座面下施罗锅枨（chéng）加矮老。

黑漆南官帽扶手椅

明代，藏于故宫博物院。此椅为南官帽椅形式，搭脑、扶手、帮棍皆用弧形圆材制作，靠背板略微曲。座面镶板落堂作。通体髹黑漆，属素漆家具，是明代制作和使用最为广泛的家具品种。

自明穆宗开放海禁后，大量紫檀、黄花梨、红木等硬木被进口使用，这些材质不仅赋予了中国椅子全新的风貌，也使得明清硬木家具成为中式古典座椅的标志性代表。

椅子在中国的发展历程大致可划分为四个阶段：从无到有，由低至高，从简至繁，再由软至硬，呈现出多姿多彩的面貌。在此过程中，椅子不仅具备实用功能，还承载着丰富的阶级属性、文化意蕴，以及鲜明的时代特征。

鹿角椅

清乾隆时期，藏于故宫博物院。椅为圈椅式，系用康熙帝亲猎之鹿制成。此椅将鹿角的自然形态与椅子的造型及使用功能巧妙地结合，显示出匠师大胆创新的精神和高超的艺术才能。

第三节
古典家具的常用木质材料

在探讨中国古典家具的辉煌历史时，我们不得不提及那些承载着岁月痕迹与匠人心血的木质材料。本节将从硬木与软木的基本区别讲起，进而详细阐述花梨与紫檀等名贵木材的特性，以及它们如何成为中国古典家具的标志性材料，深入剖析这些珍贵木材的独特魅力。此外，我们会探讨一个更为宽泛的话题：如何评价家具材料的好坏，以期为读者揭开古典家具材质选择的奥秘。

一、硬木与软木的区别

中国古代的家具在选材上极为考究，不同材质对应着不同的工艺、装饰乃至制造工具。大致上，可以将木材分为红木、柴木、硬木和软木四类。我们先来了解几个关于木材分类的小知识。

首先，普通家庭日常使用的木质家具，大多为柴木，在南方也被称为杂木，例如桦木、榆木等，它们的特点就是普通且价格实惠。

其次，尽管我们常将硬木与红木并列提及，但在木材分类标准中，硬木其实是一个更广泛的范畴，它包含了红木。具体来说，在国标《红木》中，明确规定了五属八类共 33 个树种为红木；而在《深色名贵硬木家具》标准中，硬木的种类更是多达 101 种，其中就包括国标《红木》中的 33 种树种。因此，可以说红木是硬木中的佼佼者。

再者，软木与硬木的命名并非基于木材的软硬程度，而是根据树种来区分。在现代木材学领域，针叶树产出的木材被称为软木，如云杉、香柏；而阔叶树产出的木材则被称为硬木，如樟木、紫檀。这里需要注意的是，软木并不一定软，硬木也不一定硬。

最后，关于软木与硬木的命名，存在着一定的规律。硬木的名字往往富有文学色彩，并非基于植物的分类命名，因此在自然界中难以找到与之完全对应的树种名称。例如，我们常说的紫檀、黄花梨等，并非自然界中某种特定树种的直接称呼。相比之下，软木类的名字则更加直观且科学，它们通常直接对应着具体的树种。例如，核桃木家具即来源于核桃树，榆木家具则取材于榆树。

二、硬木家具在中国的发展史

硬木家具的起源可追溯至中国明代的隆庆、万历时期。当时社会稳定，手工业、商业、以及水路运输等行业均达到了高度发达的水平。在这样的社会背景下，人们对生活品质的需求也随之提升。硬木家具，以其独特的质感和工艺，逐渐成为当时社会追求高品质生活的一种象征。

嵌玉卧犬黄花梨木压尺

上海市宝山区顾村明万历朱守城夫妇墓出土，藏于上海博物馆。宋代已有文献记载"压尺"。《长物志》中有"压尺"专条，云："以紫檀、乌木为之，上用旧玉璜为纽，俗所称昭文带是也。"此件压尺以玉卧犬为纽，与玉璜钮有异曲同工之妙。

隆庆初年，明朝政府解除了海禁政策，这一变革使得优质硬木木材得以通过私人渠道进口，为明式硬木家具的制作提供了丰富的原材料。更为重要的是，进入明朝中期，从皇室到富商阶层，都热衷于建造豪华住宅。豪宅的兴起自然催生了对高档家具的需求，进而推动了家具行业的蓬勃发展。到了万历年间，购置硬木家具成为富豪们竞相追逐的一种时尚，这种风气在当时社会中极为普遍。

三、制作家具的三大名木

制作家具的材料种类繁多，而在这些材料中，硬木以其独特的质感和耐用性备受青睐。其中，紫檀木、黄花梨木，以及鸡翅木更是硬木中的佼佼者，它们不仅珍贵稀有，还代表着硬木家具中的高端产品。接下来，我们就来逐一讲解这三种珍贵的硬木材料。

（一）黄花梨木

花梨木，亦称"降香木"，以其质地坚硬、细密和较高的木材密度而著称，这使得它具备出色的承重能力和耐磨性。

在花梨木这一大类中，黄花梨无疑是其中的佼佼者。黄花梨，学名降香黄檀，隶属于黄檀属香枝木类，因其独特的纹理、色泽及珍贵的药用价值，而被誉为制作高档家具和工艺品的上乘之选。

黄花梨木以其坚硬的质地和清晰美观的纹理而广受赞誉。其色泽明快，呈现出迷人的黄色调，因而得名"黄花梨"。这里的"黄"指的是木材本身的颜色，与树木是否开黄花无关。黄花梨木的视觉效果极佳，无论是用于制作家具还是工艺品，都能充分展现出其独特的风韵和迷人的魅力，令人赏心悦目。

黄花梨木夹头榫画案

明代，藏于上海博物馆。对于硬木家具和书房陈设的崇尚，始于明代晚期的江南地区，苏、松一带风气尤甚。黄花梨的优点是木质细密，木性稳定，不易变形、开裂，是品质极高的一种硬木。

黄花梨所制成的家具，凭借其独特的纹理、饱满的色泽及卓越的耐用性，自古以来便备受人们的青睐与追捧。尤其是古代黄花梨家具，因其年代久远且工艺精湛，其价值更是扶摇直上，成为收藏界的瑰宝。在2022年的香港佳士得秋季拍卖会上，一件源自17世纪的黄花梨五足香几惊艳登场，最终以高达7132.75万港币的惊人价格成交，这一壮举不仅刷新了古典家具香几拍卖价格的世界纪录，更是深刻彰显了黄花梨家具的珍稀程度与非凡价值。同时，这一成交价格也再次印证了古典家具在收藏市场中无可比拟的独特魅力与持久不衰的吸引力。

（二）紫檀木

紫檀，作为世界上极为名贵的木材之一，同时也是红木材质中的顶级之选。以其制成的各类物品，仅需经过打蜡与磨光的简单处理，无须额外上漆其表面便能自然而然地展现出如绸缎般丝滑、金属般耀眼的光泽，彰显出紫檀独特的质感与魅力。

紫檀木雕云蝠纹宝座及局部图

清代，藏于上海博物馆。该宝座采用三屏风围子，形体宽大，造型端庄，两侧至扶手以阶梯状递减，四周均雕有云蝠纹，纹样对称，刀工锐利，纤巧工整，是清式家具中的一件典型范例。

紫色在古代中国象征着高贵与祥瑞，这使得紫檀木备受人们的喜爱。据历史记载，明朝时期的郑和在下西洋的探险过程中发现了紫檀木，并大量采购，将那些可以制成器物的紫檀木都运回了中国，以至于南洋当地的珍贵木材几乎被采伐殆尽。在明末清初时期，全球所产的紫檀木绝大多数都汇聚到了中国，进一步凸显了紫檀木的珍贵与稀有。

清宫皇室对紫檀木的喜爱达到了无以复加的地步，他们几乎将宫中的所有家具都替换成了珍贵的紫檀木制品。

紫檀框群仙祝寿插屏钟

清乾隆时期，藏于故宫博物院。此钟为插屏式，边框是紫檀木嵌银丝，屏心以铜镀金为底，松、橘两树拔地而起，以青玉、孔雀石、青金石作坡石，上置染牙楼亭，中间架珠桥，描写了蓬莱仙景的图景。底座中间是三套二针白珐琅盘钟，两侧绘以西洋风景人物画，座内是乐箱。此钟是广东官员送给皇帝万寿的礼品。

紫檀木所制成的家具，凭借其深沉的色泽、细腻的纹理，以及非凡的质地，自古以来便赢得了人们的极高赞誉与热烈追捧。特别是古代的紫檀木家具，由于历经岁月洗礼且制作技艺炉火纯青，其价值更是与日俱增，成为收藏界中的璀璨明珠。在2013年的北京保利春季拍卖会上，一件工艺繁复、雕工精细的紫檀高浮雕九龙西番莲纹顶箱式大四件柜震撼亮相，最终以惊人的9315万元人民币高价成交，这深刻体现了紫檀木家具的稀有程度与卓越价值，也证明了紫檀木家具在艺术品收藏领域独一无二的魅力与经久不衰的吸引力。

紫檀高浮雕九龙西番莲纹顶箱式大四件柜及局部

清乾隆时期，由丹麦马易尔家族珍藏多年。2013年6月4日，该作品在北京保利8周年春拍中国古董珍玩夜场上，以2800万元起拍，经过场内外藏家数十轮鏖战，最终以人民币9315万元成交。

（三）鸡翅木

鸡翅木，又名"鸂鶒木"或雅称"杞梓木"，其独特之处在于木料的心材弦切面上，自然呈现出仿佛鸡翅羽毛般细腻而富有层次的花纹，这一独特的美学特征使得它得名"鸡翅木"。这种木材不仅纹理别致，而且质地坚实，硬度适中，既不易变形又耐磨耐用，是制作家具的上乘之选。

鸡翅木家具在设计上往往融合了传统与现代的美学理念，既保留了古典家具的典雅韵味，又不失现代家居的简约时尚。无论是明式家具的简洁线条，还是清式家具的繁复雕花，鸡翅木都能完美承载，展现出独特的艺术魅力。

此外，由于"鸡"与"吉祥"中的"吉"谐音，历史上，无论是文人墨客、商贾巨富，还是达官显贵，都对含有"鸡"谐音的名词赋予深厚的情感寓意，鸡翅木自然也不例外，深受他们的喜爱。

鸡翅木的纹理。

鸡翅木管刻御制诗蔷薇花紫毫笔

清乾隆时期，现藏于故宫博物院。笔管采用名贵的鸡翅木，木质肌理致密，紫褐色的自然纹理深浅相间。笔管刻清乾隆帝御题蔷薇花诗句："上品从来称淡黄，开花易盛久难当。休言有刺不堪把，卫足应同讥鲍荏。"笔帽浅刻蔷薇花枝，且填以淡黄色，以附和诗意。

鸡翅木之所以深受众多家具收藏家与爱好者的青睐，不仅因为其拥有独一无二的纹理和卓越的质量，更在于它能够被匠人精心雕琢成既美观大方又实用耐用的家具。无论是作为传承与收藏的佳作，还是日常居家生活的优雅摆设，鸡翅木家具都凭借其独特的艺术魅力和非凡的品质，为人们的生活空间增添了一抹难能可贵的文化底蕴与艺术韵味。

这一特质在2021年底的北京保利秋季拍卖会专场上得到了有力证明，其中一张明代鸡翅木开光罗汉床，最终以高达471.5万元人民币的价格成交，再次彰显了鸡翅木家具在收藏界中的非凡价值与持久魅力。

鸡翅木开光罗汉床

此罗汉床采用鸡翅木，纹理流畅自然，具有典型的明代家具用材特征。其形制为五屏风式围子，后围子分三段，中间高两侧低，内装圆角圈口；侧面围子分两段，边缘起阳线。床面为藤编软屉，束腰下鼓腿彭牙，四腿内翻马蹄。

四、判断名贵木材的"五德"标准

评判木材是否名贵，可依据"五德"标准，即质坚、纹美、色艳、味香、性润，唯有同时满足这五项条件的木材，方能被誉为顶级木料。

"质坚"强调的是木材的耐用性，古人注重传承，一件家具往往承载着数代人的记忆与情感，因此质坚成为衡量木材是否名贵的重要标准之一。

"纹美"则是指木材的纹理需具备美感，诸如鬼脸纹、山水纹、虎皮纹等自然形成的美丽图案，能够大大提升家具的艺术价值，使之不仅是实用品，更是艺术品。

"色艳"要求木材色彩鲜艳悦目，如花梨木的金黄、赭黄、褐赤等多种颜色，紫檀木的紫黑色象征着"紫气东来"的高贵气质，以及红酸枝那喜庆的枣红色，这些丰富的色彩赋予家具独特的魅力。

黄花梨木五足内卷香几

明代，藏于上海博物馆。这个圆几整体造型犹如一只大木瓜，浑圆可爱。总体上没有特别的装饰，凭借腿足完美的内卷弧度充分展现了明式家具素净的美感。束腰以下以插肩榫结构使牙腿结合，肩部及腿部表面平坦，沿着边缘起阳线，顺腿而下，十分醒目，浑成中不失精致。

紫檀木雕云纹带托泥长方凳（局部）

清代，藏于上海博物馆。方凳表明光润如玉，有紫气东来之感。

"味香"指的是木材所散发出的独特香气，如黄花梨的降香味、紫檀的檀香味、红酸枝的酸香味等。自古以来，檀香、紫檀等木材就被视为名贵香料，文人雅士常将其制成香囊随身携带。

"性润"则是指木材的油润度和柔韧性，这样的特性能够确保家具在历经数百年后依然保持形态不变、不开裂、不朽烂。正是这些历经岁月考验却依然完好如初的家具，才成为中华文明中珍贵的瑰宝，让我们在今天仍能一睹其风采。

第四节
榻不仅是家具还曾是炫耀利器

东汉时期，太守陈蕃在郡中任职时，素来不热衷于结交宾客，唯独对一位名叫徐稚的名士怀有深深的敬仰之情。徐稚家境贫寒，生活仅靠耕作自给自足，但他性情高洁，对宦官专权深感不满，即便面临多次出仕为官、发家致富的机会，他也毅然决然地拒绝了，因此被世人赞誉为"南州高士"。陈蕃为了能与徐稚有更多的交流机会，特意准备了一张专属的"榻"。每当徐稚来访，陈蕃便亲自将榻放下，热情邀请徐稚留宿，以便两人能够秉烛夜谈。而徐稚离开后，这张榻便会被小心翼翼地束之高阁，即便岁月流转，榻上积满了灰尘，也绝不让第二个人使用。

陈蕃的这一举动，后来被人们称为"下榻"，它不仅体现了对徐稚这位贤人、贵客的极高尊重，更成为后世传颂的一段佳话，象征着对高雅之士的礼遇与敬仰。

榻，在古代是一种功能多样的家具，既可供人坐卧，又可用来躺卧休息。其出色的移动性得益于精巧的设计与搬运工具，而非单纯因其本身轻便。作为招待贵客的重要家具，榻体现了尊贵与重要性。然而，榻的价格与档次并非一律贵重，而是因材质、工艺等因素而有所差异。深入了解榻这一家具，我们可以从中窥见中国家具发展历程之一斑。

传经讲学画像砖（拓片）

四川博物院藏。一位头戴高冠、身着宽袍的经师，端坐在长方形榻上，榻上方吊有一块用来挡灰尘的"承尘"。经师的左右两侧，环绕着六名弟子。弟子们端坐在比较低的榻上，手捧由竹简编成的书册，正在恭恭敬敬聆听经师的讲授。

一、榻的兴起

在中国社会的早期，人们习惯于席地起居，主要使用席、床、榻等低矮型家具。在这些家具中，榻因其具有一定高度而显得更为尊贵，因此只有身份地位较高的上层人物才有资格使用榻，下级官吏和平民百姓则无权享用。这也导致了床榻在商周时期并未得到广泛普及。

随着时间的推移，到了战国时期，统治阶级对于高贵与地位的彰显有了更高的追求。此时，铺在地上的"席"已经无法满足他们的需求，而床虽然兼具坐卧功能，但因其主要为睡眠时所用，且体积庞大、移动不便，也不适合用于高雅的礼仪、宴享、会客等场合。

于是，一种比床小、比席高的新型家具——"榻"应运而生。榻的出现，正好满足了统治阶级对于家具既显尊贵又便于移动的需求，因此迅速成为重要的家具成员，并在社会上得到了广泛认可。

《洛神赋图》卷（局部）

顾恺之绘，宋摹，藏于故宫博物院。图中人物坐在榻上。

世界汉语教学研究中心的学者王丽艳，在其文章《我国古代的榻及相关礼仪制度》中指出，榻的确切出现时间虽难以精确界定，但可以肯定的是，其出现时间至少不晚于秦代，并在汉代已广泛普及。这一结论得到了秦汉时期壁画、画像砖、画像石等艺术作品及出土文物的佐证，这些资料中频繁出现"榻"的形象，表明榻是当时极为常用的家具之一。

主簿图

河北省望都县汉墓壁画，1952年河北省望都县一号汉墓出土，原址保存。该人物头戴贤冠、身着罩袍，跽坐于榻上，左手持笏，右手执笔，榻前有一砚台。

二、榻和床的区别

《说文新附》中定义："榻，床也。从木，弱声。" 而《释名》则进一步阐述："人所坐卧曰床。床，装也，所以自装载也。长狭而卑曰榻，榻，榻然近地也。"两者均明确指出榻的本质，即床的一种变体，具备长、窄、矮及轻便的特性，既适合坐亦适合卧，便于在需要时迅速取出使用，以招待宾客。

榻虽然属于床的一种，但在功能上二者仍存差异。具体而言，秦汉时期，榻主要作为坐具使用；直至隋唐时期，榻的功能才逐渐扩展为既可坐亦可卧。相比之下，床则通常比榻更高且宽，自诞生之初便兼具坐卧功能。

以河南郸城出土的西汉石榻为例，该榻呈长方形，拥有四条腿，长87.5厘米、宽72厘米、高19厘米，如此尺寸的榻主要用于坐，而非躺卧。当然，若有人执意将其用作卧具，也非绝对不可。《三国志》中便有一段记载，描述了简雍性格傲慢、行为不羁的一面，即便在刘备面前，他也毫不顾忌仪态威严，时常伸足侧身，只顾自己舒适惬意。他甚至一人独占一张坐榻，手枕于颈下，躺着与人交谈。

至于后来发展成为卧具的长榻，则多为富贵人家的奢侈品，其尺寸较坐榻更为宽大。例如，《韩熙载夜宴图》中所描绘的长榻，便显得尤为豪华。

三、榻的种类和作用

除了仅供单人使用的独坐式榻，常见的榻还包括合榻与连榻等形式。更为奢华的榻，往往还会在背后增设靠背，或在侧面添加围栏。具备靠背而无围栏，或仅一侧设有围栏的榻，被称作凉榻或美人榻。若榻体三面皆装有围板，则称之为罗汉床。

铁力木床身紫檀木围子罗汉床

明代，藏于上海博物馆。罗汉床民间俗称"弥勒榻"，可卧可坐，可以放在书房中作临时休息用。该床的床身用铁力木制作，床的围子为紫檀材质，床面为藤编。该罗汉床的造型和纹饰都受到了中国古代建筑的影响，如围子用紫檀小木料以攒接法拼成"曲尺"图案。

从功能角度来看，南北朝时期的长榻开始趋向于更宽、更高的设计，其使用方式也随之变得多样化。长榻上不仅可以摆放供多人用餐和宴会的樽、案、凭几等物件，还适宜进行下棋、弹琴以及书画等活动，是一种多功能的家具。

《听阮图》

宋代，李嵩作品，现藏于台北故宫博物院。此图园中高木奇石，枝叶掩映翁郁，树下士人持拂闲坐于榻上，左腿盘起，聆听拨阮演乐并赏古玩。

四、榻的坐具功能的削弱

在北方十六国时期，随着西北少数民族大量迁入中原，他们引入了垂足而坐的高型家具，如方凳、胡床、椅子，以及隐囊（即靠枕）等。此外，受外国商人和佛教僧侣生活习俗的影响，"席地起居"的传统方式遭遇挑战，高型方桌、扶手椅、凳等家具逐渐形成并流行开来。相应地，榻也经历了变革，除了传统的坐榻，高型榻也开始出现。

唐朝时期，低型与高型家具并行发展，人们的坐姿也因此分为两大类型：一类是适应低型家具的坐姿，包括席地跪坐、伸足平坐、侧身斜坐、盘腿叠坐等；另一类则是适应高型家具的垂足而坐。随着高型坐具，如椅、凳等的日益普及，垂足而坐逐渐成为主流的坐姿。在此背景下，榻的坐具功能逐渐减弱，高型榻开始向兼具坐卧功能的高型床靠拢，二者功能趋于合一。

此后，榻开始逐渐走向衰落。尽管在宋元明清时期仍被使用，但已逐渐退出了组合家具的核心地位，其功能被床、椅子、板凳等高型坐具所取代。此时，榻更多地承载了礼仪性的意义，生活实用性逐渐减弱。

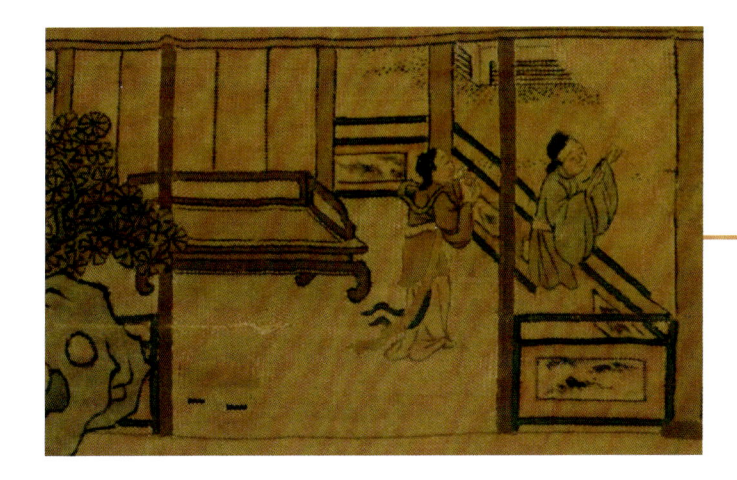

维摩诘经变图

盛唐时期，画于敦煌莫高窟103窟。图中维摩诘坐于榻上，右腿盘起，左腿支着。图中的榻明显属于高榻，榻四面由围子围起来，木质的围子内侧镶满珠宝一类饰品，可见当时的文化风气偏于精美华贵。

《缂丝七夕乞巧图》轴（局部）

清乾隆时期，藏于故宫博物院。此图轴在本色地上彩缂七夕佳节牛郎、织女在天上鹊桥相会、人间妇女或凭栏远眺、或对空乞巧的场景，其中可见室内卧榻形象。

> **总结一下**
>
> 榻的功能虽主要集中在坐卧上，但其样式、摆放方式，以及使用者的姿势等，都深刻地体现了等级观念、礼仪文化和社交活动，并与使用者的内心世界、性格特征、行为模式等紧密相连。因此，在了解榻时，我们不仅要关注其物理特征，更要深入领悟其背后所蕴含的丰富文化内涵。

第五节
探究龙椅的秘密

本节将深入探讨几个关于"龙椅"的问题：龙椅是否属于椅子的一种？龙椅究竟什么样？龙椅是否还有别称？太和殿中龙椅的具体形态如何，以及坐在上面的体验又是怎样的？

一、龙椅不是椅

前文已述，在魏晋南北朝之前，中国人的生活习惯是席地而坐，当时所使用的坐具主要是席、床、榻等低矮家具，就连皇帝在宫殿中与大臣商议国事，采用的也是床榻。然而，随着高足家具兴起及垂足而坐逐渐成为主流坐姿习惯，床榻的坐具功能也朝着礼仪化方向有了更深入的发展。

这一点，从历代皇帝的龙椅上便可见一斑。例如，《晋书》中记载"王与马，共天下"，就提到了晋元帝司马睿在登基大典上，为了表达愿与王氏集团共享天下的意愿，特意邀请王羲之的堂叔王导一同"升御床"，共同接受群臣的朝贺。由此可见，晋元帝登基时所用的便是"御床"。

《历代帝王图》（局部）

现藏美国波士顿美术馆。图中，第八位（右）和第九位（左）分别是陈文帝陈蒨和陈废帝陈伯宗，二人身着南朝流行的隐逸高士之服，戴着两晋高士常常配的菱角巾。陈文帝还身披鹿皮袋，手执如意把玩，独坐于榻上，一副怡然自得的样子。此图可以说是南北朝末期到隋唐时期帝王坐具的真实写照。

再观宋代，台北故宫博物院珍藏的南薰殿《宋代帝后像》中，宋太祖赵匡胤所坐的龙椅是一把极具早期高榻特色的扶手靠背椅。值得注意的是，尽管它被称为椅子，但其本质上仍属于高榻的范畴。与故宫太和殿内我们所见的龙椅相比，赵匡胤的这把龙椅显得颇为朴素，这恰恰体现了赵匡胤节俭治国的理念。

二、龙椅的正式名称

龙椅的正式名称为"宝座"。此词源自佛教，专指佛祖所坐的莲花座，寓意至高无上、尊贵无比。因其美好的象征意义，皇室便借以代表自身的无上权威。

《明史》中便有一例佐证。明神宗万历年间，宦官冯保窃权，竟在皇帝朝会时立于一旁，此举引起了官僚集团的极大愤慨。当时，吏部都给事中雒遵上言直谏，质问冯保不过一介太监，怎敢立于天子宝座之侧？若文武群臣朝拜，究竟是在拜皇帝，还是在拜太监？由此可见，宝座在当时已然是皇帝的象征。

三、龙椅的独特地位

在中国古代，龙椅作为皇帝专属的坐具，一直被视为皇权的至高象征。它不仅代表了皇帝的尊贵身份，更承载了深厚的文化内涵和历史价值。

例如，在明清时期，尽管皇帝的坐具众多，但太和殿的龙椅依然给人留下了最为深刻的印象。原因在于太和殿作为紫禁城的中心，是举行重大庆典和仪式的场所，其内的龙椅自然而然地成为至高无上的皇权的象征。无论是朝臣觐见、颁布诏令，还是举行庆典，太和殿的龙椅都是万众瞩目的焦点，它不仅是皇帝身份的象征，更是国家权力的象征。龙椅的存在，让每一个踏入太和殿的人都能深刻感受到皇权的威严与神圣，从而在心中生出敬畏之情。

因此，无论是从历史地位、文化内涵还是艺术价值来看，龙椅都占据着举足轻重的特殊地位，而太和殿的龙椅更是其中的佼佼者，成为中国古代皇权与艺术的完美结合。

四、龙椅的华丽外观

提及龙椅，最为人所熟知的莫过于太和殿中的那把髹金漆雕云龙纹宝座。此宝座曾是明万历与清雍正两位帝王所坐，其历史可追溯至明朝嘉靖皇帝重建皇极殿之时，距今已有四百余年之久。接下来，让我们一同细致观赏这座宝座的风采。

宝座精选金丝楠木精制而成，椅圈之上缠绕着十三条栩栩如生的金龙。其中，最为醒目的是正面中央那条昂首挺颈的巨龙，它雄踞于椅背之巅，气势磅礴。此外，椅背与两侧杆上也各雕有一条金龙，它们利爪毕现，仿佛随时准备腾云驾雾，翱翔天际。靠背的中格部分，以浮雕技法呈现了精美的云纹与火珠图案，而下格则采用了透雕手法，雕刻着细腻的卷草纹。

《乾隆皇帝朝服像》轴

清乾隆时期，故宫博物院藏。此为弘历登基时宫廷画家所绘，绢本，设色。画中25岁的弘历双脚呈八字步，跨坐在金龙宝座上。目前太和殿所陈设的金漆雕云龙纹宝座与乾隆登基时的宝座造型一致。

龙椅正面的龙昂首挺颈，立在椅背中央。

宝座的整体设计借鉴了须弥座的样式，不仅确保了座位的坚实稳固，更巧妙地烘托出龙飞凤舞、气势恢宏的皇家风范。因此，无论从选材的考究还是工艺的精湛，乃至整体造型的威严庄重，这座宝座都堪称古代家具中的巅峰之作。

不过，如今太和殿上的这座宝座实际上是经过精心修复的。当年，袁世凯为登基称帝彰显新气象，撤换了原有的宝座，换上了一把西洋风格的九龙宝座。直至1959年，故宫工作人员历经波折，在旧家具库房中寻回了被废弃且已损坏的原宝座。经故宫专家朱家溍考证，确认其为嘉靖年间遗物，曾在清康熙年间重修太和殿时经过修缮并继续使用。随后，13位专家依据这一残件，历经一年多的努力，成功完成了修复工作，并将其重新安置于太和殿上。

五、龙椅的舒适度与承载的威仪

关于龙椅的舒适度问题，需从多个维度进行考量。据故宫专家胡德生所述，历史上的龙椅，在皇帝就座时，其三面均设有垫子，而非现代所见仅座面铺设软垫的情形。这样的设计无疑大大提升了皇帝坐卧时的舒适度，有效避免了龙椅上的龙形雕塑可能带来的不适感。然而，即便有如此细致的考量，我们仍需认识到，龙椅作为皇权的象征，其首要功能并非追求极致的舒适体验，而是彰显皇帝的尊贵与威严。

进一步而言，中国家具的设计历来注重礼仪性与舒适性的平衡，但在两者发生冲突时，礼仪性往往被置于首位。龙椅的设计便是一个典型例证，其造型与装饰无不透露出庄重与威严，旨在突显皇帝作为天下至尊的崇高地位。因此，尽管龙椅在舒适度上可能无法与现代沙发相提并论，但其背后的深意却远非简单的舒适所能涵盖。正如古语所言，"欲戴皇冠、必承其重"，龙椅之于皇帝，不仅是身份的象征，更是责任与担当的体现。坐在龙椅之上的皇帝，需肩挑日月、背负星辰，承担起治理国家、造福万民的重任。

第六节
价值千金的拔步床

明嘉靖四十四年（1565年），皇帝命人查抄严嵩家产时，发现了大量金银、房产、古玩、字画，以及各式各样的家具，其中床的数量尤为惊人，多达数百张，仅螺钿雕漆彩漆拔步床就有52张之多。据记载，每张拔步床的价值高达十五两银子，按照当时的物价粗略估算，这相当于一个三口之家半年的口粮。

在这一事件中，特别提到了拔步床这一珍贵家具。拔步床不仅是一件实用的生活器具，更是承载着丰富历史与文化内涵的艺术品。本节将聚焦于拔步床这一凝聚古人智慧与文化精髓的贵重家具，领略其独特设计、精湛工艺，以及背后所蕴含的文化意义。

周庄古镇沈厅是江苏省重点文物保护单位，由明代沈万三后裔沈本仁于清乾隆七年（1742年）建成。其中，骑马楼"老爷卧房"内有一张拔步床，共三层，外厢两层摆放脚盆、马桶、矮凳等用具，最内层为睡觉的床。

一、拔步床名字的由来

谈及拔步床名称的由来,其背后蕴含着丰富的意象与文化背景。

首先,"跋步床"之名,借用了"跋山涉水"中"跋"字的意境,意指攀登、踏足。这种床型的精妙设计体现在其床罩前缘与地面之间巧妙地嵌入了一块高于地面的木板,作为上床前的踏脚之处,因而得名跋步床,形象地描绘了上床前需轻轻一"跋"的动作。

其次,"拔步床"的命名,更直观地通过"拔"字勾勒出向上提拉的动态。这里的"拔步",寓意着人们在就寝前需稍稍抬腿,跨过床前的这道精致踏板,仿佛是将脚步从日常的忙碌中"拔"出,迈向宁静的休憩时光。

还有一个名字,即"八步床",其名称则直接关联到了床体的宽敞与宏伟。据传,拔步床的床体非常宽广,以至于从床头到床尾需行八步,故而得此美名。

综上所述,拔步床(跋步床、八步床)的命名,不仅各具特色,而且都巧妙地融入其独特的设计元素与文化寓意,展现了古人对于生活品质与审美情趣的独到见解。

二、拔步床的出现及进化

拔步床,这一蕴含深厚文化底蕴的家具形式,其出现与进化历程,见证了古人对居住空间美学与实用性的不懈追求。接下来,让我们一同探寻拔步床这一传统家具形式的发展脉络。

(一)架子床

架子床,这一家具形式最早起源于中国的南方地区。其诞生的缘由颇为实用:南方气候潮湿,且蚊虫多。架子床的设计使得人们在睡眠时能远离地面,从而有效隔绝湿气;同时,在床上悬挂帷帐以防蚊虫侵扰。这便构成了拔步床的初步形态。

黄花梨六柱式架子床

明代,藏于故宫博物院。此床通体为黄花梨木制成,床面之上起六根床柱,正面四根,后面两根。六根立柱顶端安有挂檐,挂檐分段装绦环板,镂空雕饰如意云纹,挂檐上安顶架。挂檐下方与床柱之间装有牙板,六根床柱下安有低矮的透空床围板,床面为席心,束腰之下的牙板为壸门牙板,床腿为三弯腿形态,足端雕云纹蹄足。

步入明清时期，拔步床以其"正式版"的姿态华丽登场，标志着古代家具艺术的一个新高峰。在这一历史阶段，拔步床不仅巧妙地继承了架子床稳固实用的基本框架，更在此基础上进行了一场前所未有的造型革命与结构升级，实现了从简约到繁复、从实用到艺术的华丽蜕变。设计师们匠心独运，不仅注重床体的稳固与舒适，更在美学追求上精益求精，使得拔步床成为集实用性、艺术性与文化寓意于一身的家具典范。

（二）廊柱式拔步床

廊柱式拔步床，作为拔步床系列中一个别具特色的版本，以其独特的设计理念脱颖而出。相较于其他体积更为庞大的拔步床款式，廊柱式拔步床在设计上更加注重空间的巧妙利用与视觉的轻盈感。它在传统的架子床基础上，巧妙地融入了廊柱元素，这些廊柱不仅起到了支撑与装饰的双重作用，还巧妙地划分出了内外空间，为使用者营造出一个既私密又宽敞的休憩天地。

廊柱式拔步床的设计，既保留了架子床的实用性与稳固性，又通过廊柱的加入，增添了一份优雅与从容，成为古代家具中一道亮丽的风景线。

绿釉陶质床模型

明中期，上海博物馆藏。该床在床前垫板上增加立柱，支撑上部顶盖。

（三）围廊式拔步床

随着人们愈发重视私密性，架子床越来越难以满足需求。在此情形下，围廊式拔步床应运而生。它巧妙地在架子床的基础上，增设了一个精致的外壳，将整个床具转变为一个功能完备的私密卧室空间。

以收藏于浙江舟山博物馆的清黄杨象牙高嵌全围屏拔步床为例，这张床的设计堪称一绝。其上设有精致的顶盖，下方则配有稳固的底座，前方设有廊庑，既增添了空间层次感，又便于行走与休憩。尤为值得一提的是，其后方的围屏设计独具匠心，不仅可以完美遮挡视线，确保私密性，还可以灵活打开，以实现通风换气，真正做到了既实用又美观，宛如一间匠心独运的"房中房"。围廊式拔步床的出现，不仅满足了人们对于私密空间的需求，更以其精湛的工艺与独特的设计，成为古代家具艺术中的瑰宝。

这"房中房"式的围廊拔步床，无疑是古代女性的理想之选。究其原因，古代卫生设施相对简陋，尤其在冬季，如厕成为一大挑战。而围廊式拔步床巧妙利用其小踏廊空间，一侧安置马桶，另一侧则设梳妆台，既保障了高度的私密性，又极大提升了生活的便利性。冬季时，踏廊上还可添置炭盆，营造出温馨舒适的休憩环境，想想便令人心生惬意。

围廊拔步床的设计还充分考虑到储物与功能性，各类收纳设施及小型家具都被巧妙地融入其中，形成了一个功能完备的私人天地。随着收纳物品的增加与功能的多样化，拔步床的体积也随之不断扩展，从几平方米的小型寝具，发展到十几平方米，甚至达到三十平方米以上。如此巨大的变化，使拔步床已远远超越了传统床的定义，成为集休憩、储物、梳妆乃至如厕等多功能于一体的豪华寝宫。

镂雕满金漆花鸟纹拔步床

清代，藏于重庆巴渝民俗博物馆。这张古床外观（左图）及内部（下图）的装饰精致奢华，令人叹为观止。床体由架子床和围廊组成，内有两层花罩，外有三层楣板，配备靴柜、银柜、被盖架等。此床雕刻工艺精湛，用于装饰的黄金达 200 克以上，被誉为"巴渝第一床"。

三、奢华的拔步床

"拔步床"拥有高昂的身价，其背后所蕴含的珍贵与不可多得之处，值得我们深入探究。作为古代家具中的瑰宝，拔步床不仅展现了匠人的精湛技艺，更承载了深厚的历史与文化价值。其独特的设计、精细的做工，以及选用的上乘材料，共同铸就了其非凡的身价，使之成为古代家具中的珍品。

2014 年，河南郑州举办的一场展览上，一张价值高达 2800 万元的红木"千工拔步床"惊艳亮相。据悉，这张拔步床的选材极为考究，全部采用越南黄花梨与大叶紫檀这两种珍贵木材，总耗材量有数吨之巨。其制作工艺更是繁复精湛，历经五百多天的人工雕琢与组装，才最终得以完成。这张拔步床不仅展现了古代家具工艺的精湛与华美，更彰显了匠人们对于传统技艺的执着追求与无限热爱。

一张床售价高达 2800 万元，其昂贵之处绝非仅仅因为体积庞大。拔步床之所以价值连城，更核心的原因在于其工时、材料及制作工艺的卓越与考究。

首先，就工时来说，"千工拔步床"这一传统工艺，其中"千工"一词常引人误解，实则并非指动用了一千名工匠，而是形象地表达了制作此床需耗费三年有余的漫长时光。相传，清朝时期，宁波苍基街的陈家正着手打造一张千工床，而与此同时，宁波城隍庙开始动工。岁月流转，当城隍庙早已巍峨耸立，迎接四方香客之时，陈家的千工床却依旧处于匠人们的精雕细琢之中。这一对比，不仅彰显了千工床制作工艺的繁复与精细，更凸显了其在工时上的巨大投入。

其次，就材料而言，拔步床选用的材料往往极为考究。据明代万历十二年（1584年）内务府黄册记载，皇家所用的四十张床共耗费白银三万两千余两，平均每张床的造价高达八百两。其中，用于床身的木材"鹰、平木"，就耗费了将近三千两白银。这仅仅是床身木材的费用，若再加上雕刻所需的木材，其价格更是水涨船高，足见拔步床在材料选用上的奢华与不凡。

最后，制作工艺的精湛也是拔步床价值连城的重要原因。在制作拔步床的过程中，需要聘请技艺高超的木匠师傅来打造框架，雕花师傅来雕刻精美的装饰构件，以及油漆师傅来上漆，经过这一系列烦琐而精细的工序，才能最终打造出完美的成品。因此，拔步床的高昂价格也就不难理解了。

四、拔步床产生与发展的社会背景

拔步床的产生与发展深受传统观念、实用需求及社会风气影响，其兴衰历程映射出古代生活的变迁。

（一）传统观念的影响

古人安土重迁，若非遭遇重大变故，轻易不会搬家。因此，他们可能数代人都生活在同一个地方，家中的物品也会传承数代，甚至摆放位置都鲜有变动。这种观念促使家具向大和重的方向发展，以满足世代相传的需求。

千工拔步床

浙江温州永嘉芙蓉村古村民俗馆藏。该床共有七进八额，长7.16米、宽2.12米、高2.42米，金色的鎏金饰件精美绝伦，四周以精湛的工艺雕琢了山水、人物、花鸟、善兽等，图案栩栩如生，富丽堂皇。

（二）实用因素的影响

古代的室内空间与现代不同，并未进行细致的分割。为了划分空间，人们需要借助家具，如屏风等。拔步床便具备了类似墙体的功能，它利用三面楣板、顶部"承尘"和床足等结构，将整个床体围合成一个微型的建筑空间，从而实现了空间的分隔与利用。

（三）社会风气的影响

在古代，女方家庭陪嫁一张高质量的婚床，是彰显家族地位和脸面的事情。因此，大户人家在打造婚床时往往不惜重金，追求奢华与精致。这种社会风气促使拔步床的制作日益精良，甚至达到奢靡的程度。

> **总结一下**
>
> 自高足家具兴起后，中国的家具便呈现出又长、又宽、又高的发展趋势，材料、工艺和功能方面也日趋多样化。然而，随着人们迁徙的频繁，以及现代房屋结构、生活方式和审美的巨大变革，拔步床逐渐失去了其原有的适用性和市场需求，从而走向衰落。

第七节

"桌"和"案"有何不同

　　成语"举案齐眉"源于《后汉书》，讲述的是梁鸿与孟光夫妇的故事。这对夫妇婚后选择了隐居生活，梁鸿以舂米为生，每天劳作归来，妻子孟光都会为他精心准备饭菜。在递送食物时，孟光从不仰视梁鸿，而是恭敬地将装满食物的食案举至眉毛的高度，以此表达对他的尊重。这一举动原本只是当时端饭上菜的一种礼仪，但后来逐渐演变成了夫妻间相敬如宾、和谐美满的象征。

　　本节将深入探讨一种既实用又富含精神象征意义的家具——"案"。那么，究竟何为"案"？它在中国家具的发展历程中扮演了哪些角色？案又有哪些类型？此外，案与"桌"在外形上颇为相似，应该如何区分？接下来，让我们一起揭开"案"这一神奇家具的神秘面纱。

《高士图》卷（局部）

五代，卫贤作，藏于故宫博物院。描绘的是汉代隐士梁鸿与妻孟光"相敬如宾，举案齐眉"的故事：梁鸿端坐于榻，竹案上书卷横展，孟光双膝跪地，饮食盘盏高举齐眉。主人公神态坦然平和，虽房舍简陋、粗食布衣，但高人隐士志在山野的高洁志趣令人油然而生敬意。

一、案的起源

　　《说文解字》中记载："案，几属。"这表明，在古代，几、案、桌等能够放置物品的家具常被归为一类，因此有了"几案""桌案"等称呼。

（一）坐具的演变

　　案最初并非用于盛放物品，而是作为一种坐具，类似于床榻。《周礼》中记载了"王大旅上帝，则张毡案，设皇邸。"即在皇帝祭天的仪式中，需在幄帐内摆放一个坐具，名为"毡案"，并在其后设置屏风。这表明，案在最初的设计中，更多是作为一种供人休息的家具。

（二）食案的出现

　　随着时间的推移，"案"逐渐演变为一种可以托举、灵活移动的低型小案。其中，最为人所熟知的便是"举案齐眉"故事中的食案。这种食案与现代餐厅用的托盘颇为相似，但最大的区别在于，案的下方装有四个足，使其可以稳定地放置在地上。因此，可以将其理解为一种小型的个人餐桌。这种食案不仅是古代分餐制的重要体现，还被用作祭祀的礼器，上面常常摆放着肉类祭品。

牛虎铜案

战国，出土于云南省玉溪市江川区李家山村古墓群遗址，现藏于云南省博物馆。牛虎案用于盛放献祭牛牲，是古代祭祀中最重要的祭品。虎在滇文化中具有崇高地位，滇人祭祀的铜柱顶端常雕琢其形象。

唐初儒家学者颜师古在《急就章注》中曾描述："无足曰盘,有足曰案,所以陈举食也。"这句话进一步印证了案作为食器的用途。

（三）书案的出现

据史书记载,古代大臣们上朝时,会将自己精心准备的奏折整齐地摆放在一个小书案上,然后双手端着书案,恭敬地呈递给君王审阅。同样地,当君王需要下达诏书时,也会将诏书放置于书案之上,再郑重地交到大臣手中。书案因此成为古代朝廷中传递奏折、下达诏书的重要载体。

"案"的寓意演变与古人坐姿变化紧密相连。随着垂足而坐逐渐成为日常习惯,人们在工作与学习时普遍采用高足书案,并搭配交椅,形成了"案椅组合"的坐具模式。这种坐姿的革新,不仅改变了人们的日常姿态,更让"案"从单纯的家具演变为承载重要事务的象征符号：当人们正襟危坐于书案前处理政务时,高大的案体所营造出的庄重氛围,恰好与"大案要案"的严肃性相契合,从而促成了"案"在语义层面的升华。

《桐荫昼静图》（局部）

明代,仇英绘,藏于台北故宫博物院。图中绘制了山林里一草堂掩映于梧桐树与竹林下,一文人摊书于四面平条案上,闭目坐交椅假寐。笔法工整细致,赋色典雅亮丽。

二、案的类型

从战国至隋唐五代这一漫长历史时期,案类家具的种类可谓繁多,各具特色。

从材质角度来看,案类家具涵盖了石案、漆案、陶案、木案、纸案、玉案、藤案,以及奢华的金银百宝案,展现了古代工匠对各种材质的巧妙运用与精湛技艺。

在造型设计方面,案类家具形态多样,包括矩形的稳重、方形的典雅、圆形的和谐,以及椭圆的柔美,满足了不同场合与审美需求。

陶案

三国时期魏国,山东东阿曹植墓出土。魏晋时期,人们还保留着席地而坐的习惯,家具也是以地面为中心的低矮造型。

就用途而言,案类家具功能广泛,既有食案、画案、香案（亦称供案）、琴案、酒案等满足生活娱乐需求的类型,也有书案、奏案等服务于政务活动的类型,还有炕案、肉案等适应特定生活习俗的款式。

从案面的形制上区分,有平头案展现的简约大气、翘头案蕴含的灵动之美,以及卷书案所体现的文人雅趣。

而从腿足的形状来看,案类家具更是变化万千,两足案的小巧、三足案的别致、四足案的稳固、直足案的挺拔,以及曲足案的柔美,各具特色,为案类家具增添了丰富的形态美感。

云纹漆案

西汉，1972 年出土于马王堆汉墓一号墓，现藏于湖南博物院。这种轻便的小型食案在汉代墓葬中出土颇多，漆案案面一般较薄，造型轻巧，四沿高起构成"拦水线"以防止汤水外溢。墓葬中的食具常与食案同时出土。

三、案与桌的差异及文化属性

在中国古代家具的发展历程中，案与桌作为两大流派，不仅承载着实用功能，更深深烙印着文化的印记。随着历史的演进，它们虽在功能上有所重叠，却在形态、摆放位置及所蕴含的文化意味上展现出差异。接下来将深入探讨案与桌之间的微妙区别。

（一）"案"与"桌"的形态差异

自唐宋时期，案类家具升高之后，其与桌子在功能上的界限就变得相对模糊。在文人的书房中，桌与案往往并存，难以截然划分。然而，若要细细品鉴，我们仍能从若干细节中捕捉到它们之间的微妙差异。

首先，腿的位置不同。桌子的四条腿通常精确地位于桌面的四个角落，且与桌面保持垂直状态；案的四个脚则是巧妙地缩进案面之内，形成独特的视觉效果。

其次，安装结构存在显著差异。案通常采用夹头榫或插肩榫接合的腿足，这体现了案在工艺上的独特之处；而桌子的腿足安装则相对直接明了，通常直接且稳固地固定在桌面下方，虽简洁却同样实用。

最后，整体比例和形态不同。案往往展现出一种更为细长、优雅的风貌；而桌子则显得更加宽敞和稳重，其设计更注重实用性和空间容纳性。

黄花梨木夹头榫翘头案

明代，藏于上海博物馆。该翘头案采用夹头榫结构，造型简洁、线条明快。正面轮廓直角四方，没有装饰，只在侧面饰有两处壸（kǔn）门曲线，一处在案头下腿足间，一处在足底端托子两边，都很隐蔽，造型内敛，让人回味于隐与显之间。

紫檀雕云龙纹长方桌

清代，1952 年董竹君捐赠，上海博物馆藏。

（二）"案"跟"桌"的文化差异

"案"与"桌"的区别深植于其各自的文化属性之中。总体而言，桌子作为家具，其设计更侧重于实用性，满足人们日常饮食、办公等需求。而案则更多地承载着文化功能，强调文化品位与审美价值。这种文化属性的差异，也在中文语境中得到了体现：提及"案"，往往与高雅、正式的场景相联系，如"拍案而起""拍案叫绝"；而"桌"则更多地与世俗、家常的情景相关，如"拍桌子瞪眼""拍桌子砸板凳"，显得较为粗俗。

正因如此，古代的"案"在家居摆放中占据着重要地位。它通常被置于客厅或厅堂的正中，前面配以方桌和两把大椅，彰显其庄重与尊贵。在书房中，案更是被摆放在正对门或窗前的显眼位置，与书架、多宝格等家具相得益彰，共同营造出浓郁的文化氛围。

承志堂

安徽省黄山市黟县宏村镇承志堂，建于1855年前后，为清末盐商汪定贵住宅，占地面积2100平方米，气势恢宏，被誉为"民间的故宫"。其前厅正中陈设为典型的一案、一桌、两椅的样式。

功能与地位的不同，进一步促成了案与桌在造型上的差异。桌子作为多人共用的家具，其设计注重宽敞与舒适，以便人们围坐在一起享受美食或共商事宜。因此，桌子的腿部通常设计得较为直细，底部空间宽敞，给人以简洁、轻盈的视觉感受。

《文会图》（局部）

宋徽宗亲自指导下的画院产品，藏于台北故宫博物院。画中于庭院置大桌，有文士围坐，桌上满置华丽器皿与装饰，让人想见宫中宴集景象。该图描绘精工细致，与其他徽宗画院作品如出一辙。

而案则更多地服务于个人，尤其是用于棋琴书画等文化活动。因此，从使用角度来看，案的两边出头设计可以增加其长度，防止卷轴等物品垂地。同时，由于案身较长，腿部缩进设计不仅增强了稳定性，还使得整体造型更加平衡、稳健。此外，案的腿部通常设计得较粗且样式丰富，进一步凸显了其稳重的文化属性。

从功能上讲，桌与案的区别并非绝对。在桌子出现之前，古人吃饭、喝水、写字、办事等活动都是在案上进行的。然而，随着桌子的普及，"案"的实用功能逐渐被桌子所取代。如今，"案"更多地成为家中的文化摆设和用具。尽管如此，为了凸显文化品位，人们在书房等场合仍可将"桌"称为"案"，这正是中国文化的微妙与包容之处。

第八节
挡风只是它 1% 的功能

李世民继位后,深刻汲取了隋炀帝亡国的教训,积极采纳群臣谏言,励精图治,为开创"贞观之治"的盛世局面奠定了坚实基础。然而,随着政权的日益稳固,李世民逐渐受到了奢靡生活的诱惑。

在贞观十三年(639年),魏征撰写了一篇流传千古的奏章《十渐不克终疏》。在这篇奏章中,魏征详细列举了太宗执政以来出现的十个方面的变化,警醒他要时刻居安思危,坚守厉行节约的原则。唐太宗阅读后,深受感动且心生羞愧,于是将奏章内容誊写在室内的屏风上,每日早晚瞻仰,以此作为对自己的提醒和告诫。这便是历史上著名的"戒奢屏"。

令人惋惜的是,古代珍品《戒奢屏》已遗失于历史长河,今人无缘得见其真容。所幸,故宫博物院尚存乾隆皇帝御笔亲书的《穿杨说》御屏,其墨宝遒劲,工艺精湛,为后人研究清宫屏风文化提供了珍贵实物。

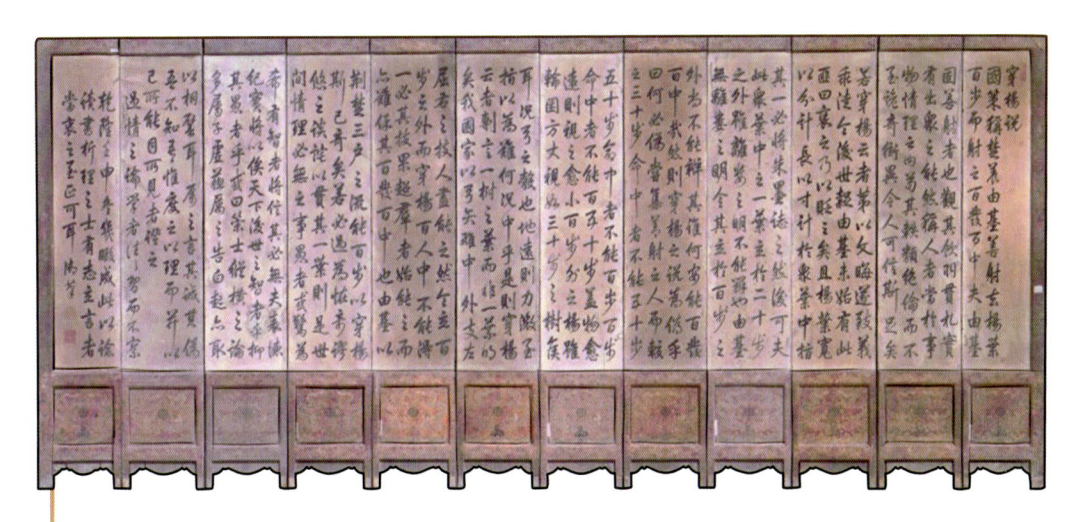

木包锦边乾隆御制穿杨说围屏

清乾隆时期,藏于故宫博物院。此屏风是乾隆十七年(1752年)专为御书《穿杨说》而制作。乾隆皇帝读《战国策》时对"百步穿杨"的说法产生怀疑,便召善射名手试验,无人成功,遂作《穿杨说》一篇以抒己见,认为"百步穿杨"不合事物情理,不是射中一叶,而是射中杨树。如果专指杨树叶而言,亦非指定的一叶,而是一树之叶,从而申明读书要辨真伪,明事理。其行文字迹潇洒流畅,苍劲有力,一气呵成。

本节我们就来详细探讨这一承载了重要历史意义的家具——屏风。

一、屏风的起源竟与"斧钺"相关

据史料记载,早在先秦乃至西周时期,一种类似于现代屏风的家具就已经赫然出现在帝王的朝堂之上。比如,《逸周书》中就说:"天子之位,负斧扆(yǐ),南面立。"彼时,它并不被称为屏风,而是有着"斧扆"或是"斧钺"这样威严的名称。

说到这里，想必大家已经心领神会，这个"钺"正是用来彰显帝王无上威严的象征。那么，它是如何被运用在屏风之上的呢？其中蕴含着一个精妙的制作流程：首先，装配一个结实的木框；接着，在木框上裱一层绛色布帛；最后，由技艺高超的画师在布帛上绘制出象征皇权威严的钺形图案。

随着朝代更迭，皇帝龙椅后的屏风样式虽屡有变化，但其奢华之风却始终未改。作为皇帝彰显威仪之物，屏风不仅需集天下能工巧匠之力精心打造，更耗费举国资源。西汉散文家桓宽在《盐铁论》中严厉批判此现象，指出制作一个漆器杯子需数百人之力，而一件屏风则耗费数万人力，堪称祸国殃民。

紫檀木边座嵌黄杨木雕云龙纹屏风

清乾隆时期，藏于故宫博物院。屏风通高306厘米，横356厘米，放置在宝座之后。此屏风出自宫廷造办处，做工极精，堪称乾隆朝的家具精品。

历经岁月的流转与变迁，原本专属于皇权的"斧钺"屏风逐渐流传至民间。至汉代，屏风已成为有钱有势人家的常见摆设，引领一时风尚。此时的屏风，多采用木板制作，上漆并施以彩绘。随着纸张的发明，人们开始使用纸来装裱屏风，并绘制仙人异兽等图像，为其增添艺术气息。

二、屏风的主要类型

随着时代的发展，屏风也在不断演变，每个时期都有其独特的构造、题材、材料和工艺。以下从构造的角度介绍座屏、折屏、挂屏和桌屏四类屏风。

（一）座屏

座屏通常置于室内显要位置，底部设有底座。根据屏风和底座的连接方式，座屏又可分为不可拆卸的"连座式座屏"和可拆卸的"插屏式座屏"。

紫檀木嵌染牙广州十三行图插屏

清代，藏于故宫博物院。画面以十三洋行的建筑为主体，描绘了当时广州的通商贸易景象。

（二）折屏

折屏，又称曲屏或围屏，是一种可以折叠的屏风。与座屏不同，折屏的数量多为偶数，如四、六、八屏等，传世实物珍品中甚至有十二屏。

人物十二屏风

清代，钱慧安绘，台北故宫博物院藏。屏风分为左右，各六扇。十二屏背依十二生肖，以此绘出吉祥故事，最终画面集合了婴戏、仕女、道释、畜兽等多种母题，热闹非凡，体现了当时的时尚审美。

（三）挂屏

挂屏始于明朝末期，多以成对的形式出现，常见为二、四、六挂。与其他类型屏风不同的是，挂屏不具备实用性功能，纯粹作为装饰性家具存在。

紫檀木边嵌金竹林鹤兔图挂屏

清代，藏于故宫博物院。屏风为一对。以紫檀木制边框，屏心洒蓝地，上镶嵌金质竹、石、兔等，右上角为御制诗文，其外再嵌平板玻璃。

（四）桌屏

桌屏，又称研屏，最初用于防止研好的墨被风吹干。古人研墨、写字作画时，常将其置于桌上。随着笔墨使用的减少，桌屏的实用性逐渐减弱，转变为观赏性的艺术品。

总的来说，屏风在宋代以前主要以实用性为主，装饰性为辅。而到了明清两代，屏风不仅成为实用的家具，还成为室内不可或缺的装饰品。

青玉鱼樵图屏

清代，藏于故宫博物院。该桌屏通高17.8厘米，长17.7厘米，宽12.7厘米。

三、屏风的主要功能

屏风，这一古老而多功能的家具，承载着五大核心功能：隔断空间、阻挡风寒、提供遮蔽、赋予精神寄托，以及增添室内装饰美感。为了更直观地理解这些功能，让我们一同走进《韩熙载夜宴图》这幅经典画作，从中探寻屏风所扮演的多重角色。

（一）隔断空间

现代建筑在建造前便已精心规划了各种功能区，然而，早期的建筑构造相对简单，往往呈现为方正统一的布局，并未明确划分出卧室、客厅、餐厅等功能区域。

此时，屏风凭借其易于移动的特性，成为空间分隔的理想选择。在《韩熙载夜宴图》中，屏风巧妙地将会客厅、娱乐厅等室内空间分隔开来，同时，画面中偶尔可见人物躲藏在大屏风之后窥视的场景，这生动地体现了屏风"隔而不绝"所营造的独特空间意境。

事实上，《韩熙载夜宴图》之所以成为后世敬仰的佳作，其精妙之处部分在于对屏风的应用。屏风不仅分割了画面中的空间，更巧妙地分隔了实际的室内空间，使得整个画面在保持相互独立的同时，又巧妙地相互关联，形成了既独立又统一的和谐构图。

（二）阻挡风寒

从语义层面解读，"屏风"一词即意味着"遮挡风邪之物"，这是人类为适应自然环境而创造的物品。

具体而言，中国早期的建筑多采用木架构与夯土墙结构，墙面开设门窗，这种木质结构及半开敞的设计导致建筑的气密性较差。夏日或许尚可忍受，但冬日里冷风穿堂而过，即便是耐寒之人也难以承受。因此，古人习惯在床榻周围设置屏风以抵御寒风。这类屏风通常由数扇相连，冬季时围绕床榻四周，夏季则撤下移至他处使用。

例如，东汉文史学家李尤在《屏风铭》中便有相关描述："舍则潜避，用则设张。立必端直，处必廉方。雍閼（è）风邪，雾露是抗。奉上蔽下，不失其常。"意指屏风在不使用时可以收起，需要时则展开使用。

此外，在挡风的功能上，古人常将屏风与其他家具如炕、床、榻等结合使用。以《韩熙载夜宴图》中的两个场景为例，屏风与床榻相结合，通过三面围合的方式，形成了一个相对封闭的空间，有效地阻挡了外界的风寒。

这里还得提及一个有趣的细节，那就是枕屏。枕屏可以被视为屏风的一种缩小版，是宋代出现的一种小巧精致的矮型屏具。它具有便携性，人们可以在睡觉时随身携带，展开后安放在床头，从而营造一个更加安稳的睡眠环境。

风檐展卷图（局部）

南宋，赵伯骕作，藏于台北故宫博物院。画中文士右手持羽扇，左倚凭几，左侧安放有屏风，称为"枕屏"。

大文学家欧阳修是枕屏的忠实爱好者。他在《书素屏》一诗中深情地写道："我行三千里，何物与我亲。念此尺素屏，曾不离我身。"又言："开屏置床头，辗转夜向晨。"这表达了他无论走到哪里，枕屏都是他最亲近的伴侣，每当休息时，他便会将枕屏展开置于床头，陪伴他度过一个又一个宁静的夜晚，直至天明。

但遗憾的是，到了明代，枕屏的使用逐渐变得稀少，加之其使用的材料多为布、绢、纸等，难以长久保存。因此，如今我们只能在古代的绘画作品和文学作品中寻觅枕屏的踪迹，感受那份古典的雅致与温情。

（三）提供遮蔽

"屏"字在《说文解字》中的解释为"屏，屏蔽也。"即遮蔽之意。在《韩熙载夜宴图》中，尽管画面主要聚焦于聚会的热闹场景，屏风的私密性功能并不显著，但其遮挡视线的功能却一目了然。

观察画面中的某一细节，一位侍女装扮的女子半隐于屏风的右侧。她似乎被悠扬的琴声所吸引，于是从屏风背后探出半个身子向外窥视。有分析认为，在这位女子所处的场景中，她可能并非受邀听音乐的宾客，或许是出于身份或礼节的考量，她选择以半探半隐的姿态，将自己部分隐藏在屏风之后。这一探身与隐蔽的动作，恰如其分地展现了屏风在遮挡视线方面的巧妙作用。

再来看另一个场景，画面中一位戴着帽子的男宾客站立于屏风一侧，他双手交握，随着节拍轻轻应和，身体面向前方，但脸部却巧妙地转向后方，正与一位女子低声交谈。值得注意的是，从女子的视角望去，其他人难以看清与她对话的男子究竟是谁；同样地，站在男子这一侧的人也无法知晓他正与哪位女子聊天。

如此看来，即便是在这样一个公开的聚会场合，屏风也能够以其独特的遮掩功能，巧妙地营造出了一片既神秘又暧昧的空间。

（四）精神寄托

屏风能够让人"依靠"，这里所指的并非身体上的倚靠，而是屏风给予使用者心灵上的慰藉与支撑，可以被视作一种"心理靠山"。如《道德经》所言："万物负阴而抱阳，冲气以为和。"明代风水典籍《金锁玉关》在建筑布局上的论述："宅后青山数丈高，前面池塘起波涛。"这些均体现了古人"负阴抱阳，背山面水"的居住理念，成为他们在建筑选址与布局时的基本原则之一。

如果说屏风的挡风功能是为人提供物理上的庇护，那么其依靠功能则是在心理层面给予使用者以安全感，构建出一个令人感到舒适与安心的心理空间。

（五）增添装饰

屏风作为一件集实用性与艺术性于一体的家具，为室内空间提供了丰富的艺术创作平台。将其巧妙地融入室内设计中，不仅能够显著提升空间的装饰美感，还能营造出独特的氛围。

屏风上的精美画作，不仅彰显了主人的文化品位与审美情趣，更是寄托了他们对美好生活的向往与期盼，如招福纳祥等吉祥寓意。以韩熙载家中的屏风为例，其上绘有松柏图案，松柏挺拔傲立，四季常青，常被视作君子的象征，其背后的隐喻之意不言而喻，体现了主人高洁的品格与对坚韧不拔精神的崇尚。

民间尚且如此重视屏风的文化寓意，更何况是我们开篇故事中提到的唐太宗。他将治国之道书写在屏风之上，这一行为便显得尤为合理。后来，唐宪宗效仿先祖，命大臣搜集历史上君臣成败的案例，精心制作成连扇屏风，旨在以史为鉴，警醒后人，这便是著名的"君臣事迹屏风"。

可见，屏风除了具备实用性和装饰性功能，还承载着丰富的文化意义，包括祈福纳祥、警示训诫、记录史实等。这些文化元素共同赋予屏风深厚的文化内涵，使其如同其他中国传统物件一样，具有深厚的历史沉淀。

第九节

从"压箱底"看中国衣柜发展史

本节内容的开头，我们先来探讨一下"压箱底"这一说法的由来。或许有些小伙伴已经有所了解，认为"压箱底"是指珍藏起来不轻易示人的好东西，或是深藏不露的绝技或绝活儿。这样的理解确实没错，但这些是后来衍生出的意义。

追溯其原始含义，"压箱底"与古代姑娘出嫁的习俗紧密相关。在女儿出嫁时，父母会细心地将衣物整齐叠放在陪嫁的箱子里，并在衣箱的四个角上各放置一枚铜钱或金锭子，以此来寓意吉祥和富贵，这便是"压箱底"最初的含义。

戗金描漆龙凤纹箱

清代，藏于台北故宫博物院。柜作盝顶，连身盖，内附三层屉，屉外为红漆戗金彩漆花卉，盒内洒金。箱体采用细致精巧的装饰风格，搭配大片金属菱形锁叶和侧面的方形提环，更显皇家的气派与品位。

从"压箱子"的传统习俗中，我们至少可以提炼出三个要点：首先，古人极为重视收纳整理之事；其次，箱子作为嫁妆的一部分，显示了其不菲的价值；再者，箱子内部往往蕴藏着诸多私密与重要之物。本节将详细探讨箱子及其衍生家具柜子。

一、古代的收纳用具

在深入探讨古代的收纳用具之前，让我们先认识一个汉字：庋（guǐ）。该字上半部分的"广"象征着开阔的空间，而下半部分的"支"则形似一人手持木棍之状。将两者结合理解，"庋"字寓意着"在房屋内部搭建隔板"，即指代一种"盒子"的概念。

在家具行业中，"庋具"被用来统称那些具有框架结构的储物家具。这些家具种类繁多，包括但不限于盒、匣、箱、柜、笼、箧（qiè）、笥（sì）、橱等。

二、箱子为何如此重要

箱子之所以重要，原因有二。首先，它们不仅被用来存放衣物，还常被用来存放金银财宝、书籍字画等贵重物品。由于这些物品本身价值昂贵，因此用来盛放它们的箱子也自然而然地变得贵重起来。其次，古代的许多箱子都是由香樟木、杉木等带有特殊气味的木材精心打造而成。这些木材具有抑菌、杀虫的显著效果，使箱子自带樟脑丸的功能，其实用性极强。

由此可见，箱子在古代生活中扮演着举足轻重的角色。

旅行文具箱

清乾隆时期，藏于故宫博物院。此文具箱设计精巧，将多种文房器具装于一箱内，适合外出旅行时携带，随时随地都可打开作为炕桌，用以题诗赋词、处理政务、对弈论棋，以及欣赏书画，为清代乾隆时期文房器具中的杰作。

（一）箱子的起源

起初，"箱"一词的含义并非我们现今所理解的箱子。《说文解字》中记载："箱，大车牝服也。"这里所指的"牝（pìn）服"，乃是车厢两侧的横木，或可理解为车厢本身。

而反观一些并未被称作"箱"的物品，实则更符合今日我们对于箱子的理解。例如，《韩非子》中"买椟还珠"的故事里提到的"楚人有卖其珠于郑者，为木兰之柜"，这里的"柜"虽名为"柜"，但实际上指的是"椟"，即木匣子，其形态与现在的箱子颇为相似。

那么，古人究竟何时才开始将装衣服的盒子正式命名为"衣箱"呢？据考证，这一命名应始于汉代。

（二）曾侯乙墓里最早的"衣箱"

尽管"衣箱"这一名称出现得较晚，但这一物品实则早已存在。例如，在曾侯乙墓中，就出土了迄今为止人们所能见到的最早的"衣箱"实物。

二十八宿图衣箱

战国早期，曾侯乙墓出土，藏于湖北省博物馆。衣箱为长方体，盖、身分别用整木剜凿制成。盖隆起为拱形。器内髹红漆，器表黑漆为地，朱漆绘二十八宿图和其他纹饰。盖面中心书写"斗"，环绕"斗"字顺时针依次书写二十八宿名称。左侧绘白虎，右侧绘青龙，刻写"之匫（hū）""后匫"。此件衣箱记录了迄今发现最早的二十八宿全部名称，表明至少在战国早期中国已形成二十八宿体系。

在曾侯乙墓主棺附近，考古人员发现了五个相似的漆木箱，这些箱子的大小和样式均保持一致，结构上分为箱盖与箱体两大部分。箱盖的四角均设计有外凸的把手，便于捆绑与搬运。确认这些箱子为衣箱的关键证据在于，其中一件箱盖的左下角刻有阴文——"紫锦之衣"，这一发现直接揭示了箱子的用途。

后羿弋射图木衣箱

1978年曾侯乙墓出土，现藏于湖北省博物馆。衣箱为长方体，盖、身分别用整木剜凿制成。盖隆起为拱形。箱四角做有把手。箱内壁髹黑漆，箱外表黑漆为地，朱漆彩绘。盖面、侧面饰蘑菇状云纹、勾连云纹、龙纹、鸟纹，以及双首人面蛇缠绕图形、后羿射日图等，盖面刻"紫锦之衣"四字。

显然，曾侯乙对这件紫色的锦衣情有独钟，特意为其单独配备了一个小箱子。这可能是因为古时紫色的衣服非常少见，古人采用紫草根部来染制织物，需经过多道工序才能确保紫色牢固不褪，因此紫衣显得尤为珍贵，紫色也成为尊贵身份的象征。

此外，在中国人的宇宙观念中，存在着"三垣"的概念。其中，"垣"原本意指墙体，因墙体具有划分界限的功能，所以在传统天文学术语中，它被用来指代划定的星座区域。所谓的"三垣"，即紫微垣、太微垣和天市垣，其中紫微垣又被称为"中宫"或"紫宫"，位于三垣之中，被视为天帝的居所。正因如此，帝王对紫色极为重视，不敢有丝毫怠慢。由此可见，这个小小的衣箱所承载的意义远非寻常。

三、柜子为什么会出现

柜子之所以会出现，主要基于两个原因。首先，箱子的设计为上翻盖式，物品被一层一层地覆盖，这样的结构并不便于寻找特定物品，尤其是对于经常使用的物品，存放在箱子里可能会让人感到颇为困扰。其次，随着人们生活方式的转变，居住空间也由原本的低矮格局逐渐转变为高挑宽敞的形式，这为竖式柜子的出现提供了可能性与便利条件。

俗话说得好，"开盖为箱，拉门为柜"。柜类家具通常体积较大，根据形态大体上可以分为横式和竖式两种。竖式柜子中较为典型的有亮格柜、圆角柜、方角柜和四件柜等。而横式柜子，也被称为矮柜，其特点是高度不超过宽度，包括钱柜、箱柜和药柜等多种类型。

黑漆描金药柜

明万历时期，藏于故宫博物院。柜四面平式，对开柜门，柜门下接三个明抽屉。柜内为抽屉架：中心为八方转动式抽屉，上下安架，每面十个，两侧又各列十个抽屉。每个抽屉内分三格，因此本药柜可盛放药品达一百四十种。屉面上有涂金名签，标明中药名称。药柜通体黑漆描金，外部以龙纹装饰为主，柜门内侧则描绘花卉图案。药柜背面有泥金填刻楷书"大明万历年造"六字款。

立柜之中，有一种别具一格的样式，名为面条柜。其独特之处在于上窄下宽的设计造型。在南方地区，这种柜子被形象地称作"大小头"，而在北方，它则拥有"气死猫"的趣味别称。对于南方"大小头"的叫法，人们或许能较为直观地理解其意，但北方的"气死猫"之名，初听起来却显得颇为新奇。究其得名缘由，实则与面条柜的精妙设计有关。该柜子的柜门巧妙地运用了物理学上重心偏里的原理，使得即便人们偶尔忘记关闭柜门，它也能凭借自身重心的偏移而自行缓缓合上。如此一来，那些企图趁机溜进柜中觅食的猫咪便无从下手，故而得名"气死猫"。

从视觉角度来看，面条柜同样别具特色。远观时，其上窄下宽的造型十分明显；然而走近一看，却会发现其上下宽度变得一致，给人一种异常稳固的视觉感受。不过，最好不要将两个面条柜并排放置，因为两者之间会产生一个倒三角形的缝隙，看起来颇为不协调。

紫檀高浮雕龙纹圆角柜

明晚期，藏于观复博物馆。圆角柜又称面条柜、A字柜，是明式家具的经典设计。远观可清晰看到柜体形制上窄下宽，形似大写字母"A"。此圆角柜朴素无饰，以紫檀天然的纹理和油润的色泽表现明式家具的简约风格。

四、"橱"和"柜"的纠缠

在日常生活中，人们通常会将"橱"与"柜"合并称作"橱柜"。然而，从历史发展和实际使用场景来看，它们之间存在着一定的区别。

据推测，橱的最初形态可能起源于两晋时期。那时，人们习惯将几案层层叠放，用以存放厨具或食物。随着家具的发展，从低矮逐渐走向高大，这些叠放的几案四周被加装了木板，于是橱便应运而生了。

后来，有人突发奇想，如果将橱与案巧妙结合，岂不是既能作为桌面使用，又能兼具收纳功能？于是，诞生了橱的新样式，如闷户橱便是其中的典型。闷户橱的设计颇为巧妙，最上层为桌案，中间部分为橱，而橱的下方还设有一个闷仓，用于存取物品。闷仓的设计极为隐蔽，从外面根本无法窥探其内部结构，隐私保护性能极佳，堪称古代的保险箱。也正因配备了这一独特的闷仓，该家具才得名"闷户橱"。

铁力木闷户橱

藏于上海博物馆。通体光素无纹，坚实稳固的同时又有朴质率真的趣味。

在明代，闷户橱极为流行。橱面上可以摆放箱子、花瓶、镜台等装饰品；抽屉内则可收纳各类小型日常用品，方便取用；而橱内的闷仓，则是一个理想的存放空间，无论是日常不常用的物品，还是贵重的金银珠宝，甚至一些私密物品，都可以妥善安置于此。无论是观赏、摆放还是收藏，闷户橱都能满足人们的需求。

到了明代隆庆元年（1567年），随着海禁的开放，大量优质硬木涌入中国。同时，经济的发展也推动了手工业和家具业的迅速壮大。人们对家具的需求激增，家具的样式也随之发生了变革。曾经的将橱与柜合并的设想，在这一时期终于得以实现。具体做法是在橱的下方增设柜门，这样一来，家具就同时具备了橱、柜和桌案三种功能。因此，在明代万历年间增编的《鲁班经匠家镜》中，当提及"衣橱样式"时，橱和柜的名称已经混用，不再做严格区分。

毕竟，家具的本质在于实用。至于它们究竟叫什么名字，我们或许可以不必纠结。

黄花梨木连三柜橱

明代，藏于故宫博物院。此橱具有桌案和柜两种功能，既可储物，又可作桌案使用。这张黄花梨连三柜橱做工精细，是明式家具的标准器。

第十节
照见时代的铜镜

《邹忌讽齐王纳谏》一文讲述了齐国谋士邹忌的故事。邹忌身材高大威猛，相貌英俊，每当他端起镜子自我端详时，总会为自己的帅气所倾倒。他的妻子、小妾及客人都纷纷夸赞他，认为他比城北的另一位美男子徐公更加帅气，这使得邹忌的自我感觉极为良好。

直到有一天，邹忌真正见到了徐公，才猛然发现自己与徐公相比，实在是相形见绌。当他回到家再次对着镜子端详自己时，更是越看越觉得徐公如同天上的凤凰般高贵，而自己则不过是地上的蚂蟥般平凡。这时，邹忌才恍然大悟，原来妻子、小妾和客人之所以夸赞他，是因为他们爱他、畏惧他或是有求于他，因此用谎言来蒙蔽他。

后来，邹忌将这一痛苦的领悟告诉了齐王，并劝谏齐王不要被那些甜言蜜语所蒙蔽，要保持清醒的头脑，明辨是非。

这个道理，古人形象地称之为"镜鉴"。例如，当唐太宗李世民身边的得力助手魏征去世时，他感慨万分地说："夫以铜为镜，可以正衣冠；以古为镜，可以知兴替；以人为镜，可以明得失。"由此可见，古人对于镜子的理解早已超越了其作为器物的本身，而赋予了它更深刻的寓意和哲理。

本节将带领大家探索古人的铜镜，领略其精美工艺与历史韵味。

透雕蟠螭纹铜镜
战国，1976年湖北省荆州市江陵区张家山楚墓出土，藏于中国国家博物馆。

双鸾葵花镜
藏于台北故宫博物院。双鸾葵花镜是盛唐时期铜镜的典型代表，是唐镜中最绚丽的镜类之一。铜镜的外轮廓突破了以往圆形的单一模式，线条弧曲流畅；镜背构图也摒弃了过去同心圆式分区的旧传统，构图灵活多变；装饰图案由神兽等题材，转向世俗化的花鸟。

一、谁造出了第一面镜子

在新石器时代甚至更早，人们发现溪水或容器中的水能够映照出自己的形象，而某些光滑金属表面也有相似效果，于是他们开始探索并制造镜子。

关于第一面镜子的制造者，有两种传说：一是黄帝，据《轩辕黄帝传》记载："帝因铸镜以像之，为十五面，神镜宝镜也。"即他铸造了十五面神镜；二是黄帝的妻子嫘祖，传说她用石头磨制出了镜子。然而，这些都源自美丽的神话故事。

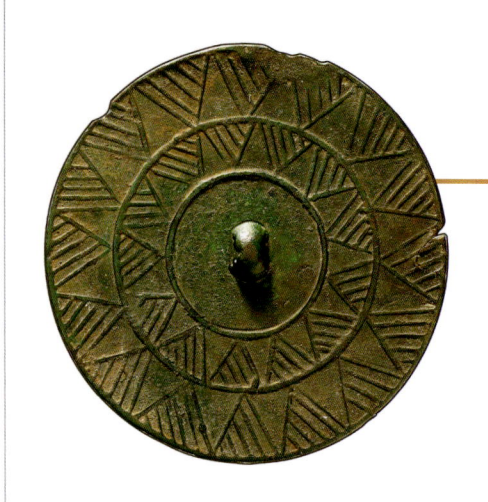

从考古的角度来看，最早的铜镜可追溯到新石器时期的齐家文化，但当时制造技术尚显粗糙。

青铜镜

新石器时期齐家文化，藏于中国国家博物馆。这面重轮星芒纹铜镜镜面中央微凸，桥形钮，镜背以钮为中心饰三道凸弦纹与两周锯齿纹，其镜身与镜钮形制为后世商、西周、春秋、战国、秦汉、隋唐、宋元及明清时期的青铜镜所继承。从这个意义上讲，齐家文化的这面青铜镜奠定了我国古代青铜镜的基本形制。

翻阅中国的史书文献，会发现大家对镜子的称呼多样，时而称为"镜"，时而称为"鉴"。在金文中，"鉴"与"监"相通，形象地描绘了一个人弯腰俯身，睁大眼睛注视着水盆中的倒影。《说文解字》解释道："监可取水于明月，因见其可以照行，故用以为镜。"意思是，监可以从明月中取水（比喻清澈明亮），因为发现它可以映照身影，所以被用来制作镜子。由此可知，这里的"鉴"原本指的是盛水的盆，因此，盛水的盆——"鉴"，才是最早的镜子原型。

早期的铜镜，如同其他青铜器一样，主要作为"礼器"或"葬器"存在。直至春秋战国时期，铜镜的功能才转变为日常照镜使用，但这一奢侈品仅限于诸侯权贵享用。对于底层民众而言，想要一窥自己的容貌，只能借助于小河沟的水面进行简单的映照。直到西汉时期，铜镜才真正普及进入寻常百姓家。

监　金文

二、铜镜为何长期占据镜子主流地位

在玻璃镜传入中国之前，古人一直使用铜镜。尽管春秋战国时期铁已经出现，但为何铜镜依然占据主流？这背后有几个关键原因。

首先，铜具有良好的韧性和加工性能，非常适合制作镜子。其次，铜制品坚固耐用，不易腐蚀，能够长时间保持镜面清晰。再者，早期铁制品在焊接和打磨上存在较大难度，且容易生锈，使用寿命相对较短。最后，铜镜在中国的制造工艺已相当成熟，镜面光滑，且能够与印花、雕刻、漆画等技艺相融合，使得铜镜不仅实用，更兼具极高的艺术和文化价值。

古代并非无人使用铁制镜子，例如，据《上杂物疏》记载："御物有尺二寸金错铁镜一枚，皇后杂物用纯银错七寸铁镜四枚，贵人至公主九寸铁镜四十枚。"这段描述表明，曹操曾拥有不少金错铁镜，并将其作为贡品献给皇帝。尽管如此，铜镜依然在古代社会中占据主流地位。

错金五兽纹铁镜

东汉，藏于中国国家博物馆。这枚铁镜用金丝错嵌出 5 只瑞兽。错金银的铁镜工艺直到汉末才发展起来。

有学者提出观点，认为铁镜的出现与使用，是源于东汉时期连年的战乱导致社会动荡、民生凋敝，加之战争消耗了大量铜料，使得铜资源变得匮乏，人们不得已之下才选择用铁来替代铜制作镜子。

三、铜镜如何制作

铜镜的制作，离不开精细的打磨工艺，这一过程被形象地称为"开镜"。在制作过程中，匠人会巧妙地运用锡、铅或汞等成分，通过反复的打磨与抛光，将镜面打磨至光滑透亮，使其能够清晰地映照出影像。这一技艺不仅考验着匠人的耐心与技艺，更赋予铜镜独特的魅力。

在中国历史上，有一位名叫负局的先生，是史书记载的首位留下名字的磨镜客。据《列仙传》所述，负局先生常背着磨镜器具，在吴地市场上为人磨拭那些因时间流逝而变得昏暗无光的镜子。他虽以磨镜为业，但实则更是一位悬壶济世的仙人，常为患者送药治病。由于这一传奇故事的影响，"负局"一词后来成为磨镜的代名词，而磨镜客也常被尊称为"负局人"或"负局仙"。这不仅体现了铜镜制作技艺的传承，更蕴含了深厚的文化底蕴。

"见日之光"镜

西汉，藏于上海博物馆。透光镜是一种特殊的青铜镜，镜面不仅能照人，当阳光或平行光照射镜面时，镜面的反射投影还能出现与镜背的文字和纹饰相同的影像。此镜因其背面花纹外侧有铭文"见日之光，天下大明"而得名。铸造透光镜有两个关键环节：一是冷却凝固工艺，即铜镜在迅速冷却时，镜背的花纹在凝固收缩中，纹饰的凹凸会使镜面产生与镜背相应的轻微起伏；二是研磨抛光工艺，镜面在研磨抛光中又产生新的弹性变形，进一步增添了镜面起伏。当两个条件都具备时，就会产生"透光"效应。

四、如何欣赏千变万化的铜镜

当我们走进博物馆，去欣赏铜镜时，往往会发现一个有趣的现象，即铜镜仅展示其背面，而非其映照万物的前面。这一展示方式常引发人们的好奇与猜测，有观点认为这是因为铜镜拥有"照妖"的神秘力量，能够揭示妖魔鬼怪的真面目，如同中国古典小说和风水文化中所描绘的那样，比如《西游记》里托塔李天王和文殊菩萨手中的照妖镜，就充满了神秘色彩。然而，这样的解读显然是对博物馆展示方式的一种误解，它忽略了铜镜作为历史文物和艺术品的本质属性。

实际上，博物馆选择展示铜镜背面，有着更为深刻和实际的考量。想象一下，如果博物馆展出的是光洁的镜面，观众站在镜子前，或许会因为镜中反射出的熟悉景象而感到困惑，难以将注意力集中在铜镜本身的历史价值、艺术特色和文化内涵上。更重要的是，铜镜的背面才是其艺术魅力和历史故事的真正所在。

蹴鞠纹青铜镜

宋代，藏于中国国家博物馆。随着商品经济的发展和市民阶层的扩大，蹴鞠在宋代得到了极大发展，上至皇帝百官，下至市民百姓，无论男女老少，都以蹴鞠为乐。此铜镜即反映了四人共同蹴鞠游戏的生动场景。

在欣赏铜镜时，我们应当从何入手呢？

首先，观察铸造工艺。铜镜背面的纹饰、图案往往采用精湛的铸造工艺，如范铸、錾刻等，这些工艺细节反映了古代工匠的高超技艺和时代特色。

其次，研究铜质与锈蚀。不同历史时期的铜镜，其铜质成分和锈蚀程度各不相同。通过观察铜镜的材质和锈蚀状态，可以大致判断其年代和保存状况，进而理解其背后的历史变迁。

再次，解读纹饰与铭文。铜镜背面的纹饰和铭文是解读其文化内涵的关键。它们可能描绘着神话传说、历史故事，或是吉祥图案，也可能刻有制造者的名字、日期等信息，这些都能为我们提供丰富的历史和文化线索。

最后，感受艺术风格。每个时代的铜镜都有其独特的艺术风格，从春秋战国的朴素自然，到汉唐的繁复华丽，再到宋元的简约雅致，铜镜的艺术风格演变如同一面镜子，映照出中国古代审美观念的变化。

戏曲人物铜镜

明代，藏于上海博物馆。明代戏曲的发展，北方仍以大量的杂剧为主，南方则在明代中叶之后演变为传奇，由此开辟了中国戏曲史上第二个黄金时期，此镜正反映了这种历史状况。制作铜镜时，戏台部分与镜体分别浇铸，再将两者嵌合而成。

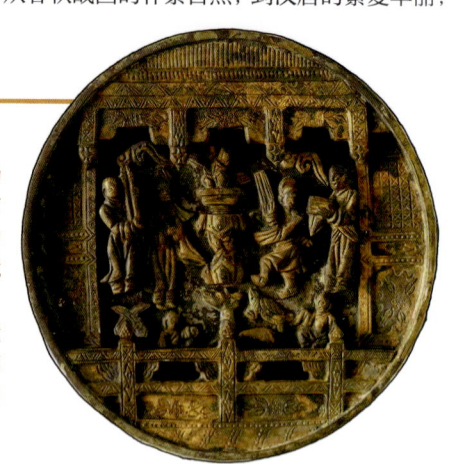

此外，在欣赏铜镜时，还要联系时代背景，结合其所属时代的政治、经济、宗教、文化等背景，可以更深入地理解铜镜所承载的社会意义和文化价值。

当我们站在博物馆的铜镜前，不妨放慢脚步，细细品味那些隐藏在镜子背后的历史故事和艺术之美。

总结一下

中国古代的铜镜发展历程展现了一个从实用性为主，逐渐转变为强调装饰性，最终又回归实用性的循环过程。相应地，镜背上的纹饰也经历了一个由简洁质朴，逐渐变得繁复华丽，最终又回归简约的变化趋势。

第十一节

红袖添香"炉"添暖

唐代诗人白居易曾写过一首《后宫词》，仅用四句诗便深刻描绘了后宫失宠女子复杂且矛盾的内心世界："泪湿罗巾梦不成，夜深前殿按歌声。红颜未老恩先断，斜倚薰笼坐到明。"

这首诗细腻地展现了这位女子从希望到绝望的心路历程：她在遭受冷落后，意识到人的温情是靠不住的，只能孤独地倚靠在薰（同"熏"）笼旁，以此度过漫漫长夜。

"斜倚薰笼"这一场景，因其深刻传达了哀怨之情，成为古代画家钟爱的创作题材。例如，清代画家改琦便绘制了一幅名为《斜倚薰笼坐到明》的画作。

而在明代，此类题材同样备受青睐，其中最为著名的当属现藏于上海博物馆的《斜倚薰笼图》。在陈洪绶的这幅画作中，哀怨的女主人公端坐于榻上，斜倚薰笼，薰笼之下安置着一尊薰炉。衣物或被子半披于身，半覆于薰笼之上，营造出一种深沉的哀愁氛围。

《斜倚薰笼图》轴（局部）

明代，陈洪绶作，藏于上海博物馆。

本节将深入探讨熏炉的历史，逐一展现各时代熏炉的独特风格，带您领略其背后丰富的故事与文化内涵。

一、熏炉的起源

关于熏炉的起源，历史学界存在着不同的观点和推测。

一种观点认为，熏炉的历史可以追溯到龙山文化时期。龙山文化是中国新石器时代晚期的一个重要文化阶段，其出土的黑陶镂罐等器物，因具有镂空的设计，被认为可能是熏炉的早期形态，用于燃烧香料或草药，以产生烟雾和香气，达到祭祀、净化空气或个人享用的目的。

也有学者主张熏炉的起源应追溯至西汉早期。这一观点的主要依据是西汉时期出土的竹节形长柄熏炉和短柄龙座熏炉等精美器物。这些熏炉不仅设计精巧，而且工艺精湛，显示了当时高超的金属铸造和装饰艺术。它们通常具有封闭的炉体和镂空的炉盖，以便烟雾能够均匀散发，营造出浓郁的香气氛围。这些熏炉往往被用于宫廷或贵族家庭的祭祀、宴会等场合，成为当时社会风尚和审美趣味的象征。

尽管存在这些不同的观点和推测，但目前关于熏炉的确切起源尚无定论。这可能是由于历史文献的缺乏以及考古发现的局限性所致。然而，随着考古工作的不断深入和新的出土文物的发现，我们有望在未来对熏炉的起源和历史演变有更深入的了解。

二、熏炉的知名造型

自古以来，熏炉作为香文化的重要载体，不仅承载着点燃香料、散发香气的实用功能，更以其独特的造型和深厚的文化底蕴，成为人们精神追求和审美趣味的象征。下面让我们一同看看历史上几个知名的熏炉造型，探寻它们背后所蕴藏的文化故事。

鸭形铜熏

汉代，藏于南阳市博物院。

（一）鸭炉

"鸭炉"，这一独特的熏炉造型，其形态栩栩如生，宛若一只悠然自得的鸭子。追溯其历史，鸭炉在汉代便已初露端倪，那时的人们巧妙地将其生活中的常见元素融入熏炉的设计之中，赋予了熏炉以生动的形态。随着南北朝时期鸭子在人们生活中的地位逐渐提升，成为吉祥、富贵的象征，鸭形香炉也随之风靡一时，成为当时社会风尚和审美趣味的体现。

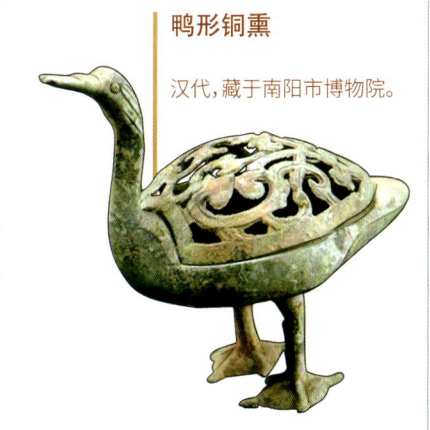

（二）兽形炉

到了宋代，熏炉的设计更加多样化，出现了众多兽类造型，如《香谱》所记载的狻猊（suān ní）、麒麟、麋鹿等。这些熏炉在使用时，需在炉子内部放置并点燃香料，随后烟雾便会从兽嘴中袅袅升起。其中，麒麟与麋鹿作为吉祥动物，常被赋予美好的寓意。而狻猊，作为传说中龙的儿子，不仅喜爱安静，还钟爱烟火，让其担任熏炉之职，堪称理想之选。

耀州窑青釉狻猊香薰炉

宋代，藏于陕西考古博物馆。

（三）博山炉

若论熏炉中的典范，博山炉无疑占据一席之地。它不仅是春秋战国以来熏香文化不断发展的结晶，也是当时社会升仙信仰的物化体现。

西汉时期，帝王们对长生不老之术深信不疑，整日探求修仙之道，博山炉便在这种浓厚的修仙氛围中大放异彩。

究其原因，我们可从陕西历史博物馆的镇馆之宝——西汉鎏金鎏银铜竹节熏炉中窥见一斑。此炉为铜质博山炉，炉体、长柄与底座分铸后铆合而成，整体鎏金鎏银，精雕细琢，堪称艺术瑰宝。炉口外侧与圈足外侧更刻有铭文，记载着它曾属于未央宫，后转归阳信家，极有可能是汉武帝赐予阳信长公主及其夫婿大将军卫青的珍贵礼物。

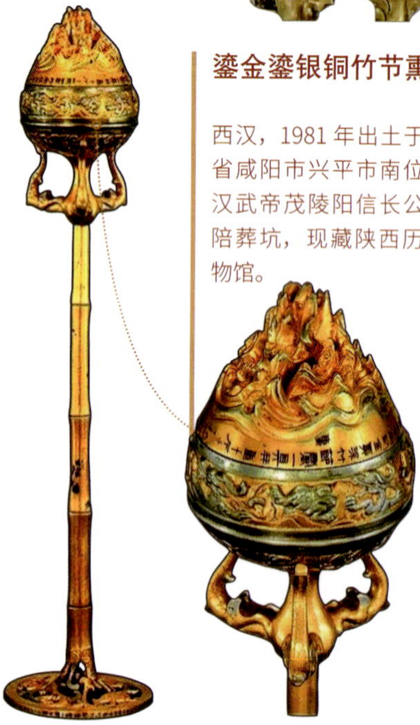

鎏金鎏银铜竹节熏炉

西汉，1981年出土于陕西省咸阳市兴平市南位镇西汉武帝茂陵阳信长公主墓陪葬坑，现藏陕西历史博物馆。

错金博山炉

西汉，1968年河北省保定市满城区西汉中山靖王刘胜墓出土，藏于河北博物院。通高26厘米，器形似豆形，盖肖博山，通体错金。此炉汇合仙山、大海、神龙、异兽等多种元素，不仅反映出汉代人求仙和长生的信仰体系，也充分诠释了汉代工匠高度的智慧和非凡的创造力。

博山炉的炉盖仿佛层峦叠嶂的山峦，一旦点燃炉内的香料，烟雾便会透过镂空的孔隙袅袅升起，缭绕于炉体周围。金银勾勒之下，这云雾缭绕的景象，宛如一幅生动秀美的山景画卷。

在汉代，民间广泛流传着海上有蓬莱、博山、瀛洲三座仙山的传说，而博山炉云雾缥缈的造型，正是汲取了这一传说中的海上"博山"之灵感。

进入魏晋南北朝这一多元文化交融的时期，熏炉逐渐成为宗教信仰中的重要器具。受佛教文化的深刻影响，传统的博山炉在设计上发生了显著变化，其炉盖、炉身乃至炉柄、炉座上，纷纷融入莲花纹或草叶纹等佛教元素，这些纹饰不仅增添了熏炉的艺术美感，更赋予其深厚的宗教文化内涵。

三、熏炉的发展与衍生品

在隋唐时期，随着社会的繁荣与文化的多元发展，熏炉的功能逐渐分化，形成了多种类型，每一种都承载着独特的文化内涵与实用功能。

（一）大型祭祀熏炉

在隋唐的祭祀活动中，大型熏炉扮演着举足轻重的角色。这些熏炉往往体型庞大，设计庄重，不仅用于焚烧香料以敬神明，更是权力与地位的象征。它们常置于庙宇或皇家祭祀场所的中心位置，烟雾缭绕间，营造出一种神圣而庄严的氛围。

大型祭祀熏炉体现了古人对天地神明的敬畏之心，以及对和谐共生的美好愿景。

（二）文人书房小熏炉

在文人墨客的书斋中，小巧精致的熏炉成为彰显主人雅致情趣的必备之物。这些熏炉设计精巧，材质多样，既有青铜的古朴，也有瓷器的温润。它们不仅用于熏香、净化空气，更是文人雅集时品茗论道的绝佳伴侣。

书房小熏炉寄托了文人对高雅生活的追求，以及对自然和谐之美的向往。

（三）便携式球形熏炉

隋唐时期还出现了一种可以随身携带的小型球形熏炉，这种熏炉设计巧妙，便于藏匿于宽袍大袖之中，既可用于熏香，又能在寒冷时节暖手。这种熏炉的出现，标志着熏炉向更实用、更个人化的方向发展。它不仅满足了人们日常熏香的需求，还兼顾了实用性，成为手炉的早期雏形。

便携式球形熏炉反映了当时社会对于生活品质的追求，以及人们对于细节之美的关注。

四、手炉的传奇起源与艺术蜕变

（一）手炉的起源

关于手炉的起源，尽管史料中并未给出明确的记载，但民间流传着一段有趣的传说。相传，隋朝时期，隋炀帝巡游江都，恰逢深秋时节，天气寒冷。县官许伍见此，便命人端上炭火盆以供帝后取暖。目睹皇上与娘娘在温暖如春的炭火旁谈笑风生，许伍灵机一动，构思了一对龙凤铜手炉，随即命令江都的铜匠名手迅速打造出来，作为江都的特色珍宝献给皇上。

尽管这仅是传说，但从现存的传世实物来看，手炉大多属于明清及民国时期。据此推测，手炉很可能在隋代初露端倪，历经漫长岁月的发展，直至明朝才正式从熏炉的大家庭中脱颖而出，演变为我们今天所熟知的手炉。

例如，明代收藏家周嘉胄在其香文化经典著作《香乘》中，详细列举了32种形制的香炉，其中便包括对手炉的明确描述，后人总结为："外形呈圆、方、六角、花瓣等形，盖顶镂空。形制较小，可随身携带，供取暖。"

在古典名著《红楼梦》中，手炉这一道具更是频繁亮相，似乎全府上下，每逢冬日，人人手中都握有一个小手炉。书中有一段描述："袭人向荷包内取出两个梅花香饼儿来，又将自己的手炉掀开焚上。"显然，此时的手炉已经完美地继承了熏炉的熏香与取暖双重功能。

（二）手炉的精妙工艺

手炉的结构设计十分巧妙，它分为外壳和内胆两层。外壳部分可以根据个人喜好和实际需求，采用漆器、铜器、珐琅等多种工艺进行精心制作和精美装饰。内胆则选用导热性能良好的铜质材料制成。

在使用时，炭火被巧妙地架设在外壳口沿的内部，同时，口沿之上再覆盖一层镂空的盖子，以确保空气能够自由流通，实现通风换气。这样的设计使得手炉在保持温暖的同时，能够有效避免外壳过热，从而达到暖而不烫的效果。

珐琅铜手炉

清代，藏于台北故宫博物院。白铜胎，盖壁錾成万字连纹，填珐琅蓝釉，盖面镂空成五瓣花纹。炉身圆腹下敛，平底，肩及腹底各錾一圈连续回纹；腹身錾成双凤朝日及花草纹，再填烧蓝、黄透明珐琅釉。提梁呈弧状，亦填烧蓝、黄透明珐琅釉。

铜胎画珐琅黄地开光人物手炉

清乾隆时期，藏于台北故宫博物院。

（三）手炉的艺术化转型

进入明清时期，手炉在主流审美文化和造物思想的影响下，逐渐从实用的取暖器具转变为兼具艺术价值的珍品。其造型愈发精巧，装饰也日益繁复华丽。

以乾隆时期的朱漆描金龙凤纹手炉为例，该手炉堪称清代描金漆器的典范之作。其炉体采用双圆相连的独特设计，并配有精美的提梁，内部嵌有铜盆以盛放热源。炉腹之上，以细腻的笔触描绘了一对金龙与一对彩凤，图案栩栩如生，金碧辉煌。整器以鲜艳的红色漆料为底，更添几分吉祥与喜庆之感，充分展现了浓厚的宫廷风格和皇家气派。

朱漆描金龙凤纹手炉

藏于故宫博物院。

（四）手炉的衰落与回归

到了民国时期，手炉逐渐式微。随后，铜制和锡制的暖水壶开始兴起，且乳胶制成的热水袋也成为人们暖手、暖脚的新选择，使得铜手炉逐渐淡出了人们的日常生活。

然而，自20世纪90年代初开始，铜手炉重新在图书、杂志和拍卖场上频繁亮相，引发了藏家的广泛关注。在各地的拍卖会上，铜手炉的行情持续走高。其中，成交价最为昂贵的一件铜手炉是在2005年香港佳士得的秋季拍卖会上成交的明末局部鎏金人物纹手炉。该手炉的估价为80万至100万港元，而最终的成交价高达303.2万港元。这一事件使得手炉这一曾经消逝的物品，再次以艺术品的形式回归人们的视野，并重新获得了大众的欣赏与重视。